MUTAÇÕES O FUTURO NÃO É MAIS O QUE ERA

SERVIÇO SOCIAL DO COMÉRCIO
Administração Regional no Estado de São Paulo

Presidente do Conselho Regional
Abram Szajman

Diretor Regional
Danilo Santos de Miranda

Conselho Editorial
Ivan Giannini
Joel Naimayer Padula
Luiz Deoclécio Massaro Galina
Sérgio José Battistelli

Edições Sesc SP
Gerente Marcos Lepiscopo
Adjunta Évelim Lúcia Moraes
Coordenação Editorial Clívia Ramiro, Isabel M. M. Alexandre
Produção Editorial Ana Cristina Pinho
Produção Gráfica Katia Verissimo
Colaboradores desta Edição Marta Colabone, Iã Paulo Ribeiro, Hélcio Magalhães, Fabio Pinotti

Antonio Cicero • David Lapoujade • Elie During • Eugène Enriquez • Francis Wolff • Francisco Bosco • Franklin Leopoldo e Silva • Frédéric Gros • Guilherme Wisnik • Jean-Pierre Dupuy • João Carlos Salles • Jorge Coli • José Miguel Wisnik • Luiz Alberto Oliveira • Marcelo Jasmin • Newton Bignotto • Olgária Matos • Oswaldo Giacoia Junior • Renato Lessa • Sergio Paulo Rouanet • Sérgio Alcides • Vladimir Safatle

MUTAÇÕES
O FUTURO NÃO É MAIS O QUE ERA

ADAUTO NOVAES (ORG.)

Preparação
Rosane Albert

Revisão
Beatriz de Freitas Moreira e Thereza Pozzoli

Capa
Rita da Costa Aguiar

Diagramação
Negrito Produção Editorial

Artepensamento

Diretor
Adauto Novaes

M98   Mutações: o futuro não é mais o que era / Organização de
        Adauto Novaes. – São Paulo: Edições Sesc SP, 2013.
        544 p. il. fotografias.

        ISBN 978-85-7995-064-3

        1. Filosofia. 2. Mutações. 3. Futuro. I. Título. II. Novaes, Adauto.

                                              CDD 121

Copyright © 2013 Edições Sesc SP
Todos os direitos reservados

SESC SÃO PAULO
EDIÇÕES SESC SP
Av. Álvaro Ramos, 991
03331-000 – São Paulo – SP
Tel. (55 11) 2607-8000
edicoes@edicoes.sescsp.org.br
www.sescsp.org.br

Agradecimentos

José Jacinto de Amaral, Clauir Luiz Santos, Danilo Santos de Miranda, Celise Niero, Pedro Hasselmann, Hermano Taruma, Thiago Hasselmann, Agostinho Resende Neves, Luis Eguinoa, André Scoralick, Sérgio Bandeira de Mello, Marion Loire.

Estes textos foram originalmente produzidos para o ciclo de conferências *Mutações – O futuro não é mais o que era*. Concebido e realizado pelo Centro de Estudos Artepensamento, em 2012, o ciclo aconteceu no Rio de Janeiro, São Paulo e Curitiba, com o patrocínio da Petrobras e apoios da Caixa Econômica Federal, do Sesc São Paulo, do Sesc Paço da Liberdade, em Curitiba, da Embaixada da França através do Programa Fonds d'Alembert e da Academia Brasileira de Letras. O curso foi reconhecido como Extensão Universitária pelo Fórum de Ciência e Cultura da Universidade Federal do Rio de Janeiro.

OBRAS ORGANIZADAS POR ADAUTO NOVAES

Anos 70 (1979)

O nacional e o popular na cultura brasileira – Música, cinema, televisão, teatro, literatura e seminários (1982)

Um país no ar – Televisão (1986)

Os sentidos da paixão (1987)

O olhar (1988)

O desejo (1990)

Rede imaginária – Televisão e democracia (1991)

Ética (1992)

Tempo e História (1992)

Artepensamento (1994)

Libertinos libertários (1996)

A crise da razão (1996)

A descoberta do homem e do mundo (1998)

A outra margem do Ocidente (1999)

O avesso da liberdade (2002)

O homem-máquina (2003)

A crise do Estado-nação (2003)

Civilização e barbárie (2004)

Muito além do espetáculo (2004)

Poetas que pensaram o mundo (2005)

Anos 70 (segunda edição – 2005)

Oito visões da América Latina (2006)

O silêncio dos intelectuais (2006)

L'autre rive de l'Occident (2006)

Les aventures de la raison politique (2006)

Ensaios sobre o medo (2007)

O esquecimento da política (2007)

Mutações – Ensaios sobre as novas configurações do mundo (2008)

Vida vício virtude (2009)

A condição humana – As aventuras do homem em tempos de mutações (2009)

Mutações – A experiência do pensamento (2010)

Mutações – A invenção das crenças (2011)

Mutações – Elogio à preguiça (2012)

Sumário

9   Apresentação
Imergindo no futuro
DANILO SANTOS DE MIRANDA

11   Mundos possíveis
ADAUTO NOVAES

41   A flecha do tempo e o rio do tempo – Pensar o futuro
FRANCIS WOLFF

63   O visível e o invisível do tempo
FRANKLIN LEOPOLDO E SILVA

75   Tempo e acontecimento
OSWALDO GIACOIA JUNIOR

103   Dialética na imobilidade da *mens momentanea* à imobilidade
do instante
OLGÁRIA MATOS

133   É possível esquecer o futuro?
FRÉDÉRIC GROS

147   A vida como tempo de uma experiência sempre inacabada
EUGÈNE ENRIQUEZ

171   O medo do acaso
NEWTON BIGNOTTO

191   Chorar as mortes que virão – Por um catastrofismo ilustrado
JEAN-PIERRE DUPUY

209   O que é o retrofuturismo? – Introdução aos futuros virtuais
ELIE DURING

233   Desprogramar o futuro
DAVID LAPOUJADE

247   Dentro do nevoeiro: o futuro em suspensão
GUILHERME WISNIK

269   Valéry *on-line*, McLuhan *off-line*
SÉRGIO ALCIDES

291   O tempo em fluxo
LUIZ ALBERTO OLIVEIRA

321   Às costas da consciência: sobre uma forma de recuperação
da filosofia da história
VLADIMIR SAFATLE

339   Tempo e modernidade
ANTONIO CICERO

357   Tempo, tempo, tempo
SERGIO PAULO ROUANET

371   Uma filosofia sem destino
JOÃO CARLOS SALLES

381   Futuro(s) presente(s)
MARCELO JASMIN

403   O futuro da ideia de autor
FRANCISCO BOSCO

429   Sexo não é mais o que era
JORGE COLI

459   A (des)construção do futuro
JOSÉ MIGUEL WISNIK

475   Uma arqueologia da espera
RENATO LESSA

521   Sobre os autores
531   Índice onomástico

Imergindo no futuro
Danilo Santos de Miranda

Diretor Regional do Sesc São Paulo

A sensação de que nossa vida é feita de fatos parecidos que se repetem não chega a ser novidade para o mundo contemporâneo. Mesmo diante da forte certeza de que mudamos frequentemente – de emprego, casa, roupa, tecnologia, amor, a repetição nos assalta a todo instante, repentinamente, seja no trajeto de casa para o trabalho, seja no lazer, quando tentamos espantar o fastio das horas vagas.

Tédio, nada, melancolia e outras são palavras que conhecemos na intimidade de suas expressões, pois fazem parte do cotidiano. A correria em que o mundo se encontra, a produção e o consumo desenfreados de produtos e sonhos comercializáveis deixam resquícios indesejáveis, mas aparentemente basilares para a manutenção da existência. Entre duas possibilidades opostas (calmaria/correria, tudo/nada, euforia/depressão) nos vemos tentando, a todo custo, permanecer em equilíbrio e não cair na enxurrada dos momentos nebulosos com os quais nos encobre a contemporaneidade.

Pensadores que se debruçam sobre as questões humanísticas discorrem, na maior parte do tempo, de um modo que podemos considerar pessimista. Esta consideração deve-se ao fato de não nos prestarmos mais a mergulhar em pensamentos que merecem atenção justamente a fim de não sermos conduzidos como massa disforme, como simples espécime habitante da terra. Pensamentos que perpassam os séculos e continuam a intrigar e impulsionar o ser humano a seu destino, a seu futuro ou a outro conceito que desempenhe o papel de caminho/caminhada.

A referência ao futuro e aos pensadores é óbvia. Há tempos o Sesc São Paulo abriga o ciclo de debates organizado por Adauto Novaes, que nos cerca dos mais variados temas em seus mais diversos espectros. Uma repetição que consegue, a cada novo ciclo, inovar seu conteúdo, oferecendo ao público espanto e alívio, sustos e esperanças. Uma obra aberta e sempre renovada, como a vida, se nos atentarmos a sua beleza cotidiana.

Quanto ao futuro referenciado, é o tema do presente livro, fruto das reflexões levantadas no Ciclo Mutações em 2012, no Sesc Vila Mariana.

Partindo da frase "O futuro não é mais o que era", do poeta Paul Valéry, os encontros com pensadores de diferentes formações levantaram a questão do tempo da espera e das esperanças, e mergulharam nas possibilidades de olhares que ela suscita. São momentos de suspensão dos preconceitos que abarrotam nossas mentes, em que o terreno vazio e fértil das zonas abissais da intelectualidade fervilha de novas flores, colorindo e animando até mesmo o propalado pessimismo.

Só a alusão ao futuro de modo interrogativo, provocando um vórtice que o tem como núcleo, nos faz parar para pensar nas mais simples ações cotidianas, em sensações que carregamos como se fizessem parte de nossa genética. Perceber que não somos os únicos a nos incomodar com um tempo que não se fixa no passado e também não se lança ao futuro, produzindo um presente titubeante que não nos dá segurança, por não mostrar uma estrada mais nítida a seguir, nos tira do desalento da solidão e nos coloca como protagonistas na construção de um caminho a desenhar.

Este é, portanto, um livro que tem como propósito nos fazer pensar, nos fazer levantar de um sólido comodismo erigido e imergir em nossos âmagos a fim de retornarmos mais fortes, de elevarmos o espírito aos ares rarefeitos da filosofia para suportarmos e suplantarmos os pensamentos mais mesquinhos que insistem em nos conformar em seres destinados a sucumbir como meros perpetuadores da espécie humana. Produto da escrita, da linguagem que rege os tempos verbais, o livro não está isento do passado, do futuro ou do presente. Tais elementos são as estrelas que nos conduzirão a uma interminável busca por nós mesmos.

Para o Sesc, poder tornar públicas tais discussões é ir ao encontro do ideário da instituição, que vê em tal ação a função de democratização do acesso à cultura e a entende como seu caráter educativo essencial. Que a sensação de repetição porventura experimentada seja matéria para evolução do espírito humano, uma oportunidade de ir além e projetar um futuro que valha a pena ter numa próspera memória.

Mundos possíveis
Adauto Novaes

> *O verdadeiro fim do mundo é a destruição do espírito, o outro é condicionado pela experiência que consiste em saber se o mundo subsistirá depois da destruição do espírito.*
>
> KARL KRAUS, *Apocalipse*

BREVE INTRODUÇÃO

No ensaio *Notre destin et les lettres*, o poeta Paul Valéry narra que, ansioso por saber para onde vamos, quis interrogar o diabo, mas desistiu de imediato porque, mesmo sendo diabo, certamente nada poderia dizer. Acontece, diz o poeta, que o espírito – esta potência de transformação – subverteu o mundo de tal maneira que acabou por voltar-se contra o próprio espírito: um mundo transformado pelo espírito, no qual as invenções aceleradas nascem e modificam em pouco tempo os costumes, a política, a ética, as mentalidades, a vida social, enfim, o mundo das transformações técnicas e científicas "não oferece mais ao espírito as mesmas perspectivas e as mesmas direções de antes e impõe a ele problemas inteiramente novos, inúmeros enigmas". É que, na realidade, não sabemos mais pensar no futuro com confiança, pois "perdemos nossos meios tradicionais de pensar e prever". Assim, o futuro é como todo o resto: não é mais o que era. Mais que enunciar o fim de uma civilização, a célebre frase de Valéry nos propõe um enigma: fim das ideias de futuro tal como o pensamento moderno soube construir ou, simplesmente, fim do futuro? É a estas questões que os ensaios deste livro procuram responder.

Mas, antes de falar do futuro – tema central do livro –, o rigor exigiu que alguns ensaístas voltassem às noções de tempo: como interrogar de outra maneira as proposições herdadas dos estoicos e de Santo Agostinho, para quem o tempo é sempre um enigma vertiginoso: "Como seriam o passado e o futuro", escreveram eles, "uma vez que o passado não existe mais e o futuro não existe ainda?". Entre outros autores que são analisados, Valéry traz uma resposta possível: o que não existe mais está no coração do que existe. O futuro – o que não existe ainda – se faz no ver. E "ver é prever". "O objeto próprio, único e perpétuo do pensamento é: *o que não existe.*" Tendemos a pensar que, nesta passagem, Valéry retoma o Livro XI de Santo Agostinho, que escreve: "O futuro não existe, quem o nega? Mas, apesar disso, sua espera já está em nosso espírito. O passado não existe mais, quem duvida? Mas apesar disso a lembrança está ainda em nosso espírito. O presente é sem extensão, é apenas um ponto fugidio, quem o ignora? Mas apesar disso a atenção é duradoura". Ao falar da *espera,* da *lembrança* e da *atenção,* Agostinho põe em evidência o espírito – ou o trabalho permanente da inteligência como potência de transformação –, que é a chave para abarcar as três dimensões do tempo. Mas o que acontece com esta potência de transformação quando a modernidade procura transformar o espírito em coisa supérflua, como afirma ainda Valéry?

Ao escrever no prefácio às *Cartas persas,* de Montesquieu, que a barbárie é a era dos fatos e que nenhuma sociedade se estrutura e é organizada sem as *coisas vagas* – os ideais de futuro –, Valéry dialogava com outros pensadores: lemos, por exemplo, no *Tractatus,* de Wittgenstein, que a principal conquista da ética consiste na afirmação da intemporalidade da vida, isto é, ao seu não pertencimento ao universo dos fatos. É certo que vivemos a era dos fatos produzidos pelo desenvolvimento tecnocientífico. Lemos ainda nas notas escritas por ele em 1947: "A visão do mundo verdadeiramente apocalíptica é aquela segundo a qual as coisas *não* se repetem. Não é desprovido de sentido, por exemplo, acreditar que a época científica e técnica é o começo do fim da humanidade; que a ideia de um grande progresso, como a do conhecimento último da verdade, nos cega; que, no conhecimento científico, nada há de bom ou de desejável, e que a humanidade que o persegue corre para a sua perda. Nada evidencia que isso não aconteça hoje".

Mais radical e sombria é a visão de Heidegger sobre o futuro. Na famosa entrevista aos editores do semanário alemão *Der Spiegel*, publicada no dia seguinte à sua morte, em 1976, Heidegger afirma que a técnica planetária dos tempos modernos transformou-se na potência que determina a história. Diante dessa nova realidade, diz ele, "não estamos assustados. Digo que não temos nenhum caminho que corresponda ao ser da técnica". Mais: no movimento mundial que conduz ao advento do Estado absolutamente técnico,

a filosofia não poderá produzir efeito imediato que mude o estado presente do mundo [...] mas isso não vale apenas para a filosofia; vale também para tudo o que é preocupação e aspiração do lado do homem [...] a filosofia dissolve-se em ciências particulares: a psicologia, a lógica, a politologia [...] agora, a cibernética toma o lugar da filosofia.

Sobre o estado atual e o futuro do pensamento, Heidegger, para quem a ciência não pensa, diz que "talvez" o único caminho do pensamento seja o silêncio, para impedir que ele seja espetacularizado: "Talvez sejam necessários também trezentos anos antes que haja 'um efeito'".

Por fim, ao falar de maneira enfática sobre o papel do pensamento no futuro, Heidegger conclui assim a entrevista:

Não conheço nenhum caminho que leve a mudar de maneira imediata o estado presente do mundo, a supor que tal mudança seja possível aos homens [...] O pensamento não chega a pensar até o fim a incerteza na qual está. Mas sua maior incerteza consiste em dizer que hoje, tão longe quanto se possa ver, não existe ainda um "grande" pensador [...] aquilo que se exige do que é dado a pensar é muito grande. Podemos talvez nos pôr apenas numa passagem: construir caminhos estreitos, não indo muito longe.

Não saberíamos dizer se seria correto esperar pelo "grande pensador", "síntese" do pensamento, que apresentaria ideias diretivas e organizadoras do mundo. Muitos pensadores, observa Jacques Bouveresse no ensaio "O que é orientar-se no pensamento", veem vantagens nesta ausência quase total de ideias diretivas: "Musil fala de uma espécie de 'democracia dos fatos' que nenhuma síntese consegue mais organizar a partir de agora. É preciso acrescentar hoje, visivelmente, uma espécie de 'democracia das ideias', entre as quais nenhuma, e principalmente as ideias da ciência, pode mais ser autorizada a impor às outras sua superioridade, sua autoridade ou sua lei".

As observações de Musil/Bouveresse não seriam o reconhecimento, no plano dos conceitos, de que *o futuro não é mais o que era*?

A tradição nos diz que reinventamos sem cessar o futuro, o tempo do possível. Seria assim hoje, quando se sabe que a técnica é capaz de desencadear processos sem controle e sem volta sem nossa intervenção, sem nossa reinvenção? Em um ensaio escrito para o livro coletivo *Repensar a democracia,* o filósofo Jean-Pierre Dupuy cita as observações feitas por Kevin Kelly sobre o descontrole no processo de convergência entre a nano e a biotecnologia: "Foi preciso muito tempo para compreender que a potência de uma técnica era proporcional à sua 'incontrolabilidade' (*out-of-controlness*) intrínseca, à sua capacidade de nos surpreender engendrando o inédito. Na verdade, se não nos inquietamos diante da técnica é porque ela não é revolucionária o bastante".

DO "SENTIMENTO" DE MUTAÇÃO À EXPERIÊNCIA

> *Não se trata principalmente de atar o fio rompido da tradição ou de inventar um sucedâneo ultramoderno destinado a preencher o intervalo entre o passado e o futuro. Ao longo desses exercícios, o problema da verdade é deixado em suspenso; preocupa-se apenas em saber como mover-se nesse intervalo – a única região talvez na qual a verdade poderia aparecer um dia.*
>
> Hannah Arendt

Ao escrever sobre o futuro, o poeta Paul Valéry expressava um *sentimento* partilhado por muitos pensadores de sua época: a célebre frase "nós, civilizações, sabemos agora que somos mortais" prenuncia e enuncia o início do fim da civilização ocidental (civilização europeia), escrita logo após a Primeira Guerra Mundial, época de grandes invenções – aviões, armas químicas etc. Foi preciso muita ciência, escreve Valéry, para matar tantos homens e arrasar tantas cidades em tão pouco tempo, transformar as mentalidades, alterar a política e a ética. Mas tudo era obscuramente pressentido. Um dos sintomas é descrito por Karl Kraus como indício da militarização definitiva e radical da sociedade: o soldado que volta para casa não se deixará integrar facilmente à vida civil: "[...] a guerra terá sido para ele um brinquedo de criança comparada à paz. Deus nos livre da ofensiva que nos espera! Uma atividade terrificante, que não mais será dominada, porá as mãos sobre as armas e prazeres em todas as situações da vida. Ver-se-á chegar ao mundo mais morte e doença do que a guerra exigiu dele". Uma doença particular é apontada por Musil como o "egoísmo organizado", que, para Walter Benjamin, traduz-se no fim da faculdade de trocar experiências: "Uma das razões desse fenômeno", escreve ele em *O narrador*, "salta aos olhos: o valor da experiência caiu de cotação. E parece que a queda continua indefinidamente. Basta abrir o jornal para constatar que, desde a véspera, uma nova queda foi registrada, que não apenas a imagem do mundo exterior, mas também a do mundo moral sofreram transformações que jamais pensamos serem possíveis. Com a guerra mundial vimos o início de uma evolução que, desde então, nunca mais parou". Era apenas o esboço do que viria a ser a civilização tecnocientífica (191 milhões de mortos em guerras e massacres no século xx), um tempo já marcado por audaciosas descobertas através das quais a ciência passou à ação. Foi também um tempo no qual "a atitude contemplativa ou descritiva" e os valores cederam o lugar à vontade de potência. Menos de trinta anos depois, novos acontecimentos deixavam mais claro o "sentimento" de mutação: era o tempo da ameaça de uma guerra atômica mundial depois de Hiroshima e a crença no fim do homem e do humanismo, como pensavam a Escola de Frankfurt e a filosofia de Heidegger. Pode-se dizer, sem o risco de errar muito, que presenciamos não a derrocada desta ou daquela ideologia, mas de todas as ideologias. A menos que, como diz Musil, o domínio dos fatos se transforme em uma "ideologia não oficial". A filosofia, escreve ele, ganhou um ligeiro (!) atraso diante dos fatos, "o que a induziu a pensar que o espírito voltado para os fatos era antifilosófico; na realidade, não ter filosofia é a filosofia que convém ao nosso tempo". Sem ideologia, sem filosofia. E também sem experiência porque, como nos lembra Agamben,

> sabemos que, para a destruição da experiência, uma catástrofe não é de modo algum necessária; a pacífica existência cotidiana em uma grande

cidade é, para esse fim, perfeitamente suficiente [...] É esta incapacidade de se traduzir em experiência que torna hoje insuportável – como
em momento algum no passado – a existência cotidiana [...] Uma visita
a um museu ou a um lugar de peregrinação turística é, desse ponto de
vista, particularmente instrutiva. Posta diante das maiores maravilhas
da Terra (digamos o *patio de los leones*, no Alhambra), a esmagadora
maioria da humanidade recusa-se hoje a experimentá-las: prefere que
seja a máquina fotográfica a ter experiência delas. Não se trata aqui,
naturalmente, de deplorar essa realidade, mas de constatá-la.

Em um comentário aos textos de Agamben, Didi-Huberman atribui
outro sentido à ideia de experiência. Não se pode dizer, afirma ele, que a
experiência tenha sido destruída: "É preciso dizer, ao contrário, que *a experiência é indestrutível*, mesmo que se encontre reduzida às sobrevivências
e clandestinidades de simples lampejos na noite". É este sentido também
que ele atribui à expressão *L'expérience interieur* em Bataille: fissura, não
saber, prova do desconhecido, errância nas trevas. Seria esta a experiência
que nos resta, sem expressão e sem nome, "simples lampejo" nas trevas?
Hoje, com o domínio global da tecnociência, passamos do "sentimento" à
"experiência", ainda que errática, das mutações, verdadeira revolução que
abarca todos os domínios: basta passear pelos novos vocábulos: correntes transumanistas, pós-humanistas, convergência das nanotecnologias,
informática, ciências cognitivas, robótica etc., ligadas a desenvolvimentos
recentes das biotecnologias.

Ao dizer que *o futuro não é mais o que era*, Valéry estava apenas reconhecendo que as imagens que tínhamos do futuro perderam sentido
e que a modernidade não pode mais desdobrar seu pensamento: "Ninguém mais sabe que ideias e que modos de expressão estarão inscritos na
lista das perdas, que novidades serão proclamadas". Valéry põe no centro
de suas preocupações a questão do tempo e escreve que a dificuldade de
reconstituir o passado, mesmo o mais recente, é comparável à dificuldade
de construir o futuro: "O profeta está no mesmo saco que o historiador.
Deixemos os dois aí". Ou seja, o profeta – aquele que anuncia o futuro – e
o historiador – aquele que pensa o passado – estão em baixa. Eis nosso
problema: porque estamos em meio a dois mundos, temos dificuldade
de ver o presente e o futuro: "Os físicos nos ensinam que em um forno

incandescente, caso nosso olho pudesse subsistir – nada veria [...] Esta formidável energia leva à invisibilidade, à igualdade insensível. Ora, uma igualdade desta espécie não é outra coisa senão a *desordem* em estado perfeito". Não sabemos, portanto, ver a desordem do mundo atual. Vivemos a era dos fatos, o "presente" eterno, sem passado nem futuro, e isso obscurece a visão do mundo. Mais: até mesmo a ideia do presente não é mais a mesma: em um mundo acelerado, sem o tempo lento do pensamento, o presente é substituído pelo *imediato* – mais precisamente pelo imediatismo das coisas –, pelo provisório e pelo fim das grandes narrativas e da ideia de estilo nas artes. Dou um exemplo inspirado em Musil, não no sentido de elogio do arcaico, mas como tentativa de entender o que acontece com a ideia de *presente*: dispomos, diz ele, de uma organização técnica e comercial que nos permite construir uma catedral gótica em alguns anos, ou até mesmo em algumas semanas. Mesmo que ela seguisse, coerente, o plano original, ainda assim seria uma obra pobre: faltaria a ela o aporte do tempo e das gerações sucessivas, "o ilogismo, o caráter orgânico que só aparece no inorgânico e outras qualidades da mesma ordem. A duração impressionantemente longa dos impulsos da vontade inerente à expressão da alma gótica decorre, pois, da lentidão [...]". (Uma catedral exigia, muitas vezes, trezentos anos para ser concluída.) Musil considera que este novo gosto do imediatismo denota um espírito grosseiramente mecanicista, uma civilização sem cultura e cínica. Um ganho do saber técnico e uma perda do sentimento lento e impreciso da vida. Tomemos outro exemplo, no plano político, que era o uso da sátira. Ela tende a desaparecer? Antes, a sátira anunciava o que podia acontecer, não como o adivinho, mas, diz Jacques Bouveresse, "como um sentimento de tentar desesperadamente impedir que a realidade lhe dê razão". Agora é o momento, como escreve Musil, no qual o capitalismo invade o domínio do espírito com suas formas mais grosseiras e imediatas; o passado é posto no *esquecimento* e o futuro é a *antecipação* sistemática de acontecimentos presentes. Ou seja, as noções originais de tempo são substituídas.

Devemos, entretanto, ler com cuidado o que Valéry escreve sobre as noções de tempo. Ele nos diz, por exemplo, que, por uma generalização imaginária do instante, o homem, criando o tempo, constrói não apenas perspectivas aquém e além de seus intervalos de reação, mas muito mais:

ele vive muito pouco no próprio instante. Seu pensamento sobre o tempo é cheio de nuances: Valéry não chega a afirmar com clareza, mas nos induz a pensar que a modernidade aboliu "uma das mais extraordinárias invenções da humanidade – o passado e o futuro", para em seguida dizer que o "o objeto próprio, único e perpétuo do pensamento é: *aquilo que não existe*". É o mesmo sentido que Nietzsche dá à ideia de passado. Viver *naquilo* que outros viveram e não apenas no que eles deixaram, "assumir na alma tudo isso, o que há de mais antigo e o que há de mais novo, as perdas, as esperanças, as conquistas, as vitórias da humanidade; reunir tudo isso enfim em uma única alma e condensá-lo num só sentimento: eis que deveria resultar em uma felicidade que o homem, até agora, ignorava ainda – a felicidade de um deus". O pensamento trabalha a partir daquilo que se conserva do passado nos fatos e nas ideias. Ao analisar os ensaios de Valéry sobre passado e futuro, Édouard Gaède pergunta: O que a memória faz sobreviver? O que guarda este fenômeno prodigiosamente banal e obscuro da *repetição*? Como, enfim, "os dados da sensibilidade, concebíveis de início unicamente na sua extensão espacial, adquirem profundidade temporal? Como o mundo, tal como ele é, desdobra-se de um mundo tal como ele foi e o eu presente se reconheça em um eu passado?". Uma das respostas possíveis é dada por Agamben: em seu livro, escrito originalmente em francês, *Les corps à venir. Lire ce qui n'a jamais été écrit*, ele desloca o centro da atenção das referências históricas para dar atenção ao curso das coisas fora das grandes teleologias conceituais. Aqui, diante da visão "apocalíptica" do mundo contemporâneo, ele se dedica a pensar a noção de gesto e sua temporalidade profunda, como observa o filósofo francês Georges Didi-Huberman:

> Como certos textos seus mais recentes, Giorgio Agamben é um filósofo, não do dogma, mas dos *paradigmas*: os objetos mais modestos, as imagens mais diversas tornam-se para ele [...] a ocasião de uma "epistemologia do exemplo", uma verdadeira "arqueologia filosófica" que, de maneira ainda bastante benjaminiana, "retoma em sentido inverso o curso da história, assim como a imaginação" e restabelece o curso das coisas fora das grandes teleologias conceituais. A revelação das *fontes* aparece aqui como a condição necessária – e o exercício paciente – de um pensamento que não procura de imediato tomar partido, mas que

quer *interrogar o contemporâneo* na medida de sua filologia oculta, de suas tradições escondidas, de seus impensados, de suas sobrevivências.

Somos, portanto, herdeiros de pesada herança e de obras grandiosas tanto como sujeitos individuais como seres universais porque o homem que reflete sobre seu passado "é levado, apesar dele, a refletir sobre o passado do Homem". Sem nostalgia. Quando se proclama que falta síntese ao nosso tempo, dominado pelos fatos, corre-se o risco do elogio aos "bons velhos tempos" com sua síntese de uma "filosofia" vulgarizada do liberalismo com a crença cega na racionalidade técnica e no progresso. Não é isso o que pretendemos no novo ciclo de conferências.

Mas sabemos, por definição e pela prática da história, que é impossível criar uma imagem do futuro sem a lembrança do passado e sem a percepção e dados do presente de maneira crítica. O que se quer dizer é que *presente, passado* e *futuro* formam uma trama indissociável. Retiremos um destes tempos e a ideia de tempo desaparece. Vemos apenas *acontecimentos* e não o presente, como se supõe. Em um ensaio – "A situação de nossa geração" –, Musil narra que, apesar da grande crise do Ocidente na passagem de 1900, ainda assim foi um período de grande atividade ética e estética: "Acreditava-se no futuro, em um futuro social e em uma nova arte. Esta, é certo, apresentava aspectos mórbidos e decadentes; mas estes dois caracteres negativos eram apenas a tradução circunstancial da vontade de ser outro, de agir de maneira diferente da do homem do passado; acreditava-se no futuro, desejava-se suscitá-lo...".

Para ver o presente, precisamos, pois, recorrer às lembranças do passado e imaginar o futuro. Ver é rever e prever. Apenas um exemplo do abandono da ideia de tempo: antecipar de maneira acelerada os acontecimentos ganhou hoje a forma de especulação em todas as áreas da atividade humana, não apenas na economia, a mais evidente delas. Como escreve Frédéric Gros, especular é antecipar um valor a fim de extrair benefícios das variações deste valor: "Não se compram mais bens. Compram-se e vendem-se possibilidades de lucro". Especula-se também sobre a sensibilidade, sobre as afetividades...

Até há pouco, recorríamos a três modalidades quando falávamos do tempo:

- o *passado* como existência *necessária*: nem Deus pode desfazer o que foi feito;
- o *presente* como existência *factual*: ele é assertivo: o que é, é;
- o *futuro* como existência *contingente*: o tempo do possível.

Estas três modalidades serão mais bem explicitadas adiante.

Temos, hoje, condições de responder à velha questão: "para onde vamos"? É isso que os conferencistas do ciclo *O futuro não é mais o que era* pretendem esclarecer. Tendemos a concentrar a reflexão do ciclo sobre a ideia de futuro a partir de três eixos:

1. Breve incursão sobre a *natureza do tempo*. O que é o tempo?
2. Uma análise da relação geral que os homens estabeleceram com o futuro ao longo da história: mitologias e mitos originários, profetismos políticos, milenarismos etc.
3. Que relação podemos ter hoje com nosso futuro quando os ideais revolucionários e a própria ideia de esperança estão em baixa e quando a tecnociência, a biotecnologia e a informática se apresentam como videntes e pretendem (nova ideologia) dar resposta a tudo e a tudo prever?

Mas, ao propor uma reflexão sobre o futuro, é preciso fugir da armadilha ou risco de predeterminar a história. Sabemos que o curso da história permanece imprevisível e incontrolável. É o que diz, por exemplo, Wittgenstein: "Quem conhece as leis segundo as quais a sociedade se desenvolve? Estou convencido de que o espírito mais inteligente não tem a mínima ideia. Se você combate, você combate. Se você espera, você espera. Pode-se combater, esperar, e mesmo crer, sem crer *cientificamente*". Um comentário do filósofo Jacques Bouveresse ajuda a esclarecer nossos propósitos. Ele diz que Wittgenstein recusa qualquer interpretação intelectualista da história e afirma que a evolução das sociedades "resulta essencialmente de desejos, esperanças, crenças, recusa e aceitação que nada têm de científico [...]". Eis o problema: hoje, as promessas científicas de futuro abolem desejos, esperanças e até mesmo as crenças, como foi analisado no ciclo e livro *A invenção das crenças*.

Para tentar entender o enigma de "o futuro não é mais o que era", leiamos ainda Valéry: o futuro é a parte mais sensível do instante, ou seja, o que não existe ainda se revela no coração daquilo que existe, como sua "mais sensível parcela". Espírito e vida, comenta Édouard Gaède em seu ensaio

"Máscara e espelho", juntam-se assim em um movimento em direção ao novo ao qual se engajam todas as coisas e mesmo todas as ideias. Gaède cita Valéry: "Todo nosso ser, e não apenas nosso espírito, ocupa-se com o que será, uma vez que ele só procede por atos, mais ou menos ativos, mais ou menos complexos. Respirar, nutrir-se, mover-se é antecipar. [...] O futuro confunde-se, em cada um de nós, com o próprio ato de viver. [...] A vida, em resumo, não é senão a conservação de um futuro". Para projetar nosso futuro, perguntemos, pois: como vivemos hoje?

ENTRE PASSADO E FUTURO

Comecemos com um diagnóstico.

Lemos no prefácio de Hannah Arendt ao livro *Between past and future* que "o apelo ao pensamento se faz esperar no estranho entre-dois" que afeta o tempo histórico. Temos consciência, diz ela, de que este intervalo de um tempo é "inteiramente determinado por coisas que não existem mais e por coisas que não existem ainda". O intervalo impensado entre dois mundos cria enigmas que só o espírito, esta "potência de transformação", pode desvendar. Mas, como escreve ainda Hannah Arendt, "razões misteriosas" levam o espírito hoje a deixar de exercer suas funções. Ela cita Tocqueville: "Porque o passado não esclarece mais o futuro, o espírito anda nas trevas". Ou, como escreve o poeta Paul Valéry de forma elegante, o "futuro não é mais o que era". Seremos anacrônicos se fizermos o elogio das "duas maiores invenções da humanidade, o passado e o futuro"? Agamben nos ajuda ao dizer, em sua conferência *O que é o contemporâneo*, que é contemporâneo aquele que não coincide perfeitamente com seu tempo, "nem está adequado às suas pretensões; neste sentido, ele é inatual; mas, exatamente por isso, exatamente através desse deslocamento e desse anacronismo, ele é capaz, mais do que os outros, de perceber e apreender o seu tempo".

Sejamos, pois, anacrônicos.

Hannah Arendt fala do impensado. Entendemos por *impensado* não apenas o que não foi pensado ainda, e que nos convida a uma retomada a partir dos vestígios que se abrem para outro vir a ser do conhecimento. O *impensado* hoje, momento de passagem entre dois mundos, dá-se também no "vazio de pensamento". É certo que vivemos um momento de mutação produzido pela revolução tecnocientífica. É difícil negar o predomínio da técnica no mundo contemporâneo. Tendemos a concordar com Heidegger quando ele diz que há uma cisão entre ciência e técnica de um lado, e pensamento de outro. Aceitemos sua frase ousada: "a ciência não pensa". Esta "constatação" é, segundo ele, parte da estrutura interna da ciência: "'A ciência não pensa' não é um reproche, mas uma simples constatação da estrutura interna da ciência: é próprio de sua essência que, de uma parte, ela dependa daquilo que a filosofia pensa, mas que, de outra parte, ela mesma esqueça e negligencie o que exige ser pensado". Mais: "No que se refere à técnica, minha definição da essência da técnica é, para dizer em termos concretos, que as ciências modernas da natureza fundam-se no quadro do desenvolvimento da essência da técnica moderna e não o inverso".

Diante das grandes transformações produzidas pela tecnociência, resta-nos a tentativa de entender o que nos acontece, como aconselha o poeta e filósofo Michel Deguy. E assim, diz ele, um último traço de inquietação e de autovigilância se impõe: "Pode ser que a mutação em curso seja tão integral, tão complexa, afetando todos os campos, setores, instrumentos, conceitos, e eu, seu interlocutor, seja tão ignorante, tão marginal e 'inativo', que me torne incapaz de compreendê-la convenientemente e até de me referir a ela – para além dessas generalidades que acompanham, sem incomodá-la, a pan-metamorfose que está em curso...".

ESPÍRITO DO TEMPO

A decadência da civilização europeia, os primórdios da civilização técnica e suas grandes mutações são definidos como o momento no qual *o espírito torna-se coisa supérflua*. Frase mais espantosa se pensarmos que por *espírito* Valéry entendia não apenas "potência de transformação", mas também e principalmente a inteligência das *coisas*. As ideias de espírito e tempo sempre estiveram juntas no pensamento de Valéry: "O que há de superior, de melhor em nós, tem sempre o valor de futuro". Como o passado é o tempo da impotência, o futuro é o tempo do possível, "do poder em estado puro, o tempo do espírito", observa Édouard Gaède, leitor de Valéry: se o passado fez o homem, é ele quem fará o futuro. Mais: "O valor do futuro consiste em ser universal porque, se somos diferentes por nosso passado, somos iguais diante do futuro". Iguais em possibilidade de invenções. Sabemos também que, no fundo, o espírito é aquilo que tem o poder de duvidar de tudo. Como diz Alain, ele está acima de todos os mecanismos – ordem, virtudes, deveres, dogmas – e, por isso, pode "julgá-los, subordiná-los, substituí-los pela própria liberdade, que nada deve a não ser a si mesma". Ora, se o fundamento do espírito consiste em duvidar, nada é mais contra o espírito do que o "espírito" do nosso tempo. Tempo de certeza científica. A primeira de todas as certezas garante que tudo pode ser explicado e provado e que a ciência nada pode ignorar. Tal maneira de pensar torna-se por si só um sistema. Lemos a cada dia um anúncio da ciência sobre o futuro das coisas. Ela promete até mesmo dizer, a partir das análises da neurociência feitas no momento do nascimento, quando a pessoa vai morrer. É uma maneira de dizer que não podemos mudar o futuro – nenhuma ação do homem conta. Até mesmo o acaso é abolido. Eis a fonte de resignação e passividade na vida cotidiana, com reflexos na política, nos costumes, na moral: somos chamados a nada fazer para mudar o que acontece e o que acontecerá. Esta pode ser uma das possíveis explicações para a ideia de espírito como coisa supérflua. Mas cientistas e neurocientistas insistem em dizer que há espírito no trabalho da técnica. Pode ser. Resta, entretanto, a pergunta: onde está o espírito que nega?

Dois pensamentos de Valéry, aparentemente enigmáticos, podem servir de resposta: durante toda uma eternidade, o *anjo* (o próprio Valéry, segundo Degas) "não cessou de conhecer e não compreender". A tradição nos descreve a figura do anjo como o mensageiro, o feliz mensageiro que vem anunciar o novo, novos tempos. Ora, o que Valéry, Wittgenstein e muitos outros anunciam são catástrofes não compreendidas porque "entramos no futuro de costas" (Valéry). O *anjo* de Valéry nos remete ao *Angelus Novus* de Walter Benjamin, anjo que "parece querer afastar--se daquilo que está olhando", anjo da história voltado para o passado, que vê apenas catástrofes e ruínas e parece não compreender o que vê. Mas a "tempestade o impele de maneira irresistível para o futuro, para o qual ele dá as costas, enquanto diante dele o monte de escombros cresce até o céu". Relacionemos a frase "o anjo não cessou de conhecer e não compreender", talvez a última frase do último poema do poeta, a outra: "O espírito nada realiza por si mesmo", que significa que o que foi feito não foi feito pelo espírito apenas. A ideia da experiência jamais toma o lugar da experiência, adverte Alain. Mas o problema é que o espírito vem sempre a reboque e, por isso, conhece *as coisas*, mas não as compreende. Ele precisa de um segundo momento para re-fazer as *coisas* através da análise, fazê-las de outra maneira. O pensamento das coisas nasce desta experiência em vez de precedê-las. O espírito cinde-se, pois, em dois, como escreve Michel Deguy: "Da mesma forma que as leis do 'livro da natureza' não são lidas a olho nu, as leis do intelecto não são lidas imediatamente nas produções do espírito falante; existe aí uma diferença irritante, uma vez que nada parece mais próximo, mais homogêneo, do que os pensamentos do espírito e as leis do espírito". Da mesma maneira, o "Eu" de Valéry cinde-se em dois – aquele que se deixa levar por toda sorte de fabricações do pensamento, e aquele que controla, restabelece. Seriam as leis do espírito o pensamento do pensamento? Ora, tudo hoje se processa no campo da evidência imediata. A vida social e a vida política estruturam-se no já feito, na representação apenas e nos símbolos sem reconhecer que existem nelas um "segredo", coisas dessimbolizadas que devem ser chamadas à expressão. A tecnociência não quer e não pode penetrar nas leis do espírito.

A tarefa política primordial consiste, pois, em desdobrar o trabalho do espírito, não ficar apenas nos pensamentos propostos pelo espírito (isso a tecnociência faz de forma admirável), mas ir às leis do espírito e das próprias *coisas*. Mais: é evidente que vivemos a era dos fatos. Falta ao mundo aquilo que Valéry designa, no ensaio "A política do espírito", como mitos, ou *coisas vagas* (ideais políticos, utopias etc.). Não há política sem mitos, diz ele, uma vez que toda sociedade só existe, funcionalmente, à base de mitos:

> [...] toda estrutura social é fundada sobre a *crença* ou sobre a confiança. Todo poder se estabelece sobre propriedades psicológicas. Pode-se dizer que o *mundo social*, o *mundo jurídico*, o *mundo político* são essencialmente *mundos míticos*, isto é, mundos cujas leis, as bases, as relações que as constituem não são dados propostos pela observação das coisas, por uma constatação, por uma percepção direta; mas, ao contrário, recebem sua existência, sua força, sua ação de impulsão e de repressão; esta existência e esta ação são tão mais potentes quanto mais ignorarmos que elas vêm de nós, de nosso espírito.

TEMPO E HISTÓRIA

A ideia de decadência ganhou força na virada do século xx e conquistou a imaginação de muitos pensadores e poetas. No centro de tudo está o domínio da civilização científico-técnico-industrial do Ocidente em contraposição ao espírito, isto é, à cultura, às artes e ao pensamento. Ainda que volte seu olhar para um passado perdido, Wittgenstein pensa que o espírito de alguns poucos pode sobreviver: "Disse um dia, e talvez estivesse certo: da antiga cultura só restará um amontoado de escombros, e para terminar, um amontoado de cinzas, mas haverá espíritos que flutuarão sobre essas cinzas". Em outra frase, "fortemente agressiva", como observa Bento Prado Júnior, ele conclui: "Que eu seja compreendido ou apreciado pelo cientista ocidental típico, isto me é indiferente. Porque ele não compreende o espírito segundo o qual escrevo". E mais: "Meu próprio pensamento sobre a arte e os valores é muito mais desencantado do que *podia* ser o dos homens de há cem anos. O que não quer dizer que, por isso, seja mais justo. Isto significa apenas que, *no primeiro plano* de meu espírito, estão os fenômenos da decadência, o que justamente não era o caso para eles". Isso, Wittgenstein escreveu em 1948. Ora, sobre 1848, cem anos antes, Paul Valéry escreve a célebre frase: "O fim do mundo finito começa". Por mundo finito pode-se entender o mundo da cultura europeia ou mesmo o humanismo iluminista. Talvez seja mais apropriado concordar com Michel Deguy: é o "fim do mundo 'finito'". A era da globalização, que começa em 1500 com os descobrimentos, conclui seu trabalho com o domínio da tecnociência.

Como estamos entrando no futuro de costas, como diz Valéry, tendemos a concentrar o novo ciclo de conferências no "tempo futuro". De que maneira a ideia de futuro é traduzida hoje no mundo dominado pela técnica? Repetimos: o "futuro" está não apenas banalizado, mas, antes, dominado por "certezas científicas": ele aparece como absolutamente predeterminado. Haveria uma passagem da ideia de probabilidade ao das estatísticas? No projeto de um livro – *A forma do tempo* –, Jean-Pierre Dupuy dedica um capítulo à ideia de futuro. Ele descreve o que denomina "metafísica do futuro" e analisa também o que chama de profecia no sentido puramente laico e técnico. Os profetas formam hoje "uma legião nas sociedades fundadas na ciência e na técnica: a experiência do tempo da profecia", escreve Dupuy, "é facilitada, encorajada, organizada e mesmo imposta por muitos elementos de nossas instituições. Por todo lado, vozes mais ou menos autorizadas proclamam o que seria o futuro mais ou menos próximo: o tráfego da estrada do dia seguinte, os resultados das próximas eleições, as taxas de inflação e crescimento do próximo ano". Profecias mais espetaculares são feitas pela biotecnologia e pela neurociência: breve, a inteligência artificial será equiparada à inteligência humana; no futuro, dizem os cientistas, será possível criar a relação direta cérebro/cérebro, conectar dois ou mais cérebros uns aos outros. É o que eles denominam "neurociência da interação social". Para fundamentar sua "profecia laica", Dupuy parte da ideia central proposta por seu primeiro grande teórico, Pierre Massé, que diz: a planificação "visa a obter, pela concentração e pelo estudo, uma imagem do futuro suficientemente otimista para ser desejável e suficientemente crível para desencadear as ações que engendrarão sua própria realização". Por fim, Dupuy escreve sobre *destino e acaso* a partir do que aconteceu durante a Guerra Fria ao relembrar que, por dezenas de vezes, faltou muito pouco para que a humanidade desaparecesse em vapores radiativos. Dupuy apoia-se nas *Memórias* escritas por Robert McNamara. Fracasso da política de dissuasão?, pergunta Dupuy, que conclui: "É o contrário: foram exatamente essas incursões na vizinhança do buraco negro que deram à ameaça de aniquilamento mútuo seu poder dissuasivo. Foi esse flerte repetido com o apocalipse que nos salvou. Acidentes são necessários para precipitar o destino apocalíptico, mas, contrariamente ao destino, um acidente pode não se produzir".

As primeiras palavras de Hans Jonas no seu livro *O princípio responsabilidade* nos advertem que Prometeu, a quem a ciência confere forças jamais conhecidas, está definitivamente desacorrentado. O vazio do pensamento, que se expressa também através do atual relativismo dos valores, segundo Jonas, só pode ser curado com a "antecipação da própria ameaça" tecnocientífica que nos cerca: "É apenas nos primeiros clarões de sua tempestade que nos vêm do futuro, na aurora de sua amplidão planetária e na profundeza de suas apostas humanas, que podem ser descobertos os princípios éticos... A isso dou o nome de 'heurística do medo'. Apenas a previsão da deformação do homem nos fornece o conceito do homem que nos permite premunir". Diante da ameaça da própria existência do humano, Jonas vai além: a fundação de tal ética deve estender-se até a metafísica; só ela permite ao homem se perguntar por que homens devem existir no mundo e, "portanto, por que vale o imperativo incondicional de preservar sua existência para o futuro". A ética, para Jonas, consiste em garantir a existência do futuro. Mais: garantir a existência do futuro para o outro através da noção de medo. Reconheçamos o alcance limitado de tal proposta diante do tamanho do problema.

O QUE É ESTE TEMPO DE PASSAGEM OU INTERVALO?

Duas questões se põem de início: por que a ideia de tempo está ligada ao trabalho do espírito? (sem passado nem futuro, o espírito anda nas trevas); por que o tempo presente está em luta em duas frentes – contra a rememoração e contra a experiência – e tende ainda a abolir o passado e o futuro, transformando, assim, o espírito em coisa *supérflua*, descartável e impossível? Que mundo é este que se contenta em existir apenas no presente eterno? Como não dar razão a Kierkegaard quando afirma que "os filósofos têm inteira razão ao dizer que não se pode compreender a vida senão retornando ao passado. Mas eles se esquecem desta proposição não menos verdadeira, a saber, que a vida só pode ser vivida projetando--se no futuro"?

Logo depois da Primeira Guerra Mundial, ponto de partida da mutação tecnocientífica que domina hoje todas as áreas da atividade humana, uma ideia torna-se central no pensamento de Valéry, Musil, Hannah Arendt, Spengler, Wittgenstein, Adorno, Walter Benjamin, a Escola de Frankfurt e muitos outros: *O Espírito está em perigo mortal*. A pergunta é: de onde vem este perigo? É que estamos vivendo, como define Valéry, "uma imensa transformação das ideias e dos valores. O saber é, a partir de agora, dominado pelo poder de ação". O trágico, como nos lembra Édouard Gaède no ensaio *O paradoxo da civilização*, é que aquilo que o espírito produziu de mais racional "provoca uma separação cada vez maior entre as forças postas a serviço do homem e as inteligências que as comandam". No mundo no qual predomina a ideia de força, o que é feito do espírito? A resposta de Valéry é clara: o espírito torna-se impossível – impossível porque *supérfluo*. Lemos em quase todos os seus escritos sobre a atualidade a advertência: *O Espírito está em perigo mortal*. É certo também que o resultado do trabalho do espírito, isto é, a fabricação dos objetos técnicos que estão à nossa disposição, volta-se contra o próprio espírito: há mais de sessenta anos, Hannah Arendt alertava: cientistas afirmam que computadores podem fazer coisas que um cérebro humano não pode *compreender*. Proposição alarmante, diz ela, "porque a compreensão é verdadeiramente uma função do espírito, jamais o resultado automático da inteligência. Se estamos cercados de máquinas que não podemos compreender o que fazem, ainda que as tenhamos concebido e construído... isso significa que embaraços teóricos das ciências da natureza em seu mais alto nível invadiram nossa vida cotidiana". Valéry vai além: "As mais perigosas máquinas talvez não sejam aquelas que rodam, que transportam ou transformam matéria ou energia. Existem outros engenhos que não são de cobre ou de aço batido, mas de indivíduos estritamente especializados: organizações, máquinas administrativas, construídas imitando o espírito *naquilo que ele tem de impessoal*". O que há de mais aterrador para o espírito no mundo contemporâneo não são apenas as guerras e os massacres, mas aquilo que se pode denominar, como nos lembra Jacques Bouveresse, a mobilização administrativa total em tempos de paz, o "triunfo definitivo da organização" que corresponde ao advento do Estado-formigueiro de que fala Valéry de maneira premonitória: "Uma confusão reina ainda; mais um pouco de tempo e tudo se aclarará; veremos enfim aparecer o milagre de uma sociedade animal, um perfeito e definitivo formigueiro". Mais trágica para a ideia deste "tempo futuro" é a relação que faz Wittgenstein entre ciência e futuro. Ele escreve em 1947:

> A concepção apocalíptica do mundo consiste em dizer que as coisas não se repetem. Não é desprovido de sentido, por exemplo, pensar que a época científica e técnica é o começo do fim da humanidade; que a ideia do grande progresso é uma cegueira, como aquela do conhecimento finito da verdade; que no conhecimento científico nada existe de bom ou de desejável e que a humanidade que se esforça em buscá-lo precipita-se numa armadilha. Não é claro que este não seja o caso.

Esta visão trágica do mundo está muito próxima dos catastrofistas atuais que anunciam o "desaparecimento do tempo", segundo Jean-Pierre Dupuy, isto é, o autoaniquilamento da humanidade, em decorrência da utilização da tecnociência de maneira autônoma (em relação ao pensamento e à ética) e sem nenhum limite.

Ora, o triunfo "impessoal" da organização, mais que tornar o trabalho do espírito coisa supérflua, leva a seu aniquilamento, uma vez que aquilo que verdadeiramente podemos saber não é senão o que *nós mesmos* podemos *fazer*: "a obra do espírito só existe em ato" e a ciência tende a abrir mão do trabalho do espírito. Em relação ao tempo, vivemos hoje o mundo das facilidades admiráveis, como narra Valéry no seu *Balanço da inteligência*, que reduzem cada vez mais a força da atenção e da capacidade mental e da duração. É o momento da "impaciência, da rapidez de execução, da variação brusca da técnica que apressa as obras". Tempo da velocidade.

TEMPO E ACONTECIMENTO

No livro *Les transformations silencieuses*, François Jullien nos diz que a filosofia ocidental dedicou o melhor do seu pensamento a esta "obscuridade fascinante" que é a noção de tempo. Sem me referir às várias noções analisadas por ele, destaco uma que nos interessa mais de perto – a relação entre tempo e acontecimento:

> O erro da linguagem comum, dizem os físicos, consiste em atribuir ao próprio tempo as características dos fenômenos temporais alojados nele; isto é, confundir o "tempo" com o que se desenrola nele. A física só reconhece este curso do tempo desvestido de tudo o que nos acontece, independentemente de tudo o que se passa nele, e cuja estrutura garante o mesmo estatuto a todos os instantes; enquanto é apenas segundo a flecha temporal dos fenômenos, constituindo o vir a ser e do qual a física não se ocupa, que se entendem os "acontecimentos".

Por flecha do tempo entenda-se aquilo que não se refere ao próprio tempo, mas àquilo que se desdobra em seu seio. Ora, o que se desdobra no "seio do tempo" hoje é não apenas a sucessão de acontecimentos sem história, mas o recalque "na sombra, tornando secundários e dependentes todos os momentos adjacentes". A conclusão é de François Jullien: "É verdade que é do acontecimento que se fala e, mesmo, só se fala dele; ou, dito de maneira inversa e valendo como definição: a partir do momento que se fala dele, a própria fala 'faz o acontecimento'". Esta ideia de acontecimento que nos cerca redefine a noção de "tempo". Em que medida, no mundo veloz e volátil, "o acontecimento não seria feito de *aparecimento abrupto*, como ele mesmo se define (*e-venit*) mais que uma *maturação*? Ou, em que medida devemos conceber como um *encontro* com aquilo que ela supõe de Exterior, e mesmo de não integrável, no lugar de ser um *resultado*?". Entendamos por *resultado* aquilo que diz Valéry: o que não existe mais está no coração do que existe, "o passado sendo o próprio ser". Por "encontro Exterior", Jullien quer certamente dizer acontecimento sem fundamento, sem passado nem futuro.

SONHO, RELIGIÃO, FETICHE

Borges não cessou de escrever sobre o tempo e o sonho. Mais do que contrapor realidade e imaginação, o sonho é fusão de tempos ou de estados alterados do próprio tempo. *O sonho de Coleridge* é um belo exemplo. Borges narra que, no verão de 1797, o poeta inglês Samuel Taylor Coleridge, momentos depois da leitura de uma passagem de Purchas, que se referia à edificação de um palácio por Kubla Khan, caiu em sono e sonhou. O texto de Purchas germinou sonhos: imagens visuais e palavras; "ao cabo de algumas horas acordou com a certeza de ter composto, ou recebido, um poema com cerca de trezentos versos. Recordava-os com singular clareza e pôde transcrever o fragmento que perdura em suas obras. Uma visita inesperada o interrompeu e lhe foi impossível, depois, recordar o resto". Em outro texto, Borges cita ainda Coleridge: "Se um homem atravessa o Paraíso em um sonho e lhe derem uma flor como prova de que lá esteve e, ao acordar, encontra uma flor em sua mão... Então?". Coleridge possuído por outro tempo.

A Igreja, por seu lado, teme mais o devaneio que o sonho. No combate ao devaneio e ao tempo livre, ela propõe formas muito eficazes que têm como efeito ocupar o corpo e fatigar o espírito, controlar o tempo: "Rezar e trabalhar". Em um ensaio sobre a melancolia, Jean Starobinski mostra que, sem tempo para pensar e ter prazer, ou melhor, sem "tempo vazio", o homem que reza e trabalha aprisiona o devaneio e a melancolia. Com efeito, escreve ele, o trabalho tem por tarefa ocupar inteiramente o tempo que não é dado à oração e aos atos de devoção:

Sua função consiste em tapar as fendas por onde o demônio poderia entrar, por onde também o pensamento preguiçoso poderia escapar. Assim, o devaneio, que se arriscaria a tornar-se vagabundo e culpado, absorve-se e se fecha em uma atividade fixa: uma implantação salutar se realiza. O trabalho orienta, em um sentido concreto e inocente, energias que sem ele se dispersariam a todos os ventos e a todas as tentações. Ele interrompe o vertiginoso diálogo da consciência com seu próprio vazio, interpõe resistências e obstáculos...

Simplificando: tempo livre é coisa do diabo.

Muitos autores associam a religião ao mito. É certo que os dois trabalham com a ideia de futuro: uma e outro sempre buscaram obscuros métodos para que o homem pudesse conjurar a sorte e, de certa maneira, saberem de antemão o que acontecerá: céu para os bons, inferno para os desavisados; matarás o pai e transarás com a mãe... Os mitos são intemporais porque impenetráveis: para falar da origem do mundo ou do homem, das instituições ou mesmo dos costumes, recorre-se a heróis, deuses e lendas imemoriais. O caráter anistórico – outro tempo, outro mundo – seria o traço peculiar do mito?

Podemos, também, de certa maneira, estabelecer uma relação entre mito e fetiche, e, assim, falar de fetichismo religioso, fetichismo dos objetos míticos, da mesma maneira que podemos falar do fetichismo da mercadoria: todos são dotados de propriedades mágicas sem relação com seu uso ou sua utilidade. O fetichismo, neste sentido, é promessa de realização de felicidade futura sempre adiada.

MAS, AFINAL, O QUE SE ENTENDE POR TEMPO?

Muitas são as imagens que temos do tempo: dizemos com simplicidade: "o tempo passa", ou, como quer Pascal, "o tempo cura as dores". Seria mais correto dizer, com Ronsard, que não é o tempo, mas somos nós que passamos? Ainda assim, está posta, para estes autores, a prevalência do tempo sobre o sujeito (Pascal) ou do sujeito sobre o tempo (Ronsard). Penso que um poeta – Jorge Luis Borges – desfaz esta contradição: *"O tempo é a substância da qual sou feito. O tempo é um rio que me leva, mas sou o rio; é um tigre que me dilacera, mas sou o tigre; é um fogo que me consome, mas sou o fogo"*. Melhor síntese, impossível. O poeta diz expressamente que o tempo não é uma coisa (o rio que flui), nem pura subjetividade. A subjetividade é o próprio tempo, da mesma maneira que "o mundo... é o núcleo do tempo", como escreve Merleau-Ponty na *Fenomenologia da percepção*: "o tempo natural, diz ele, não é um tempo das coisas sem subjetividade". Mas Merleau-Ponty nos alerta: a subjetividade não é a origem: "É visível, com efeito, que não sou autor do tempo [...] não sou eu quem toma a iniciativa da temporalização... ele funciona sozinho [...] repousa sobre si mesmo [...] ele é apenas esboço natural de uma subjetividade". Merleau-Ponty fala de um "naturante eterno", no qual "cada presente reafirma a presença de todo o passado e antecipa todo o futuro". Lidamos, pois, permanentemente com o tempo natural e o tempo histórico. Mais: o tempo natural funda o tempo histórico "no sentido de que ele é seu solo", da mesma maneira que o tempo histórico funda o tempo natural no sentido de que ele é condição de sua aparência: "A alternativa do naturado e do naturante transforma-se pois em uma dialética do tempo constituído e do tempo constituinte". O tempo seria, pois, uma construção de linguagem, o que levou Faulkner a escrever que "o passado jamais morreu, ele nem mesmo passou". O espírito de síntese de Alain nos diz: o tempo é a forma universal da mudança:

> Sabemos muitas coisas sobre o tempo, por exemplo, que jamais existem dois tempos simultâneos, que o tempo não tem rapidez, que o tempo não pode ser revertido, que não existe tempo imaginário; que o tempo é comum a todas as mudanças e a todos os seres e que, por exemplo, para se chegar à próxima semana é preciso que todos os homens e todo o universo caminhem juntos. Há abundância de axiomas sobre o tempo, mas que são obscuros como todos os axiomas. O próprio Deus, diz Descartes, não pode fazer com que o que aconteceu deixe de ter acontecido.

É certo que o tempo existe em nós e que pode ser medido, por exemplo, na distância entre o desejo e a posse do seu objeto, que não é outra senão o sentido da duração, "este sentimento do tempo que antes se contentava com a velocidade da corrida dos cavalos e hoje pensa que a rapidez é muito lenta e que as mensagens elétricas nos fazem morrer de tédio" (Paul Valéry). O tempo toma forma, pois, através dos nossos sentidos. Os estoicos nos dizem que temos apenas o presente a suportar. Passado e futuro não podem nos atormentar "uma vez que um não existe mais e o outro não existe ainda". Alain nos adverte: aqueles que se torturam com o passado e o futuro deveriam pensar no presente:

> Este amoroso maltratado, que rola na cama sem dormir e que pensa em vinganças, o que restaria da tristeza se ele não pensasse no passado nem no futuro? [...] Os acontecimentos jamais são aqueles que esperamos; quanto à pena presente, justamente por ser muito viva, você pode estar certo de que ela diminuirá. Tudo se transforma, tudo passa. Esta máxima nos deixou tristes muitas vezes; consolar-nos é o mínimo que às vezes ela pode fazer.

Eis o problema: estaríamos vivendo a disjunção entre tempo naturado e tempo naturante? Relembremos Merleau-Ponty: o sujeito é naturante na medida em que é "o movimento de uma vida que desabrocha" e no qual "ele faz o tempo no lugar de se submeter a ele". Até bem pouco, vivíamos tempos plurais – naturado e naturante: pergunta-se: vivemos hoje a instauração de um tempo sem relação com o tempo histórico que toma forma no veloz, no volátil, na rapidez técnica que acelera nossas vidas? Tempo naturado quer dizer tempo fixo, "acabado", que pode "esquecer" passado e futuro. Tempo imóvel. Ora, como diz Bergson, jamais existe imobilidade verdadeira se entendermos, com isso, uma ausência de movimento. Talvez o que se passa hoje seja uma cisão entre pensamento e ciência que dificulta a percepção do tempo. Esta cisão pode ser expressa na bela imagem de Bergson tomada aqui, não no seu caráter científico, mas como uma metáfora:

> O movimento é a própria realidade, e o que chamamos imobilidade é certo estado de coisas *idêntico* ou análogo ao que se produz quando dois trens andam na mesma velocidade, no mesmo sentido, em duas vias paralelas: cada um dos trens *aparece* então *como* imóvel *aos* viajantes em cada trem. Mas uma situação deste gênero, que é excepcional, parece-nos uma situação regular e normal, porque é a que nos permite agir sobre as coisas e que permite também às coisas agirem em nós:

os viajantes dos dois trens só podem se dar as mãos através da porta e dialogar se estão "imobilizados", se andam no mesmo sentido e na mesma velocidade.

O trem do pensamento vem a reboque do trem da tecnociência. O trem da tecnociência age sobre nós, mais que agimos sobre ele.

O certo é que hoje espaço livre e tempo livre tendem a desaparecer; assim, com a perda do tempo livre, o homem perde também a liberdade: para sentir o tempo, ele busca excitantes:

> A fadiga, a confusão mental às vezes nos dominam tanto que tendemos a lamentar ingenuamente os Taiti, os paraísos de simplicidade e pregui- ça, as vidas na forma lenta e inexata que jamais tínhamos conhecido. Os primitivos ignoram a necessidade de um tempo finamente dividido. Não havia minutos nem segundo para os antigos [...] Mas nossos mo- vimentos hoje são regulados em frações exatas do tempo [...] Nosso corpo é submetido a uma trepidação perpétua; a partir de agora, ele precisa de excitantes brutais, bebidas infernais, emoções breves e gros- seiras para sentir e agir.

Em última análise, o que está posto em questão é a liberdade do espírito.

A noção de tempo é uma das mais problemáticas: ela é, dizem vários pensadores, uma construção de linguagem e, ao mesmo tempo, uma palavra que guarda grande diversidade de sentido e forma. Seu enigma é assim pensado por Valéry: "Uma vez que as coisas se transformam, nós o percebemos apenas em parte. Chama-se tempo esta parte oculta, sempre oculta, de qualquer coisa". Traduzamos esta "parte oculta" como a pas- sagem de um regime de funcionamento a outro, "passagem que diversos signos nos tornam sensíveis". Durante uma crise, escreve ainda Valéry, o tempo não tem o mesmo papel que no estado ordinário das coisas. No lugar de medir a *permanência*, ele mede a *variação* – "medida que dá o tem- po *longo* ou o tempo curto. A marca-limite do tempo curto é o retorno do espírito sobre o que aconteceu para se dar conta do que aconteceu – (Sur- presa). Houve desordem por *densidade*". Ninguém é capaz de negar que vivemos um tempo de desordem por *densidade*. Maravilhosas máquinas que "economizam o trabalho de cálculo, os símbolos e os métodos que permitem fazer entrar toda uma ciência e alguns signos, as facilidades admiráveis criadas para fazer *ver* o que era preciso antes fazer *compreender*, o registro direto e a restituição à vontade de imagens" produzem também outro funcionamento temporal: a aceleração do tempo. Valéry pergunta se tantas potências auxiliares não viriam a reduzir pouco a pouco a força de nossa atenção e a capacidade mental contínua ou a duração ordenada. O exemplo que ele dá do tempo acelerado que afeta o trabalho de criação de obra de arte e de obra de pensamento é o da ausência de *estilo*.

> Como se criaria um *estilo*, isto é, como seria possível a aquisição de um tipo estável, de uma fórmula geral de construção e *décor* (que são frutos apenas de experiências muito longas e de certa constância nos gostos, necessidades, meios), se a impaciência, a rapidez na execução, as variações bruscas da técnica pressionam as obras [...] De onde vem esta impaciência do novo?

Eis a resposta: "É que passou o tempo no qual o tempo não contava". Hoje o tempo é contado em números através de máquinas que nos governam. Elas moldam seus criadores, isto é, os homens contemporâneos, segundo elas mesmas. As ideias de precisão e exatidão, que são sua essência, "não podem tolerar o vago e o capricho social; seu bom funcionamento é incompatível com situações irregulares". Eis a grande mutação por que passa a ideia de tempo: como somos o tempo, ou melhor, como o homem é a encarnação e o ser que dá forma ao tempo ("O tempo é a substância da qual sou feito; o tempo é um rio que me leva, mas sou o rio..."), a tecnociência tende a eliminar os indivíduos "imprecisos, do seu ponto de vista, e a reclassificar os outros, sem levar em conta o passado – nem mesmo o futuro da espécie". Passado e futuro deixam de participar do tempo; enfim, é a potência de um presente eterno que nos domina. Esta hipótese – por mais radical que possa parecer – é bem menos trágica que a hipótese proposta por Jean-Pierre Dupuy em seu projeto de livro sobre o Tempo: ele não afasta a ideia de uma catástrofe última que seria o desaparecimento do tempo no sentido do autoaniquilamento da humanidade. O que, de certa maneira, não deixa de ser uma tautologia: se o tempo é o próprio homem, o fim do humano... Pensamos que, mesmo que dominado pela tecnociência, o homem guarda ainda vestígios de humano, vestígios do tempo. Pelo menos, ele não consegue definir "o tempo que nos resta".

Sejamos, pois, imprecisos, não programados e de duração infinita. Mais: somos, sim, o presente, sujeitos a flutuações: eis a trajetória proposta por Valéry:

> Afastamentos. Distrações. Intensidades. A lembrança, o retorno ao Presente. O presente é disputado por seus conteúdos possíveis [...] É aquilo que tenho em comum comigo mesmo. Todo o *"tempo"* está contido no *presente*, do qual ele constitui, sob diversos aspectos, a forma grosseira dos desvios [...] A lembrança é uma das vibrações da corda cuja tensão é o presente. A ideia e a invenção são uma outra. A variação da tensão dá a ideia da rapidez ou da lentidão do tempo? [...] O tempo verdadeiro não é sucessão de acontecimentos, mas ao contrário sucessão do Mesmo. *A restituição do Mesmo, o re-conhecimento do Mesmo pelo mesmo* é o ato fundamental [...] O presente seria o sistema de forças que resistem à dispersão, à propagação ao infinito das excitações. Ele é *forçado* a não se distanciar mais do que certa grandeza, de certo ponto. Todo tempo é compreendido no intervalo de duas tensões.

Em outro fragmento do seu *Cahier*, Valéry anota: "A duração é da natureza de uma resistência. O homem que sustenta um peso no braço estendido opõe-se a algo. A quê? – *Não diretamente à queda do peso – mas à dor crescente*".

TEMPO E PERCEPÇÃO

Em suas notas de trabalho para um curso sobre a passividade, Merleau-Ponty escreve sobre a relação entre tempo e percepção e nos alerta a não nos limitarmos à imagem estática do mundo percebido presa a um instante: "Considerar", escreve ele, "não percepções abstratas, em atitude isolante [...] mas retomar a análise do mundo percebido mais que sensorial. Por exemplo, toda minha percepção, a cada momento, não é senão relação de uma ação humana, a plenitude absoluta é resultado de análise isolante; (o) mundo sensível (está) cheio de lacunas, de elipses, alusões, os objetos são 'fisionomias', 'comportamentos' – (existe) espaço antropológico e espaço físico". Merleau-Ponty nos mostra ainda que a noção de instituição da verdade exige que a subjetividade não seja inicialmente para si, "mas o titular = x de uma experiência [...] idealização ou generalização lateral". Em consequência, "que o objeto seja não correlato a meus *atos* apenas, mas provido de um duplo horizonte através do qual ele pode tornar-se objeto para outrem e não para mim apenas". Por fim, Merleau-Ponty evoca Paul Valéry para reafirmar que o sujeito, ao entender a percepção do mundo dessa maneira, dá mais do que ele tem porque propõe aos outros enigmas a serem decifrados, e os faz trabalhar. Estes enigmas estão no passado e no futuro. Recebe-se apenas incitação ao novo.

FAZER, REFAZER, RECRIAR

Paul Valéry é um pensador que tratou o tempo de maneira original, durante todo o tempo. E é ele que ocupa grande parte de seus famosos *Cahiers*. São de Valéry as famosas frases em que um olhar atento vê mais que *boutades*: "Entramos de costas no futuro", "O futuro não é mais o que era", "Passou-se o tempo no qual o tempo não contava", "Ao criar o tempo, o homem constrói não apenas perspectivas aquém e além de seus intervalos de reação. É mais que isso, *ele vive muito pouco* no próprio instante. Sua morada principal está no passado ou no futuro". Como nos lembra Édouard Gaède em um dos ensaios sobre a relação Nietzsche e Valéry, as perguntas postas por Valéry são: o que se conserva do tempo nos fatos e nas ideias? O que a memória faz sobreviver? O que guarda o fenômeno prodigiosamente banal e obscuro da *repetição*? Como Bergson, Valéry propõe a ideia de duração para falar do tempo das coisas. Ele escreve, por exemplo, no Preâmbulo para uma exposição de arte italiana no Petit Palais em 1935, sobre os efeitos de confusões e dissipações que nos inflige o movimento desordenado do mundo moderno. As artes, escreve ele, não se acomodam com a precipitação e, horrorizado, sem poder imaginar o que nos acontece hoje, quando as coisas duram dias, e, na melhor das hipóteses, meses, Valéry exclama: "Nossos ideais duram dez anos!". Em outro texto, *Peças sobre a arte*, ele escreve ainda:

> O cuidado da duração das obras já se enfraquecia e cedia, nos espíritos,
> ao desejo de espantar: a arte se viu condenada a um regime de rupturas

sucessivas. Nasceu um automatismo sem freio [...] Enfim, a Moda, que é a mudança em alta frequência do gosto de uma clientela, substituiu sua mobilidade essencial às lentas formações dos estilos, das escolas, dos grandes renomados. Mas dizer que a Moda se encarrega do destino das Belas-Artes equivale a dizer que o comércio aí se mistura.

Mas eis uma das questões fundamentais: "Como os dados da sensibilidade, concebíveis de início unicamente na sua extensão espacial, adquirem uma profundidade temporal? Como o mundo, tal como ele é, desdobra-se de um mundo tal como ele foi e o eu presente se reconhece no eu passado?". É que o espírito está sempre em busca de coisas vagas, e isto o afasta do instante porque "o objeto próprio, único e perpétuo do pensamento é: *o que não existe*". Enfim, "somos feitos de dois momentos e como atraso de uma 'coisa' sobre si mesma".

No mesmo ensaio, Gaède cita a segunda *Consideração intempestiva* de Nietzsche, que nos faz lembrar a situação de um mundo que se basta no presente, sem buscar pensar a condição humana:

> Veja a manada que pasta e passa diante de você: ela não sabe o que é *ontem*, o que é *hoje*. Ela se movimenta, come, repousa, digere, movimenta-se de novo, e assim, de manhã à noite, e a cada dia, conhecendo apenas prazeres e dores efêmeras que a sujeitam ao instante ignorando em consequência a melancolia e a saciedade [...] Assim, o animal vive de maneira *a-histórica*: porque sua existência resume-se inteiramente no presente, tal como um número sem que subsista uma estranha fração; ele não sabe enganar, nada dissimula e aparece em cada momento tal como é: só pode, portanto, ser sincero.

Mas a originalidade de Valéry está na forma material que ele dá à noção de tempo. Para ele, tudo acontece através do *fazer*. Mais: tudo gira em torno do que ele denomina "Função RE": repensar, rever, reconhecer, reencontrar etc. Como nota Jean-Michel Rey no seu livro *Paul Valéry – l'aventure d'une oeuvre*, tudo acontece na retomada e no retorno, na *repetição intensiva*: "O efeito mais geral desta função é o movimento da ordem de uma re-composição que se efetua no tempo, dando sentido às diferentes interpretações [...] O fazer não anda sem o desfazer e o eventual re-fazer". À diferença do que acontece com a geração atual, para quem o que importa é a ideia de que o tempo deve ser medido, reduzido ao instante presente, e mesmo dominado pelo *time is money*, Valéry adota a ideia de refazer o tempo e a duração como método: "O uso, ou a mania, o método de muitos 'jovens' de minha geração era a de não aceitar de si mesmo nada que não fosse longamente estudado, feito e refeito em um número infinito de vezes, como no tempo no qual o tempo nada custava, quando os artistas consumiam sua duração a completar suas obras". Pacientemente, pensadores e artistas buscam nas obras feitas significações novas que elas guardam em estado de vestígios. Isso exige tempo.

Muito se escreveu sobre a ideia que os estoicos têm do tempo. Eles dizem: "Só temos o presente a suportar. Nem passado nem futuro podem nos afligir, uma vez que um não existe mais e outro não existe ainda". É verdade, comenta Alain. Passado e futuro só existem quando pensamos. São opiniões e não fatos, e temos muito trabalho "para fabricar nossos lamentos e nossos temores". Isso não quer dizer que não podemos ou devemos pensar o passado e o futuro. Se o tempo é uma "ficção", a ausência de pensamento sobre ele – passado, presente e futuro – é o grande problema do nosso tempo.

A flecha do tempo e o rio do tempo – Pensar o futuro[1]
Francis Wolff

O FUTURO NÃO É MAIS O QUE ERA

O que é o futuro?

É simples. Vocês conhecem Brasília? Claro, todo mundo conhece Brasília, inaugurada em 1960, como a cidade do futuro. Todos sabem o que é o Plano Piloto, em forma de avião, que era o símbolo da modernidade tal como era vista em 1960. Todos ouviram falar da racionalidade de Brasília: os bairros residenciais se organizam em *superquadras*, isto é, em unidades de habitações idênticas, funcionais e autossuficientes, com seus centros comerciais, suas escolas e seus jardins. Brasília é uma cidade concebida para os carros. Nela, portanto, é difícil encontrar espaços para andar a pé, pois a concepção da cidade privilegiou o transporte mecanizado, especialmente entre o trabalho e a residência. Há setores especializados para tudo, embaixadas, polícia, bombeiros, hotéis, oficinas de automóveis, sapatarias, entre os quais circulamos por largas autopistas. É assim que visionários como Juscelino Kubitschek ou Lucio Costa pensavam, no passado, seu presente e imaginavam seu futuro, nosso presente, cinquenta anos mais tarde.

Todos vocês conhecem Brasília. Mas conhecem Masdar? É o nome da nova cidade do futuro, a ecovila de Abu Dhabi, nos Emirados Árabes Unidos. Foi concebida em 2008 e o canteiro de obras começou há três

---

1. Tradução de Paulo Neves.

anos, exatamente cinquenta anos depois de Brasília. Mas é o exato oposto de Brasília. Esta foi concebida sob o signo da velocidade e do progresso. Todos lembram o *slogan*: "Cinquenta anos em cinco!". E sabemos que mesmo essa previsão voluntarista foi superada: as obras de Brasília foram concluídas em três anos e meio. Em Masdar, ao contrário, elas serão muito lentas: iniciadas em 2009, só deverão terminar em 2020. Será a primeira cidade do planeta sem emissões de CO_2, sem desperdício, sem carros: a capital do desenvolvimento sustentável. O plano geral da cidade, concebido pelo arquiteto britânico Norman Foster, mistura tecnologia de ponta e urbanismo árabe tradicional. Em Masdar não haverá carros. As pessoas circularão em Personal Rapid Transit (PRT, Transporte Pessoal Automatizado), dito também *podcar* em inglês, um meio de transporte coletivo leve, feito de pequenos veículos independentes que funcionam como táxis sem motorista, sem parada intermediária e circulando numa pista exclusiva. Haverá duas versões desse transporte: uma para as mercadorias, outra para os passageiros, espécies de bondes com paradas a cada duzentos metros, circulando sobre trilhos magnéticos e movidos por energia solar. Serão os únicos veículos autorizados a circular, pois toda a cidade pertencerá ao pedestre. A eletricidade será gerada por painéis fotovoltaicos e a climatização se fará com energia solar. Uma usina de dessalinização, funcionando igualmente com energia solar, abastecerá Masdar de água potável, e os espaços paisagísticos da cidade serão regados pelas águas servidas tratadas. As construções terão telhados vegetalizados, integrarão culturas alimentícias e participarão da reciclagem da água e dos resíduos. Imensas sombrinhas em forma de girassol seguirão o curso do sol a fim de dar sombra a uma ampla praça para pedestres, antes de se fecharem ao anoitecer para liberar o calor absorvido durante o dia.

É isso o futuro? Então o futuro não é mais o que era.

O futuro era antes concebido como Brasília e traduzia as visões, as esperanças e os temores dos anos 1950: visão prometeica de uma conquista racional e absoluta do homem sobre a natureza; esperança de recursos energéticos indefinidos, crença no progresso ilimitado, no poder da produtividade, da técnica e da velocidade. Hoje o futuro é concebido como Masdar e traduz as esperanças e as angústias de nossa época: temor da poluição e do aquecimento climático, do esgotamento dos recursos naturais, desconfiança diante do produtivismo; visão de uma reconciliação do homem com a natureza, de uma harmonia das espécies na biosfera; esperança de uma vida lenta ou de redes sociais ampliadas. Sonhamos hoje com Masdar – ou melhor, sonhamos viver numa outra Masdar, longe dos Emirados, talvez perto de Paraty, em algum lugar mágico à beira do mar entre Rio e São Paulo. São os nossos sonhos de hoje. Mas o que sabemos dos nossos sonhos de amanhã, daqui a cinquenta anos? Talvez as Masdar de então nos parecerão tão datadas por nossas esperanças de hoje quanto a Brasília de hoje nos parece marcada por nossos sonhos de ontem.

As previsões presentes sobre o futuro nos informam mais sobre o presente que sobre o futuro. E as predições passadas nos informam sobre a maneira que os homens, ao imaginarem o futuro, sonhavam seu próprio presente. Lembro-me de minhas primeiras histórias em quadrinhos quando eu era criança. Eu lia uma revista intitulada *Bibi Fricotin en l'an 2000* [Bibi Fricotin no ano 2000]. Na cidade, os pedestres circulavam por calçadas rolantes e os transportes interurbanos se faziam exclusivamente em foguetes. Isso revelava a obsessão da época pelos transportes. Quem poderia ter imaginado que o progresso tecnológico mais espetacular seria o das comunicações, a internet, o telefone celular, as redes sociais? Quem teria podido imaginar, sobretudo, a história recente de nossos temores? No tempo em que a física era a rainha das ciências, no tempo também da Guerra Fria, por muito tempo acreditamos que o fim do mundo, destruído por uma guerra atômica, seria amanhã. Na hora dos progressos espetaculares das ciências da vida e da biotecnologia, na hora da globalização econômica, nossos grandes temores se chamam OGM (Organismos Geneticamente Modificados), clonagem reprodutiva em escala industrial, destruição da biosfera, epidemias mundiais etc.

Sim, decididamente o futuro não é mais o que era. O presente é o panteão de nossas angústias de ontem. Isso quer dizer que nossos temores de hoje são quiméricos? Não mais do que os de ontem. Mas é talvez por serem reais enquanto temores que conseguiremos evitar que se realizem, assim como foi o temor da bomba atômica que várias vezes salvou o planeta da guerra atômica.

E os sonhos políticos de ontem? Esperava-se o fim da exploração do homem pelo homem, uma sociedade sem classes e a vitória do socialismo. Mas as desigualdades sociais aumentam e o socialismo fracassou em toda parte. O futuro não é mais o que era. É o cemitério de nossas ilusões. Nada ou pouco se esperava da democracia representativa, que pensávamos reservada aos países do Velho Continente. Hoje ela é aprovada em quase toda parte, para a grande felicidade dos povos: os da Europa Meridional (Grécia, Portugal, Espanha) a partir dos anos 1970, os da América Latina nos anos 1980, os da Europa Oriental nos anos 1990, e agora em certos países do Norte da África. O presente não é o que o passado imaginava como futuro.

Sim, o futuro não é mais o que era. E isso porque o mundo muda e o porvir é sempre em parte imprevisível. Todo porvir é vivido, pensado e imaginado no presente. Tão logo o porvir se realiza, ele cessa de ser "por vir", é presente. E é assim também porque envelhecemos. As possibilidades de nossa juventude se fecharam, as realidades improváveis se atualizaram. Não nos tornamos inteiramente nem o que esperávamos, nem o que temíamos.

FUTURO E PASSADO

Por que o futuro não é mais o que era? É que, para poder viver no presente, devemos a todo instante nos voltar para o porvir. Mas devemos também, e pela mesma razão, nos voltar a todo instante para o passado. Temos necessidade tanto de nossas lembranças como de nossas esperanças. Pois forjamos nossa identidade a partir de lembranças e desejos. E, quando digo "nós", falo não apenas de qualquer um de nós, mas, de maneira mais geral, de qualquer "nós", de toda identidade pessoal ou coletiva: "nós" franceses, "nós" brasileiros, "nós" seres humanos temos sempre necessidade de reconstruir nosso passado, isto é, nossa história, que é outro nome de nossa identidade. Uma comunidade, seja ela qual for, um povo, seja ele qual for, é como um indivíduo que deve permanentemente inventar para si um novo passado. Acontecimentos de nosso passado coletivo que pareciam anódinos há dez ou vinte anos, que estavam por assim dizer esquecidos, adquirem subitamente grande importância. Eles iluminam o presente com uma nova luz. Um país muda às vezes de heróis. Certos "salvadores da pátria" de ontem parecem hoje ditadores sanguinários. "Terroristas" de outrora passam a ser chamados "resistentes". As "revoluções" se tornam, a seguir, "golpes de Estado militares". O que é tido por uma tradição imemorial às vezes não é mais que uma invenção recente. O passado não é mais o que era. Consequentemente, o presente de hoje também não é mais o que será amanhã.

Portanto, não é mais somente o futuro que não é mais o que era. Também o passado. Nem o passado nem o futuro são os mesmos, nunca. Pois o presente não cessa de se alimentar deles e os recria permanentemente.

PRESENTE, PASSADO, FUTURO

Dirão, porém, que não é no mesmo sentido que o futuro e o passado não cessam de mudar. Pois o passado passou, de uma vez por todas. Ele é, como se diz, *necessário*. Um adágio escolástico dizia: "Mesmo Deus não pode fazer que o que foi não tenha sido". Já o futuro é certamente indeterminado ou pelo menos incerto. Mas é preciso distinguir: uma parte do futuro é previsível, é o que depende, em suma, das leis naturais: sabemos prever a posição dos astros de maneira absolutamente certa em qualquer data futura, sabemos prever o dia e a hora, até mesmo em segundos, do próximo eclipse da Lua. Sabemos também prever, com a mesma certeza, a maior parte dos efeitos de uma reação física ou química. Conhecer é prever. É o que torna possível todas as técnicas, da máquina a vapor ao computador. Pois, sabendo como as causas produzem naturalmente certos efeitos, conhecemos os meios de produzir tecnicamente certos fins. E, se não sabemos ainda prever que tempo fará em nosso jardim na semana que vem, não é porque seja incerto, é porque os dados sobre as massas de ar, as temperaturas, as pressões são extremamente numerosos e complexos, de modo que os mais poderosos computadores ainda não os podem controlar. Na escala microfísica, o determinismo é certamente universal. Não sabemos prever tudo, mas sabemos quase tudo o que seria preciso para prever a evolução física do mundo, pois as leis da natureza são constantes. Na escala física, portanto, o futuro é sempre o que era. E será sempre o que é.

O mesmo não acontece com a conduta humana, que parece não obedecer a leis universais. É aí que o futuro não é mais o que era. A partir do momento em que entra a história, estamos não apenas no incerto, no imprevisível, mas também no indeterminado. Não podemos dizer com toda a certeza o que acontecerá amanhã. Alguns futuros são contingentes.

Aristóteles dava o exemplo de uma batalha naval. É o caso de qualquer acontecimento político. Talvez um dia saibamos prever tudo do cosmos, mas certamente continuaremos a nada poder predizer do mundo humano. Não conseguimos sequer predizer o comportamento de nosso melhor amigo. Nem mesmo o nosso!

Por isso podemos dizer: o presente é real, ele é o que é. Mas o passado é mais do que real, ele é necessário: é impossível que não tenha sido. Quanto ao futuro, ele é somente possível: certos acontecimentos poderão se produzir. Assim o tempo nos apresenta três graus de ser: o grau superior é o passado (o que não pode não ser); o grau intermediário é o presente (o que é, simplesmente); e o grau inferior é o futuro, que pode ser ou não ser.

O TEMPO, O FUTURO E SEU CONTEÚDO

É isso o futuro? A diversidade dos possíveis. Mas trata-se apenas de uma impressão. Pois talvez sejamos vítimas de uma confusão frequente e quase inevitável no que se refere ao tempo.

O que é o tempo? Parece impossível propor uma definição. Como observou Santo Agostinho: "O que é o tempo? Se ninguém me pergunta, eu sei, mas se não me perguntam e quero explicar, já não sei mais"[2]. Do tempo temos apenas um conhecimento intuitivo, não conceitual. E mais: esse conhecimento intuitivo não é direto! Nunca temos acesso ao próprio tempo, mas às coisas que estão no tempo e mudam com o tempo. Percebemos a mudança, não o tempo. É o que já assinalava David Hume: "Toda vez que não temos percepções sucessivas, não temos noção do tempo, mesmo se houvesse uma sucessão real nos objetos [...] O tempo não pode fazer sua aparição nem completamente só, nem acompanhado de um objeto constante e invariável, mas se deixa sempre descobrir por alguma sucessão perceptível de objetos mutáveis"[3]. Passou o tempo porque agora não chove mais, porque eu dormi, porque o ponteiro do relógio se moveu, porque meu filho cresceu etc. É a razão pela qual temos a impressão, enganadora, de que, se as coisas parassem de mudar, o próprio

2. Santo Agostinho, *As confissões*, livro XI, cap. XIV, p. 17.
3. David Hume, *Tratado da natureza humana*, livro II, seção III.

tempo pararia. Em versos que todos os escolares franceses conhecem, o poeta romântico Lamartine escreveu:

Ô temps! Suspends ton vol, et vous, heures propices,
Suspendez votre cours:
Laissez-nous savourer les rapides delices
Des plus beaux de nos jours![4]

Mas o filósofo poderia responder ao poeta: "Que o tempo suspenda seu voo, admito! Mas... por quanto tempo?". Percebe-se que o poeta é vítima, como todo mundo, de uma confusão entre o tempo e os acontecimentos temporais. Pois mesmo se pudéssemos deter o curso dos acontecimentos – e é o que desejamos nos momentos de alegria –, mesmo se as coisas pudessem se manter numa espécie de presente perpétuo, mesmo se o devir das coisas se detivesse, o tempo, ele, não se deteria. O futuro seria talvez semelhante ao presente, mas o tempo continuaria seu curso igual. O imutável parece atemporal, quando ele pertence à duração.

Os poetas não são os únicos a fazer essa confusão entre a forma do tempo e seu conteúdo. Ela acontece com sociólogos, psicólogos ou mesmo filósofos. Alguns sociólogos falam, por exemplo, de aceleração do tempo. Com o progresso das ciências e das técnicas, ou ainda com o desenvolvimento do capitalismo financeiro ou da globalização, eles dizem que o tempo se acelera. Mas, não, o tempo não se acelera! O que se passa é que há cada vez mais ações ou acontecimentos no mesmo lapso de tempo – ou talvez apenas se tenha essa impressão. Mas o tempo, em si, vai sempre na mesma velocidade, já que o tempo serve para medir a velocidade. Mais precisamente, a velocidade é uma derivada em relação ao tempo. Portanto, falar de uma velocidade do tempo é incoerente, pois suporia poder exprimir a variação do tempo em relação a si mesmo. O tempo segue sempre à velocidade de um segundo por segundo ou de uma hora por hora!

Outras confusões resultam da identificação do tempo com seu conteúdo. Alguns historiadores da filosofia dizem que os gregos tinham uma

---

4. "Ó tempo! Suspende teu voo, e vós, horas propícias, / Suspendei vosso curso: / Deixai-nos saborear as rápidas delícias / De nossos mais belos dias!"

concepção cíclica do tempo. É absurdo. Claro que eles podiam, como outros povos, ser sensíveis ao caráter cíclico de certos fenômenos naturais: o movimento dos astros, o retorno das estações, por exemplo. Pode-se acreditar também no ciclo dos nascimentos e das mortes, na repetição dos mesmos acontecimentos a intervalos regulares, e mesmo no eterno retorno. Por que não? Pode-se postular que os acontecimentos sejam cíclicos. Mas isso provaria apenas que o tempo não o é. A exata repetição do mesmo acontecimento, alguns séculos ou milênios mais tarde, provaria que os fenômenos são cíclicos, mas o tempo, ele, continuou de forma totalmente linear, retilínea. Pois, se o próprio tempo fosse cíclico, isso implicaria que o mesmo *momento* se repete a intervalos regulares. E, se for realmente o mesmo momento, ele se confunde com o precedente: os dois momentos são indiscerníveis, os dois acontecimentos se desenrolam, portanto, *ao mesmo tempo*, sendo um único e mesmo acontecimento. Logo, a ideia de tempo cíclico concebida como eterno retorno é topologicamente incoerente: dizer que o mesmo acontecimento se repete a *intervalos regulares* (uma volta completa do círculo) é simplesmente dizer que o mesmo momento ocorre em momentos diferentes, o que é contraditório. Afirmar o eterno retorno é supor que o tempo é retilíneo. Tudo isso prova que a forma do tempo não deve ser confundida com seu conteúdo, os acontecimentos temporais.

E o futuro? A língua francesa é uma das raras a dispor de duas palavras, difíceis de distinguir, para designá-lo: *futur*, isto é, o tempo futuro, e *avenir* (o que ainda não é, o que está *por vir*). Pode-se dizer que *avenir* designa mais os acontecimentos "por vir", e *futur*, a parte do tempo que ainda não é presente. Assim o porvir é sempre diferente, os acontecimentos por vir não sendo os mesmos que os acontecimentos passados. "O porvir não é mais o que era" significa então que não representamos mais o porvir como o representávamos outrora. Mas o futuro, enquanto futuro, é sempre o mesmo. Ele é e continua sendo futuro. É uma dimensão essencial e constitutiva da temporalidade. Inclusive dizer que o futuro é *possível* é ainda confundir o tempo e seu conteúdo. O futuro, como dimensão do tempo, é tão real quanto o presente. Só que ainda não é, eis tudo. É a parte do tempo que nunca atingimos, mas que representamos sempre.

Aliás, essa distinção do tempo e de seu conteúdo nos oferece um meio indireto de definir o tempo. Basta justamente abstrair as coisas temporais.

Façamos uma experiência de pensamento. Representemos o mundo ao redor. Suprimamos em pensamento todos os corpos que o habitam. O que resta? Nada? Não: resta o espaço no qual se achavam esses corpos. Resta também o tempo no qual se desenrolavam todas as mudanças que aconteciam aos corpos, isto é, os acontecimentos. O espaço aparece como uma espécie de forma vazia na qual se podem introduzir corpos de três dimensões. Retiremos então o espaço. O que resta? Nada? Não: resta o tempo no qual e pelo qual pensamos. O tempo aparece como uma espécie de forma vazia na qual se podem introduzir processos de uma dimensão: as mudanças que acontecem às coisas sensíveis (os corpos extensos no espaço) e aos pensamentos, o nosso. Eis o que ilustra a distinção entre a forma do tempo e seu conteúdo. Os acontecimentos são sempre distintos, o tempo permanece imutavelmente o mesmo. Essa, pelo menos, era a concepção de Newton: "O tempo absoluto, verdadeiro e matemático, sem relação a nada de exterior, escoa uniformemente e chama-se *duração*"[5]. É também a concepção de Kant, para quem o tempo era uma forma pura, aquela pela qual percebemos as coisas exteriores e nossos próprios pensamentos, um quadro *a priori* no qual vêm se instalar, *a posteriori*, todos os fenômenos percebidos, estejam eles em nós ou fora de nós.

Mas talvez o tempo não seja uma forma sem conteúdo. Pois o que seria um tempo vazio, uma duração sem nada que dure? Absolutamente nada. Segundo a concepção de Leibniz, oposta nesse ponto à de Newton, sem acontecimentos não haveria tempo[6]. O tempo não é uma substância que existe por si mesma e que os diversos acontecimentos que nele se desenrolam, reais ou possíveis, viriam preencher: é simplesmente uma *relação* entre os acontecimentos existentes. O mesmo se dá com o espaço, com a única diferença de que o espaço e o tempo não definem o mesmo tipo de relações entre as coisas. O espaço é uma ordem de coexistências: ou seja, os existentes que são compatíveis entre si podem estar, um em relação ao outro, numa relação espacial. Assim Sócrates e Platão podem existir no mesmo espaço sem contradição. Já o tempo é uma ordem de sucessão: os existentes incompatíveis só podem coexistir sucessivamente, isto é, numa relação temporal, um antes do outro ou um depois do ou-

---

5. Isaac Newton, *Princípios matemáticos da filosofia natural*, tomo I, definição VIII, escólio I.
6. Sobre a controvérsia Leibniz-Newton, ver em particular, de Leibniz, "Terceira carta a Clarke", *Correspondance Leibniz-Clarke*, Paris: PUF, 1957, pp. 53-54.

tro, mas não simultaneamente. Assim, "Sócrates sentado" e "Sócrates de pé", sendo contraditórios, um não pode existir se o outro existe. Ambos podem existir, mas sucessivamente. O tempo não é mais que essa *relação* de incompatibilidade entre estados do mundo igualmente existentes.

Seja como for, isso não muda em nada nossa experiência de pensamento inicial. Que o tempo possa existir sem os acontecimentos (como quer Newton) ou que ele não exista independentemente dos acontecimentos (como quer Leibniz), as propriedades do tempo não são as dos acontecimentos. Ainda que os acontecimentos temporais sejam sempre diferentes, o tempo, ele, é constante (nunca muda); é unidimensional (ao contrário do espaço tridimensional), é unidirecional (vai sempre no mesmo sentido, irreversivelmente) e é denso (há um instante entre todo par de instantes distintos).

Concluamos então provisoriamente. O tempo é imutável. E, desse ponto de vista, o futuro como dimensão do tempo é também sempre o mesmo.

A FLECHA E O RIO

Não podemos, porém, nos contentar com isso. Foi dito que não se devia confundir o tempo e seu conteúdo. Mas não se deve tampouco confundir o tempo com a maneira pela qual ele nos aparece. Se retirarmos todos os acontecimentos, resta o tempo – e, portanto, o presente, o passado e o futuro, puros e sem conteúdo. Mas isso é realmente certo? É certo que, no próprio tempo, há presente, passado e futuro?

Recorramos desta vez não mais a uma experiência de pensamento, mas às imagens que associamos espontaneamente ao tempo. Podemos distinguir duas principais: o rio e a flecha. Acontece-nos de pensar o tempo como uma flecha. Olhamos, por exemplo, uma imagem da evolução das espécies na Terra, ou então a história dos Jogos Olímpicos. Representamos uma flecha orientada da esquerda para a direita. Imaginamos que o tempo passa como um trem que veríamos passar sempre na mesma direção e à mesma velocidade, irreversivelmente, percorrendo diferentes etapas, com a única diferença de que o tempo não passa da esquerda para a direita mas, sim, do antes para o depois, irrevogavelmente. O tempo é isso mesmo: é o que faz que o posterior *siga* sempre e necessariamente o anterior. A flecha representa a irreversibilidade do tempo[7]. Sobre a flecha, as diferentes etapas poderiam ser datadas: "Os Jogos Olímpicos do Rio de Janeiro em 2016 vêm *depois* dos de Londres, mas *antes* dos Jogos Olímpicos de Inverno de Pyongyang em 2018". Ou ainda: "A batata estava crua, foi colocada na água fervente e, vinte minutos *mais tarde*, estava cozida". O que está "antes" precede o que vem "depois" – do cru ao cozido, de 2012 a 2016 e depois a 2018, irreversivelmente.

Mas, nesse vetor indefinido, onde está o presente? Poderia estar em qualquer ponto. Não está em nenhum em particular. E nós, onde estamos? Nada o indica *a priori*. O que importa é a relação entre os acontecimentos. Na flecha não há nem presente, nem nós. Poderíamos estar em qualquer ponto; vemos o mundo e seus acontecimentos expostos diante de nós e estamos fora do tempo. Em contrapartida, podemos nos imaginar imersos no "rio do tempo". O tempo escoa ao redor de nós sem que possamos detê-lo. Somos imóveis e o tempo é que parece passar. O futuro está diante de nós, o passado, atrás. E nós estamos sempre no presente, sem nunca poder sair desse "agora". Pensamos coisas como: "*Ainda não são oito horas*". Pensamos que os Jogos Olímpicos do Rio são futuros, enquanto os de Londres já pertencem ao passado. Pensamos que o ano de 2012, que *ontem* era futuro, é *hoje* presente e *amanhã* será passado.

Outro poeta francês, Apollinaire, do século xx, descreve bem essa experiência:

> *Sous le pont Mirabeau coule la Seine*
> *Et nos amours*
> *Faut-il qu'il m'en souvienne*
> *La joie venait toujours après la peine*
> *Vienne la nuit sonne l'heure*
> *Les jours s'en vont je demeure*[8]

---

7. O que os físicos chamam, desde Eddington, a "flecha do tempo" não se confunde, a rigor, com essa irreversibilidade que faz parte intrínseca do conceito de tempo. A "flecha do tempo" dos físicos, especialmente em termodinâmica, não se refere à assimetria constitutiva do próprio tempo, mas à de certos processos físicos (como a entropia crescente de um sistema). Quanto à assimetria do tempo, a única que nos interessa aqui, ela caracteriza todos os processos físicos, mesmo os da dinâmica newtoniana que, como se sabe, poderiam se desenrolar do mesmo modo "nos dois sentidos" do tempo.

8. "Sob a ponte Mirabeau corre o Sena / E nosso amor / É preciso trazê-lo à cena / Vinha sempre a alegria após a pena / Venha a noite, soe a hora / Os dias se vão, não vou embora." (Trad. Virna Teixeira).

Sim, tenho exatamente esse sentimento de estar no rio do tempo: sem fazer nada, sem jamais me mover, envelheço, pois é o tempo que age sobre mim. Ele passa. O presente nunca é o mesmo, enquanto eu sou sempre eu, sempre no presente. Como eu poderia me mover? Não posso nem retornar ao passado, nem ir em direção ao futuro.

Comparemos essas duas imagens, o rio e a flecha. O que elas têm em comum é que dizem a mesma topologia do tempo: o tempo é linear, unidimensional, unidirecional e denso. Mas há duas importantes diferenças.

A primeira se deve ao vocabulário, ou melhor, à lógica. Na flecha se utilizam datações *absolutas* (2012, 2016, 2018), ao passo que no rio se utilizam datações *relativas* à posição daquele que fala: "hoje", "ontem", "amanhã", "há duas horas", "daqui a duas horas", assim como, é claro, "presente", "passado", "futuro". Inversamente, a flecha nos informa *objetivamente* sobre a relação entre os acontecimentos, a maneira como se situam uns em relação aos outros: "antes" ou "depois", "anteriormente" ou "posteriormente", e até mesmo "simultaneamente". Já o rio nada nos diz sobre a relação entre os acontecimentos, mas apenas sobre a posição subjetiva que eles ocupam em relação a nós: são presentes, isto é, existem ao mesmo tempo em que falamos ou em que existimos; são passados, isto é, existem anteriormente a nós; são futuros, existem posteriormente ao nosso presente.

A segunda diferença é mais espantosa. Essas duas imagens do tempo parecem nos dizer o contrário uma da outra. No primeiro caso, segundo a imagem da flecha, o tempo parece ir *no sentido contrário* do rio, seguindo *em direção ao* futuro: os Jogos Olímpicos de 2012 precedem os de 2016, o cru precede sempre o cozido, o nascimento dos seres precede sempre sua morte, todas as coisas, ao envelhecerem, vão em direção a seu fim (futuro). No segundo caso, conforme a imagem do rio, o tempo parece *vir do* futuro: um acontecimento dado (por exemplo, os Jogos Olímpicos do Rio) ainda não existe, portanto é futuro, ele será; *depois* esse futuro se aproxima cada vez mais para finalmente se tornar presente, ele é; e por fim ele se afasta de nós, torna-se passado, ele foi. De um lado, com o tempo da flecha, as coisas parecem ir rumo ao futuro; de outro, com o tempo do rio, as coisas parecem ir rumo ao passado. É estranho. Seria o tempo como a flecha que vemos passar, ou seria como o rio no qual estamos? O futuro é o que nos precede ou é o que segue nosso tempo?

Na verdade, a segunda diferença pode se explicar pela primeira. Na primeira imagem há somente relações temporais, anterior/posterior/simultâneo – o que o filósofo McTaggart[9] chamou as relações B; mas não há presente. Na segunda imagem há propriedades temporais absolutas (presente/passado/futuro), o que McTaggart chama as relações A. Mais importante: estamos fora da flecha do tempo, ao passo que estamos dentro do rio do tempo. O que chamamos tempo, na flecha, é o fato de as coisas mudarem ou os acontecimentos se sucederem. No rio, vemos o desenrolar do tempo a partir da posição fixa que ocupamos na duração, o presente. Esse presente é sempre o nosso, portanto é sempre o mesmo enquanto presente; mas ao mesmo tempo ele é sempre outro em seu conteúdo. O que chamamos "tempo", no rio, é o fato de o mesmo tempo presente ter sempre um conteúdo distinto. É como se guardássemos um ponto fixo na flecha do tempo e quiséssemos nele representar a passagem do tempo. Sendo fixo esse ponto, é a flecha que iria em sentido inverso, os acontecimentos se tornando passado à medida que o tempo passa.

A partir daí se colocam as seguintes questões. Qual é a melhor representação do tempo? O tempo *em si mesmo* tem necessidade das propriedades A ou pode se contentar com as relações B? Em outras palavras, o presente, portanto o passado e o futuro existem objetivamente ou apenas subjetivamente? Se não há nem passado nem futuro no mundo, a ideia de que o passado é necessário e de que diversos futuros são sempre possíveis é ela mesma uma ilusão: uma ilusão devida à nossa limitação de seres temporais. É o que precisamos agora examinar.

A FLECHA OU O RIO?

Partimos de uma evidência. O presente é a própria realidade. O futuro é apenas possível, só existe em nossa imaginação, na esperança ou no temor; e o passado só existe em nossa lembrança, na saudade ou na nostalgia. No fundo, o presente não só é claramente real, mas nenhuma outra coisa é real senão o presente, a ponto de ele ser, parece, o único estado de coisas a respeito do qual a questão de sua realidade não pode se colocar.

---

9. J. M. E. McTaggart, "The Unreality of Time", *Mind*, n. 17, 1908, e *The nature of existence*, ii, Londres: Cambridge University Press, 1927, cap. 33.

Mas façamos agora esta pergunta: será mesmo que o presente é real? Demos a palavra, portanto, aos adversários do rio, aos partidários da flecha. Eles têm dois tipos de argumentos: lógico e físico.

Comecemos pelo argumento lógico. Referir-se ao presente implica o ponto de vista de uma consciência. De fato, se tivéssemos nascido na época da República Romana e não no século xx, o acontecimento "Bruto mata César" seria presente e não passado. Para os nossos tataranetos, os Jogos Olímpicos do Rio serão passado. Ora, a realidade não depende de maneira alguma do ponto de vista de quem fala ou de quem pensa sobre ela. Um ponto de vista objetivo sobre o mundo não deve depender da posição particular de quem o descreve. Ora, o presente depende do momento no qual se fala dele. Logo, um ponto de vista objetivo sobre o mundo deve excluir o presente, assim como o passado e o futuro.

Examinemos melhor esse argumento lógico. Pode-se fazer o paralelo com o raciocínio que se faz espontaneamente a propósito do espaço. "Aqui" e "lá" não têm valor objetivo algum: essas indicações dependem do ponto de vista de um observador particular. Quando digo "aqui" designo o lugar onde estou, e quando você diz "aqui" está designando outro lugar, aquele onde você está. É exatamente como quando se diz "eu". Essa palavra tem sempre o mesmo sentido, designa sempre a pessoa que fala. Mas, como em geral é sempre outra pessoa que fala (não neste instante, reconheço!), "eu" designa a cada vez outra pessoa. "Aqui", "lá" ou "eu" não existem objetivamente. O que existe não são essas *determinações* subjetivas, mas *relações* espaciais: longe de Paris ou perto do Rio de Janeiro. E essas relações podem ser conhecidas porque são objetivamente mensuráveis: cinco metros, nove mil quilômetros etc. É aí que começa o conhecimento objetivo da realidade, por oposição à simples descrição subjetiva, como quando se diz: "é longe daqui". O mesmo acontece com o tempo, dirá o partidário da flecha: assim como o espaço compreende apenas *relações* entre lugares (afastamento/proximidade) – relações objetivamente mensuráveis e, portanto, conhecíveis –, o tempo comporta apenas *relações* entre acontecimentos (anterioridade/posterioridade) – relações igualmente mensuráveis: cinco minutos, dez dias, 15 séculos. É somente quando o observador privilegia, por razões psicológicas, o ponto de vista *egocêntrico* que ocupa no espaço ou na flecha do tempo (ele vive no século xx e não no xix) é que ele dará realidade ao presente, ao passado ou ao futuro. Uma descrição objetiva do mundo não deve, portanto, comportar essas noções. Assim como a palavra "aqui" designa o lugar singular onde é enunciada, assim como a palavra "eu" designa o locutor que a cada vez a enuncia, assim também a palavra "presente" designa o momento variável no qual é enunciada. Uma linguagem perfeita deveria, em teoria, se abster desses termos "indexicais" e substituí-los por equivalentes objetivos, como "aquele que fala no Rio, em 29 de agosto, na Academia Brasileira de Letras", no lugar de "eu", "o momento em que Wolff fala" por "agora", ou "2012" por "presente". Portanto, o mundo não conhece nem presente, nem passado, nem futuro. Um ponto para o partidário da flecha.

A esse argumento lógico ele poderá acrescentar um argumento físico. A Teoria da Relatividade Restrita, de Einstein (confirmada desde mais de um século por inúmeros fatos de experiência), trouxe uma prova suplementar que parece sem apelação. Mesmo os que não a conhecem não ignoram que ela limita a noção de simultaneidade aos acontecimentos observados a partir de um referencial: se dois acontecimentos são simultâneos num referencial dado, eles não são mais simultâneos noutro referencial em movimento em relação ao primeiro. Consequentemente, o presente é um efeito da posição do observador. No mundo mesmo não há presente absoluto, logo não há tampouco futuro, apenas uma *relação* entre certos acontecimentos: alguns são posteriores a outros. Mas é preciso também que eles estejam conectados entre si, porque pertencem ao mesmo cone de luz. Somente nessa hipótese eles podem estar ligados por uma relação de ordem temporal (tal acontecimento x é anterior a tal acontecimento y, mas não o inverso) ou de causalidade (x pode ser causa de y, mas y não pode ser causa de x). Isso marca dois pontos a favor da flecha contra o rio.

O que pode responder o partidário do rio? Lembremos o que está em jogo: ninguém contesta que "presente", "passado" e "futuro" existem para nós. O problema é saber se existem em si, no mundo.

Ao argumento científico da Relatividade Restrita se pode objetar que as teorias físicas não têm o monopólio da descrição objetiva da realidade. Assim, dizemos que a mesa, a cadeira, a Terra, a Lua são *reais*, quando, de um ponto de vista físico, são apenas átomos, elétrons e *quarks*. Há coisas que são objetivamente reais no mundo e que não dependem das leis da física. Portanto, mesmo se, do ponto de vista do realismo científico, no espaço-tempo da Relatividade Restrita, a noção de presente não tem sentido algum, não se pode negar que, segundo o realismo natural, o presente é de fato real, tão real quanto a cadeira ou a mesa. No mundo em que vivemos e pensamos, o presente existe independentemente de nós, e é esse presente que delimita o que deixou de ser real de um lado (o passado) e o que ainda não é real (o futuro). O presente é claramente real. E o futuro será em breve real. Um ponto para o rio.

Resta o outro argumento, o argumento lógico. O partidário do rio contestará o paralelismo entre "aqui" e "presente". Ele dirá: "presente" não pode ser subjetivo no mesmo sentido que "aqui". Quando estou "aqui", sempre posso escolher ir a outra parte, a um lugar que, uma vez atingido, poderá ser designado como "aqui" e de onde o que designo atualmente como "aqui" poderá ser chamado "lá". Mas não posso fazer o mesmo em relação a "agora". Não posso decidir, por exemplo, ir em direção ao que me aparece atualmente como passado – o passado está fora do meu alcance e do alcance de qualquer outro. O presente me é sempre imposto sem que eu o possa escolher ou mudar. Certo, é preciso perceber diferenças. Se não é possível ir em direção ao que é agora passado, é possível ir em direção ao que é atualmente futuro. Na verdade, isso não é somente *possível*, é absolutamente *necessário*. É tão *impossível* para mim, queira ou não, ir ao que é agora o passado, quanto me é *necessário*, queira ou não, ir em direção ao que é agora o futuro. Nem uma coisa nem outra dependem de mim. Ambas dependem do próprio tempo. E isso é a realidade do tempo! Enquanto depende de mim, e não – ou não apenas – da estrutura objetiva do espaço, ir a esse ou àquele ponto do espaço ou vir deles – e é o que define a ordem espacial das posições – não depende de mim, mas apenas da estrutura objetiva do tempo, ir a determinado instante do tempo – e é o que define a ordem temporal irreversível de sucessão, por oposição à das posições. Sou eu que me desloco no espaço, enquanto, inversamente, parece ser o tempo que "se desloca" em relação a mim: os acontecimentos estão *por vir* antes de serem presentes e se tornarem passados. Enquanto o espaço aparece intuitivamente como aquilo no qual podemos nos mover, o tempo aparece intuitivamente como o que se move, o que não pode deixar de se mover, queiramos ou não. Depende de mim estar aqui e ir a outra parte, em conformidade com a ordem do espaço, enquanto não depende de mim, mas da *ordem do tempo*, que o que é presente seja de fato presente e se torne passado.

Temos então mais um ponto a favor do partidário do rio. Igualdade: dois pontos de cada lado.

Quem está certo, quem está errado? O que acredita no presente (ou seja, o partidário da imagem do rio) ou o que pensa que o presente é somente uma ilusão subjetiva (ou seja, o partidário da imagem da flecha)? Impossível dizer. Num sentido, parece-nos que o que acontece agora nunca aconteceu e que, portanto, é objetivamente real. Noutro sentido, parece-nos que, quando dizemos que uma coisa acontece agora, é simplesmente porque somos contemporâneos dela, e o que nos aparece como passado ou futuro é tão objetivamente real quanto o que é presente para nós. Por que então deveríamos privilegiar nosso ponto de vista?

As duas posições parecem igualmente sustentáveis, mesmo sendo incompatíveis. Mas talvez elas sejam, de maneira mais grave, igualmente insustentáveis.

Com efeito, retomemos a imagem da flecha. Os acontecimentos estão ligados aos outros por relações de "simultaneidade, anterioridade, posterioridade". Mas essas relações são imutáveis, e a descrição realista do mundo é necessariamente atemporal. É verdade por toda a eternidade que "César entra em Roma antes de ser assassinado por Bruto". É verdade por toda a eternidade que os Jogos Olímpicos do Rio acontecem quatro anos *depois* dos de Londres: isso é verdadeiro agora, como era verdadeiro no passado, como será verdadeiro para sempre – tão atemporalmente verdadeiro como dois e dois são quatro tanto hoje como ontem. Na flecha do tempo todas as relações são eternas. Nada muda. Mas como poderia haver tempo se nada muda? Não há realmente tempo, somente eternidade. De fato, não há sentido em falar de mudança se não se pode distinguir o que é, o que foi e o que será. Na flecha do tempo tudo é fixo, imutável, invariável. Para quem vê o mundo de fora, isto é, do ponto de vista eternalista de um Deus que sabe tudo sobre tudo e que abarca tudo num único olhar, assim como podemos abarcar num olhar o espaço diante de nós, não há tempo: se não estamos no mundo, se nos pensamos como estando fora do mundo, se ele é como a flecha diante de nós, de uma vez por todas, sem passado nem futuro, não há tempo.

Então, para poder pensar a mudança no mundo e, portanto, o tempo, seria preciso mergulhar de novo no rio do tempo e admitir que tudo muda o tempo todo: o que é futuro se torna presente, depois se torna passado.

"Les jours s'en vont, je demeure" [Os dias se vão, não vou embora], como dizia Apollinaire. Mas aí deparamos com outra dificuldade. Se há presente no mundo, se ele é real, se não é somente uma ilusão devida à nossa posição na história do mundo, então o passado não é real, uma vez que o presente cessa imediatamente de ser real assim que se torna passado. E o futuro o é ainda menos, uma vez que ainda não é real. Se há presente, *há somente* o presente, o resto não existe. Mas nesse caso como seria possível a mudança? Um ser perfeita e totalmente consciente do estado do mundo, mas que não tivesse memória do passado nem imaginação do futuro, saberia *tudo* da realidade, da realidade presente, mas nada veria mudar, uma vez que, para poder dizer que uma coisa muda, é preciso poder dizer que ela não era o que é agora. É preciso poder lembrar o que era essa coisa, ou poder imaginar o que ela haveria de ser antes que fosse. Mas a memória do passado e a imaginação do futuro não são características do mundo, e sim da nossa consciência. Num mundo em que o presente é real, ele é o único a existir. Caímos desta vez numa outra negação do tempo: o presentismo.

A imagem da flecha nos permite assim pensar a realidade das relações entre os acontecimentos do mundo, mas, como é desprovida de presente, passado e futuro, ela nos condena a uma visão eternalista que nos impede de pensar o tempo. A imagem do rio, ao contrário, nos permite pensar a realidade do presente, mas, como exclui a realidade do passado e do porvir, nos condena a uma visão presentista que nos impede igualmente de pensar o tempo.

O tempo é uma ilusão? Certamente não, mas é impossível encerrá-lo num conceito sem esbarrar em dificuldades insuperáveis ou em contradições. O presente é uma ilusão? Certamente não, mas é impossível dizer se ele existe fora de nós ou por nós, se depende do mundo ou de nossa consciência.

DE VOLTA AO FUTURO

Mas voltemos ao futuro. O futuro é aquele dos três modos da temporalidade que tem menos existência. Em seu conteúdo, em primeiro lugar. Por um lado, ele não é mais o que era; por outro, ele muda o tempo todo. Mas, desse ponto de vista, ele não é muito diferente, como vimos, do passado e do presente, que igualmente mudam o tempo todo. Em sua forma, em segundo lugar. Porque ainda que admitamos que o presente existe realmente, no mundo e não apenas em nossa consciência, o futuro, ele mesmo, só existe em nossa imaginação. O futuro é assim o único tempo que, de qualquer maneira, só existe em função de nós.

Esse futuro varia em função do nosso presente, já que vivemos necessariamente nesse presente. Pois vivemos hoje, não ontem nem amanhã. É o que dizia Pascal que via nisso um sinal inevitável da fraqueza humana.

> Nunca nos contentamos com o tempo presente. Antecipamos o futuro como demasiado lento a vir, como para apressar seu curso; ou lembramos o passado, para detê-lo como demasiado rápido: imprudentes, erramos nos tempos que não são nossos e não pensamos no único que nos pertence; e vãos, sonhamos com os que não existem mais e evitamos sem reflexão o único que subsiste. [...] Se cada um examinar seus pensamentos, verá que todos se ocupam com o passado e o futuro. Quase não pensamos no presente; e, se pensamos, o passado e o presente são nossos meios; somente o futuro é nosso fim. Assim nunca vivemos, mas esperamos viver; e, dispondo-nos sempre a ser felizes, é inevitável que nunca o sejamos[10].

Vivemos necessariamente no presente. Por isso ele é para nós o único tempo real. Toda existência, toda consciência também, se faz no presente. Pascal retoma aqui uma ideia de Santo Agostinho:

> É evidente e claro que nem o futuro nem o passado existem, propriamente falando, e que é impróprio dizer: há três tempos, o passado, o presente e o futuro; mas seria exato dizer: há três tempos, um presente acerca do passado, um presente relativo ao presente, um presente acerca do futuro. De fato, há na alma essas três instâncias, e não as vejo noutra parte: um presente relativo ao passado, a memória, um presente relativo ao presente, a percepção, um presente relativo ao futuro, a espera...[11]

10. Pascal, *Pensées*, Paris: Brunschvicg (ed.), 1994, n. 172; Lafuma (ed.), 1992, n. 47.
11. Santo Agostinho, *As confissões*, op. cit., livro XI, cap. XV.

Francis Wolff **59**

Para a consciência, portanto, há somente o presente; pois o passado não é senão a memória presente do passado, e o futuro não é senão a imaginação presente do futuro. Quando no futuro nos lembrarmos desse presente, que será então passado, o traremos de volta ao presente. Será apenas outro presente. Não saímos dele. Estamos de volta ao rio.

Mas, para poder viver no presente, devemos, é inevitável, considerar sempre o futuro. Vemo-lo chegar. Do lugar onde estamos, vemos a água do futuro a montante de nós. Estamos aqui, mas para estar aqui devemos olhar adiante de nós, para além. Estamos no presente, mas devemos a todo instante ver o porvir, *prevê-lo*. Uma ação, importante ou banal, é intencional, caso contrário não seria uma ação, seria apenas um gesto mecânico ou um acontecimento independente de nossa vontade. Ora, toda intenção supõe a imaginação de um alvo e, portanto, a invenção de um futuro ainda inexistente. Viver no presente é querer, é desejar, é esperar outra coisa que não é presente. Portanto, é projetar-se no futuro. Eis por que, também, sabemos que morreremos um dia, mas para nós é tão difícil imaginar isso.

A propósito, não conheço frase mais consoladora e mais profunda que a da psicanalista Françoise Dolto a uma criança que tinha medo de morrer. "Quando se morre?", esta perguntou, como todas as crianças. Ela respondeu: "Morre-se apenas quando se acabou de viver". A resposta parece uma brincadeira, uma simples tautologia: "Evidentemente, pensamos, morreremos quando cessarmos de viver, já que a morte é por definição o fim da vida!". No entanto, é a resposta mais profunda que conheço. Pois o que nos apavora realmente, a nós, tanto crianças como adultos, é justamente isso: não é o medo da morte, sobretudo quando pensamos que a morte é somente o nada, a ausência de consciência, é o medo de morrer demasiado cedo. Demasiado cedo, isto é, antes de ter realmente acabado de viver. Temos o sentimento de que nunca acabaremos de viver, porque há sempre algo a viver – isto é, a desejar. Portanto, não tememos a morte em si, isto é, o estado de não vida ou o fato de não existir mais, como tampouco podemos sentir falta do tempo antes do nosso nascimento. Não tememos a morte *depois* da vida, mas a morte *dentro* da vida. Ora, a vida dentro da vida, a vida da vida, é o desejo. Tememos já estar mortos quando estamos ainda vivos, tememos estar ao mesmo tempo vivos e mortos, estar fora do mundo quando ele continua a avançar sem nós e quando nós mesmos continuamos a desejar, a desejar desejar, a desejar no presente sempre outro futuro. Pois viver é isso. É estar voltado sempre para o futuro, ao futuro imediato de nossas intenções, ao futuro distante de nossas aspirações, para nós ou para nossos filhos, nossos amigos, nossos irmãos humanos. "Nunca nos contentamos com o tempo presente", disse Pascal. "Erramos necessariamente num tempo que não é nosso, o futuro", porque no presente se pode viver apenas a representação do futuro. A imagem do rio é talvez ilusória, mas é uma ilusão vital.

Quanto ao futuro, ele é seguramente uma ilusão, uma pura ilusão. Existe apenas em função da nossa imaginação, em nossos temores e esperanças, em nossos medos e desejos. Pois só o presente existe. É aí que somos, é no presente que vivemos. Mas não é o presente que nos faz viver. Pois se nos ocupássemos só do que o presente nos dá, não viveríamos, nos contentaríamos em sobreviver, sem finalidade. Um ser inteiramente voltado para a realidade, mas sem memória nem desejo, talvez pudesse saber tudo, mas não teria razão alguma de viver. Pascal tinha razão: somos incapazes de nos contentar com o presente, o único tempo existente. Sentimos a necessidade de imaginar, de sonhar, de desejar sempre um futuro inexistente. Estamos condenados a viver no presente, mas dele nos libertamos pela imaginação do futuro. Libertamo-nos do presente, que existe, nos voltando sempre a um futuro que não existe. Que não existe, mas que nos faz existir, dando sentido à nossa existência. O futuro, portanto, não é mais o que era. Ele está sempre por se reinventar. Essa é a verdadeira definição da liberdade humana.

O visível e o invisível do tempo

Franklin Leopoldo e Silva

Dentre as muitas maneiras de qualificar o que há de surpreendente e insólito na experiência do tempo, talvez devêssemos inscrever o par de noções que descreve as atitudes de fascínio e violência, componentes de nossa reação à condição temporal que nos define e nos aflige.

O fascínio exercido pelo tempo provém de nossa dificuldade para representar a contradição entre ser e não ser, dualidade que manifesta o grande interdito que a filosofia teve de observar desde os seus inícios como impossibilidade ontológica e como contradição lógica. De alguma forma, vive-se nesta impossibilidade o paradoxo de pensar aquilo que não podemos e não devemos pensar – ou a situação crucial experimentada no limite entre a plástica apolínea da ordem e o pressentimento dionisíaco do absurdo. Um tipo de fascínio, portanto, que nos coloca diante do desconhecido e da morte, pois o tempo traz como dificuldade intrínseca à possibilidade de sua representação o fato de que não se funda no que há de apreensível na realidade, mas sim naquilo em que ela nos escapa, isto é, não no seu aparecimento, mas no seu desaparecimento. A transformação ou o movimento de mudança pode ser evolução ou mutilação, progresso ou regressão, mas o motor da transformação, o ritmo do devir, parece estar relacionado com o jogo mortal da transitoriedade, em que o tempo aparece como o grande devorador.

Há, portanto, nesta relação de fascinação algo de violento que torna o enfrentamento direto do tempo algo insuportável e, ao mesmo tempo, traço essencial da consciência de si, que para o ser humano é o reconhecimento da mortalidade. Ora, esta violência que o tempo exerce sobre nós provoca uma reação de nossa parte, que é a violência que exercemos sobre o tempo. Com efeito, a história da filosofia, vista através de perspectiva crítica, como a de Nietzsche, por exemplo, teria sido um constante e reiterado esforço para pacificar a força desordenada com a qual muitas vezes o devir se apresenta, quando transformação e movimento de destruição se identificam no ritmo da dissolução das coisas, da fragilidade da existência e da vulnerabilidade do eu. Resistimos à violência pela violência, porque a fraqueza humana se vale da força simbólica para colocar, ante o poder inerente à passagem do tempo, o poder humano da representação da permanência em si de uma realidade que seja essencialmente imune ao processo temporal ou que se possa afirmar, diante da temporalização, como absoluta e necessariamente real.

Neste sentido, não seria exagero dizer que, no âmbito da cultura filosófica firmada na tradição, o tempo aparece como algo a ser superado, seja como aparência, seja como desordem, seja como concepção insuficiente da realidade no seu ser. Esta oposição entre verdade e temporalidade seria o pressuposto subjacente às categorias filosóficas construídas para expressar a lógica do pensamento e sua vocação para a afirmação do absoluto. Esta foi a constatação de Bergson e, também, a raiz de uma profunda revisão do modo de pensar filosófico a partir da crítica desta diretriz fundamental, que consiste em fazer do conhecimento e da prática a adoção de procedimentos essencialmente voltados para a anulação da realidade e dos efeitos da duração temporal. A originalidade de Bergson consiste numa atitude radical: a denúncia de que o paradigma de racionalidade, vigente na filosofia e nos saberes que a partir dela se formaram (ciências), consiste em identificar a verdade (teórica e prática) com a anulação sensível e intelectual do tempo na sua característica mais própria, que é a duração (passagem, processo), e a substituição da temporalidade por uma articulação categorial que privilegie a permanência, a subsistência, a estabilidade e todas as formas de confirmar o pressuposto da prioridade do ser sobre o vir a ser, em suma, da imobilidade sobre o movimento. A pretensão de um conhecimento metafísico da eternidade é a manifestação mais completa da grande recusa do tempo que se mostra historicamente constitutiva da filosofia.

Para compreender esta recusa, tão constante, tão sistemática e tão consolidada, é preciso, no entanto, considerar, além do fator histórico na formação dos hábitos de pensamento, certas disposições originárias do ser humano na sua condição de espécie submetida ao processo de evolução. Uma das ideias centrais da filosofia de Bergson, que, sob muitos aspectos, pode ser vista como uma filosofia da evolução, é que este processo, cujo critério e finalidade é a sobrevivência, teria constituído no seu decurso mecanismos de adaptação dos seres vivos às condições de vida, dotando--os dos elementos necessários para tirar proveito da relação com o ambiente por via de um grau satisfatório de adequação entre os indivíduos e a realidade em questão inseridos. Trata-se de satisfazer necessidades em proveito da continuidade e do aprimoramento da vida. Tendo em vista este desígnio, as espécies foram dotadas dos meios necessários para realizá-lo. A natureza se valeu de duas estratégias: o instinto, no caso dos animais, e a inteligência, no caso do ser humano. Duas soluções para o mesmo problema, mas que implicam diferenças estruturais e diversidade de trajetória das duas vertentes da vida que assim se constituíram, por via de uma espécie de bifurcação, a partir de uma mesma origem, da grande história da Vida. Como resultados deste processo evolutivo em cada uma das suas linhas, temos a perfeita adaptação instintiva, cujo maior exemplo está nos insetos (a organização da sobrevivência em grupo das abelhas e das formigas), e a adaptação inteligente, que não é perfeitamente realizada porque não é definitiva, uma vez que a inteligência é flexível enquanto o instinto é absolutamente cristalizado. Tendo em vista esta distinção e a peculiaridade de cada linha evolutiva, pode-se dizer que a finalidade da adaptação teria sido cumprida.

Ora, nos dois casos trata-se de sobrevivência. Neste sentido, quando definimos o ser humano como "animal racional", isto significa que a espécie possui, na inteligência, um meio adequado de adaptação à realidade e de satisfação de exigências vitais, isto é, práticas, pois se trata de desenvolver prioritariamente instrumentos úteis para viver, primeiramente na acepção "naturalista" do termo. Encontramos assim, na filosofia de Bergson, uma dimensão *pragmática* de grande relevância, pois a explicação de nossa constituição biopsíquica deve levar em conta o caráter *utilitário* das nossas faculdades, cuja finalidade primeira é *agir* sobre o mundo exterior para estabelecer condições favoráveis ao nosso modo de estar no mundo, e para tanto a inteligência, de acordo com a sua vocação de flexibilidade adaptativa, fabrica os meios adequados, que vão desde os utensílios que se relacionam diretamente com a ação sobre as coisas, até as teorias científicas que, por mais distantes que aparentemente estejam de um uso efetivo, são elaboradas, enquanto produtos da inteligência, sempre respondendo a exigências e finalidades práticas. Enfim, a análise da estrutura da percepção e do intelecto revela este fundamento naturalista, que para Bergson é muito importante, porque a desconsideração deste aspecto teria dado origem a muitos e persistentes equívocos da reflexão filosófica. Basicamente é preciso considerar que aquele ser que tem sido tradicionalmente chamado de *Homo sapiens* é, na verdade, *homo faber* – e as consequências desta prioridade do *faber* sobre o *sapiens* são muito importantes quando se trata de entender as relações que estabelecemos com a realidade, já que mesmo as que denominamos "teóricas" estão inseridas numa perspectiva prática – agir e fazer.

Isto é absolutamente essencial para compreender o perfil do conhecimento, pois, de acordo com o que foi dito, o animal humano *conhece* para *agir* e, segundo a prioridade da ação, o conhecimento ocorre dentro dos limites necessários e suficientes para orientar a ação. O que significa que todas as categorias que compõem a lógica do conhecimento em todas as suas versões possuem uma origem e uma destinação prática, a partir do que podemos também afirmar que tudo o que o conhecimento possa ter de *formal* e de *transcendental* deve ser entendido como transfigurações de necessidades práticas e de exigências de adaptação.

Supondo a pertinência destes dois requisitos, podemos entender as *condições de representação*: elas não se relacionam com um conhecimento puro, mas com a formulação de visões da realidade profundamente comprometidas com a finalidade prática do conhecimento. Neste sentido, a realidade representada consiste num recorte operado de tal modo a favorecer o acordo ou a adequação entre os meios de conhecer e as finalidades de ação, segundo a relação direta entre estas duas instâncias. Assim, é o modo pragmático-adaptativo de pensar que determinará o perfil da representação e a imagem da realidade daí resultante. Para agir, necessitamos de uma realidade estável, de um meio homogêneo, de uma totalidade bem dividida e bem articulada, de uma multiplicidade que possa ser reduzida logicamente à unidade fundamental e de uma diversidade que também se remeta à identidade. Isto porque as expectativas pragmáticas de ação eficaz dependem da estabilidade que se apresenta no *objeto* da ação. Podemos concluir daí que a constituição da objetividade como requisito metódico essencial ocorre por via de uma tradução da realidade para uma estrutura simbólica na qual se dá o acordo entre o sujeito e o objeto, ou a adequação, fundamentada *a priori*, entre as categorias e as coisas – entre a lógica e a existência.

Eis aí o motivo pelo qual devem ser excluídos da nossa imagem do mundo todos os elementos que porventura venham a contrariar as expectativas pragmáticas de nossa inserção produtiva no mundo. E como homogeneidade, unidade, identidade, estabilidade não são compatíveis com o tempo entendido como duração real – esta passagem do tempo, tão simples quanto terrivelmente enigmática –, a percepção e a inteligência escamoteiam a realidade do tempo no recorte e na tradução a partir das quais *representamos* a realidade. Para que a realidade seja determinada e articulada segundo as exigências lógicas (mas originariamente práticas) do conhecimento, a representação não pode comportar na sua estrutura o fluxo contínuo de diferenças, que é próprio da duração. O tempo teve de ser excluído, precisamente, desta tradução do fluxo de diferenças para a articulação governada pelos princípios de identidade e unidade. Por isso observamos, ao longo da história da filosofia, a constituição das teorias do conhecimento por via desta montagem conceitual que depende de antecipações formais ou transcendentais que prefiguram logicamente a realidade a ser conhecida, operando desta maneira uma redução das possibilidades do real aos limites bem demarcados do conceito, de acordo com procedimentos analíticos e articulatórios que visam ao que se convencionou chamar de clareza, condição de objetividade e verdade.

Desta forma entendemos que a noção de representação deve ser vista a partir de uma perspectiva pragmática, entendendo que perseverar na vida é, obviamente, a intenção do ser vivo, já prevista no próprio processo natural a partir do qual ele surgiu. Representar significa recortar, articular, simbolizar, traduzir. A aplicação de tais procedimentos ao tempo tem consequências de largo alcance, pois, de acordo com Bergson, podemos dizer que a realidade é de essência temporal. O tempo não é, pois, um acidente ou um entre vários modos possíveis de ser que se agregariam a uma substância em si imutável e permanente, como repete a tradição desde Aristóteles. A compreensão autêntica da realidade implicaria uma inversão da própria estrutura que o conhecimento cunhou como representação adequada: o essencial não é a substância entendida como substrato imóvel e imutável, correspondente à prioridade do ser, mas o vir a ser, o devir, isto é, precisamente aquilo que foi desprezado ou, pelo menos, visto como acidental, contingente e, a rigor, inadequado para compor um conhecimento sistemático e coerente na sua estrutura formal. O tempo, mais do que um atributo da realidade, é a própria realidade. O que a filosofia sempre buscou como *ser* na verdade é o tempo. Admitir esta inversão significa pôr em questão a prevalência, no conhecimento, de procedimentos, categorias e conceitos cuja finalidade tem sido sempre a constituição de uma representação cristalizada da realidade.

Diante das prerrogativas naturais e históricas desta representação haveria alguma possibilidade de aceder ao tempo na sua realidade, o que seria o mesmo que aceder à realidade que estaria por trás de sua tradução simbólica? O primeiro livro de Bergson tem como título *Ensaio sobre os dados imediatos da consciência*; esta expressão deixa subtender que, além ou aquém das mediações instrumentais do conhecimento, seria possível, no caso da consciência, chegar ao imediato, aos dados primordiais, no sentido daquilo que seria o mais originário, ocultado pelas mediações conceituais que se superpõem a este contato direto. Isto nos mostra que, desde o início, a filosofia de Bergson já se orienta por este propósito renovador, que seria o de atravessar as camadas de simbolização com as quais se satisfaz o discurso conceitual e chegar à "própria coisa", no caso, a consciência apreendida em sua temporalidade singular. Para tanto, é preciso desenvolver uma crítica da filosofia, sobretudo no que concerne às teorias do conhecimento e seus instrumentos de representação, notadamente aquele que parece consubstanciar todos os outros, a *linguagem*. Pois a consolidação dos hábitos intelectuais de uma maneira tão forte que eles parecem constituir a única lógica possível tem a ver com o uso das palavras e a relação entre os modos de dizer e os modos de pensar. Em princípio, a linguagem expressa o pensamento; mas, à medida que as palavras contribuem para cristalizar o pensamento, este acaba se tornando dependente da linguagem que, ao transmiti-lo, também o sistematiza e lhe confere formas fixas.

Exprimimo-nos necessariamente por palavras e pensamos mais frequentemente no espaço. Em outros termos, a linguagem exige que estabeleçamos entre nossas ideias as mesmas distinções, nítidas e precisas, a mesma descontinuidade que entre os objetos materiais. Esta assimilação é útil na vida prática e necessária na maior parte das ciências. Mas poderíamos indagar se as dificuldades insuperáveis que certos problemas filosóficos suscitam não derivariam de que nos obstinamos a justapor no espaço fenômenos que não ocupam espaço, e se, caso abstraíssemos as grosseiras imagens em torno das quais se trava a discussão, não lhes poríamos fim[1].

A articulação pragmática da realidade é útil na vida prática e necessária, de modo geral, nas ciências. Uma vez que não acontece por acaso, é compreensível e justificada nesses dois campos em que atua. Mas, uma vez que não deixa de ser um constructo representativo, não pode ser generalizada de modo absoluto. Quando o fazemos, damos ensejo a problemas que não podem ser solucionados pelos próprios artifícios simbólicos que os engendraram. Devemos, portanto, descrever e entender a estrutura pragmática da representação de duas maneiras. Primeiramente, pensar a partir das palavras que exprimem o pensamento e esperar que este se articule segundo o modelo da descontinuidade espacial que ordena a linguagem é, num certo sentido, inevitável e corresponde à "intenção" pragmática da natureza. Ao mesmo tempo, no entanto, devemos tomar consciência de que se trata de uma interpretação humana da realidade, que corresponde à escala das necessidades de nossa inserção prática, sendo assim totalmente relativa às condições gerais da relação entre sujeito e objeto. Não nos libertaremos dos impasses e antinomias que a filosofia tão abundantemente produziu enquanto não compreendermos esta relatividade, seu sentido e seu alcance.

A expressão "dados imediatos", contida no título do livro que citamos, remete à experiência vivida do tempo, por oposição à síntese intelectual que habitualmente fazemos, e que foi entendida por Kant, por exemplo, como a única relação possível com o tempo, já presente desde a percepção. A questão que se coloca é, portanto, a da possibilidade de um retorno

---

1. Henri Bergson, *Essai sur les données immédiates de la conscience*, Paris: PUF, 1976, p. VII.

a esta experiência vivida como contato primário com a temporalidade. Abre-se para tanto um percurso que pode ser dividido em duas etapas; primeiramente, uma descrição, criticamente orientada, da construção simbólica e conceitual que exclui o tempo da nossa relação mediata com as coisas; em segundo lugar, uma tentativa metódica de desconstrução desta relação necessariamente artificiosa e a busca de uma (re)aproximação da experiência imediatamente vivida, no plano da identificação entre processo de vida, vir a ser e temporalidade como fato e significação absolutamente primários da existência, anteriores à relatividade da nossa consciência pragmática de nós mesmos e do mundo.

A expressão "dados imediatos *da consciência*" nos indica que esta (re)aproximação da experiência vivida se faz primeiramente no âmbito da subjetividade, mas não enquanto considerada como entidade metafísica a ser objetivamente analisada (Descartes), mas sim como a coincidência que cada sujeito – cada consciência – tem consigo mesmo. Neste sentido, o tempo da consciência seria nosso primeiro contato com o tempo real e, neste caso, veríamos que se trata de um contato direto porque o tempo da consciência quer dizer a consciência como temporalidade. A subjetividade não é uma entidade e o sujeito não é uma coisa, ainda que pensante: encontramos, como dimensão de realidade, o fluxo das diferenças de que falamos, na continuidade concreta em que o sujeito se constitui como temporalidade, que é a vida profunda da consciência, aquilo a que os filósofos tentaram se referir quando utilizavam a palavra "espírito". Bergson julga que a experiência dos dados imediatos da consciência nos revela o que se oculta sob a cristalização discursiva da palavra "espírito", algo que não pode ser reduzido a um conceito fixo e "distintamente" delimitado, pois se trata da produção temporal de si mesmo. No tempo surgimos, no tempo vivemos. No tempo haveremos de desaparecer? É a pergunta que a filosofia deve deixar em aberto, pois a imprevisibilidade e a indeterminação próprias do tempo implicam que qualquer resposta será necessariamente dogmática.

A identificação entre consciência e temporalidade nos leva a compreender o Eu como a duração que flui num processo infinito de diferenciação. Com efeito, se deixamos de pensar "no espaço" (em termos espaciais) e pensarmos "no tempo", isto é, num regime de *inextensão*, veremos que as referências de identidade e de unidade perdem sentido, pois o que constitui de fato a realidade no seu movimento temporal é a multiplicidade e a diferença, aspectos do real que nunca mereceram a confiança do filósofo. É isto que nos poderá preservar da analogia cartesiana entre coisa extensa e coisa inextensa. "O tempo vivido ou, se quisermos, a experiência vivida do tempo é, como tal, uma experiência *humana*, o ponto de coincidência entre consciência, presença e história. Em outros termos, o ser humano como presença que se temporaliza ou como presença que se presentifica"[2]. O processo de constituição da subjetividade é temporalização, a presença continuamente diferenciada do sujeito para si mesmo, na continuidade do tempo que faz deste processo, nas palavras de Bergson, uma unidade múltipla e uma multiplicidade una, o que não constitui contradição, mas um tipo de reciprocidade que subverte a concepção tradicional de ser. Processo, ação, mutação são noções que, sem coincidir com a temporalidade real, podem dela nos aproximar mais do que o uso tradicional de conceitos. A experiência do tempo vivido significa, pois, que cada sujeito é a história de si mesmo, a vivência íntima do processo de existir.

Mas a predominância do pragmatismo prescrito pela natureza significa que vivemos principalmente na exterioridade, segundo o contorno exterior de nós mesmos, e mais em vista das coisas do que de nós, na intimidade de nossa subjetividade. O *Eu superficial* domina a cena e é, o mais das vezes, o protagonista de nossa existência: "[...] um segundo eu que recobre o primeiro, um eu cuja existência possui momentos distintos, cujos estados se distinguem uns dos outros e se exprimem facilmente em palavras"[3]. O Eu superficial é, portanto, a expressão exterior da subjetividade, o Eu social que vive no tempo social das relações intersubjetivas guiadas pela necessidade prática.

Não é difícil perceber que a representação pragmática do tempo resulta na exteriorização espacial e na extensão como medida privilegiada da nossa relação com o mundo, quer se trate do senso comum ou da ciência. O motivo desta configuração representativa é a conveniência prática, logo tornada necessidade lógica, de *determinar* a realidade, articulando objetivamente seus elementos, para melhor discernir as possibilidades de ação,

---

2. Mauro Maldonato, *A subversão do ser – Identidade, mundo, tempo, espaço: fenomenologia de uma mutação*. São Paulo: Peirópolis, 2001.

3. Henri Bergson, *Essai sur les données immédiates de la conscience*, op. cit., p. 103.

mesmo que esta permaneça virtual. A determinação objetiva não pode ocorrer no tempo real; é preciso supor uma realidade segmentada em que o movimento ocorra por via de uma espécie de justaposição sucessiva de momentos descontínuos organizados em série. Somente desta maneira a realidade pode assumir para nós a figura de objetos a serem organizados pela lógica da articulação categorial. É desta forma que interpretamos, por exemplo, a temporalidade como sequência fragmentada de causas e efeitos, metodicamente determinados, de modo a que o movimento temporal seja um atributo do objeto e não uma característica primária e intrínseca da realidade.

A tese principal da ontologia bergsoniana é a contínua autoprodução da realidade, um engendramento criador que não poderia ser reduzido a esquemas de determinação e previsibilidade, como, no entanto, exigem os parâmetros de eficiência da relação pragmática com o mundo, bem como as regras da objetividade científica. Conhecer é, em grande parte, determinar e prever, o que corrobora a intenção prática e de dominação presente, sobretudo, na ideia moderna de conhecimento. Daí a necessidade de uma articulação temporal da realidade que traduza o fluxo do tempo em sequências lógicas do tipo antecedente/consequente, determinante/determinado. Neste sentido, o que se pode entender por *transformação*? Nada que ultrapasse os limites de uma concepção de modificações de forma, no sentido em que uma substância poderia assumir várias formas de existência, no sentido de modos de existir, todos acidentais, sem que isto interferisse decisivamente na sua forma primordial – ou substancial – que seria uma essência atemporal. Em termos mais precisos: a modalização que explicita a essência no plano da existência já está *a priori* determinada pelo atributo essencial, que não pode, por definição, sofrer efeitos do tempo.

Ora, esta representação articuladora do tempo, governada pelo princípio da determinação, tem consequências na maneira como entendemos as relações entre as dimensões temporais. Com efeito, mesmo quando consideramos a realidade como processo, podemos entender que a temporalidade aí se mostra, pelo menos retrospectivamente, como dividida em etapas que o movimento histórico e lógico atravessa necessariamente na direção de sua realização. Tal é a concepção de Hegel: para que o processo faça sentido, é preciso que sua realidade se identifique a uma lógica que o conduz necessariamente, e o ponto de chegada, determinação final, nos fará ver que tudo estava, efetivamente, determinado e, por isso, se atingiu a totalidade absoluta, isto é, fechada em si mesma. Se a totalidade compreende a síntese determinada do processo temporal, o curso do tempo nesta história totalizada só poderia ser concebido como determinado em cada instante de seu movimento. Ou representamos as coisas deste modo ou enfrentamos a dificuldade de conciliar a contingência da liberdade com a necessidade da razão, o que se supõe colocaria em risco a inteligibilidade do processo.

Diante deste quadro em que se impõe o modelo de uma racionalidade determinante, necessária e totalizante, e que pode ser visto como a realização mais perfeita e sistemática da natureza da representação tal como Bergson a descreveu, podemos perguntar: como pensar o futuro? Se a possibilidade, a realidade e o sentido de qualquer acontecimento devem estar contidos em sua instância determinante, imanente ou transcendente à própria coisa, então o futuro será sempre consequência do presente e do passado, não do ponto de vista prático, isto é, histórico e ético, mas principalmente do ponto de vista lógico, como realização determinada e *a priori* contida nos seus antecedentes. A possibilidade de uma consciência do futuro não estaria ligada à expectativa (*expectatio*), *espera* ou *esperança* como experiência efetivamente temporal (em Agostinho), mas à previsibilidade como cálculo que, manipulando o tempo enquanto variável, antecipa o futuro como resultado de uma operação lógico-matemática. A crítica de Bergson à representação do tempo pode ser avaliada através da distância que se deveria estabelecer entre, de um lado, esta objetivação do tempo que se relaciona com o passado e o futuro por meio do cálculo enquanto procedimento que permite retroceder ou avançar num tempo concebido como linha contínua e, de outro, a experiência do tempo vivido por uma consciência concreta que *lembra*, *percebe* e *espera* segundo o ritmo da duração, não mensurável e não previsível na dimensão pré-reflexiva da liberdade da consciência e da contingência dos fatos.

O que nos permite dizer, em conclusão, que a consciência do tempo é consciência de si como liberdade e consciência da realidade como contingência, dois modos de falar da mesma coisa, da característica mais profunda do tempo para Bergson, e diretamente relacionada com o tema do futuro: o tempo como criação, indeterminação, imprevisibilidade e talvez, sobretudo, risco, algo constitutivo da realidade em si mesma, mas uma aventura de que a natureza nos quis poupar, e que só experimentamos excepcionalmente, pois o que temos diante de nós, naturalmente, isto é, pragmaticamente, é o mundo visível das articulações confiáveis, em que o tempo é uma linha a partir da qual podemos representar a totalidade de uma presença absoluta, na qual o futuro estaria presente por antecipação.

O que aprendemos com a concepção bergsoniana do tempo e com esta filosofia que pretende pensar uma ontologia do movimento, ou uma verdade do devir ou uma realidade do vir a ser, não tem apenas a ver com epistemologia ou com conhecimento. Certamente a estratégia de ocultamento do tempo não se explica apenas por exigências de uma representação objetivamente estável, mas, talvez principalmente, pela necessidade de recalcar o desejo irrealizável de imortalidade, esta frustração que nos define em profundidade e da qual a obsessão da permanência e da substancialidade seriam as manifestações exteriores. Desde a Antiguidade, o que mais nos inquieta a respeito do futuro não é a sua imprevisibilidade ou as surpresas que nos aguardam, mas antes uma certeza tão absoluta que nos assusta pelo seu excesso, por uma verdade que transborda e devora todas as expectativas de uma vida sempre pequena e insignificante diante do horizonte da morte, certeza que possui figura paradoxal, pois, sendo a mais forte de todas que podemos ter, pode, no entanto, abrir-se para uma dimensão indefinida de incerteza que diria respeito a algo como um futuro absoluto.

Tempo e acontecimento
Oswaldo Giacoia Junior

O tempo é a substância do acontecimento. É na intersecção entre tempo e acontecimento que se pode fazer, no presente, uma decisiva experiência do sentido. O acontecimento é um *topos* central da ontologia fundamental de Martin Heidegger, um de seus mais persistentes problemas; enquanto também uma produtiva contribuição para a filosofia contemporânea, de modo que a referência a Heidegger, nesse campo de questões, significa muito mais do que um tributo à erudição e à necessidade de citar autores incontornáveis – ao contrário, o conteúdo espiritual da noção heideggeriana de acontecimento constitui o desafio mais importante para a tarefa atual do pensamento. Com seu conceito de acontecimento, Heidegger não pretende identificar nem situar um evento no âmbito dos fatos que marcam o tempo cronológico; o acontecimento não pode ser suficientemente perscrutado no quadro teórico da historiografia. E, no entanto, a história (*Geschichte*) no sentido em que a entende Heidegger, só pode ser meditada em relação ao acontecimento, mais precisamente, ao acontecer (*Geschehen*), pensado como remessa / envio (*Geschick*) e, no vetor dessa mediação, também como destino e destinamento (*Schicksal*).

Pensar o acontecimento é colocar-se no caminho que, sulcado no presente, reata com o passado originário da experiência cultural que nos constitui, bem como descerra a perspectiva futura de nossa destinação. A diretriz para pensar o acontecimento, em toda sua envergadura, não é unidimensional, mas perfaz a circularidade hermenêutica, retornando às raízes gregas do *logos filosófico*, para resgatar o acontecimento memorável que marca simultaneamente instituição da e do Ocidente. O neologismo historial ou destinamental (*geschichtlich, geschicklich*) conota o acontecimento como o elemento que determina o sentido (em acepção vetorial) que adquire uma era do tempo ou uma figura do mundo. Assim, não se pode tomar como idêntica a acontecimento, em nossos dias, a programação tecnológico-genético-industrial que disponibiliza a produção e reprodução de organismos humanos machos e fêmeas, estocáveis de acordo com as exigências de planejamento das respectivas demandas.

Acontecimento é, antes, a *experiência historial do sentido do ser como presentidade* (*Vorhandenheit*), que prepara metafisicamente a disponibilização de todos os entes, na condição de fundo de reserva de energias, preparado para a permanente "mobilização total", ou seja, para sua instrumentalização no cálculo estratégico, no circuito tecnológico da extração/exploração, transformação, distribuição, comutação, consumo e reprodução reiterativa do ciclo que realiza tecnologicamente a figura do mundo como vontade de poder e eterno retorno do mesmo, a transformação contemporânea da metafísica em cibernética.

Pensar o acontecimento implica recuperar o sentido do nosso tempo, posto que esse acontecimento é o que determina sua verdade, na acepção do elemento que lhe é mais essencial e próprio (*eigentlich*). É isso que Heidegger nomeia com a palavra *Ereignis* – acontecimento apropriador. Apropriador porque descobre (*alétheia*) o *ipsissimum* do tempo histórico no interior do qual fomos e somos constituídos – uma experiência histórica da Verdade do Ser como presentidade, que está na raiz da metafísica grega, ou seja, da história da filosofia e da cultura europeia, o que significa, hoje em dia, o Ocidente em escala planetária.

Apropriador também porque retomá-lo pelo pensar [aliás, a única possibilidade de fazê-lo] é também o caminho para a superação de nossa alienação e apatridade, de recuperação da Verdade de nosso próprio tempo (ontologia do presente), mas também da essência originária do *Dasein* como correspondência ao Ser, que doa a dádiva do acontecimento. História da verdade do Ser é um título que se aplica com tanto acerto ao Heidegger de *Tempo e Ser* como analítica existencial ou ontologia fundamental aplicam-se a *Ser e Tempo*.

Convém atentar, porém, para o fato de que a palavra "história" traduz tanto *Geschichte* (do verbo *geschehen*, acontecer; ao qual remetem os aparentados *Schicht*: camada, extrato, e *Schickung*: envio, destinamento) quanto a derivação latina germanizada de *Historie*. Esta última é a história como disciplina científica, a historiografia dos historiadores – registro cronológico objetivo de séries de acontecimentos, causalmente ordenados, com suas circunstâncias, condições determinantes, fatores causais e consequências de ordens variadas (econômicas, políticas, sociais, culturais, por exemplo). Por sua vez, *Geschichte* designa o acontecer adventício, os acontecimentos singulares que impregnam a configuração e determinam o sentido de uma era do mundo. Com apoio no termo *Geschick* (o que é enviado, destinado, concluído com êxito e propriedade), Heidegger denomina tais eventos "destinação"' ou acontecimento "destinamental", para cuja tradução os franceses empregam o termo *événementiel*: o que ocorre e tem importância para os homens.

O substantivo *Geschick* e o verbo *schicken* significam, pois, enviar, remeter, dispor numa ordem, instalar – as duas últimas acepções derivadas da ligação de *schicken* respectivamente com os verbos *anordnen* e *einrichten*; do mesmo étimo deriva o substantivo *Schicksal* (destino). Nesse circuito, *Geschichte* remete a *Geschehnis* (acontecer, acontecido) e *Ereignis* (acontecimento apropriador, evento pregnante, que confere a um tempo do mundo [*Zeitalter*] a marca de sua figura). O signo desse acontecer não é o tempo como *Kronos*, nem é a finitude (*Zeitlichkeit*) própria do Ser-O-Aí, mas o que Heidegger denomina de *temporaneidade* do Ser. É nela que o Ser se dá e se mostra no horizonte da história, que sua verdade (*alétheia*) vige como acontecimento apropriador (*Ereignis*).

A palavra *Ereignis* remete a um extrato profundo do idioma alemão; *Ereignis* deriva do gótico *áugan*, e do Mhd[1]. *Ougen* (*ouge, Auge*), de onde provêm *ereugen, er-äugen, er-blicken*, "*im Blicken zu sich rufen, an-eignen*" (trazer à vista, apropriar-se). Para manter essa ressonância traduzo *Ereignis* por *acontecimento apropriador*, designando um advento que vinca uma época da história, confere a ela uma cunhagem própria e essencial (*Eigenschaft*), um sentido no qual os entes, em sua totalidade, são acolhidos no mundo humano. O acontecimento apropriador confere direção a uma era do mundo (*Weltgeschick*), pensada como um destinamento, um desoculta-

---

1. *Mittelhochdeutsch*: alto-alemão médio, ou seja, o idioma alemão não dialetal (*Hochdeutsch*) entre o período antigo e contemporâneo de sua história.

mento da essência dos entes em sua verdade (*alétheia*). É nessa acepção que Heidegger interpreta a metafísica como história do Ser ou, antes, como história do esquecimento da verdade do Ser[2].

Desde Platão, por exemplo, a precedência da *ideia* (essência ou forma inteligível) sobre os entes sensíveis traz consigo, na forma do *eidos*, o *ti estin* (*o que é*) em lugar do *Ser*, de modo que, antes de tudo, *Ser* é Ser-algo (*Was-sein*). *Ser* como Ser-algo (a *ideia* como *ontós ón*) proporciona aos entes mais espaço que ao próprio *Ser*. "O privilégio do Ser-algo traz consigo a precedência do próprio ente a cada vez naquilo que ele é. A precedência do ente fixa o Ser como o *koinón* a partir do *én*. Está decidido o caráter distintivo da metafísica. O Uno como a unidade unificadora torna-se determinante para a destinação posterior do ser"[3].

Na filosofia moderna, a verdade do Ser dos entes passa a identificar-se com a certeza da representação, de modo que o *hypokeimenon* (*substrato*) se transforma em *subjectum*; e a verdade, de correspondência entre o intelecto e as coisas, torna-se a clareza e a distinção das percepções. Representar é a unidade unificadora dos entes em sua verdade. Descartes é o pensador que preconiza a transformação metafísica na essência da verdade, cabendo a Kant a reconstrução da ontologia em seu programa de filosofia transcendental. Leibniz, no caminho entre Descartes e Kant, ao conceber o Ser dos entes como mônada, pensada como *perceptio* (pensamento) e *apetitus* (vontade), prepara a transição para o conceito de Absoluto em Schelling, Hegel e finalmente a identificação da vontade de poder em Nietzsche como *essência* do mundo.

Como história do esquecimento da pergunta pelo sentido do *Ser*, a metafísica ingressa com Nietzsche na era de seu acabamento: a vontade de poder torna-se essência metafísica do mundo, e o eterno retorno é o modo de existência que lhe é próprio. A relevância atribuída por Heidegger à expressão coloquial *"Es gibt"* (existe, há; literalmente isso dá, isso doa) explicita-se nesse contexto. Na linguagem cotidiana, é corrente a associação entre existir/acontecer, e dar/doar. O pronome impessoal *"Es"* remete ao Ser como sujeito da ação verbal: isso (*es*) dá (*gibt*); *isso* é o

---

2. Cf. Martin Heidegger, "Die Metaphysik als Geschichte des Seins", *Nietzsche*, 2 Bände, Pfullingen: Verlag Günther Neske, 1961, v. II, pp. 399-458.

3. Martin Heidegger, "Entwürfe zur Geschichte des Seins als Metaphysik", *Nietzsche*, 2 Bände, Pfullingen: Verlag Günther Neske, 1961, v. II, p. 458.

Ser; aquilo que ele doa é a si mesmo, na medida em que ele dá existência (há, existe, o ente); esse dar é, portanto, um dar-se do Ser, um abrir-se possibilitador do desvelamento dos entes em sua verdade, no vigor da essência que lhes é própria.

A dádiva acontece na temporalidade própria do Ser, que não é o tempo linear e cronológico dos relógios, nem causalidade da história dos historiadores, mas o acontecer que irrompe do desvelar-se (*alétheia*) do Ser. O Ser é abertura e vazio – *Es gibt Seiendes*: os entes são, existem –, são modo de envios do Ser, sempre no horizonte temporal de um acontecimento apropriador, como a essência metafísica da técnica moderna, por exemplo. Um aberto, uma clareira onde os entes vêm à luz em sua verdade. A técnica é, essencialmente, um modo de trazer à luz, de produzir, cuja origem, essência e destinação estão ligadas a *producere, hervorbringen, poiésis*, que são camadas ou extratos na temporalidade em que se inscreve a história da verdade (*alétheia, desocultamento*) do Ser.

> O que diz Heidegger, finalmente, "sobre" o Ser? Na medida em que "acontecimento apropriador" ("*Ereignis*") é, desde 1936, sua "palavra-chave", essa pergunta tem de ser precisada: Como compreende ele o *acontecimento apropriador*? Heidegger destaca, com toda a clareza, que, como palavra-chave de seu pensamento, o termo "acontecimento apropriador" não compreende mais aquilo que se costuma denominar acontecer (acontecimento, diz Heidegger), evento, e termos que tais. Ele aponta para o que essa palavra originalmente significa: *er-äugen* (trazer diante dos olhos), isso significa mirar, trazer a si diante da vista, apropriar-se. Depreende-se de seus ulteriores esclarecimentos que ele interpreta "acontecimento apropriador" apenas a partir da palavra *eigen* (próprio). Mais adiante, ele compreende "acontecimento apropriador" unicamente como *singulare tantum*[4].

Esse é o sentido das imagens poéticas às quais Heidegger liga tais noções: linguagem (*lógos*), em sua determinação (*Bestimmung*), é desvelamento. Metaforicamente, ela pode figurar como a clareira, em que se mostra a essência dos entes, que se tornam fenômenos para o *Dasein*, seu

---

4. Lorenz Puntel, *Sein und Gott*, Tübingen: Mohr Siebeck, 2010, p. 85.

curador. A linguagem é, portanto, a "casa do Ser", e o homem é o ente que habita po(i)eticamente essa morada. Ex-sistir é *corresponder* linguageiramente a esse chamamento do Ser, ao descerrar-se do Ser aos entes em seu desocultar. O Ser acontece em seus adventos, mas não se confunde com eles; para que haja um desvelar – uma *alétheia* –, é primeiro necessário um estar oculto, não há desvelo sem velamento anterior. Nada é doado que antes não se tenha subtraído. Nesse sentido, há que se pensar uma interpenetração entre Ser e Nada – Ser é *nada de ente*, nenhuma entidade da qual se possa predicar uma propriedade qualquer; é antes um vazio, o imponderável a *partir do qual* vem a ser até mesmo o gesto mais fugaz. O Ser desvela os entes no modo de ser que é próprio deles, ao mesmo tempo em que se subtrai, furta-se tanto ao desvelamento quanto ao que nele é desvelado.

PENSAR A ESSÊNCIA DA TÉCNICA

Pensada na chave do acontecimento, a técnica moderna é desvelamento e produção. Trata-se de um trazer à luz, um pôr e dispor, um tornar manifesto, que tem a "forma do *desafio* (*Herausforderung*), que estabelece para a natureza a exigência de fornecer energia suscetível de ser extraída e armazenada enquanto tal"[5]. Como modo da *poiesis*, a técnica moderna dispõe os entes como objetos num processo reiterativo formado por extração, transformação, preparação, armazenamento, distribuição, comutação, consumo, desgaste: numa circularidade sem começo nem fim.

> O ar é posto para o fornecimento de nitrogênio, o solo para o fornecimento de minérios, o minério, por exemplo, para a produção de energia atômica, que pode ser associada ao emprego pacífico ou à destruição [...] A central hidrelétrica está posta no rio Reno. Ela põe o Reno em função da pressão de suas águas, fazendo com que, desse modo, girem as turbinas, cujo girar faz com que funcionem as máquinas que geram energia elétrica para a qual estão preparadas as

5. Martin Heidegger, *A questão da técnica*, trad. Marco Aurélio Werle, *Cadernos de Tradução n. 2*, São Paulo: Departamento de Filosofia da Universidade de São Paulo, 1997, p. 57.

centrais interurbanas e sua rede de energia demandada para a transmissão de energia. No âmbito das consequências interconectadas da demanda de energia elétrica, o rio Reno também aparece como algo demandado. A central elétrica não está construída no rio Reno, como a antiga ponte de madeira, que há séculos une uma margem à outra. Antes e pelo contrário, é o rio que está construído na hidrelétrica. O desocultar que domina a técnica moderna tem o caráter do pôr no sentido do desafio. Este acontece pelo fato de a energia oculta na natureza ser explorada, do explorado ser transformado, do transformado ser armazenado, do armazenado ser novamente distribuído e do distribuído ser renovadamente comutado. Explorar, transformar, armazenar e distribuir são modos do desocultar[6].

A essência da técnica mostra-se na instalação dos entes como variáveis de cálculo no processo circular acima descrito. A esse conjunto Heidegger denomina *Gestell* – armação ou dispositivo. A essência da técnica moderna consiste na subsistência assegurada das condições de reiteração permanente do dispositivo de produção, armazenamento, distribuição, comutação e desgaste. "A palavra 'subsistente-estoque' (*'Bestand'*) ingressa agora na posição de um título. Designa nada menos que o modo que vige tudo aquilo que é tocado pelo desocultar desafiador"[7].

O *novum* na técnica moderna consiste num *desafiar* que instala a natureza na condição de manancial de energia suscetível de ser extraída, armazenada, distribuída e renovadamente comutada, de modo que o essencial não é o resultado objetivo determinado desse processo, mas antes a dinâmica e a lógica imanentes do próprio processo de conversão em estoque armazenável e permanentemente comutável. A configuração atual de nossas sociedades depende essencialmente da atualização do potencial tecnológico, este constitui a mais determinante força produtiva em nossas sociedades. A verdade da metafísica moderna é o domínio planetário da cibernética, a exploração tecnológica das galáxias.

---

6. Martin Heidegger, *A questão da técnica*, op. cit., pp. 57-59.
7. Martin Heidegger, *Die Frage nach der Technik*, 5. ed., Pfullingen: Neske Verlag, 1982, p. 16. A tradução dessa passagem é de minha responsabilidade.

GESCHICK (DESTINAMENTO) E *GEFAHR* (PERIGO)

Em sua acepção originária, a técnica é uma modalidade de *pro-ducere*, de *her-vor-bringen* – de trazer à luz, desvelar, desocultar –, acepções que não correspondem às noções correntes da técnica como meio para um fim (concepção instrumental), ou como incremento do poder fazer humano (concepção antropológica).

> Se, portanto, o homem, ao pesquisar e observar, persegue a natureza enquanto uma região de seu representar, então ele já é convocado por um modo de desabrigamento que o desafia a ir ao encontro da natureza enquanto um objeto de pesquisa, até que também o objeto desapareça na ausência de objeto da subsistência. Assim, a técnica moderna, enquanto desabrigar que requer, não é um mero fazer humano. Por isso, devemos também tomar aquele desafiar, posto pelo homem para requerer o real enquanto subsistência tal como se mostra. Aquele desafiar reúne o homem no requerer. Isto que é reunido concentra o homem para requerer o real enquanto subsistência [...] Denominamos agora aquela invocação desafiadora que reúne o homem a requerer o que se descobre enquanto subsistência de *armação* (*Ge-stell*), como fabricação[8].

Para Heidegger a técnica não é meio, nem instrumento posto a serviço do homem – pelo contrário, ela traz à tona a determinação própria do homem moderno, como requisitado e determinado a ser pelo modo de desabrigar que constitui a essência da técnica como desafio; o homem moderno é convocado para desafiar e explorar a natureza como reserva de energia. A respeito da essência da técnica, observa Heidegger,

> muito se escreve, mas pouco se pensa. A técnica é, em sua essência, um destinamento ontológico-historial, um desvelamento (*alétheia*) do Ser, que, enquanto tal, tanto se oferece quanto se subtrai, em sua verdade. A técnica não remonta, na verdade, apenas com seu nome, até a *tékne* dos gregos, mas ela se origina ontológico-historialmente da *tékne* como um modo do *alethúein*, isto é, do tornar manifesto o ente. Enquanto

---

8. Martin Heidegger, *A questão da técnica*, op. cit., p. 65.

uma forma da verdade, a técnica se funda na história da metafísica. Esta é uma fase privilegiada da história do ser e a única da qual, até agora, podemos ter uma visão de conjunto[9].

Ora, se história da metafísica é também a história do esquecimento do ser e de sua substituição pelo ente, só um pensamento que ultrapassou a metafísica pode abrir-se para a rememoração do sentido do ser e, portanto, para pensar originariamente a essência da técnica como uma destinação (*Geschick*) na história da verdade do ser. Justamente disso o humanismo, em qualquer de suas modalidades, é incapaz, pois ele é essencialmente metafísico e, portanto, só compreende a técnica em chave antropológica e instrumental, ou, dito modernamente, como vontade de poder, isto é, como potencialização da capacidade humana de produzir.

Consuma-se com Nietzsche o acabamento da metafísica; esta se realiza historicamente como instalação de todos os entes nos circuitos tecnológicos de produção, consumo e desgaste. Essa objetivação técnico-científica da natureza engloba tudo num único processo de fabricação e desgaste, que tudo reduz à condição de variável de cálculo: "Agricultura é agora indústria alimentar motorizada; em essência, o mesmo que a fabricação de cadáveres em câmaras de gás [...] o mesmo que a fabricação de bombas de hidrogênio"[10].

Em condições tais, o humanismo não seria uma alternativa para a metafísica, na medida em que concebe a natureza humana a partir das categorias metafísicas de substância e acidente, gênero próximo (animal) e diferença específica (racional). Daí decorre, para Heidegger, que

> todo humanismo ou funda-se numa metafísica, ou ele mesmo se postula como fundamento de uma tal. Toda determinação da essência do homem que já pressupõe a interpretação do ente, sem a questão da verdade do ser, e o faz sabendo ou não sabendo, é metafísica. Por isso, mostra-se, e isto no tocante ao modo como é determinada a essência do homem, o elemento mais próprio de toda metafísica, no fato de ser

9. Martin Heidegger, "Carta sobre o humanismo", trad. Ernildo Stein, *Conferências e escritos filosóficos*, São Paulo: Abril Cultural, 1973, p. 361 (Coleção Os Pensadores).

10. Apud Reinhart Maurer, "O que existe de propriamente escandaloso na filosofia da técnica de Heidegger", trad. Oswaldo Giacoia Junior, *Natureza Humana*, v. II, n. 2, 2000, p. 406.

"humanística". De acordo com isso, qualquer humanismo permanece metafísico[11].

Ora, contando com seus próprios recursos categoriais, nenhuma metafísica, seja ela idealista, cristã, ateísta ou materialista, pode "atingir e reunir, através do pensar, o que agora é do ser, num sentido pleno"[12]. E assim, a despeito de suas "boas intenções", o humanismo contemporâneo dá seguimento à completa *objetivação* da natureza, transmudando a essência e a destinação do homem, que, de "pastor do ser", preocupado com o cuidado dos entes, tornou-se a "mais importante matéria-prima" a ser consumida no desgaste (*Vernutzung*) universal do ente.

> Quando tiver êxito o domínio da energia atômica, e este êxito ocorrerá, então se iniciará um desenvolvimento totalmente novo do mundo técnico. O que conhecemos hoje como técnica cinematográfica e televisiva, como técnica de transportes, das comunicações, como técnica médica e de nutrição, representa, supostamente, apenas um estágio inicial e grosseiro. Ninguém pode saber as reviravoltas que estão por vir. Enquanto isso, o desenvolvimento da técnica se dará em um curso cada vez mais rápido e não poderá ser detido em parte alguma[13].

O credo antropocêntrico e humanista é uma ilusão ingênua e perigosa, pois concebe a tecnologia como instrumento à disposição e controle da racionalidade humana. Para Heidegger, "nenhum indivíduo, nenhum grupo humano, nenhuma comissão de relevantes estadistas, pesquisadores ou técnicos, nenhuma conferência de dirigentes da economia e da indústria consegue frear ou direcionar o curso histórico da época atômica. Tudo se passa como se o homem de hoje, em face do pensamento meramente calculatório, renunciasse a inserir o pensamento meditativo num papel determinante"[14]. Heidegger confia na potência silenciosa da meditação: embora não tenha a mesma eficácia instrumental do pensar

---

11. Martin Heidegger, "Sobre o humanismo", trad. Ernildo Stein, *Obras escolhidas*, São Paulo: Abril Cultural, 1973, p. 351 (Coleção Os Pensadores).
12. Idem, ibidem.
13. Martin Heidegger, *Gelassenheit*, Pfullingen: Verlag Günther Neske, 1992, p. 19.
14. Martin Heidegger, *Gelassenheit*, op. cit., p. 20s.

calculatório, a meditação preocupada não deixa de ser determinante, nem se esgota em reverência ao fato; a palavra *serenidade* não é sinônimo de resignação. Com ela, Heidegger pensa um agir amadurecido, liberado da insânia compulsiva do ativismo, do falatório vazio e pomposo vigente na esfera pública contemporânea:

> Não é por ele irradiar um efeito ou por ser aplicado que o pensar se transforma em ação. O pensar age enquanto se exerce como pensar. Este agir é provavelmente o mais singelo e, ao mesmo tempo, o mais elevado, porque interessa à relação do ser com o homem. Toda eficácia, porém, funda-se no ser e se espraia sobre o ente. O pensar, pelo contrário, deixa-se requisitar pelo ser para dizer a verdade do ser. O pensar consuma este deixar. Pensar é *l'engagement par l'Être pour l'Être*. Ignoro se, do ponto de vista linguístico, é possível dizer ambas as coisas (*"par"* e *"pour"*) numa só expressão, a saber: *penser c'est l'engagement de l'Être*. Aqui, a palavra para o genitivo *de l'* [...] visa a expressar que o genitivo é ao mesmo tempo *genitivus subjectivus* e *objectivus*[15].

Em plena hegemonia do sentido instrumental e antropocêntrico da técnica, o progresso tecnológico compulsivo subverte a lógica da ética humanista. As pesquisas biogenéticas instrumentalizam a base somática da personalidade, tornando-a disponível para fins incompatíveis com o *ethos* que, até aqui, constituiria o espaço de habitação do homem no mundo, o horizonte de sua autocompreensão. Fantasias estéticas narcisistas sobre o consumo mercantil do homem seriam uma réplica cínica da *Vernutzung* (desgaste) do "material humano".

Como afirma Heidegger, num tempo em que a tecnologia, cuja essência é armação (*Ge-stell*), exerce um domínio planetário, aí também espreita um perigo (*Ge-fahr*). Mas é justamente à sombra do perigo que urge retomar as palavras dos poetas e pensadores, da arte e da filosofia. Nesse caso específico, a poesia de Hölderlin: *"Wo aber Gefahr ist, wächst das Rettende auch"* (Lá onde há perigo, cresce também aquilo que salva)[16]. À dicção do poeta, Heidegger acrescenta uma palavra de filósofo: sereni-

---

15. Martin Heidegger, "Sobre o humanismo", trad. Ernildo Stein, *Obras escolhidas*, São Paulo: Abril Cultural, 1973, p. 347 (Coleção Os Pensadores).

16. Martin Heidegger, *Die Frage nach der Technik*, 5. ed., Pfullingen: Neske Verlag, 1982, p. 28.

dade. Não um lamento, uma demonização da tecnologia; ao contrário, ele prenuncia uma relação pensante com o segredo até hoje velado na essência da técnica. A palavra de Heidegger diz: *serenidade para com as coisas*, cuidado preocupado com o mundo, deixar ser, abertura para o segredo – *ethos* de meditação sobre os destinamentos do Ser, nascidos de um pensamento que é, em si mesmo, ação. "Se crescem em nós a serenidade para com as coisas e a abertura para o segredo, então nos é lícito chegar a um caminho que conduz a um novo fundamento (*Grund*) e solo. Nesse solo, o criar de obras que permanecem pode fincar novas raízes"[17].

Considero que devemos levar muito a sério o depoimento de Michel Foucault, que faz de Heidegger um acontecimento decisivo em sua vida. "Todo o meu devir filosófico foi determinado por minha leitura de Heidegger; é importante ter um pequeno número de autores com os quais se pensa, com os quais se trabalha, mas sobre os quais 'não se escreve' e que se constituem em 'instrumentos de pensamento'"[18]. Pensar o acontecimento seria prestar ouvidos ao que Foucault nos ensina sobre o que significa essa tarefa, bem como sobre como e quanto sua realização remete às lições da ontologia fundamental de Heidegger. Para Foucault, o acontecimento é fundamentalmente *aquilo que não se pode mais esquecer*.

De acordo com uma genial interpretação de Foucault, quando Kant formulou a resposta à pergunta: O que é Esclarecimento?, ele respondeu também à questão a respeito do sentido do presente. Para fazê-lo, Kant carecia de um *acontecimento* ou evento com função de signo diagnóstico, retrospectivo e prospectivo – permitindo auscultar algo essencial no destino histórico da humanidade; portanto, um acontecimento que fosse também um sinal dos tempos. Acontecimento que era, em essência, um grande pensamento: a ideia de uma constituição jurídica republicana, que proscreve a guerra ofensiva. Esse pensamento, universalmente compartilhado no registro humano afetivo do *entusiasmo*, é a medula espiritual que transforma a Revolução Francesa no ícone da modernidade cultural e política.

Esse advento com valor de signo não se confunde com o fato bruto e ruidoso da reviravolta dos poderes, com as catástrofes pelas quais pere-

---

17. Martin Heidegger, *Gelassenheit*, op. cit., p. 26.
18. Gilles Barbedette e André Scala, "Entrevista com Michel Foucault", *Les Nouvelles*, 29 maio 1984. *Michel Foucault (1926-1984) – O Dossier – últimas entrevistas*, Rio de Janeiro: Taurus, 1984.

86 Tempo e acontecimento

cem os Estados, enfim, com a sangrenta reviravolta, em grande estilo, das estruturas da sociedade e do Estado. É o entusiasmo pela ideia de uma constituição jurídica auto-outorgada que constitui o acontecimento revolucionário e o sinal dos tempos modernos. Como Nietzsche reconhecerá mais tarde: "As palavras mais quietas são as que trazem a tempestade. Pensamentos que vêm com pés de pomba dirigem o mundo"[19].

Todos os acontecimentos decisivos não são tagarelas, eles acontecem nas horas de maior silêncio.

> Os maiores acontecimentos e pensamentos – mas os maiores pensamentos são os maiores acontecimentos – são os últimos a serem compreendidos: as gerações que vivem no seu tempo não *vivenciam* tais acontecimentos – elas passam ao largo deles. Ocorre algo semelhante no reino das estrelas. A luz das estrelas mais distantes é a última a chegar aos homens; e, enquanto ela não chega, os homens *negam* que ali haja estrelas[20].

É sempre na temporalidade própria do acontecimento que advêm os signos de um processo no qual o pensamento, a filosofia e o conhecimento são concernidos ao mais alto grau, pois nesse movimento aquele que se dispõe a pensar o que acontece no seu próprio tempo não pode deixar de estar como que "entusiasmado", na medida em que ele mesmo faz parte do processo que descreve e sobre o qual medita. Muito mais do que isso – como pensador, ele tem um papel a desempenhar nesse processo, no qual ele se encontra, portanto, implicado, tanto como elemento quanto como ator e protagonista.

Por causa disso, impõe-se pensar agora a intersecção entre tempo e acontecimento, na medida em que nessa encruzilhada fazemos nós, herdeiros dos bons europeus da época das Luzes, uma radical experiência da historicidade do universal; pois a Europa é uma região determinada do mundo, na qual, numa época determinada da história, produziu-se o acontecimento decisivo que ainda hoje determina o perfil de nossa

---

19. Friedrich Nietzsche, *Assim falou Zaratustra*, parte ii: "A hora mais quieta", trad. Paulo César de Souza, São Paulo: Companhia das Letras, 2011, p. 140.
20. Friedrich Nietzsche, *Além do bem e do mal*, parágrafo 285, trad. Paulo César de Souza. São Paulo: Companhia das Letras, 2005, p. 174.

identidade, assim como oferece os primeiros indícios daquilo que talvez estejamos a ponto de deixar de ser.

A Europa "apresenta a particularidade de criar uma categoria universal que caracteriza o mundo moderno. A Europa é o lugar de nascimento da universalidade"[21]. É em vista dessa historicidade do universal, sobretudo em face da crise atual e permanente dos conceitos ocidentais de revolução, de homem, de sociedade e de política, que se repõe para nós a tarefa de detectar os eventuais signos diagnósticos e premonitórios dos tempos.

Porque é na Europa que se institui um quadro categorial de universalidade que é teoricamente estruturante para o mundo moderno; porque a Europa figura, portanto, historicamente como o lugar de nascimento da universalidade, tal como a conhecemos,

> a crise do pensamento europeu atrai a atenção de todo o mundo e ela concerne ao mundo inteiro. É uma crise que influencia os diferentes pensamentos de todos os países do mundo, assim como o pensamento geral do mundo. Por exemplo, o marxismo nasceu numa época determinada, numa região determinada: ele foi fundado por judeus por meio de contatos com um punhado de operários. Isso se tornou não apenas uma forma ideológica, mas uma visão de mundo, uma organização social [...] Ora, o marxismo encontra-se atualmente em uma crise indiscutível: a crise do pensamento ocidental, a crise do conceito ocidental que é a revolução, a crise do conceito ocidental que são o homem e a sociedade. É uma crise que concerne ao mundo inteiro, e que concerne tanto à União Soviética como ao Brasil, à Tchecoslováquia[22].

É com essa mesma crise que continuamos comprometidos, nela permanecendo enredados, na medida em que ainda exige de nós o máximo empenho de atividade intelectual e ação política. Nesse horizonte, a filosofia como exercício, ensaio, tentativa, faz um esforço para discernir os signos de uma silenciosa mutação em curso, as primícias do acontecimento que se anuncia para um pensamento a vir.

---

21. Michel Foucault, *Dits et écrits III (1976-1979)*, Paris: Gallimard, 1994, p. 623.
22. Idem, ibidem.

Na obra *A arqueologia do saber*, Michel Foucault tematiza a relação entre o tempo e o acontecimento no horizonte descerrado entre "a língua, que define o sistema de construção das frases possíveis, e o *corpus*, que recolhe passivamente as palavras pronunciadas", problematizando a singularidade dos acontecimentos por meio do conceito de *arquivo*: este deve ser situado no registro de uma prática discursiva, aquele de

> uma prática que faz surgir uma multiplicidade de enunciados como tantos acontecimentos regulares, como tantas coisas oferecidas ao tratamento e à manipulação. Não tem o peso da tradição; não constitui a biblioteca sem tempo nem lugar de todas as bibliotecas, mas não é, tampouco, o esquecimento acolhedor que abre a qualquer palavra nova o campo de exercício de sua liberdade; entre a tradição e o esquecimento, ela faz aparecer as regras de uma prática que permite aos enunciados subsistirem e ao mesmo tempo se modificarem regularmente. *É o sistema geral da formação e da transformação dos enunciados*[23].

Nessa acepção, o arquivo é a lei de o que pode ser dito numa determinada sociedade, numa certa época de sua história, é o sistema que rege o surgimento dos enunciados possíveis, que se efetuam como o que Foucault denomina de acontecimentos singulares:

> É evidente que não se pode descrever exaustivamente o arquivo de uma sociedade, de uma cultura ou de uma civilização; nem mesmo, sem dúvida, o arquivo de uma época. Por outro lado, não nos é possível descrever nosso próprio arquivo, já que é no interior de suas regras que falamos, já que é ele que dá ao que podemos dizer – e a ele próprio, objeto de nosso discurso – seus modos de aparecimento, suas formas de existência e de coexistência, seu sistema de acúmulo, de historicidade e desaparecimento. O arquivo não é descritível em sua totalidade e é incontornável em sua atualidade[24].

---

23. Michel Foucault, *A arqueologia do saber*, trad. Luis Felipe Baeta Neves, Petrópolis: Vozes, 1972, p. 162.
24. Idem, ibidem.

A arqueologia praticada por Foucault pode ser caracterizada como a descrição dos discursos em sua positividade de práticas especificadas pela lei do arquivo, considerado como o sistema geral de relações entre o dito e o não dito. Considerado em seu estatuto e função, o arquivo é o elemento em cujo âmbito são pronunciados, fixados, transformados, acumulados e conservados os enunciados que determinam o conjunto do saber de uma sociedade, numa certa época; que determinam, portanto, tanto os objetos e conceitos como os métodos, regras e procedimentos para sua apreensão, bem como o sujeito desses saberes, do ponto de vista da função que ele desempenha na produção de enunciados, ou seja, a função enunciativa do sujeito na linguagem.

Por essa razão, o acontecimento, em suas coordenadas espaciais e temporais, produz-se, reproduz-se, transmite-se, modifica-se e se conserva no elemento do arquivo, que é o campo próprio da atualidade do que se pode saber e dizer. Nesse sentido, não podemos descrever nosso próprio arquivo, já que é nele que podemos pensar e dizer o que conhecemos e falamos. Por causa disso, quando nos perguntamos pela nossa atualidade, é porque já principiamos a deixar de ser quem somos, é porque, de certo modo, já nos encontramos em processo de mutação. É em virtude disso que Foucault encerra a introdução à sua *Arqueologia do saber* com um fulminante exercício de ironia filosófica, que coloca em questão o acontecimento de sua própria obra:

> Acredita que eu me teria obstinado, cabeça baixa, se eu não preparasse – com as mãos um pouco febris – o labirinto onde me aventurar, deslocar meu propósito, abrir-lhe subterrâneos, enterrá-lo longe dele mesmo, encontrar-lhe desvios que resumem e deformam seu percurso, onde me perder, e aparecer finalmente diante de olhos que eu não teria mais de encontrar. Mais de um, como eu sem dúvida, escreveu para não ter mais fisionomia. Não me pergunte quem sou eu e não me diga para permanecer o mesmo: é uma moral de estado civil; ela rege nossos papéis. Que ela nos deixe livres quanto se trata de escrever[25].

25. Idem, ibidem, p. 26s.

Próximo do final precoce de sua vida, Michel Foucault retoma, num horizonte filosófico algo modificado, sua preocupação obsessiva com o acontecimento e o sentido do presente. Ele se pergunta pelo elemento que define a atualidade, o campo acontecimental e atual das experiências possíveis, numa tentativa de fazer uma ontologia do presente, uma "ontologia de nós mesmos". O que é a atualidade, pergunta-se então Foucault, e ao fazê-lo toma o conceito de acontecimento como fio de Ariadne para penetrar no labirinto de problemas que definem a nossa atualidade. É em relação ao acontecimento que Kant ressurge como pensador decisivo, tal como já ocorrera no início da carreira filosófica de Michel Foucault, cuja tese doutoral complementar foi justamente a célebre antropologia escrita desde o ponto de vista pragmático por Immanuel Kant, cuja pergunta cardinal é: O que o homem, como ser moral, pode fazer de si mesmo ao longo de sua história?

Em *Un cours inedit*, Foucault inicia sua problematização retomando a resposta dada por Kant à pergunta: O que é Esclarecimento?[26], para mostrar que a peculiaridade de Kant, nesse opúsculo publicado em 1784, não consiste apenas em colocar questões atinentes à história, ou à filosofia da história – o que já fizera em textos anteriores –, mas em haver formulado, pela primeira vez na história do Ocidente, um certo tipo de questionamento a respeito do presente e do acontecimento, num gesto teórico que toma a seu cargo seu próprio presente, para transformá-lo em problema filosófico.

De acordo com a interpretação de Foucault, em *Resposta à pergunta: O que é Esclarecimento?*, a originalidade de Kant reside em ter-se esforçado por reconhecer um certo acontecimento no presente, distingui-lo, decifrá-lo entre todos os outros, na medida em que, na atualidade, ele faz sentido para a reflexão filosófica, posto que se revela como o portador e o signo de um processo que concerne ao pensamento, à filosofia e ao conhecimento. Naquele opúsculo, trata de mostrar em que e como aquele que fala – enquanto pensador – faz, ele mesmo, parte desse processo que descreve e sobre o qual medita; e – muito mais do que isso – como esse pensador tem um certo papel a desempenhar nesse processo, no qual

---

26. Cf. Immanuel Kant, "Beantwortung der Frage: Was ist Aufklärung?" (1784), *Werke*, Wilhelm Weischedel (ed.), Frankfurt/M: Insel Verlag, 1964, Band VI, pp. 52-61 (A481-A494).

ele se encontra, portanto, implicado tanto como elemento quanto como ator e protagonista[27].

Nesse sentido, a operação magistral de Kant teria consistido, fundamentalmente, em identificar o acontecimento cuja significação permite fazer de seu próprio presente um objeto da reflexão filosófica, perguntando-se o que é que constitui essencialmente esse presente, a respeito do qual a filosofia se questiona, ao mesmo tempo em que nele se insere. Sendo assim, se a filosofia é uma prática discursiva que tem sua própria história, então em *Beantwortung der Frage: Was ist Aufklärung?* a filosofia problematiza, pela primeira vez na história, sua própria prática discursiva; dirigindo-se reflexivamente à sua própria atualidade, a filosofia determina-se como tarefa enunciar o sentido desse acontecimento em que ela mesma toma parte, o valor, a singularidade filosófica, na qual ela tem de encontrar, ao mesmo tempo, sua própria razão de ser e o fundamento daquilo que ela diz.

"Esclarecimento é a saída do homem da menoridade de que ele próprio é culpado. Menoridade é a incapacidade de servir-se do próprio entendimento sem a direção de outrem"[28]. Portanto, a *Aufklärung* – esse processo atualmente em curso de transição progressiva do homem para sua condição de emancipação e autonomia – constitui, para Kant, a via de acesso para a resposta sobre o estatuto filosófico do presente, na medida em que constitui uma espécie privilegiada de superfície de reflexão: trata-se de um movimento, nesse presente por cuja essência se pergunta, em que está engajado o próprio pensador. Não é o caso aqui simplesmente de pertencer a uma doutrina ou tradição, nem mesmo à comunidade humana em geral, mas a um certo "nós" que se reporta a um conjunto cultural característico da atualidade: nesse movimento, a filosofia se apresenta tanto como discurso da modernidade quanto como discurso sobre a modernidade.

Isso significa que a resposta ao problema filosófico constituído pela modernidade só pode ser enunciada por parte daquele que nela está enraizado, pois o discurso filosófico tem agora de tomar em conta a própria atualidade, para nela encontrar seu lugar, ao mesmo tempo em que

---

27. Idem, ibidem, p. 35.
28. Idem, ibidem, A481, p. 53.

se encarrega de enunciar o sentido dessa atualidade, para especificar o modo de ação que ele é capaz de exercer no interior dela. Dizer o que é a *Aufklärung* – tomada como acontecimento que tem função de signo dos novos tempos – implica, ao mesmo tempo, abrir uma distância em relação ao próprio tempo, de certo modo deslocar-se de si, para colocar--se em condições de dizer também quem somos nós – qual é o lugar de onde falamos.

Talvez seja possível compreender melhor o problema formulando-o nos seguintes termos: ao tomar como objeto de reflexão o texto de Kant, Foucault faz dele, ao mesmo tempo, ocasião estratégica para reconstituir a genealogia não tanto da noção de modernidade, mas *da modernidade como questão*. Nesse sentido, *Beantwortung der Frage: Was ist Aufklärung?* aparece como ponto de emergência dessa questão e como fazendo parte de um processo histórico mais largo, do qual seria necessário tomar a devida medida.

Nas palavras de Foucault, a modernidade seria a primeira época da história que se autodenomina através de certo evento que concerne a ela e provém de uma história geral do pensamento, da razão e do saber; evento no interior do qual o próprio presente da filosofia desempenha certo papel, em vez de simplesmente se caracterizar como período de prosperidade ou decadência.

Fazer com que a razão filosófica se obstine na interrogação sobre o sentido do presente, no qual deita raízes o próprio pensamento que se interroga, nisso consiste a originalidade da pergunta kantiana: ela indica certo modo de filosofar que determinará os rumos da filosofia nos pró-ximos séculos, posto que, de acordo com a avaliação de Foucault, uma das grandes funções da filosofia moderna (sobretudo a partir do final do século XVIII) consistirá na interrogação sobre a própria atualidade.

É no mesmo sentido que, para Foucault, Kant retoma, mais de dez anos depois da publicação do opúsculo sobre o Esclarecimento, a pergun-ta pelo sentido do acontecimento revolucionário de 1789, como ocasião para problematizar o presente. Trata-se, dessa vez, de um texto publicado em 1794[29], escrito na mesma chave que empregara quando empreendera a

---

29. Cf. Immanuel Kant, "Der Streit der Fakultäten", *Werke*, Wilhelm Weischedel (ed.), Frankfurt/M: Insel Verlag, 1964, Band VI, pp. 267-393 (A V- A205).

decifração da *Aufklärung* como evento constitutivo da modernidade. De acordo com a interpretação de Michel Foucault, em *O conflito das faculdades*, a pergunta pelo sentido de um acontecimento do presente não pode ser obtido simplesmente através da interpretação da "trama teleológica que torna possível um progresso; é necessário isolar, no interior da história, um evento que terá valor de signo"[30].

Para que tal tarefa possa ser levada a efeito, como veremos logo em seguida, a indicação e decifração desse elemento portando valor simbólico somente pode ser realizada por alguém que se insere a si mesmo na questão, cuja resposta procura. Eis por que, segundo a interpretação de Foucault, Kant formula sua tarefa com o cuidado e a prudência convenientes: não se trata de uma exaltada e extravagante exigência de comprovar empiricamente a existência de uma disposição moral do gênero humano. Mesmo porque o sistema crítico invalida, no domínio de questões éticas, a própria pretensão a esse gênero de comprovação. A tarefa só pode consistir, portanto, em circunscrever, na experiência e na atualidade, um *signo* sensível – ou seja, um sinal cuja presença seja historicamente identificável, e que ao mesmo tempo possa fazer remissão a uma causa que explique o sentido da história do gênero humano como um progresso moral infinito.

Essa questão pode ser formulada nos seguintes termos: seria o progresso moral infinito *o sentido* da história do gênero humano, considerado não apenas *singulorum* (ou seja, tomando-se isoladamente uma de suas partes), mas, como o afirma Kant, também segundo o todo da humanidade (*universorum*) – isto é, entendida esta última como sendo o gênero humano distribuído socialmente sobre a superfície da Terra na forma de comunidades políticas?

Para que o progresso infinito pudesse ser razoavelmente admitido como constituindo esse sentido totalizador, seria necessário reconhecer uma causa que fosse determinante do próprio curso da história. Por essa razão, torna-se necessário indicar quais seriam os sinais, constatáveis no presente, que poderiam revelar e atestar a existência dessa causa permanente (uma *Anlage*, ou disposição) que atuasse como promotora do

---

30. Idem, ibidem, p. 37.

aperfeiçoamento moral do gênero humano? Onde poderíamos discernir as marcas de sua efetividade?

Como isolar e reconhecer um evento no presente que permitisse decidir se existe essa causa, que deve persistir como atuante, tanto no passado como no presente e, prospectivamente, permitindo endossar nossas esperanças no futuro? É aqui que se apresentam toda a riqueza e a complexidade da problemática do direito. Será a ideia de uma sociedade cosmopolita organizada sob a égide de uma perfeita constituição jurídica republicana – como realização integral do conceito racional do direito – que apresentará o fio condutor para a descoberta de um sentido *a priori* para a história humana.

De acordo com Foucault, é nessa chave que se deve interpretar o conflito – figurado por Kant – entre as faculdades de Filosofia e de Direito. Nessa disputa, o objeto em questão seria justamente essa vertente do conceito racional do direito, na medida em que a concreção empírica da ideia da liberdade sob leis universais auto-outorgadas – na figura de uma perfeita constituição jurídica republicana – apresenta-se como o eixo de uma reflexão *a priori*, que permite conferir realidade objetiva a juízos de natureza moral, tendo como objeto o sentido da história humana.

Ao fio condutor dessa ideia, a reflexão não tem de se limitar ao âmbito da constituição jurídica de um povo organizado em estado nacional, mas pode legitimamente alargar-se, para incluir o âmbito do direito das gentes e, no limite, de uma sociedade cosmopolita fundada no direito, racionalmente compreendida como meta e caminho que conduz à realização integral das disposições naturais do homem para o bem.

Caso não fosse assim, teríamos de nos contentar com a resposta dos jurisconsultos (portanto dos representantes da faculdade de Direito, no conflito das faculdades), que só pode dar conta daquilo que é *de direito* (*de juris*), mas não do que é o direito (*jus*), a saber seu conceito *a priori*. A resposta à pergunta pelo conceito racional do direito exige o concurso de uma disposição moral da humanidade, enquanto pertencente ao gênero de seres racionais, e ultrapassa necessariamente o plano empírico das legislações positivas. Explicitar a necessidade desse concurso constitui a parte desempenhada na disputa pela faculdade de Filosofia.

Desse modo, a atestação filosófica da disposição natural para o Bem, no gênero humano, exige, como uma espécie de corolário, a tese do progresso moral infinito como sentido da história humana. Somente com isso estariam derrogadas as hipóteses terroristas e abderíticas de interpretação da história, pois se a marcha da história tivesse a configuração circular, então a humanidade permaneceria numa repetição cíclica de ascensão e decadência, ou então o vetor de sua marcha seria indicado pelo pior – por uma catástrofe final que a tudo aniquilaria.

Com essa hipótese de uma loucura circular, ou de terrorismo histórico, restaria revogada toda interpretação otimista da história, no sentido de aventura de autoconstituição da humanidade como um todo moral; talvez então, no interior daquelas alternativas de compreensão, pudesse ter cabimento uma resposta de tipo empírico, como a que podem oferecer os jurisconsultos, para a realidade objetiva da ideia do direito.

Para Foucault, entretanto, o que Kant parece querer sugerir é que o modo de resolução da disputa entre as duas faculdades depende de uma história antecipatória do futuro da humanidade. Não podendo ela ser uma profecia sobrenaturalmente inspirada – na medida em que se trata de uma tarefa a ser cumprida pela razão filosófica –, essa história antecipatória só seria possível no caso do próprio historiador tomar parte nela e, por assim dizer, fazê-la, ao mesmo tempo em que a antecipa, ao empreender sua escritura.

Temos aqui, pois, do ponto de vista da interpretação de Foucault, um importante segmento a unir os dois textos separados por uma década de distância: repete-se, no plano das relações entre o direito e a história, aquilo que já se apresentara como tese, no texto sobre o Esclarecimento: somente um *Aufklärer* pode responder à pergunta pela *Aufklärung*, entendida como signo distintivo da modernidade.

De modo análogo, pode-se dizer que somente aquele que toma parte nesse acontecimento do presente – que justamente se trata de identificar como portador de um signo do progresso moral da humanidade – pode apreendê-lo pela reflexão e decifrar o seu sentido, na medida em que também toma distância reflexiva em relação a ele. Assim, é novamente a filosofia que se coloca em questão, como prática discursiva, quando toma sua atualidade e seu presente como objeto de problematização. Nesse sentido, esses textos de Kant poderiam ser entendidos como uma espécie de Esclarecimento do Esclarecimento, em que o próprio filósofo ascende à consciência de si mesmo pela resposta que dá à pergunta pelo presente. A genealogia do presente constitui, ao mesmo tempo, a ontologia de si mesmo.

Quando se trata de identificar um evento no presente que seja denotativo de uma causa atestatória do progresso moral da humanidade, causalidade que determina o sentido de sua história, Kant tem de tomá-lo como extensível às três dimensões da temporalidade. Portanto, exige-se nada menos do que um *signum rememorativum*, *prospectivum*, *pronosticum*.

> É preciso que seja um signo que mostre que isso sempre foi assim (é o signo rememorativo), que enfim mostre que as coisas se passam atualmente assim (é o demonstrativo), que mostre enfim que isso permanecerá assim (signo prognóstico). É assim que poderemos estar seguros de que a causa que torna possível o progresso não agiu simplesmente num momento dado, mas que ela garante uma tendência geral do espírito humano em sua totalidade para marchar no sentido do progresso. Eis a questão: existe à nossa volta um evento que seria rememorativo, demonstrativo e prognóstico de um progresso permanente que envolve o gênero humano em sua totalidade?[31]

A saber, a pergunta se dirige para uma causa que atuou no passado, que continua a produzir efeitos no presente e que assim será também no futuro. Simetricamente à exigência já contida no texto sobre a *Aufklärung*, a tarefa requer a participação do próprio pensador no processo cujo desenrolar futuro ele apresenta como profecia filosófica. Também nesse caso, o diagnóstico perfaz uma genealogia do presente, uma decifração do sentido do tempo e do lugar de onde profetizamos.

Por isso, do ponto de vista de Foucault, o evento com valor de signo não pode ser o fato bruto e ruidoso da reviravolta dos impérios, as grandes catástrofes pelas quais perecem os Estados mais firmemente estabelecidos, as reviravoltas da fortuna que derrubam potestades consolidadas e fazem surgir outras novas em seu lugar, enfim, revolução, sob o aspecto de reviravolta em grande estilo das estruturas da sociedade e do Estado.

---

31. Idem, ibidem.

Pouco importa, diz ele (Kant), se a revolução de um povo pleno de espírito, que vimos se efetuar em nossos dias (trata-se, portanto, da Revolução Francesa), pouco importa se ela triunfa ou fracassa, pouco importa se ela acumula miséria e atrocidade, se ela as acumula a ponto de que, se um homem sensato a refizesse com a esperança de levá-la a bom termo, ele, entretanto, jamais se resolveria a tentar a experiência a esse preço[32].

Paradoxalmente, o essencial se passa no nível do modo que a Revolução faz espetáculo, a maneira pela qual é acolhida, por toda parte ao seu redor, pelos espectadores que dela não participam, mas que olham e assistem ao desenrolar dos acontecimentos, que se deixam arrebatar por ela. O significativo não é o sucesso ou o fracasso do processo revolucionário, mas a afecção moral por ela despertada no ânimo daqueles que não são seus atores diretos.

Aquilo que faz sentido e constitui o signo do progresso é que há, em torno da Revolução, uma simpatia de aspiração que beira o entusiasmo: aquilo que se passa na cabeça daqueles que não a fazem, ou, em todo caso, que não são seus protagonistas principais – a relação de participação que eles mantêm com essa revolução de que não são os protagonistas efetivos.

O entusiasmo pela Revolução é o signo, segundo Kant, de uma disposição moral da humanidade; essa disposição se manifesta permanentemente de duas maneiras: primeiramente no direito de todos os povos de dar-se a si próprios a constituição política que lhes convém e, em princípio, conforme ao direito e à moral de uma constituição política tal que evite, em razão desses mesmos princípios, a guerra ofensiva. Ora, é certamente a disposição levando a humanidade em direção de uma tal constituição que é significada pela Revolução. A Revolução como espetáculo, e não como gesticulação, como *foyer* do entusiasmo para aqueles que a assistem, e não como princípio de reviravolta para aqueles que dela participam, é um *signum rememorativum*, pois ela revela essa disposição presente desde a origem; é um *signum demonstrativum*, porque ela mostra a eficácia presente dessa disposi-

---

32. Idem, ibidem, p. 38.

ção, e é também um *signum pronosticum*, pois se há resultados da Revolução que podem ser postos em questão, não se pode esquecer a disposição que se revelou por meio dela[33].

Teilnahme – tomar parte, tomar partido, compartilhar, ser coafetado por um mesmo afeto, qual seja, o *entusiasmo* pela causa da Revolução e pela ideia de direito que ela encerra. Trata-se, pois, de um acontecimento cujo efeito é de natureza fundamentalmente *estética*. O que esse acontecimento parece problematizar, de acordo com a leitura de Foucault, é uma estética *sui generis* dos efeitos da Revolução. Qual, porém, é o autêntico objeto mobilizador do compartilhamento afetivo? Por que sentem os espectadores o mesmo que sentiam os revolucionários, mesmo não sendo os agentes dos eventos ruidosos que levam à reviravolta completa da soberania instituída?

Trata-se do entusiasmo pela constituição auto-outorgada, que proscreve a guerra ofensiva. Embora isso não esteja em Foucault, creio que se poderia, a justo título, afirmar no mesmo espírito de seu texto: trata-se aqui do entusiasmo pela ideia do direito compreendida em seu papel de legislação autônoma, sob a qual a liberdade de cada um pode conviver com a liberdade de todos sob a égide de uma lei universal autoinstituída, também no plano do direito das gentes e do direito cosmopolita. Eis o que pode significar uma constituição política perfeitamente republicana como base de uma ordem jurídica em que se realize na efetividade a autoridade universal da lei.

É, pois, nesse sentido que, para Foucault, a Revolução se apresenta como o prosseguimento e o acabamento da *Aufklärung*, de modo que ambos podem ser vistos como os eventos propriamente significativos da modernidade – como os dois eventos que não podem cair no esquecimento. A existência da Revolução atesta uma *virtualidade permanente*, que não pode mais ser esquecida: para a história futura, é uma garantia de continuidade de uma *démarche* em direção ao progresso.

Para Foucault, *O que é Aufklärung?* e *O que é a Revolução?* são as duas formas pelas quais Kant formulou a questão de sua própria atualidade. Nessas duas questões tem origem um processo de reflexão que não cessou

---

33. Idem, ibidem.

de assediar a filosofia moderna desde o século XIX. O estatuto filosófico da *Aufklärung* – já que isso é, precisamente, o que se encontra em questão – consiste num processo permanente que se manifesta na história da Razão, no desenvolvimento e instauração de formas de racionalidade e de técnica, de autonomia e autoridade do saber, de modo que, nesse duplo sentido, ela não pode mais ser, para a consciência filosófica, apenas um episódio da história da ideias.

Para Foucault, como resultado final desse seu *Un cours inedit*, não se trata de preservar intactos os restos da *Aufklärung*, mas é preciso manter presente e guardar para o espírito aquilo que, nela, deve e merece ser pensado: a própria questão colocada por esse evento e por seu sentido, a saber: "a questão da historicidade do universal"[34].

Aqui se coloca, pois, a partir desse efeito estético da Revolução sobre o sentimento, a questão da Razão como problema histórico: sob a forma da Revolução, enquanto efeito e realização da *Aufklärung*, tomada como ruptura, reviravolta e fracasso e, ao mesmo tempo, como signo de uma disposição para o progresso operando na história. Aqui é que se coloca, para a posteridade, o problema de se saber o que é preciso fazer dessa vontade de revolução, que vem à luz, no mundo empírico, sob a forma do sentimento de entusiasmo pela ideia da constituição jurídica auto-outorgada, que proíbe a guerra ofensiva.

Para Foucault, essas questões definem o campo da interrogação que incide sobre aquilo que nós próprios somos, em nossa atualidade, ou seja, oferecem a direção inicial para as duas tradições críticas em que se partilhou a filosofia moderna: a obra crítica de Kant formula a questão das condições mediante as quais um conhecimento verdadeiro é possível. E, com isso, institui uma analítica da verdade, como programa da filosofia moderna a partir do século XIX.

Por outro lado, *O que é Aufklärung?* e *O que é a Revolução?* colocam o problema filosófico de o que seja a atualidade, de qual seria o campo atual das experiências práticas possíveis. Em ambos os casos, estamos em face de uma genealogia da atualidade e de uma ontologia do presente, de uma *ontologia de nós mesmos*, como diz Foucault.

---

34. Idem, ibidem, p. 39.

Em certa ocasião, em resposta a uma pergunta do filósofo italiano Paolo Caruso sobre o sentido de seu trabalho, Michel Foucault declarou:

> É muito bem possível que meu trabalho tenha algo a ver com filosofia: sobretudo porque à filosofia – pelo menos desde Nietzsche – compete a tarefa do diagnosticar, e não mais a de buscar dizer uma verdade que seja válida para todos os tempos. Eu procuro justamente diagnosticar: *diagnosticar o presente*. Eu procuro dizer aquilo que nós somos hoje, e o que é que agora significa dizer aquilo que nós dizemos. Este escavar sob os próprios pés caracteriza, desde Nietzsche, o moderno pensar, e nesse sentido eu posso me designar como filósofo[35].

---

35. Paolo Caruso, "Gespräch mit Michel Foucault", *Von der Subversion des Wissens*. Frankfurt/M: Fischer Taschenbuch Verlag, 1987, p. 12. (*Conversazione con M. Foucault*. Milano: U. Mursia&Cia, 1969).

Dialética na imobilidade da *mens momentanea* à imobilidade do instante
Olgária Matos

"Experiência da pobreza e pobreza da experiência" é o diagnóstico de Benjamin sobre o moderno. Pobreza do vivido significa não apenas sua carência, mas também sobrecarga e saturação. Para superá-la, procuram-se vivências novas e sempre mais veementes, em vez de se dispor de tempo para convertê-las em experiência. A novidade se transforma rapidamente em rotina, provocando o "tédio do sempre novo e do sempre igual".

Experiências são vestígios de tempos heterogêneos que permanecem na memória inconsciente, onde se aloja a aura do tempo. Experiência primeira, as canções de ninar. Porque a delicadeza é a matéria desses cantos, seus versos breves possuem a potência miraculosa de metamorfosear angústias e desejos em sono e sonho. Unindo corpo e alma, ela é a experiência ética que se encontra na base de uma verdadeira arte de viver. Embalar e cuidar exigem tempos longos, propiciadores dos primeiros laços de afeto entre mãe e filho. Ligando o adulto e a criança que ele foi, a canção de ninar é um halo de proteção que acompanhará o recém-nascido pela vida toda. Neste sentido, Benjamin anotou: "Natureza da mãe: fazer com que não haja sucedido o que sucedeu, lavar a vida no fluxo do tempo"[1]. A canção infantil é um talismã contra a desventura.

Eis por que a aceleração do tempo é a "comoção da tradição" que não orienta mais um saber viver[2]. Para Benjamin, no mundo moderno,

1. Walter Benjamin, *Haxixe*, trad. Flávio de Menezes e Carlos Nelson Coutinho, São Paulo: Brasiliense, 1984, p. 123.
2. "A canção de ninar [é] [...] um dos primeiros objetos culturais com valor literário a que o ser humano

materialista e mecanizado, o homem é afetado por estímulos, fluxos e intensidades crescentes. Por isso, ele o concebeu na figura de um autômato inerte e sem identidade, um boneco vestido à turca que posiciona peões em um jogo de xadrez, mas que é ele mesmo conduzido por fios com os quais um anão corcunda movimenta as peças: "Conhecemos a história de um autômato construído de tal forma que podia responder a cada lance de um jogador de xadrez com um contralance que lhe assegurava a vitória. Um fantoche [...], com um narguilé na boca, sentava-se diante do tabuleiro colocado numa grande mesa. Um sistema de espelhos criava a ilusão de que a mesa era totalmente visível, em todos os seus pormenores. Na realidade, um anão corcunda se escondia nela, um mestre no xadrez, que dirigia com cordéis a mão do fantoche"[3]. Para Benjamin, o indivíduo moderno é mecanizado, conduzido por leis que o dominam e que ele não mais controla, como o mercado mundial, a ciência, a técnica, a política. Por isso, necessita-se da teologia – de transcendência em relação ao mundo autonomizado – para movimentar os fios do boneco vestido à turca. Da mesma forma, suas experiências não parecem lhe pertencer, a história impulsionada por forças invisíveis que operam sob a superfície dos acontecimentos. Deles se desconhecem a gênese e seus desenvolvimentos, só se apreendem os resultados. O futuro não é, pois, senão o que já está acontecendo agora.

O mundo sem experiência, produzido pelo mercado, pela automação e pela ciência, marca o fim da tradição humanista fundada na cultura teórica, no tempo livre e no conforto do espírito. Mundo pós-behaviorista, a sociedade denominada da comunicação, associada à sociedade da informação e à sociedade de projetos, substitui a busca do sentido do conhecimento e do "aperfeiçoamento de si" pela inovação que cria profissões voltadas ao "desenvolvimento pessoal", indústrias da "imagem de si" com

---

é exposto". Cf. Sílvia Pinheiro Machado, "Canção de ninar brasileira: aproximações". Tese de Doutorado, Departamento de Teoria Literária-USP, 2012.

3. Cf . Walter Benjamin, Tese I de "Sobre o conceito de História", *Obras escolhidas I*, trad. Sérgio Paulo Rouanet, São Paulo: Brasiliense, p. 222. O autômato benjaminiano diferencia-se daquele cartesiano e do de Edgar Allan Poe. A referência desta tese é o conto "O jogador de xadrez de Maezel", de Edgar Allan Poe, que expõe os arcanos da técnica, seus efeitos de terror e maravilhamento. Diferentemente do autômato cartesiano, que tem em si mesmo o princípio de seu movimento – como o mecanismo dos relógios –, para Poe a máquina imita o humano e assim depende dele, uma vez que ela joga sempre de maneira cega, desconsiderando todas as peças do tabuleiro, só reagindo à peça do jogador. Já o autômato de Benjamin requer a teologia.

seus dispositivos advindos das ciências cognitivas e das neurociências. Sobre isso, Carlo Mongardini anotou: "O rápido progresso da cultura material de nossa época se viu acompanhado de uma regressão generalizada da cultura não material [...]. Quando as normas se tornam inseguras, e a moral, problemática, ressurge o medo, e a vida coletiva retrocede a formas primitivas"[4]. Neste sentido, o futuro do capitalismo é seu passado. A precarização do trabalho e a flexibilização das leis procedem da lógica do mercado e de suas contingências que, no ritmo da obsolescência programada, aceleram o tempo, como se ele estivesse atrasado com respeito a si mesmo e à História. Época tardia e retardatária, a modernidade é a posterioridade, afetada pelo sentimento de uma perda do tempo, sem que se saiba o que se perdeu. Por isso, ela é uma temporalidade depressiva, distante da Melancolia criativa e heroica do passado clássico e da Renascença[5]. Porque pobre em meditação, a modernidade esquiva-se de seu vazio interior para esquecê-lo, preenchendo o tempo com hiperatividade e entretenimentos para "matar o tempo"[6].

As revoluções científicas, como também as sociais, têm pois o sentido de recuperar um tempo perdido, para avançar mais e ir sempre além, segundo a crença em um progresso indefinido da ciência e na perfectibilidade ilimitada do homem. Desconfiando do próprio progresso, a modernidade inaugurada pelas Luzes e pela Revolução Francesa foi o *pathos* do novo: *du passé faisons table rase*, nos versos da *Internacional*. A *tabula rasa* significa recusa do *savoir-faire* e do *saber viver* legados pelas experiências de outrora, a invenção se impondo como divisa maior: "A invenção torna-se um ramo dos negócios, e a aplicação da Ciência à produção imediata determina as invenções, ao mesmo tempo que as solicita"[7]. Por isso, a *tabula rasa* é permanente, uma vez que a lógica do moto-perpétuo e do descartável se estabelece como ideal da civilização: "A monotonia", anota Benjamin, "se nutre do novo"[8]. Seu cenário é o da "queda do valor espírito" e da "alta na cotação" do dinheiro. Os saberes são proletarizados

4. Cf. Carlo Mongardini, *Miedo y Sociedad*, trad. Pepa Linares, Alianza Editorial: Madri, 2007, p. 18.
5. Cf. Giorgio Agamben. *Stanze: la parola e il fantasma nella cultura occidentale*, Turim: Einaudi, 1977.
6. Cf. Walter Moser, "Mélancolie et Nostalgie: affects de la *Spätzeit*", *Revue d'Etudes Littéraires*, v. 31, n. 2, 1999.
7. Cf. Karl Marx, *Fondements de la Critique de l'Économie Politique*, Paris: Anthropos, 1968, p. 220.
8. Cf. Walter Benjamin, *Passagens*, trad. Irene Aron e Cleonice Mourão, Belo Horizonte: UFMG, 2006, p. 151.

porque sem experiência. O intelectual tradicional, instruído e culto, é substituído pelo *expert*, que dá conselhos sem experiência. A *Schulung*, em vez da *Bildung*, promove o treinamento e não a formação. No *curriculum* dos artesãos das antigas profissões, ao contrário, um aprendiz era iniciado por sete anos nos volteios das mãos de seu ofício antes de apresentar uma obra como companheiro. O *compagnonnage*, associação de operários para fins de formação profissional e de solidariedade, e o *compagnon* designavam o artesão que já não é aprendiz e ainda não é mestre. Até meados do século XIX era costume esses jovens profissionais fazerem o *tour de France* empregando-se em oficinas de várias cidades, com o objetivo de completarem sua formação. Um companheiro se aperfeiçoa em sua arte por cinco ou dez anos suplementares e apenas ao final de 12 a 18 anos de aprendizados e exercícios ele pode pretender realizar uma obra-prima: "O que então se denominava gênio era somente a alusão a casos de encurtamento espetacular do tempo de exercício médio"[9].

A cultura da formação e do exercício cedeu à distração (*Zerstreuung*) e ao entretenimento, características próprias de uma classe social entediada, "para a qual tudo o que ela toca se converte em estímulo"[10]. Em "A obra

9. Cf. Peter Sloterdijk, *Tu dois changer ta vie*, trad. Olivier Mannoni, Paris: Libella, 2011, p. 418. Diferentemente do trabalho sem qualidades, em que o trabalhador é um apêndice da máquina e no qual Marx identificou a condição propriamente proletária, o trabalho do artesão representou o aprimoramento da capacidade artesanal até alcançar o estatuto de atividade artística, cujo emblema foi o saleiro fabricado em muitos anos, provavelmente entre 1540 e 1544, por Benvenuto Cellini, para o rei da França Francisco I. Entre as personagens mitológicas, Cibele e Netuno, a deusa da terra e o deus do mar, há um pequeno barco onde se colocaria o sal, figuração do encontro entre o mar e a terra. Esferas de marfim incrustadas sob o pedestal permitem deslocar o saleiro na superfície da mesa para todos os comensais. O saleiro, que mede 35 centímetros de comprimento e 25 de altura, é uma obra feita de filigranas de ouro de tal modo admirável que não poderia mais servir de uso cotidiano, a admiração se integrando a sua forma.

10. Cf. Walter Benjamin, "O autor como produtor". Não há um sentido unívoco para o conceito de "dispersão" ou "atenção distraída". No ensaio "Teatro e rádio", de 1932, e em "O autor como produtor", de 1934, Benjamin diferencia o "teatro épico" do teatro das grandes cidades, o "teatro de convenção", neste havendo funções complementares entre cultura e entretenimento *(Zerstreuung)*. No teatro épico, o "treinamento" se estabelece em lugar da "cultura" *(Bildung)*. O efeito de distanciamento crítico – pela interrupção da sequências nas cenas e de intermitências através da repentina intrusão de uma canção, do uso de cartazes explicativos etc. – permitiria imaginar algo diverso do que a sequência esperada na encenação. Já em fragmentos das *Passagens*, em "Alguns temas em Baudelaire", dispersão e embriaguez têm algo em comum, como também no ensaio sobre "O Surrealismo, último instantâneo da inteligência europeia", ambas associadas nas " iluminações profanas". Neste sentido, a interrupção e o choque a que está sujeito o indivíduo na metrópole moderna determinam a dispersão, mas ao mesmo tempo também uma intensificação da atenção e da vigilância de que se necessita para enfrentar o trânsito das grandes cidades, a movimentação das ações na bolsa de valores ou a improvisação de um grupo

de arte na época de sua reprodutibilidade técnica", Benjamin mostra que a incitação de todos os sentidos se desenvolve com tal velocidade que não resta nenhum espaço entre eles para o menor grau de "contemplação". A recepção distraída é condicionada pela dinâmica da tecnologia moderna, pela rapidez nas transações econômicas, pelo apelo das mídias, pela pressão das mercadorias e pela lógica do consumo. A inovação elevada à categoria de princípio da economia industrial dissolve o tempo do deferimento, que é o espaço da atenção e do pensamento. O saber fazer, substituído pela performatividade, corresponde à mutação da atenção em "atenção distraída", que, constrangida pela pressa, é aniquilamento do conhecimento. Com efeito, até há pouco, a educação se encarregava de "formar a atenção" para a concentração. Difere a atenção profunda da hiperatenção, a primeira é imersão em seus objetos de reflexão, a segunda "caracteriza-se pelas rápidas oscilações entre diferentes tarefas, entre fluxos de informação múltiplos, buscando um nível superior de estimulação, e tendo uma tolerância muito tênue para o tédio"[11]. Esta hiperatenção é um estado próximo ao de espreita dos animais que vivem em meio a perigos. Hiperestimulação da atenção é, melhor dizendo, déficit de atenção, uma infra-atenção, descontínua e dispersa.

Na sucessão rápida de acontecimentos, o novo desaparece antes de envelhecer. Razão pela qual a modernidade é, para Benjamin, o esquecimento do passado recente: "O desenvolvimento das forças produtivas fez cair em ruínas os símbolos do desejo do século anterior, antes mesmo que desmoronassem os monumentos que os representavam [...]. No século XIX, esse movimento emancipou da arte as formas de construção [...]. O início é dado pela arquitetura enquanto obra de engenharia"[12]. Esse veloz desaparecimento do passado e a percepção distraída afetam o aparelho psíquico do citadino, encontrando-se na base do fenômeno do *déjà vu*, "o lugar clássico de uma teoria do esquecimento"[13], um desejo prematuramente esquecido pela carência de tempo para vivê-lo. Metafísica do falso reconhecimento, o *déjà vu* assimila o presente ao passado, o atual

---

de *jazz*. O desvio de atenção é tanto fragmentado como concentrado. Há ainda um outro sentido da distração como distração com respeito a si mesmo e aos eventos traumatizantes, como se verá na sequência do ensaio.

11. Bernard Stiegler, *Prendre soin de la jeunesse et des générations*, Paris: Flammarion, 2007, pp. 144 e ss.
12. Walter Benjamin, "Paris, capital do século XIX", *Passagens*, op. cit., p. 51.
13. Carta de Benjamin a Adorno, 7 de maio de 1940.

desaparece em um já sido e, de maneira complementar, faz renascer para o presente um passado inexistente. Experiência fantasmática, empobrecendo o presente e enriquecendo o passado, ela produz um "morto-vivo", um já sido que retorna em um "é" que já passou. A dispersão em lugar da atenção se fixa em um presente imóvel enquanto imagem do já vivido: "[a lembrança, sendo uma duplicação da percepção], não tem condição de apreender o que quer que seja de novo e, produzindo uma barreira ao futuro, é sintoma de renúncia à existência, de busca de um conforto na repetição do passado"[14]. A repetição, fazendo do desconhecido algo familiar e próximo, evita a angústia, com o que o transtorno do *déjà vu* provém do sentimento de não haver uma saída para o futuro: "Neste espanto se introduz um sentimento diverso que, no entanto, se aparenta com ele [com o *déjà vu*]: o sentimento que o futuro está fechado, a situação se desprende de tudo, mas nós estamos presos a ela"[15].

Não se trata, pois, da percepção da passagem do tempo e da transitoriedade de tudo – como na *Melancolia I* de Dürer, que tem a seus pés a ciência, nas mãos o compasso, ao lado a ampulheta e, atrás de si, no horizonte, um sol amplo e aterrador que escurece o céu. Esse Anjo feminino de compleição masculina, prostrado em uma meditação metafísica, tem seus instrumentos de medição do espaço e de controle do mundo, que lhe são inúteis. Se nos almanaques da Idade Média os acidiosos estão sempre adormecidos, sua alma se extraviando de Deus e fechada ao que a cerca, o Melancólico, ao contrário, em sua apatia criativa, medita, reflete, concentra-se. Não por acaso, os séculos XVI e XVII trazem de volta as máximas do Eclesiastes[16]. Na poética sapiencial do Antigo Testamento, a incerteza dos fundamentos do saber e a fragilidade de seus princípios anunciam a instabilidade das formas do mundo e a ausência de unidade, evocando a relatividade de todo conhecimento e o ceticismo moral. Porque tudo viu e experimentou, o Eclesiastes conclui que nada tem valor, pois tudo está encerrado em um círculo perpétuo sob o domínio da fugacidade e da morte. O Eclesiastes reconhece na realidade sua in-

---

14. Remo Bodei, *La Sensation du déjà vu*, trad. Jean-Paul Manganaro, Paris: Seuil, 2007, p. 73.

15. Cf. Henri Bergson, *Le souvenir du présent et la fausse reconnaissance*, Paris: PUF, 1959, p. 928 (Oeuvres Complètes).

16. Sobre a autoria do livro e a personagem histórica por detrás do nome "Qohélet, o hebraico, Eclesiastes na tradução grega", cf. José Vilchez Líndez, *Sapienciales III – Eclesiastés o Qohélet*, Navarra: Verbo Divino, 1994.

consistência, volatilidade e inconstância, "como a neblina que, na aurora, dissolve-se ao sol [...], a nuvem pelo vento [...], a gota de orvalho evapora no calor [...] e tudo desaparece de repente". Vazio dos vazios, tudo é vazio, fumaça, vento. Sentimento melancólico do curso do tempo, a caducidade priva o mundo de inteligibilidade, o homem é reduzido ao vazio que o espera. Quanto à natureza, ela assiste indiferente ao desaparecimento das criaturas: "Uma geração vai, uma geração vem. Mas a Terra para sempre permanece. Nasce o sol e o sol se põe, e apressa-se e volta ao lugar de onde nasceu. O vento vai para o sul e dá voltas [para o norte]". Aqui a formulação heraclitiana: "Todos os rios vão para o mar/ contudo o mar nunca se enche/ ainda que sempre corram para lá/ para lá voltam a correr"[17]. A transitoriedade se associa ao desânimo de tudo: "Todas as coisas traem o cansaço. O homem não é capaz de descrevê-las/ os olhos nunca se saciam de ver, nem os ouvidos de ouvir/ [...]. O que foi tornará a ser/ o que foi feito se fará novamente/ não há nada de novo sob o sol. [...] Haverá algo de que se possa dizer: Vê! Isto é novo? Já foi nos séculos passados que foram antes de nós. [...] Atentei para todas as obras que se fazem debaixo do sol, e eis que tudo era vaidade e aflição do espírito [...]. Tenho visto tudo que é feito sob o sol; tudo é inútil, é correr atrás do vento!"[18]. A vida não passa de um momento: são "dias contados, os poucos dias de vida que Deus nos deu", "os dias de vida fugaz que Deus concedeu sob o sol". Mas "também esta sabedoria é vaidade", tudo é "vaidade e um cingir o vento". Das coisas, magnânimas ou desprezíveis, nada permanece e têm apenas um valor relativo – exceto Deus: "Porque nunca haverá mais lembrança do sábio que do tolo/ porquanto de tudo nos dias futuros, total esquecimento haverá. E como morre o sábio, assim morre o tolo". Repetição, evanescência, não senso e círculo desacreditam a alternância das gerações e o mundo. Tempo histórico e tempo natural se reúnem em uma mesma indiferença. De onde o superlativo "vaidade das vaidades", "vento dos ventos" manifestar a incomensurabilidade da Vanidade de tudo. Por isso, o príncipe em sua sabedoria[19] não se esforça em mudar o curso do mundo.

17. Eclesiastes, *Bíblia Sagrada*, Petrópolis: Vozes, 2012.
18. Cf. Eclesiastes, op. cit.
19. Sobre o idioma em que foi escrito o Eclesiastes, se o aramaico, o hebraico ou se uma língua de transição entre o hebraico clássico e o hebraico do Eclesiastes, um dos discípulos do Eclesiastes anotou

O pessimismo filosófico e a tristeza moral do Eclesiastes encontram-se nas análises de Benjamin[20] do tempo paralisado das especulações de Blanqui sobre a eternidade pelos astros: "Misantropia de Blanqui: 'As variações começam com os seres animados que têm vontades, dito de outra forma, caprichos. Desde que os homens fazem intervenções, a fantasia intervém com eles. Não que eles possam afetar muito o planeta... Sua turbulência jamais perturba seriamente o andamento natural dos fenômenos físicos, mas desequilibra a humanidade. É preciso, pois, prever esta influência subversiva que [...] dilacera as nações e arruína os impérios. É claro que essas brutalidades acontecem sem sequer arranhar a epiderme terrestre. O desaparecimento dos perturbadores não deixaria vestígios de sua presença, que eles julgam soberana, e seria suficiente para devolver à natureza sua virgindade muito pouco atingida'"[21]. Quanto ao trabalho, ele não enobrece o homem. Nenhuma grandeza, pois, do *homo faber*, apenas cansaço da repetição que provoca o tédio. Citando Schlegel, Benjamin observa: "Hércules também trabalhou, mas o objetivo de sua carreira sempre foi um nobre ócio e por isso chegou ao Olimpo. Não foi o caso de Prometeu, o inventor da educação e do Iluminismo... Por ter induzido os homens ao trabalho, ele também tem de trabalhar, queira ou não. Ele ainda sentirá muito tédio e nunca se libertará de suas correntes"[22]. No trabalho humano e em seus esforços, retorna o Eclesiastes, que só reconhece no labor o suor, o vazio, a fumaça, o Nada: "E olhei todas as obras que fizeram minhas mãos, como também para o trabalho que eu, trabalhando, tinha feito/ e eis que tudo era vaidade e aflição do espírito, e que proveito algum há no que se faz debaixo do sol", "tudo é movência do vento, tudo vai para um mesmo lugar: tudo vem do pó, tudo volta

---

"Qohélet, ademais de ser um sábio, instruiu permanentemente o povo; e escutou com atenção e investigou, compôs muitos provérbios; Qohélet procurou encontrar palavras agradáveis e escrever a verdade com acerto"(12,9-10). Sobre ser o Eclesiastes um aristocrata ou alguém de classe abastada, se era solteiro ou não, pouco se sabe, apenas que sua profissão era instruir em sabedoria. Mas, diferentemente de um pensamento conservador que repetia argumentos da sabedoria tradicional da sabedoria de Israel como "Isto é o que se disse até agora", ele é o "mestre do inconformismo", uma vez que ele substitui a realidade transparente que com facilidade encontra Deus por "um universo que ao homem permanece mudo". Cf. José Vilchez Líndez, op. cit.

20. Sobre a atualidade do Eclesiastes e sua influência nos pensadores modernos até Heidegger, cf. José Vilchez Líndez, op. cit.
21. Walter Benjamin, *Passagens*, op. cit., p. 153.
22. Walter Benjamin, *Passagens*, op. cit., arquivo J, 87ª,1, p. 425.

ao pó". Razão pela qual as Vanitas[23] representam objetos inertes, esqueletos, relógios, vasos frágeis de cristal, livros que não são lidos, flores; e as glórias mundanas passageiras são coroas, cetros, joias, círios, taças de ouro e metais brilhantes e luxuosos. Tudo é fugaz, e a vida, tênue como a chama de uma vela; o homem, destinado ao desaparecimento como qualquer objeto inanimado, sua existência é sem objetivo final. Neste sentido, Benjamin cita Nietzsche e a *Vontade de Potência*: "Pensemos este pensamento em sua forma mais terrível: a existência, tal como ela é, sem sentido ou objetivo, porém, repetindo-se inevitavelmente, sem um final, no nada: 'o eterno retorno' [...]. Negamos objetivos finais: se a existência tivesse um, este já deveria ter sido atingido"[24].

A sociedade da "mobilização infinita" produz a exaustão, constrangendo permanentemente a se ter opinião formada sobre tudo: "O mundo atual", anota Barthes, "está repleto de exigências de tomadas de posição (intervenções, manifestos, abaixo-assinados etc.), por isso é tão cansativo"[25]. "Cultura da arrogância", a "tirania da visibilidade" dá ordens, está repleta de cominações, de desafios, de terrorismos, sendo um ininterrupto "querer capturar", "apoderar-se", "dominar". Temporalidade do curto prazo e da não reflexão, ela dissipa a capacidade do projetar, o tempo se fechando sobre si mesmo, em um presente saturado de "comunicação". O "cansaço de existir"[26] pesa sobre o presente: "As noções de

---

23. A expressão "natureza-morta" aparece pela primeira vez na pintura holandesa dos anos 1650, "*Stilleven*" significando " modelo inanimado". Frutas, banquetes, matadouros, caçadas, animais empalhados, livros inúteis, artesanato em metais brilhantes e luxuosos, tudo é " natureza imóvel". As riquezas acumuladas não significam nada, o esqueleto é a advertência do *contemptus mundi* que lembra a caducidade de tudo: "Tudo é só orgulho" e a vida não passa de sono e sonho, como em Calderón. Cf. *Les Vanités dans la peinture au XVII siècle: méditation sur la richesse, le dénuement et la rédemption,* sous la direction d'Alain Tapié, Paris: Musée du Petit Palais, 1991.

24. Cf. Walter Benjamin, *Passagens*, op. cit., p. 155.

25. Cf. Roland Barthes, *Le Neutre*, Paris: Seuil, 2002, p. 45.

26. A etimologia da palavra "fadiga" reconduz ao campo semântico de *labor, lassitudo, fatigati*: "*Labor* (trabalho penoso, palavra principalmente rural, envolvendo todo o corpo). Sem dúvida, *labor* – deslizar de maneira a cair (cf. *lapsus*) – é o peso sob o qual se titubeia. *Labor*: gênero animado, força atuante. *Lassitudo*, cf. *lassus*: que se inclina, que cai para a frente, talvez *laedo*: ferir, lesar, usar, imagem geral do abatimento, do enfardamento sob alguma coisa. *Fatigo*: estafar os cavalos. Cf. em francês *crever*: estar morto de cansaço. Pode-se reconstituir sem dificuldade sua imagem: "desmoronar" por um golpe ou pressão, na sequência de um desenchimento lento, progressivo; *crever*: plenitude que se esvazia, tensão de palavra que se descontrai. *Crever*: a imagem típica do pneu furado que murcha [...]. Na própria imagem, uma ideia de duração: que não para de se inclinar, de esvaziar. E o infinito paradoxal da fadiga: processo infinito do fim". Cf. Roland Barthes, op. cit. pp. 42-43.

projeto, motivação e comunicação dominam nossa cultura normativa. São o código de nossa época. Ora, a depressão é uma patologia do tempo (o deprimido é sem futuro). E uma patologia da motivação (o deprimido não tem energia, seus movimentos são vagarosos e sua palavra, lenta). O deprimido dificilmente formula projetos. Falta-lhe energia para tanto. Inibido, impulsivo ou compulsivo, comunica-se mal consigo mesmo e com os outros. Sem perspectivas futuras e sem projetos, deficiente na comunicação, o deprimido é o avesso exato de nossas normas de socialização"[27]. A exaustão produz um tempo fechado sobre si mesmo e estagnado.

A mobilização infinita e a ideia de revolução permanente têm por infraestrutura o movimento perpétuo do capital, sua lógica de acumulação e circulação ininterruptas. Ao analisar o capitalismo e seu modo de produção, Marx escreveu: "A burguesia só pode existir revolucionando constantemente os instrumentos de produção, o que quer dizer as relações de produção, isto é, todas as relações sociais. O mantenimento sem mudanças do antigo modo de produção era, ao contrário, para todas as classes sociais anteriores, a condição primeira de sua existência. O transtorno contínuo da produção, este constante abalo de todo o sistema social, esta agitação e esta insegurança *eternas*, distinguem a época burguesa de todas as precedentes. Todas as relações sociais, tradicionais e rígidas, com seu cortejo de concepções e de ideias antigas e veneráveis, dissolvem-se. Aquelas que as substituem envelhecem antes de se cristalizarem"[28].

Até o século XVIII, progresso indicava desenvolvimento gradativo, baseado nos valores da prudência e da *virtù*, do equilíbrio entre paciência e impaciência, característico da formação clássica e humanista. Enquanto os Antigos procuravam trazer o homem "extravagante" ao *meson*[29], ao justo meio, o homem moderno considera os progressos como não progressivos, dissimuladores de sua lentidão, vindo mesmo a significar "perenização do *status quo*". O ativismo converte-se no imperativo ético

27. Alain Ehremberg, *La Fatigue d'être soi. Dépression et société*, Paris: Odile Jacob, 1998, pp. 250 e ss.

28. Cf. Karl Marx, *L'Idéologie allemande*, Oeuvres, t. III, Paris: Gallimard, 1982, pp. 1122-1123. Manifeste du Parti Communiste, Paris: Sociales, 1966, pp. 33-52.

29. No *Filoctetes*, Sófocles condensa a tradição da Grécia arcaica e clássica que praticou um modo de organização política baseada na *isegoria*, o direito de expressão de todos os cidadãos. Na tragédia, Odisseu diz a Neóptemo: "Filho de nobre pai, também eu quando era jovem tinha a língua preguiçosa e pronto o braço. Hoje, com a experiência, vejo que, entre os mortais, são as palavras e não as ações que conduzem tudo". Cf. *Filoctetes*, trad. de José Ribeiro Ferreira, Lisboa: Fundação Calouste Gulbenkian, 2007.

de "derrubar todas as condições sociais em que o homem é rebaixado, submetido, abandonado, desprezível"[30]. Na modernidade, o trabalho e o dinheiro, que até então não ocupavam nenhum espaço na vida moral, vieram a constituir o tecido mesmo da existência do indivíduo e das Nações, universalizando o tédio: "O trabalho na fábrica como infraestrutura econômica do tédio ideológico das classes superiores"[31]. O trabalho mecanizado e as novas tecnologias incidem na economia do tempo, destituindo a cultura teórica e o *savoir-faire*: "Michelet faz uma descrição muito inteligente e piedosa da condição dos primeiros operários especializados por volta de 1840. Eis o "inferno do tédio" nas tecelagens: "Sempre, sempre, sempre é a palavra invariável que retumba em nosso ouvido com rotação automática, que faz tremer o assoalho. Ninguém jamais se habitua a isso". Muitas vezes as observações de Michelet (por exemplo aquelas sobre o devaneio e os ritmos dos ofícios) precedem intuitivamente as análises experimentais dos psicólogos modernos"[32]. Longe se está do trabalho repetitivo do artesão, a que não faltavam a marca pessoal e a espontaneidade. O artesão, em sentido filosófico, é aquele que domina uma *techné* profissional e cotidiana. Quando esta se torna rotina, o trabalho cai na dimensão do trivial, o que, entre os gregos, degradava o artesão à condição de *banausoi*, de "ignorantes", pela ausência de *mechané* – de habilidade –, desaparecendo assim o "esmero", a mais-valia espiritual da obra.

A diferença fundamental entre o mundo antigo e o moderno se encontra em que o moderno mobiliza todas as forças do homem sob o signo do trabalho e da produção, enquanto são antigas aquelas que se elaboram sob o princípio do exercício e da perfeição. Neste sentido, a Idade Média cristã não representou uma transição entre a Antiguidade e a Modernidade, mas, apesar de sua coloração cristã, não foi pós-antiga ou anteantiga, visto que foi muito mais uma época de exercício espiritual e de *vita contemplativa* que de trabalho, durante a qual se cruzavam essas tradições. Nesta perspectiva Benjamin anotou: "definitivamente a imagem da inquietação petrificada [...] é uma imagem histórica. Ela mostra as forças da Antiguidade e do Cristianismo subitamente paralisadas em sua disputa,

---

30. Cf. Karl Marx, *Contribution à la critique de la philosophie du droit de Hegele*, trad. Jules Molinor, Paris: Allia, 1998, p. 25.
31. Walter Benjamin, *Passagens*, op cit., p. 146.
32. Walter Benjamin, *Passagens*, op. cit., p. 150.

petrificadas em plena batalha, quando esta ainda não fora decidida. Em seu poema 'À musa doente', Baudelaire, em versos perfeitos – que nada revelam da natureza quimérica de seu desejo –, forneceu uma imagem ideal da saúde da musa justamente naquilo que é uma formulação do distúrbio dela: 'Quisera eu que teu sangue cristão se derramasse na cadência/ das antigas sílabas de uníssona frequência/ quando reinavam Febo, o criador das cantigas, e o grande Pã, senhor do campo e das espigas'"[33].

Mundo clássico e Idade Média confundidos significam que a Idade Média, como o mundo grego, não compreende a atividade como produção, pertencendo ao regime da valorização do tempo livre. Nestes termos, "mesmo o *labora* beneditino, tido por vezes como uma concessão requisitada às orações, no espírito do trabalho, não era outra coisa senão uma extensão do exercício da meditação no uso material das mãos"[34]. Na afinidade entre trabalho e contemplação, mesmo o preceito *"ora et labora"* aproximava monges e laicos da vida artesanal, como o atesta a passagem regular de artesãos pelas oficinas dos mosteiros. Deste modo, os ateliês não são apenas lugares de produção de objetos de qualidade, mas o espaço de uma forma de subjetividade que se constrói entre a produção e a contemplação[35]. Com efeito, "o princípio artesanal funda-se na coincidência entre fabricação e exercício. Quem defende os artesãos toma simultaneamente sob sua proteção o aprendizado repetitivo, com sua lentidão e suas distâncias com respeito à originalidade"[36].

No mundo moderno, o trabalho de longa duração foi substituído por aquele temporário e sem experiência. Diferentemente das *performances* antigas[37], que se orientavam pela finalidade natural e pelo ideal de perfeição – não se podendo ultrapassar os limites da natureza do homem –, a *performance* moderna é um traçado inacabado e em aberto que culmina na ambição de se superar a si mesmo, a fim de "otimizar" o humano na busca de recordes: produzir sempre mais e em menor tempo, correr mais

33. Cf. Walter Benjamin, *Passagens*, op. cit., arquivo J, 78a , 2, p. 412.
34. Peter Sloterdijk, op. cit., p. 303.
35. Eis por que a visão de Hannah Arendt segundo a qual a *vita activa* correspondia à ação política, hierarquicamente superior ao simples trabalho, pode ser questionada. Cf. Hannah Arendt, *A condição humana*, trad. Roberto Raposo, Rio de Janeiro: Forense-Universitária, 1983.
36. Cf. Peter Sloterdijk, op. cit., p. 417, e Richard Sennett, *The crafstaman*, New Haven e Londres: Yale University Press, 2008.
37. Cf. Isabelle Queval, *S'Accomplir ou se dépasser*, Paris: Gallimard, 2004.

depressa do que os predecessores, saltar mais alto, levantar pesos mais pesados. Recusando a reflexão sobre os fins últimos e o sumo Bem, o progresso é sem direção. Eis por que Benjamin o representou na figura de um Anjo arrebatado pelo vento, arrastado às cegas, de costas para o futuro[38], diante de uma paisagem de escombros e destruição. Cenário da Primeira Guerra Mundial que se prolonga no presente, ela foi a associação da velocidade e da técnica, cânones do futurismo em seu culto da máquina e dos engenhos de aceleração vertiginosos como símbolo por excelência da modernidade. Rejeitando a inércia, os museus e as bibliotecas, o futurismo prefere a estética do automóvel, da locomotiva e dos "aviões bombardeiros"[39]. O céu do guerreiro não é mais um cosmos ordenado, mas aquele de onde um novo Deus – o piloto de guerra – destrói o mundo: "No piloto de um único avião carregado com bombas de gás concentram-se todos os poderes – o de privar o cidadão de luz, do ar e da vida – que na paz estão divididos entre milhares de chefes de escritório. O modesto lançador de bombas, na solidão das alturas, sozinho consigo e com Deus, tem uma procuração de seu superior, o Estado, gravemente enfermo, e nenhuma vegetação volta a crescer onde ele põe a sua assinatura"[40]. O firmamento das estrelas fixas e dos astros errantes que a Antiguidade contemplou não é mais o da beleza e perfeição misteriosa, mas sim, como o caracterizou Baudelaire, a "cúpula 'spleenática' do céu" que, como uma "tampa", pesa sobre o mundo. E isto porque a História nas mãos dos homens escapou ao controle racionalista; e a economia, aliando-se à técnica, formou um poder que a razão não consegue mais gerir. Sobre a modernidade barroca, Benjamin anotou: "As ações humanas foram privadas de todo valor. Algo novo surgiu: um mundo vazio!"[41]. Devastação das guerras, o progresso são as catástrofes em permanência.

38. Cf. Walter Benjamin, Tese IX de "Sobre o conceito de História", *Obras Escolhidas I*, op. cit.
39. Cf. Philippo Tommaso Marinetti, *Manifesto Futurista*, Milão: Feltrinelli, 1983.
40. Cf. Benjamin, "Teorias do fascismo alemão", *Obras escolhidas I*, trad. Sérgio Paulo Rouanet, São Paulo: Brasiliense, 1983, p. 72.
41. Cf. Teses I e VII de "Sobre o conceito de História", *Obras escolhidas I, Origem do drama barroco alemão*, op. cit., p. 131. Trata-se do mundo moderno e do desencantamento da cultura sob os efeitos da Reforma e da secularização, que privaram o homem da transcendência do divino, da dimensão da intimidade da alma pela exposição pública de si, estado de luto pelo desamparo agora cósmico. Na perspectiva benjaminiana, a redenção depende de um boneco mecânico manipulado por um anão metafísico, ou de um anjo que contempla atônito as ruínas que se amontoam na devastação do vendaval chamado progresso.

Por isso Benjamin refere-se à teoria da repetição e ao eterno retorno dos astros em sua trajetória: "Sobre *L'Éternité par les astres* [de Blanqui]: neste texto está disposto o céu no qual os homens do século XIX veem as estrelas"[42]. Do cosmos antigo, cujo silêncio enchia Pascal de angústia e pavor, emanavam os eflúvios de Saturno, que tornavam o homem refinado e sensível, ao mesmo tempo que moroso e indeciso, desesperado e inconsolável: desse céu restam o tédio e o Eterno Retorno. Benjamin encontra esta percepção do tempo em Proust: "O sentimento de uma 'imperfeição incurável' (Cf. *Les Plaisirs et les jours*, cit. na homenagem de Gide) 'na própria essência do presente' foi talvez para Proust o motivo principal de procurar conhecer a sociedade mundana até suas últimas dobras, e talvez seja até mesmo um motivo fundamental das reuniões sociais dos homens em geral"[43]. Conhecer os entretenimentos desta sociedade é saber como ela se defende do tédio.

O homem moderno refutou a doutrina dos humores e as influências de Saturno, regente dos melancólicos e contemplativos porque astro da "viagem interior", o cosmos tornando-se um assunto banal, assunto de especulações que nada comportam de admiração, pois são mera meteorologia: "Como as forças cósmicas têm apenas um efeito narcotizante sobre o homem vazio e frágil, é o que revela a relação dele com uma das manifestações superiores e mais suaves dessas forças: o tempo atmosférico. É muito significativo que justamente esta influência, a mais íntima e misteriosa exercida pelo tempo sobre os homens, veio a se tornar o tema de suas conversas mais vazias. Nada entedia mais o homem comum do que o cosmos. Daí resulta a íntima ligação, para ele, entre o tempo e o tédio. Um belo exemplo de superação irônica desta atitude é a história do inglês 'spleenático' que, certa manhã, desperta e dá um tiro na cabeça porque lá fora chove"[44]. Benjamin evoca, também, a pintura de Giorgio de Chirico, que afirmava "só em Paris ser possível pintar. As ruas têm tantos tons de cinza..."[45]. Nas paisagens urbanas de De Chirico a vida é cristalizada e imóvel, como uma natureza-morta, repetindo indiferente e para sempre as mesmas sombras crepusculares, os mesmos arcos e a mesma

42. Walter Benjamin, *Passagens*, op. cit., p. 152.
43. Cf. Walter Benjamin, *Passagens*, op. cit., p. 146.
44. Walter Benjamin, *Passagens*, op. cit., arquivo D, D1, 3, p. 1242.
45. Cf. Walter Benjamin, *Passagens*, op. cit., p. 143.

estátua da Melancolia, enigmática em seu cansaço e em sua espera inútil. A Melancolia, Anjo visionário e de Imaginação alada da Renascença, decai em tédio no mundo em que tudo passa a ter um valor mercantil: "A existência, tal como é, sem significado e sem objetivo, mas retornando inevitavelmente sem-fim ao nada: o eterno retorno"[46].

Benjamin reconhece em Baudelaire a percepção desse tempo estagnado e patológico, que converte o "palácio de cristal" do consumo capitalista, em suas passagens e galerias feéricas, em labirinto sem saída, um tempo espacializado, plasmado numa *mens momentanea*, sem passado e sem futuro, sem experiência[47]. Inspirado no fragmento dos *Pensamentos* de Pascal dedicado à Vaidade, Baudelaire reúne o tema da Miséria do homem na condição de criatura ao Tédio. No poema "O abismo", lê-se: "Pascal em si tinha um abismo se movendo/ Ai, tudo é abismo! – sonho. Ação, desejo intenso/ Palavra! E sobre mim, num calafrio eu penso/ Sentir do medo o vento às vezes se estendendo./ Em volta, no alto, embaixo, a profundeza, o denso/ Silêncio/ A tumba, o espaço cativante e horrendo/ Em minhas noites, Deus, o sábio dedo erguendo/ Desenha um pesadelo multiforme e imenso/ Tenho medo do sono, o túnel que me esconde/ Cheio de vago horror, levando não sei aonde/ Do infinito, à janela eu gozo os cruéis prazeres/ E meu espírito ébrio afeito ao desvario/ Ao nada inveja a insensibilidade e o frio/ Ah! Não sair jamais dos Números e dos Seres!/ O Ser e os números inteligíveis, não sujeitos à degradação temporal, contra o aniquilamento e o Nada"[48]. Em *As flores do mal*, Benjamin encontra no tédio o Nada moderno, sua pré e sua pós-história. O tema do tédio converte o ornamento do mundo – as flores – em natureza-morta: "A aparição da flor posteriormente no *Jugendstil* tem significado para o

---

46. Walter Benjamin, *Passagens*, op. cit., arquivo D, 81.

47. Joseph Gabel compreende o tempo patológico no mundo do capital a partir da transformação da qualidade em quantidade, da espacialização da duração e da queda da qualidade dialética do vivido. Cf. *La fausse conscience*, Paris: Minuit, 1962.

48. Conceito de origem e significados incertos, não se dispõe, até o século XVIII, de nenhuma designação para a ausência absoluta, o Nada: "Da Grécia a Descartes não há nomeações para o Nada, a não ser aproximativas, em que se encontram *Vacuuum* (vazio), *Nihil* (Nada), *Inannis* (sem vida): como explicar que esta palavra da quase indiferença tenha podido em menos de dois séculos [a partir do século XVIII] elevar-se a uma grande centralidade? Tornou-se alternadamente a evidência dos moralistas, em seguida dos filósofos, antes de se impor, a partir de meados do século XVIII, à fala popular. Como explicar sobretudo que sua acepção até então neutra tenha se tornado tão fascinante, [...] entre a categoria física do vazio e o julgamento moral [da vaidade]?" David Range, *Les Territoires du néant*, Paris: Parangon, 2011, pp. 5-8.

título *Les Fleurs du mal*. Esta obra estende o arco que vai do *taedium vitae* dos romanos ao *Jugendstil*"[49]. *Taedium vitae*, o "desgosto de viver", é esse mal-estar imotivado e impreciso, nem doença, nem estado de penúria material ou moral, que se espalha, porém, por toda a existência. Esta crise interior de difícil identificação é o sentir-se mal no mundo e consigo mesmo[50]. O desconforto de viver e a cultura tecnológica das inovações ligadas à produção e ao consumo reúnem-se. O *Jugendstil*, com seus ornamentos florais, dissimulando a técnica e a matéria sem vida nas ondulações do ferro, é vegetação que não dá frutos porque é natureza-morta.

No *Jugendstil* Benjamin assinala uma doença que é um emblema social: "Os doentes têm um conhecimento muito particular do estado da sociedade; neles, o desencadear-se das paixões privadas se transforma em certa medida em um faro inspirado para a atmosfera na qual os contemporâneos respiram. Mas a zona desta mudança radical é a 'nervosidade'. Seria importante estabelecer se a própria palavra não se tornou moda no *Jugendstil*. Os nervos, em todo caso, são fibras inspiradas, assemelham-se a estas fibras que serpenteavam, se estreitando frustradas, em sinuosidades febris à volta do mobiliário e das fachadas"[51]. Decoração, por assim dizer, histérica, as flores do mal são também as prostitutas, *cocottes*, *grisettes*, *hirondelles*, *lorettes*, ornamento de janelas e esquinas, de ruas e fachadas, todas elas saturadas de maquiagem e adereços. Algo semelhante

49. Benjaminm, *Passagens*, op. cit., arquivo J, J7, 6, p. 286.

50. O *taedium vitae* dominou a elite romana durante as guerras civis ao final da República e início do Império. Ao descrever no século I a atmosfera depressiva generalizada de toda a cidade antiga, Lucrécio anotou: "Se pelo menos os homens, que têm, parece, o sentimento do peso que oprime seu espírito e os aflige com seu fardo, pudessem compreender a origem deste sentimento, de onde vem esta imensa massa de infelicidade que comprime o coração, não mais levariam esta vida na qual, o mais das vezes, nós os vemos, ninguém realmente sabe o que quer, cada um procura o tempo todo mudar de lugar como se assim agindo fosse possível se desfazer da carga que pesa sobre nós. Um, muitas vezes sai de uma ampla residência para voltar sem demora, descobrindo que não se sente melhor lá fora. Ei-lo correndo apressado para a casa de campo, como se voasse para o socorro de seu domicílio em chamas! Assim que toca a soleira, ele boceja ou mergulha em sono profundo, na busca de esquecimento – a não ser que retorne incontinente à cidade que demora a chegar. É assim que cada qual foge de si mesmo, e este ser de quem nos é impossível fugir, ao qual, apesar de tudo, continuamos presos, se o odeia – se está doente e não se compreende a causa de seu mal". Todos os que refletiram sobre o *taedium vitae* como Sêneca, indicam, apesar de muitas variações, esta profunda desafecção da vida, o descontentamento de viver. Cf. *Da natureza das coisas*, trad. Agostinho da Silva, São Paulo: Abril, 1978 (Coleção Os Pensadores). Sêneca, *A tranquilidade da alma*, trad. Lúcia Rebello e Itanajara Neves, Porto Alegre: LPM, 1999.

51. Walter Benjamin, *Écrits autobiographiques*, trad. Christophe Jouanlanne e Jean-François Poirier, Paris: Christian Bourgois, 1994, p. 206.

se manifesta nos interiores burgueses, que Benjamin descreve, citando *Kierkegaard*, de Adorno: "Todas as figuras espaciais do *intérieur* são mera decoração; estranhas à finalidade que representam, desprovidas de valor de uso próprio, produzidas apenas a partir da moradia isolada [...]. Imagens arcaicas desabrocham no *intérieur*: a imagem da flor como a da vida orgânica, a imagem do Oriente como a da *pátria nominal da saudade*, a imagem do amor como a da própria eternidade. Pois a aparência à qual as coisas estão condenadas por seu momento histórico é eterna"[52]. Neste sentido, Benjamin analisa os interiores burgueses de Luís Filipe e Napoleão III, observando como neles exorbitam enfeites, espelhos guarnecidos de dourados, paredes revestidas de tecidos cintilantes com desenhos florais, tapetes orientais, mobília em forma de naves e cadeiras góticas, de onde "o burguês via o mundo", com o ilusório sentimento de segurança no mundo do capital[53]. "O *intérieur* do século XIX. O espaço se disfarça, assumindo a roupagem dos estados de ânimo como um ser sedutor. O pequeno-burguês satisfeito consigo mesmo deve experimentar algo da sensação de que no aposento ao lado pudessem ter ocorrido tanto a coroação do imperador Carlos Magno como o assassinato de Henrique IV, a assinatura do tratado de Verdum ou o casamento de Otto e de Teófano. Ao final, as coisas são apenas manequins, e mesmo os grandes momentos da História universal são apenas roupagens sob as quais elas trocam olhares de conivência com o nada, com o trivial e o banal. Semelhante niilismo é o cerne do aconchego burguês [...], o *intérieur* dessa época é, ele mesmo, um estimulante da embriaguez e do sonho. Aliás, esse estado de espírito

---

52. Walter Benjamin, *Passagens*, op. cit., p. 254.

53. Para analisar a obsessão do século XIX de habitar interiores, a tal ponto o mundo externo se tornara inseguro e ameaçador, Benjamin anota uma citação sobre flores e decoração: "O burguês que ascendeu com Luís Filipe faz questão de transformar a natureza em *intérieur*. No ano de 1839, realiza-se um baile na embaixada inglesa. Encomendam-se duzentas roseiras. 'O jardim' – assim relata uma testemunha ocular – 'estava coberto por um toldo e parecia um salão. E que salão! Os canteiros, cheios de flores perfumadas, tinham se transformado em enormes jardineiras, a areia das alamedas desaparecia sob tapetes deslumbrantes, em lugar de bancos de ferro fundido foram colocados canapés revestidos de tecido adamascado e seda; uma mesa redonda expunha livros e álbuns; o som distante da orquestra ecoava dentro desse imenso *boudoir*. [...] Como uma odalisca, em um divã de bronze reluzente, a orgulhosa cidade alonga-se pelas tépidas colinas do vale sinuoso do Sena, cobertas de vinhedos [...] O século XX, com sua porosidade e transparência, seu gosto pela vida em plena luz e ao ar livre, pôs um fim à maneira antiga de habitar. [...] O *Jugendstil* abalou profundamente a mentalidade do casulo [o viver como que em um estojo protegido]. Hoje isso desapareceu, e as dimensões do habitar estão cada vez mais reduzidas'". Cf. Walter Benjamin, *Passagens*, op. cit., p. 255.

implica uma aversão contra o espaço aberto, por assim dizer, uraniano, que lança uma nova luz sobre a extravagante arte decorativa dos espaços interiores da época. Viver dentro deles era como ter se enredado numa teia de aranha espessa, urdida por nós mesmos, na qual os acontecimentos do mundo ficam suspensos, esparsos, como corpos de insetos ressecados. Essa é a toca que não queremos abandonar[54]. Interiores historicistas, eles reproduzem um passado para uma época que necessita simular uma história de que ela mesma é carente, por ser um tempo sem experiências. Esses interiores sufocantes são também uma clausura do tempo. Tempo em *huis clos*, é Baudelaire quem o compreende na modernização da cidade de Paris e seus progressos técnicos. "Teologia do inferno", nela o tédio é contemporâneo das filosofias do progresso, que instituem o reino secular de objetos mortos e regras arbitrárias em um mundo sem transcendência ou esperança de salvação.

Nos *Carceri* de Piranesi encontra-se a inspiração da onirocrítica baudelairiana[55]. No delírio da malária, o arquiteto veneziano e gravurista das ruínas da Roma antiga concebeu suas prisões-calabouço, figurações do fechamento do mundo moderno e da patologia do presente. Partindo dos vestígios das edificações de Roma, de Pompeia e Herculano, Piranesi desloca o sentido da arquitetura clássica, descobrindo na beleza das medidas e das perfeitas proporções os fantasmas que delas emanam, envolvendo a lógica e a clareza das "Vistas e antiguidades de Roma" em neblinas insólitas e crepúsculos inquietantes. Contrastando o equilíbrio da geometria de arcos e colunas, suas escadarias e túneis, mosaicos estilhaçados e abóbadas inclinadas em assimetrias diagonais sugerem desmoronamentos. No recôndito de seus salões, máquinas inidentificáveis e perturbantes, roldanas e polias, gruas e cabos técnicos se transformam. Esses simples objetos convertem-se em instrumentos de tortura. Correntes aderidas às paredes como uma vegetação silvestre são reminiscências arqueológicas da degradação do tempo e dos homens. Nesses interiores, o tempo, como o ar, está parado. Se nas ruínas de Roma ressoava a harpa eólea, e na vegetação campestre, o rumor do vento, há nas prisões um ameaçador silêncio, repentinamente atravessado por um suspiro das diminutas perso-

---

54. Cf. Walter Benjamin, *Passagens*, op. cit., p. 251.
55. Cf. Georges Poulet, *Etudes sur le temps humain III: Le Point de Départ*, Paris: Plon, 1964.

nagens perdidas nessas vastas galerias de pedra. Escadarias de nada valem para uma fuga porque pelas claraboias não passa nenhuma luz. Em tais perspectivas, o irracional não procede de inclinações inesperadas e falta de medida – pois nelas há geometria e exatidão –, mas de cálculos cujas proporções são falsas – as minúsculas personagens nas galerias parecem separadas umas das outras por horas de caminhada. Nos salões imensos mas confinados em retângulos, as saídas se deparam com paredes, um *trompe-l'oeil* que agrava o pesadelo de um espaço recluso e, simultaneamente, sem centro, fechado e em expansão, como se o espaço fosse matematicamente infinito[56]. Juízo Final, Inferno, *Dies Irae*, nessa "teologia do inferno" nenhum Deus prescreve o lugar ao condenado. Universo fantasmagórico, com audácias demoníacas, ruínas clássicas se agregam nesses palácios transfigurados em prisão, de que derivam reações psíquicas de angústia e pânico. Depressão e *stress*, portanto, que se condensam no tédio moderno[57]. No poema *"De profundis Clamavi"*, o "universo é morno e o horizonte plúmbeo", com a "fria crueldade de um sol que congela": "Por seis meses um morno sol dissolve a bruma / E durante outros seis a noite cobre o solo / É um país bem mais nu que o desnudo polo / Nem

---

56. Desenhados pouco antes da Revolução Francesa, os cárceres de Piranesi não evocam os horrores do poder que, na França, contribuíram para o assalto à Bastilha, não há qualquer sinal precursor de uma rebelião pré-revolucionária; ao contrário, os prisioneiros convertem-se em criminosos em vez de mártires. Cf. Marguerite Yourcenar, *Le cerveau de Piranèse*, Paris: Du Chêne, 1989.

57. Do ponto de vista linguístico, o conceito de tédio – *Ennui* (de "nuire", prejudicar) – é o que fere, que causa dano. Em francês a palavra *ennui* vincula-se de início à noção de cansaço, de sofrimento. Ao final do século XI, o *ennui* aparece na *Chanson de Roland*, nomeando a preocupação, o sofrimento, e no início do século XII, o cansaço. Apenas no século XVII adquire o sentido atual: "O tédio nasce da uniformidade". Em alemão, a palavra *Langeweile*, "longa duração", surge ao final do século XV, mas como adjetivo; é ainda utilizada no século XVII no sentido de 'longo': doenças prolongadas, viagens a lugares distantes. Somente no século XVIII impôs-se definitivamente o sentido atual de *tedioso*. Em inglês a palavra *spleen*, no começo do século XIV, tem um sentido próximo ao de tédio, mas ainda designava o baço: "No início do século XVIII, Swift, em seu Gulliver, utiliza *spleen* no sentido de mal de viver que atormenta 'os vadios, os debochados e os ricos'".Cf. Lázló Földenyi, *Mélancolie: essai sur l'âme occidentale*, trad. de Natalia-Huzsvai e Charles Zaremba, Paris: Actes Sud, 2012, pp. 177-178. E Lars Svendsen, em sua *Filosofia della noia*, observa: "Usualmente as palavras que designam o tédio e sentimentos similares nas diferentes línguas têm uma etimologia relativamente incerta. O francês *ennui* e o italiano *noia*, pela mediação do provençal *enojo*, evocam sua raiz latina *inodiare* (ter em ódio ou detestar), que provém diretamente do século XIII. Estes termos são estreitamente ligados à acídia, à melancolia e a uma tristeza generalizada. O mesmo vale para o inglês *spleen*, que comparece a partir do século XVI [...]. Neste ensaio, escolhi referir-me sobretudo aos termos *boredom, Langeweile* [...], que aparecem quase no mesmo período e são de modo geral sinônimos. Mas, é claro, entram em uma rede conceitual mais ampla cujas raízes se encontram nas profundezas da própria história". Lars Svendssen, *La filosofia della noia*, trad. Giovanna Paterniti, Parma: Ugo Guanda, 2004, p. 24.

bestas, nem regatos, nem floresta alguma!/ Não há no mundo horror que comparar-se possa/ À luz perversa desse sol que o gelo acossa/ E à noite imensa que no velho Caos se abriu/ Invejo a sorte do animal mais vil/ Capaz de mergulhar num sono que enregela/ Enquanto o Dédalo do tempo se enovela"[58].

Dédalo, o construtor do palácio de Cnossos, concebeu a régua e compasso o labirinto de onde o Minotauro não conseguisse sair. Esse labirinto espacial se converte, agora, em labirinto do tempo, no tempo espacializado em que se enreda o próprio fio de Ariadne. Pesadelo do presente, Baudelaire assim o descreve em sua "Interpretação de sonhos", *"Onéirocritie"*: "Sintomas de ruínas. Construções imensas, pelágicas, uma sobre a outra. Apartamentos, quartos, templos, galerias, escadas, becos sem saída, belvederes, postes de luz, fontes, estátuas. – Fendas, rachaduras. Umidade proveniente de um reservatório situado perto do céu [...]. Bem no alto uma coluna estala e suas duas extremidades se deslocam. Nada ainda desabou. Não consigo encontrar a saída. Desço, depois subo. Uma torre. – Labirinto. Nunca consegui sair. Morarei para todo o sempre numa construção que vai desabar, uma construção afetada por uma doença secreta. – Calculo, mentalmente, para me divertir, se uma tão prodigiosa massa, pedras, mármores, estátuas, paredes que vão se chocar umas contra as outras, serão infectadas por essa multidão de cérebros, de carnes humanas e de ossadas trituradas. Vejo coisas tão terríveis em sonho que gostaria algumas vezes de não mais dormir, se tivesse certeza de não me fatigar demais"[59]. Eternidade negativa, esse tempo doentio é um labirinto repleto de ruas, arcadas, escadarias e cadáveres.

O labirinto do século xx, diversamente, é a céu aberto. Razão pela qual Benjamin contrapõe a "rua" ao antigo caminho: "Os dois são inteiramente diferentes no que diz respeito a sua natureza mitológica. O caminho traz consigo os terrores da errância. Um reflexo deles deve ter recaído sobre os líderes dos povos nômades. Ainda hoje, nas voltas e decisões incalculáveis dos caminhos, todo caminhante solitário sente o poder que as antigas diretrizes exerciam sobre as hordas errantes[60]. En-

---

58. Cf. Charles Baudelaire, *Poesia e prosa*, trad. Fernando Guerreiro, Rio de Janeiro: Nova Aguilar, 1995, p. 534.

59. Nadar, *Charles Baudelaire Intime, Oeuvres*, v. ii, *Le spleen de Paris*, Notas.

60. Errância e viagem evocam a palavra alemã *Erfharung* e a latina *Experiência*, que contêm em sua etimo-

tretanto, quem percorre uma rua parece não precisar de uma mão que o acompanhe e guie. Não é na errância que o homem sucumbe à rua; ele é submetido, ao contrário, pela faixa de asfalto, monótona e fascinante, que se desenrola diante dele. A síntese desses dois terrores, no entanto – a errância monótona [o risco de perdição e a monotonia] é representada pelo labirinto"[61]. O labirinto é prisão em que a infinidade do espaço coincide com seu fechamento. Fantasmagoria do espaço e de privação do espaço, o labirinto identifica-se com a fonte de todas as perversidades e também da ânsia por novidades.

Na Paris do século XIX, Benjamin procura passagens e saídas: "Sentimos tédio quando não sabemos o que estamos esperando. O fato de o sabermos ou imaginar que o sabemos é quase sempre nada mais que a expressão de nossa superficialidade ou distração. O tédio é o limiar de grandes feitos. Seria importante saber: qual é o oposto dialético do tédio?"[62]. Se o tédio é o tempo que se cristalizou, sua contrapartida é a *Dialektik im Stillsand*, não o tempo parado, mas em "estado de repouso". A "dialética na imobilidade" é a suspensão do tempo em relação ao *continuum* do progresso, de suas agitações e intranquilidades, indicando um presente que não é transição entre passado e futuro, mas que "para

logia a ideia de "viagem" (*Fahren*, viajar, o prefixo "Er" é ir além ou para fora de um perímetro). Por isso, a viagem implica a noção de risco de extraviar-se nos amplos caminhos a que faltavam mapas. A modernidade baudelairiana é desorientação e extravio. Se para Baudelaire a modernidade é o "desaparecimento no mundo dos vestígios do pecado original" é pela perda do céu metafísico e das esferas divinas, revelando-se o fim do *cosmos* grego e da *natureza* religiosa, quando cosmos e natureza faziam da Terra um todo ordenado e belo, em que o homem tinha seu lugar e seu pensamento era o olhar que contempla o espetáculo do universo inteiro. Para mediar o céu e a terra havia o *daimon* grego e os anjos bíblicos. Sócrates tinha seu *daimon*, escutava a voz que lhe dava conselhos; Tobias, na Bíblia, seguia em companhia de seu guardião e anjo protetores. No "tempo de Tobias", anotava Rilke, o homem era o habitante da *civitas* terrena, e não havia desterro. Tempo da delicadeza, o anjo Rafael, o mais "resplandecente entre todos", para não assustar o jovem Tobias e acompanhá-lo em sua viagem na Terra, se transformara ele também em um jovem, pois o anjo das hierarquias celestes descera tornando-se "pássaro da alma". Esse tempo, o da delicadeza, diz Rilke, para sempre, passou. Abandonado em um mundo sem transcendência, a fragilidade do homem e das coisas retorna no tema das Vaidades, como a Tauromaquia de Toulouse-Lautrec, mas também as pinturas de Picasso, que se expressam na violência de um olhar de derrisão sobre o mundo, e de Braque, que representa as Vaidades e o efêmero na paz da vida silenciosa dos objetos. Depois da destruição de populações inteiras na Primeira Guerra Mundial, a fragilidade se expõe na mancha de sangue da capa vermelha do toureiro no chão. Toulouse-Lautrec opõe o crânio do toureiro e o do touro, mas ao mesmo tempo enlaçando-os, assim dando a ver o heroísmo vão e a tênue fronteira que separa a vida da morte.

61. Walter Benjamin, *Passagens*, op. cit., arquivo P, P2, 1, p. 560.
62. Cf. Walter Benjamin, *Passagens*, op. cit., p. 145.

e se imobiliza"[63]. Movimento e interrupção do movimento, Benjamin os encontra em considerações etimológicas: "Os franceses dizem *'allure'* [postura, posição, velocidade], nós [alemães] *Haltung* [atitude, comportamento, parada, o deter-se], as duas palavras prendem-se à ideia de 'andar'. Mas, para designar a mesma coisa – e esta observação mostra bem em que sentido restritivo é a mesma coisa –, o francês fala do próprio passo – *allure* [de *aller*, ir] –, o alemão de sua interrupção – *Haltung* [parar, deter-se]"[64]. Esse tempo em estado de repouso é um "movimento imóvel"[65], uma unidade indiferente à sucessão temporal e histórica, é mônada que suspende seu curso: "Pensar não inclui apenas o movimento das ideias, mas também sua imobilização"[66].

A "dialética na imobilidade" reconduz à questão da ação e do não agir na História. Da *vita contemplativa* da Grécia e da Idade Média passou-se para a *vita activa* da Renascença, o que se transformou no imperativo de mudar o mundo pela intervenção da vontade do homem. No passado, a Filosofia contrapunha-se em parte a isso, o ideal de tranquilidade da alma suscitando a questão acerca da ação do homem no sentido de uma "arte de viver". Ideal de tranquilidade e exigência de ação se associam e se mesclam, pois se trata da saúde da cidade e daquela do indivíduo. Eis por que a tranquilidade se encontra à distância de dois excessos opostos, a ociosidade e a preguiça (*argia*), por um lado, a intriga e o ativismo, de outro (*periergia*). O bom cidadão é, mesmo na democracia ateniense, um *apragmôn*, um não ativo e não atarefado, pois a tranquilidade é um ideal comum de toda a cidade. A tranquilidade é aqui "repouso" e "inação", mas inclui indivíduos que são, ao mesmo tempo, tranquilos *e* ativos, isto é, os que trabalham para conhecer, para saber: "[um] princípio comum às diversas escolas é a identificação da felicidade com a tranquilidade da alma. Entre as muitas razões que justificam esse dado histórico [...] des-

---

63. Walter Benjamin, Tese xvi de "Sobre o conceito de História", *Obras escolhidas 1*, op. cit., p. 230.
64. Cf. Walter Benjamin, *Écrits autobiographiques*, trad. Christophe Jouanlanne e Jean-François Poirier, Paris: Christian Bourgois, 1994, p. 179.
65. Cf. Henri Focillon, *La vie des formes*, Paris: Alcan, 1970.
66. Cf. Tese xvii de "Sobre o conceito de História", *Obras escolhidas 1*, op. cit., p. 231. A dialética na imobilidade ou em suspensão se aproxima do Neutro barthesiano. Por isso, em seu *Roland Barthes: uma biografia intelectual*, Leda Tenório da Motta reconhece no Neutro a presença do ceticismo antigo e considera Barthes um "cético moderno", op cit., São Paulo: Iluminuras, 2012.

taca-se que o ócio e o ideal de tranquilidade correspondem à emergência, na Idade Clássica, de um novo modo de vida: o intelectual"[67].

Constrangimentos do ativismo democrático sobre cidadãos tranquilos e destes sobre os ativos, da Atenas democrática sobre a Grécia dos filósofos e sábios, constituem um novo modo de vida e de pensamento. Contra sicofantes e "promotores públicos", "amadores de querelas", contra seu "excesso de curiosidade" e seu gosto da intriga, a *scholé* vem significar o tempo livre, o "nada fazer", nem trabalho, nem ação política, para agir bem e se consolar. Parece ter sido uma exceção no passado, a Lei de Sólon, que "privava de direitos o cidadão que, em caso de guerra civil, não tivesse se engajado em um dos dois lados". Nas *Vidas paralelas*, Plutarco se refere à perplexidade de Aristóteles com tal lei, uma vez que esta designa a política como conflito frontal e não como abertura a situações não previstas na Lei, lei que é a interdição deliberada de qualquer outra possibilidade ou alternativa[68].

A injunção de só haver uma escolha traz consigo a ideia de destino. Por isso, a importância de suas pausas. Em "Destino e caráter", Benjamin interroga o tempo contínuo da predeterminação, a partir de Heráclito, que afirmou: "O caráter de um homem é seu destino", a fim de compreender se o destino é algo constante e previsível, ou se há futuro e indeterminação. Se o conjunto de disposições naturais interiores e das circunstâncias exteriores, se caráter e caráter adquirido – *ethos* e *hexis*"[69] – bastassem para determinar um destino, a situação seria a do tirano platônico[70] que, ao renascer, repetirá a tirania, seu caráter do passado

---

67. Cf. Silveira, Paulo Henrique, *Medicina da alma: artes do viver e discursos terapêuticos,* São Paulo: Hucitec, 2012, p. 97.

68. Cf. ainda Paul Demont, *La cité grecque archaique et classique et l'idéal de tranquilité,* Paris: Les Belles Lettres, 2009.

69. Cf. Walter Benjamin, "Kurze Schatten", in *Illuminationen*, Frankfurt: Suhrkamp, 1981, p. 58.

70. Cf. Platão, *A República*, livro x, trad. Maria Helena da Rocha Pereira, Lisboa: Calouste Gulbenkian, 2001. Segundo a doutrina platônica da metempsicose, cada alma terá múltiplas possibilidades de escolha. Não obstante nenhuma forma de vida ser imposta às almas, há um certo determinismo, uma alma que na existência anterior conheceu o que é o bom e o bem será atraída por uma vida virtuosa, enquanto a alma que levou uma vida anterior de vícios será muito atraída para o vício. O primeiro a escolher é o tirano, que escolhe uma vida de tirano. Uma vez sabedor dos males que o esperam e dos sofrimentos futuros que infligirá aos outros e a si mesmo por sua alma intemperante, maldiz o acaso e os demônios, não a si mesmo. Uma das filhas da deusa Necessidade, Lachesis, diz: "Palavra da virgem Lachesis, filha da Necessidade. Almas efêmeras, eis o começo de um novo ciclo que para uma raça mortal será portador de morte. Não é um demônio [o *daimom*, o gênio que, após o sorteio, passará

tendo determinando um destino. Quando se acredita em destino, buscam-se os adivinhos. Para Benjamin, grafólogos, quiromantes, astrólogos, cartomantes não possuem um saber antecipado de nossas vidas, apenas imagens de nós mesmos e desse eu movente, que nos são apresentadas como máscaras: "A pretensa imagem interior que nós trazemos em nós de nossa própria essência é, a cada minuto, pura improvisação. Ela se orienta por inteiro pelas máscaras que lhe são apresentadas. O mundo é um arsenal de tais máscaras [...]. A [um] jogo de máscaras aspiramos como a uma embriaguez, e é o que faz viver até hoje as cartomantes, os quiromantes, os astrólogos. Eles sabem nos colocar em uma dessas pausas silenciosas do destino, nas quais só mais tarde se nota que elas continham o germe de um destino completamente outro do que o que nos foi reservado"[71]. Assim, a pausa do destino é a presença do acaso, do fortuito, do aleatório, como no jogo: "O que é o jogo senão a arte de viver num segundo as mudanças que o destino geralmente só produz ao longo de muitas horas e mesmo de muitos anos; a arte de acumular num só instante as emoções esparsas na lenta existência dos outros homens, o segredo de viver toda uma vida em alguns minutos? [...]. O jogo é um corpo a corpo com o destino"[72].

Benjamin separa destino e caráter na personagem do *flâneur* parisino. Por seu comportamento errático, contingente e acidental, sabe enfrentar o destino desastroso com a incerteza de seu andar sem sentido ou finalidade precisa. Como no materialismo antigo, para o *flâneur* o mundo é "uma imensa maquinaria construída fortuitamente", que só tem o acaso por agente e máscaras como escolhas. Citando Flaubert, Benjamin anota: "Vejo-me com muita nitidez em diferentes épocas da história... Fui barqueiro no Nilo, cáften em Roma no tempo das guerras púnicas, depois orador grego em Subura, onde fui devorado pelas pulgas. Morri durante uma cruzada, por ter comido uvas em excesso nas praias da Síria. Fui pirata e monge, saltimbanco e cocheiro, talvez também imperador no

---

a acompanhar a alma] que tirará a sorte, mas sereis vós a escolher um demônio. Que o primeiro a sortear escolha como primeiro a vida à qual ele estará ligado pela necessidade. Da virtude ninguém é o mestre; cada qual, segundo a honre ou a despreze, receberá uma parte maior ou menor. A responsabilidade cabe àquele que escolhe. O Deus, quanto a ele, não é culpado".

71. Cf. Walter Benjamin, "Kurze Schatten", *Illuminationen*, Frankfurt: Suhrkamp, 1981.

72. Cf. Walter Benjamin, "Jogo e Prostituição", *Passagens*, op. cit., arquivo o, 4ª, p. 539.

Oriente"[73]. Mesmo reconhecendo a analogia entre o *flâneur* e a mercadoria na sociedade capitalista[74], o *flâneur* tem lá sua maneira de escapar do tédio e ao destino, desenvolvendo um caráter extremamente resistente ao clima chuvoso e ao cinzento da cidade, às predições astrológicas e à irracionalidade de ações, ao eterno retorno e ao sempre igual. Caos e ordem não o impressionam muito, porque não se orienta por um trajeto em linha reta, mas pelos decursos do caminhar: "O labirinto é a pátria de quem hesita. O caminho daquele que teme chegar a um fim desenhará facilmente um labirinto"[75]. Guiado por sua curiosidade aleatória, sua irresolução desloca a força do destino e a do caráter: "A singular indecisão do *flâneur*. Assim como a espera parece ser o estado próprio do contemplador impassível, a dúvida parecer ser o do *flâneur*. Em uma elegia de Schiller, lê-se: 'a asa indecisa da borboleta'. Isso remete à correlação entre a eufórica leveza e o sentimento da dúvida, tão característica da embriaguez no haxixe"[76]. Tal como o inebriamento do vinho em Baudelaire, o haxixe produz uma embriaguez sutil que apura os sentidos e o espírito, uma "embriaguez sóbria" que torna as faculdades cognitivas mais clarividentes, o oposto do entorpecimento.

Mais próxima da tradição do ceticismo antigo que do hedonismo, a dialética na imobilidade permite contemplar imperturbável a agitação das coisas e as miragens ao redor. Em seus "Escritos autobiográficos", Benjamin descreve a ataraxia pelo haxixe: "Eu muitas vezes me perguntei se esta disposição pacífica particular não se prendia a este espírito de contemplação a que faz aceder o uso das drogas [...]. Um sentimento que não me é inspirado por nenhum sentimento de pânico agudo, mas que, tão profundamente ligado que ele esteja ao cansaço da luta que levo em minha vida no *front* econômico, não seria no entanto possível sem o sentimento de ter vivido uma vida da qual os anseios mais caros foram satisfeitos, votos de que, a bem dizer, só agora eu reconheço o texto original,

---

73. Cf. Walter Benjamin, *Passagens*, arquivo M, M17a, 5, p. 492.
74. "O labirinto é o caminho seguro para aqueles que de todas as formas chegam a tempo a seu destino. Esse destino é o mercado." Walter Benjamin, "Parque Central", *Charles Baudelaire: um lírico no auge do capitalismo,* trad. José Carlos Martins Barbosa e Hemerson Alves Baptista, São Paulo: Brasiliense, 1991, p. 162.
75. Cf. Walter Benjamin, *Charles Baudelaire*, op. cit.
76. Cf. Walter Benjamin, *Passagens*, op. cit., arquivo M4a,1.

texto de uma página recoberta em seguida pela escrita de meu destino"[77]. Ao entorno turbulento – a Primeira Guerra Mundial, a hiperinflação, os enfrentamentos sangrentos entre comunistas e fascistas, a ascensão do nazismo, a emigração para Paris, a Segunda Guerra Mundial – Benjamin propõe uma "ausência", a "dialética em estado de repouso" ou "paralisação", o que permite, ainda que por breves instantes, escapar ao destino. A suspensão do tempo é um limiar: "O primeiro transe [do haxixe] fez-me comparar a hesitação ao adejar de uma borboleta; a hesitação repousava em mim como uma indiferença criadora. Na segunda tentativa, as coisas é que pareciam irresolutas"[78]. Esta hesitação acerca de si mesmo ou das coisas corresponde ao anjo da dúvida, a esperança de escapar ao fado. Sobre o anjo da esperança, de Andrea Pisano, no portal do batistério de Florença, Benjamin escreve: "A *Spes* está sentada e, impotente, estende os braços para um fruto a que não pode aceder. E no entanto ela tem asas. Nada é mais certo"[79]. Movimento imóvel, ela suspende o ato, desviando-se assim do ardor da ação, entregando-se à tranquilidade, em estado de atenção distraída do Outro, mas também de si mesma.

Esta suspensão é a faculdade de ser livre em qualquer momento, mesmo nos mais pungentes, como o gesto do jogador, sempre começando do zero suas apostas: "Sobre o jogo: quanto menos um homem é preso nas malhas do destino, tanto menos ele é determinado por aquilo que lhe é mais próximo"[80]. Há, pois, um elo entre o calor da ação e a calma da inação, entre a inquietação e a serenidade, no interior de um mesmo instante. Na tese x de "Sobre o conceito de História", lê-se: "Os objetos que as regras claustrais assinalavam à meditação dos monges tinham como função desviá-los do mundo e de suas pompas. Nossas reflexões partem de uma determinação análoga"[81]. As pompas barrocas, exorbitantes em suas procissões, carruagens, adereços, suas igrejas recobertas de querubins que revoam, turbilhões de personagens em levitação extática, falsas colunas, todas as glórias hipnóticas do mundo formam a contraparte da cela despojada e solitária do monge. Mas afastar-se das pompas do mun-

---

77. Walter Benjamin, *Écrits autobiographiques*, op. cit., pp. 174-175.
78. Walter Benjamin, *Haxixe*, op. cit., 1984, p. 52.
79. Walter Benjamin, "Souvenirs de viagem", *Rua de mão única*, São Paulo: Brasiliense, 1987.
80. Cf. Walter Benjamin, *Passagens*, op. cit., arquivo o, o, 14, 3, p. 555.
81. Cf. Walter Benjamin, Tese x, de "Sobre o conceito de História", *Obras escolhidas 1*, op. cit., p. 227.

do significava menos a recusa da vanidade das coisas do mundo e mais a percepção da instabilidade e impermanência de suas leis. Se a dialética na imobilidade reconhece afinidades entre as drogas e a graça divina é pela estreita relação entre contemplação e *apatheia*, o que exclui perturbação e medo. Afastar o santo do mundo e de suas pompas[82], a suspensão do tempo, o analgésico dos antigos imersos no caos saturante do alvoroço do mundo em guerra, esta *époché*[83] libera do excesso de exterioridade e dispõe à quietude da distração com respeito aos fatos. Sentimento de segurança inconsciente e suavidade de uma estabilidade íntima, a dialética em estado de repouso é o esquecimento de si, da mesma forma que liberar o tempo é liberá-lo de seu fechamento e clausura[84]. Nesta pausa do destino, não se trata apenas de espera, mas de uma inversão do que se configurava como um destino. Suspender o tempo é desviar-se de dogmatismos: "Aspereza, arrogância e farisaísmo são traços que só se encontram raramente em viciados"[85].

Neste sentido, movimento e repouso não se opõem, porque o devir não é um *continuum* abstrato do tempo que não cessa de passar. O *panta rei* de Heráclito é: "O movimento que se transformando repousa"[86]. A doutrina da impermanência alcança outro patamar, pois cada momento traz em si mesmo o índice da redenção, cada momento que repousa é sua plena realização, sem passado nem futuro, como no jogo: "A noção de

---

82. Com efeito, o exercício do silêncio, do jejum, da castidade deveriam conduzir à apatia, à anestesia, à insensibilidade, liberando os monges das sensações físicas e de perturbações da mente. Evagro, na solidão do deserto de Alexandria, vê na *anesthesia* "o mais alto estado de oração, o estado que define o êxtase: 'Bem-aventurado é o intelecto que, no momento da oração, conseguiu uma perfeita insensibilidade'". Cf. *Lexique du désert, Spiritualité Orientale*, n. 44, Abbaye de Bellefontaine, 1986, p. 86.

83. Em um de seus significados na astronomia, *époché* designava "o obscurecimento da luz no eclipse lunar e seu bloqueio, sendo pois a medida da sombra. É um momento de "distanciamento", uma zona de separação, de suspensão.

84. A dialética na imobilidade evoca a droga que acalma a dor na *Odisseia*. Medicação antitristeza, o *nepenthes* produzia o esquecimento de todos os males, bastando para que nenhuma lágrima fosse vertida, quer se acabasse de perder pai e mãe. O *nepenthes* oferecido por Helena aos guerreiros concedia o esquecimento das penas e de suas causas: "Trata-se, sem dúvida, do 'perdão' com respeito aos outros, da ausência de ressentimento ou ódio [...]. A insensibilidade aos males supõe, em contrapartida, a ausência de si ao mundo". Jackie Pigeaud, *Melancholia*, Paris: Payot, 2008, pp. 77-78.

85. Walter Benjamin, *Haxixe*, op. cit., p. 40. No mesmo experimento com haxixe de que participava Benjamin, Ernst Joel nota: "Às vezes eu tinha a sensação de que precisava servir de intermediário para conciliar Benjamin e Frännkel, embora não soubesse de nenhum conflito entre eles" (p. 69). Este estado de repouso é benevolência hiperbólica.

86. Fragmento 82, *Héraclite. Fragments,* Paris: Flammarion, 2002.

jogo consiste nisso... que a partida seguinte não depende da precedente... O jogo nega energicamente toda situação adquirida, todo antecedente... que faz lembrar ações passadas e é nisso que ele se distingue do trabalho. O jogo rejeita... esse peso do passado, que é o apoio do trabalho e que constitui a seriedade, a preocupação, o planejamento do futuro, o direito, o poder... Essa ideia de recomeçar... e de fazer melhor... acontece muitas vezes no trabalho infeliz: mas ela é vã..."[87]. Momentos descontínuos do tempo são, para Benjamin, um fim em si mesmos, não subordinados a nenhum *continuum* ou direção, liberando-se da inibição do tempo. A dialética em estado de repouso é a "familiaridade com o não ser"[88], é não querer sair desta "toca". Esta suspensão do tempo é o instante em que nada ainda aconteceu. Dante, no canto xv do Paraíso, a ele se referiu, ao lembrar a antiga Florença: "As casas não estavam desertas [...]. Sardanapalo ainda não tinha vindo mostrar tudo o que se pode fazer dentro de um quarto"[89].

Em *A morte de Sardanapalo*, Delacroix figura a calma do último rei assírio. Sitiado pelas tropas de Arbakés, decidiu-se pelo suicídio e incendiou Nínive. A fumaça inunda a alcova do rei que, ordenando a seus oficiais o massacre de suas concubinas, eunucos e cavalos, permanece imóvel recostado no seu leito, abandonado a seus pensamentos. Rodeado de crimes, languescido em almofadas macias, dobrou uma perna para ficar mais confortável. Tirano efeminado, enfatiza a lenda, Delacroix não descuida de enfeitar cada um de seus dedos com brilhantes anéis. Efeminado mas que, no coração da catástrofe, consegue um desprendimento viril em uma impassibilidade ausente e distraída. Nada poderia aumentar ou diminuir a dor do rei. Levada ao paroxismo, a violência do massacre não poderia perturbá-lo em sua calma interior que nasce dessa indiferença ao mundo e do repouso em si mesmo. Nem os gritos das mulheres, os lamentos dos agonizantes ou o relinchar de seus cavalos importam a esta indolência meditativa, ao espírito que divaga em quietude. Por isso, também seu olhar ausente, dirigindo-o para fora da cena na qual se encontra. Aqui se trata de serenidade e não de tédio. Benjamin opõe ao tédio "a tranquili-

---

87. Cf. Émile Chartier Alain, *Les idées et les ages*, apud Walter Benjamin, *Passagens*, op. cit., arquivo 0, 0, 12, 3, p. 553.
88. Walter Benjamin, *Haxixe*, op. cit., p. 50.
89. Cf. Dante, *La Divina Commedia*, Trieste: Einaudi, 1975.

dade da alma", escrevendo: "Tédio nas cenas de cerimônia nos quadros históricos e o *dolce far niente* dos quadros de batalha, com tudo que reside na fumaça de pólvora"[90].

Em meio aos tormentos, o tempo ataráxico atualiza o ideário da metafísica da impermanência, da lei do efêmero, da vanidade das coisas e da grandeza do instante, que Benjamin identifica em Focillon. No tempo estético da "vida das formas", o classicismo alcança esse momento de estabilidade e segurança que encontra solidez no próprio movimento, para além dos meandros do tempo. Este movimento imóvel representa o "breve instante de plena possessão das formas [que] se apresenta não como uma lenta e monótona aplicação das 'regras', mas como uma rápida felicidade, como a *akmê* dos gregos: o fiel da balança não oscila senão levemente. O que espero, não é de logo vê-la novamente pender, menos ainda o momento da fixidez absoluta, mas, no milagre desta imobilidade hesitante, o leve tremular, imperceptível, que indica que ela vive"[91]. Instante preciso em que se reabrirá o tempo, nem cedo demais nem tarde demais[92], ele nada tem em comum com agendas e relógios. Muito antes da invenção do calendário, os gregos conheceram o *kairós*, o instante feliz, bem escolhido ou ofertado pelos deuses, o momento justo da ação. Se hoje é difícil reconhecê-lo e o apreender na multiplicidade dos momentos que se sucedem é porque o tempo qualitativo se perdeu sob as pressões da aceleração de um tempo homogêneo com tendências conformistas. O *just in time* é a degradação do *kairós*, e o *timing* é gerenciamento do tempo. Diversamente da espera descansada do bom momento, o *timing* constrange o tempo pelo planejamento, pelo cálculo, pela força ou pelo terror. A *dialética na imobilidade*, ao contrário, delineia uma Idade de Ouro, como a dos príncipes das narrativas taoistas. Conta--se que "nos primeiros tempos do reino, os súditos mal se davam conta de terem um príncipe, a tal ponto sua ação era discreta, tão suave era a presença dos antigos soberanos"[93].

90. Cf. Walter Benjamin, "O tédio e o eterno retorno", *Passagens*, op. cit., D 2a, 8, p. 147.
91. Henri Focillon, apud *La vie des formes*, Benjamin, GS, v. I, t. 3, Frankfurt: Suhrkamp, 1974, p. 1229.
92. Das personagens literárias deslocadas em seu tempo, que perderam o *kairós*, pode-se lembrar o Misantropo de Molière, de quem Lukács dizia ser ele o protótipo do revolucionário que chegou cedo demais. Antígona, por sua vez, chegou tarde demais, tendo já passado o tempo do matriarcado. Cf. Lukács, *Problemas do realismo*, trad. Carlos Nelson Coutinho, Rio de Janeiro: Civilização Brasileira, 1978.
93. Roland Barthes, *Le Neutre*, Paris: Seuil, 2002, p. 60.

Utopia política do pudor e do discreto, a dialética na imobilidade não suprime o tempo, pois "há tempo até mesmo na eternidade, mas não é um tempo terreno e mundano... Ele não destrói nada, ele completa [tudo]"[94]. Tempo da delicadeza, a dialética na imobilidade é a espera do momento oportuno, quando o tempo volte a se abrir.

---

94. Walter Benjamin, *Passagens*, op. cit., arquivo O, 13ª, 4, p. 555.

É possível esquecer o futuro?[1]
Frédéric Gros

"O futuro", escreve Valéry, "não é mais o que era." A beleza enigmática dessa frase provém, acredito, de um movimento de superposição e mesmo de confusão entre as dimensões do tempo. Classicamente, poderíamos dizer, o passado era, o presente é e o futuro será. Na frase de Valéry, as dimensões se misturam: o futuro, o que será amanhã, diz ele, não é mais, hoje, o que era outrora. O futuro de hoje não se assemelha mais ao futuro de ontem. Assim, quando Valéry escrevia essa frase, era para testemunhar o sentimento de uma mudança geral e profunda do mundo no qual ele vivia. A frase completa, recordo, é: "Tudo muda, mesmo o futuro não é mais o que era". A ideia, portanto, é que às vezes há transformações tão consideráveis que até o rosto do futuro é alterado. Hoje também se poderia dizer que mudamos de mundo e de referências. Hoje também mudamos de futuro. Mutação do futuro, portanto.

O futuro sempre foi vivido e pensado como o lugar das incertezas. Aristóteles, por exemplo, falava dos futuros contingentes. Evidentemente, muitos colocaram a questão de saber se essa incerteza estava inscrita nas coisas ou se era apenas o fruto da nossa ignorância. Estará o futuro escrito em alguma parte como uma fatalidade escondida aos olhos dos homens? Ou será que, de fato, nada está previsto de antemão? Seja como for, é essa incerteza que produz, na alma humana, uma oscilação incessante entre a esperança e o temor, uma agitação perpétua entre a confiança e o medo.

1. Tradução de Paulo Neves.

Parece-me que certo número de técnicas espirituais, de utopias políticas e mesmo científicas, ou ainda de proposições éticas, se esforçam precisamente por tentar neutralizar o futuro no que ele possa ter de obscuro, de incerto, procurando estabilizá-lo. Como neutralizar o futuro? Como fazer para que o futuro se torne tão seguro, tão certo como o passado? Como fazer para que o futuro não se assemelhe mais a si mesmo, isto é, para que tenha o rosto tranquilizador do passado definitivo ou de um presente imóvel, eterno? Poderíamos traçar, de início, dois grandes conjuntos, duas grandes estratégias que consistiriam em, a primeira, fazer dissipar o futuro no presente; a segunda, em só considerar o futuro sob a forma de uma repetição do passado. Na primeira, portanto, o futuro desaparece, é como que afogado no presente. Na segunda, o futuro é apenas o eco do passado.

Em ambos os casos se percebe que o futuro como espaço de incertezas, como provocador de distúrbios numa alma dividida entre a esperança e o temor, desaparece. Para caracterizar as duas estratégias me servirei de dois termos bastante comuns: de um lado a segurança, de outro a responsabilidade. A segurança, ou melhor, certa dimensão da segurança, como esquecimento do futuro; e a responsabilidade, ou melhor, certa forma de responsabilidade, como construção de um futuro que é apenas a repetição do passado.

Mas é possível esquecer o futuro? Afinal, já é bastante difícil esquecer às vezes o passado. Penso que o tema do esquecimento do futuro, esquecimento do futuro no e pelo presente, mobiliza duas grandes construções culturais diferentes: a sabedoria epicuriana e o milenarismo cristão. Tudo, no entanto, parece distingui-los. De fato, tudo opõe absolutamente, de um lado, essa antiga sabedoria que ensina o homem a buscar antes de tudo o prazer e, de outro lado, essa velha crença cristã, aliás condenada pela Igreja, para a qual a destruição dos mundos, o apocalipse, será precedida de um período de mil anos de plenitude perfeita de felicidade universal. Existe, porém, uma ligação entre essas duas construções culturais, ou melhor, elas compartilham um conceito, o de segurança: *ataraxia*, em grego, *securitas*, em latim. O termo segurança se encontra no núcleo da sabedoria epicurista da crença cristã milenarista. Claro que a significação desse termo não é exatamente a mesma quando se passa da sabedoria antiga à profecia cristã, mas o que é designado, buscado, anunciado é sempre um desaparecimento do futuro. A segurança é quando o futuro não existe mais, é quando se esqueceu do futuro.

Num primeiro sentido, que encontramos em todas as grandes sabedorias da época helenística e romana (o estoicismo, o epicurismo, o ceticismo), segurança significa, de acordo com a etimologia, a ausência de preocupações e de perturbações na alma, isto é, um estado de tranquilidade e de serenidade perfeitas. Nesse sentido, as grandes sabedorias antigas se apresentam como os primeiros grandes empreendimentos de segurança da história. O que elas de fato prometem a seus discípulos, por meio de técnicas espirituais precisas, e que são diferentes segundo as escolas, é a conquista de um estado de alma caracterizado pelo equilíbrio, pelo repouso, pela calma, isto é, pela segurança. O sábio é completamente sereno, nada abala sua segurança interior, e as grandes perturbações do mundo não conseguem agir sobre sua alma. Para usar imagens caras à escola estoica, a alma do sábio é como um rochedo imóvel e soberano em meio às tempestades, ou como uma fortaleza inexpugnável. Claro que, entre os estoicos, os epicurianos e os céticos, as técnicas utilizadas serão diferentes, e a qualidade da serenidade buscada varia de uma sabedoria a outra. Mas o que me parece característico de Epicuro, e por isso me interessarei apenas por sua escola, é precisamente uma desconfiança sistemática em relação ao futuro. Como se sabe, o epicurismo considera que a felicidade deve ser o objetivo último da existência. Acrescento em seguida que é uma felicidade pura, uma felicidade simples, e que evidentemente não se trata, muito pelo contrário, de um apelo a multiplicar os prazeres. Assim, é preciso chegar a essa felicidade de plenitude, mas – e é onde as coisas se tornam complexas – o que pode nos impedir de encontrar essa felicidade é precisamente a busca desenfreada, a busca insaciável de prazeres incertos. A maioria de nós, escreve Epicuro, organiza a vida em torno da busca de prazeres ligados às riquezas, à posse material e ao reconhecimento social. É o prazer de possuir isso ou aquilo, o prazer de chegar a essa ou àquela posição social. E não cessamos de sacrificar o presente à busca desses prazeres futuros, que nunca chegam, ou dos quais logo sentimos o vazio quando chegam, após muitos esforços para obtê-los. Imaginamos então que, se esses prazeres não são tão intensos quanto se pensava, é porque não somos ainda bastante ricos ou bastante poderosos. E a corrida às riquezas e às honrarias é indefinidamente relançada. Por isso é urgente, para Epicuro, esquecer o futuro. É preciso esquecer o futuro para se lembrar do presente, para estar presente no presente. A urgência, a verdadeira urgência, é a urgência do presente. De fato, não cessamos de nos projetar num futuro e de existir fora de nós mesmos. Pode-se citar aqui o pensamento impressionante de Pascal: "Não vivemos nunca, esperamos viver". Mas a verdadeira felicidade, para Epicuro, é a arte de estar presente: presente para si, presente para os outros, presente para a presença. É preciso desembaraçar o presente das brumas do futuro a fim de dar-lhe maior transparência. Uma grande parte das recomendações e das técnicas epicuristas tem em vista colocar-nos na vertical de nós mesmos, para que possamos acolher totalmente a felicidade do instante.

Como segundo grande exemplo de evacuação do futuro em nome da segurança, pode-se citar, penso eu, a crença milenarista. O primeiro sentido da segurança era, como vimos, o de uma tranquilidade de alma. Portanto, era a dimensão subjetiva da segurança, a segurança como calma interior, serenidade. Sejam quais forem as desordens e os dramas do mundo, o sábio permanece imperturbável. O segundo sentido da segurança, ao contrário, é totalmente objetivo: é a evocação de um desaparecimento total, no mundo, de todos os perigos possíveis, uma extinção total, no coração dos homens, de toda fonte de agressividade. É a segurança como ausência de perigo, como desaparecimento radical de todas as ameaças. Alguns padres cristãos, nos primeiros séculos da nossa era, inspirando-se no Apocalipse de São João, mas também nas profecias de Isaías – Isaías que anuncia precisamente *securitas usque in sempiternum* (uma segurança para sempre) –, evocam um período que descrevem como a última idade do mundo. Quando esse período chegar, eles dizem, os homens viverão uma plenitude e uma felicidade completas, e o conjunto da Criação será reconciliado. Esse período será de "mil anos", mas "mil anos", eles explicam, significa a eternidade de um único dia, "mil anos" significa o prolongamento indefinido de uma jornada perfeita. O milenarismo é a utopia de uma idade do mundo na qual o futuro não mais existirá, pois será então o domingo da história. Essa inexistência do futuro não ocorrerá na escala de uma consciência, a do sábio, que se esforçaria por esquecê-lo por exercícios de concentração no presente, mas em escala cósmica. O milenarismo é o anúncio de um dia de repouso da humanidade inteira e do mundo, um domingo interminável, um domingo sem nunca mais segunda-feira. Essa utopia de um tempo objetivo que faria desaparecer o futuro sob a plenitude um presente eterno, penso que ela ressurge constantemente na história. Possui uma versão hegeliana, marxista, comunista, no chamado "fim da história". Quando a história se completa e se realiza, porque as forças do progresso chegaram ao extremo de suas possibilidades, o tempo se estabiliza, se imobiliza. Não há mais futuro porque todas as dinâmicas de mudança, de transformação e de evolução chegaram ao seu termo. Então, para a humanidade, não resta senão viver numa imanência perfeita. E essa ausência de futuro é a segurança, porque não há mais nada a temer. Não há mais riscos, nem negatividade, nem criação.

Penso que existe uma versão contemporânea desse milenarismo, proposta não pela teologia, mas pela ciência. Já nos anos do pós-guerra, Günther Anders denunciava a possibilidade de um milenarismo técnico--científico, isto é, de um mundo no qual a humanidade se limitaria a funcionar, sem se colocar a questão do sentido de seus atos. Mas vou tomar referências mais contemporâneas. O desenvolvimento das novas tecnologias permite hoje considerar a construção de um mundo novo, mundo no qual os objetos, as superfícies e os indivíduos estariam saturados de leitores, de receptores que trocariam informações e ativariam funções. É o que chamam de *ubimedia*, mas também de *a internet dos objetos*. O projeto é fazer os objetos se comunicarem entre si pela internet, a fim de que ordenem uns aos outros certo número de ações, sem a mediação de nenhuma intervenção humana. Os exemplos dados são conhecidos: é a geladeira que, após ter escaneado seu "interior", faz um balanço dos produtos que em breve vão faltar e passa diretamente a ordem ao supermercado; é a casa que, conforme o tempo e a luminosidade, aciona a abertura ou o fechamento das janelas; são os carros que diminuem automaticamente a marcha à aproximação de um obstáculo; são os sistemas de irrigação que se comunicam diretamente com os satélites meteorológicos para adaptar a liberação da água à previsão do tempo etc.

O que é preciso compreender é que não se trata apenas de comandos a distância, mas verdadeiramente de uma interação automática entre os objetos que dispensa a intervenção humana. Há um conceito que poderíamos utilizar aqui como grade de leitura. Termo interessante porque designa ao mesmo tempo o grande princípio de legitimação do neoliberalismo: é o termo "regulação" ou, melhor ainda, "autorregulação". No fundo, o que a internet dos objetos propõe é um mundo no qual os objetos, programados de antemão para adotar tal ou tal comportamento em tal ou tal circunstância, interagiriam permanentemente, para prevenir acidentes, evitar desperdícios, antecipar saturações etc. Portanto, são fluxos de informações que se trocam a fim de provocar, de impedir, de distribuir ou de equilibrar outros fluxos: fluxo de energia, fluxo de mercadorias, fluxo de indivíduos. E é precisamente essa autorregulação sem consciência que faz desaparecer o futuro. Nesse sentido, o neoliberalismo é também o fim da história. Como há muito escreveu Santo Agostinho, no livro xi das *Confissões*, é a consciência que temporaliza, mas ela temporaliza porque introduz hesitações, antecipações, retenções.

A internet dos objetos nos promete um tempo sem futuro semelhante ao do milenarismo cristão, um tempo da pura funcionalidade, o eterno presente da autorregulação permanente. Nesse novo mundo, dizem os promotores dessas novas tecnologias ou das "cidades inteligentes", os objetos se tornam sujeitos. E os sujeitos, talvez se deva acrescentar, se tornam objetos. Desaparecimento da consciência, com suas dúvidas, hesitações, adiamentos, defasagens. Num mundo absolutamente programado, não há mais que tomar decisões, as coisas interagem automaticamente. Cercados por objetos que não cessarão de interagir, nós mesmos não precisaremos mais existir, antecipar, nos projetar num futuro: será suficiente funcionarmos. Esse mundo da internet dos objetos, essa utopia técnica da *ubimedia*, é apresentado como o universo da segurança perfeita, porque se considera que a consciência dos indivíduos constitui a maior fonte de erros fatais, de negligências culpáveis, de esquecimentos perigosos. Um mundo de segurança perfeita só pode ser um mundo sem futuro e sem consciência.

Gostaria agora de esboçar um segundo grande conjunto de noções que vão propor também uma neutralização do futuro, no que ele pode ter de incerto, de contingente, de arriscado. Mas essas noções são muito diferentes da de segurança: trata-se da dívida e da promessa, que constituem, acredito, duas figuras da responsabilidade. Por outro lado, esse segundo conjunto não propõe exatamente esquecer o futuro. Irá conservá-lo, mas fazendo dele um simples eco do passado.

Eu disse que a dívida e a promessa são duas figuras da responsabilidade, e que elas neutralizam o futuro, mas seria preciso primeiro fixar um primeiro sentido, mais clássico, da responsabilidade.

No sentido clássico do termo, a responsabilidade faz realmente existir o futuro como espaço dos possíveis, dos riscos, dos perigos. De fato, o conceito de responsabilidade, tal como se inscreve, por exemplo, no Código Civil francês, obriga cada um, por um lado, a reparar todos os danos que provocou por sua culpa e, por outro, a prevenir-se contra as incertezas do futuro. O homem responsável é o que sabe se mostrar prudente e previdente. É também o que aceita as vicissitudes da fortuna e as desgraças do destino. A responsabilidade civil, portanto, faz existir um futuro contingente, incerto. Quando se diz do homem que ele é livre e responsável, é para dizer que ele assume riscos e também, antecipadamente, as consequências futuras de suas escolhas. O futuro, com sua abertura, oportunidades e riscos, é o seu domínio. Mas essa liberdade tem um preço: o homem responsável deverá reparar o produto de seus erros e de suas negligências.

Eis aí a doutrina clássica da responsabilidade, que faz existir o futuro das incertezas e das contingências. Seria preciso mostrar, evidentemente, de que maneira essa doutrina, ao longo dos séculos xix e xx, foi remanejada e transformada pelo sistema previdenciário, no momento das primeiras leis sobre os acidentes de trabalho. É um momento muito importante na história da responsabilidade, mas prefiro antes ater-me às raízes mais antigas, caberia mesmo dizer, mais arcaicas da responsabilidade. É o que chamarei aqui o sistema da dívida fundamental. Penso que se trata, com efeito, de uma construção cultural muito importante.

Para elaborar essa ideia de uma responsabilidade da dívida, vou me referir a civilizações muito distantes. Por exemplo, na Índia antiga havia um sistema social e um universo mental da dívida que é atestado por tradições sagradas como a dos Vedas. Para ilustrar esse sistema, darei uma citação dos Vedas, aliás considerados como o mais velho texto do mundo, e que contém, acredito, a primeira definição dada na história de o que é a humanidade: "O homem quando nasce", diz esse texto, "nasce em estado de dívida; ele é uma dívida, uma dívida para com os deuses, os sábios, os ancestrais e os homens".

Acho importante compreender bem esse enunciado. O que diz ele? Diz que o homem, pelo fato de nascer, constitui em si e por si mesmo uma dívida. Pois, afinal, cada um de nós *recebeu* propriamente a vida. Mais ainda, recebe-se uma cultura, uma língua, uma educação. De tal modo que a condição humana mais fundamental é a do devedor: somos devedores de nossa vida, e também devedores de nossa língua, de nossa cultura, de nosso saber. O problema da existência é então: como pagar nossas dívidas? O texto prossegue da seguinte maneira: "É por ser uma dívida para com os deuses que o homem deve fazer sacrifícios; é por ser uma dívida para com os sábios que deve ensinar seu saber; é por ser uma dívida para com os antepassados que deve engendrar; é por ser uma dívida para com os homens que deve praticar a hospitalidade". Aqui, vejam, coisas tão diferentes quanto libações feitas aos deuses, o fato de ter filhos, a transmissão de um saber recebido, a hospitalidade, todas essas atitudes são sistematicamente interpretadas como maneiras de pagar dívidas fundamentais. E esse pagamento é necessário porque, para essas antigas crenças, é ele que sustenta a ordem do mundo.

Vou agora insistir numa particularidade desse sistema arcaico da dívida, o que poderíamos chamar o princípio de transmissão. De fato, uma das maneiras principais de pagar a dívida é fazer-se, por sua vez, credor. Pago o dom da vida quando eu mesmo tenho filhos, pago o saber que aprendi ensinando-o a outros, pago a refeição do meu hospedeiro oferecendo, por minha vez, hospitalidade a outro. Nessa série de exemplos, percebe-se que pagar a dívida não é exatamente devolver a quem nos deu o equivalente do que recebemos. É dar o que recebemos a um terceiro, a outro. Portanto, há uma circulação da dívida no conjunto do corpo social e, sobretudo, através das gerações que criam vínculo. Nesse sistema, cada um acaba sendo o devedor de outro: o devedor de seus pais, o devedor de seus contemporâneos, o devedor de sua educação, o devedor dos deuses. Assim, essa responsabilidade alimenta lógicas de transmissão. O que é a transmissão? É a ideia de que o sentido do que recebi, em termos de habilidades, de educação, de experiências, de valores, completa-se quando o transmito a outro. Ensino-lhe tal coisa a fim de que você possa ensiná-la a outro. Mas também: dou-lhe hospitalidade a fim de que, se um dia um estrangeiro se apresentar em sua casa, ele seja recebido como eu o recebo etc. Essa dívida fundamental ativa estruturas de solidariedade, alimenta o vínculo social e as obrigações. Dizer: "O homem quando nasce, nasce em estado de dívida", significa que sempre somos devedores dos outros. Mas, ao mesmo tempo, esse sistema é muito conservador, ele proíbe a inovação, já que o futuro nunca é pensado senão como repetição do passado: tenho filhos para que eles tenham filhos por sua vez, transmito verdades para que elas sejam repetidas às gerações vindouras. Seja como for, nessa imagem da condição humana a existência inteira se constrói como um pagamento de dívidas. O futuro nunca serve senão para pagar o passado. Essa ideia de um futuro colocado por inteiro sob o signo da repetição é muito impressionante. Penso que existe aí certa concepção da responsabilidade, a ideia de que viver é ter de responder perpetuamente por suas dívidas, dívida de educação, de cultura, de saber etc.

Hoje estamos evidentemente muito distantes desses sistemas arcaicos de transmissão, e nossas sociedades são bem mais individualistas. Consideramos que o fato de nascer nos dá mais direitos (à igualdade, à liberdade etc.) do que impõe deveres. No entanto, a dívida volta a ser coextensiva ao destino dos indivíduos e dos países sob a forma, claro que bem mais particular, do endividamento financeiro. Hoje, especialmente na Europa e nos Estados Unidos, o problema da dívida é onipresente. Não cessam de ser propostas novas políticas públicas que levem em conta o estado de endividamento de um país; nos Estados Unidos, cada indivíduo é portador de e é identificado por um *credit score*, uma cifra que o acompanha a vida toda e evolui ao longo da vida, um algoritmo calculado a partir do perfil financeiro da pessoa e que representa sua capacidade de reembolso. Impõe-se aos poucos a ideia de que as pessoas se definem conforme sua capacidade de endividamento. Evidentemente, esse sistema é muito distante daquele que descrevi para as sociedades arcaicas. Não se trata mais de ser uma dívida em relação ao sentido da humanidade, mas de ter dívidas junto ao banqueiro. O sistema da dívida nas sociedades arcaicas alimentava lógicas de transmissão e de solidariedade, enquanto o sistema contemporâneo é antes um processo cínico de enriquecimento indefinido dos mais ricos e de empobrecimento dos mais pobres. Trata-se essencialmente de dívidas financeiras quantificáveis, que são ao mesmo tempo alavancas de especulação. Mas encontramos, tanto lá quanto aqui, o mesmo efeito de obliteração do futuro. Pelo menos na Europa, penso que essa pressão da dívida equivale a um esmagamento do futuro. O futuro é doravante construído como o que deve servir para reembolsar as despesas presentes. O que constitui, afinal de contas, uma mudança considerável: o presente não serve para tornar possível o futuro, o futuro é que torna possível o presente. Na e pela dívida, o que torna possível meu presente é a alienação do meu futuro.

Examinei até aqui três grandes figuras da obliteração do futuro. Primeiro, as técnicas espirituais de concentração pelas quais se busca viver o instante, a fim de dissipar as brumas do futuro e instalar-se na transparência de uma felicidade presente – era, como lembram, a sabedoria epicurista. Em segundo lugar, o milenarismo numa dupla versão, cristã mas também técnico-digital. Tratava-se então de esperar o advento de um eterno presente no qual não haveria mais temor nem esperança, uma revolução futura que poria fim à possibilidade mesma do futuro.

Nesses dois primeiros casos, a obliteração do futuro se fazia em nome da segurança. A seguir, foi a ideia de responsabilidade que me serviu para colocar o problema, dessa vez da dívida como encerramento do futuro: o futuro serve apenas para reembolsar o passado ou para tornar possível o presente.

Gostaria agora de lhes propor a exploração de um último conceito ainda ligado à ideia da responsabilidade, que é desta vez o de "promessa", de um compromisso que se pode assumir em relação aos outros ou de uma promessa que se pode fazer a si mesmo. Vou me apoiar num texto famoso para construir essa ideia de promessa. Esse texto é a segunda dissertação de *A genealogia da moral*, de Nietzsche. É um texto ao mesmo tempo importante e surpreendente. Importante porque há nele uma das mais belas definições de o que é a responsabilidade. Surpreendente, também, porque essa definição é um elogio, enquanto outros textos de Nietzsche, ao contrário, criticam a ideia de responsabilidade. Mas aqui se trata claramente de um elogio da responsabilidade como manifestação de uma força de caráter. Vou começar por expor o fio da argumentação nietzschiana, porque se observa, ao longo dessa demonstração, um trabalho sobre a temporalidade. Nietzsche começa seu texto por outro elogio, não o da responsabilidade, mas o do esquecimento. De fato, explica Nietzsche, existe uma virtude profunda do esquecimento: esquecer é precisamente retirar o peso do passado e deixar o futuro aberto. Lembremos, aqui, o que dizíamos há pouco a propósito da dívida. À força de sentir-me perpetuamente em dívida, à força de construir minha própria vida como um movimento indefinido de reembolso, sou privado de futuro. Mas não são só as dívidas que podem obstruir nosso futuro: as más lembranças também, as desgraças antigas, um passado difícil de assumir. Sabemos que Nietzsche, através de sua obra, faz um retrato sombrio do que ele chama o homem do ressentimento. O homem do ressentimento é aquele incapaz de esquecer, de esquecer as pequenas humilhações, as pequenas mesquinharias de uns e outros, as pequenas derrotas da existência. Sua única preocupação é então vingar-se, nos outros, do que lhe aconteceu ou, simplesmente, vingar-se de sua própria fraqueza ou de sua própria covardia. O ressentimento enfeia tudo. Para Nietzsche, ele injeta na relação consigo e com os outros o desejo sujo de vingança. Assim, o futuro não existe mais senão como a projeção odiosa de uma desforra.

Eis por que existe uma nobreza do esquecimento. Para Nietzsche, esquecer não é apenas uma passividade da alma que deixaria as lembranças se apagarem, uma manifestação de desgaste ou de negligência da parte de um espírito fatigado. Não, esquecer é fazer voluntariamente a escolha, livrar-se do lastro, desembaraçar-se do peso das lembranças, recusar ser escravo do seu passado. É um ato de liberdade, uma decisão. Trata-se aqui do que Nietzsche chama o esquecimento ativo. Esquecer, ele escreve, é o que caracteriza naturezas fortes, vontades poderosas. O fraco é incapaz de esquecer. Ele não cessa de ruminar o que lhe aconteceu, é impotente diante do afluxo de suas lembranças, sempre se deixa submergir por seu passado e se mostra incapaz de controlar essa invasão.

Mas Nietzsche não se detém aí, e é a continuação do texto que nos interessa para compreender o que poderia ser uma transfiguração do futuro, uma repetição criadora do passado no futuro. De fato, explica Nietzsche, existe um grau superior da força. Esquecer é bom, porque é desembaraçar o futuro das sombras do passado. Mas prometer é ainda melhor. Prometer é tornar-se mestre do futuro.

Para compreender o que Nietzsche quer dizer aqui, é preciso descrever de perto o ato de prometer. Quando prometo, digo de tal ato que o cumprirei tal dia. A propósito de tal coisa, anuncio que a realizarei em tal momento. E a esse cumprimento, a essa realização, dou-lhes um caráter de certeza. Prometo-me, ou prometo a outra pessoa, fazer tal ou tal coisa.

E organizo a seguir minha vida para que ela seja como que dirigida pela realização de minha promessa. Embora o futuro contenha, por essência, um elemento de incerteza, de imprevisibilidade, uma contingência insuperável, digo hoje de tal ato que ele será cumprido a tal hora, de tal coisa que ela será realizada em tal momento, e dou forma à minha existência de modo que ela se oriente para a realização de minha promessa. Existe uma forma gramatical que ilustra bem a estrutura da promessa: é o futuro anterior. Tomo uma frase conjugada no futuro anterior: "Amanhã *terei feito* isso ou aquilo". Notem que o futuro anterior utiliza o auxiliar "ter", que na maioria das vezes é a marca do passado. "Amanhã terei feito isso": digo hoje, a propósito de tal coisa, que amanhã é como se ela *já estivesse feita*. Dou a um ato por vir, em minha declaração presente, a certeza do acontecimento passado.

Assim essa promessa é um signo de força, precisamente porque se trata de afirmar meu domínio sobre o futuro, e de anunciar que, sejam quais forem os obstáculos e os imprevistos, cumprirei o que prometi cumprir, realizarei no futuro uma promessa do passado. Essa promessa, evidentemente, supõe uma memória, mas não é mais a memória patológica do homem do ressentimento. É, da parte do homem forte, o que Nietzsche chama uma memória da vontade. E a responsabilidade, para Nietzsche, é exatamente isso, é a capacidade de responder por si, mas de responder por si diante do futuro. Essa responsabilidade é completamente distinta da responsabilidade civil ou penal, para a qual se trata de indicar, sobretudo, que cada um deve assumir o fardo de seus atos passados. A responsabilidade penal está voltada para o passado. A responsabilidade da promessa está voltada para o futuro. Creio que ela permite a Nietzsche construir o pensamento de uma liberdade como destino. É verdade que, imediatamente, as ideias de "liberdade" e de "destino" se opõem, já que o destino designa uma necessidade superior a todas as vontades e que se impõe absolutamente a elas. Mas na promessa, em que se trata de decidir em nosso íntimo o rosto que tomará nosso próprio futuro, há a ideia de que a forma mais elevada de liberdade não é poder escolher isso ou aquilo, poder mudar de caminho, mas sim construir-se a si mesmo como destino, tecer de si para si, pela promessa, um fio de necessidade. O que me prometi fazer, o farei. Nada me impedirá, nenhuma das dobras escuras do futuro poderá desviar-me disso. E essa retidão é o signo da liberdade mais nobre e da força mais realizada. A verdadeira liberdade é construir-se a si mesmo como destino.

Vejam que aí também, de certa maneira, como em relação à dívida, o futuro nunca é senão o ponto de realização do passado. Mas, enquanto a dívida colocava essa repetição do passado no futuro sob o signo da servidão e do encerramento, a promessa a coloca sob o signo da liberdade mais elevada. Meu futuro não é mais o que era. Faço dele a câmara de eco de uma decisão solene e iniciadora, e assim me faço livre, construindo a mim mesmo como destino. Então, sim, o futuro não é mais o que era. Antes ele era vago, indeterminado, incerto. Agora é a corda tensa do arco de um destino, o desafio de uma promessa.

A vida como tempo de uma experiência sempre inacabada[1]

Eugène Enriquez

Durante milênios os homens viveram na e pela experiência. Certamente não é possível reconstituir esse passado pré-histórico, pois justamente a meta-história é o tempo que escapa ao nosso modo de funcionamento mental modelado pela história. É possível dizer apenas: "era uma vez" (como nas lendas e nos contos de fadas) e servir-se da melhor maneira possível dos trabalhos de geólogos, paleontólogos, historiadores da Pré-História, para *imaginar* (o mais objetivamente possível, o que, mesmo assim, é difícil de admitir, pois a objetividade nunca foi teoricamente compatível com a imaginação) a vida de nossos ancestrais que saíram progressivamente da animalidade.

Contudo, tentemos fazer isso (embora estejamos muito distantes, mental e tecnicamente, desses precursores dos homens e dos primeiros homens). Eles são pouco numerosos, num mundo imenso, desconhecido, surpreendente, inquietante. Não possuem método algum para pensá-lo e domesticá-lo (contrariamente a nós, que temos palavras precisas para designar as coisas porque conhecemos sua natureza, como se formam e seu funcionamento).

O perigo está em toda parte, a segurança, em nenhuma. Primeiro, é preciso alimentar-se, e para isso há poucas possibilidades. Caçar animais terrestres e aéreos, pescar peixes, colher plantas, legumes, frutos que se apresentam ou que são encontrados escavando a terra, ou arrancados

---

1. Tradução de Paulo Neves.

das árvores, eventualmente caçar e comer outros homens. A cada dia é preciso passar pela experiência do medo e aprender alguma coisa de novo (por exemplo, que tal planta é comestível ou não, que tal animal é fácil de caçar ou, ao contrário, pode nos devorar).

Milênios transcorrem assim e aos poucos os homens se tornam capazes de acumular experiência, de classificar as coisas e os seres vivos, de transmitir seu saber, de elaborar instrumentos cada vez mais evoluídos, de descobrir os meios de produzir o fogo etc., antes de se sedentarizar e de inventar a agricultura, no Neolítico.

Eles devem também se prevenir dos perigos do ambiente, criando para isso *habitats*. Tentam, enfim, compreender o cosmo no qual se encontram, e assim nascem as mitologias e as religiões. Progressivamente, os homens dão sentido ao mundo em que vivem e inventam as artes: a música, o canto, a pintura, a escultura etc.

É inútil prosseguir. Durante um tempo extremamente longo, o homem aprendeu pela experiência. Viver de maneira autônoma o obrigou a acumular os bens mais diversos. Sem eles, a espécie humana não teria tido a possibilidade de subsistir. Isto por razões simples, mas essenciais. Diferentemente dos animais, o homem não tem instinto, tem apenas pulsões e desejos; portanto, não pode, para sobreviver, repousar sobre montagens prévias e que não variam. Deve sempre desconfiar, compreender, aprender. Além do mais, o homem se caracteriza pela prematuração. Nasce incapaz de se arranjar sozinho. É verdade que os animais também têm um tempo de aprendizagem, mas este é muito curto, enquanto o homem tem necessidade de muitos anos de formação.

Enfim, o ser humano não pode viver sozinho. Os animais também vivem em grupo, mas há animais solitários. Já o homem sempre viveu num grupo, num clã, numa tribo. Os paleontólogos dizem mesmo que "a organização social é a verdadeira condição orgânica do aparecimento das altas faculdades humanas". É o que escreve um dos grandes paleontólogos do século xx, Jean Piveteau.

Prematuro, sem instinto, dependente dos outros, o homem é um ser *sem referências*. Como diz Castoriadis num enunciado impressionante que pode causar espanto: o homem é um *ser louco* por definição. Por que louco? Justamente porque tem todas as *faculdades possíveis* desde o início (o pensamento, a linguagem, as aptidões operatórias). Mas estas são apenas balbuciantes, misturadas entre si, caóticas, só podendo se desenvolver (e isso muito lentamente) pela melhor educação possível, pela ternura e afeição dadas pelos pais. É por ser amado e alimentado por seus primeiros educadores que ele pode vir a ser um sujeito. Os raros casos de crianças criadas por animais o comprovam. Essas crianças selvagens nunca se tornaram verdadeiros seres humanos. Ser louco desde o ponto de partida é ter tantas possibilidades, tantas escolhas a fazer, que o *infans* (a criança antes da fala) não saberia por onde começar se a sociedade representada por seus pais não lhe desse a sustentação, as escoras que lhe permitem mover-se, agir, falar, pensar, e se essa sociedade não oferecesse ao longo de toda a sua vida os quadros (leis, normas, regras), ou seja, as experiências classificadas e reunidas que farão dele um ser humano e social.

Em outros termos, é porque somos loucos no começo que podemos nos tornar seres normais, com frequência talentosos e às vezes até (mas o caso é mais raro) geniais.

Mas devo ir um pouco adiante. O homem obrigado a coabitar com outrem, aprendendo com os pais e as pessoas à sua volta os conhecimentos anteriores ao seu nascimento e as leis sociais, vive naquilo que chamei, continuando e generalizando o pensamento de Castoriadis, de *sociedade louca*.

Por que se pode dizer que as sociedades são loucas? Muito simplesmente porque não há definição alguma de uma "sociedade boa" que permitiria a todos os homens "viver juntos" com prazer. Aliás, é por essa razão que em todas as mitologias e em todas as religiões, tanto monoteístas como politeístas, é indicado certo número de leis, normas, regras (como os Dez Mandamentos) que os homens devem seguir simplesmente para se suportar.

As sociedades, como os homens, têm muitas faculdades, capacidades, aptidões. Basta pensar no número de línguas (vários milhares) que elas são capazes de inventar, no número de leis (às vezes totalmente contraditórias de uma sociedade a outra) que inventaram e promulgam continuamente (como escrevia Pascal: "Verdade aquém dos Pireneus, erro além"), no número de ritos, dos mais sanguinários (os sacrifícios humanos) aos mais rotineiros etc.

Assim cada sociedade é levada a definir estilos de governo, de obrigações morais, de restrições sociais, de organizações sociais que sejam as mais adaptadas à situação sócio-histórica na qual se encontra. Pelo menos é o que ela pensa e o que ela espera. Mas ela sabe também (embora resista a esse pensamento) que um dia deverá mudar, pois terá modificado por suas obras seu ambiente, pois terá aumentado sua densidade humana, e com isso se verá diante de outra situação sócio-histórica. Nada de estável, nada de definitivamente adquirido nas sociedades que, como os sistemas físicos, dependem da lei da entropia e lutam, mais ou menos bem, contra as consequências desta. E isto sem a menor indicação (nem falo de certeza) de que estão no bom caminho e de que o futuro que preparam não será pior que o presente que consideram inadaptado.

Certamente, quando povos inscreveram seu nome na História, em particular desde o Renascimento na Europa, por um longo período eles acreditaram ser capazes de construir sua história, de controlar seus atos, de se dirigir a um futuro que prometia as maiores bem-aventuranças, mesmo que em alguns momentos tenham sido forçados a perceber que o caminho escolhido não levava a parte alguma ou era mesmo uma regressão. Quando digo tenham sido forçados a perceber, dou-lhes uma capacidade de tomada de consciência que eles nem sempre têm. A aptidão dos povos de se iludir, de se desviar da realidade, de não ver o que está sob seus olhos, portanto de se cegar, é bem maior que a de olhar as coisas de frente, em sua verdade. Nada mais fácil de enganar que um povo. Os tribunos populistas, os aprendizes de ditadores e os revolucionários iluminados ou que se dizem científicos sabem isso bem. Não fosse assim, a Revolução Francesa não teria engendrado o Terror e depois o bonapartismo; a revolução soviética, o totalitarismo; a revolução chinesa, o maoismo intransigente; as revoluções conservadoras alemã e italiana, o nazismo e o fascismo, que não precisamos qualificar.

Entretanto, apesar de tudo, apesar das decepções acumuladas, apesar dos "caminhos sem saída" (dos quais tomavam ou não consciência), os povos acreditavam (e não há nada mais forte que a crença no impossível), desde o Renascimento e principalmente desde o "século das Luzes", que se dirigiam ao progresso tanto na vida material como na do Espírito, e que poderiam um dia, cada vez mais distante, construir um "futuro radioso", estabelecer a paz universal e assegurar a felicidade para todos de forma constante. Tal "crença", quando os progressos efetuados se acompanhavam sempre de recuos inquietantes (como o desenvolvimento do capitalismo que provocou, no século xix, uma terrível miséria entre os operários, condenados a trabalhar 14 horas por dia em troca de um salário insignificante), mostra bem que, mesmo na época da vontade racional de domínio do mundo, tanto os povos como as sociedades, as organizações sociais que eles fundam, continuam atravessados pela *loucura*, a loucura sendo sempre uma negação da realidade e a preeminência da ilusão enganadora.

Assim a modernidade, que quis submeter o mundo e os povos ao reinado da razão, a qual devia favorecer no homem, como pensava Descartes, o "domínio e a posse da natureza", evitando definitivamente os sonhos e os fantasmas (desembaraçando-se do "gênio maligno"), não conseguiu estrangular todas as manifestações da loucura. Mas, como chegou a desenvolver, de maneira assintomática, a ciência e as técnicas mais elaboradas, dando preeminência à racionalidade instrumental (que se traduz pelos termos *como* e, nos dias de hoje, *quanto*) sobre a racionalidade dos fins (caracterizada pela questão *por quê?*), ela julgou que havia percorrido a maior parte do caminho e que os restos de loucura que podiam subsistir acabariam um dia por se esfumar ou mesmo desaparecer. É verdade que os progressos efetuados em todos os domínios, da física à medicina, não podem suscitar senão a admiração. Admiração a cada dia renovada diante do afluxo de novas descobertas e de novas aplicações das ciências fundamentais. Por isso se pode compreender que as sociedades – apesar de numerosos sintomas inquietantes – e os homens que as fazem existir tenham acreditado (e às vezes continuem acreditando) no progresso infinito e na possibilidade de antecipar e de controlar o futuro.

Contudo, desde os anos 1970-1980, o horizonte mudou e se obscureceu. Alguns pensadores denunciaram os danos do progresso (por exemplo, o aquecimento do planeta ou as diferentes formas de poluição). Porém, bem mais ainda que os danos, o que se viu foi a extensão contínua do progresso e a entrada na era da eletrônica, da robótica, da globalização – inscrevendo na realidade as premonições de McLuhan sobre a aldeia global, "a aldeia planetária" –, que acarretam consequências não previstas e estão transformando o mundo de tal maneira que este se torna opaco e cada vez menos antecipável e controlável. Um exemplo: a invenção de uma ferramenta em princípio inocente como o *Facebook*, destinado a ligar os amigos, torna-se um elemento essencial para agrupar *in situ* populações furiosas contra o regime ditatorial que sofrem, o que lhes permite derrubar o ditador e iniciar um processo revolucionário (como ocorreu com a "revolução do jasmim", na Tunísia). Ninguém jamais havia pensado, no início, em tal utilização. No entanto aconteceu. Ou seja, os progressos das ciências e das técnicas, que deveriam assegurar o controle racional do mundo, estão em via de torná-lo incontrolável.

(Outro exemplo, que tiro da minha própria experiência. Quando os primeiros computadores foram criados, eram verdadeiros monstros que ocupavam imensas salas e só podiam estar nas mãos de grandes dirigentes de empresas. Ninguém pensava então, no final dos anos 1960, que em breve os computadores estariam ao alcance de todo mundo e que em algumas famílias cada membro teria seu computador portátil. Fazendo uma conferência a esse respeito, em março de 1968, diante de banqueiros belgas, perguntei-me que consequências podia ter o uso de computadores. Fui incapaz de prever um mundo em que os computadores pululariam. A única antecipação exata que formulei é que seriam miniaturizados – mas não ao ponto a que chegaram atualmente – e que não seriam um risco para a democracia!)

Vamos adiante. Alguns filósofos se colocam seriamente a questão de saber se tal evolução não ocasionaria o nascimento de um novo indivíduo. Estaríamos presenciando uma transformação antropológica. E isto na medida em que as ciências sociais e humanas não progrediram da mesma forma que as ciências físico-químicas, na medida em que se referem a teorias que não se ajustam bem, sua própria evolução tendo arruinado as pretensões científicas de algumas delas. Quem, no momento atual, ainda crê que exista uma teoria econômica? Entre os defensores do liberalismo puro e duro à Milton Friedman e de um liberalismo associado a medidas sociais à J. M. Keynes, não há diálogo possível e ninguém é capaz de dizer que um é mais justo que o outro. Os antigos economistas tinham razão. Eles chamavam sua disciplina de Economia Política, indicando assim que economia e vontade política estavam intimamente ligadas. A ciência econômica não existe, como tampouco as ciências jurídicas, as ciências da gestão, as ciências pedagógicas, as ciências políticas ou as ciências da decisão. Em realidade, essas disciplinas servem-se tanto da arte como da ciência; recorrem mais à imaginação e aos sentimentos que à razão. Mas, como a Ciência com C maiúsculo tornou-se a referência absoluta, os pesquisadores em sociologia, psicologia, direito etc. quiseram fazer acreditar que eram também cientistas da mesma ordem. Não compreenderam que, ao quererem o papel principal, condenavam seu próprio domínio. A psicologia transformou-se em fisiologia ou em experimentação (que é o contrário da experiência), a economia em econometria, a sociologia em questionários de opinião e em estatísticas.

Apenas a psicanálise escapa a esse destino. E ainda assim Freud queria fazer da psicanálise uma ciência como as outras e ser reconhecido por seus pares. Felizmente ele criou, sem querer, outra maneira da fazer ciência, inventando um método que leva em conta pulsões, desejos, sentimentos, e não medidas. Edificou uma ciência qualitativa que se interessa pelos casos particulares, não uma ciência quantitativa. Ora, a ciência acadêmica, oficial, aceita por todos, é uma ciência *da medida*, *das quantidades*, *do geral*. Há que convir de uma vez por todas: as ciências humanas não são ciências da medida. Isso não quer dizer que não se deva medir o que pode ser mensurável (por exemplo, o número de habitantes, o número de pessoas abaixo do limiar de pobreza, se for possível definir o limiar de pobreza...), apenas que os fenômenos sociais e humanos são fenômenos qualitativos, singulares, não repetitivos, o que não significa, porém, que seja impossível teorizá-los. Mas a teoria (por exemplo, em sociologia) deve buscar definir "formas", como diz Simmel, ou "tipos ideais", como escreve Weber, os dois fundadores da sociologia compreensiva. Assim é possível fazer uma teoria geral da burocracia. Mas, toda vez que um psicossociólogo ou um sociólogo estuda uma burocracia particular (como a administração dos impostos, um banco etc.), ele deve ser sensível às características específicas dela. Do mesmo modo, a teoria geral da psicanálise deve guiar o psicanalista, mas cada paciente deve ser para ele um ser singular não redutível à teoria.

Ou seja, para voltarmos à economia, deve-se admitir que esta nunca poderá dizer a verdade definitiva, e se um economista diz o contrário é que ele faz da economia uma simples *ideologia*. O liberalismo não é uma ciência, o materialismo dialético também não. Ambos quiseram se estabelecer como ciência. Por isso não são sequer ciências humanas qualitativas como a psicanálise ou a sociologia compreensiva, mas puras *ideologias*.

O progresso foi *a ideologia* central da modernidade. A interrogação sobre o progresso, que agora se generaliza, significa *o fim das ideologias*. Os únicos que creem no liberalismo como ciência são os grandes capitalistas (e mesmo assim um homem como G. Soros, que possui uma das maiores fortunas do mundo, critica o capitalismo financeiro atual); os únicos que consideram o materialismo dialético como ciência são os dirigentes totalitários da China e da Coreia do Norte. Os outros não creem mais nas "grandes narrativas" (J.-F. Lyotard), e sem grande narrativa explicativa e fundadora, sem ideologia, os homens não têm mais pontos de referência e de apoio garantidos. Então, o que fazer? O que será?

DE NOVO, A VIDA COMO EXPERIÊNCIA

A partir dessa constatação, poderíamos ser invadidos pela angústia, nos sentir em estado de abandono, nos dizer que, se o mundo não tem mais sentido, só nos resta aproveitar ao máximo a existência, aceitar trabalhar sem objetivo, tentar possuir cada vez mais bens e objetos capazes de nos proporcionar prazer, ter numerosas satisfações sexuais, cada uma mais efêmera que a outra, fechar-nos em nós mesmos ou nos grupos de que fazemos parte e esquecer que somos seres vivos, isto é, homens e mulheres que devem compreender, pensar o mundo no qual estão situados e assumir riscos, pois viver, para o ser humano, se caracteriza essencialmente pelas escolhas arriscadas que fazemos em nossa vida.

Na verdade, é o caminho inverso que devemos tomar, se não quisermos nos desviar da vida e nos dirigir a um futuro sem interesse e talvez catastrófico. O fim das ideologias, a falta de referências é, em realidade, uma *chance* que nos é dada para seguirmos rumo a *maior humanização* do mundo e de nossos atos, isto é, de nós mesmos.

Estamos, na prática, numa situação análoga à do homem pré-histórico, condenado a todo momento a fazer experiências. Precisamos tentar domesticar nosso universo cada vez mais incompreensível. Se digo que temos uma chance, é que podemos questionar as tradições que se acumularam desde o Renascimento e que não são mais que a tradução das experiências de nossos antepassados. Essas tradições nos serviram, possibilitaram o desenvolvimento econômico, social, humano. Mas, ao mesmo tempo, elas progressivamente formaram um quadro rígido para nossos pensamentos e nossos atos, acabando por nos *sujeitar*. Convém não esquecer que o termo *sujeito humano e social*, com que nos glorificamos, tem dois sentidos opostos. Sujeito é aquele que pensa e age, que busca ser o mestre (ou um certo mestre) do mundo no qual se move. Mas sujeito é também aquele que pode ser sujeitado ao pensamento e à ação de um ser mais forte ou da coletividade. As tradições foram necessárias para edificar nossas sociedades, mas com o passar do tempo nos sujeitaram, obrigando-nos a pensar e a agir de maneira *conforme* ao que ditavam. Ainda que novos pensamentos, atos e descobertas tenham ocorrido durante toda a modernidade, eles em parte também se imobilizaram em rotinas, normas e ritos. E o homem da modernidade, que supúnhamos livre, autodeterminado (pois era esse o projeto da modernidade), tornou-se cada vez mais um indivíduo *conformista*, um ser que prefere uma *existência* rotineira a uma *vida* repleta de "som e fúria", sem dúvida perigosa, mas cheia de experiências inesperadas, de encontros surpreendentes, de atos em princípio inconcebíveis. Em vez de um ser *normativo*, como nos recomenda o filósofo e médico G. Canguilhem, que foi o mestre de Althusser e de Foucault, isto é, um ser que sabe interrogar as normas sociais embora as aceite e, principalmente, que define, propõe ou mesmo impõe suas próprias normas, o homem contemporâneo se transformou num ser *normatizado*, cada vez mais semelhante a todos os outros e que cumpre as exigências da civilização capitalista: um homem unicamente *produtor* e *consumidor*, um *homo economicus*. Gostaria de citar, para apoiar o que digo, duas breves passagens de Canguilhem: "O organismo sadio (ou seja, o ser humano) busca menos manter-se em seu estado e em seu meio presente do que realizar sua natureza. Ora, isso exige que o organismo que enfrenta riscos aceite a eventualidade de reações catastróficas. O homem sadio não se esquiva diante dos problemas que lhe colocam as mudanças de seus hábitos... ele mede sua saúde por sua capacidade de superar as crises e instaurar uma nova ordem". Assim, eu comento, o homem normativo é um homem sadio, enquanto o homem *normatizado* é um homem *doente*, o que Canguilhem confirma: "viver é enfrentar riscos e triunfar... A doença é um andamento da vida regrado por *normas vitalmente inferiores ou depreciadas*, que impedem ao ser vivo a participação ativa e desembaraçada, geradora de confiança e de segurança na vida".

Vê-se assim que, ao nos tornarmos *unicamente* "homo economicus", homens conformistas que respeitam as tradições, nos tornamos *homens doentes*. Para sairmos desse estado patológico que é também o da sociedade em que vivemos, devemos renunciar a existir de maneira morna, repetitiva, tediosa e, ao contrário, aceitar que tanto a vida individual como a coletiva sejam o campo de experiências sempre renovadas e, claro, constantemente inacabadas para não se transformarem em ritos e em tradições. Devemos aceitar com alegria e confiança o fato de sermos forçados, enquanto sujeitos individuais e membros de uma coletividade, a nos confrontar com o inesperado, o diverso, o inquietante, o espantoso, e a pensar e agir de acordo com isso. E mais, sem ser movidos por uma esperança utópica de um mundo no qual somente haveria a felicidade.

Três grandes experiências da vida nos solicitam: a experiência interior, a dos acontecimentos da vida e a da ação empreendida ou a empreender.

A experiência interior. Retomo aqui um termo do filósofo francês Georges Bataille, cuja vida e as obras tiveram certamente uma influência essencial sobre minha reflexão, ainda que eu vá utilizar essa modalidade de experiência num sentido muitas vezes diferente do dele.

Essa experiência é a do nosso "foro íntimo". Para explicar o que quero dizer por esse termo, é necessário primeiro examinar a que se opõe essa experiência.

Todos sabemos que existe um *eu social*. Esse eu se caracteriza pela identidade que nós forjamos ao longo da existência, que oferecemos aos outros em nosso comportamento cotidiano e que os outros acabam por esperar de nós (é o que os americanos chamam "a expectativa de papel"). Não é somente uma máscara. Faz parte de nós como nossa apresentação física, e não podemos recusá-lo como se fosse apenas uma aparência enganadora. Somente os indivíduos que têm um *falso self*, como diz o psicanalista inglês Winnicott, se resumem nisso. Ter um *falso self* é fazer como se não existissem *no interior de nós mesmos* pulsões, sentimentos e desejos não exprimíveis numa sociedade dada, sob pena de sermos rejeitados, excluídos dessa sociedade que não suporta tais expressões.

Essas pulsões, sentimentos e desejos são evidentemente diferentes em cada sociedade e em cada momento histórico. Coisas das quais é proibido falar, sentimentos que não se pode exprimir numa sociedade em certo momento da história, podem ser facilmente aceitos ou mesmo exigidos, conforme o contexto no qual estamos. Por exemplo, se somos membros de uma empresa muito burocrática, devemos sempre nos mostrar o mais possível competentes em nossa função, só devemos falar do nosso trabalho e, principalmente, nunca mostrar nossa fraqueza. Assim, num seminário de formação, um dos membros exprime (pois a regra é falar o mais autenticamente possível) dúvidas sobre sua capacidade, sobre sua vontade de assumir riscos calculados em seu trabalho, sobre suas possibilidades de integração numa empresa que não respeitasse sua ética pessoal. Nesse momento ele é interrompido por outro membro que lhe diz ter conhecimento de sua intenção de ser contratado para um cargo de responsabilidade numa empresa. Esse interlocutor faz saber, também, que seu pai é um dos diretores dessa mesma empresa e que, se este ouvisse tais palavras, nunca o contrataria. Assim, faz-lhe uma verdadeira intimação: não mais falar de suas dúvidas, caso contrário seria obrigado a contar isso ao pai e este não lhe concederia o cargo. O que exprimiu dúvidas sobre si mesmo compreende então que deve se calar e, ao contrário, afirmar com firmeza que se sente inteiramente capaz (pois é um *homem viril e totalmente positivo*) de assumir as responsabilidades que poderiam lhe ser dadas. Vê-se assim que o homem que duvida não pode mais expor as interrogações sobre si mesmo, devendo, se quiser ser bem-sucedido, passar a imagem de um homem sempre competitivo e obcecado pela excelência. Numa outra empresa, mais tecnocrática ou mais estratégica, ele poderia exprimir seus sentimentos, pois nesse outro contexto é valorizada a capacidade de cada um colocar-se questões, pois a filosofia da empresa é que, se alguém se interroga, então é capaz de se superar, de dar o melhor de si, de desenvolver-se, mesmo se para isso precisar da ajuda de um *coach*. Atualmente, em algumas empresas, o *coaching* é perfeitamente admitido. Mais: alguém que acreditasse conhecer tudo e que fosse seguro de si, recusando portanto qualquer treinamento, seria pouco apreciado, pois seus superiores duvidariam de sua capacidade de aperfeiçoar-se. O *coaching* não existia na Europa quarenta anos atrás, estou certo disso, pois fiz intervenções num número considerável de empresas. Hoje, ao contrário, o *coaching* é cada vez mais apreciado.

Assim, em alguns casos é possível exprimir suas interrogações, noutros, é impossível.

Todavia, não convém evocar dúvidas na maior parte das organizações contemporâneas, nas quais se requer dos indivíduos unicamente a excelência, mesmo se lhes pede todo dia para serem um pouco mais excelentes que na véspera. Ou seja, a grande maioria das organizações prefere atualmente homens ou mulheres que sejam continuamente competitivos (contanto que não tentem se mostrar superiores a seus dirigentes) e, ao mesmo tempo, capazes de evoluir, a fim de acompanhar ou favorecer a dinâmica da organização. Assim, o que se requer são indivíduos com *falso self*, aqueles que são o que suas aparências mostram, seguros de si, capazes de se controlar e de controlar seu grupo, e também de recalcar ou reprimir os sentimentos ou desejos que poderiam perturbar seu ardor no trabalho e seu pleno engajamento psíquico na vida da empresa, à qual devem se identificar com entusiasmo.

Fazer uma experiência interior significa, portanto, que todo sujeito humano, mesmo sem rejeitar seu *eu social*, pois sabe que ele é *também* esse eu, é capaz de estabelecer uma articulação entre este e seu "foro íntimo", sua identidade profunda, que é diferente na medida em que cada um possui um inconsciente que fala dentro dele e tem uma influência direta sobre seus pensamentos e seus atos.

Ora, quando se admite a presença do inconsciente, tenta-se, mais ou menos bem, fazer com que este não só fale em voz baixa, mas possa também se exprimir no eu social que ele modifica e remodela continuamente. Embora ninguém seja capaz de ser consciente de todos os processos inconscientes (o que levaria a secar o inconsciente e a fazê-lo desaparecer), existe a possibilidade, para cada homem, de analisar-se, de compreender suas motivações mais fortes, de perceber os conflitos que o animam (pois o ser humano é um ser eminentemente conflitual), os maus sentimentos (pois não há ser humano sem maus sentimentos, sem o que Espinosa chamava as "paixões tristes": o ciúme, o ódio, o ressentimento, a inveja etc.), as pulsões de morte, de destrutividade em relação a si mesmo, que o agitam tanto quanto as pulsões de vida. Existe, portanto, a possibilidade de ser mais consciente do que se é em última instância, o que permite a cada um abarcar todas as facetas da sua personalidade. Assim ele agirá de modo que as pulsões, os desejos arcaicos mais violentos e mais nefastos não possam obstruir sua personalidade e impedir as relações de amor, de amizade, de simpatia, que são necessárias ao homem para se desenvolver e, às sociedades humanas, para não serem o lugar da "guerra de todos contra todos", como disse o filósofo inglês Hobbes. Freud dizia com razão que, sem o amor do outro, o indivíduo humano seria doente. Tocqueville, por sua vez, mostrou bem que a simpatia é o sentimento essencial para fundar e fazer viver uma democracia. Não ser doente, ser capaz de ser normativo (Canguilhem), sentir simpatia por outrem como prega Tocqueville, é conduzir-se como um verdadeiro *ser humano*. O homem com *falso self* não é um verdadeiro ser humano, pois engana a si mesmo ao acreditar-se mais forte do que é, e engana os outros ao fazê-los acreditar que ele é adequado à sua aparência sólida, quando dentro dele se agitam pensamentos recalcados, às vezes totalmente ignóbeis. Os psicanalistas dão com frequência este exemplo que todos conhecem e que nunca suscita críticas: um bom cirurgião é um homem que não tem medo de sangue, de vísceras, e que consegue cortar com a maior tranquilidade. Portanto, deve ser movido por algumas pulsões sádicas inconscientes. Mas, como é capaz de sublimação, isto é, de fazer que suas pulsões inconscientes possam se transformar em atos socialmente valorizados, ele tem a aptidão de curar o doente, enquanto um assassino (por ser incapaz de sublimar) não vai além do prazer da destruição. Um médico deve ter, como um assassino, o gosto do sangue, mas se servirá dessa pulsão de maneira útil à sociedade, enquanto o assassino permanecerá no seu prazer egoísta e imundo. Assim, é melhor ser um bom cirurgião do que Jack, o Estripador!

Mas um cirurgião que se deixasse levar por suas pulsões não sublimadas seria capaz de cortar tranquilamente um ser vivo. Tais médicos existiram (exemplo sinistro: Mengele) e torturaram e cortaram pessoas em Auschwitz ou noutros campos de extermínio. Deixaram triunfar suas pulsões mais vis, pois eram desprovidos do menor senso moral, e se comportaram como assassinos. Do mesmo modo, psicanalistas mal analisados, e que se tomavam por mestres, puderam ser auxiliares da tortura no Brasil e na Argentina.

Portanto, homens que se interrogam nunca podem se tornar criminosos tranquilos, que sucumbem à "banalidade do mal" (Hannah Arendt) como Eichmann, pequeno burocrata consciencioso que mandava os judeus às câmaras de gás, assim como teria construído carros.

Ao contrário, os que são capazes de se confrontar com a "inquietante estranheza" de sua psique, com o caos que reina no inconsciente e que têm o desejo de se compreender e se transformar, embora saibam que se trata de uma tarefa infinita e sempre a recomeçar, poderão ser humanos verdadeiros e fazer suas estas palavras de Montesquieu: "Se soubesse alguma coisa que me fosse favorável e que fosse prejudicial à minha família, eu a esqueceria imediatamente; se soubesse alguma coisa que fosse favorável à minha família e prejudicial à minha pátria, eu a tiraria do meu espírito; se soubesse alguma coisa que fosse útil à minha pátria e prejudicial à Europa, ou que fosse favorável à Europa e prejudicial ao resto da humanidade, eu consideraria essa coisa como um crime, pois sou necessariamente homem, ao passo que sou francês por mera casualidade". Um homem que se interroga é um ser digno que vive de acordo com essas palavras de Montesquieu.

EXPERIÊNCIA DOS ACONTECIMENTOS DA VIDA

Geralmente os homens atravessam a vida sem se modificar muito, exceto nos planos físico e fisiológico, pois o tempo inflige a todos, pelo envelhecimento, perdas irremediáveis. Todos os poetas insistiram nesse ponto, convidando os homens e as mulheres a tirarem o maior proveito dos anos de juventude, quando são belos e desejáveis. *"Cuillez dès aujourd'hui les roses de la vie"* [Colham desde hoje as rosas da vida], escrevia Ronsard.

Quanto aos psicólogos e aos psicanalistas, eles se debruçaram sobre os primeiros anos da vida, que são naturalmente os de nossas experiências fundamentais, pois nos permitem aprender a nos mover, agir, pensar e falar, isto é, passar da situação de *infans* (a criança antes da linguagem e mal diferenciada de seu ambiente) ao estado de criança apta a ser um dia um adolescente e depois um adulto.

Mas esse período fundamental parece tão normal que, com exceção dos pais e dos psicólogos, não chama a atenção de ninguém, a não ser quando as crianças são difíceis de educar.

Por outro lado, os filósofos, os romancistas e os homens em sua maturidade se interessaram pela passagem da adolescência à idade adulta. Pareceu-lhes sempre normal que, durante esses poucos anos (mais ou menos longos conforme as épocas e os países), os indivíduos possam se formar, fazer a aprendizagem da vida, ter as experiências as mais diversas e às vezes as mais aberrantes ou as mais perigosas possíveis, "fazer diabruras", ou seja, pensar e mesmo fazer coisas contrárias aos hábitos sociais. Os adultos dizem então com indulgência: "Vai passar, são coisas da mocidade...". Um dia será preciso enterrá-las, sendo então indispensável aproveitar esses momentos de irresponsabilidade.

Os romancistas descreveram esses anos de aprendizagem; os alemães, em particular, fizeram disso uma especialidade chamada *Bildung Roman* (romance de formação), cujo protótipo é o *Wilhelm Meister*, de Goethe. As histórias que eles contam nem sempre têm um final feliz. No seu primeiro romance, Goethe nos mostra um Werther consumido por sua primeira paixão, que o levará ao suicídio. (Ele não teve tempo de aprender que a paixão é má conselheira e de recuperar-se do seu erro.)

Mas, quando os indivíduos chegam à idade adulta, tudo se passa como se o estoque de experiências acumuladas na juventude (se esta não se extraviou definitivamente) fosse suficiente e o homem pudesse viver graças a elas, mais as experiências dos que o precederam e que formaram as tradições e os quadros da sociedade na qual ele passará sua existência.

Certamente exagero um pouco a situação. Mas os que continuam a inventar sua vida diariamente, a multiplicar as experiências fundamentais (não levo em conta os diversos "amores passageiros"), são minoria e os romancistas se interessam menos por eles.

Ora, se estamos vivendo num mundo sempre em mudança, no qual as tecnologias se multiplicam, os espaços se encolhem, as normas se transformam e os pontos de referência se esfumam, há uma única consequência pertinente a tirar: é impossível viver em tal mundo como se vivia no antigo – o qual certamente mudava, mas a uma velocidade razoável e que mantinha, mais ou menos bem, os quadros de vida habituais.

Esse novo mundo exige, se não quisermos nos sentir continuamente angustiados, estressados, ultrapassados, que estejamos disponíveis ao tempo e ao campo de experiências que nos afetam, a todos os acontecimentos que podem se produzir, e dispostos a compreendê-los, a adotar as condutas mais adaptadas à situação ou, ao contrário, adotar outras, às vezes contraditórias com as que são requeridas; exige submetermo-nos às novas normas ou revoltarmo-nos contra elas e transgredi-las. Somos convidados, portanto, a ficar atentos ao que se passa e a aceitar que nossa formação e nossa evolução só podem terminar com nossa morte. Cada dia traz seu lote de experiências satisfatórias ou perturbadoras. Nada está adquirido para sempre. O que era bom fazer um ano atrás seria extremamente prejudicial se o fizéssemos agora.

O que isso tudo quer dizer? Simplesmente que o ser humano deve se tornar um *aventureiro* de sua vida e não um simples organizador (como se dizia antes) ou um simples administrador (como nos recomendam agora, pois só se pode administrar situações relativamente similares e não situações dessemelhantes). Ser um aventureiro, um "conquistador", um descobridor de terras desconhecidas ou um inventor de coisas novas, esse é o nosso destino. Como já observei, viver é ser capaz de suportar a turbulência, a incandescência, a variedade, é propor respostas novas tanto às velhas questões como às novas. É o contrário da *existência*, da insipidez e do tédio do cotidiano.

Examinemos algumas experiências cruciais.

Experiências da natureza

Quase não se tem mais tempo de descobrir a natureza, de passear, de curtir as paisagens e se entregar ao devaneio. Os que praticam um pouco de esporte farão seu *jogging* simplesmente para manter a boa saúde, sem se preocupar com a beleza ou a feiura do ambiente.

No entanto sabemos que alguns dos maiores escritores e pensadores tiveram uma relação intensa com a natureza. Rousseau fazia longas caminhadas e nos deixou seus "devaneios de um caminhante solitário". Nietzsche andava muito (várias horas por dia) e, como Rousseau, só conseguia pensar ao ar livre. Em sua mesa, apenas escrevia os pensamentos surgidos durante as caminhadas.

O escritor americano H. D. Thoreau (discípulo do primeiro grande filósofo americano, R. Emerson), autor da *Desobediência civil*, que declarava que todo cidadão deve poder recusar sua obediência às leis injustas e que foi um adversário intransigente da escravidão, retirou-se por vários anos nos bosques, onde viveu numa cabana construída com suas próprias mãos. Ele relatou essa experiência fundamental no seu grande livro *Walden*.

(Paro por aqui meus exemplos. Mas eu poderia ter fornecido muitos outros, se tivesse citado poetas e pintores românticos alemães, ingleses ou franceses. Mais perto de nós, filósofos contemporâneos fizeram o elogio da lentidão, da caminhada, da vida na natureza.)

De fato, a descoberta da natureza, de seus atrativos e de seus aspectos perigosos (quantos seres humanos já caíram de uma montanha ou se afogaram), favorece o desenvolvimento da imaginação, suscita os processos de pensamento, nos faz cultivar a atenção e a memória, em suma, nos torna um ser à escuta do mundo e capaz de aumentar suas aptidões físicas, fisiológicas e mentais. A natureza não se deixa domesticar como uma cidade. É preciso tomar o caminho certo, não cair, orientar-se constantemente, estar vigilante. Todos os nossos sentidos, sentimentos, afetos, nossa capacidade de neutralização, são solicitados: é por isso que muitos grandes pensadores (citemos ainda Darwin ou Freud) amaram a natureza e souberam tirar grande proveito intelectual e afetivo do convívio com ela. Convívio, aliás, que só pode fazer um grande bem aos homens médios que somos.

Experiências da vida cotidiana

Habitualmente pensamos que a vida cotidiana nada tem a nos ensinar. No entanto, se em nossa cidade, que acreditamos conhecer bem, tomarmos uma série de ruas ou explorarmos um bairro mais ou menos desconhecido, quantas surpresas são possíveis! A arquitetura das casas, suas cores, o piso das ruas e das calçadas, as atividades que ali se desenrolam, as pessoas novas que vemos etc., tudo é feito para nos deixar *desorientados*. E é justamente quando estamos desorientados que ficamos mais atentos ao ambiente que nos cerca; nossa visão, e mesmo o conjunto dos nossos sentidos e nossa reflexão, são estimulados; temos a chance de deparar com obstáculos inesperados, de fazer encontros surpreendentes, de viver pequenas aventuras que excitam nosso pensamento.

Mais ainda: numa cidade que conhecemos perfeitamente, podemos, ao olhar as ruas e as casas como se as víssemos *pela primeira vez*, fazer descobertas insuspeitadas. Isso é possível se nos conduzimos como um *"exote"*, como diz Victor Segalen, isto é, um homem que gosta de descobrir o diverso, discernir no conhecido o desconhecido (e para tanto teremos de fazer primeiro ou de maneira concomitante uma "experiência interior"). Nesse estado de espírito, poderemos nos espantar com o que não nos espantava mais, ver elementos que permaneciam ocultos, ter surpresas. (Os poetas surrealistas franceses, em particular Breton e Aragon, nos fizeram sentir o quanto a paisagem urbana cotidiana era rica de qualidades, de acontecimentos ou de encontros inesperados, insólitos, perturbadores, que muitas vezes nos fazem sonhar, imaginar e pensar de outro modo.) Na verdade, se estamos disponíveis tudo pode acontecer, tanto o maravilhoso como o pior. Cabe a nós sabermos nos conduzir em tais ocasiões.

Experiências do encontro de outrem

Diariamente fazemos essa experiência, mas na maioria das vezes não a percebemos. Tagarelamos como de hábito, utilizamos as mesmas palavras, sentimos e exprimimos os mesmos sentimentos. Nenhuma surpresa. É como se a vida fosse morna, sem calor e sem cor. No entanto, se *encontrarmos* realmente as pessoas que vemos todo dia (nossa mulher, nossos filhos, nossos amigos, nossos colegas), haveremos de perceber, se estivermos verdadeiramente atentos, aspectos que não havíamos percebido, expressões significativas que nos haviam escapado. Nós mesmos, em contatos com eles, ficamos diferentes, temos o desejo de nos comportar de outro modo, de nos ocupar mais deles, pois temos o sentimento de ver seu verdadeiro rosto, como diz Levinas, e de nos vermos também sob outro ângulo. Essas descobertas podem ser agradáveis ou desagradáveis. (Podemos notar que nossa mulher nos ama mais e melhor ou que se afasta de nós, que nosso filho nos conta o que lhe aconteceu realmente ou que suas palavras são um tecido de mentiras, que estamos abertos à presença deles ou, ao contrário, fechados em nós mesmos.) O que importa é querer mais *verdade*. Pois quanto mais nos aproximamos da *verdade* (sempre momentânea) dos outros e de nós mesmos, tanto mais somos capazes de mudança e, portanto, capazes de enfrentar os acontecimentos mais inesperados, de forma inovadora.

Esse acolhimento de outrem é ainda mais importante quando as pessoas que encontramos nos parecem *estranhos*. O estranho, seja de outra nação, de outra etnia ou de outra cor, sempre suscitou temores e um primeiro momento de rejeição ou mesmo de repulsa. O desconhecido, o estranho e o bizarro sempre causam medo. Aliás, no universo das sociedades arcaicas, os etnólogos mostraram que, quando duas tribos se encontram, elas sentem um verdadeiro pavor uma da outra, pois cada uma se vê como a única composta de homens, a outra parecendo pertencer ao reino animal. É necessário que elas façam dádivas recíprocas, que exprimam sentimentos positivos exagerados uma em relação à outra, para que a possibilidade de guerra seja substituída pela paz, pela aliança e eventualmente pela amizade. Assim, para entrar em contato com o outro estranho é preciso superar essa animosidade instintiva, ter vontade de conhecê-lo, de reconhecê-lo como igual, embora diferente, e de fazer desse momento um enriquecimento mútuo.

Mas os estranhos não são reconhecíveis apenas por suas características. Muitas vezes pessoas que pertencem a outros grupos, com profissões diferentes da nossa ou que moram em bairros que não frequentamos, nos aparecem como verdadeiros estranhos, com os quais não temos vontade alguma de estabelecer contato. Fechamo-nos naquilo que os psicólogos sociais chamam grupos de referência (aos quais nos identificamos porque nos parecem prestigiosos) e grupos de pertencimento (grupos de trabalho, de amigos de bairro). O fato de nossa sociedade ser cada vez mais complexa acentua atualmente nosso afastamento dos outros. Como uma sociedade complexa é uma sociedade angustiante, pois nela tudo pode acontecer (e somos sempre inclinados a pensar no pior), temos uma tendência crescente a só manter relações com pessoas conhecidas que são semelhantes a nós por alguns de seus aspectos. O pessoal de uma empresa ou organização forma um grupo fechado, os filósofos ou os sociólogos falam apenas entre si, esquecendo que o resto da sociedade existe e que, se quiserem compreendê-la e viver no seu interior, serão obrigados a conviver e a falar com pessoas que eles tendem a tornar invisíveis.

Experiências de outros pensamentos, de outras maneiras de ver

Conversar com outros, confrontar-se com outras reflexões, maneiras diversas de conceber as coisas, de identificar, de colocar os problemas e de resolvê-los, sempre foi considerado como algo enriquecedor. Aliás, é a lição que todos os que vivem em organizações ensinam, mesmo que às vezes sejam reticentes em aplicar esses preceitos. Foi o que possibilitou o desenvolvimento da psicossociologia e da sociologia das organizações, a qual mostrou, em alguns casos, a preeminência da decisão coletiva sobre a individual, e que também sublinhou a necessidade da discussão, das sugestões, dos confrontos do conjunto de pessoas implicadas, para bem compreender o funcionamento e o dinamismo da organização e para tomar decisões pertinentes. Graças a esses contatos, os indivíduos conseguem desprender-se de suas maneiras de pensar estereotipadas, daquilo que

J. L. Moreno chamava justamente "conservas culturais", que levam a tomar sempre o mesmo tipo de decisão, impedindo cada um de considerar os problemas presentes com um olhar novo e sem preconceitos. Somos indivíduos repletos de tais conservas, que, como todas as conservas, um dia acabam se deteriorando. Elas nos impedem de ver a realidade em sua expressão atual e, portanto, de questionar nosso modo e nosso estilo de pensamento. Já em 1933, em seu livro *Who shall survive?* [Quem sobreviverá?], Moreno nos prevenia e mostrava que somente os indivíduos aptos a antecipar os problemas latentes, dando-lhes respostas adaptadas, seriam capazes de sobreviver neste novo mundo. Assim, a palavra de ordem que ele pronunciava, e que tem um caráter paradoxal, era: "Aprendam a ser de novo espontâneos!".

Experiências da ação

Sabemos que cada uma de nossas ações deveria ser longamente amadurecida, profundamente preparada (exceto as que dizem respeito a nossas rotinas cotidianas), levando em conta o conjunto dos parâmetros no qual se situam (ou, pelo menos, o maior número possível deles, pois Herbert Simon, sociólogo e economista, Prêmio Nobel de Economia, nos fez compreender que é impossível pensar e classificar todos os parâmetros e que, portanto, só podemos pôr em prática uma "racionalidade limitada"). Devemos a seguir examinar como essa ação é executada por nós e por nossos colaboradores, e estudar a totalidade das consequências previstas e não previstas que ela engendra. Somente quando a ação é levada a cabo é que poderemos dizer que ela comporta resultados benéficos, renová-la em todos os casos análogos ou, ao contrário, corrigi-la, se as consequências imprevistas e desfavoráveis forem mais numerosas e mais perniciosas que as consequências previstas e favoráveis.

Essa é a teoria da ação racional. O único problema é que tal modo de ação, por benéfico que seja, é difícil de pôr em prática na maior parte dos casos. As razões disso são várias.

1) Temos de decidir na urgência e não há tempo de considerar todos os parâmetros, todas as soluções possíveis, antecipar todas as consequências.

2) Temos tempo de refletir, mas temos múltiplos conselheiros com opiniões diferentes e que buscam todos nos influenciar. Assim será pre-

ciso arbitrar entre esses sistemas de referência sem saber previamente o resultado. Foi o que aconteceu a J. F. Kennedy quando teve de tomar sua decisão relativa aos mísseis soviéticos em Cuba. Decisão que teve, felizmente, consequências benéficas para todos nós.

3) O problema a tratar é tão novo e tão difícil que é preciso reunir um grupo de pesquisa operacional composto de muitos *experts* diferentes. O problema torna-se então o da condução do grupo. Há necessidade de um animador que ao mesmo tempo saiba compreender suficientemente a maneira de pensar de cada um, conheça os princípios das disciplinas reunidas, seja capaz de fazer esse grupo trabalhar em comum para que cada um evolua em sua maneira de pensar e, naturalmente, que seja neutro para animar o debate. Todos esses elementos são necessários para o êxito. Foi assim que se comportou o grupo que organizou a operação "Overlord" (o desembarque na Normandia em 1944) ou o menos conhecido, mas muito eficaz, "Círculo de Metodologia de Moscou" [que funcionou de 1954 a 1989].

Nesse caso, o animador do grupo deve não só ter todas as qualidades enunciadas, mas tanto ele como o restante do grupo devem ser capazes de questionar as opiniões, os argumentos propostos, confrontando-os uns com os outros, e sobretudo saber desligar-se de sua própria maneira de pensar para se abrir a outros modos de reflexão. Todos, em suma, devem ser capazes de reflexividade, isto é, da capacidade de questionar os princípios do seu próprio pensamento (como Descartes antes de chegar a pronunciar o *Cogito*) e de desempenhar assim o papel do "gênio do mal" destruidor (do adversário), de interrogar o paradigma ao qual adere e que deve abandonar se quiser que o problema encontre uma solução. Enfim, todos devem compreender que seu saber prévio não só não lhes serve para nada, mas também é um obstáculo a uma melhor compreensão e a uma boa solução do problema.

4) O *real* a que se deve responder é tão novo, tão *enigmático*, que não sabemos identificar o problema; somos mesmo incapazes de perceber seus *germes*, tão tênues e tão inesperados que somente alguns gênios (e olhe lá!) conseguem ter uma ideia vaga a respeito. Não esqueçamos que o *enigma* é precisamente o que desconcerta, o que desmonta, o que nos deixa como crianças amedrontadas e que sem sempre deve ser resolvido. Tudo o que não corresponde aos nossos modos de pensamento, à

nossa episteme (Foucault), ao nosso "imaginário social" (Castoriadis), nos é, por muito tempo, totalmente opaco. Não encontramos a porta de entrada. Há assim problemas que só podemos identificar muito tempo depois que começaram a ser entrevistos. Acrescentemos também que há dificuldades que nos parecem tão benignas que não as vemos ou que não provocam nosso interesse, e que, portanto, não tratamos. Foi o caso da pequena fenda na fuselagem da nave americana *Challenger*, que explodiu pouco após sua partida, ou da sensibilidade das sondas Pitot ao gel em alta altitude, que desnorteou a tripulação do Airbus no voo Rio-Paris e provocou sua queda.

5) Muitas decisões são tomadas também de maneira intuitiva ou após alguém ter sonhado, imaginado ou construído uma espécie de "Lego", mesmo se temos dificuldade de reconhecer isso. Foi o caso da estrutura atômica elaborada por Kekulé, e da estrutura "helicoidal" do DNA, por Crick e Watson.

6) Enfim, algumas questões que nos afetam diretamente não podem de modo algum ser objeto de cálculo racional. Apaixonar-se, sentir amizade ou antipatia, escolher o cônjuge são coisas que excedem todo cálculo, ainda que alguns pesquisadores tentem quantificar esses problemas inquantificáveis.

É por isso que, num mundo hipercomplexo, devemos ser humildes, conscientes de que alguns problemas vão além de nós ou de que só podemos tratá-los *de maneira aproximativa*, e ser capazes de nos interrogar, abrir mão de nossas certezas e estar constantemente abertos à novidade. O homem não foi feito para viver feliz, mas para correr riscos, com a esperança de não se enganar, o que não é o caso mais frequente quando se trata de problemas humanos e sociais.

Assim devemos admitir que a vida é o campo e o tempo de experiências a cada vez únicas, específicas, mas sempre ligadas (muitas vezes mascaradas, ocultadas, recalcadas, reprimidas) umas às outras. Por isso devemos adotar o ponto de vista das "ciências diagonais" (Roger Caillois), que procuram mostrar as correspondências que podem existir entre fenômenos em princípio muito afastados (por exemplo, entre uma lei que permite o aborto e o número de crimes nos Estados Unidos, como sublinharam Steven David Levitt e Stephen J. Dubner) ou que entram em ressonância entre si (como o número de suicídios numa empresa e a rapidez da rotatividade do pessoal empregado). É o que nos permitirá, respeitando a especificidade dos casos, não enunciar leis, mas pelo menos evidenciar regularidades que poderão servir de balizas ou pontos de referência. Devemos também questionar todas as tradições, todas as interdições, e ser capazes, se necessário, de transgredi-las. Lembremos a frase famosa do grande sociólogo Marcel Mauss: "Os tabus são feitos para serem quebrados". Significa que os tabus (as interdições) só existem por um tempo e, se favorecem durante certo período uma vida mais ou menos harmoniosa de um conjunto social, eles também pesam, pois impedem a expressão de pulsões e desejos geralmente legítimos, devendo assim um dia desaparecer.

O homem não é um ser amorfo e mediano. É um grande transgressor. Se nossos ancestrais tivessem sido inertes, ainda estaríamos, certamente, na Idade da Pedra.

Assim a vida (e não a existência) é uma construção contínua de nós mesmos, de nosso pensamento, de nossa ação, das obras que edificamos e que, em troca, nos modificam, bem como de nossas relações com outrem.

O essencial não reside no resultado, ainda que este seja importante, mas no ou nos métodos e meios escolhidos por nossa reflexão, ao mesmo tempo racional e imaginativa, para chegar a eles. Paul Valéry sublinhou a importância do método para Leonardo da Vinci, para quem a pintura era uma *"cosa mentale"* ("um produto do espírito"). É evidente para todos nós que um pintor pode ser um excelente técnico, mas, se nada do seu pensamento, de suas hesitações e de suas dúvidas passasse em sua pintura, ele não nos emocionaria e não seria um grande pintor. Picasso dizia, justamente: "Eu não me interessaria pelas 'maças de Cézanne' se não sentisse a angústia que há por trás".

Certamente o programa que proponho não é fácil de seguir nas sociedades da nossa modernidade avançada, que prega um programa contrário a ele. Em nossas sociedades, a experiência aparece cada vez mais como um resíduo obsoleto e inutilizável; o tempo da reflexão e da análise penetrante, do questionamento, da invenção de novos paradigmas é substituído pelas decisões a tomar de maneira urgente, e que logo serão anuladas por outras consideradas também urgentes e pertinentes; as convicções fortes cedem o lugar à sedução, à manipulação, à corrupção. As mentiras, a hipocrisia e o disfarce tornam-se moeda corrente. A economia de mercado dá origem a uma sociedade de mercado, em que o capital financeiro dita sua lei e transforma todas as relações sociais em relações monetárias. Tudo vive sob o reinado do efêmero: tanto as empresas como o amor.

No entanto, se quisermos que nosso mundo seja ainda o campo do espírito que trabalha duramente e nunca está contente consigo mesmo (os grandes artistas, como os grandes pensadores, nunca estiveram totalmente satisfeitos com o que fizeram), como escreveu Valéry, se quisermos que seja ainda o campo do espírito que dança, isto é, que inventa, como pensava Nietzsche, então devemos resistir às tendências pesadas da nossa sociedade e tomar "o lado mais abrupto da encosta", como diz Castoriadis. Não pelo prazer da transgressão, mas porque pensamos (e são cada vez mais os que pensam assim) que o mundo atual sofre de loucura e marcha tranquilamente para a catástrofe. Os austríacos, antes da Primeira Guerra Mundial, tiveram a presciência de que o século xx seria um século catastrófico, mas não viam como deter a marcha para o abismo. Eles caracterizaram o período que viviam de "Apocalipse alegre".

Se não quisermos que o século xxi seja ainda pior que o século xx, devemos reagir à pressão, à uniformidade que nos faz conformistas e cegos, aos paradoxos que nos sufocam, do tipo: como ser um indivíduo autônomo, portanto um verdadeiro sujeito, num contexto em que a originalidade verdadeira é rejeitada. Devemos assim passar o tempo que nos é dado lutando contra um mar enfurecido, comportando-nos como um "barco bêbado" (Rimbaud) com o risco de naufragar, de nunca chegar a bom porto. Isso exige *coragem*. É o que Wittgenstein recomenda, pois um homem, para ser um verdadeiro sujeito, isto é, um ser "insubstituível", só pode ser corajoso. Viver assim é naturalmente difícil e nem sempre gratificante. Quem busca compreender o funcionamento real da sociedade é geralmente marginalizado. Mas o título de glória do homem é querer, *apesar de tudo*, ser digno do pensamento e da palavra que o fizeram sair da animalidade e da submissão aos instintos. Baudelaire dizia: "Que coisa extraordinária um homem ser um homem!". Ele tinha razão. Não devemos desiludi-lo e insultar um futuro que só pode ser o produto de nosso pensamento e de nossos atos.

O medo do acaso
Newton Bignotto

No dia 10 de março de 1937 morreu em Paris o escritor russo Eugênio Zamiatine. A solidão e a pobreza em que se encontrava podem sugerir que se tratava de mais um dos membros da *intelligentsia* russa que, desgostoso com a Revolução de 1917, havia tomado o caminho do exílio. Zamiatine, nascido em Lebedian em 1887, havia sido, ao contrário, um adepto da Revolução e mesmo um militante bolchevique, o que lhe valeu a prisão em 1905. Formado em engenharia e matemática, foi com olhos esperançosos no futuro que ele viu os acontecimentos de 1917 varrerem a paisagem política e social da Rússia. Antes dessa data, ele já havia feito sua estreia na literatura com textos que satirizavam tanto o puritanismo inglês – fruto de sua estada como engenheiro naval na Inglaterra –, como a vida no exército russo, o que lhe valeu mais um processo em 1914. Sua vida, portanto, estava muito mais próxima daquela de muitos intelectuais que se entusiasmaram com o fim da monarquia russa do que do destino dos que seguiram para o estrangeiro com a destruição do mundo de privilégios que caracterizara a sociedade russa. Nos anos que sucederam à Revolução, Zamiatine se ligou ao grande poeta Blok, a Biély e, sobretudo, a Gorki, que anos mais tarde, quando ele era objeto de uma forte campanha difamatória, o ajudou a obter o visto que lhe permitiria chegar a Paris como exilado[1].

---

1. As informações referentes à vida do escritor foram retiradas do verbete "Zamiatine", escrito por Claude Kastler para a *Encyclopaedia Universalis*, versão digital, 2007.

Zamiatine fez parte de uma brilhante geração de escritores russos que, tendo saudado as transformações pelas quais passava seu país, cedo compreendeu que o futuro que ali se construía pouco tinha a ver com os ideais que tinham levado à militância política nas duas primeiras décadas do século xx. Em 1922, começaram a circular discretamente em seu país algumas cópias manuscritas de um livro – *Nós*[2]–, que seria proibido pelas décadas seguintes. Tratava-se de seu romance mais importante, que influenciaria de forma decisiva autores que, como George Orwell, também se preocuparam em imaginar o futuro que se desenhava nas sociedades contemporâneas afetadas tanto pelos eventos revolucionários como pelo desenvolvimento das ciências e das técnicas.

O livro de Zamiatine se passa num futuro distante, depois de uma guerra de duzentos anos, que a seu final isolou, por meio de um "muro verde", as populações urbanas do caos representado pela natureza selvagem em cidades especiais, construídas de vidro e concreto. O personagem principal, que como todos os outros é identificado apenas por um número, R-503, é o construtor de um engenho espacial chamado *Integral*, cuja função é a de conquistar os espaços infinitos, para "submeter ao jugo benfazejo da razão todos os seres desconhecidos, habitantes de outros planetas, que se encontram talvez ainda no estado selvagem da liberdade"[3].

Desde o início do romance fica claro que a vida regrada da cidade contrastava como o que fora o tecido urbano no começo do século xx, com seus bulevares "cheios de gente, de rodas, de animais, de cartazes, de árvores, de cores, de pássaros..."[4]. O personagem, em deslumbramento com seu tempo, que o levava a exclamar: "Que regularidade grandiosa e inflexível"[5], estranhava o fato de que mesmo pensadores como Kant não haviam conseguido "estabelecer um sistema de ética científica, baseado em operações aritméticas"[6]. Para ele, "o ideal, é claro, só será atingido quando nada mais acontecer. Infelizmente... Vejam, por exemplo, eu li hoje no *Jornal Nacional* que a festa da justiça será celebrada em dois dias,

2. Eugène Zamiatine, *Nous autres*, Paris: Gallimard, 1971.
3. Idem, ibidem, p. 15.
4. Idem, ibidem, p. 20.
5. Idem, ibidem, p. 31.
6. Idem, ibidem, p. 27.

na praça do Cubo. Alguém atrapalhou a marcha da grande Máquina do Estado, um acontecimento imprevisível, incalculável aconteceu!"[7].

De que tem medo o construtor de uma máquina destinada a conquistar o universo? R-503 tem acesso às mais sofisticadas teorias científicas, mas parece o tempo todo temer algo que ele mesmo não sabe nomear. É verdade que no romance de Zamiatine o aparecimento de I-330, uma bela mulher que exporá nosso cientista aos perigos do amor, e mais tarde da sedição, quando o levará a contestar e a quase trair o Benfeitor, ocupa um lugar importante e decisivo. Mas é sobre um fundo contínuo de medo que a experiência amorosa e política de R-503 se desenvolve. Esse medo de que algo ocorra, que o mundo se abra ao inesperado, contém uma das chaves para a compreensão do romance, mas, sobretudo, de nosso próprio tempo.

MEDO E NATUREZA HUMANA

O homem é um animal que teme. Baseado nisso Hobbes tentou pensar a construção do Estado como uma resposta a esse dado da natureza. Para ele, o medo, principalmente da morte, está na raiz de nossos comportamentos básicos, e somente uma estrutura de poder que leve em conta esse dado é capaz de arrancar-nos da condição deplorável na qual estamos imersos no estado natural. Tememos todos e somos temidos, e isso cria uma situação sem saída para nossas vidas miseráveis[8]. O Estado em sua forma hobbesiana não extingue o medo, mas submete-o à razão e permite que façamos escolhas que nos liberem do sentimento constante de que nossas vidas estão ameaçadas. É tentador pensar que o medo é a paixão primeira dos homens e que, se o compreendermos, estaremos perto de entender não apenas a natureza do homem, mas também a origem das sociedades. Esse caminho foi seguido pela filosofia no começo da modernidade e depois pela psicologia em várias de suas correntes. Sem negar que se trata de uma abordagem rica e fecunda, pretendemos seguir aqui um caminho um pouco mais nuançado.

7. Idem, ibidem, p. 36.
8. Sobre o tema do medo em Hobbes, ver Renato Janine Ribeiro, *Ao leitor sem medo – Hobbes escrevendo contra seu tempo*, Belo Horizonte: UFMG, 1999.

Se o medo está ancorado na própria natureza humana, podemos também dizer, na esteira dos trabalhos de Jean Delumeau, que ele possui uma história e que ela nos fala das épocas e dos lugares tanto quanto do próprio homem[9]. Tememos a morte, mas não a tememos sempre da mesma maneira, e isso nos ensina tanto sobre nossa condição quanto sobre nossas sociedades. Como nos alerta o historiador, não se trata de tentar reduzir as épocas apenas a seus medos[10]. Isso seria fazer má história em nome de uma metafísica fundada na ideia da morte e no medo da finitude. Essa última pode até ganhar corpo no interior de uma filosofia da existência, mas, ainda assim, ela não substituiria uma investigação da forma como os medos de uma época são plasmados pelas forças sociais e econômicas, pelos saberes e pelo imaginário religioso.

Descobrir os medos de uma época é, portanto, um dos caminhos para ampliar sua compreensão. Podemos entender essa sugestão se olharmos, por exemplo, o papel que o medo da peste negra teve na Europa desde o final da Idade Média até o século xix. Uma das maiores obras da literatura italiana, o *Decamerão*, teve sua origem no grande medo que varreu a cidade de Florença com a eclosão de peste em 1348, doença que dizimaria a população da cidade que, então, devia contar com algo próximo de 55 mil habitantes[11]. Logo no início ele declara: "Na cidade de Florença, nenhuma prevenção foi válida, nem valeu a pena qualquer providência dos homens. A praga, a despeito de tudo, começou a mostrar, quase ao principiar a primavera do ano referido, de modo horripilante e de maneira milagrosa, os seus efeitos"[12]. Boccaccio passa em seguida a descrever de maneira minuciosa não apenas os sintomas da doença, mas também o comportamento dos habitantes da cidade. Marcada pelo medo, ela viu nascer em seu seio um grupo que o escritor chamou de "exclusivista", "pessoas que julgavam que o viver com moderação e o evitar qualquer superfluidade muito ajudava para se resistir ao mal"[13]. No polo oposto, relata o escritor: "Outras pessoas, levadas a uma opinião diversa desta, declaravam que, para tão imenso mal, eram remédios eficazes o beber

---

9. Jean Delumeau, *La peur en Occident*, Paris: Fayard, 1978.
10. Idem, ibidem, p. 13.
11. Idem, ibidem, p. 135.
12. Giovanni Boccaccio, *Decamerão*, trad. Torrieri Guimarães, São Paulo: Abril, 1979., v. i, p. ii.
13. Idem, ibidem, p. 13.

abundantemente, o gozar com intensidade, o ir cantando de uma parte a outra, o divertir-se de todas as maneiras, o satisfazer o apetite fosse de que coisa fosse, e o rir e troçar do que acontecesse, ou pudesse suceder"[14].

A eclosão do grande medo não apenas revelou a insegurança reinante, a crença na incapacidade humana de deter a natureza e a ira de Deus, mas também dissolveu os laços existentes, abrindo espaço para comportamentos que de outra forma nunca veriam o dia. "Entre tanta aflição e tanta miséria de nossa cidade, a reverenda autoridade das leis, quer divinas, quer humanas, desmoronara e dissolvera-se"[15]. O grande escritor italiano não se atreve a dizer quais eram as razões para o surgimento da peste, mas compreende perfeitamente seus efeitos na comunidade dos homens. O medo transforma não somente a psique, mas também os comportamentos coletivos. Esse fenômeno esteve longe de estar associado unicamente às epidemias de peste negra. Como mostra de forma muito detalhada Jean Delumeau, a história europeia do século XIV até o XVIII foi marcada pela irrupção de medos que abalaram profundamente as diversas nações. Ora, o medo de uma época revela não apenas a percepção que ela tem do presente, mas também como enxerga o futuro. Os laços temporais são tecidos pelos fatos e pela imaginação. O medo da morte, ou do desconhecido, ou da diferença são todos fatores que constituem o rosto de um momento e a maneira que a comunidade dos homens vê a si mesma no futuro.

No tocante ao medo que nos interessa – o medo do acaso –, foi o desenvolvimento das ciências no começo da modernidade, e o posterior surgimento na contemporaneidade das sociedades tecnológicas, que o trouxe para o centro da cena pública. O que sustentamos é que ele é o retrato e o espelho de nossas sociedades. Sua presença no tecido social conforma nossa visão do presente e turva nossa percepção do futuro. É claro que podemos dizer que todos os medos de todas as épocas impactam a percepção do futuro. Por isso acreditamos que conhecer os medos que nos dominam ajuda-nos a entender o tempo presente e suas mutações. O medo do acaso abre a via para a compreensão das profundas transformações pelas quais passaram as sociedades industriais nas últimas

14. Idem, ibidem, p. 13.
15. Idem, ibidem, p. 13.

décadas e da maneira com que elas passaram a lidar com os artefatos e comportamentos que as definiram como produtos de uma era na qual o futuro não é mais o que era.

O HOMEM EM FACE DA CONTINGÊNCIA

Para compreender a natureza desse medo e seus efeitos em nossas vidas, vale a pena recuar no tempo e investigar como ele veio a superar, na imaginação dos povos medos, como os da peste, ou das feiticeiras, que por muito tempo galvanizaram a atenção do Ocidente.

Pierre Aubenque, num livro clássico sobre a prudência em Aristóteles, mostrou que para esse pensador era impossível desprezar o domínio do contingente quando se quer compreender as ações humanas[16]. Em sua linguagem, o contingente é o que se opõe ao necessário e, por isso, não pode ser matéria do conhecimento teórico, que lida apenas com as coisas que não podem ser diferentes do que são. Como resume o estudioso: "Agir e produzir é de alguma forma se inserir na ordem do mundo para modificá-la; é, pois, supor que ele, uma vez que oferece essa possibilidade, comporta um certo jogo, uma certa indeterminação, um certo inacabamento"[17]. Por isso, completa Aubenque, no pensamento aristotélico "o caso da ação não difere fundamentalmente daquele da produção: ambos só são possíveis no horizonte da contingência"[18]. Aristóteles, ele mesmo, diz algo ainda mais radical: "A arte ama o acaso e o acaso ama a arte", afirma citando um dito de Agatão[19]. Devemos ter cuidado para não identificar sempre acaso e contingência. O pensador grego, em vários de seus textos, procurou entender a natureza do acaso, a ponto de se interrogar se ele não seria apenas uma face do real, que os homens não conseguem apreender e que os ameaça e irrita. A natureza parece oferecer uma série de eventos dos quais conhecemos as causas e que, por essa razão, se tornam compreensíveis pela razão. Afirmar que há fatos que não podem ser remetidos a uma causa precisa não corresponde a afirmar que

---

16. Pierre Aubenque, *La prudence chez Aristote*, Paris: PUF, 1986.
17. Idem, ibidem, p. 66.
18. Idem, ibidem, p. 68.
19. Aristote. *Ethique à Nicomaque*. VI, 4, 1140 a 17, apud Pierre Aubenque, *La prudence chez Aristote*, op. cit., p. 68.

o mundo é povoado por mistérios insondáveis. Como mostra Aubenque, no pensamento Aristotélico, o acaso se define "pelo encontro, não de duas séries causais, mas de uma relação de causalidade qualquer e de um interesse humano, ou ainda do encontro de uma série causal real dotada de certa finalidade e de uma finalidade imaginária da maneira que ela poderia ser reconstruída retrospectivamente depois de um resultado"[20].

A filosofia de Aristóteles é cheia de nuances, quando se trata de abordar o problema do acaso. Não nos interessa seguir o trajeto complexo de suas reflexões. Para nós, importa lembrar que o acaso explicita o fato de que uma intervenção do homem no mundo abre as portas para o indeterminado. Nesse sentido, a existência do acaso implica, na lógica do pensamento do filósofo grego, que um mundo como o sonhado pelo personagem de Zamiatine é simplesmente impossível. Esse mundo seria de fato um mundo da ordem e da transparência, um mundo da pura ciência, mas, por isso mesmo, seria um mundo sem arte e sem lugar para a ação criativa dos homens[21]. Não é por acaso que a grande vilã da história do escritor russo é a imaginação e seus produtos. Na medida em que os homens quebram a ordem dos acontecimentos acreditando que poderiam existir de outra forma, eles se expõem a uma realidade que não mais controlam. Isso não quer dizer que todos os mundos são possíveis. A contingência do futuro não suprime as leis da natureza nem rompe inteiramente os fios que unem o passado, o presente e o futuro. A ação humana existe ao mesmo tempo sobre um fundo de contingência e de causalidade. A dimensão ontológica do acaso vai de par com uma antropologia que problematiza a relação dos homens com a natureza e com a liberdade. Fôssemos, como deseja R-503, apenas fruto da natureza e da ciência, talvez nem mesmo colocássemos o problema do acaso e não o temeríamos, apenas viveríamos como vivem as coisas inertes: sem dor e sem busca da felicidade.

Desde a Antiguidade a filosofia procurou lidar com a questão da contingência e do acaso. Os estoicos acreditavam que o sábio é aquele que compreende a necessidade do mundo e por ela se orienta. Em seu estágio máximo de sabedoria, ele aceita as coisas não porque elas são

20. Idem, ibidem, p. 76.
21. Idem, ibidem, p. 68.

boas ou ruins para ele, mas porque seguem um caminho que não pode ser mudado. O que alguns intérpretes chamaram de submissão ao destino é no fundo uma submissão ao *logos* e à natureza. Podemos agir, e devemos agir, na cidade, mas nada disso muda o curso final dos acontecimentos. A contemplação é o modo de vida perfeito não porque toda ação seja inútil, quando olhada do ponto de vista dos acontecimentos particulares, mas porque nada pode quebrar a trama causal do universo. Por vários caminhos, o cristianismo herdou essa tópica do mundo antigo – que já estava presente em Aristóteles –, afirmando que o homem contemplativo é superior ao homem de ação, porque sabe buscar as verdades eternas ao mesmo tempo em que reconhece na providência divina a fonte de eventos, que, de outra maneira, parecem desafiar a compreensão humana.

Ao lado desse caminho que desemboca na obra de Agostinho, e forja uma das tópicas teóricas mais influentes da Antiguidade tardia e da Idade Média cristã, os romanos procuraram entender os sucessivos golpes que o passar do tempo nos reserva atribuindo à deusa Fortuna a origem daquilo que escapa a toda previsão. Essa maneira de compreender o surgimento do inesperado, a presença do acaso no mundo dos homens, teve uma faceta popular, ao dar origem a um culto à deusa, mas também uma face erudita, pois fez parte de muitas filosofias da Antiguidade até o Renascimento. Maquiavel ainda ecoa esses debates, quando afirma quase no final de *O Príncipe* que o livre-arbítrio governa metade de nossas ações e que a outra metade é governada pela *fortuna*[22]. Com isso, ele pretendia compreender por que em certas situações os homens são capazes de dominar as circunstâncias e atingir seus objetivos, e em outras são derrotados mesmo quando pareciam seguros de sua força.

A referência a Maquiavel serve para nos lembrar o quão complexo é o debate sobre a questão do acaso e da contingência no interior da história da filosofia. Ele evoca, por exemplo, a herança medieval ao falar do livre-arbítrio, o conceito cristão que aponta para a liberdade como algo interior, um fato da consciência, que pode escolher o que quiser, sem prestar contas a ninguém. Na tópica agostiniana, que dominou boa parte da Idade Média, a constatação da liberdade da consciência vai de par com

---

22. Niccolò Machiavelli, *Il Principe*, Turim: Eunaudi-Gallimard, 1997, v. i, p. 187 (*Opere*).

a afirmação da providência divina como uma força determinante no rumo dos acontecimentos humanos. Assim, o homem é ao mesmo tempo livre e submisso a Deus. O secretário florentino inovou por ter combinado a menção ao livre-arbítrio com a ideia da *fortuna*, a deusa caprichosa que interfere na vida dos homens, mas não revela suas intenções. Se para um cristão os desígnios da providência divina podem parecer misteriosos, nada permite supor que eles sejam contrários à razão. Na disputa entre a liberdade e a vontade divina, o que se ressalta é antes a limitação da condição humana e nunca a irracionalidade da vontade divina. No caso de Maquiavel, também fica evidenciada a limitação dos homens para lidar com o fluxo dos acontecimentos, mas nada permite supor que a *fortuna* tenha um propósito determinado. O apelo à imagem romana serve para mostrar que o domínio da ação está sempre aberto à indeterminação e ao acaso, o que termina por afastar Maquiavel da herança cristã que tanto influenciava os homens de seu tempo.

Seria impossível fazer uma síntese de todos os percursos possíveis para tratar do problema da contingência ou do acaso ao longo dos séculos. Como vimos, as diversas tradições de pensamento se interpenetram e acabam gerando um conjunto extremamente variado de teorias a respeito do problema que nos interessa. De forma esquemática, podemos dizer que pelo menos três elementos foram mobilizados com frequência pelas diversas correntes de pensamento que se ocuparam do tema da contingência ou do acaso: a natureza, a liberdade e Deus[23]. No caso da natureza, o que importa saber é se as leis que a regem comportam exceções ou se, ao contrário, quando algo acontece e não sabemos encontrar as razões que explicam o fato, isso revela a fraqueza de nosso intelecto, nossas limitações e não uma falha na estrutura causal do mundo. Em outra direção, que nos interessa de forma particular, podemos associar a contingência à liberdade dos homens. Trata-se, no entanto, na esteira do que dizia Maquiavel – e que em certa medida se relaciona com as reflexões de Aristóteles –, de mostrar que a ação humana rompe a cadência da natureza não por se opor a ela, mas por produzir, pela combinação de eventos que não se relacionam naturalmente, algo novo e inesperado. Essa característica

---

23. Retomamos aqui uma observação feita por Bertrand Saint-Sernin no verbete "Contingence", da *Encyclopaedia Universalis*, versão digital, 2007.

humana, Hannah Arendt chamou de natalidade. A ela a filósofa associou diretamente a liberdade e a possibilidade de reconstruirmos o mundo mesmo quando ele parece arruinado para sempre[24].

Até aqui nos referimos à contingência e ao acaso quase de forma indiferenciada. De fato, muitos filósofos o fazem entendendo que são maneiras diferentes de abordar o problema dos acontecimentos que escapam à nossa compreensão ou que constituem o futuro. Como nosso interesse é medo do acaso e não o problema filosófico da contingência e sua oposição à necessidade, vamos a partir de agora deixar de lado as formulações mais abstratas da questão da contingência para nos concentrar no acaso, pensado como uma sequência de acontecimentos cujo nexo causal nos escapa. Num certo sentido, os homens sempre tiveram medo do acaso, pois sempre temeram o desconhecido. A novidade de nossa época não está, portanto, no temor à *fortuna* ou à ira de Deus, que por vezes nos parece enigmática, como pareceu para Boccaccio. O que emergiu com a modernidade foi o medo do acaso, num contexto no qual ele parecia poder ser superado pelo avanço das ciências, em particular pelo avanço das matemáticas e do cálculo, que tanto prazer dava ao personagem de Zamiatine. Essa crença na possibilidade de se superar para sempre o desconhecido parece ter nascido quando, no começo da modernidade, o cálculo de probabilidades ocupou um lugar central no desenvolvimento da ciência.

A VIRADA MODERNA

Pascal, numa carta datada de 1654 e endereçada à Academia Parisiense, afirma que até aquela data a questão de saber como deveriam se comportar os jogadores em jogos de azar, para que corressem o menor risco possível e evitassem as perdas, fora tratada como um problema da experiência e, por isso, não encontrara uma solução adequada. Nos anos anteriores, ele havia trocado cartas com Pierre de Fermat (1601--1655) sobre a questão e chegara a várias conclusões que, a justo título, fariam dele um dos fundadores do cálculo de probabilidades. Na carta referida, ele exclama:

---

24. Hannah Arendt, *Origens do totalitarismo*, São Paulo: Companhia das Letras, 1998, p. 531.

De fato, os resultados da sorte ambígua são justamente atribuídos à contingência fortuita mais do que à necessidade natural. Eis por que a questão ficou sem solução até hoje; mas agora, tendo permanecido rebelde à experiência, ela não pode escapar ao império da razão. Graças à geometria, nós a reduzimos com tanta segurança a uma arte exata, que ela participa de sua certeza e progride de forma audaciosa. Assim, unindo o rigor das demonstrações da ciência à incerteza do acaso e conciliando essas coisas aparentemente contraditórias, ela pode, retirando seu nome das duas, se arrogar o nome surpreendente de *A geometria do acaso*[25].

Desde o início da investigação sobre a teoria das probabilidades, ficou claro que não se pode tratar de forma indistinta o problema em sua dimensão matemática, aquela na qual todos os elementos do problema são passíveis de ser isolados em sua simplicidade lógica, e o problema em sua dimensão empírica, quando constatamos o surgimento de efeitos surpreendentes e fora do que se pode calcular de forma simples. No primeiro caso, podemos falar apenas de probabilidade matemática, como no caso do exame dos jogos como a roleta ou do jogo de dados. O problema do acaso se torna complexo quando se trata de compreender como um determinado evento social, ou mesmo pessoal, foi possível, quando nada indicava anteriormente que ele poderia ocorrer. Nesse caso surgem várias possibilidades de análise; uma delas, sugerida por Augustin Cournot (1801-1877), é a de que todos os acontecimentos resultam do cruzamento de "pequenos mundos", que podem ou não estar em contato. Para ele, todo evento possui certa individualidade, o que faz que a realidade natural não possa ser pensada como um absoluto, mas sim como uma formação de acontecimentos, que muitas vezes são o produto de realidades, que em geral existem de forma paralela. Não há lugar para mistérios, mas também não podemos acreditar num mundo da pura necessidade[26]. De certa maneira, o acaso, constatado no mundo empírico, é o que nos desafia até hoje e é o que suscitou um grande número de teorias e de controvérsias.

---

25. Pascal, *Adresse à L'Académie Parisienne*, Paris: Seuil, 1963, p. 102-103 (*Oeuvres complètes*).
26. A. A. Cournot, *Essai sur les fondemenst de nos connaissances et sur les caractères de la critique philosophique*, Paris: J. Vrin, 1975.

Voltando às origens da discussão no começo da modernidade, vale lembrar que, naquele mesmo ano de 1654, Pascal passaria por uma conversão religiosa, a segunda de sua vida, que o levaria a investigar outros assuntos e a se interessar pela condição humana e suas misérias muito mais do que pela matemática e pela "geometria do acaso". Escrevendo em 1660 ao mesmo Fermat, com quem se correspondera anos antes sobre o cálculo de probabilidades e o acaso, ele afirma:

> Pois, para falar-vos francamente da geometria, eu a reputo o mais alto exercício do espírito, mas, ao mesmo tempo, eu a acho tão inútil, que faço pouca diferença entre um homem que é somente um geômetra e um artesão hábil. Eu a chamo de mais bela profissão do mundo, mas, enfim, não é mais do que uma profissão; e eu digo com frequência que ela é boa para experimentar, mas não para guiar nossas forças: de maneira que eu não daria dois passos pela geometria[27].

O filósofo não desmente seu interesse anterior pela matemática e os resultados que alcançara, mas, ao colocar na balança o conjunto das atividades que dominaram sua vida, ele não reserva às suas considerações sobre o acaso um lugar especial no desafio de compreender a natureza humana e suas situações. O fundador do cálculo de probabilidades viu nisso um instrumento limitado, apesar de sua beleza intrínseca e do fato que tornava possível a solução de problemas que antes escapavam à compreensão dos homens. Mas, como ele mesmo afirma, um cálculo é apenas um cálculo, a vida e seus mistérios é algo muito maior e complexo.

A modernidade parece ter escutado a carta de 1654, mas não acompanhou as reflexões nuançadas e instigantes do filósofo sobre a condição humana. Tudo se passa como se a tentativa da matemática de dominar o acaso por meio do cálculo de probabilidades pudesse ser estendida a toda a esfera da existência. Já não se trata mais de discernir, em processos que comportam acontecimentos aleatórios, a conexão possível entre suas partes constitutivas, mas de erigir um mundo no qual a coerência das partes é a garantia da integridade da totalidade. As ciências sociais, desde o século XVIII, com os estudos de Condorcet sobre a mecânica dos votos, passaram

---

27. Pascal, *Lettre a Fermat*, de Bienassis, le 10 août 1660, *Oeuvres complètes*, p. 282.

a se servir dos instrumentos da matemática para alargar sua compreensão do funcionamento das sociedades complexas[28]. Isso deu origem a desenvolvimentos importantes nas ciências humanas cujos reflexos chegam até nós. O que importa, no entanto, não é fazer uma crítica das ciências, mas entender como em sua esteira se desenvolveram ideologias que estariam no centro das experiências trágicas da política no século xx. Se no plano das ciências o debate sobre o acaso se tornou ainda mais intenso com o surgimento, por exemplo, da mecânica quântica, no plano das ideias e das visões de mundo que inundaram os últimos dois séculos o acaso passou a representar um perigo, uma ameaça ao mundo que parecia poder ser construído depois que o domínio da natureza pelo homem tornou-se o programa central da modernidade ocidental. Do esforço para entender os eventos aleatórios e dos avanços feitos pela matemática nasceu a crença de que é possível extirpar o acaso para sempre de nossas vidas.

Hannah Arendt soube como poucos ver como o medo do acaso, que aos poucos ocupou o centro das preocupações do homem contemporâneo, foi solidário com o surgimento das sociedades de massa e, depois, dos regimes totalitários. Em sua obra *Origens do totalitarismo*, ela observa que a propaganda, ferramenta indispensável para se chegar ao poder, foi o instrumento central para a consolidação de um novo tipo de regime político, que não podia mais ser compreendido com os conceitos que até então guiavam as análises da filosofia e da ciência política. Um dos pilares dessas formações políticas é a ideia de que o mundo pode ser compreendido em toda sua extensão, bastando para isso que sejam descobertas as maquinações e os complôs urdidos todos os dias com o propósito de esconder da população os fatos que, uma vez revelados, mudariam sua percepção da realidade.

A propaganda é assim ao mesmo tempo baseada em mistérios, que não são facilmente perceptíveis pelo homem comum, e no desvendamento de seus ocultadores, o que por si só parece garantir-lhe a existência. Um exemplo desse tipo de combinação de ocultamento e revelação são os chamados *Protocolos dos sábios de Sião*. Como muitos sabiam, eles eram um documento falso, produzido pela polícia czarista russa para acusar os judeus de terem se reunido numa organização secreta para dominar o

---

28. Condorcet, *Mathématique et société*, Paris: Hermann, 1974.

mundo. Muitos sabiam que o documento era apenas uma grosseira falsificação produzida para fins de combate político. Por que então pôde servir de forma tão eficaz para a propaganda antissemita nazista? A resposta não se encontra na impossibilidade de desmascarar aqueles que deles se serviam, mas no fato de que eles contavam uma história que aparentemente era mais verdadeira que seu contrário. A propaganda totalitária inverte a ordem das coisas fazendo da coerência aparente da narrativa o critério último da verdade. Não se trata da coerência dos fatos, nem de sua exposição objetiva, mas da união entre uma visão de mundo totalizante e uma narrativa das conexões que aparentemente dominam o mundo dos homens.

Nesse universo dominado pela propaganda – que é, sobretudo, a de uma forma de ver o presente e suas conexões com o futuro – e pela ideologia, a ciência fornece o esqueleto de um discurso que se pretende verdadeiro. Não se trata evidentemente de culpar as ciências pelo desenvolvimento dos regimes totalitários, mas de observar que elas são o modelo de conhecimento que toma o lugar das crenças do passado no absoluto ou no transcendente. O que se desenvolve na contemporaneidade, ao lado dos saberes propriamente científicos, é uma ideologia cientificista, que passa a dominar as mentes de populações paulatinamente desenraizadas e expostas à solidão própria das sociedades de massa.

É nesse contexto que se desenvolve o medo do acaso. Solidário com o processo de destruição dos laços sociais e de classe, que constituem o apanágio das democracias modernas, ele opera a transformação definitiva das mentalidades numa era de domínio da técnica e de perda dos laços com a tradição. Como mostra Arendt: "O que as massas se recusam a compreender é a fortuidade de que a realidade é feita. Predispõem-se a todas as ideologias porque estas explicam os fatos como simples exemplos de leis e ignoram as coincidências, inventando uma onipotência que a tudo atinge e que supostamente está na origem de todo acaso. A propaganda totalitária prospera nesse clima de fuga da realidade para a ficção, de coincidência para a coerência"[29]. O medo do acaso é a forma contemporânea do medo da morte e, por isso, pode penetrar tão fundo na mentalidade do homem de nosso tempo. A imagem que fazemos das

---

29. Hannah Arendt, *Origens do totalitarismo*, op. cit., p. 401.

ciências e o fato de que elas se transformam no discurso da verdade por excelência, mesmo quando estamos no domínio das ideologias e não do saber científico, faz que tudo o que ameaça a coerência dos discursos seja vivido como uma ameaça à própria vida.

MEDO E ACASO NA CONTEMPORANEIDADE

O medo da morte continua sendo uma dimensão essencial de nossa humanidade, mas não a tememos da mesma maneira em todas as épocas. Num certo sentido, a busca de seus rostos faz parte de nossa esperança de que talvez possamos evitá-la, mesmo se no fundo vivemos na certeza de sua vitória final. Boccaccio viu seu rosto na doença horrenda que destruiu parte da população de sua cidade. Ele sabia, no entanto, que era impossível desvendar todos os seus caminhos e artimanhas e, por isso, viu em cada estratégia de sobrevivência adotada por seus contemporâneos apenas um paliativo para algo cujas razões últimas nunca podem ser inteiramente conhecidas. Nos dias de hoje, nós nos recusamos a acreditar que o poder da morte permaneceu intacto depois de tantos progressos da humanidade. A peste pôde ser paulatinamente domada, outras doenças passaram a ser curadas com facilidade. Por que continuar a aceitar que eventos fortuitos podem escapar ao poder de nossa razão? Como já mostrou Philippe Ariès, o progresso das ciências e a medicalização da vida cotidiana transformaram a morte em algo quase indecente. Chorar a morte de um ente querido deixou de ser aceitável, como se o luto fosse ao mesmo tempo uma acusação contra os que cuidaram do doente em seus últimos dias. "Agora – afirma o historiador –, as lágrimas do luto são assimiladas às excreções da doença. Umas e outras são repugnantes. A morte foi excluída"[30]. Tememos a morte como algo que sinaliza nossa fragilidade e finitude – sempre foi assim –, mas, em nossa época, tememos, sobretudo, o que ameaça ou denuncia os limites de nossos instrumentos para lidar com a morte. As ciências e as técnicas são ao mesmo tempo o símbolo de nossas vitórias sobre o indeterminado e a nova fronteira de nossos medos. Temer o acaso é a expressão de uma sociedade que acredita ter finalmente encontrado o caminho para derrotar a contingência. Por

---

30. Philippe Ariès, *L'homme devant la mort: La mort ensauvagée*, v. 2, Paris: Seuil, 1977, p. 289.

isso, R-503 repete sem cessar que a razão é o porto seguro do homem. Da mesma forma que ela nos dá segurança, deve impor-nos limites, para que o desregramento do desejo e da liberdade não estraguem um mundo finalmente domesticado pela ciência e pela técnica. "O trabalho da mais alta faculdade do homem, da razão – afirma o personagem –, é justamente consagrado à limitação contínua do infinito e à sua divisão em porções cômodas, fáceis de digerir, que chamamos de diferenciais"[31]. Mais adiante ele conclui: "As matemáticas e a morte não se enganam jamais e não brincam"[32].

Cometeríamos um erro de apreciação, no entanto, se creditássemos a utopia científica de Zamiatine apenas à sua imaginação. A cidade imaginada por ele, com suas transparências infernais que submetiam seus habitantes a um olhar contínuo de todos os outros, e que mais tarde iria reaparecer nas páginas inspiradas de Orwell, foi um grande projeto dos arquitetos construtivistas da União dos Arquitetos Contemporâneos, que imaginou a construção de "casas comuns" nas quais tudo seria partilhado, inclusive os dormitórios. Com isso ficavam suprimidos os espaços privados, até mesmo para o sexo, e instituído um *habitat* comum, que não devia permitir nenhuma expressão de individualidade própria às sociedades burguesas[33]. Segundo Figes, poucas dessas casas foram construídas, mas o mais importante é que Zamiatine soube compreender o caráter destrutivo e opressivo desse gênero de estruturação do tecido urbano.

Na mesma direção, o escritor conhecia o pensamento de Alexei Gastev (1882-1941), que esteve à frente do Instituto Central do Trabalho, criado em 1920. Como mostra Figes, as ideias de Taylor e Ford circulavam intensamente na Rússia bolchevique e contavam com a admiração de ninguém menos que Lenin[34]. Preocupados em recuperar o atraso da indústria soviética com relação ao Ocidente, desde o começo da Revolução alguns dirigentes se viram à caça de métodos de organização do trabalho que pudessem constituir no "paraíso proletário" uma cultura de trabalho compatível com o mundo que queriam construir. A aceleração no ritmo do trabalho, tal como recomendada pelos teóricos ocidentais, parecia-lhes

---

31. Eugène Zamiatine, *Nous autres*, op. cit., p. 75.
32. Idem, ibidem, p. 109.
33. Orlando Figes, *The whisperers: Private life in Stalin's Russia*, Londres: Penguin, 2007, p. 10.
34. Orlando Figes, *La Révolution Russe – 1891-1924: la tragédie d'un peuple*, Paris: Denoël, 2007, p. 913-914.

o caminho adequado para tornar a Rússia uma potência industrial. Como lembra Figes: "O objetivo declarado de Gastev era o de transformar o trabalhador num robô humano (não é por acaso que a palavra deriva do verbo russo *rabotat*, 'trabalhar'). Gastev julgava que as máquinas eram superiores aos seres humanos, ele estava convencido de que tudo isso melhoraria a humanidade"[35]. Por essa razão, no futuro da nação russa, as pessoas, como no romance de Zamiatine, não precisariam nem mesmo de um nome, pois apenas suas energias seriam medidas, nunca suas emoções. O próprio dia a dia das pessoas seria cronometrado para permitir o uso correto de suas forças e evitar o desperdício de tempo que, segundo ele, era uma marca da cultura de seu país. Em sua época, uma Liga do Tempo chegou a reunir quase 25 mil aderentes, que não apenas cronometravam seus dias, mas perseguiam os que desperdiçavam tempo nas usinas e escritórios[36].

Zamiatine seguiu em seu romance futurista a trilha aberta por Morus no Renascimento, que fez da utopia, ou da descrição de sociedades diferentes das nossas, uma arma poderosa para criticar sua época. Ele viveu intensamente as transformações pelas quais passava seu país, mas muito cedo percebeu a tragédia que se escondia numa sociedade comandada pela ilusão de que podemos nos livrar do acaso e viver no reino da necessidade se soubermos aliar nossas vidas aos progressos da ciência e da técnica. Zamiatine era ele mesmo um engenheiro, um homem de ciência, a par dos grandes avanços científicos de seu tempo. Por isso, não cabe pensar que sua obra é um grito desesperado de quem não compreendia a importância dos avanços que a ciência propiciava. O que o aterrorizava não eram os avanços da física e da matemática, mas a criação de uma ideologia cientificista, que desejava ocupar o lugar que a metafísica ocupara enquanto ciência dos primeiros princípios em vários sistemas filosóficos.

Essa preocupação aparece, por exemplo, quase no final do romance, quando R-503 se encontra num banheiro público, num dia convulsionado, com seu vizinho, que ele observava cotidianamente através das paredes de vidro de sua casa. Esse homem, que ele nunca compreendera bem, lhe diz sem rodeios que havia resolvido um problema essencial da física.

35. Idem, ibidem, p. 914.
36. Idem, ibidem, p. 915.

Depois de muito estudar os problemas postos pela teoria da relatividade para a questão da finitude ou infinitude do universo, ele afirma: "Sim, eu o repito, o infinito não existe. Se o mundo fosse infinito, a densidade média da matéria seria igual a zero. Como ela não é nula, e disso estamos seguros, segue-se que o universo é limitado"[37]. O importante não são suas conclusões sobre um problema da cosmologia contemporânea, uma vez que sua solução fazia parte do repertório das ciências de seu tempo, o que interessa são suas conclusões no terreno da filosofia[38]. De forma exaltada ele conclui: "Você vê, tudo é finito, tudo é simples, tudo é calculável, e nós vencemos filosoficamente, compreende?"[39]. Suprimindo o infinito, suprime-se, na lógica do personagem, o acaso e instaura-se o reino da pura necessidade. A luta contra a liberdade encontra sua face definitiva na supressão sucessiva de todas as qualidades humanas que se abrem para o indeterminado: a liberdade e a imaginação em primeiro lugar.

De forma menos trágica, mas nem por isso menos ameaçadora para a liberdade, nossa sociedade também acredita que todos podemos ser identificados por meio de números, disfarçados em nossas identidades estatais, mas também nos portais da internet que, como mostrou Pariser[40], por meio de sistemas complexos de logaritmos, identificam nossos gostos de tal maneira que somos depois bombardeados por nossos próprios desejos de consumo travestidos em "conselhos". Numa época de individualismo crescente, a técnica cria a ilusão de que finalmente vamos deixar para trás o tormento da contingência, para viver uma vida sem medos e ameaças. Nas trilhas da internet, que um dia nos pareceram infinitas, se infiltra o medo do acaso e, por isso, somos cada vez mais confrontados com nosso próprio rosto, na esperança de que isso destrua para sempre os efeitos do indeterminado e da surpresa que o diferente nos causa.

Zamiatine, que antevira o caráter repressor que nasceria de uma sociedade totalmente devotada a uma ideologia cientificista e à técnica, termina seu romance com uma nota profundamente melancólica. O Estado único, desafiado pela manifestação de oposição ao regime no "dia da

---

37. Eugène Zamiatine, *Nous autres*, op. cit., p. 226.
38. Jean-Pierre Luminet, "Les cosmologies statiques (1917)", *L'invention du Big Bang*, Paris: Seuil, 2004, pp. 31-41.
39. Eugène Zamiatine, *Nous autres*, op. cit., p. 226.
40. Eli Pariser, *O filtro invisível: o que a internet está escondendo de você*, Rio de Janeiro: Zahar, 2012.

unanimidade", decide operar todos os habitantes para privá-los da imaginação. R-503 hesita, mas acaba sendo levado pela corrente para os centros de cirurgia cerebral, destinados a extirpar da sociedade os "inimigos da felicidade", todos os que sonhavam com outro mundo, outras relações. Com seu "certificado de operação" na mão, ele diz: "Eu não tenho mais o delírio, não falo mais empregando metáforas absurdas, não tenho mais sentimentos. Exporei somente fatos. Estou com a saúde perfeita"[41]. Uma sociedade sem acaso, sem acontecimentos imprevisíveis, transforma-se numa sociedade de escravos. A novidade da obra do grande escritor russo está em ter visto que, na era da técnica, as relações sociais podem levar um povo aos antigos caminhos da servidão pela imposição de uma ideologia da transparência e da necessidade. Ainda ligado às correntes humanistas da poesia e da literatura russa, ele acreditava que isso só é possível por meio da destruição do corpo e da alma dos homens. A ciência, erigida em princípio de governo, converte-se, para ele, necessariamente num princípio do terror.

Zamiatine viveu o suficiente para ver o início dos expurgos stalinistas e a expansão dos campos de concentração pela Europa e pelo mundo. Sua utopia pode parecer, nesse sentido, quase ingênua, diante dos horrores do século xx. O que ele compreendeu, no entanto, de forma precoce, é que a barbárie pode ter várias linguagens e que nosso tempo pode falar pela violência dos aparatos repressores, mas também pela imposição de um discurso sobre a necessidade, que pretende extirpar de nossas vidas todas as indecisões, tristezas e hesitações, que são o apanágio de nossa liberdade.

41. Eugène Zamiatine, *Nous autres*, op. cit., p. 228.

Chorar as mortes que virão – Por um catastrofismo ilustrado[1]

Jean-Pierre Dupuy

A SORTE MORAL

Na conclusão de seu filme *Uma verdade inconveniente*, Al Gore faz proposições que um espectador desatento tende a tomar como lugar-comum quando, na verdade, essas proposições colocam um problema considerável: "As gerações futuras terão, sem dúvida, de se colocar a seguinte questão", conjectura o antigo vice-presidente americano, depois de ter mostrado as consequências dramáticas que a mudança climática em curso produzirá caso a humanidade não se mobilize a tempo, "'Em que pensavam então nossos pais? Por que não acordaram enquanto ainda podiam fazê-lo?' Esta é a questão colocada por eles, *agora* é o momento de ouvi-la". Mas como, surgirá a pergunta, poderíamos receber uma mensagem que vem do futuro? Se isto não é uma simples licença poética, o que pode significar, de fato, esta inversão inconcebível da flecha do tempo?

Os responsáveis pelo Greenpeace encontraram um meio surpreendente e eficaz de colocar a mesma questão, até mesmo de resolvê-la, em dezembro de 2009, por ocasião da reunião de cúpula de Copenhague sobre a mudança climática. Em cartazes gigantes eles envelheceram dez anos os principais chefes de governo da época para fazê-los dizer: "Desculpem-nos. Era possível evitar a catástrofe climática. Mas nós nada fizemos". Seguia-se a injunção: "Aja agora e mude o futuro". Eu tenho

---

1. Tradução de Ana Szapiro.

minhas dúvidas de que os participantes do encontro, lendo esta fórmula, tenham visto outra coisa além de uma maneira banal de falar. Suponho que apenas alguns intelectuais excêntricos, amantes talvez de ficção científica, tenham percebido o enorme paradoxo metafísico que encerra a expressão "mudar o futuro". Porque, das duas, uma: ou bem o futuro já é hoje o que será quando ele se realizar, inscrito em algum lugar – no grande rolo da história, digamos, como supôs Diderot em seu romance *Jacques le Fataliste* –, mas neste caso é impossível mudá-lo; ou bem não é o caso, e o futuro só existirá quando se a-present-ar, quer dizer, quando se tornar presente, mas neste caso não tem sentido querer mudá-lo *agora*. E, entretanto, esta fórmula parece dizer alguma coisa, e parece mesmo dizer alguma coisa de profundo. Mas o quê?

Poderíamos multiplicar os exemplos. Que significa esta predileção por acrobacias metafísicas? Sem dúvida que, diante de desafios tão gigantescos como estes que pesam sobre o futuro da humanidade, não é possível deixarmos de nos colocar mais uma vez as grandes questões que o abalam desde a aurora dos tempos. Essas formas de jogar com o tempo igualmente nos obrigam a dar ao futuro um peso suficiente de realidade. Porque, para dar sentido à ideia de que o futuro nos contempla e nos julga *agora*, é preciso que, de um modo que devemos determinar, o futuro seja, desde agora, o que ele será. Isto implicaria fatalismo? Deve-se deduzir que tudo já estaria escrito antes? A resposta é negativa, mas é preciso muito trabalho teórico para nos convencer disso[2].

Um conceito controverso da filosofia moral pode nos ajudar: o conceito de *sorte moral*. Quando as consequências de uma ação que se pretenda realizar estão marcadas por uma incerteza tamanha cuja natureza proíba ou torne impossível o cálculo probabilístico das consequências e que também não se possa excluir um resultado catastrófico, então se torna razoável admitir que o julgamento a fazer sobre a ação só pode ser retrospectivo – ou seja, que se deve levar em conta os acontecimentos posteriores à ação que não podiam ser previstos, ainda que como probabilidade, no momento de agir.

---

2. Por exemplo, o que eu tentei fazer no meu *Pour un catastrophisme éclairé*, Paris: Seuil, 2002, 2009 (Coll. Points), trad. brasileira: *O tempo das catástrofes. Quando o impossível é uma certeza*, São Paulo: É Realizações, 2011.

Para compreender bem por que esta posição é escandalosa para toda ética "racional" que se reduz a uma avaliação dos custos e das vantagens, imaginemos uma urna contendo bolas pretas e brancas numa relação de duas pretas para uma branca. Tomamos uma bola ao acaso e, em seguida, a substituímos na urna. Trata-se de apostar na sua cor. Evidentemente é preciso apostar na preta. Na segunda vez é preciso ainda apostar na preta. Será preciso sempre apostar na preta, mesmo que se antecipe que, em média, em um terço dos casos estaremos condenados a errar.

Suponhamos que uma bola branca saia e então descobrimos que nos enganamos. Esta descoberta *a posteriori* seria capaz de alterar o julgamento que, retrospectivamente, temos sobre a racionalidade da aposta que fizemos? Claro que não! Tivemos razão em escolher a preta, mesmo se foi a branca que saiu. No mundo das apostas, não se pode conceber que haja retroatividade de informação disponível sobre a maneira com que julgamos a racionalidade de uma decisão passada tomada ante um futuro incerto ou arriscado. Esta é uma limitação do julgamento probabilístico para o qual não encontramos nenhum equivalente no caso do julgamento moral.

Em uma noite farta de bebidas, um homem bebe sem moderação. Ele decide, apesar disso, com conhecimento de causa, pegar seu carro para voltar para casa. Chove, a rua está molhada, o sinal fica vermelho, o homem pisa raivosamente no freio, mas demasiadamente tarde, e seu carro só para depois de uma rápida derrapagem em cima da calçada de pedestres. Dois cenários são possíveis: não havia ninguém na calçada. O castigo do homem não vai além dum pavor retrospectivo. Ou, então: o homem atropela uma criança e a mata. O direito, claro, e sobretudo a moral não farão o mesmo julgamento em um e em outro caso. Variante: o homem pegou o carro estando sóbrio. Ele não tem do que se censurar. Mas há uma criança que ele atropela e mata, ou então nada disso acontece. Aqui, ainda, o acontecimento imprevisível retroage sobre o julgamento que fazemos sobre a conduta desse homem e também sobre o julgamento que ele mesmo faz sobre sua própria conduta.

Eis um exemplo que se deve ao filósofo britânico Bernard Williams[3], que eu simplifico bastante. Um pintor – vamos nomeá-lo "Gauguin" por

---

3. Bernard Williams, *Moral luck*, Londres: Cambridge University Press, 1981.

comodidade – decide deixar na pobreza absoluta a mulher e os filhos e partir para o Taiti para viver uma outra vida, que lhe dará a chance, ele espera, de se tornar o gênio da pintura que ele ambiciona ser. Ele tem razão de agir assim? É moral agir assim? Williams defende com muita sensibilidade e de modo sutil a tese de que se há uma justificação possível de seu ato ela só pode ser retrospectiva. Apenas o sucesso ou o fracasso de seu projeto permitirá – permitirá a ele – fazer um julgamento. Ora, o fato de que Gauguin possa tornar-se ou não um pintor genial é em parte uma questão de sorte – a sorte de ser capaz de tornar-se aquilo que se tem esperança de ser. Gauguin, tomando sua decisão dolorosa, não pode saber o que o futuro lhe reserva, como se costuma dizer. Afirmar que ele fez uma aposta seria inacreditavelmente redutor. No seu aspecto paradoxal, o conceito de "sorte moral" vem precisamente nos ajudar a descrever o que está em jogo nesse tipo de decisão diante de um futuro incerto.

Se o conceito de sorte moral nem sempre teve boa fama é porque ele serviu para justificar as piores abominações. O advogado de Eichmann no processo de Jerusalém, Robert Servatius, dizia sobre seu cliente: "Ele cometeu o tipo de crime que vale os mais elevados prêmios para quem ganha e condena à forca os que perdem". O patrão de Eichmann, ele próprio, Joseph Goebbels, havia prevenido desde 1943: "Nós entraremos na história ou como os maiores homens de Estado de todos os tempos, ou como os maiores criminosos". O general Curtis LeMay, o fundador e primeiro dirigente do Strategic Air Command, ou seja, das forças aéreas americanas durante a Segunda Guerra Mundial na região do Pacífico, e que, como tal, foi o responsável pela destruição com bombas incendiárias de setenta cidades do Japão Imperial, além de ter sido o encarregado de transmitir a ordem de lançamento das duas bombas atômicas sobre Hiroshima e Nagasaki, disse um dia: "Se tivéssemos perdido a guerra, nós teríamos sido julgados e condenados como criminosos de guerra". O que faz com que uma mesma ação seja moral quando se ganha e imoral quando se perde?

Há, entretanto, casos em que o conceito de sorte moral coloca menos problemas. Na questão que nos ocupa, pode-se raciocinar assim: a humanidade, tomada como sujeito coletivo, fez uma escolha de desenvolvimento das suas capacidades virtuais que a faz ficar sob a jurisdição da sorte moral. Pode ser que sua escolha a conduza a grandes catástrofes irreversíveis; pode ser que ela encontre meios de evitá-las, de contorná-las ou de superá-las. Ninguém pode dizer o que se passará. O julgamento só poderá acontecer retrospectivamente. Entretanto, é possível antecipá-lo, não o próprio julgamento, mas o fato de que este só poderá acontecer a partir do que se saberá quando se levantar o véu que encobre o futuro. Então, ainda há tempo de fazer com que nossos descendentes jamais cheguem a dizer: "é tarde" – um "é tarde" com o significado de que eles se encontrariam em uma situação em que nenhuma vida humana digna deste nome seria possível. "Eis-nos tomados pelo receio desinteressado do que advirá muito tempo depois de nós – ou melhor, pelo remorso antecipado a respeito disto", escreve o filósofo alemão Hans Jonas[4], a quem devemos os conceitos de *princípio de precaução* e de *ética do futuro*: não a ética que prevalecerá num futuro indeterminado, mas sim toda ética que ergue como imperativo absoluto a preservação de um futuro habitável pela humanidade. É a *antecipação da retroatividade do julgamento* que funda e justifica esta forma de "catastrofismo" que eu denominei, pelo gosto da provocação, catastrofismo esclarecido ou ilustrado. A assinatura formal desse método é este laço notável que torna solidários o futuro e o passado. O gesto fundamental consiste em se projetar para além da catástrofe futura através do pensamento e, desse lugar, julgar nossas ações no presente, as ações, por exemplo, que nos terão levado à catástrofe. Esse tribunal do futuro é claramente uma ficção metafísica, pois que, na verdade, não serão as gerações futuras que nos julgarão – além do que, talvez, essas gerações nem cheguem a existir se explodirmos o planeta antes –, somos nós mesmos que nos julgamos, fazendo-o à custa de um desdobramento temporal a respeito do qual vou tentar analisar a lógica.

O FUTURO NÃO PRECISA DE NÓS, SOMOS NÓS QUE PRECISAMOS DO FUTURO

O filósofo alemão Günther Anders (1902-1992) foi o mais profundo e o mais radical dos pensadores sobre as grandes catástrofes do século xx. Ele é menos conhecido do que seus dois condiscípulos que, com ele, estudaram com Heidegger: Hans Jonas, que foi seu amigo, e Hannah

---

4. Hans Jonas, *Pour une éthique du futur*, Paris: Rivages Poche, 1998, p. 103.

Arendt, da qual ele foi o primeiro marido. Isto se deve provavelmente à sua intransigência e ao caráter fragmentado de sua obra. Aos grandes tratados sistemáticos, Anders preferia o texto de intervenção que, às vezes, tomava a forma de uma parábola. Por mais de uma vez ele contou, de modo muito pessoal, a história do dilúvio nos seguintes termos:

Noé estava cansado de fazer o papel dos profetas da desgraça e de sempre anunciar uma catástrofe que não acontecia e que ninguém levava a sério. Um dia, ele se vestiu com um saco velho e jogou cinzas sobre a cabeça. Este gesto só era permitido àquele que chorava por um filho querido ou pela esposa. Vestido com o traje da verdade, ator da dor, ele voltou para a cidade, decidido a colocar a seu favor a curiosidade, a maldade e a superstição dos habitantes. Logo ele reuniu à sua volta uma pequena multidão curiosa, e as questões começaram a aparecer. Perguntaram a ele se alguém havia morrido e quem era a pessoa morta. Noé lhes respondeu que muitos estavam mortos e, para grande divertimento dos seus ouvintes, ele lhes disse que os mortos eram eles mesmos. E, quando lhe perguntaram quando esta catástrofe tinha acontecido, ele respondeu: amanhã. Aproveitando-se então da atenção e da confusão, Noé ergueu-se em toda sua grandeza e se pôs a falar: depois de amanhã o dilúvio será alguma coisa que terá sido. E quando o dilúvio tiver sido, *tudo o que é não terá jamais existido*. Quando o dilúvio tiver levado tudo o que é, tudo o que terá sido, será tarde demais para lembrar porque não existirá mais ninguém. Então não haverá mais diferença entre os mortos e os que os choram. *Se eu vim diante de todos foi para inverter o tempo*, para chorar hoje os mortos de amanhã. Depois de amanhã será tarde demais. Com isso, ele voltou para casa, tirou seus trajes, limpou a cinza que lhe cobria o rosto e foi para a oficina. À noite, um carpinteiro bateu à sua porta e disse: deixe-me ajudá-lo a construir a arca, *para que isto não se torne verdadeiro*. Mais tarde, um telhador se juntou aos dois dizendo: chove sobre as montanhas, deixem-me ajudá-los *para que isto não aconteça*[5].

5. Citação encontrada às pp. 84 e 85 (grifo meu) do livro de Thierry Simonelli, *Günther Anders. De la désuétude de l'homme*, Paris: Éditions du Jasmin, 2004. Simonelli seguiu o texto alemão do primeiro capítulo do livro de Anders, *Endzeit und Zeitende* [*Tempo do fim e fim dos tempos*], Munique: C. H. Beck, 1972. Anders contou, em outros lugares e sob outras formas, a história do dilúvio, especialmente em *Hiroshima est partout*, Paris: Seuil, 2005.

Não só todo o drama daquele que profetiza a catástrofe está colocado nesta magnífica parábola, como ela também descreve o modo genial de sair do impasse em que ele se encontra encerrado.

O profeta da desgraça não é ouvido porque sua palavra, mesmo se ela traz um saber ou uma informação, não penetra no sistema de crenças daqueles a quem é endereçada. Não é suficiente saber para aceitar o que se sabe e, como consequência, agir. Esta verdade de base não é compreendida por aqueles que pensam que se não agimos diante da catástrofe é porque não estamos seguros do nosso próprio saber. Ora, mesmo quando sabemos de fonte segura, não conseguimos acreditar no que sabemos. Sobre a existência e as consequências dramáticas do aquecimento climático, há mais de um quarto de século que os cientistas sabem o que sustentam e o divulgam. Eles pregam no deserto. Certamente suas previsões estão sujeitas a uma grande incerteza: chegando ao fim do século não se sabe dizer em que ponto se situará o aumento da temperatura média do globo em um intervalo compreendido entre 1,5 e 6 graus centígrados. Mas eles sabem também que metade desta incerteza é resultado da incerteza sobre o tipo de ação que será empreendida para reduzir a emissão de gases de efeito estufa. Será verdade que não agimos porque não sabemos como vamos reagir ao anúncio da catástrofe? Esta sugestão é absurda. Mais ainda: existe algo sobre o qual estamos absolutamente certos: se a China, a Índia e o Brasil continuarem se engajando, como alegremente já o fazem – e quem pode censurá-los por isso? –, no caminho do desenvolvimento seguindo o modelo dos países industrializados, entraremos num mundo paradoxal em que a surpresa (climática) se tornará uma coisa certa, a exceção se tornará regra e nossa capacidade de agir no e sobre o mundo se tornará uma força de destruição.

Para tentar explicar o fato de que numerosos judeus da Europa tenham se recusado até o fim, mesmo já no cais de desembarque de Auschwitz-Birkenau, a acreditar na realidade da exterminação em escala industrial, Primo Levi citava o velho adágio alemão: "As coisas cuja existência parece moralmente impossível não podem existir". Nossa capacidade de nos fazer cegos diante da evidência do sofrimento e da atrocidade é o obstáculo principal que o profeta da desgraça deve, se não atravessar, pelo menos contornar.

A parábola de Günther Anders, além disso, põe em xeque a ideia muito facilmente aceita – e que se tornou um clichê – de que será diante das gerações futuras que teremos de responder por nossos atos.

O recurso à linguagem dos direitos, dos deveres e da responsabilidade para tratar de "nossa solidariedade com as gerações futuras" levanta problemas conceituais consideráveis, que a filosofia ocidental revelou-se incapaz, pelo essencial, de esclarecer. Testemunha eloquente disso são as dificuldades do filósofo John Rawls, cuja obra *Uma teoria da justiça*[6] se apresenta como a síntese de toda a filosofia moral e política moderna. Tendo colocado os fundamentos e estabelecido rigorosamente os princípios de justiça que devem gerir as instituições de base de uma sociedade democrática, Rawls é obrigado a concluir que estes princípios não se aplicam à justiça entre as gerações. Para esta questão ele oferece apenas uma resposta imprecisa e não fundamentada. A fonte da dificuldade é a irreversibilidade do tempo. Uma teoria da justiça que se apoia no contrato encarna o ideal de reciprocidade. Mas não pode haver reciprocidade entre gerações diferentes. Aquela geração que chegou depois recebe alguma coisa daquela que a precedeu, mas não pode lhe dar nada em troca. E mais grave ainda. Na perspectiva de um tempo linear, como é o tempo do Ocidente, na perspectiva de progresso herdada do Iluminismo, havia o pressuposto de que as gerações futuras seriam mais felizes e mais sábias que as gerações precedentes. Ora, a teoria da justiça de Rawls encarna a intuição moral fundamental que nos leva a dar prioridade aos mais fracos. A aporia está, então, colocada: entre as gerações, as primeiras são menos favorecidas e entretanto são as únicas que podem dar às outras gerações[7]. Kant, que raciocinava neste quadro, achava inconcebível (*rätselhaft*) que a marcha da humanidade pudesse assemelhar-se à construção de uma morada que apenas a última geração fosse ter a satisfação de habitar[8].

Nossa situação é atualmente bem diferente, pois nosso problema é evitar a catástrofe maior. Isto quer dizer que devemos substituir o pensamento do progresso por um pensamento de regressão e de declínio? Progresso ou declínio? Este debate não tem a menor importância. Podemos dizer as coisas mais opostas sobre esta época em que vivemos e todas

6. John Rawls, *A theory of Justice*, Cambridge: Harvard University Press, 1971. Obra traduzida para a língua portuguesa: *Uma teoria da justiça*, São Paulo: Martins Fontes, 1997.
7. John Rawls, op. cit., seção 44, "O problema da justiça entre as gerações".
8. Immanuel Kant, *Ideia de uma história universal do ponto de vista cosmopolita*, São Paulo: Brasiliense, 1986.

elas serão igualmente verdadeiras. É a mais entusiasmante e é também a mais pavorosa. É preciso pensar, ao mesmo tempo, na eventualidade da catástrofe e na responsabilidade, talvez cósmica, que cabe à humanidade de evitá-la. À mesa do contrato social, segundo Rawls, todas as gerações são iguais. Não existe nenhuma geração cujas reivindicações tenham mais peso que as outras. Mas, não, as gerações não são iguais do ponto de vista moral. A nossa e aquelas que a seguirão têm um estatuto moral consideravelmente mais elevado que as gerações precedentes, das quais podemos dizer hoje, por contraste com a nossa geração, que elas não sabiam o que faziam. Nós vivemos no presente a emergência da humanidade como quase sujeito; a compreensão de que seu destino é a autodestruição; o nascimento de uma exigência absoluta: evitar essa autodestruição.

Não, nossa responsabilidade não se dirige às "gerações futuras", estes seres anônimos, de existência puramente virtual, e para o bem-estar dos quais ninguém jamais nos fará acreditar que temos qualquer razão para nos interessar. Pensar nossa responsabilidade como exigência de assegurar a justiça distributiva entre gerações leva a um impasse filosófico.

É com relação ao destino da humanidade que temos de prestar contas, ou seja, com relação a nós mesmos, aqui e agora. No canto x do *Inferno*, Dante escreveu: "Tu compreendes, assim, que nosso conhecimento morrerá a partir do momento em que a porta do futuro for fechada". Se devêssemos ser a causa de que a porta do amanhã se feche é o sentido de toda a aventura humana que seria, para sempre e retrospectivamente, destruído: "Depois de amanhã o dilúvio será alguma coisa que terá sido. E quando o dilúvio tiver sido, *tudo o que é não terá jamais existido*".

Podemos encontrar fontes conceituais fora da tradição ocidental? É a sabedoria ameríndia que nos legou a belíssima máxima: "A Terra nos foi emprestada por nossos filhos". Claro, esta máxima se refere a uma concepção do tempo cíclica que não é mais a nossa. Entretanto, eu acho que ela ainda tem mais força na temporalidade linear, com a condição de que um trabalho de reconceitualização se complete. Nossos "filhos" – desta maneira compreendemos os filhos de nossos filhos e assim infinitamente, os que ainda não nasceram – não têm nem existência física nem jurídica e, no entanto, a máxima nos impõe pensar, sob preço de uma inversão temporal, que são eles que nos trazem "a Terra", isto que nos sustenta. Nós não somos os "proprietários da natureza", nós usufruímos dela. E de quem nós a recebemos? Do futuro! Que se responda: "mas o futuro não tem realidade!", e nós apenas apontaremos a pedra de obstáculo de toda filosofia da catástrofe futura: nós não chegamos a dar peso suficiente de realidade ao amanhã.

Ora, a máxima não se limita a inverter o tempo: ela o coloca em um ciclo. Nossos filhos são, efetivamente, nós que os fazemos, biologicamente e, sobretudo, moralmente. A máxima convida, então, a que nos projetemos no futuro e que vejamos nosso presente com a exigência de um olhar que nós mesmos tenhamos engendrado. É através deste desdobramento, que tem a forma de consciência, que talvez possamos estabelecer a reciprocidade entre o presente e o futuro. Pode ser que o futuro não precise de nós, mas nós, nós precisamos do futuro porque é ele que dá sentido a tudo o que fazemos. Sartre dizia que, enquanto existirem homens livres e responsáveis, o sentido da Revolução Francesa estará sempre sustentado. Se, por infelicidade, destruíssemos toda a possibilidade de um futuro viável, seria todo o sentido da aventura humana, desde o começo dos tempos, que reduziríamos a nada. Eu repito: somos nós que precisamos do futuro, e não o futuro que precisa de nós.

Este é o sentido da atitude de Noé na parábola de Günther Anders. Colocando na cena o luto pelas mortes que ainda não se produziram, ela inverte o tempo, ou antes, ela o coloca num ciclo, negando-o assim, transformando-o em presente eterno. Mas as infelicidades do profeta da desgraça não terminaram ainda. Ou bem suas previsões se revelam corretas e a ele não se faz qualquer agradecimento, podendo até mesmo ser acusado como causador da desgraça anunciada. Ou bem suas previsões não se realizam, a catástrofe não se produz e, mais tarde, se zomba de sua atitude de Cassandra. Mas Cassandra tinha sido condenada pelo deus a que suas palavras não fossem ouvidas. Mas nunca se considera que se a catástrofe não se produziu é precisamente porque o anúncio foi feito e foi ouvido. Como escreveu Jonas: "A profecia de desgraça é feita para evitar que ela se realize; e zombar posteriormente dos eventuais sineiros de alarme dizendo a eles que o pior não aconteceu seria o cúmulo da injustiça: pode ser que seus equívocos sejam seus méritos"[9].

---

9. Hans Jonas, *Le principe responsabilité. Une éthique pour la civilisation technologique*, Paris: Flammarion, 1995, p. 233 (Coll. Champs).

O paradoxo da profecia da desgraça assim se apresenta: para tornar crível a perspectiva da catástrofe é preciso aumentar a força de sua inscrição no futuro. Os sofrimentos e as mortes anunciados se produzirão inevitavelmente, este é um destino inexorável. O presente conserva a memória deste futuro catastrófico e o espírito pode se projetar no depois da catástrofe, tratando o acontecimento sob a forma do *futuro perfeito*. Existe um momento em que se poderá dizer que a catástrofe terá acontecido: "Depois de amanhã, o dilúvio será alguma coisa que terá acontecido". Mas se nos sairmos demasiado bem nesta tarefa, teremos perdido de vista seu objetivo, que é precisamente motivar uma tomada de consciência e agir para que a catástrofe *não se produza* – "deixe-me ajudá-lo a construir a arca para que aquilo não se torne verdadeiro".

Este paradoxo se encontra no coração de uma figura clássica da literatura e da filosofia, a filosofia do juiz assassino. O juiz assassino "neutraliza" (assassina) os criminosos sobre os quais se tem certeza que irão cometer um crime, mas a neutralização em questão faz precisamente com que o crime não seja cometido[10]! A intuição nos diz que o paradoxo provém de um laço que se deveria fazer e que não se faz entre a previsão passada e o acontecimento futuro. Mas a ideia mesma deste laço não faz nenhum sentido na nossa metafísica comum, como mostra a estrutura metafísica da prevenção. A prevenção consiste em fazer com que um futuro possível que não queremos que aconteça não se atualize. A catástrofe, ainda que não se tenha realizado, conservará o estatuto de possível, não no sentido de que ainda seria possível que ela se realizasse, mas no sentido de que sempre será verdade que ela poderia ter se realizado. Quando se anuncia que uma catástrofe se aproxima *a fim de evitá-la*, este anúncio não tem o estatuto de uma *pré-visão*, no sentido estrito do termo: ele não pretende dizer o que será o futuro, mas simplesmente dizer o que teria sido o futuro se não se tomasse cuidado. Nenhum laço entre futuro e passado

---

10. Pensamos em um episódio do *Zadig de Voltaire*. O tema foi objeto de uma sutil variação pelo escritor americano de ficção científica Philip K. Dick, em "Minority report". Steven Spielberg fez um filme sobre este conto em que uma polícia do futuro é capaz de prever os crimes e de impedi-los de se produzirem, frequentemente em um quarto de segundo antes que sejam cometidos. Um dos policiais tem escrúpulos: "Mas nós prendemos pessoas que não fizeram nada". "Mas elas iam fazer", responde outro policial. "Nossas previsões nunca são falsas." Um terceiro diz então: "Mas não é o futuro, se o impedimos de acontecer. Isto não é um paradoxo insustentável?". É precisamente este paradoxo que eu tento esclarecer.

Jean-Pierre Dupuy

intervém aqui: o futuro anunciado não tem de coincidir com o futuro atual, a antecipação não tem de se realizar, porque o "futuro" anunciado ou antecipado não é, de fato, *o* futuro, mas um mundo possível, que é e que permanecerá não atual[11]. Esta configuração nos é familiar porque ela corresponde à nossa metafísica "comum", na qual o tempo se bifurca e toma uma forma arborescente, o mundo atual constituindo um caminho no seio desta. O tempo é "um jardim de caminhos que se bifurcam", para citar o poeta e metafísico argentino Jorge Luis Borges.

A metafísica implícita na parábola de Günther Anders é evidentemente de outro tipo. O tempo toma a forma de um laço pelo qual passado e futuro determinam-se reciprocamente. O futuro é tomado como não sendo menos fixo que o passado – "Quando se perguntou a ele quando esta catástrofe tinha acontecido, ele respondeu: amanhã" –, o futuro não é menos necessário que o passado – "Depois de amanhã o dilúvio será alguma coisa que terá sido" –, o futuro é da ordem do destino ou da fatalidade – o que significa que todo acontecimento que não faz parte nem do presente nem do futuro é um acontecimento impossível. Neste tempo a prudência não pode tomar a forma da prevenção. Ainda uma vez, a prevenção supõe que o acontecimento indesejável que se prevê seja um possível que não se realize. É preciso que o acontecimento seja possível para que tenhamos uma razão para agir; mas se nossa ação for eficaz ele não se realizará. Isso é impensável no tempo da profecia da desgraça.

O estatuto metafísico da catástrofe na profecia da desgraça é altamente paradoxal e, entretanto, ele ressoa com figuras familiares da metafísica ocidental. O acontecimento catastrófico está inscrito no futuro como um destino, é certo, mas também como um acidente contingente: podia não se produzir mesmo se, no futuro perfeito, aparecesse como necessário. Esta metafísica é a metafísica espontânea da maior parte das pessoas comuns quando elas são confrontadas com um acontecimento excepcional, por exemplo, uma catástrofe pessoal. Esta metafísica consiste em acreditar que este acontecimento, sendo produzido, não podia não se produzir; e todavia pensando que enquanto ele não estava produzido ele não era inevitável. É então a atualização do acontecimento – o fato de

---

11. Pensemos nas previsões sobre o tráfego de automóveis quando anunciam a condição do tráfego nas estradas nos dias de movimento intenso, com o objetivo – evidente, mas não confessado – de desencorajar os condutores a pegar a estrada.

ele se produzir – que cria retrospectivamente a necessidade. A metafísica que deve servir de fundamento a uma prudência adaptada ao tempo das catástrofes consiste em se *projetar* em um tempo que sucede à catástrofe e a ver nela, retrospectivamente, um acontecimento *ao mesmo tempo necessário e improvável*. Esta figura é assim tão nova? Quando Édipo mata o pai na encruzilhada fatal, quando Meursault, o Estrangeiro de Camus, mata o Árabe sob o sol da Argélia, estes acontecimentos aparecem na consciência e na filosofia mediterrâneas ao mesmo tempo como acidentes e como fatalidades: *o acaso e o destino se confundem*. A metafísica da profecia da desgraça, ela mesma subtende a figura do *trágico*.

EM DIREÇÃO A UM CATASTROFISMO ILUSTRADO

Na nossa metafísica temporal ordinária, concebemos o passado como fixo e o futuro como aberto: existe um conjunto de "futuros possíveis", mesmo se somente um vá se realizar. Eu denominei "tempo da história" esta metafísica da temporalidade; ela tem a estrutura de uma árvore e o futuro tem a forma de uma arborescência:

Tempo da História

Todo o meu trabalho consistiu em mostrar a coerência de uma metafísica alternativa da temporalidade, adaptada ao obstáculo do caráter não acreditável da catástrofe. Eu a denominei o tempo do projeto, e ela toma a forma de um laço no qual o passado e o futuro se determinam reciprocamente:

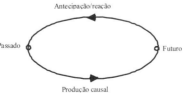

Tempo do Projeto

No tempo do projeto o futuro é fixo, o que significa que todo acontecimento que não faz parte nem do presente nem do futuro é um acontecimento impossível. Logo, no tempo do projeto, a prudência nunca pode tomar a forma da prevenção. Ainda uma vez, a prevenção supõe que o acontecimento indesejável que se prevê seja um possível que não se realize. É preciso que o acontecimento seja possível para que tenhamos uma razão para agir; mas se nossa ação for eficaz, ele não se realizará. Isto é impensável no tempo do projeto.

A previsão do futuro no tempo do projeto consiste em determinar um laço entre futuro e passado de tal maneira que se encontrem uma antecipação (do passado a respeito do futuro) e uma produção causal (do futuro pelo passado). Aquele que prediz, sabendo que a predição vai produzir efeitos causais no mundo, deve ter isso em conta se ele quer que o futuro confirme o que ele previu.

Tradicionalmente, ou seja, num mundo dominado pelo religioso, esta figura é a do profeta e, mais especificamente, a figura do profeta bíblico. É um homem extraordinário, frequentemente excêntrico, que não passa despercebido. Suas profecias têm um efeito sobre o mundo e sobre o curso dos acontecimentos por essas razões puramente humanas e sociais, mas também porque os que as escutam acreditam que a palavra do profeta é a palavra de Yahvé e que esta palavra, que não pode ser ouvida diretamente, tem o poder de fazer acontecer aquilo que ela anuncia. Nós diríamos hoje que a palavra do profeta tem um poder *performativo*: dizendo as coisas, ela as faz vir a existir. Ora, o profeta sabe disso. Poderíamos ser tentados a concluir que o profeta tem o poder de um revolucionário: ele fala para que as coisas mudem no sentido que ele quer imprimir a elas. Isto seria esquecer o aspecto *fatalista* da profecia: ela diz o que são os acontecimentos que virão tais como eles estão escritos no grande rolo da história, imutáveis, inelutáveis. A profecia revolucionária guardou esta mistura altamente paradoxal de fatalismo e de voluntarismo que caracteriza a profecia bíblica. O marxismo constitui a ilustração mais impressionante disso.

Entretanto, aqui eu falo de profecia num sentido puramente laico e técnico. O profeta é aquele que, mais prosaicamente, procura o que um matemático chamaria o *ponto fixo* do problema, o ponto em que o voluntarismo realiza exatamente o que dita a fatalidade. A profecia se inclui no seu próprio discurso, ela se vê realizar o que ela própria anuncia como destino. Neste sentido, os profetas são inúmeros nas nossas sociedades modernas, democráticas, fundadas na ciência e na técnica. A experiência do tempo do projeto é facilitada, encorajada, organizada, de fato imposta por muitos traços de nossas instituições. Por toda parte, vozes mais ou menos autorizadas proclamam o que será o futuro mais ou menos próximo: o tráfego rodoviário do fim de semana próximo, o resultado das eleições por vir, as taxas de crescimento e de inflação do ano próximo, a evolução das emissões de gás de efeito estufa etc. Estes profetas que denominamos *previsionistas* sabem muito bem, e nós também, que esse futuro, que eles nos anunciam como se estivesse escrito nos astros, somos nós que o faremos. Nós não nos rebelamos diante do que poderia passar por um escândalo metafísico (exceto, por vezes, como eleitores). É a coerência desse modo de coordenação a respeito do futuro que eu me dispus a explicitar.

O melhor exemplo que eu conheço da previsão do futuro no tempo do projeto é o da planificação francesa como a havia concebido nos anos 1950 o economista Pierre Massé. Ele sintetizava esse espírito na seguinte fórmula fulgurante: "A planificação visa obter pelo debate democrático uma imagem do futuro suficientemente otimista para ser desejável e suficientemente verossímil para desencadear as ações que resultarão na sua própria realização". Esta fórmula só pode encontrar sentido na metafísica do tempo do projeto, no qual ela descreve perfeitamente o laço que liga o passado e o futuro. A coordenação aí se realiza sobre uma imagem do futuro capaz de assegurar o fechamento do laço entre uma produção causal do futuro e sua antecipação autorrealizadora.

O paradoxo da solução catastrófica para o problema das ameaças que pesam sobre o futuro da humanidade está agora colocado. Trata-se de dirigir-se por um projeto negativo que toma a forma de um futuro fixo, de um destino, *que não queremos*. Poderíamos pensar em transpor a fórmula de Pierre Massé assim: "Obter pela futurologia científica e pela meditação sobre os fins do homem uma imagem de futuro suficientemente catastrófica para ser repulsiva e suficientemente verossímil para desencadear as ações que impedirão sua realização", mas esta formulação é evidentemente autocontraditória. Se conseguimos evitar o futuro indesejável, como podemos dizer que nos coordenamos tomando como ponto fixo o futuro em questão? Não se trata de futuro se impedimos sua realização. É sempre o mesmo paradoxo.

Para dizer qual foi minha solução para este paradoxo, seria necessário entrar na tecnicidade de um desenvolvimento lógico e metafísico, e este não é o lugar de fazê-lo[12]. Eu me contentarei em dar uma ideia intuitiva da minha solução. Ela consiste em contar com o incerto – mas um incerto cuja natureza e estrutura escapam às categorias tradicionais do cálculo de probabilidades.

Trata-se de ver sobre que tipo de ponto fixo se fecha, neste caso, o laço que liga o futuro ao passado no tempo do projeto. O futuro catastrófico não pode ser este ponto fixo, nós o sabemos: os sinais que ele enviaria para o passado desencadeariam ações que impediriam que este futuro catastrófico se realizasse. Se o efeito dissuasivo da catástrofe funcionas-se perfeitamente, ele se autoaniquilaria. Para que os sinais provenientes do futuro atinjam o passado sem desencadear aquilo mesmo que vai aniquilar sua fonte – o futuro em questão –, é preciso que subsista, ins-crita no futuro, uma *imperfeição do fechamento* do laço. Eu propus acima transformar a fórmula pela qual Pierre Massé descreveu a ambição antiga da planificação francesa, para dizer o que poderia ser a máxima de um catastrofismo racional. Eu acrescentei que, imediatamente expressa, esta máxima tombaria na autorrefutação. Vemos agora como poderíamos corrigi-la para evitar-lhe esta sorte indesejável. Isso seria: "Obter [...] uma imagem do futuro suficientemente catastrófica para ser repulsiva e sufi-ciente verossímil para desencadear as ações que impedirão sua realização, salvo em um acidente"[13].

---

12. Eu me permito enviar o leitor interessado para a bibliografia da nota 159 de *Pour un catastrophisme éclairé*, op. cit.

13. Pode-se querer quantificar o "peso" deste acidente. Digamos que é um ε, por definição, fraco ou muito fraco. A explicação que precede pode-se então dizer de maneira condensada: é porque a dissuasão não funciona com um peso ε que ela funciona com um peso $1-\varepsilon$. O que poderia passar por uma tautologia (seria evidentemente o caso na metafísica do tempo da história) não o é absolutamente aqui, pois que a proposição precedente não é verdadeira para $\varepsilon = 0$. O fato de que a dissuasão não funciona com um peso ε estritamente positivo é o que permite a inscrição da catástrofe no futuro, e é esta inscrição que torna a dissuasão eficaz, com um peso $1-\varepsilon$. Notemos que seria incorreto dizer que é a *possibilidade* do erro, com o peso ε que salva a eficácia da dissuasão – como se o erro e a ausência de erro constituíssem os dois ramos de uma bifurcação. Não existem trilhas que bifurquem no tempo do projeto. O erro não é apenas possível, ele é atual, inscrito no tempo – de algum modo semelhante a uma falha da pena. A descontinuidade para $\varepsilon = 0$ sugere que há aqui em operação algo como um princípio da incerteza, ou antes, de indeterminação. Os pesos ε e $1-\varepsilon$ se comportam como probabilidades em mecânica

Nós reencontramos através de um caminho lógico-metafísico o ponto para o qual a análise filosófica e literária nos conduziu. O tempo do projeto permite pensar rigorosamente esta dialética do destino e do acidente que identificamos no coração do trágico. A catástrofe é nosso destino, mas, para que ela aconteça, é preciso a intervenção do acidente. O acidente, que procede da contingência, é o contrário do destino, que procede da necessidade. Mas, sem este contrário, o destino não poderia se realizar.

Aí reside nossa possível salvação. Porque *podemos usar de astúcia com o destino catastrófico,* afastando-o do nosso caminho, retardando, em todo caso, o seu prazo de vencimento, cortejando a deusa Fortuna para que o acidente não se realize. Pensemos na dissuasão nuclear durante a guerra fria. Não foi a intenção manifesta de destruir o inimigo com um segundo ataque de retaliação que o dissuadiu de atacar primeiro. Houve uma parte enorme de acaso. Dezenas de vezes nós escapamos "por um triz" da guerra nuclear. Este flerte permanente com o acidente que teria permitido ao destino apocalíptico se realizar foi o que deu aos governantes a sabedoria de fazer tudo para evitá-lo. A sabedoria consiste aqui em jogar com fogo: não nos aproximarmos demais dele porque corremos o perigo de nos queimar; tampouco nos afastarmos demais porque ele nos protege, lembrando-nos sem cessar o perigo ao qual ele nos expõe.

Em outros termos, como dizia o poeta Hölderlin, o que pode nos salvar é o mesmo que nos ameaça: "Lá onde cresce o perigo cresce também o que salva"[14].

---

quântica. O ponto fixo deve, além disso, se pensar aqui como a *superposição* de dois estados, um que é a ocorrência acidental e fatal da catástrofe, e outro que é sua não ocorrência.

14. Friedrich Hölderlin, "Patmos", 1808.

O que é o retrofuturismo? – Introdução aos futuros virtuais[1]
Elie During

PRÓLOGO: *ANGELUS NOVUS*

O Anjo da História avança de costas voltadas ao futuro, soprado por uma deflagração vinda do fundo das idades. Arrastado pela tempestade do "progresso", a sucessão dos acontecimentos lhe aparece como a continuação de uma única e mesma catástrofe, testemunhada, a seus pés, por um monte de ruínas que se elevam até o céu. Na célebre alegoria inspirada a Benjamin por um quadro de Klee[2], já não há mais tempo de despertar os mortos, de reunir os vencidos; o Anjo mal consegue arrancar, de passagem, algum fragmento ou retalho do passado para levar consigo em sua corrida desenfreada.

Do ponto de vista desse messianismo invertido, o arquivo pode ainda alimentar a paixão historicista, mas apenas com a condição de se apresentar como intrinsecamente "irrecuperável", como o é, aliás, "a imagem do passado que ameaça desaparecer com cada presente que não se reconheceu como visado nela"[3]. O cronista gostaria que, "de tudo que alguma vez adveio, nada fosse considerado como perdido para a História"[4], mas ele transforma tudo o que toca em relíquia. O arquivo se oferece então,

---

1. Tradução de Paulo Neves.
2. Walter Benjamin, "Thèses sur la philosophie de l'histoire", *Essais 2*, trad. M. de Gandillac, Paris: Denoël, 1983, p. 198.
3. Idem, ibidem, p. 197 (tradução modificada).
4. Idem, ibidem, p. 196.

melancolicamente, como o anúncio antecipado de uma ruína futura: "O verdadeiro rosto da História se afasta a galope. Não se retém o passado senão como uma imagem que, no instante em que ela se deixa reconhecer, lança um clarão que nunca se verá de novo"[5]. Se a imagem – arquivo, vestígio ou documento – possui mesmo assim uma energia de reserva, uma energia potencialmente explosiva, é que ela nunca é simples traço ou vestígio: sua feitura mesma manifesta entrelaçamento ou sobreposição de temporalidades que contraria a ideia demasiado simples de um passado que se formaria *após* ter sido presente. Na meada do tempo, todo arquivo é simultaneamente sobrevivência, anacronismo oferecido ao jogo de retomadas e de transformações das quais pode se valer um messianismo "fraco", que cultive uma relação irônica com seu próprio projeto. Mas, do passado, o que é que pode efetivamente ser reativado, senão precisamente o embrião de futuro que cada um de seus estilhaços continha – e ainda contém? O futuro, como todos sabem, dura muito mais. Portanto, não se dirá que nada do que devia ou podia advir deve ser considerado como perdido para a História, mas sim que nada do que devia ou podia advir, nada do que estava por vir, está irreversivelmente perdido. O que não implica, evidentemente, que os futuros do passado possam ser apreendidos como futuros em relação ao *nosso* presente, nem que baste recolocá-los em cena para tenham instantaneamente uma segunda vida.

Aqui uma imagem se oferece a nós, um pouco menos sombria que a que Benjamin formou no núcleo do desastre. Em verdade, o Anjo da História está de frente para o futuro, mas, já que o futuro não existe – pelo menos não existe ainda! –, ele não tem outra escolha senão fixar o vazio entregando-se ao seu sonho desperto, impelido às suas costas pelos futuros de passados pelos quais se sente apenas obscuramente visado. Numa variante mais contemporânea, é preciso representar o Anjo da História como um automobilista: ele não é soprado pelo vento da explosão, não vê se acumular a seus pés um monte de ruínas; ele roda sem visibilidade numa autoestrada montanhosa, acompanhado à sua direita pelos futuros do passado lançados em alta velocidade e cuja imagem brilha por um instante na luz dos faróis antes de desaparecer na noite.

---

5. Idem, ibidem, p. 197.

FUTURISMO "RETRÔ" E "RETROFUTURISMO"

"Retrofuturismo": o aparecimento dessa palavra-valise pode ser datado com precisão. É atribuída a Lloyd Dunn, praticante da colagem sonora, cofundador dos Tape-Beatles e animador da revista experimental *Retrofuturism*, um rebento neossituacionista do fanzine *PhotoStatic*, criado em 1983 nos Estados Unidos, cuja marca distintiva era apropriar-se de um código visual e gráfico herdado dos anos 1950 e 1960, com seus entusiasmos ingênuos pela inovação tecnológica. Na mesma época, um grupo *pop* eletrônico alemão, Kraftwerk, explorava imagens vizinhas, as das vanguardas construtivistas dos anos 1920, para encenar uma música que seria idealmente tocada por máquinas. O termo pegou. Circula há alguns anos em diferentes setores da cultura contemporânea, nos cruzamentos das vanguardas e da cultura de massa, mas também da arte e da tecnologia, designando em realidade coisas bastante distintas que, no entanto, têm a característica comum de procederem a uma montagem temporal entre passado, presente e futuro. Diante do caráter difuso do fenômeno, toda definição parecerá necessariamente arbitrária. Mesmo assim, tentemos. "Retrofuturismo" indica o cruzamento de tecnologias ou formas de vida "futuristas" com outras tidas como caducas ou ultrapassadas; de maneira mais geral, o termo assinala a transposição dessas tecnologias e formas de vida a suportes ou a molduras de outro tempo. Em todos os casos, "retrofuturismo" sugere a interpenetração de visões do futuro e de visões do passado, e a imbricação de umas com as outras. Pois é evidente que as visões do futuro podem ser elas mesmas datadas; na maioria das vezes o são, e é justamente aí que reside toda a questão do retrofuturismo.

Observando as coisas um pouco mais de perto, duas tendências principais se destacam. Para abreviar, haveria, de um lado, um fascínio divertido pelo futurismo "retrô", pelas imagens associadas às visões datadas do futuro; de outro, o imaginário ucrônico[6] dos mundos do passado, repintados com as cores do futuro: um "retrô" futurizado, se quiserem.

---

6. Isto é, tal como poderia ter ocorrido, segundo o termo *ucronia,* criado pelo filósofo francês Charles Renouvier (1815-1903). (N. T.)

Assim, primeiro haveria um movimento de antecipação retrospectiva, ou de "retrocipação"[7]: trata-se de considerar o futuro *do ponto de vista do passado*, de reencenar, de reproduzir, de reativar o futuro tal como o passado podia imaginá-lo[8]. Pois há uma história das projeções futuristas e de suas mitologias, como indica o título de uma exposição organizada pelo Instituto Smithsonian no começo dos anos 1980: *Yesterdays tomorrows* [Os amanhãs de ontem]. O futuro tem uma história e, portanto, também um passado. Devaneios futuristas e pitorescos de Wells ou de Júlio Verne; projetos grandiosos imaginados pelos arquitetos visionários ou pelos desenhistas de quadrinhos: o futuro é urbano. É Gotham City, mas também a Moscou dos construtivistas, a Tóquio dos metabolistas, a Brasília de Oscar Niemeyer, Manhattan sob o domo geodésico de Buckminster Fuller. Cidades futuras cobertas de domos de cristal, atravessadas em todos os sentidos por carros voadores e dirigíveis (vejam a abertura do filme *Fuga no século XXIII*). Cidades *reais* também, enfeitadas de vez em quando por loucuras arquitetônicas que testemunham a paixão do futuro da qual se alimentava, ainda há cinquenta anos, a certeza de um progresso tecnológico em princípio indefinido na América de Eisenhower e, mais tarde, no Japão e na China do *boom* econômico. Eis o que o futuro *poderia ter sido* se o passado tivesse sabido traduzir na realidade a força propulsora da imaginação dos homens. Mas, também, eis o que éramos capazes de imaginar, eis o futuro no qual tínhamos a força de acreditar. Numa veia menos fantasmagórica e mais nitidamente tecnológica, pensemos igualmente nas imagens de trens monotrilho de alta velocidade, de carros com rodas esféricas e de aviões-foguetes, que alimentam a paixão fetichista do colecionador. Mesmo as casas se parecem com astronaves ou discos voadores: vejam a casa "Futuro", de Matti Suuronen. Os recursos digitais e da internet permitem documentar tudo isso: permitem entrever um gigantesco *arquivo do futuro*, como mostra, por exemplo, o interesse crescente pelas *"time capsules"* (cápsulas do tempo) nas grandes exposições universais do século XX, em particular as de 1939 e de 1964 nos

---

7. É o termo introduzido por Arnauld Pierre em *Futur antérieur: art contemporain et rétrocipation*, Paris, M19, 2012, p. 19.

8. Sobre esse tema, Elizabeth E. Guffey, *Retro: The Cult of Revival*, University of Chicago Press, 2006. Sobre o "retrô" em geral, Simon Reynolds, *Pop Culture's Addiction to its Own Past*, Nova York: Faber&Faber, 2011.

Estados Unidos. Aliás, foi de forma muito literal que a empresa Westinghouse quis dar, nessas duas ocasiões, publicidade mundial à sua marca, encerrando em cápsulas feitas de metal especial uma seleção de objetos julgados representativos da época e de seus sonhos, em atenção à humanidade futura. Em 1939, a cápsula continha obras de Thomas Mann e de Albert Einstein, mas também um exemplar da revista *Life*, amostras da imprensa popular (revistas *pulp* e outras), um telefone, uma máquina fotográfica etc. O caráter trivial do conteúdo dessa cápsula do tempo vinha assim desmentir o dispositivo espetacular empregado para o restante da exposição; alguns verão aí, talvez, o ponto de real ao qual se prende finalmente a fabulação futurista, assim como o enternecimento ligeiramente condescendente diante dessas imagens ou "cenas da vida futura" (como dizia o escritor Georges Duhamel). O interesse pela extrapolação futurista é sempre tingido de um pouco de nostalgia; exprime preocupação e mesmo cuidado particular pelos futuros caducos ou natimortos, cuja possibilidade mesma, parece, deveria ser salvaguardada de uma maneira ou de outra[9]. Não há dúvida alguma de que muitos artistas contemporâneos encontram aí o meio de driblar o imperativo que lhes é feito, tanto hoje como sempre, de ser absolutamente modernos[10].

Isto quanto ao primeiro movimento: o futuro do passado recolhido pelo presente, arquivado e, por que não, refabulado numa atmosfera de nostalgia divertida. Mas "retrofuturismo" designa também, num segundo sentido, o movimento inverso; não do passado para o futuro, mas do futuro para o passado. Trata-se, dessa vez, de reconstruir o passado à luz do futuro, de imaginar, em suma, um passado alternativo, uma ucronia, interpolando o futuro no passado. Para isso, basta retrojetar em tempos distantes certos elementos tecnológicos do nosso presente ou de um futuro pressentido. É a operação sugerida pelo gênero de ficção científica *steampunk*, um primo distante do *cyberpunk*, que deve seu nome a um romance célebre de Bruce Sterling e William Gibson, *A máquina diferencial*. Publicado em 1990, esse romance desenvolve narrativamente a hipótese segundo a qual o computador teria nascido um século antes, em plena Inglaterra vitoriana, dos poderes combinados da máquina a vapor e da

9. Arnauld Pierre, *Futur antérieur*, op. cit., p. 48.
10. Ver igualmente: *Rétrofuturisme, steampunk et archéomodernisme. Catalogue de l'exposition Futur antérieur à la galerie du jour Agnès B. à Paris, du 24 mars au 26 mai*, Paris: Le mot et le reste, 2012.

máquina lógica de Charles Babbage. Os computadores soltam fumaça como locomotivas; são transportados em estojos de couro e de madeira, com belos fechos de cobre. Esse princípio de hibridação pode ser estendido a todos os tipos de tecnologias. A série *Leviatã*, romances de sucesso de Scott Westerfeld, mistura aos combates de trincheiras da Primeira Guerra Mundial exércitos de *cyborgs* e máquinas do futuro. Artistas, grafistas e estilistas trabalham hoje dentro desse espírito, o que mostra que o *steampunk* é, mais que um subgênero da ficção científica contemporânea, um verdadeiro estilo, no sentido em que se fala de estilo *art nouveau, pop* ou *art déco*. Citemos, no cinema, a série de adaptações de *Sherlock Holmes*, mas também um filme como *As aventuras de Rocketeer*, que encena as aventuras de um "homem a propulsão" num cenário *art déco*, ou ainda a série televisiva *The wild wide West* e, honra seja feita, o inesquecível filme *Brazil*, de Terry Gilliam, realizado em 1985.

Na prática, é claro, as duas linhas não cessam de se misturar. *Star wars*, por exemplo, se apresenta como um filme arqueo ou paleofuturista: a *space-opera* intergaláctica (típica da primeira orientação do retrofuturismo) funde-se ali com grandes temas mitológicos imemoriais (cavaleiro, ciclo do Graal etc.), em cenários que evocam às vezes os tempos medievais (procedimento típico da segunda orientação). As duas orientações se materializam num objeto emblemático, que resume toda a ambivalência dessa construção retrofuturista: o famoso sabre de luz. Segundo o mesmo princípio, os desenhos animados do japonês Miyazaki, como *O castelo animado*, procedem a uma mistura de retrô Meiji e de máquinas do futuro, sobre um fundo de pós-apocalipse.

Esse tipo de análise tem a vantagem de não encerrar muito rapidamente o fenômeno retrofuturista numa perspectiva que veria nele apenas um efeito de cenário, um código visual ou uma questão de estilo. Os filmes de Jacques Tati, *Mon oncle* e principalmente *Playtime,* põem literalmente em cena a interpenetração e mesmo a sobreposição de dois tempos, de dois estados da sociedade francesa. Mencionemos, para abreviar, a sociedade dos anos 1950 e a que se anuncia com a construção do bairro La Défense, em Paris, nos anos 1970-1980. Sob esse aspecto, as cenas de aeroporto, no começo de *Playtime*, são particularmente interessantes, porque o aeroporto é de todos os lugares o mais claramente "não lugar", no sentido em que o entende o antropólogo Marc Augé: não lugar suspenso entre as chegadas e as partidas, entre várias destinações, mas também entre vários tempos ou ritmos de atividade. O saguão do aeroporto contemporâneo organiza a coexistência das linhas futuristas, que evocam velocidade e fluidez, e traços anacrônicos das culturas vernaculares: *pub* irlandês, bistrô parisiense com sanduíche de baguete, lojas de cartões-postais e de suvenires *kitsch*, torre Eiffel de plástico, *foie gras* e macarrão... Claro que os aeroportos mudaram. Mas o tratamento que Jacques Tati reserva a esse tipo de espaço, no final dos anos 1960, tem um valor perfeitamente atual. A operação consiste em extrair daí uma espécie de quintessência que se coloque verdadeiramente fora do tempo, ou que pelo menos pertença a uma temporalidade flutuante. Na mesma ordem de ideias, e ainda em *Playtime*, a cena do *drugstore* instalado num bairro moderno, às portas de Paris, oferece o tipo daquilo que Deleuze chamou de "situações ópticas e sonoras puras". O retrofuturismo nos dá um pouco de tempo em estado puro: essa é uma das pistas que as considerações a seguir querem trilhar.

A NOSTALGIA DO PRESENTE

De maneira geral, o que caracteriza o retrofuturismo é manter juntas duas orientações contrárias, a ponto de torná-las indiscerníveis. De fato, o arcaísmo como sobrevivência do passado numa visão presente do futuro não é separável do arcaísmo dessa visão do futuro ela mesma, enquanto produzida pelo passado ou cuja extinção se pode antecipar. O futurismo retrô e o retrô futurizado são como o avesso e o direito. E é certamente com essa ambivalência que jogam os artistas e os criadores quando se apoderam deliberadamente do tema retrofuturista.

Assim, as roupas desenhadas por Courrèges, Pierre Cardin ou Paco Rabanne nos anos 1960 são, *ao mesmo tempo*, a projeção visionária de um futuro em que a humanidade viveria em casas-bolas e se sentaria em poltronas-bolas, e uma reapropriação brincalhona do tema já datado da era espacial, antecipando assim em algumas dezenas de anos o olhar divertido que os contemporâneos dos anos 2000 dirigiriam a suas criações. A alta-costura e o *design* de vanguarda juntam à antecipação dos modos de vida futuros o comentário irônico que denuncia a paixão futurista como uma pose, uma atitude, um simples efeito de estilo.

Hoje, um fotógrafo como Ben Sandler realiza para as revistas de moda cenas da vida doméstica muito fortemente marcadas pelo *design* e pela moda dos *sixties* americanos. Mas a impressão produzida pelas imagens da série *Tomorrowland*, no cenário de uma *villa* de Alvar Aalto, tem algo de indecidível. Esse universo intimista e ao mesmo tempo perfeitamente artificial é espantosamente *contemporâneo*, como gostam de dizer os críticos de *design*. Sentimos obscuramente que ele busca dizer alguma coisa de *nosso* futuro, de um futuro que teria podido, que poderia ser o nosso. Não há dúvida alguma de que parte do fascínio suscitado pelo seriado *Mad men* traduz um sentimento do mesmo tipo. A despeito do extremo cuidado de realismo e de fidelidade histórica na expressão da textura de uma época – até mesmo a escolha de relógios e canetas –, o prazer de acompanhar os membros de uma agência de publicidade no coração da Manhattan dos anos 1960 procede, em realidade, do mesmo fascínio pelo caráter *irreal* desse passado que imaginamos facilmente em preto e branco ou na distância do clichê, do estereótipo inscrito nas imagens "cromo" da revista *Life*, e que redescobrimos como uma versão possível do nosso presente. Pois esse passado, esse impulso futurista dos anos 1960 que conjugava crescimento econômico e liberação dos costumes, é recuperado aqui com a cor e o gosto do presente, como um presente alternativo que poderia duplicar o nosso, a ponto de recobri-lo. O universo de *Mad men*, seu irreal do passado, é uma proposição do presente. Não são os lançadores de modas que dirão o contrário. Aliás, reencontramos aqui o afeto típico do filme de reconstituição histórica, ou do "filme de nostalgia", analisado por Fredric Jameson no caso emblemático de *Corpos ardentes*, filme de Lawrence Kasdan realizado em 1980. Nesse filme, cuja ação se passa numa cidadezinha da Flórida do final dos anos 1970, a poucas horas de Miami, tudo é feito para evitar os sinais que poderiam dar ao espectador uma ligação com a contemporaneidade, tudo no filme está banhado numa atmosfera "anos 1930", "para além do tempo histórico real". O conjunto adquire assim "o charme e a distância de uma brilhante miragem"[11].

O procedimento traduz, segundo Jameson, o "declínio de nossa historicidade, de nossa capacidade vivida de fazer ativamente a experiência

---

11. Fredric Jameson, *Le Postmodernisme ou la logique culturelle du capitalisme tardif*, trad. francesa F. Noveltry, Paris: École Nationale des Beaux-arts de Paris, 2007, p. 62.

da história". Mas o procedimento mesmo do "simulacro" é interessante pela maneira como consegue tornar a interpolação das épocas quase imperceptível, para melhor intensificar a nostalgia sentida em relação a um presente invadido por eflúvios do passado, ou que se recupera ele próprio na forma da retrospecção. Existe aí algo de análogo à "lembrança do presente" descrita por Bergson: o recobrimento imediato da percepção presente por sua própria lembrança, a recuperação do presente como passado – como o passado que ele já é[12]. Da formação dessa imagem virtual, banhada numa atmosfera de passado genérico, os programas de tratamento digital de fotografia, como Hipstamatic ou Instagram, oferecem uma analogia concreta quando dão instantaneamente a uma fotografia a qualidade ou a tonalidade de fotografia de época, amarelecida pelos anos, à maneira das velhas polaroide. O efeito Instagram consiste em produzir de imediato um *ersatz* de cápsula do tempo, um pseudoarquivo do presente, um *vintage* instantâneo. A polaroide tradicional já obtinha, por meios analógicos, essa inscrição fotográfica de uma lembrança do presente. Mas o Instagram enfraquece o *punctum* fotográfico caro a Roland Barthes, ou, mais precisamente, retira-lhe a ponta e o faz flutuar numa temporalidade sem referência. O afeto próprio ao "isso foi" fotográfico – a ideia de que o que se apresenta em imagem é irremediavelmente findo, passado – se dilui numa duração vaga, indefinível, que vem engrossar o presente colando-se nele. É um presente imediatamente transfigurado, não na distância brumosa da lembrança, mas em seu equivalente perceptivo, que o estilo polaroide materializa aqui, com sua pátina típica: qualidade degradada, cores enfraquecidas, efeitos de saturação ou de solarização etc. O afastamento irreversível, o processo de decantação da lembrança, tudo isso nos é dado de uma só vez sob a forma de uma cápsula do tempo instantânea, como se diz do café instantâneo, que poupa o lento trabalho de percolação de um bom café *espresso*. Envelhecimento acelerado, retrospecção antecipada. O Instagram substitui o "isso foi", ou sua transposição no futuro anterior ("isso terá sido"), por algo como um *imperfeito do presente*: "isso era agora". É uma qualidade difusa, mas evidente, que se liga agora ao presente. O que queremos fixar é aquilo que, do presente, é imedia-

---

12. Henri Bergson, *Le souvenir du présent et la fausse reconnaissance*, Paris: Presses Universitaires de France, 2012.

tamente apropriável sob a forma de imagem-lembrança. Um suvenir do presente, portanto. Como se diz: suvenir de Paris, suvenir de Nova York.

Na verdade, é ainda mais complicado. A lembrança do presente descrita por Bergson mobiliza apenas a forma pura do passado, um passado genérico que é o índice da lembrança pura contemporânea da percepção. Mas, no caso do *vintage* instantâneo, não se trata de qualquer passado. O passado é inteiramente datável: corresponde justamente à idade de ouro da polaroide. O ponto de referência se situa em alguma parte entre os anos 1960 e os anos 1980. De modo que, desse ponto de vista, não é a imagem que reflui ao passado indefinido para alcançar de forma antecipada as relíquias do passado (papéis amarelados, cores enfraquecidas); ao contrário, é antes a época particular à qual associamos essa qualidade fotográfica, são os anos polaroide que refluem no presente, o qual aparece de repente como o futuro – um futuro possível – daquele passado. Portanto, o que a magia do meio digital efetua é uma estranha conversão, uma troca imperceptível dos tempos em favor da qual o presente é repetido por uma espécie de futuro virtual. A tonalidade geral da imagem, sua pátina, abrem uma temporalidade fictícia que visa nosso presente *como futuro*, segundo um movimento de futurização que se apoia diretamente no elemento do passado, na capacidade desse passado de nos divisar, por assim dizer, pelas costas – divisar nosso presente como *seu* futuro, um futuro que teria ainda o gosto e a cor daquele passado. Não é mais o presente visto como passado (o imperfeito do presente); é o presente visto como futuro, pelos olhos de certo passado, que insiste e se prolonga estranhamente no núcleo mesmo de nossa contemporaneidade.

A INTUIÇÃO RETROFUTURISTA

Esses exemplos permitem agora precisar uma intuição. A ambivalência do retrofuturismo, como dissemos, se deve ao duplo circuito que ele institui: do passado em direção ao futuro e do futuro em direção ao passado. Passadização do futuro, futurização do passado. Ora, esses dois movimentos, aparentemente tão distintos por suas orientações respectivas, poderiam em realidade ser uma coisa só. Ou, o que dá no mesmo, esses movimentos talvez sejam apenas efeitos de perspectiva sobre um fenômeno mais fundamental cuja característica é perturbar o escalonamento familiar dos planos temporais (passado, presente, futuro) que dá suas referências à nossa situação histórica.

Esse fenômeno, para dizer de maneira simples, seria o de um *retrofuturismo do presente*. Esse retrofuturismo se distingue pela capacidade de o presente carregar uma imagem dele mesmo *como futuro*; mas também, simultaneamente, *como passado*: passado desse futuro que ele carrega e retarda, passado que remete, certamente, a um passado mais profundo, a um passado imemorial do qual nosso presente seria como a projeção ou o sonho desperto.

Graças a um curioso movimento de torção sobre si do presente, a consciência se apoia no passado para projetar no presente um espectro ou um fantasma do futuro, verdadeiramente *Unheimlich* [inquietante]. Ela dispõe assim um circuito paralelo ao tempo histórico. É como se houvesse um futuro do passado que acompanhasse a cada instante a percepção presente. Não é a lembrança do presente que Bergson descrevia, a lembrança imediata que acompanha virtualmente cada percepção: é o presente duplicado pela projeção de um futuro do passado que, a rigor, não pode ter outro conteúdo senão o próprio presente. É esse caso puro que o efeito Instagram ilustra: o presente como remanência ou eco atenuado do passado na forma genérica do futuro. Haveria assim uma antecipação ou uma projeção do presente, um eco futuro do presente, como há, segundo Bergson, uma lembrança do presente. O presente poderia ser antecipado ao mesmo tempo em que é vivido; poderia ser apreendido como porvir, projetado ao mesmo tempo em que se faz – mas projetado, de certo modo, às nossas costas, como o eco de um tempo findo.

O FIM DA UTOPIA

Admitamos que essas fórmulas têm algo de misterioso. Pode-se tentar esclarecê-las evocando outro exemplo tirado do livro de Jameson, no capítulo intitulado, justamente, "A nostalgia do presente". Esse exemplo difere sensivelmente do de um filme de nostalgia e de moda "retrô". Baseia-se num romance de Philip K. Dick intitulado *O homem mais importante do mundo*, publicado em 1959, e cujo argumento lembra um pouco o do filme de Kasdan, mas com a diferença de um detalhe de orientação. De fato, dessa vez a ação parece se desenrolar claramente numa cidadezinha no final dos anos 1950. Mas, numa veia muito representativa da tradição paranoica encarnada por Dick, um acúmulo de detalhes aberrantes leva o leitor a compreender que o quadro é, em realidade, o de um simulacro concebido em 1997, ou seja, no futuro (em relação à época em que o autor escrevia). Jameson identifica no romance de Dick um "excesso de futuro anterior", isto é, uma estratégia de desfamiliarização que passa pela "apreensão do presente como passado de um futuro específico"[13]. O futuro é evidentemente aqui um pretexto: desempenha no romance um papel inteiramente secundário, a questão sendo produzir uma descrição maximamente "realista" do presente no modo da lembrança ou da reconstituição. Aos olhos de Jameson, porém, essa estratégia falha. Aliás, ela está estruturalmente ligada à descrição do passado como presente, que era o procedimento característico do filme de nostalgia. Futuro anterior e passado composto (com o presente) testemunham, cada um à sua maneira, nossa incapacidade de alimentar um verdadeiro projeto utópico. É ainda o que sugere Jameson num outro livro, *Archeologies of the future*, especialmente no capítulo intitulado "Progress versus Utopia. Can we imagine the future?"[14]. Compreende-se aí que a ficção científica, em suas orientações mais recentes, sobretudo em sua tendência retrofuturista – embora Jameson não a considere com esse nome –, é o sintoma de uma mutação de nossa relação com o tempo histórico em geral. O olhar distante, ao mesmo tempo irônico e nostálgico, voltado às figuras do passado, não traduziria apenas uma desilusão ante os ideais tecnocientíficos do progresso, ou uma desconfiança ante as derivas totalitárias da imaginação utópica. A ficção científica exprimiria, mais fundamentalmente, algo de nossa relação com o futuro em geral e da nossa incapacidade de alimentar um verdadeiro projeto utópico. Assim compreendida, a ficção científica não é uma máquina de produzir "imagens" do futuro – e isso vale evidentemente para as imagens retrofuturistas –, mas antes uma máquina para nos desfamiliarizar, uma máquina para reestruturar nossa relação com o próprio presente em nós, remetendo a imagem do nosso presente à de um "longínquo passado de um mundo futuro"[15]. Nesse

---

13. Fredric Jameson, *Le Postmodernism...*, op. cit., p. 396.
14. Fredric Jameson, *Archeologies of the future*, Londres: Verso, 2005; trad. francesa *Archéologies du futur II. Penser avec la science-fiction*, Paris: Max Milo, 2008.
15. Fredric Jameson, *Penser avec la science-fiction*, op. cit., p. 19.

sentido, os futuros imaginados pela ficção científica buscam sempre fazer de nosso presente "o passado particular de uma época ainda por vir", "o longínquo passado de um mundo futuro". A ficção científica passadiza o presente, acelera sua obsolescência. Mas ao mesmo tempo encoraja uma autorreflexividade patológica que é o avesso da atrofia da imaginação utópica. Trata-se, em suma, de dramatizar nossa incapacidade de imaginar o futuro trabalhando essa barreira ideológica pelas bordas, através da variação dos possíveis, mobilizando, se necessário, os recursos da ucronia e da história conjectural.

Se a evocação do impulso futurista dos tempos passados é algo mais que simples efeito de estilo, um cenário para novas fábulas, se não se restringe simplesmente à denúncia um pouco boba das derivas totalitárias da utopia, gênero do qual se vale a ficção científica distópica, é que não estamos reduzidos à constatação tristonha de nossa dificuldade presente de simplesmente desejar o futuro. No retrofuturismo, na atração pitoresca exercida pelas "cenas da vida futura", há algo mais que um sintoma de "presentismo" como mal do século[16].

É evidente que a reciclagem nostálgica das visões passadas do futuro traduz algo mais que um julgamento distanciado sobre o futurismo. O retrofuturismo não se contenta em ver no futurismo "retrô" a expressão de uma adesão ingênua ao grande relato da modernidade, ao mito do progresso como convergência feliz do desenvolvimento técnico e do projeto político. Tampouco se contenta em apontar os indícios perturbadores de seu avesso distópico, o pressentimento inquieto das sociedades totalitárias e das catástrofes por vir. Seria passar ao lado da torção que o retrofuturismo submete à consciência histórica construindo um híbrido, uma quimera histórica de um novo tipo: os futuros paralelos ou virtuais. É disso que devemos falar agora.

FUTUROS FLUTUANTES

A análise de Jameson é conduzida com muita força, mas conseguiria explicar os aspectos mais interessantes do fenômeno retrofuturista, especialmente em sua expressão na ficção científica? Seu diagnóstico não faria

---

16. Ver François Hartog, *Régimes d'historicité: présentisme et expériences du temps*, Paris: Seuil, 2003.

pouco-caso da tonalidade *punk* que adquire com frequência, na prática, a suposta nostalgia retrofuturista? De fato, diz-se que o futuro não é mais o que era porque não somos mais capazes de pensar e de viver à altura de uma visão do futuro, porque não somos mais capazes de acreditar nele. Segundo a poderosa imagem de Walter Benjamin já evocada, o Anjo da História avança de costas viradas ao futuro, soprado e projetado por uma deflagração que vem do fundo das idades. Mas, justamente, essa melancolia tendencial da consciência histórica não é senão uma dimensão do fenômeno. Ela não deve fazer esquecer o caráter *bricoleur* e lúdico de uma consciência histórica que *remonta* o tempo e *reativa*, graças aos recursos de uma imaginação informada, possíveis residuais e futuros natimortos no domínio das técnicas ou das formas culturais em geral.

Não é inútil dar aqui alguns elementos de contexto histórico. O retrofuturismo emerge nos anos 1970 e no começo dos anos 1980, no momento preciso em que as perspectivas de abundância e de progresso econômico e social indefinido aparecem cada vez mais bloqueadas. É o fim da era espacial, da reestruturação dos projetos da NASA, dos dois choques petrolíferos e suas consequências, mas também do advento do ciberespaço no lugar do espaço, fonte de novos temores e de novos fantasmas. Sob esse aspecto, o afeto nostálgico do "retrô" cumpre uma função mais positiva, ao fazer ouvir uma reivindicação de arcaísmo acompanhada de uma vontade de bricolagem, de livre apropriação das tecnologias de ponta. É o que resta do espírito do *punk* no *steampunk*: conecta-se o computador a uma máquina a vapor ou a um trator, como num projeto do artista Jeremy Deller. De maneira geral, é interessante observar que a reapropriação *punk* (*steampunk*, *dieselpunk*, *clockpunk*) dos motivos da ficção científica "tradicional" (isto é, tradicionalmente futurista) apenas exprime, numa ordem particular, um fenômeno mais geral. O escritor de ficção científica Brian Aldiss explicava que a ficção científica se torna possível somente a partir do momento em que as mudanças de fundo de uma sociedade são capazes de ser vividas no espaço de uma única vida humana ou de uma única geração. Essa ligação entre a aceleração vivida das transformações sociais e o desenvolvimento da ficção científica como gênero é inquestionável. Aliás, é impressionante que o horizonte temporal da antecipação tenda, aqui como alhures, a se encurtar. O futuro projetado pela exposição universal de 1939 já não ultrapassava o século XX: projetava-se nos cinquenta anos seguintes, tendo em vista, para começar, a exposição de 1964. Os relatos de antecipação mais recentes não necessitam mais que alguns anos de separação com o presente para compor as histórias de um "futuro próximo" ("*a not too distant future*"). Ao que se pode acrescentar: quando a evolução tecnológica torna sensível o fato de o futuro se anunciar realmente diferente do presente, abre-se também a possibilidade de contornar seu imperativo imaginando linhas de evolução de natureza muito distinta. Desse ponto de vista, o retrofuturismo ativo, assumido, aparece como uma variedade da *contrautopia* no contexto particular da revolução digital. É nessa perspectiva que convém considerar um movimento geralmente associado ao retrofuturismo: a corrente *"retronics"*, adepta da reciclagem criativa, que afirma, no espírito da revista *Make* e do *Faça você mesmo*, a vontade de retraduzir tecnologias contemporâneas em materiais pobres ou obsoletos. Voltaremos mais adiante a esses aspectos do fenômeno.

Certamente não se pode criticar Jameson por não evocar tudo isso: em 1982, quando ele publica seu texto sobre a imaginação do futuro, o gênero *cyberpunk* era balbuciante e mesmo a palavra "retrofuturismo" ainda não fora inventada. Mas os limites da análise, ou seu alcance crítico, se devem claramente a um postulado fundamental relativo ao próprio futuro. É a ideia de que o bom paradigma para abordar a questão do futuro, da nossa relação com o futuro, do modo de existência e de presença do futuro, é o da utopia. Ora, nessa perspectiva, que é a da teoria crítica e dos estudos culturais, o futuro é imediatamente indexado aos atos de uma consciência (individual ou coletiva) que define o futuro segundo o modo do projeto. Quando não é trivialmente *o que será* – presente em reserva, suspenso à condição de sua realização, de sua efetuação –, o futuro é desde o início compreendido como um conjunto de representações, de crenças, de motivos práticos capazes de infletir a evolução histórica de uma sociedade ou, ao contrário, de paralisá-la. Ele é o que projetamos: uma expressão do estado presente de nossas expectativas, de nossos desejos, de nossas capacidades de crer, de esperar, de assumir um destino coletivo etc. Ora, desse ponto de vista, como já assinalava Santo Agostinho, não há senão o presente: "o presente do presente, o presente do passado, o presente do futuro".

Quer o imaginemos como um existente em reserva (um possível) ou como uma realidade simplesmente projetada (um projeto), o futuro é sempre determinado como presente por vir. E essa subordinação ao presente, como foi sugerido na primeira parte, leva inelutavelmente a desvalorizar o futuro como um modo do irreal. Mas tudo muda se, ao contrário, nos preocupamos com o modo de existência singular do futuro, na medida em que ele implica mais que o simples fato de não ser ainda. O futuro, de certo modo, não nos espera: ele já é ativo, e de mil maneiras, para além das representações que fazemos dele, para além das promessas e dos temores. O retrofuturismo ilustra isso de inúmeras formas: o futuro é uma força insinuante que não cessa de desfazer a evidência do presente. Não estamos condenados a definir o futuro ora como um inexistente, um presente por vir, ora como a forma assumida pelo conjunto de nossos projetos. Entre um estado de coisas objetivo mas indeterminado (o que será mas que não se conhece, o presente por vir) e um estado de coisas determinado mas subjetivo (uma representação, um projeto, um ato intencional), não há o que escolher. O futuro pode ser objetivo e determinado, contanto que o relacionemos à sua operação própria num tempo mais desprendido que o de nossos calendários ou de nossas crônicas históricas. Sob a Paris de Haussmann, Benjamin descobria nos anos 1920 a Paris de Baudelaire, mas também a de Granville e Daumier em seus momentos visionários, isto é, o futuro daquela Paris: toda uma estratificação de imagens, de devaneios, de fantasmagorias que um olhar atento pode captar na ordem das representações, mas também na cultura material e nos processos históricos. O presente encerra, assim, no estado de sobreposição, propostas de futuros disjuntivos ligados a passados de profundidade diferente. Cada exposição universal recapitula a seu modo os futuros de todas as outras, acrescentando-lhes o seu. Esse tema da simultaneidade do não simultâneo é bem conhecido, como o é o da imagem dialética – imagem explosiva, montagem de tempos disjuntivos. Limitemo-nos a reter a seguinte ideia: o que vale para sobrevivências arcaicas ou estados anacrônicos da imagem deve valer também para futuros do passado, considerados não apenas como resíduos pitorescos de projetos e de sonhos abandonados, mas como indícios de uma presença efetiva, de uma atividade surda e contínua de interpolação do próprio tempo. Esse tempo espera, ele também, seu modo gramatical: não o futuro anterior (*future perfect*, em inglês), mas o futuro anterior do passado (*past future perfect*).

No inconsciente de uma sociedade flutuam assim concreções de futuro, linhas de futurização errantes, liberadas da ordem linear dos presentes sucessivos. Sempre ligadas por algum tênue fio ao processo histórico, elas derivam à medida que se distancia a perspectiva de sua realização. O dirigível, objeto retrofuturista por excelência (vejam o de Panamarenko), seria uma metáfora bastante boa disso, assim como as estruturas infláveis em geral. Esses futuros flutuantes – no limbo, de certo modo – nem por isso estão totalmente desativados. Mesmo furtivos, estão carregados de uma energia de reserva. Seu modo de presença admite intensidades variáveis e, para disseminar seus efeitos, apenas esperam que os divisemos deliberadamente sob a forma do projeto.

MUNDOS PARALELOS

Em suma, o futuro não está diante de nós como o que ainda não é. Ele não é anterior, é contemporâneo ao presente. Pelo menos, é a perspectiva aberta pelo futuro do passado. Seu modo de existência é, de certo modo, paralelo ao do presente. É preciso, num primeiro momento, tentar ouvi-lo, literalmente. Como escreve William Gibson: *"The future is already here – just not evenly distributed"*. O futuro já está aí, apenas não está distribuído de forma homogênea. Com o risco de agravar o paradoxo, poderíamos completar essa fórmula precisando que, se o futuro já está aí, é porque ele *ainda* está aí, sob a forma de um enxame de futuros propulsados pelas épocas passadas. A citação de Gibson adquire um relevo particular se remontarmos ao que constitui, certamente, uma das fontes primitivas do gênero *steampunk*: um conto publicado em 1981, retomado na coletânea *Burning Chrome* e intitulado "O *continuum* de Gernsback" (*The Gernsback continuum*), em homenagem a Hugo Gernsback, criador de *Amazing Stories*, a primeira revista de ficção científica[17]. O conto de Gibson desenvolve a hipótese clássica de mundos ou de histórias paralelas, introduzindo a possibilidade – não menos clássica – de interferências, de curto-circuitos ou de efeitos de sobreposição na trama do tempo. Mas o achado consiste em ligar esse tema batido a uma questão que tem a ver com a história das formas arquitetônicas, com seus efeitos de latência e

17. William Gibson, *Burning Chrome*, Londres: Harper Voyager, 1995.

Elie During

de sobrevivência. Trata-se, mais precisamente, de um estilo arquitetônico bem identificado hoje, que tem seus aficionados e seus especialistas: o estilo Googie. Esse estilo neo-art déco, amplamente praticado nos anos 1950 na costa oeste dos Estados Unidos, na região de Los Angeles, distingue-se do estilo anos 1930 (o Streamline Modern) por uma mudança de paradigma tecnológico: o impulso não é mais fornecido pela evocação do barco ou do avião a hélice, mas do foguete. Estamos na época da conquista espacial, na era do átomo, do *Sputnik* e das primeiras viagens no espaço. As formas são enfáticas, arrojadas, espetacularmente angulosas; há um gosto pelos arcos autoportantes de concreto, pelas luzes de neon, pelo vidro, pelo cromo combinado aos materiais plásticos e às cores vivas. A exposição universal de Nova York, em 1964, mostra ainda essa tendência associada aos cafés de beira de estrada ou aos terminais de aeroporto. Pense-se, por exemplo, no Theme Building do aeroporto de Los Angeles, com seu aspecto de disco voador. A ideia do futuro apregoada pelo estilo Googie certamente nunca se realizou, mas mesmo assim tinha bastante existência ou consistência na época para se inscrever concretamente na paisagem urbana de cidades como Los Angeles e sua periferia, e para definir o que é visto hoje como a época de ouro do *design* retrofuturista, depois reciclado nos galanteios irônicos da arquitetura pós-moderna. Observemos, aliás, que o caso do estilo Googie se aparenta ao dos criadores da alta-costura evocados anteriormente. É que esse estilo, justamente por se apresentar como tal, não se define como retrofuturista por um efeito de retrospecção, na perspectiva de um presente que lhe sucede; define-se desde o início dessa maneira. Sua dimensão "retrô" é de certo modo assumida no seio mesmo do impulso futurista. Seria um retrofuturismo sem retrospecção, imediatamente eficaz. No entanto foi preciso que William Gibson – o mesmo que escreveu *Neuromancer* e que introduziu mais tarde o gênero *steampunk* com Bruce Sterling – se interessasse pelo caso para que essa tendência maneirista da arquitetura americana encontrasse sua designação exata. De fato, deve-se a ele a expressão "Raygun Gothic", que se pode compreender literalmente como o gótico (da era da) arma a laser.

Qual a relação entre a história de ficção científica policrônica e esse caso arquitetônico? Basta nos reportarmos à sinopse: "O *continuum* de Gernsback" conta de que maneira uma reportagem fotográfica que supostamente documentaria alguns aspectos da arquitetura norte-americana dos anos 1950 – os "fantasmas semióticos" ("semiotic ghosts") de um sonho futurista bruscamente interrompido – adquire um caráter alucinatório à medida que progride, o personagem principal sendo assaltado por visões de um mundo paralelo no qual o futuro sugerido pelo estilo Raygun teria efetivamente se realizado. O livro que deve resultar dessa reportagem fotográfica intitula-se, no conto, *The Airstream Futuropolis: The tomorrow that never was.* E é seu editor que introduz a expressão Raygun Gothic. As alucinações do fotógrafo acabam por desaparecer, mas a realidade alternativa, por um momento entrevista, continua a se manifestar à maneira de fenômenos entópticos, sob a forma de fragmentos incertos que persistem no campo periférico da visão. Na pura tradição do fantástico, tal como o define Tzvetan Todorov, a história permanece suspensa entre duas leituras possíveis, a do realismo e a do maravilhoso, a que atribui ao fotógrafo um episódio psicótico (alucinação) e a que vê em sua aventura uma profecia fantástica, uma revelação inquietante da instabilidade intrínseca da realidade, sua capacidade de fazer existir *fora das consciências* os fragmentos de um inconsciente histórico que reproduz a história oficial – inconsciente neofascista, no caso, como o sugerem as alusões repetidas à arquitetura monumental de Albert Speer. Não é indiferente, por certo, que o personagem principal seja um fotógrafo: a primeira revelação de outra América, no entanto contemporânea, recompensa longas horas passadas a examinar a superfície de um prédio à espera do momento propício, da exposição ao sol que dará a melhor distribuição de sombra e de luz. A um desvio do olhar, um grande objeto voador faz de repente sua aparição, propelido por 12 potentes motores. Mais tarde, é uma cidade inteira que se revela por alguns instantes no retrovisor do veículo, com seus templos dourados, zigurates, estradas de cristal suspensas no ar, o rumor incessante dos girocópteros riscando o céu. Dessa Futurópolis, a arquitetura Raygun ou retrofuturista oferece, de certo modo, a maquete ou o modelo reduzido, do mesmo modo que o filme *Blade Runner*, realizado por Ridley Scott na mesma época, oferecia de Los Angeles uma variante como em anamorfose, ao mesmo tempo distópica e estranhamente plausível.

Essa maquete faz entrever uma patologia temporal de um tipo particular, com a qual os leitores de Philip Dick já estão familiarizados. Não é a melancolia do presente contemplado na perspectiva do futuro anterior; é a paranoia de um futuro virtual contemporâneo do presente num mundo paralelo. Ora, esse procedimento ficcional nos permite captar ao vivo o modo de operação do retrofuturismo. O que interpretávamos espontaneamente como um efeito de transposição do passado ao futuro, ou do futuro ao passado, aparece agora sob sua verdadeira luz. O retrofuturismo não é mais uma qualidade que se atribui, retrospectivamente, a certos aspectos do imaginário tecnológico ou político do passado. Não se reduz mais a uma remontagem pitoresca dos estilos em que as épocas se interpenetram. O retrofuturismo é uma fantasmagoria do presente, não um devaneio sobre o passado. E essa fantasmagoria é efetiva; não é uma simples projeção, mas uma tendência objetiva que opera no núcleo mesmo do presente. Quanto aos futuros que lançam até nós suas linhas de desenvolvimento paralelas, pode-se atribuí-los a fenômenos de anacronismo ou de sobrevivência, com a condição, porém, de não perder de vista o essencial: por mais que sejam virtuais e mesmo furtivos, esses futuros são ainda plenamente ativos, embora em graus de intensidade variável; se são presentes, é de fato enquanto futuros, e isso apesar de trazerem necessariamente a marca do passado, e apesar de o presente não poder se relacionar a eles diretamente como a seu próprio futuro, que de toda maneira não existe. Deve-se concluir daí que eles são de direito disponíveis, portanto suscetíveis de ser incorporados ao processo de realização pelo qual o futuro a cada instante se constitui no presente.

Se o futuro não espera que a percepção se enfraqueça para se formar à maneira de um arquivo ou de um vestígio, se ele se forma – era a hipótese de Bergson – *ao mesmo tempo* que a percepção, como seu duplo virtual, se o passado não é o presente que passou, se é algo mais que uma espécie de pele morta do presente, um resíduo da passagem do tempo, se a rigor, enfim, ele nunca foi presente, deve-se dizer a mesma coisa do futuro, simetricamente. O futuro goza de um modo de existência *sui generis*. Ainda que nunca se realizasse num presente, ele já existe plenamente como futuro do passado; ele atua desde agora, e o que chamamos nosso futuro – o futuro do presente – alimenta-se de todos os futuros do passado, dos quais talvez não seja mais que a sedimentação ou o precipitado.

"RETRONICS" E "RETRO GAMING"

Repetimos, o futuro não é anterior ao presente; como futuro do passado, é contemporâneo ao presente. Tal seria a conjectura de Gernsback (ou de Gibson). Aliás, ela encontraria uma aplicação direta em registros bem diferentes, como o das técnicas, por exemplo. Um estudo atento dos pontos de desligamento entre linhas de evolução tecnológica põe em evidência um fato que McLuhan teorizou: o aparecimento e a difusão de um novo meio revelam com frequência, ao mesmo tempo, a especificidade e a persistência obtusa de um meio antigo (a fotografia no cinema, o cinema na televisão, o telefone na era da internet etc.). Não por acaso Bruce Sterling, coautor de *A máquina diferencial*, está na origem do Dead Media Project: esse projeto, lançado em 1995, buscava constituir na internet um vasto arquivo dos meios de comunicação residuais, acometidos de obsolescência pelo progresso técnico[18]. Os exemplos são muitos. Sterling cita, indiscriminadamente, o fenacistoscópio[19], o telharmonium [primitivo instrumento musical eletrônico], o rolo de cera de Edison [precursor do vinil], o estereoscópio, o telefone Hirmondo, as inúmeras variantes da lanterna mágica, o sistema de troca de informação por tubos pneumáticos... O projeto, que devia culminar na edição do *Dead Media Handbook*, não sobreviveu mais que alguns anos, o que não deixa de ser irônico. Algumas centenas de páginas de notícias e de documentação, reunidas pelo meio um tanto antiquado da *mailing list*, testemunham, mesmo assim, o interesse que lhe deram alguns apaixonados pela história das técnicas. Sterling via no projeto Dead Media uma maneira de aclimatar o antigo gênero da pintura das vaidades aos novos formatos do ciberespaço. Sua intenção, claramente apregoada, era lançar uma advertência aos tecnófilos e incitá-los a um exercício de melancolia por antecipação: chegará o dia em que o computador pessoal e a própria internet nos parecerão meios rústicos, gastos e cobertos de pátina, como os objetos Wabi-Sabi que os japoneses tanto prezam.

---

18. Disponível em: <http: www.deadmedia.org>.

19. Instrumento com desenhos de um mesmo objeto, em posições ligeiramente diferentes, distribuídos por uma placa circular lisa. Quando essa placa gira diante de um espelho, cria-se a ilusão de uma imagem em movimento. (N. T.)

Numa veia bem menos melancólica e mais experimental, inspirada pelo espírito "Faça você mesmo", o movimento Retronics reúne aficionados de equipamentos *vintage* e apaixonados por bricolagem. A ideia é reapropriar-se criativamente dos meios obsoletos, fazendo da restauração, da reciclagem e da hibridação uma norma construtiva. Essa variedade do *steampunk* (cujo emblema histórico, lembremos, é o computador a vapor) nos interessa mais pelo movimento de "retroização" no qual arrasta as tecnologias contemporâneas, do que por sua tentativa de ressuscitar, mediante remendos e enxertos, objetos e dispositivos técnicos que pareciam relegados ao museu dos Dead Media. A pulsão paleontológica e arquivista do colecionador-*bricoleur* é, de fato, contrariada por uma forma de arte bruta ou de primitivismo tecnológico que é o verdadeiro lugar da operação retrofuturista. Essa contratendência se exprime, em particular, pelo fato de as tecnologias avançadas serem mobilizadas fora de seu emprego usual, de maneira mais simplificada, reduzidas, em suma, ao estado de protótipos. Não se trata de voltar aos velhos amplificadores, ou de conectar o iPod num sistema desse tipo, mas de utilizar, por exemplo, a capacidade de cálculo de um computador de última geração para animar um jogo como *Pong* [antigo videogame da Atari] num osciloscópio. O fascínio atual pelo *retro-gaming*, no domínio vídeo-lúdico, certamente se explica em parte pelo encanto particular do *low-fi* (ou do *low-res* [baixa resolução]), mas pode-se ver aí, mais profundamente, a expressão de uma vontade de transformar um meio "frio" (como o telefone ou as mensagens via internet) num meio "quente" (como o rádio ou o vídeo em *streaming*), ou seja, de liberar a energia de reserva das tecnologias ultrapassadas no centro mesmo dos dispositivos mais contemporâneos.

Os jogos vetoriais (*vector games*), desenvolvidos entre 1977 e 1985, definem uma idade de ouro do videogame, sua idade arcaica ou neolítica mais do que pré-histórica (pois a história dos videogames remonta mais acima, aos anos 1960)[20], abrangendo ao todo quarenta jogos – 42, para ser exato. Entre os mais célebres, podemos citar *Star Wars*, *Battlezone*, *Tempest* ou *Asteroids*. Essa espécie difícil de proteger está hoje em via de extinção devido à rarefação dos monitores x-y (tipo osciloscópio) que lhes serviam de suporte: esses monitores, especialmente frágeis, são cada vez mais

---

20. Elie During, "Éloge du style vectoriel", *Voir les jeux vidéo*, Paris: Bayard, 2012.

difíceis de consertar, e os fóruns na internet regurgitam de mensagens de jogadores desamparados, possuidores de jogos que não podem mais fazer funcionar por falta de monitor. O grande interesse da exibição vetorial em monitor de coordenadas x-y é que ele permite, quando dois pontos são dados na lista de comando (dois pares de coordenadas do tipo *x,y*), traçar imediatamente a linha fosforescente que liga um ao outro, como se houvesse um pincel eletrônico. Os adeptos do desenho vetorial conhecem as vantagens desse procedimento, que garante uma expressão de extrema clareza em todas as escalas. É que o programa não recombina mais *pixels*, mostrados na tela segundo um procedimento de varredura linha a linha; ele combina diretamente elementos lineares, vetores de luz. Traçados em detalhe, combinados em figuras poligonais, eles se destacam sobre o fundo negro da tela com uma intensidade, fluidez, grau de clareza e de precisão inigualáveis. Em vez de inscrever na tela cada *pixel*, renovando a imagem trinta vezes por segundo, o feixe eletrônico traça diretamente as linhas úteis e deixa repousar o resto no escuro. Donde a beleza gótica do estilo "filar", com seu grafismo ao mesmo tempo depurado e exuberante. Os objetos se deformam, se desfazem e se multiplicam à vontade, riscam a noite como nuvens de vaga-lumes. O acréscimo de "cenários" recortados diretamente na superfície da tela, de tramas plásticas translúcidas, de filtros e de espelhos, de luzes negras ou fluorescentes, intensifica o espetáculo e faz pensar nos jogos de tiro eletromecânicos dos parques de diversões e dos fliperamas, ou ainda no pseudo-3D ligeiramente alucinatório do estereoscópio. Compreende-se que, quando surgiram no mercado no final dos anos 1970, os jogos vetoriais tenham se imposto rapidamente como o *nec plus ultra*: esses jogos eram os verdadeiros jogos do futuro. Se tomarem a hipótese retrofuturista a sério, é preciso afirmar que eles ainda o são.

Claro, a glória dos jogos vetoriais não terá durado aparentemente mais de cinco anos. Na prática, o jogo vetorial morreu há muito, arrastado pela onda *pop* e colorista de Mario Bros e seus alegres comparsas, definitivamente suplantado pelo console de sala e pelo monitor de imagem matricial. O fato, no entanto, é que esses jogos, cada vez mais difíceis de encontrar, continuam exercendo um poderoso fascínio que vai muito além da nostalgia do ex-combatente. Fascínio que se deve à capacidade que esses jogos possuem – e filmes como *Tron*, que retomam seus códigos na época – de sugerir, no presente, um futuro possível que não está completamente morto, uma linha de futurização que continua a persistir no núcleo mesmo do atual. É desse ponto de vista que convém, talvez, considerar hoje os jogos vetoriais: menos por sua capacidade de nos revelar um estado originário do videogame que por seu potencial *ucrônico*. Com a seguinte consequência: não é certo que a morte natural dos jogos vetoriais tenha eliminado a tendência profunda do videogame que se manifestava através deles. Outros dispositivos estão sendo inventados neste momento. Basta pensar em *Child of Eden*, a ópera sinestésica realizada por Tetsuya Mizuguchi, o autor de *Rez*: ali reencontramos, numa encenação que beira o *kitsch*, todos os elementos do estilo gótico e linear dos antigos jogos vetoriais. Mais que um piscar de olho aos aficionados do gênero, é a prova de que o futuro do jogo vetorial – o futuro que era ou podia ser o dele – continuou a levar uma existência surda e paralela ao longo dos anos 1990 e 2000.

POR UM RETROFUTURISMO OBJETIVO

As observações precedentes, a despeito de seu curso meandroso, tinham por finalidade, no fundo, introduzir uma ideia bastante simples em seu princípio: o retrofuturismo pode ser considerado uma propriedade absoluta, e não um efeito de perspectiva temporal ligado ao enraizamento histórico da consciência num presente necessariamente transitório. Trata-se, em suma, de defender a hipótese de um retrofuturismo *objetivo*, portanto não nostálgico, um pouco à maneira como Stendhal podia dizer de Shakespeare que ele era, já em sua época, plenamente romântico, e isso antes mesmo do aparecimento do romantismo histórico. Do mesmo modo, pode-se dizer que um estilo arquitetônico, um filme, um romance, um projeto de artista, é retrofuturista *nele mesmo*, pela maneira como assume o presente com seus futuros virtuais. O retrofuturismo não se reduz a esse movimento segundo o qual o presente se volta com nostalgia ou condescendência às antecipações formadas pelos homens do passado: ele pode ser produzido diretamente no presente, em consideração – por que não? – de tempos futuros.

Desprogramar o futuro[1]
David Lapoujade

O que Valéry quer dizer quando afirma: "O futuro não é mais o que era"? Que sentido dar a essa frase célebre? Não vou analisar o papel que essa frase desempenha em Valéry, nem explorar os paradoxos que se poderia tirar dela. Ao contrário, vou separá-la do seu contexto e tentar compreendê-la como uma proposição para o pensamento, para a vida, para nós, hoje, aqui e agora. O que quer dizer afirmar hoje que o futuro não é mais o que era? Pode querer dizer pelo menos duas coisas: *ou* que o futuro oferece daqui por diante possibilidades de uma novidade radical sem precedentes, quase inesperadas, que modificam não apenas o futuro, mas a própria ideia que podemos fazer do futuro; *ou*, ao contrário, que o futuro se esvaziou das possibilidades com que o preenchíamos no passado e se apresenta a nós desesperadamente vazio – ou melhor, saturado de uma realidade que aniquila todas as nossas esperanças. É nesse sentido que nos falam do "fim das utopias". Se o futuro não é mais o mesmo, é porque seu horizonte se esvaziou de todas as utopias que o povoavam. Se, no primeiro caso, o futuro ultrapassa nossas esperanças, no segundo ele deixou de ser uma razão de ter esperança.

Seria um erro, porém, acreditar que a frase de Valéry tem por objeto o futuro. Ela nada diz sobre o futuro, apesar das aparências. Então, do que ela fala? Ela se apresenta antes de tudo como uma espécie de avaliação do presente; talvez a ideia mesma de futuro não seja outra coisa

---

1. Tradução de Paulo Neves.

senão um *diagnóstico do presente*. Ora, o que é um diagnóstico? Sabemos que são os médicos que diagnosticam, são eles que revelam os sintomas, os sinais anunciadores de uma doença ou de uma melhora. Fazer um diagnóstico do presente é transformar-se, nem que seja por um breve instante, em "médico da civilização", segundo as palavras de Nietzsche. "O futuro não é mais o que era" é a frase de um médico da civilização. E talvez ela convoque a esperança de vida das civilizações (de modo que essa frase deveria ser relacionada com outra expressão célebre de Valéry: "Agora, sabemos que as civilizações são mortais"). O médico não tem aqui por vocação curar, mas apenas identificar linhas de forças, aquelas que encerram novas potencialidades, que contêm os germes de um futuro – sombrio ou radioso, um pouco à maneira como Kafka falava das "potências diabólicas do futuro que já batem à porta". Se houve alguém com percepção de médico, capaz de ler os sinais do futuro no presente, foi Kafka. Ainda que hoje sintamos a falta de um Kafka para decifrar o futuro, vemos claramente que nossas sociedades atravessam um conjunto de mutações tecnológicas sem precedente que desenham novas linhas de forças. Eis aí um diagnóstico muito geral, feito de inúmeras vozes concordantes – jornalistas, sociólogos, filósofos e outros mais –, cujos traços é preciso esclarecer para tentar adivinhar que futuro ele nos reserva.

O que dizem então os rumores? Dizem que vivemos numa sociedade de comunicação ou de controle. Como se o futuro devesse agora passar por uma sociedade que se desenvolve, se estende e se governa pelas informações que ela não cessa de fazer circular por todos os meios possíveis. Trata-se de um poder de um novo tipo. O poder não funciona mais por encerramento e disciplina, como analisou Foucault em relação ao século XIX e à primeira metade do século XX. Não se encerram mais os indivíduos em escolas, depois em casernas, depois em fábricas, asilos, hospitais, para submetê-los a uma disciplina. O poder é cada vez menos disciplinar. Não se lida mais com as massas e os indivíduos, que são as duas realidades do poder disciplinar: a quantidade das massas e a assinatura dos indivíduos. Pelo menos, é o diagnóstico de Deleuze. Na esteira de Foucault, Deleuze sustenta que vivemos agora numa sociedade de controle e de comunicação. Indivíduos e assinaturas foram substituídos por códigos de acesso ou por números. Não se assinam mais documentos: codificam-se acessos de informações, numeram-se fluxos. As massas organizadas em corpos coletivos (operários, alunos, prisioneiros, loucos, doentes) são substituídas por bancos de dados. Constituímos coletivamente bancos de dados. O poder não disciplina mais, ele informatiza, no sentido de que antecipa informações que faz circular através de uma quantidade sempre crescente de redes de toda natureza. Não cessamos de fazer fluir comunicações, de recolher informações, de numerar seus acessos, e quanto mais comunicamos e trocamos informações, tanto mais nos submetemos a isso. Estamos sob controle permanente, expostos ao controle pelo controle que exercemos sobre nossas redes de comunicação. Sabe-se tudo de nós, o que fazemos, compramos, vendemos, pensamos; sabe-se onde estamos, em que momento. Todo o nosso espaço-tempo é esquadrinhado pelos fluxos de informação que ele faz circular. E esse controle se exerce mais e mais à medida que tudo passa pelos computadores e pelas trocas de informações. Pressente-se claramente que tudo é dirigido para um computador total, a uma tela total, a um mundo povoado de telas de controle.

Esses aspectos, conhecidos de todos, mostram uma transformação profunda do capitalismo, que agora tem por objetivo menos a produção que a superprodução. Como diz Deleuze, é o capitalismo da superprodução (em que a produção industrial é lançada à periferia do mundo rico). Ele não compra mais matérias-primas e não vende mais produtos acabados; compra produtos acabados ou monta peças separadas. O que ele quer vender são serviços, e o que ele quer comprar são ações. Doravante tudo está voltado para a venda, mais que para a produção industrial. Nesse sentido, Deleuze pode dizer que o modelo da empresa substituiu o da indústria. E certamente, aos olhos de Deleuze, o modelo da comunicação ou do controle é, de uma ponta a outra, empresarial. São em primeiro lugar as empresas que comunicam, e comunicar, de uma maneira ou de outra, é entrar no mundo da empresa. Comunicar é necessariamente tornar-se empresário. Eis algumas das linhas de forças que constituem nosso presente e nas quais devemos tentar ler, decifrar o futuro que nelas se prepara. Ele é sombrio? É radioso? O presente no qual vivemos nos obriga a afirmar, como Valéry, que o futuro não é mais o que era? Em outras palavras, que diagnóstico estabelecer a partir daí?

Já entrevimos que havia dois diagnósticos possíveis, cuja natureza devemos agora explicar. *Primeiro diagnóstico*. Conhecemos todos os discursos, por tê-los ouvido com muita frequência, para os quais se desenham, nessas mutações tecnológicas, possibilidades inéditas, inesperadas. De fato, alguns veem aí um novo regime que permite uma democratização do conhecimento, uma transparência dos saberes, contra as opacidades, os segredos de Estado à moda antiga. Quem não ouviu esses discursos sobre a *web*, sobre as novas redes, sobre seu caráter ao mesmo tempo local e global, não centralizado, sobre a livre circulação de informação e de opiniões, da mais trivial à mais protegida? As novas forças do futuro constituem um modelo de democratização, de comunicação horizontal, não controlada por uma instância superior central (já que o controle está em toda parte, age em toda parte), em que a informação não cessa de circular segundo os acessos e os códigos digitais que regulam seus fluxos. Iremos sempre em direção a mais democratização, a mais liberdade individual.

Um dos modelos recorrentes, sinal dessa democratização, é o vazamento de informação tal como o sistematizou o Wikileaks. Desse ponto de vista, o vazamento de informação não é um erro ou uma disfunção, mas pertence por natureza à sociedade de comunicação. Pode-se mesmo dizer que o principal, nela, é o vazamento de informações, como garantia de seu funcionamento, de sua eficácia, em suma, de seu *poder*, ou melhor, de seu contrapoder. A sociedade de comunicação não se coloca, de início, como poder, mas como *contrapoder*, contra todos os antigos poderes disciplinares que segmentam, que separam, que centralizam e hierarquizam. É a força democrática da circulação de informações, sinal de sua transparência futura, a informação como contrapoder: o que vocês têm a esconder, poderosos? Sob certos aspectos, vemos que essa circulação constitui um novo tipo de poder na medida em que o saber pode ser colocado à disposição de todos e tornar-se uma força coletiva dispersa, não localizável, segundo um modo de funcionamento horizontal oposto às hierarquias verticais e centralizadas do antigo poder. Mais ainda, as redes só funcionam de maneira eficaz com a condição de não serem centralizadas. E foi possível dizer que voltávamos à convivialidade das praças de aldeia, em que os habitantes se reuniam para falar coletivamente dos problemas locais: do mais arcaico ao mais contemporâneo, é a famosa "aldeia global", a conjunção do local e do global. Isto quanto ao primeiro diagnóstico. Se o futuro não é mais o que era, é porque, pela primeira vez na história, informação e comunicação não podem mais pertencer a poderes centrais e unificados que decidam sobre o curso de nossas existências.

Mas então o que seria o outro diagnóstico? Como ele pode ver o futuro de maneira tão sombria e pessimista? Segundo quais linhas de força ele se constrói? É que as mutações tecnológicas nunca fazem senão reforçar um único e mesmo sistema, o do capitalismo, sempre mais triunfante. O futuro está inteiramente encerrado no interior dos limites do capitalismo, que captura todas as suas possibilidades para estender-se, propagar-se. Não há futuro exceto no capitalismo. E todo futuro nunca é senão o futuro do capitalismo. Como lembra Fredric Jameson num artigo justamente chamado "Future City", é mais fácil – em particular para o cinema americano – imaginar o fim do mundo que o fim do capitalismo, como se não houvesse mais outro horizonte possível. O que seriam então as forças de democratização, de liberdade, de que falei há pouco?

É que esse contrapoder funciona, em realidade, como um novo poder. Como não ver que nenhum de nós consegue escapar a este mundo de informações, de comunicações, que ele não cessa de nos controlar, de obter inúmeras informações sobre nossos modos de existência para transformá-las em dados comerciais? Tornou-se impossível subtrair-se a este mundo, a não ser lançando-se em sua periferia, lá onde reina a profunda miséria que ele, por outro lado, produz. Vivemos num mundo cujo futuro está tamponado, regulamentado, programado, um mundo do qual agora é impossível sair. É o todo da "sociedade do espetáculo" ou dos meios de comunicação de que fala Guy Debord, ou mesmo o fantasma da realização de um novo tipo de totalitarismo *high-tech*: não podemos mais escapar da luz do poder, de suas telas de controle e de suas circulações de dados, a luz gloriosa do poder, como diz Giorgio Agamben subscrevendo as descrições de Guy Debord. Passa-se, por deslizamentos sucessivos, do conceito de todo ao de totalização, depois do conceito de totalização ao de totalitarismo. Por isso, nosso futuro seria sem futuro para nós – porque global quer dizer total, e porque total já quase quer dizer totalitário. Somos pegos num vasto sistema que nos escapa por todos os lados, sobre o qual não temos poder de intervenção nenhum, a não ser irrisório, e no interior do qual nenhuma decisão individual tem agora importância. Eis aí, rapidamente esboçada, a visão própria ao segundo diagnóstico.

Nos diagnósticos considerados, temos duas maneiras de conceber o Todo do futuro. Ou ele é concebido (ingênua ou cinicamente) de forma neoliberal como um todo aberto que favorece a livre circulação dos bens, das pessoas e das informações, e sua ausência de hierarquia e de centralismo é doravante a condição de seu funcionamento, donde, em longo prazo, uma democratização inevitável ao mesmo tempo que desejável. É um velho refrão da pior sociologia: o progresso tecnológico como fator de democratização. Ou, ao contrário, esse mundo é concebido como um todo, aberto, é verdade, mas à maneira de um horizonte globalizador, insuperável ou mesmo sufocante: o todo do capitalismo cuja comunicação nunca é senão a última descoberta, o último avatar, a nova força de venda, já que agora vender é uma força. A questão pessimista "como escapar ao sistema? como não ser recuperado pelo sistema?" torna-se, por sua vez, a mais velha questão do militantismo mais cambaio, uma espécie de utopia impossível como único futuro. As sociedades atuais são sociedades de controle *e* de comunicação. Toda a alternativa desses dois diagnósticos está no "e", já que de um lado se ouve gritar: viva a comunicação! e de outro: abaixo o controle!

Mas parece que essas duas visões, não obstante objetos de uma literatura abundante, são demasiado unilaterais e cada uma é cega ao que a outra percebe. O sentido da minha intervenção visa simplesmente tentar saber se não há outra maneira de proceder, propondo outro tipo de descrição das sociedades de controle e de comunicação. Por isso chamei minha intervenção: desprogramar o futuro. Como desfazer-se dessas visões ora otimistas, ora pessimistas? Talvez seja preciso mesmo acabar com o par otimismo/pessimismo. Talvez não sejam boas categorias para pensar o futuro. Talvez não se deva ser nem otimista nem pessimista quanto ao futuro. Talvez seja preciso encontrar outro conceito, outra categoria. Mas qual? E que atitude adotar diante do futuro se não devemos ser nem uma coisa nem outra? Talvez seja esse o sentido da frase de Valéry, o novo sentido que lhe podemos dar. Nem otimista, nem pessimista. Mas o quê, então?

A primeira coisa a dizer, parece-me, contra os dois diagnósticos que acabo de apresentar, é que não há mais Todo, mesmo aberto, mesmo imanente. É preciso abandonar o conceito de "todo" para pensar a globalização. Global não quer dizer total. Os conceitos de todo, de totalidade ou, mais ainda, de totalitarismo, não só não permitem como também nos impedem de pensar as sociedades de controle. Por quê? Percebe-se claramente que as imagens se multiplicaram, que os meios de comunicação se desenvolvem em todas as direções por intermédio das novas tecnologias, mas conserva-se a ideia de ubiquidade, de centralismo difuso do "poder" no seio mesmo dessa propagação. Percebe-se o controle como um novo modo de vigilância, uma versão *high-tech* da vigilância disciplinar: substitui-se o guarda da prisão pelo satélite de vigilância.

O erro de Agamben ou de Debord (para citar apenas esses dois autores) é permanecer num esquema disciplinar de encerramento, quando, ao contrário, o controle funciona em meio aberto. Que vivamos em sociedades de controle não quer dizer que estejamos sob controle (como estávamos outrora sob vigilância e como ainda estamos), mas sim que produzimos controle; antes de tudo, cada um de nós é que não cessa de produzir controle enquanto comunica. O que se deve entender por isso? Já que o modelo atual é o da empresa (e já que esse modelo se difunde em toda parte), vou tomar o modelo do trabalho em empresa para torná-lo mais facilmente perceptível. Também aí existe uma literatura abundante para descrever os novos modos de trabalho em empresa, a flexibilidade, a polivalência, o *management*, que, sob pretexto de "criatividade", de "abertura", de "adaptabilidade", obriga o empregado a se investir de tal maneira que não fique mais sob as ordens de um superior hierárquico, mas que produza ele próprio essas ordens na forma de metas que contribuirão para seu êxito profissional e seu desenvolvimento pessoal, que esteja em fase de adaptação e de formação permanente etc.: todas as manipulações do discurso do *management* (e a literatura mais interessante ou a mais terrível não é a que denuncia essas práticas, mas a que a encoraja e a desenvolve, todos os livros dedicados ao *management*). No limite, não há mais hierarquia, pois a comunicação vertical das ordens faz perder um tempo precioso, há somente um conjunto coletivo de competências que se autorregula em função das metas que foram fixadas. É a competência que decide eventuais hierarquias, não mais o inverso.

Por que se fala aqui de controle? É que o trabalho em empresa consiste cada vez mais em dividir de maneira interna o trabalho, de tal modo que um empregado participa de várias atividades cuja interconexão ele assegura; sua atividade consiste em "gerenciar fluxos" distintos, simultâneos, mas também em conhecer e estabelecer os protocolos que permitam relacionar esses fluxos uns aos outros. Tomemos um exemplo que nada tem a ver com o trabalho: um condutor de veículo não é mais apenas um indivíduo que se submete (ou não) à regulamentação rodoviária e cuja única atividade consiste em vigiar a estrada. Isso é o automobilista da sociedade disciplinar. Agora, enquanto vigia a estrada, ele consulta o GPS, ao mesmo tempo em que telefona para resolver um problema, ao mesmo tempo em que conecta seu rádio e se ocupa dos passageiros (se forem crianças, por exemplo). Esse indivíduo vê sua atenção se dividir, distribuindo-se segundo pontos fortes e pontos fracos, da mesma maneira que uma tela de computador se divide em janelas. Todos os fluxos de informações são contínuos, simultâneos, paralelos, e se conectam ou se desconectam entre si conforme os momentos. O importante aqui não é a hiperatividade, a súbita aceleração temporal a que o indivíduo é submetido, é a relação (ou não) de interconexão, a divisão interna da atividade numa pluralidade de fluxos que passam sob seu controle. Mesmo num lugar tão isolado como um veículo, o indivíduo é atravessado, assaltado por informações. O homem do controle é um indivíduo ao mesmo tempo hiperconcentrado e totalmente distraído, hiperconectado e totalmente desconectado.

Percebe-se: as sociedades de controle não nos colocam sob controle, elas nos fazem controlar. Ou, se preferirem, estar sob controle é ter fluxos ou atividades sob seu controle. E todos esses diversos organismos de controle, individuais ou coletivos, não estão submetidos a uma forma superior que os englobaria; quando muito se pode dizer que cada organismo de controle faz parte, ele também, embora parcialmente, de outro organismo de controle, por sua vez controlado por outros, sem que se possa falar de unidade última ou de uma forma superior, centralizada, do controle. Só é possível falar de totalização quando esta se faz gradualmente ou à distância, não sem fragmentação, dispersão. Toda atividade que interconecta fluxos ou lhes gerencia a simultaneidade se estende, favorece o entrelaçamento do controle. Não existe aí totalidade alguma, processo de totalização algum, pelo contrário. Dissipa-se a miragem ou o fantasma do poder com P maiúsculo, o poder como totalidade ou todo, o *Big Brother*. Quanto mais o controle conjuga os fluxos para ligá-los, tanto maior se faz, paralelamente, a descontinuidade, a desconexão. O mundo tornou-se um mundo estilhaçado, implodido numa multiplicidade de células independentes que tendem a se separar umas das outras ao mesmo tempo em que não cessam de multiplicar as interconexões. Eis por que é difícil conceber esse mundo como um Todo acabado, fechado em si mesmo, e a razão pela qual é difícil conformar-se com o diagnóstico mais pessimista.

Nesse caso, devemos então ser otimistas? Devemos nos alegrar com a propagação ilimitada desses fluxos de informações? Mas se o conceito de controle não é tão totalitário quanto se supõe, não é certo, inversamente, que o conceito de comunicação ou de informação seja tão libertário quanto se imagina. Volto um instante a Deleuze. Deleuze, justamente, é muito cético acerca das noções de informação e de comunicação. Numa entrevista a Toni Negri, ele declara o seguinte:

> Você pergunta se as sociedades de controle ou de comunicação não suscitarão formas de resistência [...] Não sei, talvez. Mas não seria na medida em que as minorias pudessem retomar a palavra.

Deleuze prossegue:

> Talvez a fala, a comunicação, estejam apodrecidas. Estão inteiramente penetradas pelo dinheiro: não por acidente, mas por natureza. É preciso um desvio da palavra. Criar sempre foi algo diferente de comunicar. O importante será talvez criar vacúolos de não comunicação, interruptores para escapar ao controle.

Por que tal desconfiança? Por que tal pessimismo acerca da comunicação? Para Deleuze, o modo de comunicação atual passa essencialmente pelas imagens e pela linguagem. Vivemos cercados de *linguagem* e cercados de *imagens*; nosso cérebro está banhado nas imagens e na linguagem. Mas a natureza delas, ou pelo menos a percepção que temos delas, mudou. As imagens entre as quais vivemos agora não remetem mais ao mundo exterior, mas a outras imagens. É esse o seu poder comunicante. Sua característica é serem sem exterioridade (embora não possuam tampouco interioridade); elas possuem apenas um avesso e um direito, ou então deslizam umas sobre as outras. Constituem assim um mundo-tela autossuficiente, isto é, um mundo que se tornou uma espécie de mesa de informações tal que as imagens comunicam diretamente informações ao cérebro; não são mais imagens a ver, mas imagens a ler. Um pouco como os turistas que nem olham mais os lugares que visitam, contentando-se em filmá-los para vê-los depois. Elas não exigem primeiramente um olho, mas um cérebro. Desse ponto de vista, o computador, para Deleuze, é o fim do olho, pelo menos o fim de sua autonomia em favor de um reinado exclusivo do cérebro (que subordina o olho), não em vista de uma ação qualquer, mas em vista da circulação de informações. É o fim da percepção em proveito da simples leitura (que não tem mais finalidade motora). É como uma mutação corporal que libera o cérebro do problema da motricidade. Deleuze ainda:

> A imagem não cessa de se recortar noutra imagem, de se imprimir através de uma trama aparente, de deslizar sobre outras imagens num fluxo incessante de imagens, e o próprio plano se assemelha menos a um olho que a um cérebro sobrecarregado que absorve constantemente informações: é o par cérebro-cidade que substitui o par olho-natureza.

Reencontramos nosso automobilista de há pouco, que lida menos com um mundo exterior que com um painel de bordo no qual desfilam fluxos de informação visuais ou sonoros que ele tenta controlar. Ele é menos um olho que percebe um mundo exterior que um cérebro que decifra um mundo agora sem exterioridade.

Em tal mundo, as imagens funcionam como a linguagem. Pois a linguagem é também sem exterioridade. Sabe-se que toda frase remete a outra frase que ela supõe ou implica. Todo enunciado remete a um enunciado anterior e não a uma realidade exterior. Mesmo se me perguntam o sentido da palavra "sol" e mostro o sol com o dedo, não ponho em relação a palavra e a coisa do mundo exterior, não digo nada do próprio sol, apenas explico a significação de uma palavra. Não saio da linguagem. Pois a linguagem é sem exterioridade. Não há nada no exterior da linguagem, como não há nada no exterior das imagens. De modo que a linguagem faz de nós emissores ou transmissores de informação, assim como a imagem faz de nós receptores ou cérebros-telas. Mais ainda, percebe-se que ver é sempre colocado em correspondência com falar, e vice-versa. Na maioria das vezes, falar é transmitir a informação sobre aquilo que há para ver, assim como ver é olhar o que nos dizem para olhar. Há um sistema de retomada da linguagem pela imagem e, inversamente, da imagem pela linguagem, um entrelaçamento em circuito fechado que é inteiramente redundância, ressonância, repetição de informação, e que faz que cada forma controle a outra. O fluxo de linguagem é controlado pelo fluxo de imagem, o fluxo de imagem é controlado pelo fluxo de linguagem, donde a multiplicação e a saturação quase imediata da informação que nos faz passar imediatamente de uma informação a outra, ela também imediatamente saturada de imagens e de linguagem, e assim por diante. Isso explica e confirma o que eu dizia há pouco: ao mesmo tempo hiperconcentrado e totalmente distraído, hiperconectado e totalmente desconectado. É outra maneira de dizer que o mundo exterior passou ao segundo plano. Perdemos, por assim dizer, contato com o mundo. O perigo da comunicação é a perda do mundo ou, o que dá no mesmo, sua substituição pela informação (e pela informática, que é seu suporte).

Objetarão que isso se deve ao fato de estarmos saturados de informações, de haver agora informações demais e de não sabermos mais o que pensar, de se produzir um fenômeno sem precedente de aceleração da comunicação que nos faz perder de vista o próprio mundo. Para barrar esse fenômeno bastaria selecionar ou diminuir o consumo desses fluxos inumeráveis. Mas dizer isso é desconhecer a natureza mesma da informação. Pois é próprio da informação propagar-se até o ponto em que ela própria se anula, em que ela atinge um ponto de saturação que a torna ineficaz e nos deixa abestalhados, sem reação, hiperconectados e desconectados ao mesmo tempo. Comunicar é anular a informação no momento mesmo em que ela é transmitida, é conectar os indivíduos aos fluxos informativos ou informáticos e desconectá-los do mundo. Não há informação sem que já haja informação demais. A saturação é consubstancial à informação.

Mas, se tal é nossa situação, será que não nos vemos no mesmo encerramento de há pouco, enclausurados na correspondência entre o todo das imagens e o todo da linguagem, na incapacidade de sair da linguagem e de sair das imagens, já que nada existe fora? Não se juntaria Deleuze ao campo dos pessimistas? Não retornamos à alternativa da qual eu queria sair?

Entretanto vimos por onde passava a solução, para Deleuze. Ela consiste em criar, em sermos criadores. Mas isso é algo muito modesto. De fato, o que é criar? *Criar* é um ato de resistência, mas que não consiste em propor um contrapoder; não se trata de derrubar o poder das imagens ou da linguagem, como uma ação revolucionária tenta derrubar um poder político. Derrubar é derrubar um todo, o todo de uma organização política, em favor de outro. É ainda uma lógica do todo, das totalidades. Não se trata de retomar o poder. Deleuze diz isso bem: não se trata de retomar a palavra... Para Deleuze, a questão toda é *revirar*, não derrubar. Qual a diferença? Não há nada fora do todo, mas o próprio todo tem um fora ou, se preferirem, um avesso. Há um avesso da linguagem, um avesso das imagens. O que isso quer dizer?

Significa que é preciso desfazer a relação de correspondência regulada que se estabeleceu entre imagem e linguagem. É preciso fazer passar o que está no interior da linguagem ou da imagem para o exterior delas. Não existe mais nada fora da linguagem e da imagem, mas elas têm um exterior, um limite que torna seu exercício impossível – ou melhor, que torna impossível relacionar o que se diz ao que se vê, e vice-versa, quando bruscamente há algo que se vê e que não se pode dizer, ou algo que é preciso dizer mas que não se consegue fazer ver, quando se vê no visível outra coisa que não o que ele mostra, quando se percebe no dizível outra coisa que não o que se deixa dizer. É o que Deleuze chama *um acontecimento*. Passou-se alguma coisa que é grande demais, forte demais para que eu possa dizê-la, para que eu possa propor sua simples imagem ou enunciá-la em algumas palavras. Existe aí como que uma brecha, uma espécie de fenda, de rachadura no sistema de comunicação ou de controle que abala a relação entre imagem e linguagem.

Ver e falar entram então numa relação disjunta, uma não relação. O que digo não se relaciona mais ao que vejo (embora seja inseparável dele); o que vejo não se relaciona mais ao que digo. Lidamos com outra lógica, não mais de retomada ou de comunicação, mas de interrupção, de ruptura. Cada forma atinge seu limite próprio. A linguagem só atinge seu próprio exterior ou seu limite se romper com seus laços visuais; a visão só atinge seu próprio exterior ou seu limite se romper com a sintaxe, com a ordem sintática estabelecida e as significações convencionais. Isso é próprio do acontecimento. Senti ou vivi algo de muito forte para fazê-lo entrar na relação regulada entre imagem e linguagem. Por um breve instante, passei para o avesso da linguagem (o indizível que, no entanto, só pode ser dito numa linguagem estranha) ou o avesso do visível (o invisível que, no entanto, só pode ser visto num estranho exercício de vidência). Deleuze dá exemplos em alguns cineastas, quando a voz que fala evoca alguma coisa que não é visível na imagem, ou quando a imagem mostra alguma coisa da qual a fala nada pode dizer, criando assim brechas ou vacúolos de não comunicação, segundo seus termos. Com isso, talvez, ao perdermos nossas conexões, reencontramos fragmentos do mundo, espaços-tempo não quadriculados pelo controle, imagens não saturadas de informações e que nada têm a comunicar senão elas mesmas. Não se trata de uma utopia, isso não muda em nada o futuro, o futuro continua sendo o que era, isto é, uma ideia, nada mais que uma ideia ou um programa que otimistas e pessimistas preenchem com suas convicções; trata-se agora de crer num fragmento do mundo presente, que volta a ser dado ou liberado nos intervalos ou nos interstícios do controle.

Num belo texto recente, *Sobrevivência dos vaga-lumes*, Georges Didi--Huberman escreve o seguinte:

> Será o mundo tão totalmente subjugado quanto o sonharam – quanto o projetam, o programam e no-lo querem impor – nossos atuais conselheiros pérfidos? Postular isso é justamente dar crédito ao que a máquina deles quer nos fazer acreditar. É não ver senão a noite negra ou a luz ofuscante dos projetores. É agir como vencidos: é sermos convencidos de que a máquina cumpre seu trabalho sem resto nem resistência. É ver apenas o *todo*. Portanto, é não ver o espaço – nem que seja intersticial, intermitente, nômade, improvavelmente situado – das aberturas, dos possíveis, dos vislumbres, dos *apesar de tudo*.

Fora da escuridão e da luz, há ainda a pulsação de vaga-lumes que captam uma luz que não é a das telas de controle e que aparecem em espaços-tempo não quadriculados.

Percebe-se bem que a questão não é mais, em absoluto, ser otimista ou pessimista. Eu buscava há pouco outro termo. Talvez seja em William James, um filósofo americano do século XIX, já hostil a toda ideia de totalidade, de unificação, de totalização, que eu deva procurá-la. Aos olhos dele, o erro tanto do pessimismo como do otimismo é justamente considerar o mundo como um Todo coletivo, perdido ou salvo *a priori*, como se a ação de cada um de nós não modificasse em nada o resultado final. Como diria Georges Didi-Huberman, somos já vencidos (ou já vencedores) se supomos que o todo precede as partes. É assim que se pode dizer: de todo modo, o todo da comunicação conduz à democratização; de todo modo, o todo do controle conduz a um novo tipo de totalitarismo. Pensa-se em termos de todos, de totalidades, como nos convida a isso o próprio termo "globalização". E sim, diante de um todo coletivo, não se tem outra escolha senão ser pessimista ou otimista. Mas o que seria diante das partes que compõem esse todo? O que se passa entre essas partes? E, principalmente, o que se passa quando se desce nos interstícios, nos intervalos do todo? Como diz William James: "As coisas estão relacionadas umas com as outras de muitas maneiras; mas não há uma que encerre ou domine todas elas. Uma frase arrasta sempre consigo a palavra *e*, que a prolonga. Há sempre alguma coisa que escapa". No interior mesmo do todo, há alguma coisa que escapa para fora, que revira o todo do avesso. James utiliza um termo inventado por George Eliot. Ele chama *melhorismo* a atitude segundo a qual, se o mundo é aberto, ele pode ser, aqui ou ali, tornado melhor ou diferente, mais rico, por nossas ações individuais. Mas é preciso estender o que diz William James: essas ações devem ser criações de espaços-tempos que desfaçam a trama do controle, atos de resistência que introduzam um pouco de não comunicação, disjunções ou interrupções no fluxo de informações que se propaga em todas as direções. Então não se considera mais o futuro, o *porvir* de um todo ou de uma totalidade; entra-se num *devir* com as partes desse mundo, às vezes as mais irrisórias, às vezes as mais ínfimas, mas que têm pelo menos a força de resistir aos prodigiosos meios desenvolvidos pelas sociedades de controle, das quais, aliás, participamos inevitavelmente. Então, sim, talvez Valéry tenha razão de afirmar que "o futuro não é mais o que era"; por isso é preciso deixá-lo aos programadores de todo tipo e arriscar-se a entrar em devires que anulem o futuro que nos programam. Por isso é preciso, na medida em que tivermos força e desejo para isso, desfazer-se da ideia de futuro ou desprogramar suas possibilidades preestabelecidas.

Dentro do nevoeiro: o futuro em suspensão
Guilherme Wisnik

Há momentos históricos fortemente orientados pela dimensão de futuro, como o modernismo. Há outros, por sua vez, nitidamente revivalistas, voltados para o passado, como o chamado pós-modernismo. Hoje, no entanto, não somos nem utópicos nem nostálgicos. Parece-me que a dominância da dimensão temporal refluiu, no mundo contemporâneo, em favor de uma espacialização própria à experiência da globalização. Espaço indeterminado, no qual nos vemos imersos e sem recuo suficiente para enxergar o seu contorno e a nossa própria posição relativa em seu interior (Fig. 1, p. 505).

Apesar de vivermos um período histórico que não é revolucionário do ponto de vista artístico, há sinais claros de que estamos em meio a profundas mudanças de paradigmas, que correspondem a uma alteração na base produtiva da sociedade e parecem reestruturar as formas de subjetividade. No campo da arquitetura, nota-se um progressivo deslocamento de ênfase simbólica do esqueleto estrutural – a transparência moderna – para a pele – o invólucro pós-moderno e os véus contemporâneos. Ao mesmo tempo, dá-se uma transição da ênfase mecânica dos edifícios para o seu comportamento energético, que corresponde à passagem do paradigma industrial ao biomórfico, ou, como define Stan Allen, da natureza objetual do edifício à condição de campo, estruturada por relações que se dão em nuvens e redes, de maneira próxima à incomensurabilidade identificada e trabalhada por Robert Smithson nos anos 1960 e início dos 1970[1]. Nesse

---

1. Stan Allen, "Del objeto al campo: condiciones de campo en la arquitectura y el urbanismo", *Naturaleza*

contexto, as oposições entre elementos antes muito distintos, como estrutura e vedação, ou estrutura e ornamento, tendem a desaparecer, dando lugar a novas unidades formais e programáticas (Fig. 2, p. 506).

No mundo do chamado "fim da história"[2], um aumento progressivo das desigualdades sociais se faz acompanhar, no entanto, de um grande arrefecimento ideológico, em que a dimensão de conflito, antes encarnada de forma materialista no devir histórico, se deslocou para uma espécie de paranoia difusa em relação às diferenças étnico-religiosas e às revoltas da natureza, na forma de ataques terroristas, aquecimento global, ameaça de esgotamento das reservas de água e petróleo, terremotos, ciclones, vulcões e *tsunamis*. Na arte, essa irrupção da alteridade corresponde a uma substituição do *outro* social pelo *outro* antropológico, horizontalizando ainda mais as práticas artísticas, que passam a basear-se no respeito politicamente correto às diferenças (étnicas, religiosas, raciais, sexuais, de gênero etc.) e na crítica da subjetividade autoral. Se a entropia dos anos 1970 foi substituída pela sustentabilidade dos dias de hoje, o conceito pós-estruturalista de "morte do autor" deu lugar à pirataria, às autorias abertas do *Creative Commons* e ao sampleamento de motivos originais como forma de apropriação e recriação, que Nicolas Bourriaud chamou de "pós-produção"[3].

Dominada pelo discurso pós-colonial da alteridade e da diferença, a arte contemporânea parece, muitas vezes, querer permanentemente nomear as coisas, colocando-as em seus lugares devidos e merecidos. Decorre daí uma crescente perda de ambiguidade artística, que corresponde a uma adesão bem-intencionada à literalidade das representações sociais. Procurando se contrapor ao consumismo e à coisificação crescente das relações humanas, guiadas pelo individualismo, a assim chamada *estética relacional* busca uma "utopia de proximidade"[4], que, interpretando o legado dos anos 1960 e 1970, procura transformar o processo de criação e

---

     y artificio – el ideal pintoresco en la arquitectura y el paisagismo contemporáneos, Barcelona: Gustavo Gili, 2009.

2. Refiro-me às teses neoconservadoras conhecidas pela expressão cunhada por Francis Fukuyama em 1989, "o fim da história", que viam o fim da Guerra Fria como a inauguração de um novo mundo unidimensional e pós-ideológico.

3. Nicolas Bourriaud, *Pós-produção: como a arte reprograma o mundo contemporâneo*, São Paulo: Martins, 2009.

4. Nicolas Bourriaud, *Estética relacional*, Buenos Aires: Adriana Hidalgo, 2006, p. 8.

recepção dos trabalhos de arte em momentos compartilhados de diálogo e negociação, que se convertem, por vezes, em declarado utilitarismo, criando postos de serviço para a população. Desenhando objetos de mobiliário urbano, a arte tende muitas vezes a assumir, no "campo ampliado" contemporâneo, a forma "positiva" da arquitetura e do *design*.

Assim, me parece que um dos grandes problemas contemporâneos é a excessiva nitidez com que o mundo se apresenta à nossa percepção. Em vários planos da vida, tudo à nossa volta parece nítido e destituído de ambiguidade: a sociedade multicultural se faz representar de forma horizontal e transparente através das reivindicações das minorias e das redes sociais, o *espaço liso* da internet abole barreiras físicas e temporais colocando todos em contato permanente e não filtrado por qualquer jugo moral, e a intensificação da circulação das imagens na sociedade de consumo alude a um mundo sem fissuras, que parece não ser mais passível de qualquer ação transformável por parte do sujeito e sim, apenas, de uma leitura passiva dos seus códigos de funcionamento. Acessibilidade também quer dizer proximidade, que amplia a nitidez das coisas.

Nas duas últimas décadas, o rápido desenvolvimento das tecnologias da informação foi acompanhado pelo grande aumento da mobilidade e da liquidez do capital, em processos econômicos realizados de forma cada vez mais transnacional, envolvendo permanentes fluxos de mão de obra, matérias-primas, mercadorias, pessoas e capitais. É nesse momento que se dá a ascensão das chamadas "cidades globais"[5], à medida que os estados nacionais optam pela privatização de empresas e pela desregulamentação das suas economias, abrindo-as ao mercado globalizado. Impõe-se, então, uma nova lógica de criação de centralidades no território mundial, na qual as cidades se tornam importantes atores econômicos e geopolíticos.

Aqui é preciso recuar um pouco. Desde pelo menos o início dos anos 1970, uma fundamental mudança de paradigma alterou a base produtiva do mundo – com resultados imediatamente mais visíveis no Ocidente, em especial entre os países ricos –, e com ela a representação simbólica da sociedade. Refiro-me à virada histórica ocorrida em torno de 1972-1973, que o historiador Eric Hobsbawm caracteriza como a passagem da era de ouro para o que chamou de era do desmoronamento, e que coincide

---

5. Saskia Sassen, *The global city: New York, London, Tokyo*, Nova Jersey: Princeton University Press, 1991.

com o que o geógrafo David Harvey entendeu como a mudança de um paradigma fordista de produção a um sistema de *acumulação flexível* no interior do capitalismo, voltada para produtos específicos e nichos de mercado. Processo que, no campo da cultura, corresponde em grande medida à passagem do modernismo ao pós-modernismo, tal como definido por teóricos militantes como Charles Jencks, e sistematizado de forma mais rica e abrangente por Fredric Jameson, associando o pós-modernismo ao chamado *capitalismo tardio*[6], também conhecido como neoliberalismo.

Tal mudança de paradigma é produto de crises em vários campos da sociedade, que abarcam as esferas econômica, cultural e ambiental, resultando em um declínio do papel do Estado. Na sua esteira, dá-se a grande revolução tecnológica nos sistemas de circulação da informação, e o trânsito de uma sociedade alicerçada na produção (industrial) a uma sociedade baseada nos serviços (pós-industrial). Em busca de maior competitividade nesse mercado cada vez mais integrado, as indústrias dos países centrais passaram a adotar programas de deslocalização do trabalho, que tendeu a migrar para regiões menos "desenvolvidas" do planeta, ocasionando a erosão dos direitos sociais e trabalhistas historicamente adquiridos pelas políticas de Bem-Estar Social na Europa, desde os traumas das depressões econômicas dos anos 1920 e 1930. Tal processo ocorreu em paralelo à flexibilização dos regimes de trabalho, à escalada do valor fictício das coisas – com a especulação financeira assumindo um papel central na nova economia – e à necessidade de reconversão de vastas áreas industriais das cidades que, uma vez "revitalizadas", passaram a abrigar usos voltados ao setor terciário, em que predominam o uso cultural e o turismo.

Se a arte moderna, em seu momento, havia rompido o dualismo entre realidade e representação, criando com isso um campo plástico imanente e relacional, capaz de plasmar, em suas tensões visíveis, as tumultuosas disputas sociais, hoje a realidade não parece mais tão acessível à manipulação e à transformação simbólica. É sintomático, a propósito disso, o fato de que a mudança na compreensão da arte, nas últimas décadas, acompanhe o declínio histórico da noção de trabalho, flexibilizado, e cada vez mais precarizado, no *capitalismo tardio*. Trata-se, afinal, daquilo

---

6. Fredric Jameson, *Pós-modernismo: a lógica cultural do capitalismo tardio*, São Paulo: Ática, 1997. O conceito de "capitalismo tardio" foi formulado por Ernest Mandel.

que Hannah Arendt qualificou de "erosão da durabilidade do mundo" em favor de um permanente consumo das coisas, próprio à predominância da dimensão do labor sobre a noção de trabalho.

Se uma das características centrais do pós-modernismo foi a autonomização dos significantes em relação aos significados, abstraindo-se os lastros materiais, a ascensão da economia financeira exponenciou essa característica predatória do capitalismo, gerando na arquitetura recente aquilo que Pedro Fiori Arantes chamou de "renda da forma"[7]. Trata-se, segundo Arantes, de uma equivalente autonomização da forma arquitetônica – cada vez mais retorcida, liquefeita e antitectônica – em relação aos materiais e ao trabalho envolvido na sua construção. Daí, exatamente, o valor de marca desses edifícios icônicos, realizando um fetiche da mercadoria em segundo grau. Pois, de maneira análoga, se a economia não possui regras nem limitações para a autovalorização especulativa do capital financeiro, o urbanismo também deixa de ser a ciência que controla e dá parâmetros ao crescimento das cidades, agora "globais", e a forma arquitetônica parece dobrar a sua materialidade sem qualquer resistência. Parece haver claramente aí, como nota Pedro Arantes, uma desmedida que espelha o curso descontrolado do mundo atual.

Com efeito, é preciso encontrar uma mirada crítica a esse estado de coisas que não assuma um ponto de vista exterior e imune ao seu raio de ação. Quer dizer, é preciso encontrar um ângulo interno de análise que possa engendrar uma perspectiva crítica sem negá-la completamente, já que afinal foram esses os caminhos tomados até aqui, e não outros. Portanto, me parece que é necessário entender a relação entre a ubiquidade da imagem na sociedade de consumo e a abolição da opacidade do mundo, ou da resistência da matéria, na sua inextrincável relação com a arte e com a noção de trabalho, às quais se vincula também a descrença no instrumento da percepção como forma de intelecção. Segundo Rodrigo Naves, essa imagem "descolada de toda e qualquer resistência à formalização", e que portanto "pode assumir ares de algo intercambiável e plenamente disponível", está na base de uma situação em que "a percepção tende a deixar de radicar na experiência", e "uma *homogeneidade* genérica de

---

7. Pedro Fiori Arantes, *Arquitetura na era digital-financeira: desenho, canteiro e renda da forma*, São Paulo: Editora 34, 2012.

fundo se apodera de grande parte das representações", fazendo com que a atividade perceptiva se reduza "a um *re-conhecimento* de imagens", algo que, pondera Naves, "a *pop* soube antecipar com extrema pertinência"[8].

Uma boa ilustração dessa relação de oposição entre o "gesto utópico" moderno e a superficialidade desencantada pós-moderna aparece na comparação feita por Fredric Jameson entre as telas *Um par de botas* (1887), de Van Gogh, e *Diamond dust shoes* (1980), de Andy Warhol. Pois se no caso de Van Gogh a insistência na materialidade da obra procura de certa forma recriar um universo ausente – a transformação do opaco mundo camponês em pura cor é um "gesto de compensação utópica" –, no caso dos sapatos de Warhol a operação hermenêutica não se completa, pois, dada sua pura exterioridade, não há como reintegrá-los a algum contexto de origem. Segundo Jameson, se no trabalho de Van Gogh "um mundo ferido é transformado, por um *fiat* nietzschiano ou por um ato de vontade, na estridência de um colorido utópico", em Warhol, "ao contrário, é como se a superfície externa colorida das coisas – aviltada e previamente contaminada por sua assimilação ao falso brilho das imagens da propaganda – fosse retirada para revelar o substrato mortal branco e preto do negativo fotográfico, que as subtende"[9].

ESCAVANDO A SUPERFÍCIE DAS COISAS

O processo histórico que estamos descrevendo focaliza alterações cruciais nos paradigmas artísticos, relacionadas a importantes mudanças na dinâmica social instauradas na segunda metade do século xx – e em especial a partir dos anos 1960 –, que levaram à redução das possibilidades de dissenso no mundo contemporâneo. O resgate de dimensões simbólicas na arte contemporânea, que tem em Joseph Beuys um dos seus exemplos primeiros e mais importantes, surge como uma reação evidente a essas dificuldades, procurando formas de reespessamento da relação com o mundo.

Usando materiais informes e sensíveis ao calor, como o feltro, a cera e a gordura, Beuys realiza trabalhos em que o sentido não está dado na

8. Rodrigo Naves, *O vento e o moinho*, São Paulo: Companhia das Letras, 2007, p. 241.
9. Fredric Jameson, 1997, op. cit., pp. 36-37.

sua superfície, mas, ao contrário, em uma dimensão interna. Partindo da premissa de que o mundo da aparência – da visibilidade e da mercadoria – foi inteiramente colonizado pela racionalidade técnica e pela mercantilização das relações, o artista alemão procura desvincular os materiais de sua exterioridade instrumental, buscando outras dimensões de significação em que o sentido dos trabalhos é suspenso ou retardado. Assim, a aparência exterior desses trabalhos se torna apenas um indicador de processos internos não representáveis, aludindo à ideia de um mundo mais profundo que resiste ao uso e à manipulação. Portanto, se a Pop Art transforma as coisas em imagens, não importando que seja uma lata de sopa ou a Marilyn Monroe, Beuys, ao contrário, converte o mundo em matéria informe: a cadeira em gordura, o piano em feltro etc. E ainda, se a Pop e a Minimal tratam de superfícies sem interior, a arte de Beuys parece apresentar, por sua vez, interiores sem superfície, matérias sem forma.

É interessante notar a existência de uma genealogia de artistas alemães que desenvolvem questões a partir desse ponto, tal como no caso das imagens borradas de Gerhard Richter, pintando figuras desfocadas a partir de fotografias, numa associação inusitada entre Beuys e Warhol. Nessas telas de imagens nebulosas, Richter reflete sobre o périplo sem fim da imagem na sociedade contemporânea – fotografada, pintada, impressa, refotografada –, cuja vertigem suspende de certa forma a remissão a uma realidade original que estaria sendo representada, contestando a literalidade *pop*. Essa suspensão da literalidade e da nitidez é fundamental para o trabalho artístico que Michael Wesely começa a desenvolver com fotografias de longuíssima exposição a partir de meados dos anos 1990.

O trabalho artístico de Wesely parte de uma profunda crítica à condenação da fotografia a uma poética literal e restrita. Procurando incluir a dimensão temporal no instante fotográfico, como que a aproximar a fotografia do cinema, Michael Wesely criou um caminho absolutamente original entre os artistas contemporâneos, revolucionando o *medium* simultaneamente à forma narrativa. Eis aí a grande diferença do seu trabalho em relação ao de outros fotógrafos de sua geração que também procuraram romper com o paradigma moderno, porém atuando unicamente no plano narrativo, através do registro de cenas propositadamente banais, cromaticamente saturadas, e próximas ora de uma poética da desolação e da ruína, ora do hiper-realismo quase fantástico. Dando um passo além da mera exploração temática ou narrativa da fotografia, os trabalhos de longa exposição de Wesely atuam a partir de uma profunda autoconsciência interna ao próprio suporte, potencializando a fotografia como arte.

O processo de fotografia em longa exposição foi criado por Michael Wesely através da preparação de câmeras especiais, em que uma combinação de filtros retarda enormemente a gravação da imagem, permitindo que o registro das cenas se estenda por um tempo muito longo. O resultado é uma imagem única, na qual tudo o que esteve presente diante da câmera durante o tempo em que ela esteve aberta foi plasmado. Plasmado, porém, de um modo muito singular: na forma de sobreposição simultânea de camadas imagéticas com diferentes graus de nitidez, como num estranho palimpsesto. Pois a fotografia fixa melhor os objetos estáticos, duradouros, enquanto os transitórios se esfumam em infinitas gradações de opacidade e transparência, compondo uma imagem espectral. Muito distantes do realismo literal, suas fotos são, portanto, constituídas por uma sucessão de camadas de tempo que se espacializam, pois ao dilatar enormemente o instante do clique fotográfico em horas, dias, meses ou anos, Wesely dá uma feição surpreendentemente tangível à duração temporal, antes alheia ao universo diacrônico da fotografia.

As fotos de longa exposição feitas por Michael Wesely carregam o rico paradoxo da unicidade-multiplicidade, uma vez que são imagens únicas que trazem consigo longas histórias, gravadas de modo não sequencial. Seria possível, a partir daí, considerá-las imagens sintéticas? Sim e não, eu diria. Não, no sentido em que criticam a ideia de síntese como resumo autoevidente de uma situação complexa, revelando, em última análise, o caráter ilusório de qualquer operação sintética nos tempos atuais. Mas também sim, por outro lado, exatamente na medida em que essa mesma crítica abre-nos a possibilidade de imaginar sínteses abertas, fragmentárias e distendidas, formadas por narrativas não diretamente legíveis, e remetidas mais às noções nebulosas de trama e de rede do que de uma teleologia causal.

Nesse sentido, apesar de resultarem muito belas plasticamente, suas fotos se opõem fortemente ao sentido reificado da imagem no *capitalismo tardio*, uma vez que trazem à luz todo o processo material que está por trás da cena enquanto produto final de uma cadeia produtiva e temporal. Assim, os trabalhos de Michael Wesely desrecalcam a profundidade na poética fotográfica, revelando a superficialidade de uma sociedade que cultua imagens iridescentes e sem espessura histórica. Vem daí o fato de Wesely ser, certamente, um dos artistas mais capacitados a registrar e tensionar a dimensão complexa e turva da cidade contemporânea, dita global e genérica, e suas múltiplas transformações particularmente inscritas em obras de grande escala.

Um dos trabalhos que melhor desenvolvem essa questão é o que registra o processo de reconfiguração da Potsdamer Platz, em Berlim, em fotos com durações variadas que muitas vezes ultrapassam dois anos, feitas entre 1997 e 2000. Instalando câmeras em cinco lugares protegidos e privilegiados para a observação do transcurso das obras, Wesely montou um *set* com diferentes pontos de vista. Conduzidas por um plano diretor desenhado por Renzo Piano, que incluiu projetos de edifícios assinados por importantes arquitetos do chamado *star system* mundial, as obras no conjunto formado pela Potsdamer e a Leipziger Platz movimentaram não apenas toneladas mensuráveis de terra, aço, concreto e vidro, como também as maiores expectativas quanto à nova face urbana do mundo capitalista no raiar do século XXI, uma vez que mexiam em um símbolo crucial não apenas para a Alemanha reunificada, mas também para a Comunidade Europeia e, em última análise, para o novo mundo unidimensional que emergia da queda do muro de Berlim – muro que justamente cortava a praça, apagando-a do mapa durante os seus 28 anos de existência.

Diante de tamanha complexidade e carga simbólica, o resultado obtido por Wesely nesse trabalho é espantoso. O que vemos aí é um emaranhado de formas sobrepostas: edifícios em construção fundindo-se em formas espectrais, o *skyline* da cidade por trás, gruas e andaimes por toda parte, brilhos e luzes refratados, e o desenho cambiante do percurso do sol no céu ao longo das estações do ano. Quer dizer, o artista encontra nesta série uma maneira cortante de representar uma reunificação mais ilusória do que real, mostrando-a como um conjunto de estratos espaço-temporais esgarçados, fragmentários, fraturados internamente – como num plano cubista atualizado –, e que nos interpelam como uma poderosa fantasmagoria do presente.

Criando um provocativo amálgama entre elementos técnicos e naturais, como lajes e aterros, ou vidros espelhados, miríades de reflexos e o próprio movimento concreto do sol no céu, suas fotos nos apresentam

Guilherme Wisnik **255**

iconografias urbanas que hibridizam artifício e natureza, criando um poderoso retrato dos tempos atuais. É sob essa lente inequivocamente contemporânea que Michael Wesely retrata e ressignifica as novas megaoperações de transformação urbana pelo mundo no *capitalismo tardio*, em que a engenharia e a arquitetura de grande porte deixaram de estar restritas ao plano dos problemas territoriais e infraestruturais, tornando--se eixos centrais do imaginário e da própria cultura de massas.

TRANSPARÊNCIA AMBÍGUA

Nos seus retratos mais conhecidos, os arquitetos japoneses Kazuyo Sejima e Ryue Nishizawa nos encaram com um olhar lívido e ausente, e com roupas neutras, cinza ou pretas, sobre um fundo branco. Espontâneas ou construídas, suas *personas* públicas demonstram uma frieza pálida, e uma desdramaticidade que espelha os traços de sua própria arquitetura, que, a meu ver, retrata de maneira vertical certo espírito do nosso tempo. Com um traço de autoria marcante, seus edifícios extraem um sensualismo imprevisto da inexpressividade, fundindo o racionalismo cartesiano ao contorno orgânico das formas naturais.

Sejima começou a carreira trabalhando com Toyo Ito, nos anos 1980. E foi justamente Ito quem primeiro definiu a produção de Sejima como um ponto de mutação no cenário arquitetônico contemporâneo através do termo "arquitetura diagrama"[10], que se tornaria, não por acaso, o conceito-chave da arquitetura nos anos 2000, indicando um princípio de integração entre função e espaço a partir de uma nova matriz informacional. A arquitetura de Kazuyo Sejima, ainda segundo a caracterização de Toyo Ito, figura uma relação inédita entre corpo e espaço construído, parecendo abrigar apenas androides sem cheiro nem calor no interior de suas superfícies anódinas. Já distante das arestas fraturadas do desconstrutivismo, seus edifícios sinuosos e espectrais não procuram desestruturar o objeto arquitetônico enquanto tal, como em Peter Eisenman ou Kazuo Shinohara. Sua operação é mais delicada: eles dissolvem as conhecidas hierarquias arquitetônicas, tais como as que existem entre estrutura e vedação, ou espaços de circulação e de estar, aspirando a uma homoge-

---

10. Toyo Ito, "Arquitectura diagrama", *El Croquis n. 77[1] + 99*, Madri: 2001.

neidade fria porém sensual, que, segundo a analogia feita por Toyo Ito, tem proximidade com o imaginário do mundo digital.

Fundando o SANAA em 1995, Sejima e Nishizawa prolongam em sua obra conjunta as características descritas acima, radicalizando o sentido de grande continuidade espacial dos edifícios, baseada no paradoxo entre a enorme fragmentação dos espaços interiores e a cristalina legibilidade geométrica do volume externo. Os exemplos mais claros desse procedimento são duas obras-primas: o Museu de Arte Contemporânea do Século 21 (1999-2004), em Kanagawa, e o Pavilhão de Vidro em Toledo, Ohio (2001-2006). Trata-se de dois edifícios em que um amontoado aparentemente aleatório de blocos isolados que não se tocam são contidos por uma forma pura de vidro – um cilindro, no primeiro caso, e um retângulo no segundo. Em Kanagawa, o perímetro circular permite a entrada no edifício por qualquer lado, destruindo o conceito de fachada, que supõe uma hierarquia. Por fora, vemos uma superfície centrífuga e infinita. E, por dentro, um labirinto de percursos entre salas e pátios, no qual os espaços de circulação (os interstícios entre os blocos) se tornam também lugares de estar, ganhando um protagonismo inédito. Na esteira da tradição cultural do seu país, Sejima e Nishizawa sabem perfeitamente construir o vazio (Fig. 3, p. 506).

Kazuyo Sejima associa a sociedade da informação contemporânea à falta de profundidade e de transparência. Daí que ela se declare interessada em explorar diferentes graus de opacidade e reflexão ao usar o vidro, criando efeitos atmosféricos através da sobreposição de planos envidraçados curvos, muitas vezes jateados ou serigrafados, combinados a cortinas brancas. Por outro lado, afirma buscar a transparência através de materiais opacos, criando um curto-circuito entre visualidade e materialidade por intermédio da solução espacial. Em suas palavras: "O que eu procuro encontrar é uma forma de transparência sem um material transparente. Assim, não se trata de uma transparência literal mas conquistada, por exemplo, graças a algum método de desenho"[11].

Se a sociedade da informação tem uma relação estreita com a falta de visibilidade, ao contrário do que postularam os profetas da virtualidade,

---

11. Alejandro Zaera, "Una conversación con Kazuyo Sejima y Ryue Nishizawa", *El Croquis n. 77[1] + 99*, Madri: 2001, p. 17.

como Paul Virilio, a arquitetura do SANAA busca entrar em fase com a subjetividade contemporânea, associando-a também à flexibilidade e à homogeneidade. Por outro lado parece refutar, em suas ambiências hospitalares, o consumismo compulsivo da nossa sociedade, criando um vetor de oposição a ela. É claro que essa oposição, dada a sofisticação das suas soluções construtivas, pode ser vista como um mero despojamento *cool*. No entanto, me parece que a rápida pregnância alcançada pela arquitetura de Sejima e Nishizawa no mundo contemporâneo se deve menos a uma facilidade do que a um incômodo. O incômodo sedutor do anonimato voluntário em um mundo pós-sociedade de massas, com espaços pouco hierarquizados, diáfanos e anoréxicos, que se revelam, no entanto, de grande acolhimento, como se da crisálida dos androides nascessem homens comuns: nós. Pois em meio ao bombardeio sensorial da sociedade da informação, o que mais desejamos são mensagens insinuadas, não literais (Figs. 4 e 5, p. 507).

E não poderiam ser outros que não os japoneses os mais aptos a traduzir a fenomenalidade contemporânea na dimensão do mistério e da obscuridade, por oposição à literalidade da luz ocidental, símbolo da espiritualidade e da razão[12]. Assim, é preciso não se enganar quanto ao significado do branco-gris de todos os edifícios que trazem a marca do SANAA. A propósito, como já observou Luis Fernández-Galiano, "Diante da solidez solar das arquiteturas do jogo sábio e magnífico de volumes sob a luz, essas obras etéreas ostentam a palidez lunar dos espíritos noturnos, e uma fragilidade evanescente que a sensibilidade romântica denominou de feminina"[13].

Se Herzog & De Meuron exploram ao limite a realidade física para transcendê-la e aspirar ao imaterial[14], a arquitetura do SANAA parte direto desse grau zero da materialidade e da tectônica, em que paredes quase sem espessura e pilares de esbeltez inverossímil parecem querer liberar a construção da densidade e da inércia. À beira do desvanecimento, atrás de um *sfumato* que desrealiza os seus perfis em sombras e reflexos, a

---

12. Junichiro Tanizaki, *Em louvor da sombra*, São Paulo: Companhia das Letras, 2007.
13. Luis Fernández-Galiano, "SANAA en sueños", *AV Monografías n. 121*, Madri: 2006, p. 6.
14. "Nós trabalhamos com a realidade física da arquitetura", afirma Jacques Herzog, "porque só assim poderemos transcendê-la, ir mais além e chegar ao imaterial", Jacques Herzog, *Arquitectura Viva n. 91*, Madri: 2003, p. 29.

imaterialidade abstrata dos edifícios do SANAA está distante daquela celebrada por Lyotard em meados dos anos 1980[15]. Dissolvendo o esqueleto das construções em bosques de colunas quase imperceptíveis, Sejima e Nishizawa reduzem a referência antropomórfica da arquitetura em edifícios feitos quase que apenas de pura pele, mas com uma riqueza espacial interior inegável, que refuta qualquer suspeita da ênfase epidérmica. Em resumo, eu vejo na arquitetura do SANAA uma espécie de sonambulismo lúcido, cuja vitalidade provém justamente da sua aparência inerte. E que, como em outras manifestações artísticas recentes, tais como as canções do Radiohead, parecem manter a nossa atenção presa à circularidade translúcida da sua superfície, prometendo um mergulho em seu interior, que revelaria a sua estrutura formal. Mas o acesso a essa dimensão, no entanto, permanece sempre vedado, mantendo-nos em hipnótica vigília.

ARQUITETURA COMO AR

O discurso que embasa a produção de arquiteturas topográficas ou paisagísticas – certamente uma das maiores modas contemporâneas – reivindica a ascendência de uma tradição plástica que remonta ao pitoresco e ao sublime, e que teria sido marginalizada durante o modernismo, no século XX, sendo agora reabilitada no contexto da emergência das discussões sobre a sustentabilidade do planeta e das novas teorias antropológicas que propõem abolir a rígida divisão iluminista entre natureza e técnica.

Com efeito, a produção de muitos dos artistas e arquitetos que focalizo nesta conferência-artigo, embora partilhe esse mesmo campo de inscrição conceitual, não procura mimetizar a paisagem com relevos, morros ou superfícies gramadas. Trata-se, ao contrário, de abordagens menos formais da questão, e que também não se reportam às "arquiteturas líquidas" baseadas em Bergson e Deleuze[16]. Em essência, são abordagens que não propõem a construção de paisagens, e sim, antes, a desconstrução de visões, em situações de suspensão do sentido nas quais a baixa definição visual parece indicar a possibilidade de um estado de transmutação simbólica. Nesse sentido, estamos mais próximos do cinema, na ambiência

---

15. Refiro-me à exposição *Les immatériaux*, com curadoria de Jean-François Lyotard, ocorrida no Beaubourg em 1985.

16. Ignasí de Solà-Morales, "Arquitectura líquida", *Territorios*, Barcelona: Gustavo Gili, 2002.

quase religiosa de certos filmes de Andrei Tarkovsky – como da enigmática "zona", em *Stalker* (1979) –, do que do paisagismo ou da escultura propriamente ditos (Fig. 6, p. 508).

Ao contrário do que ocorre na tradição do racionalismo iluminista, a estética do pitoresco e do sublime costuma borrar os limites entre natureza e artifício, dando lugar a experiências artísticas que se desenvolvem de forma distendida no tempo. Essa dilatação da experiência, que não é propriamente formalizável, encontra, no entanto, uma bela tradução formal na imagem da névoa, ou da nuvem: um meio quase indefinível entre o material e o imaterial, e que, no polo oposto ao plano imanente da visão perscrutadora iluminista, parece nos transportar a um plano transcendente, como em um céu que, surpreendentemente, tivesse baixado à terra.

De acordo com Claude Lévi-Strauss, o nevoeiro é um elemento simbólico recorrente nas mitologias ameríndias, encontrando inúmeras variações sobre uma mesma estrutura narrativa ao longo de todo o continente. Assim, em vários dos mitos inventariados por ele na América, o denso nevoeiro que cai de repente e obscurece a visão dos seres (humanos e não humanos) é o véu que cobre por um instante a realidade, desencadeando uma situação a partir da qual as coisas se transmutam e trocam de posição. Em suas palavras, o papel do nevoeiro, nesses casos, é "alternadamente disjuntivo ou conjuntivo entre alto e baixo, céu e terra: termo mediador que junta extremos e os torna indiscerníveis, ou se interpõe entre eles de modo que eles não podem se aproximar"[17] (Fig. 7, p. 509).

No campo da arquitetura, essa questão aparece de maneira contundente no pavilhão temporário projetado por Elizabeth Diller e Ricardo Scofidio para a Expo 2002, na Suíça, com a consultoria da artista japonesa Fujiko Nakaya[18]. Construído sobre o lago Neuchâtel, o *Blur building* é uma plataforma constituída por uma trama de estrutura metálica vazada, acessível por uma extensa passarela, e envolvida por uma nuvem permanente, que muda de tamanho e densidade reagindo às mudanças climáticas do entorno. Essa nuvem é formada pela água captada no lago e aspergida por pulverizadores controlados por computador. O edifício, portanto, desaparece enquanto forma, apresentando-se às pessoas como

---

17. Claude Lévi-Strauss, *História de lince*, São Paulo: Companhia das Letras, 1993, p. 22.

18. Fujiko Nakaya projetou a grande nuvem que coroava o Pavilhão Pepsi, na Exposição Universal de Osaka, em 1970.

algo indefinido, uma vaga neblina, um rumor branco e cinza. Trata-se, segundo Elizabeth Diller, de um *medium* habitável e informe", um "ambiente imersivo no qual o mundo é posto fora de foco, enquanto a nossa dependência visual é posta no foco". E completa: "*Blur* é, decididamente, um projeto de baixa definição: nesse pavilhão de exposição não há nada para se ver além da nossa própria dependência da visão"[19].

Tomando a associação feita por Walter Benjamin entre ruína e alegoria, Jane Rendell situa o edifício nebuloso de Diller + Scofidio nesse campo filosófico – a visão da história como ruína –, que em termos artísticos se reporta claramente à tradição do pitoresco. O *Blur*, no entanto, não entraria nessa chave por encarnar uma poética da melancolia diante de espaços vazios ou abandonados, mas por sua exploração espacial da transitoriedade e da desintegração ao longo do tempo, como ferramenta alegórica que apontaria um estado de expectância, de descolamento da realidade, assumindo um papel tanto conjuntivo como disjuntivo, retomando aqui os termos de Lévi-Strauss. Para Rendell, a força disjuntiva da obra está na obstrução forçada da visão, que instaura uma experiência crítica no contexto de um evento dessa magnitude. Assim, diz ela: "Parece que nesse contexto particular – a exposição –, a experiência dessa arquitetura como atmosfera não foi nem de distração nem tampouco de contemplação, mas criou um lugar para a crítica, colocando a importância de um longo passeio pelo lugar sob condições em que a visibilidade é baixa, e em que é possível não 'ver', em oposição ao rápido consumo visual esperado por tal *sociedade do espetáculo* no caso de uma exposição internacional"[20].

Em um texto publicado na revista *Anything* um ano antes do evento, Elizabeth Diller já anunciava o projeto do pavilhão, que então se chamaria *Blur/babble* (fora de foco e ruidoso), já que em meio à densa nuvem branca seriam (e foram) instaladas fontes sonoras dispersas, criando um burburinho que ela chamou de "ruído branco". Ainda nesse texto, Diller ressalta a importância que o tempo climático vem ganhando nas discussões científicas, políticas e jornalísticas, em razão de concentrar as maiores incertezas atuais sobre o futuro da vida no planeta. Daí que *Blur/babble* tenha procurado refletir, e fazer refletir, sobre essa questão,

---

19. Guido Incerti et al., *Diller + Scofidio (+ Renfro): the ciliary function*, Milão: Skira, 2007, p. 144.
20. Jane Rendell, *Art and architecture: a place between*, Londres: I. B. Tauris, 2008, pp. 99-101.

tendo sido concebido, segundo Diller, como uma "épica, interativa e serial ópera do tempo"[21].

Ainda que possa ser criticado por participar da chamada "economia da experiência" contemporânea – e de fato alguns aspectos da obra nos reportam a isso, como a degustação de águas glaciais no seu *sky bar*, ou a incorporação de sensores cromáticos nos casacos de chuva usados pelos visitantes –, o *Blur building* é uma das mais poderosas obras de arquitetura contemporânea, exatamente pela sua capacidade de literalmente borrar a fronteira entre arquitetura e artes plásticas em um trabalho de natureza indefinível.

Algo que está suposto no desejo de Diller + Scofidio de tratar arquitetonicamente (e também artisticamente) a questão do clima é a percepção de que em um tempo marcado pelo declínio das disputas político-ideológicas, que situavam a noção de conflito, de forma materialista, no andamento histórico, a imagem da alteridade parece ter se deslocado para as revoltas da natureza, como o efeito estufa, a ameaça de esgotamento da água e do petróleo, e os terremotos, ciclones, vulcões e *tsunamis*. Daí a noção de incerteza associada ao clima, já que não se trata de um inimigo claramente identificável. E se o *Blur building*, por isso mesmo, leva a "transparência fenomenal"[22] ao quase limite da opacidade e obscuridade, outros artistas saem a campo para tentar capturar o ciclone em seu momento de formação, como no caso de Francis Alÿs (*Tornado*, 2010), imaginando talvez que a única forma de se compreender o mundo contemporâneo seja flagrar o diabo no meio do redemoinho, como o enigma da esfinge: *decifra-me ou devoro-te*. E não seriam o tornado de Alÿs e as nuvens de Sejima, Ishigami, Wesely, Olafur Eliasson e Diller + Scofidio imagens acabadas da crise financeira contemporânea e da incapacidade que temos de imaginar formas de saída para ela?

IRREALIDADE VEROSSÍMIL

O tema do nevoeiro nos leva, obrigatoriamente, à obra do artista dinamarquês (de origem islandesa) Olafur Eliasson, cuja produção, aliás, é

---

21. Elizabeth Diller, "Blur/babble", *Anything*, Nova York: Anyone, 2001, p. 139.
22. Colin Rowe e Robert Slutzky, "Transparencia: literal y fenomenal", *Manierismo y arquitectura moderna y otros ensayos*, Barcelona: Gustavo Gili, 1999.

central para a discussão da relação contemporânea entre as artes plásticas e a arquitetura.

A obra de Olafur lida, em grande medida, com fenômenos e elementos da natureza tais como vento, água, luz e fumaça. Mas nem por isso pode ser associada a qualquer discurso ecológico que implicasse as ideias de pureza ou de retorno a um estado essencial da vida. Ao contrário disso, a natureza, no trabalho de Olafur, é dada sempre por um condicionamento cultural, isto é, aparece necessariamente como construção, e não como verdade redentora. Vem daí o aspecto muitas vezes surrealista dos seus trabalhos, que replicam artificialmente elementos naturais colocando-os em confronto com seus pares "reais", criando assim uma dimensão da experiência na qual a ilusão e a realidade estão interconectadas, tornando-se, portanto, indiscerníveis. Nas palavras do próprio artista, "estamos sendo testemunhas de uma mudança na relação tradicional entre realidade e representação". Assim, "já não evoluímos do modelo (maquete) à realidade, mas do modelo ao modelo, ao mesmo tempo em que reconhecemos que, na realidade, ambos os modelos são reais"[23]. Consequentemente, prossegue, "podemos trabalhar de um modo muito produtivo com a realidade experimentada como um conglomerado de modelos", pois "mais que considerar o modelo e a realidade como modalidades polarizadas, eles agora funcionam no mesmo nível. Os modelos passaram a ser coprodutores de realidade"[24].

Essa mudança na relação tradicional entre realidade e representação a que se refere deve ser compreendida à luz de uma soma entre os efeitos da emancipação pós-moderna dos significantes – o que, em outros termos, equivale à hipertrofia da imagem na sociedade de consumo – e da acelerada virtualização da experiência com as tecnologias digitais na última década. Ocorre que, no caso de Olafur, em vez de reforçar esse efeito de artificialidade como perda total do referente, os trabalhos procuram criar um campo de equalização dessas instâncias, na medida em que deixam de ser tratadas como polaridades duais. Vem daí o seu foco na questão da participação do visitante como condição da experiência dos trabalhos de arte. O que quer dizer que esses trabalhos só se

23. Olafur Eliasson, *Los modelos son reales*, Barcelona: Gustavo Gili, 2009, p. 11.
24. Idem, ibidem.

Guilherme Wisnik

realizam como necessárias negociações intersubjetivas entre o artista, o espaço e o público.

Note-se, no entanto, que não se trata exatamente de converter o espectador em ator, como em muitas instalações participativas dos anos 1960, mas de negociar os termos da criação com ambientes de explícita artificialidade, nos quais a percepção assuma um papel construtivo, e portanto restaurador de uma possível subjetividade da experiência.

Se as atmosferas enevoadas criadas por Olafur criam um campo de embaralhamento entre natureza e artifício, o fazem espacialmente reabilitando a noção de ilusionismo, estigmatizada por uma corrente dominante da arte moderna. É o que se vê, por exemplo, em um trabalho urbano como *Double sunset* (1999), feito em Utrecht, na Holanda, onde o artista criou um sol artificial, feito de chapa metálica e iluminado por uma bateria de lâmpadas de xenônio, posicionado no alto de um edifício da cidade. Assim, dependendo do ângulo do qual se olhasse para esse estranho sol artificial e baixo – em uma cidade de alta latitude, na qual o pôr do sol é um fenômeno lento e cotidianamente apreciado durante o verão –, se poderia vê-lo simultaneamente ao pôr do sol real, criando uma duplicidade algo sinistra. Situação que se desdobrava ainda durante a noite, quando a iluminação dos holofotes de um estádio vizinho ao prédio no qual o trabalho se instalava o fazia brilhar como um impossível sol noturno.

Em 2003, aquele inusitado sol de Utrecht – duplo e onipresente –, reapareceu de forma alterada em Londres, no interior da Galeria das Turbinas, o magnífico *hall* de entrada da Tate Modern. Intitulado *The weather project*, era também feito por um semidisco metálico estruturado por andaimes e iluminado por lâmpadas de monofrequência. Além disso, o artista instalou um espelho rente ao teto do salão, duplicando o espaço e refletindo suas imagens – a arquitetura, as pessoas e o próprio meio sol, que, ao duplicar-se, completava-se –, além de envolvê-lo também em uma bruma artificial, cujo ar de mistério potencializava o sentido de verossímil irrealidade da situação. Aproximo aqui o verossímil do irreal na medida em que o trabalho logra de fato dissolver essas polaridades, no calor implacável de sua luz fria. O resultado é que as pessoas acorriam em grande número para o museu, durante o inverno londrino, com a intenção de se deitar no chão daquela praia artificial e receber na pele – ainda que apenas de forma mediada, pelos olhos e o cérebro, porém de modo muito verossímil – a energia daqueles benéficos raios solares. Tamanho foi o êxito do trabalho, que catapultou a carreira de Eliasson a um plano de consagração muito mais alto, sendo reconhecido ainda hoje como o mais importante trabalho já feito na Tate Modern.

Minha referência ao sucesso de *The weather project* não visa apenas elogiar a obra de Olafur. Nos termos da discussão proposta aqui, interessa investigar as razões desse sucesso, para além de suas razões mais evidentes, tais como a qualidade estética intrínseca – verificável inclusive no plano do "belo" –, e o enorme poder simbólico e midiático da instituição. Uma chave para essa questão, me parece, foi a instalação ter conseguido associar a inegável qualidade de espaço público daquele lugar à exploração de algo que talvez seja um dos poucos domínios verdadeiramente públicos ainda hoje: o tempo atmosférico (no sentido de *weather*, não de *time*), ao qual já me referi a propósito do *Blur building*.

Uma das grandes qualidades do trabalho de Olafur Eliasson, segundo o antropólogo Bruno Latour, é a superação das velhas e esgotadas distinções entre polaridades como o selvagem e o domesticado, o privado e o público, ou o técnico e o orgânico. Latour é um dos grandes formuladores da chamada "antropologia simétrica", que, a partir de questões levantadas inicialmente por figuras como Claude Lévi-Strauss, propõe leituras da sociedade contemporânea que partem da inclusão estrutural da alteridade, isto é, da crítica à perspectiva dominadora ocidental, segundo a qual o outro deve ser reduzido ao eu. A grande questão contemporânea, diz Latour, é a progressiva fusão das duas formas de representação que foram separadas ao longo da história: a representação da natureza e a representação das pessoas em sociedade, isto é, a separação entre coisas e pessoas, ciência e política.

Segundo a visão moderna-iluminista, a história da civilização é a épica trajetória de emancipação daquele estado primitivo, animista, em que os homens se mesclavam com o mundo, em direção à separação racional de tudo. Assim, o corte racionalista ocidental separou sujeito e objeto, fatos e valores, buscando eliminar aquela antiga "confusão" do estado natural. A própria crítica à objetificação do mundo sob o capitalismo, como razão da obstrução de uma política baseada na "livre" ação comunicativa – tal como a que vemos em Jürgen Habermas –, se baseia no aprofundamento dessa divisão.

Hoje, no entanto, observa Latour, a ação humana se ampliou a uma escala em que as antigas paredes dos laboratórios se expandiram, extrapolando as fronteiras do planeta. Como explicar fenômenos como o buraco na camada de ozônio, por exemplo, ou a poluição dos rios, os embriões congelados etc.? Estariam, esses fenômenos, no campo do natural ou do cultural? Desde que o mundo inteiro foi convertido em um grande laboratório (um "campo ampliado"), vivemos um experimento generalizado, no qual todos são atores. É a "era da participação", segundo Latour, na qual experiência e experimento se tornaram uma coisa só, um grande híbrido contemporâneo. Esse "campo ampliado" da experiência pede uma nova compreensão da política, observa Latour, na imagem de um "parlamento das coisas" (*Dingpolitik*) – que voltasse a associar as ideias de "público" e de "coisa": *Res publica*[25].

Como extrapolar os experimentos científicos, historicamente fechados em laboratórios, para a atmosfera de toda uma cultura? Essa é uma pergunta crucial para a nova política, segundo Latour, no momento em que as referências de alteridade e de exterioridade se esfumam. Assim, se nós estamos emaranhados no mundo, as coisas acontecem sempre no interior, e não no exterior. "Devido à extensão simultânea da ciência e ao sempre crescente entrelaçamento das atividades humanas com as coisas", insiste Latour, "já não há um exterior." E, fazendo recurso a uma imagem alegórica, observa que o que Olafur Eliasson nos ajuda a descobrir, com seus trabalhos, é que "até a política necessita de ar condicionado"[26].

No seu "programa ambiental" de 1966, Hélio Oiticica fez a conhecida afirmação de que o "museu é o mundo". Hoje, no entanto, se formos atualizar esse princípio de "apropriação geral" proposto por ele, veremos que, se por um lado o museu vai de fato se dissolvendo no mundo, como a arte na vida, o próprio mundo, por outro lado, vai também se museificando com o turismo, a publicidade e a economia de serviços, segundo uma lógica de equivalência entre realidade e modelo. A singularidade da posição de Olafur Eliasson está em nem aceitar a ideia de autenticidade

---

25. Bruno Latour e Peter Weibel (orgs.), *Making things public: atmospheres of democracy*, Karlsruhe: ZKM – Center for Art and Media Karlsruhe / MIT Press, 2005.

26. Bruno Latour, "Atmosphère, atmosphère", *De lo mecánico a lo termodinámico: por una definición energética de la arquitectura y el territorio*, Barcelona: Gustavo Gili, 2010, p. 106.

defendida pela contracultura, em que arte e vida se integram – de matriz ainda moderna –, nem defender a artificialidade do simulacro pós-moderno. No meio do nevoeiro, não é possível decidir se estamos de um lado ou de outro da ponte. O que há é apenas a própria ponte.

A FUMAÇA E O ANJO

Se o nevoeiro identificado por Lévi-Strauss nas mitologias ameríndias tem eficácia simbólica porque se reporta tanto a um fenômeno meteorológico quanto a uma produção humana – a fumaça do cozimento de alimentos, ou de sacrifícios rituais, por exemplo –, aqui também seria preciso lembrar que a alegoria evocada pela névoa, se tomada como ruína, incide não apenas em aspectos simbólicos relativos à transcendência – o céu na terra –, mas também a uma série de irrupções trágicas no cotidiano, da ordem da imanência, como por exemplo as fumaças de grandes incêndios e demolições.

Em relação às demolições, penso, por exemplo, na clássica imagem da implosão do conjunto habitacional de Pruitt-Igoe (St. Louis), em 1972, assim como, evidentemente, nas várias fumaças que tomaram Nova York após os ataques terroristas de 11 de setembro de 2001: a fumaça negra do incêndio nas torres, a fumaça branca do momento da queda, a nuvem amarelada que pairou nos extratos mais baixos depois da queda, depositando-se em forma de fuligem sobre as pessoas, e a intensa neblina cinzenta que cobriu a cidade por semanas, e que, em termos simbólicos, parece que não se dissipará tão cedo.

Duas megademolições, acompanhadas de suas respectivas fumaças, que no curto intervalo de 29 anos marcaram duas viradas de página da história: a irrupção do pós-modernismo, no primeiro caso, e o início de uma era ainda sem nome, no segundo, dominada pela globalização, e que atinge a sua eficácia trágica através do próprio imperialismo da mídia, como que subvertendo por dentro a *sociedade do espetáculo*. Nos termos da nossa discussão aqui, é significativo que essas novas eras se inaugurem através de demolições, e não de gestos construtivos – como foram o avanço da ciência e a descoberta da América, por exemplo, em momentos anteriores. Tal percepção parece reforçar o sentido trágico do "pacto fáustico" feito pela modernidade desde o século XIX, que levou Nietzsche a definir a história moderna como uma dialética entre a "destruição criativa" e a "construção destrutiva"[27].

A propósito, uma das muitas evidências sobre o mundo contemporâneo trazidas com os ataques de 11 de setembro foi a revelação, ainda que paradoxal, do renovado alcance midiático da arquitetura, cuja escala e difusão vieram a fazer inveja a muitos artistas – lembremos, aliás, da polêmica declaração do músico Stockhausen de que o atentado de 11 de setembro "é a maior obra de arte imaginável". O que ajudaria a explicar, segundo Liane Lefaivre, a enorme invasão de temas e inspirações arquitetônicos na arte contemporânea[28]. Mais uma vez, temos aqui a aproximação entre arte (arquitetura) e tragédia, cujo poder violentamente disruptivo pode ser visto como algo da ordem do sublime, em uma sociedade na qual a imagem parece ter se tornado autônoma.

Assim, se em 1940 o "anjo da história" de Walter Benjamin era impelido para a frente pela ventania do progresso, acumulando ruínas atrás de si[29], hoje ele talvez estivesse perdido no meio de um nevoeiro sem brisa. Ou, então, retido por tempo indeterminado em algum aeroporto "sem teto", vítima do caos aéreo, esperando a dissipação da nuvem de fumaça provocada por mais uma erupção vulcânica no Chile ou na Islândia.

27. David Harvey, *A condição pós-moderna*, Rio de Janeiro: Loyola, 1993, pp. 25-26.
28. Liane Lefaivre, "Arte arquitectónico: una nueva tendencia en la Bienal de Venecia", *Arquitectura Viva*, n. 102, Madri: 2005, p. 89.
29. Ver Walter Benjamin, "Sobre o conceito da história", *Walter Benjamin: obras escolhidas vol. 1*. São Paulo: Brasiliense, 1985, p. 226.

Valéry *on-line*, McLuhan *off-line*
Sérgio Alcides

Estar *on-line* quer dizer estar em rede. É dessas ironias da terminologia difundida em momentos de mudança acelerada, quando a linguagem nem sempre dá conta do que é mais profundamente vivido, ou nem sempre se dá conta do que é mais intensamente necessário dizer. São rupturas entre o desígnio e a designação, o movimento das transformações e a capacidade de dar nome ao traço decisivo que elas comportam. E o traço decisivo neste caso – traço? traçado? – é o contraste entre dois modos de apreender e representar o mundo para a consciência e de situá-la nele: o modo linear, em linha, e o modo reticular, em rede. Podemos esperar que não sejam modos excludentes, mas ainda assim a predominância de um ou de outro implica um conjunto de consequências consideráveis. Os hábitos mentais que eles engendram se enraízam no cérebro humano – e talvez seja aí que a nossa história hoje toca mais de perto o nosso corpo.

Porque o lugar contemporâneo mais convulsionado não é a tela dos nossos computadores. É o próprio cérebro humano. É nele que transcorrem as mudanças mais radicais que vivemos na atualidade, cotidiana e irresistivelmente – sendo esta última circunstância um bom sinal de que se trata mesmo de uma revolução, pela sua irresistibilidade. Vida *on-line* e vida *off-line* cada vez mais se confundem. Durou pouco a dicotomia entre o real e o virtual, desde que a internet se difundiu em escala global, diária, indispensável. Não se trata apenas de uma nova mídia ou um novo meio de comunicação, porque a rede mundial de computadores atua muito além da mera mediação. É todo um planeta a mais para habitar, em condições que forçosamente interferem nos modos de ser, pensar e sentir.

Nessa espécie de superesfera fragmentariamente pública, certos hábitos mentais são privilegiados, em detrimento de outros. A linearidade – como via de aquisição e organização do conhecimento – vai perdendo terreno para a reticularidade, a disposição em rede das matérias e dos processos da consciência. Essa virada traz consigo uma série de inegáveis benefícios, bem traduzidos por termos como "acessibilidade", "interação", "compartilhamento". Qualquer pessoa conectada, em qualquer parte do mundo, apreende num instante a significação dessas palavras. Um punhado de cliques abre em janelas um acervo zil vezes mais rico que o das mais ricas (e inacessíveis) bibliotecas. Nunca existiu tanta riqueza tão disponível. No entanto, já chegamos outros a esse tesouro, a esse imensurável *thesaurus*, uma vez que a própria cognição humana se modifica no salto da linha para a rede. Virar uma página não é o mesmo que abrir uma *homepage*. O funcionamento do cérebro humano se transforma, à força de tantos cliques, tanta presentificação e tanto enlace de simultaneidades. Seria um equívoco estabelecer um julgamento rígido acerca dessa transformação: o problema é mais complexo do que nossas tendências pessimistas ou otimistas, apocalípticas ou integradas. Mais urgente é reconhecer que algumas habilidades cognitivas entram em declínio, enquanto outras se fortalecem. Ler, por exemplo, é uma prática mais ligada à linha do que à rede. Sem dúvida, é ótimo que edições impecáveis do *Dom Quixote* ou das obras completas de Shakespeare estejam disponíveis, de graça, na internet, prontas para "baixar". A disponibilidade é abundante. Mas e a disposição? Quantos internautas estão efetivamente dispostos a ler um livro, físico ou eletrônico, da página um até a trezentos – enquanto zilhões de *links* tão atraentes estão ali perto reclamando sua atenção em *notebooks*, *tablets*, *smartphones* e o que mais inventarem antes mesmo de este parágrafo terminar?

Ouçamos o testemunho de um ensaísta americano especializado em informática e novas tecnologias, formado no mundo jurássico *off-line*, linear, mas logo normalmente absorvido pela comunicação *on-line*, em rede. "O próprio jeito de funcionar do meu cérebro parecia ter mudado", escreve Nicholas Carr. "Foi então que comecei a me preocupar com minha incapacidade de prestar atenção a qualquer coisa por mais que uns poucos minutos." Primeiro, ele pensou que era a chegada da meia-idade, mas não demorou a compreender que sua dispersão tinha outras razões. "Percebi que meu cérebro não estava apenas à deriva. Ele estava faminto. Exigia ser alimentado da maneira que a rede o alimentava. E, quanto mais alimentado ele era, mais aumentava sua fome. Mesmo quando eu estava longe do meu computador, ansiava por checar meu *e-mail*, clicar em *links*, 'googlar' alguma coisa. Eu queria estar *conectado*." Dramaticamente, o internauta confessa: "Saudade do meu cérebro antigo"[1].

É compreensível o tom de "meditação sobre ruínas": trata-se do declínio de habilidades ao redor das quais o sujeito formou sua identidade, a imagem que tem (ou tinha) de si próprio. O convite à nostalgia se torna tão irresistível quanto o desejo de "googlar" – e daí a uma visão meramente reacionária do mundo atual vai apenas um clique. Carr soube se precaver desse risco, mergulhando na pesquisa para um livro fascinante sobre as consequências neurológicas e cognitivas dos novos hábitos de comunicação em rede. Suas conclusões apontam uma tendência contemporânea à superficialidade, cobrindo vastas extensões, mas dificultando o poder de concentração e reflexão em profundidade sobre um ponto específico. Não se trata para o ensaísta de uma questão meramente moral. Não é o nosso espírito – "vicioso" ou "virtuoso" – o que está em causa: é o nosso corpo, mais especificamente o cérebro, em sua constituição neurológica. Carr procurou sintetizar os últimos dados das pesquisas de ponta no campo da neurobiologia, que parecem confirmar cada vez mais e melhor a antiga hipótese sobre a plasticidade cerebral, discutida desde o século XIX. O cérebro muda constantemente em face das experiências e das práticas que absorve ou é levado a empreender. Num certo sentido (neurobiológico), o humano se amolda às tecnologias historicamente dominantes, que o prolongam e o limitam ao mesmo tempo.

> Graças à plasticidade das nossas conexões neuronais, quanto mais usamos a rede, mais treinamos nosso cérebro para ser distraído: para processar a informação muito rápido e com muita eficiência, mas sem uma atenção prolongada. Isto nos ajuda a explicar por que muitos de

---

1. Nicholas Carr, *The shallows. What the internet is doing to our brains*, Nova York: Norton, 2010, *ebook*, parágrafos 12.30-31 (grifo do autor).

nós acham difícil concentrar-se mesmo quando estão longe de seus computadores. Nosso cérebro se torna um adepto do esquecimento, inepto para relembrar[2].

A ironia é que a internet traz à tona tanta coisa que valeria a pena recordar, sem dúvida.

Mas o Google, como provedor das principais ferramentas de navegação da rede, também molda o nosso relacionamento com o conteúdo que ele disponibiliza tão eficientemente e em tanta profusão. As tecnologias intelectuais que ele introduziu pioneiramente promovem um rápido e superficial deslizar sobre a informação, mas desestimulam qualquer envolvimento profundo e prolongado com um argumento, uma ideia ou uma narrativa[3].

O risco então, depois de tanto esforço cultural, científico e tecnológico, é tornar-se incapaz da fruição do próprio êxito: morrer na praia, afogado no raso.

Não é por acaso que Carr inicia seu livro com uma homenagem a Marshall McLuhan, o ensaísta canadense que meio século antes já tinha percebido com impressionante nitidez uma reviravolta que na época mal tinha começado. "O meio é a mensagem"[4] – foi a máxima tantas vezes repetida do autor de clássicos como *A galáxia de Gutenberg* (1962) e *Os meios de comunicação como extensões do homem* (1964). Mas ele também poderia ter iniciado com uma homenagem a Paul Valéry, o poeta e pensador francês que se entediava com a superfície dos acontecimentos e preferia mergulhar na reflexão sobre os "funcionamentos": "Os acontecimentos são a espuma das coisas. Mas é o mar o que me interessa"[5]. Ambos os homenageáveis permitem uma abordagem sobre os contrastes entre o raso e o fundo, o "surfe" em superfícies e interfaces, o mergulho em distinções e profundezas.

---

2. Idem, ibidem, parágrafo 23.41.
3. Idem, ibidem, parágrafo 22.18.
4. Marshall McLuhan, *Os meios de comunicação como extensões do homem (Understanding media)*, trad. Décio Pignatari, São Paulo: Cultrix, 1969, p. 21.
5. Paul Valéry, "Propos me concernant", *Œuvres*, Paris: Gallimard, 1962, v. II, p. 1508.

São duas figuras cruciais do século xx, McLuhan e Valéry. Entre outros motivos, por terem se confrontado com o futuro nos passos mais decisivos de suas trajetórias. No entanto, os dois são tão diferentes quanto o visionário e o cético. O ensaísta viu o mundo moderno como uma "aldeia global" criada pela velocidade instantânea da informação circulante, e a partir daí profetizou o advento de "uma consciência cósmica geral"[6]. Já o poeta não cansava de reiterar sua indisposição para a profecia: "Entramos no futuro de ré", costumava dizer[7]. McLuhan e Valéry exemplificam bem dois modos diferentes de lucidez em face de transformações radicais que se impõem às maneiras de pensar, sentir e viver. Em comum, eles têm o fato de terem vivido em tempos de mudança: McLuhan como professor de literatura em meio à proliferação de signos e hábitos de comunicação de massa muito mais abrangentes e muito diferentes do ambiente livresco que o formara; Valéry como o "homem de espírito" em tudo avesso à história, que, abruptamente, vê as guerras mundiais destroçarem a segurança do fragilizado ideal de civilização que dava sentido ao seu modo de ser. De maneiras diferentes e por ângulos diversos, ambos se viram diante de uma imagem cambiante do ser humano. Mas o que mais os aproxima de Carr é que, também para eles, "cérebro" era uma palavra-chave para entender os movimentos da história. Ou porque dali se expandisse uma consciência coletiva deslizando para o futuro, ou porque dele brotasse o "espírito" individual que pudesse resistir ao que quer que o futuro viesse a trazer.

1.

Justifica-se que McLuhan (1911-1980) tenha ficado célebre como o profeta das novas tecnologias de comunicação. Com um vocabulário que hoje pode soar nostradâmico, sobre a passagem da "era mecânica" de Gutenberg para a "era elétrica" da televisão, e sem maiores conhecimentos de neurofisiologia, McLuhan fez uma contundente descrição das profundas alterações culturais e cognitivas trazidas pelo desenvolvimento de cada novo meio tecnológico ao longo da história, desde a invenção da

6. Marshall McLuhan, op. cit., p. 99.
7. Paul Valéry, "Discours de l'histoire", Œuvres, i, p. 1135.

Sérgio Alcides   **273**

escrita, da imprensa de tipos móveis, do telégrafo e do rádio até a difusão da TV. Para ele, a circulação instantânea de informações ao redor do mundo "retribalizou" o ser humano e reduziu o planeta inteiro às dimensões de uma "aldeia global" [*global village*]. Há quem acredite que ele anteviu no início dos anos 1960 o surgimento da internet – que só se expandiu globalmente mais de trinta anos depois.

É sintomático que, na profecia de McLuhan, a questão já se ligasse decisivamente ao funcionamento do cérebro, cada vez mais desviado de seu antigo procedimento sequencial, linearizado:

> Um dos aspectos principais da era elétrica é que ela estabelece uma rede global [*a global network*] que tem muito do caráter de nosso sistema nervoso central. Nosso sistema nervoso central não é apenas uma rede elétrica [*an electric network*]; constitui um campo único e unificado da experiência. Como os biólogos apontam, o cérebro é o lugar de interação [*the interacting place*], onde todas as espécies de impressões e experiências se intercambiam e se traduzem, permitindo-nos reagir ao mundo como um todo. [...]. Mas essa unidade orgânica de interprocessos, que o eletromagnetismo inspira nas mais diversas e especializadas áreas e órgãos de ação, está no polo oposto da organização numa sociedade mecanizada. [Mais adiante, o autor mostra o efeito dessa troca de polaridade] [...] A sincronização instantânea de operações numerosas acaba com o velho padrão mecânico do arranjo das operações em sequência linear[8].

Talvez seja esta a passagem de toda a obra de McLuhan mais "profética" acerca da internet – uma "rede global" espalhada como um "campo unificado da experiência", uma "unidade orgânica de interprocessos" que se estabelece no polo oposto ao das "operações em sequência linear". Cinquenta anos depois, tudo isto nos parece muito familiar: é lugar-comum – em todos os sentidos, em todas as direções. No entanto, o que o trecho traz de mais sugestivo só agora começa a sobressair: a "rede global" antevista se assemelha em muitos aspectos ao cérebro hu-

---

8. Marshall McLuhan, op. cit., pp. 390-391; ver Marshall McLuhan, *Understanding media. The extensions of man*, Cambridge, MA: MIT, 1995, pp. 348-349.

mano. Reside precisamente aí o ponto que hoje parecerá fundamental a Carr, pelas advertências que ele faz, como esta: "À medida que o nosso uso da rede nos torna mais difícil reter a informação na nossa memória biológica, somos forçados a contar mais e mais com a memória artificial tão abrangente e facilmente buscável, mesmo se isto nos transforma em pensadores rasos"[9]. Não só a antiga linearidade dos processos mentais está rompida: há um ultracérebro lá fora que também pensa por nós, lembra infalivelmente de tudo o que esquecemos e retém, por uma espécie de delegação, uma parte significativa das nossas consciências. E nada disso surpreenderia o velho McLuhan: "Com o advento da tecnologia elétrica, o homem prolongou ou projetou para fora de si mesmo um modelo vivo do próprio sistema nervoso central"[10]. E ainda: "Nossa vida particular e associativa se transformou em processo de informação justamente porque projetamos para fora nosso sistema nervoso central, *sub specie* de tecnologia elétrica"[11]. Ou, com certa poesia: o homem elétrico é "um organismo que agora usa o cérebro fora do crânio e os nervos fora do seu abrigo"[12].

McLuhan vê esse prolongamento do sistema nervoso central como um movimento "rumo à extensão tecnológica da consciência"[13]. Mas, externada, a consciência deixará de ser um processo individual e passará a ser ela própria um compartilhamento. Nesse processo, deflagrado com os avanços da telecomunicação no século XIX e cada vez mais acelerado no XX, surge um ambiente não muito acolhedor para o ideal moderno do sujeito autocentrado, idealmente estável, sempre idêntico a si próprio, senhor de suas representações e supostamente responsável por seus atos[14]. O pressuposto metafísico mais fundamental para esse tipo humano se ergueu exatamente sobre a autoconsciência em face do mundo externo. No idealismo alemão, sobretudo a partir de Kant, impôs-se como um

---

9. Nicholas Carr, op. cit., parágrafo 23.41.
10. Marshall McLuhan, op. cit., p. 61.
11. Idem, ibidem, p. 71.
12. Idem, ibidem, p. 77.
13. Idem, ibidem. McLuhan se aproxima aí do conceito de "noosfera" introduzido pelo pensador jesuíta Teilhard de Chardin, para designar a "membrana" interativa da cognição humana que envolve e modifica a biosfera; Pierre Teilhard de Chardin, *O fenômeno humano*, trad. José Luiz Archanjo, São Paulo: Cultrix, 2006; para McLuhan, trata-se do "cérebro tecnológico do mundo"; Marshall McLuhan, *A galáxia de Gutenberg. A formação do homem tipográfico*, trad. Leônidas Gontijo de Carvalho e Anísio Teixeira, São Paulo: Companhia Editora Nacional/Edusp, 1972, p. 59.
14. Ver L. Costa Lima, *Mímesis: desafio ao pensamento*, Rio de Janeiro: Civilização Brasileira, 2000, pp. 71-161.

paradigma o contraste entre o "eu" e o "não eu", frequentemente concebidos topologicamente: o dentro e o fora. Fichte partirá daí para postular a existência de um "Eu absoluto", puro e universal, intersubjetivo, de cuja essência divina cada um de nós participa individualmente[15]. A integração a esse ideal é também um *télos*, um ponto de chegada, orientação para toda uma ética e ainda para uma concepção de história como força dirigida para esse fim imaginado como exterior a ela, metafísico, não histórico. O refinamento da vida interior do indivíduo burguês, no século XIX, por exemplo, é assim percebido como um estágio dessa linha, rumo a uma consumação absoluta, ou seja, solta do tempo e do mundo – numa evolução cujo ponto de partida é justamente a distinção entre o "eu" e o tempo, o "eu" e o mundo, o "eu" e o "não eu".

A argumentação de McLuhan se incompatibiliza de saída com essa maneira de explicar e circunscrever o indivíduo. Se as tecnologias são "extensões do homem", o "eu" se prolonga pelo "não eu" afora. A consciência individual, de outro modo entendida como índice particular de uma instância metafísica, revela-se como contingência, criatura da história, determinada por certa configuração tecnológica e fadada a desaparecer com ela. Para McLuhan, o que "possibilitou a descoberta do individualismo, da introspecção e assim por diante" foi o desenvolvimento da escrita e sobretudo a invenção da imprensa[16]. Note-se que ocorre dentro dessas coordenadas históricas a própria invenção do conceito de literatura, em fins do século XVIII, como domínio discursivo reservado à ficção e atrelado a pressupostos metafísicos sobre a nação, a época e a subjetividade individual. Do ponto de vista da mídia, na escrita e na tipografia, o sujeito não se confunde com os meios: "Vinde cá, meu tão certo secretário", é como Camões inicia sua Canção X, referindo-se ao papel em branco, a quem o poeta confia seus segredos[17]. Mas, para McLuhan, essa separação é mecânica, e portanto não poderia persistir na era que ele chama de "elétrica": "Com a TV, o espectador é a tela"[18]. Ou, como observa um teórico posterior: "A digitalização geral de canais

---

15. *Cf.* Gerd Bornheim, "Filosofia do romantismo". *O romantismo*, São Paulo: Perspectiva, 1978, pp. 75-111.
16. Marshall McLuhan, op. cit., p. 63; ver também Marshall McLuhan, *A galáxia de Gutenberg...*, op. cit., p. 220: "[A imprensa] é a tecnologia do individualismo".
17. Luís de Camões, "Canção X", *Rimas*, Coimbra: Universidade de Coimbra, 1953, p. 241.
18. Marshall McLuhan, op. cit., p. 351.

e da informação apaga as diferenças entre o indivíduo e a mídia. Som e imagem, voz e texto são reduzidos a efeitos de superfície, conhecidos pelos consumidores como a interface"[19].

Nesse plano estendido da consciência, deixa de fazer sentido o antigo ideal de "formação" – a *Bildung*, como os alemães chamavam o processo de educação e desenvolvimento singular do indivíduo, resultante da acomodação, no seu "espírito", de um conjunto de aprendizados e experiências pessoais e estéticas. Tratava-se de um ideal de cultivo: o sujeito era o terreno a ser inseminado pela cultura; sua singularidade única e o efeito dela sobre o mundo e os outros era o que se esperava colher[20]. Estava implicado aí um tipo de relacionamento com bens culturais que nada tem a ver com o paradigma hoje dominante: ler um poema, ir ao teatro, ouvir um concerto são atos que então só podiam ser concebidos como diferentes modos de nutrir o sujeito – e não como diferentes meios de entretenimento. Não se podia fazer *download* do alimento necessário à alma humana.

Seria um erro pressupor aqui dicotomias rígidas entre "alta cultura" e "cultura de massa", "cultura erudita" e "cultura popular", *high brow* e *low brow*, para as quais tudo se reduz a uma questão de juízo ou, pior, de "gosto". O decisivo para o contraste entre os paradigmas da formação e do entretenimento não é o valor dos bens culturais envolvidos e sim o tipo de relação que se estabelece com eles. A formação entendia o sujeito como um potencial a desenvolver – em resposta a um apelo que para Nietzsche vinha da própria consciência individual: "Torne-se aquilo que você é"[21]. O envolvimento com a literatura, a música e os espetáculos ganhava assim um caráter existencial semelhante ao que ligava cada um aos estudos, ao amor, às viagens: eram experiências que supostamente passavam a nutrir e constituir a identidade da pessoa e sua correspondente forma de ver o

---

19. Friedrich Adolf Kittler, *Gramophone, film, typewriter*, trad. Geoffrey Winthrop-Young e Michael Wutz, Stanford, CA: Stanford UP, 1999, p. 7.

20. Ver, sobre o assunto: Aleida Assmann, *Construction de la mémoire nationale. Une brève histoire de l'idée allemande de 'Bildung'*, trad. F. Laroche, Paris: Maison des Sciences de l'Homme, 1994; e Walter Horace Bruford, *The German tradition of self-cultivation: 'Bildung' from Humboldt to Thomas Mann*, Cambridge: Cambridge UP, 1975. Ver também, para além do tema alemão, Charles Taylor, *Sources of the self. The making of the modern identity*, Cambridge: Cambridge UP, 1989.

21. Friedrich Nietzsche, *A gaia ciência*, trad. Paulo César de Souza, São Paulo: Companhia das Letras, 2001, p. 186 [seção 270].

Sérgio Alcides

mundo. O resultado, embora em permanente desenvolvimento sempre cambiante, não deixava de se dar de uma forma relativamente acomodatícia – e para isso se tornava necessária uma memória que tampouco poderia ser artificial ou externa. Ainda com Nietzsche: "Continue sem cessar a ser aquele que você é – o criador do seu Eu! Assim você vai reter a memória dos seus bons momentos e achar a conexão entre eles, a cadeia de ouro do seu Eu"[22].

No plano do entretenimento, ao contrário, as conexões são externas e não necessariamente se ligam a uma "vida interior"; embora também possam estimular uma zona subjetiva, não é este o seu foco. A relação com os bens da cultura se dá como alternativa disponível para preencher o tempo livre do trabalhador ou do estudante que se prepara para ingressar no mercado de trabalho ou tenta melhorar sua condição social, sem adquirir para ele um caráter existencial integrado à pressuposição de um todo sem falhas ou arestas, o antigo "eu" feito de profundidade interna e circunspecção exterior. O entretenimento explicita o aspecto mercantil que a formação preferia ocultar, quanto ao "consumo", mas disfarça como escolha "livre" o cardápio de espetáculos oferecidos pela indústria e divulgados pela imprensa regular. Sua lógica também pode contribuir para a constituição de identidades particulares ou para a aglomeração de grupos, fãs ou "tribos", mas não se processa por acomodação na memória individual, antes por expansão topológica, ao sabor de estímulos que vêm mais do ambiente que de uma consciência em busca de cultivo.

Também seria equivocado entender os dois paradigmas diferentes como estanques, excluindo os diversos graus de contaminação que eles podem admitir ao se encarnarem, na história, em práticas efetivas de relação com a cultura. Isto também basta para afastar a tentação de mistificá-los, um como ideal sem sombras, outro como idade *pop* das trevas. As iniquidades do imperialismo do século xix e as catástrofes militares e ideológicas do xx impedem hoje qualquer visão edulcorada ou ingênua do estilo de vida individualista e introspectivo propagado a partir da Europa "esclarecida" como um modelo ideal, definidor por si só do que fosse ou devesse ser o "humano". No mundo burguês oitocentista, o cultivo de si também atuou como um modo de distinção social e exclusão de qualquer

---

22. Apud Bruford, op. cit., p. 176.

perspectiva desviante, com a consequente violência. Quanto à vida particular do indivíduo, pode-se calcular o sofrimento neurótico gerado pela imposição social de um padrão de "normalidade" tão estrito sobre a "vida interior" a ser cultivada, que por definição despertava a sensação permanente de estar aquém daquilo "que se é". Por fim, o veio mais obscuro da melancolia na literatura oitocentista (em autores como Gérard de Nerval, Charles Baudelaire e o Conde de Lautréamont) mostra o lado problemático dessa expectativa de retenção da experiência, e insinua que o maior legado acomodatício do sujeito é feito mais de perdas que de ganhos.

Feitas essas ressalvas, cabe apontar um contraste a mais acerca dos dois paradigmas conflitantes na virada que McLuhan descreveu com tanta contundência. Se o entretenimento reduz a liberdade a uma questão de escolha, a formação a declarava ao mesmo tempo como condição e recompensa: sem ela, o cultivo nem seria possível; este, por sua vez, também pretendia realizar no indivíduo uma progressiva "libertação", com a construção de sua autonomia. Sabemos que essa concepção de liberdade conviveu bem com toda sorte de interditos e com um caráter na prática bastante normativo, tendente ao etnocentrismo e suscetível de apropriações políticas variadas, com resultados históricos às vezes monstruosos. No entanto, como princípio, ela abria uma brecha para o inconformismo, que na sociedade de consumo e do entretenimento raramente extrapola as exterioridades da moda e da pose em foto promocional de roqueiros sob contrato. Da mesma forma, também como princípio, ela reclamava um arbítrio daquela forma de consciência individual que, segundo McLuhan, era uma criação da "era mecânica", obsoleta na "era elétrica".

A propósito da liberdade, nem sempre os entusiastas da obra de McLuhan se lembram do capítulo em que ele tratou do especial narcisismo do homem "amante de *gadgets*". O ensaísta começa examinando o próprio nome de Narciso: "Vem da palavra grega *narcôsis*, entorpecimento. O jovem Narciso tomou seu próprio reflexo na água por outra pessoa. A extensão de si mesmo pelo espelho embotou suas percepções até que ele se tornou o servomecanismo de sua própria imagem prolongada ou repetida"[23]. Essa espécie de tradução do mito grego em idioma

---

23. Marshall McLuhan, *Os meios de comunicação...*, op. cit., p. 59.

mcluhaniano sintetiza os dois aspectos da sua concepção que representam as mais severas restrições à liberdade individual próprias dos novos tempos. O primeiro é que a extensão tecnológica do ser humano é também uma "autoamputação": ela resulta inevitavelmente no "entorpecimento" (narcótico) da parte prolongada[24]. O segundo é que, uma vez prolongado, o ser humano é assimilado como servo pela tecnologia que o prolonga: "Um índio é um servomecanismo de sua canoa, como o vaqueiro de seu cavalo e um executivo de seu relógio"[25].

Assim, a roda é vista como uma extensão dos pés, o martelo como uma extensão das mãos, os binóculos como uma extensão dos olhos e assim sucessivamente – como utensílios cujo uso ao mesmo tempo aperfeiçoa e atrofia as capacidades corporais. Estes exemplos, no entanto, vêm todos da "era mecânica". Na "era" subsequente, a parte prolongada do corpo humano não é nenhum membro nem nenhum dos cinco sentidos: é o cérebro, tendo no horizonte a simulação eletrônica da consciência. "Nossa nova tecnologia elétrica", diz McLuhan, "apresenta tendências orgânicas e não mecânicas porque ela projeta e estende, não os nossos olhos, mas o nosso sistema nervoso central, como uma vestimenta planetária"[26]. Nos termos do ensaísta, pode-se esperar uma consciência individual narcotizada, autoamputada, de maneira que o homem possa "servir à tecnologia elétrica" com a maior "fidelidade servomecanística"[27]. Um sinal do possível cumprimento dessa profecia é a quantidade de pessoas que hoje podem ser observadas em atitude de reverente obediência, meio entorpecidas, diante de aparelhos de televisão ligados em restaurantes, ônibus, lavanderias, nas indefectíveis salas de espera de hospitais, delegacias e repartições em geral, em toda parte, enfim, muito além de suas residências. A mesma reverência servomecânica está certamente relacionada à ânsia por conexão e clicagem, de que nos dá testemunho Nicholas Carr. A hipótese inquietante é: quanto mais *smart* é o fone, mais tolo pode ser o dono...

---

24. Idem, ibidem, p. 61: "O princípio da autoamputação como alívio imediato para a pressão exercida sobre o sistema nervoso central prontamente se aplica à origem dos meios de comunicação, desde a fala até o computador".
25. Idem, ibidem, p. 64.
26. Idem, ibidem, p. 170.
27. Idem, ibidem, p. 78.

Por outro lado, igualmente inquietante é a hipótese de a crítica cultural acerca dos novos hábitos de comunicação assumir uma postura reacionária e nostálgica. Isto seria uma espécie de "demissão", já que a partir desse ponto ela deixa de ser de fato "crítica" e passa a se deixar guiar por motivações afetivas, temores, ressentimentos. Reside aí a maior dificuldade, e não ajuda nada a circunstância de ser o espírito crítico – segundo o esquema armado por McLuhan – um desenvolvimento histórico próprio da "era mecânica", por seu procedimento ser fundamentalmente baseado no estabelecimento de distinções, através das quais se pretende esclarecer especificidades desse modo separadas do todo maior onde se ocultam. Mesmo a origem etimológica da palavra ressalta esse caráter: vem do verbo grego *kríno* (*krínein*), que significa "separar", "distinguir", "escolher", "decidir" (entre outras coisas)[28]. São exatamente estas as habilidades que McLuhan associa ao "individualismo fragmentado, letrado e visual" de uma cultura destribalizada, que por meio da escrita se separou da natureza, ergueu a visão acima dos demais sentidos (na contramão de um primitivismo muito mais tátil) e se consolidou por meio da tipografia: "O homem letrado e civilizado tende a restringir o espaço e separar as funções, enquanto o homem tribal livremente projeta a forma de seu corpo para abranger o Universo"[29]. Por isso a marca do mecanicismo, segundo McLuhan, é a fragmentação que destribaliza o indivíduo. Já a da "era elétrica" é a organicidade, que retribaliza o homem na "aldeia global" das informações em circulação: "As tecnologias anteriores eram parciais e fragmentárias, e a elétrica é total e inclusiva"[30]. Assim, se a crítica sempre se percebeu a si própria como estrangeira e desenraizada por definição, no mundo contemporâneo tem ainda mais motivos para tanto.

Desde essa perspectiva necessariamente estrangeira, é oportuno levar a sério o que McLuhan diz e prediz sobre o mundo das comunicações globalizadas. O que não significa deixar de observar os desacertos que ele comete, no meio de *insights* tão certeiros. A cinquenta anos da publicação de *Understanding media*, ninguém ousaria dizer tão candidamente que a transformação vivida nesse período "elevou a consciência humana

---

28. Cf. Reinhart Koselleck, *Crítica e crise. Uma contribuição à patogênese do mundo burguês*, trad. Luciana Villas-Boas, Rio de Janeiro: EdUerj/Contraponto, 1999, p. 202, nota 155.

29. Marshall McLuhan, *Os meios de comunicação...*, op. cit., p. 145.

30. Idem, ibidem, pp. 77-78.

de responsabilidade a um grau dos mais intensos"[31]. Nem imaginar que "a tradução de nossas vidas inteiras sob a forma espiritual da informação" poderá resultar "numa só consciência do globo inteiro e da família humana"[32]. Como crer ainda no ideal de uma "família humana"? São esses contornos utópicos da visão mcluhaniana que nos levam a deixar um "pé atrás" ao ouvirmos as trombetas do seu discurso. É bem convincente que tenhamos "prolongado ou traduzido nosso sistema nervoso central em tecnologia eletromagnética" e que o "próximo passo" seja "transferir nossa consciência para o mundo do computador". A profecia que se extrai daí já é mais difícil de aceitar: "Então poderemos programar a consciência, para que ela não ceda ao entorpecimento e à alienação narcísica provocada pelas ilusões do mundo do entretenimento"[33]. McLuhan pressupõe que essa consciência fora da cabeça ainda seja *humana*. Mas como prevenir a alienação de uma faculdade que já foi de antemão alienada?

Outro aspecto duvidoso da utopia comunicacional da "era elétrica" é a confiança que se deposita na informação, a ponto de confundi-la com o que ela não pode ser sem o concurso de uma elaboração crítica. É assim que, logo na abertura de *Understanding media*, McLuhan vaticina que, com a "simulação tecnológica da consciência", "o processo criativo do conhecimento se estenderá coletiva e corporativamente a toda a sociedade humana"[34]. Da mesma forma, no desfecho do livro, notamos a redução do conhecimento a um processo transmissivo: "De repente", diz McLuhan, "os homens passaram a ser nômades à cata de conhecimento"[35]. Tudo bem: como internauta nômade retribalizado, prometo clicar no botão "Curtir" quando essa frase aparecer no *Facebook* atribuída a Clarice Lispector ou a Maradona. Inegavelmente, McLuhan incorre no risco apontado por um crítico do messianismo envolvido nas ideias de Walter Benjamin sobre a "reprodutibilidade técnica" da obra de arte: "Quem acredita que a evolução tecnológica da mídia pode servir como chave para entender

---

31. Idem, ibidem, p. 19.
32. Idem, ibidem, p. 81. Por algum equívoco, as palavras "inteiras" e "espiritual" foram omitidas na tradução de Pignatari. Ver Marshall McLuhan, *Understanding media*..., op. cit., p. 61: "[...] might not our current translation of our entire lives into the spiritual form of information seem to make of the entire globe, and of the human family, a single consciousness?".
33. Idem, ibidem.
34. Idem, ibidem, p. 17.
35. Idem, ibidem, p. 402.

processos sociais se arrisca a deixar de ser um analista e se transformar num profeta"[36].

Ao fim e ao cabo, a visão fascinante de McLuhan é inseparável de um plano em que a teoria da mídia se confunde com uma espécie de teologia[37]. Seu discurso pode ser qualificado como "adventista": "Em suma", diz ele, "o computador, pela tecnologia, anuncia o advento de uma condição pentecostal de compreensão e unidade universais". Nessa espécie mística de *download*, "o próximo passo lógico seria não mais traduzir, mas superar as línguas através de uma consciência cósmica geral"[38]. Mas quem garante que o "próximo passo" será *lógico*? E o que será daquele que porventura divergir de uma entidade consciente tão total e sublime? É possível, sim, que essas perguntas ainda estejam muito ligadas àquela dessacralização que o autor atribui ao "homem tipográfico" da "era mecânica", que em seus processos de fragmentação e segmentação (ou crítica, pode-se acrescentar) "separou Deus da Natureza, o Homem da Natureza, o Homem do Homem"[39]. No limite, essa dessacralização nem sequer admitiria sem reservas a reflexão a partir de categorias metafísicas como "o Homem", assim erguido sobre o pedestal da caixa alta.

Com tudo isso, os atuais embaraços da linha na rede tornam a contribuição de McLuhan imprescindível e muito oportuna. Não me parece que estejamos em condições de dispensar uma visada tão inteligente, tão elegante, capaz de articular com tanto brilho pontos tão cruciais da história da técnica e da comunicação. No fundo, McLuhan é um exemplo acabado de "homem tipográfico", muito mais visual e sedentário que tátil e nômade. Atento observador do mundo, capaz de construir uma visão ampla a partir do detalhe que sabe destacar da circundante multiplicidade, a fim de estabelecer distinções fundamentais. A começar pela grande distinção entre a "era mecânica" e a "era elétrica" – por mais difícil de sustentar que ela seja, e por mais que ela própria envolva um excessivo mecanicismo. Leitor de poesia refinado e erudito, ele incorporou ao seu poder de análise crítica a rebelião e a irreverência das vanguardas artísticas

---

36. Niels Werber, "Media theory after Benjamin and Brecht: Neomarxist?", *Mapping Benjamin. The work of art in the digital age*, Stanford CA: Stanford UP, 2003, p. 238.
37. Agradeço a Luciana Villas-Boas por me chamar a atenção para esse aspecto.
38. Idem, ibidem, p. 99.
39. Idem, ibidem, p. 201.

e literárias do século xx, das quais foi um corajoso entusiasta, em meio ao conservadorismo do ambiente acadêmico de seu tempo, na América do Norte. Por maior que tenha sido o impacto inicial da sua obra, por mais festejado que ele tenha sido no início dos anos 1960, o descrédito a que foi relegado nos seus últimos anos de vida mostra bem que McLuhan, apesar de ter profetizado a retribalização, não tinha tribo. "A sina da implosão e da interdependência", diz ele, "é mais terrível para o homem ocidental que a sina da explosão e da independência para o homem tribal." E, numa rara nota pessoal, tingida pela inconfundível nódoa melancólica dos letrados, acrescenta: "No meu caso, pode ser mera questão de temperamento, mas encontro algum alívio do fardo simplesmente no entender e no clarificar as questões"[40].

2.

Valéry não discordaria de que "o meio é a mensagem". Só que para ele o único meio realmente importante era o cérebro individual, matriz do espírito: "Eu 'contenho' o que me 'contém'. E sou sucessivamente continente e conteúdo"[41]. É impressionante o império de escrita que ele estendeu sobre si mesmo, incluindo uma obra poética tão curta quanto crucial, numerosos livros de prosa ensaística e filosófica, outros de discursos e conferências e – sobretudo – os 261 cadernos de variados tamanhos que deixou, cobertos de notas manuscritas, apontadas diariamente por décadas a fio, entre 1894 e o ano de sua morte, em 1945, sempre a partir das 4 horas da madrugada até as 7 ou 8 horas da manhã. Terá havido na "galáxia de Gutenberg" alguém mais inteiramente constituído pela tecnologia da escrita?

Sem nenhuma dúvida, Valéry pertence ao paradigma da formação, discutido acima, como indivíduo envolvido no processo contínuo do desenvolvimento de suas potencialidades particulares. No entanto, se esse processo era normalmente entendido como aquisição de aprendizados e experiências constituidores do sujeito, o poeta não deixou de ser, dentro dele, uma figura desviante. Mais do que os elementos constitutivos

---

40. Idem, ibidem, p. 70.

41. Paul Valéry, *Cahiers*, Paris: Gallimard, 1973, v. 1, p. 225 (apontamento de 1944); cito a tradução de Augusto de Campos, *Paul Valéry: a serpente e o pensar*, São Paulo: Brasiliense, 1984, p. 114.

do "eu", o que realmente interessava a Valéry era o movimento dessa constituição dele. Não tanto os "acontecimentos", mas os "funcionamentos" – como ele não se cansava de afirmar. Daí a dupla obsessão que ocupa grande parte dos seus escritos: primeiro com o pensamento, entendido e vivido mais como exercício livre e ilimitado que como meio de alcançar conclusões estáveis; segundo, com a linguagem que o realiza na consciência subjetiva e que, desprendida dos seus liames com a realidade sensível, passa a formar um mundo só dela. O habitante por excelência desse mundo da linguagem é o que Valéry chama de "espírito": o sujeito daquele pensar em movimento, em cujo fluxo de liberdade se torna também um criador. Daí ele representar o espírito com a imagem do uróboro: "[...] Acostumar-se a pensar à maneira da serpente que se engole pela cauda"[42]. Assim o espírito conquista a si próprio, como um modo de se expandir para dentro.

"A serpente come a própria cauda", anotou Valéry, compondo uma espécie de apólogo sobre o modo de ser do pensamento. "Mas é só depois de um longo tempo de mastigação que ela reconhece no que devora o gosto de serpente. Ela para, então... Mas, ao cabo de outro tempo, não tendo nada mais para comer, ela volve a si mesma... Chega então a ter a sua cabeça em sua goela. É o que ela chama de '*uma teoria do conhecimento*'"[43].

Volver a si mesmo: eis para Valéry o gesto mais recorrente do espírito. Assim como aquele que, dia após dia, torna à escrivaninha de sempre, às 4 horas da madrugada, para se debruçar sobre o caderno de notas como Narciso sobre o lago – porém sem a narcose, sem o equívoco de se tomar por outro, porque desde o início a identificação é mais com o movimento do que com as realizações particulares dele: "Eu me amo em potência – me odeio em ato"[44]. A escrita então é o resíduo da atividade incessantemente insatisfatória desse servomecanismo de si mesmo que Valéry plasmou na seguinte fórmula: "Autoscópio – Ego"[45].

Assim, o "homem de espírito" é aquele que está empenhado consigo mesmo: "[...] ponho acima de tudo a preocupação de me conquistar, a

---

42. Paul Valéry, *Cahiers*, op. cit. I, p. 225 (de 1944); ver Augusto de Campos, "Esboço de um esboço", *Paul Valéry*, op. cit., pp. 15-23.

43. *Cahiers* I, pp. 756-757 (de 1944); trad. em Augusto de Campos, *Paul Valéry*, op. cit, p. 113 (grifos do autor).

44. *Cahiers* I, p. 103 (de 1925); trad. em Augusto de Campos, *Paul Valéry*, p. 78.

45. *Cahiers* I, p. 125 (de 1931); trad. em Augusto de Campos, *Paul Valéry*, p. 81.

mim, pela fabricação desenfreada do meu rigor"[46]. Esse empenho rigoroso também pode ser representado como uma obra interminável. "Percorro-me em minhas longas esperas", diz o personagem-título do diálogo *Eupalinos ou O arquiteto*, publicado por Valéry em 1921. "Reencontro-me nas surpresas que me causo; e, por meio desses degraus sucessivos de meu silêncio, avanço em minha própria edificação; aproximo-me de tão exata correspondência entre meus desejos e minhas forças que tenho a impressão de haver feito da existência que me foi dada uma espécie de obra humana. De tanto construir, creio ter-me construído a mim mesmo"[47]. Como Eupalinos, o próprio Valéry se dedicou desde muito cedo a essa contínua edificação de si: "Os outros fazem livros. Eu faço meu espírito"[48].

Note-se que o poeta se acha mal ajustado à mecânica dominante no meio letrado do seu tempo: na falta de um *télos*, ponto de chegada ou consumação, a linearidade é menos progressiva que recursiva. Cancelada a teleologia, também é afastado o inflexível dualismo entre espírito e matéria, que marca a tradição idealista fundadora do paradigma da formação. Valéry e McLuhan têm em comum, além de serem ambos digníssimos exemplares do "homem tipográfico", a concepção monista acerca da vida e da consciência[49]. Tanto para um como para o outro, "cérebro" é uma palavra-chave. Vem daí que McLuhan ponha tanta ênfase nos efeitos cognitivos dos hábitos comunicacionais: as realizações espirituais (ou simbólicas, ou artísticas, ou filosóficas etc.) do ser humano estão limitadas às habilidades cerebrais que ele puder manifestar, num dado momento histórico, sob as respectivas condições tecnológicas então existentes.

O pensamento de Valéry acerca da consciência individual e da "vida do espírito" divergia radicalmente do filósofo francês mais proeminente do seu tempo, Henri Bergson, que mantinha um entendimento dualista sobre a relação entre a mente humana e as suas bases neurofisiológicas. "O cérebro não será outra coisa senão uma espécie de central telefônica", escreveu Bergson no seu livro clássico acerca da relação entre o corpo e

---

46. *Cahiers* I, p. 205 (de 1942); trad. em Augusto de Campos, *Paul Valéry*, p. 88.
47. Paul Valéry, *Eupalinos ou O arquiteto*, trad. de Olga Reggiani, São Paulo: Editora 34, 1996, p. 51.
48. *Cahiers* I, p. 30 (de 1902-1903).
49. Cf. Gabriele Fedrigo, *Valéry et le cerveau dans les 'Cahiers'*, Paris: L'Harmattan, 2000, pp. 24 e ss.

o espírito, *Matéria e memória*, publicado em 1896[50]. Para ele, o conhecimento e a memória eram faculdades espirituais, independentes do córtex cerebral. Bergson se situava assim em oposição às pesquisas pioneiras do filósofo e psicólogo Théodule Ribot, que em seu livro *Doenças da memória*, de 1881, tentava demonstrar que "a lembrança não está na alma e sim fixa em seu local de nascença, numa parte do cérebro"[51].

O debate e as pesquisas sobre o funcionamento do cérebro eram uma das maiores obsessões de Valéry, que por toda a vida procurou se manter informado sobre os últimos desenvolvimentos no campo da neurofisiologia. Se, para o filósofo dualista, o cérebro está a serviço do espírito, para o poeta monista o espírito é um produto do cérebro[52]. Seria certamente divertido para Valéry saber o que McLuhan escreveu sobre os efeitos da telefonia como extensão do sistema nervoso central, atrapalhando a alegoria proposta por Bergson[53]. Contestando seu contemporâneo, o poeta anotou num caderno de 1920 sua frase mais mcluhaniana: "[...] a organização, a coisa organizada e o organizador são *inseparáveis*. O 'espírito' é inseparável da matéria – e reciprocamente"[54].

Inúmeras outras vezes, em seus apontamentos matinais, Valéry se deteve sobre os avanços do conhecimento científico sobre os segredos do cérebro, como mostrou o pesquisador Gabriele Fedrigo em obra a esse respeito. "Não há metafísica que resista à observação do que se passa no cérebro humano", escreveu ele[55]. Essa consciência que McLuhan via em processo de se exteriorizar no seu vislumbre de uma "aldeia global", para Valéry era um fenômeno igualmente ligado às condições do sistema nervoso central: "Pensamento, consciência, ideias, sensações são cintilações produzidas nas fronteiras entre o mundo físico e o mundo fisiológico"[56].

Essa fronteira física, cerebral, é o terreno por onde o espírito se expande indefinidamente, como a serpente que morde a própria cauda. Rigo-

---

50. Henri Bergson, *Matière et mémoire. Essai sur la rélation du corps à l'esprit*, Paris: PUF, 1939, p. 26. Ver Fedrigo, op. cit., pp. 24-25, nota 6.

51. Apud Philippe Meyer, *L'Œil et le cerveau. Biophilosophie de la perception visuelle*, Paris: Odile Jacob, 1997, p. 27.

52. Cf. Gabriele Fedrigo, op. cit., p. 28, nota 11.

53. Ver Marshall McLuhan, *Os meios de comunicação...*, op. cit., pp. 298-308.

54. Paul Valéry, *Cahiers* 1, p. 562 (de 1920).

55. Apud Gabriele Fedrigo, op. cit., p. 19.

56. Idem, ibidem, p. 35, nota 29.

rosamente individualista, intelectualista e nada tribal, Valéry se entregou a uma espécie de nomadismo interior, em que a fixação de uma maneira estável de ser é tão impraticável quanto na "aldeia global" mcluhaniana: "A especialidade me é impossível", anotou o poeta, distinguindo-se do fragmentarismo que McLuhan atribuía à cultura da letra[57]. No entanto, mais que as aproximações entre os dois autores, sobressai o contraste: o ideal serpeante do pensamento e do espírito prevê uma extensão da consciência para dentro de si mesma, e não para fora, onde a obra autoscópica da escrita se dissemina em compartilhamento e perde a singularidade que era a própria base da sua resistência ao mundo externo banalizador. O que McLuhan viu como "extensão da consciência" para Valéry só poderia ser pensado como "crise do espírito".

Este é o título de um dos textos mais pungentes de Valéry, escrito sob o impacto da destruição trazida pela Primeira Guerra Mundial. Por meio dele podemos aferir a importância que o poeta atribuía à ilusória estabilidade esclarecida da "cultura europeia" como condição ambiental para a "vida do espírito", interior. Sem disfarçar o etnocentrismo que tanto contribuiu para as catástrofes que ele próprio lamentava – ou sem ao menos notá-lo –, Valéry declara seu espanto diante dos escombros da Europa, "cérebro de um vasto corpo"[58] que, bombardeado, levou à perda "de uma consciência adquirida em séculos de mazelas suportáveis, por milhares de homens de primeira ordem, por inumeráveis acasos geográficos, étnicos, históricos"[59]. Era a "agonia da alma europeia" – com a ruptura da cerebral civilização que lhe embasava. Encarnando o espírito europeu no último ato de sua tragédia, surge a figura de Hamlet como *persona* para um sombrio Valéry: "Adeus, fantasmas!", diz ele, depois de citar uma galeria de grandes representantes da cultura que parecia morrer, tais como Leonardo da Vinci, Leibniz, Kant, Hegel, Marx.

O mundo não precisa mais de vocês. Nem de mim. O mundo, que batiza com o nome de progresso sua tendência a uma precisão fatal, procura unir aos benefícios da vida as vantagens da morte. Uma certa

---

57. Paul Valéry, *Cahiers* I, p. 77 (de 1916); trad. em Augusto de Campos, op. cit., p. 74.
58. Paul Valéry, "La Crise de l'esprit", *Œuvres*, I, p. 905.
59. Idem, ibidem, p. 989.

confusão ainda reina, mas não demora muito tempo e tudo há de se esclarecer; veremos aparecer enfim o milagre de uma sociedade animal, um perfeito e definitivo formigueiro[60].

Valéry escolheu com cuidado a imagem exata para designar o risco que ameaçava seu ideal do espírito. Ele conhecia a obra do zoólogo Edmond Perrier de 1881, *As colônias animais e a formação dos organismos*. Para o cientista, nos formigueiros, cada indivíduo renuncia à sua autonomia em prol de uma direção dada pelo todo, com o consequente surgimento de uma "consciência colonial"[61]. Assim como, segundo Ribot, a consciência individual humana só era possível graças à subordinação de cada neurônio a um controle dirigido pelo cérebro como um todo[62] – como se o cérebro fosse uma colônia de neurônios.

O poeta lamentava a ruína da consciência europeia assim como Carr se afligia com o declínio de seu poder de concentração. Talvez ele se equivocasse, sob o efeito atordoante dos estrondos. Segundo McLuhan, a explosão ainda era uma categoria mental muito presa à "era mecânica", que só viria a ser superada por meio da implosão dos seus hábitos cognitivos, provocada pelo desenvolvimento das telecomunicações elétricas: o explosivo ainda age pela fragmentação, como a cultura letrada[63]. Mesmo assim, a imagem do formigueiro e da "consciência colonial" também serviria para descrever a "aldeia global" de McLuhan – desde que o sinal positivo fosse trocado pelo negativo, com o afastamento da motivação adventista subjacente. Impossível não lembrar a distopia denunciada pelo escritor português (contemporâneo) António Vieira, na qual a humanidade, desprovida de um espírito "perscrutador do ser" e da verdade, reduz-se a um todo amorfo, incaracterizável. Diz Vieira:

> Apesar do grande cérebro do incaracterístico, rede com milhões e milhões de unidades, a sua consciência permanece num estado de fechamento, letárgica e passiva, espraiando seus ócios, complacente, arras-

60. Idem, ibidem, p. 994.
61. Cf. Gabriele Fedrigo, op. cit., p. 59, nota 81.
62. Idem, ibidem, p. 57, nota 80.
63. Ver Marshall McLuhan, *Os meios de comunicação...*, op. cit., p. 306: "A liberdade no mundo ocidental sempre tomou a forma do explosivo e do dividido, patrocinando a separação entre o indivíduo e o Estado".

tando seu tédio diante dos *ecrãs-circo* e de outros dispositivos da coisa absurda que o envolvem e coagem, dando-lhe o sentimento paradoxal da liberdade[64].

Em linha, *on-line* pela oportunidade de sua advertência, o cético Valéry talvez nos ajude a evitar os riscos desse formigueiro em rede. Depois da explosão da Europa, recusando-se a prever uma implosão global, ele parecia saber o que era mais necessário naquele momento de crise: "É preciso conservar nos nossos espíritos e nos nossos corações a vontade de lucidez, a limpidez do intelecto, o sentimento da grandeza e do risco, da aventura extraordinária na qual o gênero humano, afastando-se talvez demasiadamente das condições primordiais e naturais da espécie, engajou-se, para ir até onde não sei"[65].

64. António Vieira, *Ensaio sobre o termo da história. Trezentos e sessenta e cinco aforismos sobre o Incaracterístico*, 2. ed., Lisboa: Fim de Século, 2009, p. 139 (aforismo 346).
65. Paul Valéry. "La Crise de l'esprit", op. cit., p. 1040.

O tempo em fluxo
Luiz Alberto Oliveira

A desconcertante sentença de Paul Valéry acerca de um futuro que deixou de ser o que era decerto encerra mais tensões entre seus múltiplos sentidos possíveis do que possamos talvez suspeitar à primeira vista. Sabemos o contexto histórico no qual Valéry a enunciou: a sequência de um evento devastador, a Primeira Guerra Mundial. Foi o momento em que pela primeira vez os métodos e técnicas da moderna sociedade capitalista foram aplicados com vistas a lograr um morticínio verdadeiramente industrial. Seiscentos mil mortos e feridos nos quatro dias da Batalha das Fronteiras: a dimensão do dispositivo necessário para produzir uma hecatombe de tal porte só é comparável à de grandes cataclismos naturais: a erupção do Vesúvio que sepultou Pompeia, o terremoto-tsunâmi que aniquilou Lisboa. Este foi, contudo, um empreendimento primordialmente humano, uma realização específica do poder criativo e técnico da cultura.

Valéry contempla essa factualidade brutal e constata que algo mudou em profundidade. Do final do século xviii ao começo do xx havia vigorado no Ocidente a expectativa do progresso, ou seja, o entendimento generalizado de que a civilização seria dotada de uma *démarche* inerente, de um andamento espontâneo e irresistível, rumo à satisfação última das necessidades materiais, uma espécie de utopia burguesa que seria alcançada através não das teleologias sublimes das religiões, mas do manejo de forças produtivas concretas. Quando vê esse horizonte de realização plena se converter na barbárie suprema da guerra, Valéry, na melhor tradição humanista francesa, ergue sua voz e anuncia que, daí em diante, o futuro será outro.

Há, porém, outro sentido desse enunciado que seja talvez ainda mais perturbador: a ideia de que o próprio futuro, ou seja, o próprio tempo, pode mudar. Se o futuro não é mais o que era, isso significa que havia um futuro, e esse futuro se transformou. O futuro envelheceu? Ou rejuvenesceu?! E se o futuro pode não ser mais, então o presente e o passado igualmente não mais serão o que foram um dia. Ou seja, o que o tempo foi numa ocasião já não o será em outra; *o próprio tempo pode assim se transformar*. Se tomarmos esta conclusão como mais que um simples jogo de palavras, suas implicações serão de muito longo alcance.

Costumamos dizer que "o tempo passa" no sentido de que as coisas do mundo estão em constante transformação. Apreendemos a sucessão de fenômenos de que se compõe o mundo e resumimos essa experiência pela imagem de que o tempo está passando. Mas o que "passa" são os acontecimentos, e não o tempo; as coisas mudam, no âmbito do tempo – um quadro de fundo que, ele mesmo, não mudaria nunca. A observação de Valéry, porém, insinua algo de mais profundo, e temível: o próprio núcleo básico do que fosse o tempo, ele mesmo deslizaria, ele mesmo estaria em devir, o próprio tempo não seria mais. Contudo, se o tempo possui um movimento inerente, como manter a referência dos aconteceres do mundo a essa base esquiva, a esse fundamento fluido? Não seria necessário primeiramente enquadrar o movimento do próprio núcleo do tempo em relação, quem sabe, a outro tempo, um referente de segunda instância, ele sim estável? Mas abre-se de imediato a questão: não haveria também um devir desse segundo tempo em relação a um terceiro, e assim por diante?

Para obter recursos conceituais que nos auxiliem na explicitação deste nó paradoxal, devemos invocar os mestres. Recordemos então uma página de Jorge Luis Borges, magnífica como tantas, intitulada "Nova refutação do tempo", em que depois de recorrer a Platão, Locke e Berkeley, numa argumentação extremamente sofisticada, Borges constata (ou sugere): "O tempo é a substância de que sou feito; o tempo é um rio que me arrebata, mas eu sou esse rio; é um tigre que me dilacera, mas eu sou esse tigre; é um fogo que me consome, mas eu sou esse fogo". Essa ideia, a de que somos constituídos – nós, e Borges, e o mundo – não por algo que está no tempo, *mas pelo próprio tempo*, é tão perturbadora que precisaremos explorar cada um dos termos da equação, ou seja, definir com precisão de que se está falando quando designamos o tempo como tempo referência, e como tempo matéria-prima. Somente assim poderemos conceber o que seria o existir, com base não na firmeza da substância clássica, mas em trânsito, deslizar contínuo, fogo.

Para tentar esclarecer o problema que Valéry nos indica, através do problema proposto por Borges, vamos empreender duas linhas conexas de investigação, a primeira envolvendo certas noções relativas ao conceito de tempo propriamente dito, a segunda examinando a questão do que é a própria substância. Parece indiscutível que a humanidade hoje, praticamente sem exceções, compartilha uma Imagem do Tempo bem definida, ou seja, nós humanos, em vastíssima maioria, entendemos, e acreditamos, e praticamos, a Imagem de que o tempo é como uma espécie de estrada sobre a qual se desloca, sempre em ritmo uniforme, uma nave, ou veículo, chamado "agora" ou "presente". Esse veículo se move de modo uniforme, sempre orientado na mesma direção; não acelera nem freia, e em especial não para e retorna. E o que chamamos de Real, ou seja, o conjunto dos fatos, de tudo aquilo que acontece, viaja embarcado nessa nave. Eis, de modo resumido, a figura do Presente Móvel; e dizemos, como o poeta nos diz, que "o tempo não para", ou seja, o tempo passa, pois com facilidade concebemos a associação dos acontecimentos a diferentes marcos, ou ocasiões, assinalados ao longo dessa estrada. Aos locais ou marcos que a nave do Presente já ultrapassou chamamos de Passado, aos locais que a nave não alcançou ainda chamamos de Futuro. Um aspecto particularmente significativo dessa Imagem é o de que o tempo já está consolidado, ou seja, a estrada *já está lá*, já está dada. Tudo que fazemos é percorrê-la, embarcados na nave perpetuamente deslizante do Presente, recuperando pela memória os marcos já vencidos, antecipando pela imaginação os marcos ainda por vir.

Embora engendrada ao longo de séculos, essa Imagem tornou-se tão generalizada que, de modo comparável ao de uma ideologia, passou a naturalizar-se. Inicialmente no Ocidente moderno, e hoje em todo o globo, tomamos essa concepção como se fosse espontaneamente dada na natureza; como se, desde sempre, o tempo tivesse uma única modalidade. A Imagem do presente móvel (ou Imagem Cronal) está hoje tão próxima de nós que adquiriu a invisibilidade das coisas demasiado íntimas; e assim não nos damos conta do caráter verdadeiramente assombroso de que ela de fato se reveste. Por exemplo, de um ponto de vista prático, vivencial, o momento presente tem como limiar um piscar de olhos: uma piscadela e o presente já passou. Do ponto de vista conceitual, porém, o presente corresponde em última instância a um instante, isto é, a um ponto infinitesimal de tempo, uma unidade de tempo de extensão nula. A estrada do tempo se converte na figura ainda mais abstrata de uma linha, e o marcador do agora viajaria sobre essa linha, passando de instante a instante, de ponto a ponto. Mas isso significa que, no limite, todo o real habita um infinitésimo de tempo de cada vez; ou seja, todos os corpos, quem sabe inumeráveis, que se distribuem por todo o espaço, quem sabe infinito, *cabem em um ponto*. Esta é sem dúvida uma noção espantosa! Contudo, estamos tão familiarizados com ela, tão acostumados a irrefletidamente exercê-la, que a tratamos como perfeitamente natural.

No entanto, se for examinada mais detidamente, verificaremos que, tanto para as culturas antigas quanto para aquelas ditas "primitivas", tal Imagem Cronal de nenhum modo é prevalente. Por exemplo, os índios navajos norte-americanos denominam de "agora" ou "presente" o período que transcorre entre dois ciclos da Lua, correspondente a 28 dias. Tudo o que suceder durante uma lunação será para eles, de certo modo, simultâneo, ou, mais precisamente, contemporâneo. Desnecessário ressaltar que essa noção de um presente "extenso" difere por completo da ideia de uma unidade temporal básica colapsada em um infinitésimo. Mesmo uma investigação breve pelo repertório das diversas culturas humanas basta para comprovar que a Imagem Cronal de maneira alguma é "natural". Concluiremos, pelo contrário, que ela é de fato uma construção histórica, um dispositivo extremamente sofisticado que emergiu no contexto de uma cultura específica. Esta consideração abre caminho para duas consequências importantes: em primeiro lugar, as Ciências contemporâneas não mais reconhecem a Imagem Cronal como única – na verdade, nem mesmo a reconhecem como vigorando em qualquer domínio do mundo natural! Dito de outra maneira: não encontramos e recolhemos a Cronalidade a partir do plano dos fenômenos; nós a projetamos sobre o mundo. Essa Imagem é um artefato, um dispositivo historicamente produzido e que aplicamos ao mundo, que assim passa a ser concebido e experimentado segundo os quadros e parâmetros resultantes desta operação, e não um "naturato".

E, em segundo lugar, há uma série de outros tipos de temporalidade que, esses sim, as Ciências contemporâneas admitem de fato ocorrer numa variedade de sistemas naturais. Estas outras variedades não cronais de temporalidade compartilham certas características com a Imagem predominante, mas não todas; e são postas em cena por explorações de diferentes domínios de saber – Biologia, Ecologia, Química, Física, Cosmologia. Em resumo, a Imagem do Tempo que praticamos objetiva e subjetivamente, que vivenciamos de modo tão íntimo e profundo, não é natural. Tem o estatuto de um aparelho de regulação, com o qual realizamos nossas existências, mas não é um fenômeno do mundo; não é da ordem dos granitos, e sim das locomotivas. Em consequência, para as Ciências contemporâneas o termo "tempo" adquire uma espécie de equivocidade, pois passa a designar diversas noções distintas de temporalidade, cada qual associada a um dado domínio do mundo natural. Nossa primeira questão será exatamente a de definir de que "tempo" afinal falaremos.

Um bom ponto de partida será considerarmos a origem do sistema de pensamento chamado Ocidente. Inúmeros pontos de vista podem ser adotados para abordar essa origem (inclusive o de aboli-la); tratemos por nossa parte de examinar a ocasião em que Platão recomendou que fosse feito um corte desigual. Os pitagóricos, aos quais, neste tema, se filia Platão, predicavam a noção de que o mundo é regulado a partir de relações de proporcionalidade entre certos termos ou valores. Para eles, o mundo é um campo de tensões, distribuídas por certos eixos de polaridade (como leve/pesado, claro/escuro, macho/fêmea, doce/salgado, dentre outros), e a boa ordem do mundo decorre da harmonização, segundo regras de proporcionalidade (ou "razões"), das intensidades respectivas desses termos. Tal como as cordas da lira, quando tensionadas segundo certa razão harmônica, produzem uma nova unidade combinada – o acorde – a partir das identidades distintas de cada nota, assim também os seres do mundo se encontrariam submetidos a um princípio organizador global, manifesto em regras quantitativas, isto é, numéricas. Desse modo, uma unidade profunda abrangeria e governaria a multiplicidade dos seres e de suas propriedades.

Em vista das consequências que esta apreensão filosófica primeira, ou primordial – a intuição de que todas as coisas se estruturam segundo uma ordem matemática, ou seja, que a Natureza é regulada por relações de proporção expressas por razões numéricas –, virá a ter, Bertrand Russell não hesita em indicar Pitágoras como o mais influente pensador da história da Humanidade. Concordemos ou não com essa assertiva, o aspecto que irá nos interessar de perto é a adaptação que certo pitagórico, Platão, fará desse princípio de organização. Seu ponto de partida é a observação de que, se tomarmos um comprimento qualquer e o dividirmos simetricamente em partes iguais, teremos um problema. Pois a razão entre as partes será um – como as partes são iguais, a razão entre elas é evidentemente um. Mas a razão entre o todo e cada uma das partes será meio (0,5), porque o todo, o comprimento original, é o dobro de cada parte. Haveria outra divisão, outro corte, que resultasse em uma continuidade dessas razões? Um corte, desigual, por certo, mas pelo qual a razão entre o todo e uma das partes fosse a mesma que a razão das partes entre si? Esse resultado será chamado de "razão de ouro", ou "seção áurea", uma regra de proporção desigual, mas que seria a chave pela qual todos os seres do mundo poderiam harmonicamente se encadear. E é assim que, aos que buscam o segredo da ordem oculta do mundo, Platão proporá realizar um novo corte, um corte oblíquo.

Nas antigas legendas épicas, Homero havia separado o tempo dos mortais e o tempo dos imortais, e os afazeres e vicissitudes humanos eram compreendidos a partir da subordinação do plano dos mortais ao dos deuses. Platão, porém, sugere tomar a mesma matéria-prima, os mesmos acontecimentos, e operar uma divisão desigual, separando o mundo nos campos do sensível e do inteligível. Com efeito, em Homero encontramos a descrição de duas temporalidades distintas, a dos homens e a dos deuses. A característica definidora do tempo dos homens é a sucessão, pois nascemos, vivemos e morremos; os indivíduos, os povos, as dinastias vêm à vida e desaparecem, tal como as estações se sucedem. O tempo da mortalidade é assim o da consecutividade. A imagem mítica para essa visão do tempo é Cronos, o deus arcaico que devora os próprios filhos, como se, ao criar os seres, o tempo também obrigatoriamente viesse a desfazê-los. O tempo dos imortais, porém, é algo muito diferente. Os mitos antigos mencionam a imagem de uma imensa planície, sem bordas definidas, tão vasta que, por mais que fosse percorrida, jamais se chegaria a seu horizonte, ou seja, por mais que caminhasse, o viajante estaria sempre no mesmo lugar. Eis assim a imagem de Âion, uma espécie de presente perpétuo, um presente tão extenso que nunca se tornaria em passado e em futuro.

A *Ilíada* nos demonstra como essas duas temporalidades tão distintas, Âion e Cronos, se associam. Um dos momentos decisivos da *Ilíada* é talvez o ataque ao acampamento grego, em que Pátroclo, o primo do campeão grego Aquiles, sucumbe às mãos do príncipe troiano Heitor. Aquiles busca a vingança, e os dois heróis estão a ponto de se enfrentar. Nessa ocasião, Zeus, soberano do Olimpo, convoca uma assembleia dos deuses. Os deuses se achavam divididos entre os apoiadores dos gregos e os dos troianos. Homero nos revela que, na verdade, o conflito do plano humano, os feitos e as glórias, os gritos pungentes e as feridas sanguinolentas, não passavam de efeitos, manifestações, do conflito que ocorria no plano divino. Então, Homero nos descreve, após convocar essa assembleia, Zeus toma de uma balança, coloca em um dos pratos o valor de Aquiles e no outro o de Heitor, ou seja, de gregos e troianos. Procede então à pesagem, e a balança, como já estava predeterminado pelas Parcas, que fiam, tecem e cortam os fios do destino, determinando a extensão de cada existência, num decreto que nem mesmo os próprios deuses podem alterar, então, como já estava determinado desde sempre, a balança pesa contra Heitor. Zeus proíbe os deuses que favoreciam os troianos de intervir, e dá ação livre aos partidários dos gregos; inexoravelmente, haverá de chegar a destruição de Troia, a magnífica.

Homero nos narra essa sequência de acontecimentos em termos do tempo humano, isto é, na forma da sucessão: primeiro Zeus convoca a assembleia, depois faz a pesagem, enfim decreta a ruína de Heitor. Esses três momentos consecutivos são o modo pelo qual Homero, ou seja, a linguagem, pode representar aquilo que para os deuses, no tempo divino, se daria integralmente, de uma só vez, como um único bloco, como algo que já teria sido, era e sempre seria. Essa oposição, e composição, entre o tempo profano da sucessividade e o tempo sagrado da permanência é a base sobre a qual os gregos antigos vão estabelecer suas concepções e explicações do mundo: os fados das pessoas e dos povos são como são porque os deuses se vinculam com o mundo humano e interferem diretamente sobre as vidas. Ao narrar a interpenetração dos planos – e dos tempos – divino e humano, Homero nos esclarece o princípio da cosmovisão mítica pela qual dotará de sentido a crueza rude dos fatos: a presença do divino no profano engendra uma sacralização, que recebe forma e continuidade pela voz do poeta. Esta fonte é sagrada porque uma vez a deusa Ártemis aqui se banhou, este bosque é sagrado porque uma vez Zeus aqui se deitou com as ninfas – assim registram as legendas que os rapsodos recitam nas cidades. É através da repetição de narrativas que o vínculo entre o divino e o humano se faz manifesto; os heróis, predica Homero, tombam nas batalhas para que seus nomes e feitos sejam eternizados no canto dos poetas.

Ora, Platão toma essa herança mítica, esse vínculo sagrado que manifesta a subordinação dos acontecimentos humanos a outro plano de existência, e propõe subvertê-la através daquele corte oblíquo. Trata-se agora não mais de separar e contrastar os planos mortal e imortal, a sucessividade efêmera dos humanos e a presença perpétua dos deuses, e sim de operar outra divisão: ainda que só possamos apreender os fatos que vivemos através dos sentidos – e assim tudo o que ocorre no mundo é para nós da ordem do sensível –, tanto a natureza dos seres quanto a razão dos acontecimentos residem fora, irremediavelmente além, do campo da sensibilidade. Como em Homero, as vicissitudes dos homens são reflexos, consequências, de determinações e desígnios que lhes são exteriores; haveria, igualmente, outro domínio a partir do qual todo o sensível receberia sua razão de ser. Mas para Platão esse domínio não é mais o de entes divinos. A imagem que passa a esboçar é de fato radical, pois sua inspiração são os objetos matemáticos.

Examinemos os triângulos, todos os triângulos que se possam conceber ou desenhar, todos os triângulos do mundo: verificamos que invariavelmente exibem certas relações constitutivas entre seus componentes. A soma dos ângulos internos de qualquer triângulo mede dois radianos, ou 180 graus. Em qualquer triângulo retângulo vigora certa relação entre os quadrados construídos com o lado maior e os lados menores. Há relações entre as partes que são permanentes, ou seja, que de nenhuma maneira podem estar ausentes se aquele objeto é o encontro de três linhas. No entanto, nós de fato encontramos somente alguns triângulos. Tudo o que a sensibilidade, e mesmo a imaginação associada às coisas sensíveis, pode realmente nos oferecer é certo número de triângulos. Podemos supor que as regras que comprovamos valem para muitos triângulos, os que desenhamos até hoje, os que alguém desenhou no passado, até os que serão desenhados no futuro. Podemos sem dúvida passar de alguns, que é o que os sentidos de fato nos mostram, para muitos, muitíssimos. Mas há um salto absoluto, uma lacuna intransponível, entre o "muitos" e o "todos". "Todo triângulo", ou seja, *todos* os triângulos, é algo que jamais poderá ser experimentado. Uma propriedade universal, uma relação que seja válida em qualquer momento e em qualquer local, não é decididamente da ordem dos fatos sensíveis.

Mas se assim é, diz Platão, então os triângulos têm a sua natureza definida a partir de um domínio extrassensível, em que habitam objetos que só podem ser experimentados enquanto puras ideias ou imagens – como as regras da triangularidade. A distinção é evidente: todo triângulo tem três lados, cada qual com certo comprimento, que em conjunto demarcam certa área –, mas a triangularidade, o princípio que os define, não tem lado algum, nem mede nenhum comprimento, nem se estende por nenhuma área. Trata-se de um objeto de natureza inteiramente conceitual, ou seja, não pode ser definido ou elaborado em termos da experiência sensível, mas somente a partir da atividade do intelecto. Tais princípios ordenadores são inteiramente exteriores e indiferentes às formas que organizam: qualquer que seja o comprimento original dado, a divisão desigual segundo a regra áurea fará surgir uma proporção harmoniosa. E então Platão nos propõe uma tese de audácia e amplitude quase ilimitadas: do mesmo modo que qualquer triângulo que desenhemos, isto é, que tornemos manifesto no plano sensível, está necessariamente subordinado ao princípio universal da triangularidade, assim também quaisquer outros seres sensíveis, bem como suas qualidades, relações mútuas e eventos de que participam, estariam igualmente submetidos a princípios abstratos, ou seja, extrassensíveis. Minhocas são minhocas por realizarem as regras da "minhoquidade". Pelo mesmo argumento, atos honrados são honrados por manifestarem os princípios da honra. A universalidade dos objetos matemáticos é assim estendida a uma vasta classe de princípios definidores em que todos os seres se modelariam para realizar-se. Estes princípios não são alcançáveis pela sensibilidade, mas tão somente pelo entendimento, ou seja, são entidades exclusivamente intelectuais, ou inteligíveis. Platão institui assim os objetos matemáticos como modelo para os modelos dos seres sensíveis, seus atributos e vicissitudes. O mundo humano não está mais submetido aos caprichos das divindades imortais, mas sim ao rigor impassível dos modelos inteligíveis.

Ora, a temporalidade dos objetos matemáticos é ainda mais abstrusa, de nosso ponto de vista humano, que a temporalidade dos deuses. Nossas vidas são breves, demasiado breves; já os deuses subsistem por uma duração indefinida, quiçá perpétua; mas os objetos matemáticos se evadem de toda noção de duração, curta ou longa, de toda história; são, nesse sentido, rigorosamente atemporais. Quando Pitágoras demonstra seu célebre teorema, de nenhuma maneira isso significa que o teorema não existia até então e, súbito, passou a existir; pelo contrário, é como se Pitágoras tivesse conseguido formular, exprimir, algo que sempre esteve, sempre tinha estado e sempre estaria ali, algo ainda mais duradouro do que a própria imortalidade, algo mais distante ainda, mais abstrato ainda. Os próprios deuses, para adentrar o mundo, e nele fazer suas marcas, precisavam de narrativas. A reiteração dos mitos fixava no mundo suas presenças, para que seu presente divino se incluísse nos presentes humanos era preciso palavras que indicassem: esta árvore é sagrada, esta fonte, este templo.

Os objetos matemáticos, contudo, prescindem de toda narrativa para se constituírem. Seus atributos não são definidos por sua história, pelo canto de sua gênese. Não é o dom do poeta de fazer reverberar as palavras, de convertê-las de sopros efêmeros em memórias duráveis, que distingue e esclarece suas naturezas. Operam, isto sim, sob o regime do axioma, do enunciado que se sustenta por si mesmo e do princípio da demonstração, ou seja, a exigência de que cada etapa da argumentação possa ser rebatida sobre a etapa anterior de modo consistente, e que portanto toda a cadeia de raciocínios seja inteiramente transparente. Este requisito garante que o teor de verossimilhança porventura presente no primeiro termo da cadeia seja transportado, sem perda ou desvio, até o último. O que houver de verdadeiro na premissa inicial será transmitido integralmente para a conclusão final. Trata-se de fato de um procedimento radicalmente distinto, quase que inverso, ao dos mitos: antes, a palavra potente do poeta dotava aquilo que era apenas um ente, uma árvore, uma rocha, de um caráter que não possuía – um indício do sagrado. Mas, doravante, é abolida a função da palavra de repartir e associar o sagrado e o profano, e sobre os discursos passam a reinar as regras da consistência e da transparência. Abandonam-se os fundamentos divinos, as origens míticas; entronizam-se os princípios lógicos, as estruturas axiomáticas. O jogo agora será muito diferente.

A movimentação titânica que Platão empreende visa assim estabelecer um novo nexo, um novo vínculo regente, para organizar o tempo dos homens. O tempo das coisas sensíveis, que nascem, crescem e perecem, será mais uma vez governado de outra instância, porém agora ainda mais radicalmente estrangeira – não uma temporalidade mais dilatada, não um presente mais extenso, mas um domínio de objetos sem origens, sem percursos, sem histórias. Uma eternidade tal, uma plenitude perpétua tal, que nem mesmo o Âion divino logra lhe fornecer uma imagem adequada. O resultado será uma nova vinculação, uma nova distribuição entre os planos: não mais os mortais subordinados aos imortais, mas os sensíveis aos inteligíveis, os particulares aos universais, os transitórios aos eternos.

Essa separação inaugural, instauradora, entre os planos sensível e inteligível servirá de fundamento para Platão proceder à análise de um antigo, muito antigo, problema (e promover, em consequência, a elaboração de uma cosmovisão singularmente original). Eis aqui as coisas do mundo, submetidas a uma transformação constante, sempre nascendo, crescendo e morrendo, sem cessar. No entanto, sem dificuldade colecionamos uma série de regularidades, certos conjuntos de distinções associadas que se repetem constantemente: as macieiras dão maçãs, as pereiras dão peras. Como então, no seio disso que não cessa de se transformar, ocorrem essas permanências, esses blocos repetidos de unidade? Essa constatação perturbadora foi o ponto de partida das primeiras cogitações "filosóficas" dos gregos, mas Platão adota uma nova estratégia para elidir a dureza do paradoxo. Para ele, esses blocos de constância nos conduzirão paulatinamente a considerar permanências que não sejam parciais, mas absolutas. Isto é, encontramos no mundo variedades de coisas, e coletando e comparando as regularidades que exibem acabamos por verificar que diferentes grupamentos de coisas possuem em comum certos atributos. Maçãs são vermelhas, limões são ácidos, e esses atributos comuns são inseparáveis, constitutivos mesmo, da apreensão dessas coisas. A diversidade individual dos membros no interior de cada grupo ou classe não encobre ou dispensa o fato de que, mercê de suas unanimidades, *formam* grupos e classes. Trata-se então de, nos encontros com o mundo, privilegiar o exame dos fatores em comum, descartando as diferenças meramente individualizadoras. Desse modo, pode-se passar da multiplicidade irredutível dos indivíduos em si mesmos, sempre vários, sempre variantes, para a estabilidade das generalidades. Estes conjuntos de atributos gerais, repetidos coletivamente por classes e classes de diferentes indivíduos, nos levam a intuir atributos universais, indiferentes à variedade de coisas e de suas particularidades, sempre constantes, sempre idênticos – e, tal como a natureza dos triângulos decorre de sua submissão à forma abstrata da triangularidade, será também na articulação entre esses conjuntos de atributos universais, ou essências, que repousará a harmonia profunda que ocultamente governa os acidentados transcursos das coisas no mundo.

Ao repartir as coisas sensíveis e suas essências inteligíveis, Platão estabelece como fundamental uma relação de mímese. O mundo sensível é agora o plano das cópias, das imitações dos modelos inteligíveis; ademais, essas cópias são necessariamente imperfeitas, porque sempre são particulares, meros reflexos parciais da unidade essencial; e transitórias, sempre estão em movimento, sempre sendo e deixando de ser. Em contraste, tal como no reino das Matemáticas, no plano dos modelos vigora a mais rigorosa e absoluta imutabilidade. Quando Platão afirma a subordinação das cópias aos modelos, está em paralelo indicando a referência que, na produção de conhecimento, o pensamento deve buscar: sob o trânsito infindável das multiplicidades em incessante variação, há algo que, não obstante, perdura; e é este núcleo de permanência que interessa pensar. Com isso, Platão e, em seguida, Aristóteles procederão à segunda, e indispensável, etapa do corte oblíquo: dentro do próprio campo do sensível, separar os caracteres que apontam para a permanência e a estabilidade profundas, reminiscentes da unidade do modelo, e os caracteres que encarnam o irredutivelmente mutável e diverso. A isto que permanece chamaremos de substância; àquilo que transita chamaremos de acidente. Uma é a base da generalidade, isto é, daquilo que é constante e comum; o outro veicula a diferença, ou seja, o que é singular e inclassificável.

Com esse legado de distinção entre permanência e variância, Platão e Aristóteles balizarão o território do pensamento racional, quer dizer, do pensamento propriamente filosófico. Aquilo que vale pensar, aquilo que é preciso pensar, é a permanência. É a partir da permanência que se derivará o que é comum a vários, e proceder a generalizações, e delas abstrair princípios universais, e então estabelecer as verdadeiras razões, ou seja, as precisas proporções dos seres do mundo. E embora o plano dos acontecimentos envolva tanto a estabilidade quanto a mudança, tanto a repetição quanto o desvio, o deslizante e mutante não serve ao conhecimento: ou nos defrontaremos com o impensável, ou nos enredaremos com a ilusão. Em suma, com essa repartição redobrada, sensível/inteligível, essência/acidente, Platão nos afirma que o objeto do pensamento, a substância, é algo que *dura*. Começamos então a compreender o paradoxo em que Borges nos lançou ao propor que "o tempo é a substância de que sou feito": esta sentença exprime algo como "sou feito daquilo que transita"; ou, de outro modo, "o que dura em mim é o que flui". Este paradoxo é, no entanto, o indício pelo qual devemos orientar o esclarecimento do problema do existir: de algum modo, *ser* consistiria nesse durar que, no entanto, é um mover-se.

Para prosseguirmos na exploração desta questão tão árdua, convém seguirmos uma segunda linha de argumentação. Afirmamos anteriormente que seria possível constatar, na atualidade, a vigência em escala global de certa Imagem do Tempo, cuja característica mais decisiva seria a noção de um presente móvel, colapsado em um instante infinitesimal, que se deslocaria sem cessar. Afirmamos ainda que, para as Ciências contemporâneas, esta figura de temporalidade – que denominamos de Tempo Cronal – seria um artefato, isto é, uma construção cultural que não é encontrada em nenhum domínio natural, e sim projetada sobre os acontecimentos, para organizá-los de certo modo. E, finalmente, adiantamos que há outras figuras de temporalidade, que compartilham certos aspectos com a Cronalidade, mas não todos, e que de fato podem ser identificadas em diferentes campos de fenômenos. Estas temporalidades heterogêneas podem ser apresentadas, ainda que de modo meramente esquemático, através de uma espécie de arranjo hierárquico. Imaginemos uma estrutura piramidal. No topo, situemos a Imagem do Tempo hoje vigente em nosso cotidiano, isto é, o Tempo Cronal que praticamos desde a difusão planetária dos relógios mecânicos, um sofisticado objeto técnico que, a partir de nossa subjetividade, colocamos em operação sobre o mundo, e que, como todo artefato cultural, requer a linguagem para sua efetiva implementação.

Ora, quais são os atributos mais marcantes do Tempo Cronal? Um breve inventário de suas características certamente envolveria a noção de três dimensões, passado, presente e futuro; em particular, o presente é móvel, o que significa que o passado é composto de presentes antigos, e o futuro, de presentes inéditos. O movimento do presente é sempre uniforme, não acelera, nem freia, nem se inverte; assim, é orientado, ou direcional. Toda a realidade cabe inteira de uma vez em cada momento ou, o que dá no mesmo, esse tempo é tanto único quanto universal. Tudo que acontece, acontece sempre com referência a um mesmo tempo. Não há diferentes tempos, ou seja, diferentes linhas temporais de referência. Admitamos que essas categorias são válidas e necessárias para a definição da Cronalidade. A questão então é: o que sucede quando progressivamente as retiramos? Podemos associar as figuras de temporalidade assim obtidas com algum domínio do mundo natural?

A resposta, segundo as Ciências contemporâneas, é enfaticamente positiva. Consideremos, como um primeiro exemplo, os organismos vivos. Evidentemente, a Vida é uma noção extremamente complexa, pois diferentes aspectos do problema do tempo estarão necessariamente envolvidos – para começar, pelo fato de que a Vida pode ser entendida como um tipo de sistema material organizado que realiza o prodígio de colocar em contato as durações microscópicas, os períodos de frações de segundo dos processos químicos e bioquímicos que ocorrem no interior das células vivas, com as vastas durações das transformações ambientais, os milhares de anos dos ciclos do clima, os milhões de anos das transformações geológicas, as centenas de milhões de anos das transformações astrofísicas. Tanto do ponto de vista da composição básica (os compostos orgânicos e, em última instância, os elementos da Tabela Periódica) como da regra de transformação (a Evolução por Seleção Natural), a Vida só pode ser compreendida a partir da conjunção que genes, organismos, espécies e ecossistemas realizam entre essas durações de escalas muito diferentes. Todavia, para o que nos importa aqui, vamos nos concentrar na unidade estrutural e funcional básica dos seres vivos: a célula.

Toda célula viva exibe uma invenção decisiva: a membrana. Trata-se de um envoltório, feito de gordura insolúvel, ou seja, que não se dissolve na água, que separa uma porção de fluido rico em moléculas orgânicas – antigamente chamado de "protoplasma" – do ambiente. Todas as membranas são similares, mas as células de diferentes organismos encerram variados componentes, ordenados numa arquitetura diversa de acordo com a espécie. Uma vez que a membrana é a separação física entre o organismo e o meio, tendemos a encará-la como um operador espacial, ou antes, topológico, que permite a dissociação entre as matérias que se encontram dentro do vivo e fora dele. Ora, dentro do vivo se encontra um manual de instruções, escrito na linguagem bioquímica do DNA, onde estão codificados os procedimentos para a construção dos equipamentos requeridos para a reimpressão desse manual. Isto é, um sistema cuja atuação dobra-se sobre ele mesmo; um *loop* lógico em que um conjunto de instruções é empregado para instaurar e regular um processo de fabricação cujo objetivo é a repetição do conjunto de instruções. Esse manual de instruções chama-se genoma, e a reprodução do organismo, do ponto de vista do genoma, não é senão a montagem do parque gráfico destinado a reimprimir um novo volume, uma nova cópia do texto bioquímico que especifica a constituição de cada exemplar de cada espécie. Richard Dawkins observa, não sem ironia, que embora costumemos nos referir a "nossos" genes, ou aos do *C. elegans*, talvez com melhor razão devêssemos, os organismos, nos dirigir aos genomas com mais humildade...

Afortunadamente, o pergaminho bioquímico em que os genomas são escritos é frágil. Ou seja, as ligações químicas entre as "letras" do texto em DNA são fáceis de fazer e de desfazer, sendo ambas as operações indispensáveis durante o processo de reprodução. Isto quer dizer que é fácil errar quando das sucessivas reimpressões – uma linha trocada, uma palavra faltando, uma página repetida... Graças à fragilidade do suporte desoxirribonucleico da escritura, surgem novas versões, modificadas, do manual; se a alteração não for drástica a ponto de impedir o processo de replicação, daí em diante haverá duas edições diferentes do texto em circulação. Entendemos então que a Vida é capaz não só de repetir formas antigas, mas também de engendrar novas; trata-se, de fato, de um sistema autonomizado de diferenciação que multiplica aceleradamente o número e a variedade dos modos de organização dos sistemas físicos de base.

O que é decisivo para nossa discussão, porém, é o entendimento de que a membrana separa, mas também une. Se a membrana fosse intransponível, o ser vivo inevitavelmente degeneraria, pois se envenenaria de desordem, de acordo com o Segundo Princípio da Termodinâmica ("qualquer sistema material fechado tende à homogeneidade, isto é, à desorganização"). É a transparência, ainda que seletiva, da membrana que permite que fluxos de matérias e atividade oriundos do meio exterior continuamente adentrem o organismo, participem dos ciclos energéticos que realizam o metabolismo da célula, e eventualmente sejam devolvidos ao exterior, sempre mantendo, enquanto isso for possível, uma unidade global que identificamos ao próprio organismo. Quando a coordenação sinfônica desses ciclos se rompe, o indivíduo desaparece, e seus componentes se difundem mais uma vez no ambiente. Um exemplo esclarecedor: aproximadamente a cada sete anos, cada um de nós, *Homo sapiens*, trocamos *todos* os átomos do nosso corpo. Isso significa que a cada sete anos somos materialmente outros, inteiramente distintos, em nível atômico, do que éramos. Como se houvesse um edifício, uma catedral, digamos, e periodicamente todos os seus tijolos fossem trocados, e ainda assim, e sempre, ela continuaria uma catedral – com a diferença de que uma célula típica tem o mesmo número de componentes de um jato transcontinental de grande porte, condensados em umas poucas frações de milímetro! Mal podemos discernir o prodigioso concerto dos processos de substituição contínua de componentes moleculares que, não obstante, mantém razoavelmente inalterada – algumas rugas a mais, alguns cabelos a menos – a integridade do conjunto.

Eis então uma célula viva, demarcada por sua membrana, e dentro dela está o núcleo, em que habita o genoma. Assim, no interior do ser vivo reside seu passado; ali se encontram os princípios, as plantas e os organogramas que dirigirão o processo de elaboração desse indivíduo. Dentro do vivo, o passado. Fora do vivo, no exterior da membrana, distribuem-se elementos com que o vivo ainda irá se encontrar: em alguns casos serão nutrientes, que ele assimilará e que vão mantê-lo, em outros casos serão venenos, que em última instância acabarão por decompô-lo, isto é, por desfazer a unidade coletiva que chamamos de indivíduo, restando apenas blocos estruturais menores. Fora do vivo, o futuro.

Portanto, ao realizar as operações topológicas de separar e de unir o dentro e o fora do vivo, a membrana cumpre também, e inseparavelmente, uma função *temporal*: conectar o dentro do vivo, o passado, com o fora do vivo, o futuro. Podemos assim imaginar que a membrana atua como um presente, uma dimensão entre o passado e o futuro, mas aqui não se trata de um presente móvel, que viaja numa estrada já dada, e sim do território ou instância em que tem lugar um nó, um dobramento, em que o passado e o futuro se enlaçam. Ao conectar o passado e o futuro do vivo, a membrana eventualmente permite que o futuro, os encontros que o vivo terá, altere o passado, ou seja, que substâncias assimiladas a partir do meio modifiquem o DNA que carrega consigo de tal maneira que, ao se reproduzir, a cópia resultante seja diferente. Ao vincular passado e futuro, o presente imóvel encarnado na membrana dá lugar a uma dupla orientação, pois agora *o futuro pode agir e alterar o passado*. Portanto, dentro dos nossos próprios corpos vivos não vigora a imagem do presente móvel. Na célula, o componente estrutural básico da Vida, encontramos as três dimensões do tempo, mas o presente do vivo não se move; ele enlaça.

Para enfocarmos a seguir um nível mais abaixo de nossa hierarquia, tomemos por objeto as trocas de atividade de qualquer tipo, que descreveremos como trocas de energia. Energia pode ser definida como a capacidade (que pode estar sendo exercida ou não) de realizar uma ação física – de mudar o estado de movimento ou o regime de atividade de dado sistema material. Todas as ações físicas podem assim ser expressas em termos de mudanças de atividade, medidas pelas variações da grandeza energia. Ora, examinamos os mais variados sistemas físicos e nos deparamos com uma regularidade evidente: se pomos em contato dois corpos, um frio e outro quente, a experiência invariavelmente nos demonstra que logo estarão ambos mornos. Por outro lado, nunca testemunhamos a ocorrência do processo inverso – dois corpos em equilíbrio térmico espontaneamente diferençarem suas temperaturas. Parece haver um princípio geral (de fato, o mais geral que conhecemos) governando esta assimetria dos processos térmicos. Podemos então exprimir o caráter unidirecional dessa transformação associando-a a um Antes e um Depois, que distinguiremos simplesmente observando que antes há diferença (um corpo quente / um corpo frio) e depois não há (ambos igualmente mornos). Esta é a chamada Flecha Termodinâmica do Tempo. Muito haveria a dizer acerca desse conceito (inclusive, a aparente violação do princípio executada pelos seres vivos), todavia, para o que nos interessa aqui, basta observar que a distinção passado-futuro imposta pela Flecha Termodinâmica *não requer* uma dimensão intermediária – não precisamos definir um presente; basta o antes e o depois. Obviamente, se quisermos podemos associar o processo de variação térmica a um relógio externo, e dizer que havia diferença quente / frio ao meio-dia, e o equilíbrio foi alcançado à uma da tarde. Do nosso ponto de vista, o relógio continuamente indicou uma série de momentos consecutivos entre os estados inicial e final – mas para o desenrolar do processo, para a transformação do sistema, essa cadência externa é inteiramente irrelevante! Para as leis da Termodinâmica, tudo o que importa é que havia certa configuração, ou seja, uma distribuição dos componentes e certo regime de atividade, e passa a existir outra, com outra distribuição e regime: antes e depois, passado e futuro, flecha orientada; mas sem presente. Portanto, quando investigamos o dinamismo básico dos sistemas materiais, o que encontramos é um tempo que não tem presente.

Se considerarmos um nível ainda mais fundamental da hierarquia de temporalidades, nos depararemos com os processos mecânicos: corpos se chocando, maçãs caindo, astros orbitando. Examinando as leis da Mecânica que nos foram legadas por gigantes como Newton, Laplace, Hamilton e Poincaré, descobrimos com consternação que estas leis, que descrevem processos tão fundamentais quanto o simples mover-se de um corpo, não distinguem nem mesmo o Antes do Depois. Dito de outra maneira: os sistemas mecânicos são essencialmente reversíveis, e assim as *mesmas* leis são usadas para prever configurações futuras e passadas, em que a Lua estará mês que vem onde esteve mês passado. Só o que importa é o período entre as configurações, o prazo de um mês; a *direção* em que contamos este período é irrelevante.

Outras noções de tempo ainda mais intrigantes surgem quando consideramos processos em que há deslocamentos muito rápidos, com velocidades próximas à velocidade da luz. Fenômenos envolvendo grandezas dessa ordem ocorrem tanto em escala astronômica como microscópica: astros em detonação, átomos em fragmentação. Para descrevê-los, devemos lançar mão da Teoria da Relatividade, que permite correlacionar os pontos de vista – e as tabelas de medições – de observadores em distinto estado de movimento. Contudo, logo verificamos que as categorias que usualmente empregamos para definir os processos dinâmicos perdem a eficácia quando velocidades relativísticas estão envolvidas. Isso significa que até mesmo a distinção, tão fundamental para nosso cérebro mamífero, entre medidas de espaço (distâncias) e medidas de tempo (duração) deixam de ter um caráter invariante, ou absoluto, e tornam-se meros aspectos particulares, associados à perspectiva específica de cada observador. Digamos, por exemplo, que certo observador, dotado de uma régua para medir distâncias e um relógio para medir durações, observe o movimento de dado corpo, tabelando valores de altura, largura, profundidade e duração. Outro observador pode abordar o mesmo fenômeno e realizar suas medições empregando uma regra diferente de etiquetação para suas medições – altura, duração, profundidade e largura. Ou seja, uma medida de comprimento, para um, será equiparada a uma medida de duração. As leis físicas que governam o fenômeno não podem, evidentemente, depender dessa escolha arbitrária da ordem da etiquetação; portanto, a própria distinção que, em nosso cotidiano, é perfeitamente cristalina entre distâncias e durações, entre bordas e prazos, entre quilômetros e minutos, essa distinção é irrelevante. Em consequência, uma vez que cada observador pode agora escolher livremente sua forma de definir medidas de distância e durações, segue que resta abolida a univocidade tradicionalmente conferida ao tempo: haverá tantas formas legítimas, e autônomas, e descompassadas, de determinar e medir o tempo quantos observadores houver.

Ainda mais notável é o quadro que se forma quando a argumentação relativista é estendida para levar em conta o grande agente estruturador do universo astronômico, a gravitação. A Teoria da Relatividade Geral, de Albert Einstein, teve exatamente este objetivo, e ao longo do século xx sua aplicação ao estudo dos processos gravitacionais levou a uma compreensão radicalmente inovadora acerca do Universo em larga escala. Examinando os aspectos referentes ao tempo nesta teoria, verificamos que não apenas a distinção habitual entre espaço e tempo é apenas relativa à perspectiva de cada observador, como surgem configurações gravitacionais em que o ritmo de contagem do tempo, e mesmo sua direcionalidade, tal como são aferidos por diferentes observadores, podem mudar. Um observador que empreendesse um mergulho conjectural (e suicida) em um buraco negro teria seu percurso indefinidamente distendido para outro observador em órbita do objeto singular; para ele, uma duração finita até a aniquilação, para o outro, uma queda sem fim. Da mesma maneira, ocorrem configurações plausíveis em que seria possível a um observador seguir um caminho que, eventualmente, retornaria sobre si mesmo, ou seja, uma curva fechada no tempo. Embora as circunstâncias necessárias para este retorno sejam muito diferentes das da Terra, em princípio é teoricamente concebível que dado observador, ao se encaminhar para seu futuro, acabe por se reencontrar com seu passado. Toda espécie de paradoxo causal pode se apresentar aí: se voltei ao passado e matei meu avô, então não pude nascer, logo não pude voltar ao passado para matar meu avô, mas neste caso pude nascer e voltar ao passado para matar meu avô, e *da capo*...

Mas talvez a figura de tempo mais provocante que a Cosmologia Relativista, a ciência contemporânea do Universo fundada na Relatividade Geral, nos ofereça seja aquela ligada à constatação de que a própria Totalidade, o universo astronômico entendido como a expressão mais abrangente do existir natural, possui uma variabilidade intrínseca. A Totalidade é dinâmica, ou seja, o peculiar sistema físico que podemos identificar a Tudo-o-que-Existe exibe uma história. É importante observar que não se trata aqui de um sistema global em cujas partes, e somente nelas, ocorre transformação. O Todo, como um todo, ele mesmo evolui – o que significa que a Totalidade, por ser histórica, é inacabada, é uma obra sempre em construção. E será sobre este processo evolutivo propriamente cósmico (se recordarmos o sentido original do termo grego *Cosmos*, Todo Organizado) que assentaremos o surgimento de todos os tipos de formação da Matéria, os átomos e seus compostos, as galáxias e seus aglomerados, os sistemas estelares e seus planetas; aí também assentaremos a emergência das organizações da Vida e seus ritmos suplementares – a repetição das gerações, o desvio das mutações – pelos quais se dá a Evolução biológica; aí assentaremos, por fim, as problematizações da Vida, que darão lugar à aparição de um novo plano de ocorrência, ainda mais intenso, ainda mais acelerado que o plano do Pensamento. Em suma, será no âmbito desse Cosmos inerentemente evolutivo que seremos levados a entender que tudo o que podemos apreender do mundo natural, até mesmo nas escalas mais vastas, está embebido de mudança, de transformação. Está embebido de tempo.

E, se finalmente nos dirigirmos ao nível mais fundamental de nossa hierarquia, aquele dos processos microscópicos constitutivos de todas as formações materiais e que hoje chamamos de processos quânticos, descobriremos estarrecidos que, nesta instância autenticamente fundamental, nem sequer o atributo mais característico de nossa noção habitual do tempo, a distinção de antes e depois, tem qualquer significado; de fato, as (notavelmente eficazes) descrições quânticas dos eventos microscópicos parecem prescindir de toda temporalidade endógena. Tomemos como exemplo esclarecedor do problema – ou talvez não, pois, como assinala Richard Feynman, "ninguém compreende a Física Quântica!" – a entidade física mais básica e universal que conhecemos: o Vazio.

Nossa concepção costumeira de vazio está associada à noção de ausência: examino um dado local e nada encontro ali. Podemos tornar essa concepção um pouco mais rigorosa através de um procedimento de sondagem: lançamos projéteis, digamos, sobre a região-alvo e verificamos que não sofreram desvio por algum obstáculo; concluímos então que a região se acha desprovida de ocupantes, isto é, vazia. Contudo, quando aplicamos este procedimento de sondagem às escalas microscópicas dos constituintes elementares das matérias – partículas, átomos, moléculas –, as regras da Física Quântica têm de ser invocadas, e estas regras acarretam que *toda* medição de propriedades dos objetos microscópicos é inerentemente incerta. Simplificadamente, isto equivale a afirmar que qualquer sistema microscópico não tem limites bem definidos; tudo se passa como se nossa incerteza, inerente ao procedimento de medida, sobre as propriedades dos objetos sob exame, correspondesse à efetiva ausência de uma forma bem definida desses objetos – ou por outra, como se não tivessem uma forma estável e contínua, como se houvesse todo um repertório de formas diversas, e instáveis, coabitando o sistema; quando realizamos uma série de medidas, uma sequência aleatória de configurações se tornará manifesta. Como num rolar de dados, as configurações possíveis se apresentarão sucessivamente, em ordem casual – isto é tudo o que pode ser afirmado com segurança sobre o sistema, *qualquer* sistema. Imediatamente, nos damos conta do paradoxo: os objetos macroscópicos contínuos e duráveis com que lidamos, as coisas de nosso mundo, têm por constituintes entidades descontínuas e aleatórias; as coisas não são feitas de coisas.

Vamos então aplicar essas noções perturbadoras ao exame do sistema físico mais geral que conhecemos, o Vazio. Para descrever seus caracteres, precisamos realizar uma sondagem. Mas a incerteza intrínseca da medição nos leva a concluir que também os atributos do Vazio são imprecisos, difusos – o que equivale a dizer que algo quase está lá ou, inversamente, que quase algo está lá. Esta indefinição sugere que o Vazio não é a ausência de tudo, e sim que é semiocupado por entidades efêmeras demais para deixar registro em nosso aparato de medida. O estatuto dessas entidades instabilíssimas é o de uma quase existência, e os físicos as denominam de partículas virtuais. O Vazio, portanto, é pleno de virtualidades... Agora, quando procuramos delinear uma figura de temporalidade para esses quase objetos que abundantemente quase ocupam o Vazio, concluímos que simplesmente não é possível. Tudo se passa como se as partículas virtuais habitassem um domínio anterior a qualquer temporalização objetiva. Dito de outro modo: a realidade será temporalizada daí para cima, quando as estruturas mais sofisticadas e estáveis das chamadas partículas reais tiverem lugar, mas na instância fundamental do Vazio o tempo ainda não começou a ser.

Frisemos bem: o que nosso olhar sobre os estratos mais profundos da realidade natural nos descortina não é que o tempo tenha uma origem, um marco zero da estrada, e sim que podemos conceber um estágio pré--real, virtual, em que o mundo físico manifesto ainda não se estabeleceu. Um pré-Cosmos, portanto, identificado ao Vazio quântico, e logicamente "anterior" ao Universo e, por conseguinte, ao tempo ele mesmo. Hoje em dia, para muitos cosmólogos, esta é a abordagem mais adequada para estudar a mãe de todos os problemas: porque existe algo (e.g., o Cosmos) e não nada? Por outro lado, talvez possamos esboçar, com alguma licença de retórica, uma figura de temporalidade para esse não tempo do Vazio, para este "tempo antes do tempo começar". Lancemos mão de um conceito da filosofia medieval cristã, que Duns Scot, um dos doutores da escolástica, tomou de empréstimo do médico e filósofo árabe Avicena: a *complicatio*. *Plica* em latim é dobra, assim o termo *complicatio* denota o estatuto de algo que está dobrado sobre si mesmo. Avicena representa este estado de complicação por uma rosa, mais exatamente, por um botão de rosa cujas pétalas ainda não se separaram. A rosa em seguida desabrocha, e cada pétala adquire sua individualidade. Mas, enquanto elas estão sobrepostas, estão no regime da *complicatio*. O objetivo do argumento seria responder à pergunta temível: o que Deus fazia antes de criar o mundo? A resposta de Santo Agostinho, bem sabemos, foi muito objetiva: Deus criava o Inferno, para quem faz esse tipo de pergunta! Mas, para Avicena e Duns Scot, tudo se passaria como se "antes" da criação o mundo se encontrasse em estado de botão, isto é, de *complicatio*, no qual as dimensões do tempo coexistem, como que superpostas; passado, presente e futuro não estão ainda concatenados, ainda não são consecutivos. O começo do tempo não é uma origem em que o tempo começa; é a ocasião do encaixe. Quando suas partes se engatam e se tornam sucessivas, o tempo está montado, sua construção está completa; passado, presente e futuro passam a operar em sequência, e se estabelece a direção natural para as séries causais. Não há um momento zero do tempo, um instante que não é precedido por outro instante – noção que, segundo Borges, tangencia o inconcebível –, mas dois estágios do tempo (e, portanto, do mundo): as dimensões desconjuntadas e sobrepostas do botão primordial, as dimensões encaixadas e consecutivas do mundo florescido. Talvez a figura da *complicatio* possa de algum modo sugerir uma imagem para o trânsito entre o Vazio pré-cósmico e o Cosmos constituído.

Nosso exame dos sucessivos estratos da pirâmide das temporalidades, ainda que necessariamente breve, nos permitiu decerto colecionar elementos suficientes para traçar algumas conclusões. Há não uma, mas múltiplas, diversas e por vezes divergentes, figuras do tempo em vigor em diferentes áreas das Ciências contemporâneas. Observando a hierarquia de modos temporais em seu conjunto, entendemos que, longe de ser um conceito unívoco, que remete a um referente monolítico e isolado, o tempo que vivenciamos em nosso cotidiano bem mais se parece com um padrão global, uma figura de *gestalt* que – aqui, a palavra-chave – *emerge* da combinação de vários subcomponentes. É somente a partir de certo grau de complexidade que ocorre uma síntese dos caracteres que atribuímos ao tempo; se consideramos um nível suficientemente básico da cadeia, o tempo se desfaz. Bem para além da imagem da estrada, esse tempo complexo talvez possa ser mais bem representado como trama, um entremeado de linhas ou fios de tempo, cada qual associado a um processo distinto no âmbito de dado sistema, cuja combinação faz emergir um padrão global que nos permite apreender a transformação do sistema como um todo. Desse ponto de vista – o tempo entendido como síntese, uma propriedade emergente de sistemas complexos –, a natureza fundamental do tempo seria o *diferir*.

Compreendemos também que as concepções inovadoras advindas das Ciências contemporâneas inevitavelmente acarretam problemas filosóficos renovados. Para assinalar alguns aspectos desse campo de problemas, tomemos como ponto de partida um episódio muito significativo da história das ciências e das técnicas: a descoberta do "Tempo Profundo". Sucede que os mineiros de carvão, na Inglaterra do século XVIII, tinham de lidar com inundações frequentes, e para facilitar a tarefa de esgotar a água das minas foram desenvolvidas as primeiras bombas a vapor. Tratava-se, inicialmente, de geringonças muito ineficientes, mas sucessivos aperfeiçoamentos – como os de James Watt – acabaram por aumentar sua eficácia, e os mineiros puderam então explorar veios cada vez mais profundos. Foi feita então uma descoberta perturbadora: podiam ser observadas camadas de sedimentos em sequência rigorosamente idêntica em locais separados por centenas de quilômetros! Como era possível que ocorresse tal uniformidade em localidades tão distantes entre si? Que agente de abrangência continental seria responsável por depósitos tão similares?

Ora, os processos sedimentares, a partir da erosão das rochas nas montanhas e do transporte dos fragmentos para as terras baixas por aluviões, podiam ser estudados em campo. Pouco a pouco se consolidou a opinião de que a sequência de estratos observados nas minas podia ser o resultado desses mesmos processos – mas a profundidade que estes estratos alcançavam implicava longos, muitos longos, períodos de sedimentação. A cada aluvião, os depósitos vão se sobrepondo, assim os estratos mais profundos são também os mais antigos, e quando a idade desses estratos foi estimada, os geólogos chegaram a valores não de centenas ou milhares de anos, mas de milhões e de dezenas de milhões. Esta, diz Stephen Jay Gould, foi a entrada em cena do Tempo Profundo – a primeira vez que durações muitíssimo mais vastas que as registradas pela história humana se tornavam aparentes na Natureza. A carne da Terra é antiga, muito mais antiga do que supõe nossa vã recordação.

A descoberta do Tempo Profundo teve importância capital para o entendimento da Evolução biológica. Dado prazo suficiente, correspondente a um número apropriado de gerações, as variantes nos desenhos dos organismos podiam ser selecionadas em função de sua adaptação às mudanças ambientais, e isso explicaria a imensa variedade de formas encontradas no registro fóssil. Darwin não teria se convencido da eficácia da Seleção Natural por Adaptação para explicar os fatos da Evolução se Charles Lyell não tivesse lhe apresentado as evidências sobre a longa duração dos processos geológicos. Mas o conceito de Tempo Profundo também representa um desafio grave a nosso intelecto, porque nos lança defronte a uma antiguidade concreta, não conjectural, mas efetivamente inumana. Com efeito, o Tempo Profundo envolve grandezas da ordem dos milhões, dezenas de milhões, centenas de milhões, bilhões de anos. E somos assim obrigados a comparar – diria Platão, a fazer a razão – entre as durações da cultura, os períodos da civilização, e essas extensões vastíssimas das bases materiais de nosso ser enquanto Matéria e Vida. Somos levados a confrontar a brevidade dos exíguos dez mil anos desde a invenção decisiva da Cidade com os cento e tantos milênios desde o surgimento de nossa própria espécie, com os 3,5 bilhões de anos desde a aparição da Vida na Terra, e os cerca de 13 bilhões de anos desde a emergência do próprio Cosmos. Torna-se inevitável nos reconhecermos como muito recentes, como breves, efêmeros. Este reconhecimento é difícil, pois equivale a uma revolução copernicana, um deslocamento radical do pensamento, não do centro do espaço, mas do centro do tempo. A inumanidade dos períodos indicados pelo Tempo Profundo acarreta dificuldades que vão desde aspectos existenciais e éticos – como conviver com essas amplidões, como agir perante tais infinitudes? – até questões filosóficas de peso.

Consideremos a noção, apresentada por Francis Wolff, de objetos-mundo. Seriam objetos sem os quais a experiência de "mundo" não pode se realizar, por exemplo, a linguagem e a consciência. Conhecer alguma coisa é estar consciente desta coisa; se não apreendemos as vicissitudes desta coisa em seus encontros no mundo, nada sabemos dela. A existência de algo só pode ser assegurada se estamos conscientes de sua presença no mundo. Mas só podemos compartilhar a consciência da presença deste ser pela linguagem; só poderá haver uma comunidade de coisas, isto é, um mundo compartilhado, se houver uma comunidade de falantes. Este tipo especial de objetos, portanto, funda a possibilidade de experimentar e conhecer o mundo. Nesse sentido, diz Wolff, constituem uma espécie de jaula transparente, porque inevitavelmente temos de estar dentro deles, envolvidos por eles, para podermos nos dirigir ao mundo que está lá fora. Mas, ao mesmo tempo, se não houver o mundo, se não houver algo de que estar consciente, se não houver algo de que falar, a consciência e a linguagem são inúteis, não têm nenhum conteúdo, são nada. Os objetos-

-mundo têm então a característica de estar sempre dentro e ao mesmo tempo fora de nós.

Vamos então, a partir dessa imagem, procurar definir mais precisamente o significado de "experimentar o mundo". Experimentar o mundo seria, antes de tudo, presenciar. Algo existe, algo sucede, quando se dá perante uma consciência que o apreende. Tomemos como exemplo o procedimento de representação descrito por Descartes: encontro um corpo, isto é, meus sentidos percebem algo que ocorre na extensão, e esta percepção suscita a aparição de uma imagem ou ideia do corpo em minha mente. Esta imagem re-presentada será a base do conhecimento, ou seja, é quando o corpo se faz presente uma segunda vez, não como ente extenso, mas como ideia no pensamento, que o conhecimento pode se realizar. Desse modo, a existência da coisa externa é assimilada à sua representação pelo sujeito; se não há a relação sujeito-objeto, não pode haver experiência de mundo, logo não pode haver mundo. Vamos então nos fazer agora a seguinte interrogação: para a Ciência, há evidências incontroversas de que a Vida surgiu na Terra há aproximadamente 3,5 bilhões de anos. Se o organismo é o suporte material indispensável para que a consciência possa surgir e operar, qual o estatuto do sujeito – e, portanto, do mundo – quando ainda não havia Vida? Dito de outra maneira, se o sujeito não pode prescindir de um corpo vivo, como avaliar o mundo e seus conteúdos tal como eram antes do surgimento do sujeito, isto é, desvinculados de toda e qualquer possibilidade de representação? Eis, como o denomina Quentin Meillassoux, o problema dos objetos ancestrais.

Desde a filosofia crítica de Kant, a correlação entre o sujeito que presencia e o fenômeno presenciado tornou-se o território no qual legitimamente se poderia especular sobre os entes e suas naturezas. Toda afirmação sobre a existência de algo ou a ocorrência de certo evento só teria sentido no âmbito desta correlação, ou seja, se enunciada do interior da jaula transparente de que fala Wolff. A coisa em si, o objeto em si mesmo, por assim dizer no exterior da jaula, não pode ser conhecido. Eis, essencialmente, a crítica que Kant realiza às filosofias dogmáticas do passado, nas quais a razão poderia ter acesso a objetos absolutos. Todavia, o problema da ancestralidade parece oferecer um desafio, engendrado a partir da eficácia descritiva da Ciência, exatamente ao núcleo da filosofia crítica: a correlação. Pois, se para os cientistas temos evidências sólidas, fornecidas por aperfeiçoados métodos de datação, acerca de eventos ocorridos a vários bilhões de anos – a formação da Terra, por exemplo –, qual seria o estatuto de realidade, a modalidade de existência, desses eventos anteriores a qualquer correlação com qualquer sujeito?

Um correlacionista convicto poderia levantar uma objeção assinalando que é hoje, ao observar seus instrumentos de medida, que o cientista deduz a ocorrência de eventos remotos. Mas, nesse caso, seria de crer que o objetivo do cientista seria fazer suas medidas simplesmente para presenciá-las, e não para consolidar uma evidência, para ele inteiramente objetiva, de um processo ancestral! Outra objeção seria comparar a datação de um evento ancestral com a ausência de um observador que presencie certo fato; uma folha caiu de uma árvore no coração da Amazônia, digamos, e ninguém estava lá para testemunhar o fato. Esse acontecimento existiu ou não existiu? Ou seja, haveria em relação às separações espaciais o mesmo tipo de problema surgido com as separações temporais. Ora, diz o correlacionista, trata-se de um falso problema, pois se lá houvesse alguém testemunhando o cair da folha, a existência do fato seria evidente, e até mesmo banal. O mesmo se daria, segue o argumento, para eventos remotos como a formação da Terra ou a emergência da Vida; bastaria que lá estivesse alguém para presenciá-los, e sua ocorrência não traria nenhuma dificuldade. Mas a comparação entre eventos distantes no espaço e eventos remotos no tempo é na verdade falaciosa – pois o que está em foco quando se aborda os objetos ancestrais são exatamente circunstâncias anteriores a toda possibilidade de existir um sujeito; nem mesmo por hipótese haveria uma consciência com a qual o acontecimento pudesse se correlacionar. As práticas da Ciência, portanto, parecem lidar, com toda tranquilidade, com eventos que para toda uma corrente filosófica deveriam estar no domínio do impensável. Abre-se assim todo um campo de investigação em torno da própria capacidade e alcance do pensamento. Pode o pensamento explorar uma ocasião em que nunca esteve, em que nunca poderia ter estado? Pode o pensamento pensar sua anterioridade, sua exterioridade, seu vazio? Qual modalidade de razão poderia penetrar semelhante feixe de paradoxos?

Quando tomadas em conjunto, estas revisões, ou reformulações, ou transfigurações da noção habitual do tempo que procuramos expor nestas páginas parecem indicar uma conclusão assaz desafiadora: a de que seria possível definir o ato de existir não como sucedendo *no* tempo (como referente externo), mas *do* tempo. Dito de outro modo: se um dos grandes feitos do pensamento foi a descoberta de que o mundo natural consiste essencialmente de uma mesma "coisa" básica, para as Ciências contemporâneas este fundamento corresponderia não a uma substância, mas a um processo. A instância constituinte mais profunda ocorreria não em blocos, mas antes em fluxos, elementares de construção; em Tudo-o-que--Há, distinguiríamos matéria-energia em incessante transcurso.

Isso, finalmente, nos traz de volta a nosso problema original, quando Valéry insinua que o tempo poderia, ele mesmo, se mover, quando Borges sugere que nossa consistência é o tempo. Talvez os poetas estejam nos advertindo contra a tradição tão ocidental de pensar a partir da conversão do múltiplo no contrário, do diverso no contraditório. Ou seja, de esterilizar o paradoxo como operador de inteligibilidade, reduzindo-o sempre à mera oposição – contrapondo o permanente e o precário, o duradouro e o efêmero, o essencial e o disperso, o geral e o particular... Talvez, quando procedemos segundo esta tradição, estejamos aplicando uma proporção equivocada; quiçá convenha retrocedermos a uma anterioridade primeva, a um vazio original da razão, e considerarmos uma vez mais plenamente a sentença de Heráclito: *Panta rei*, "Tudo flui". Todos os seres que efetivamente encontramos no mundo estão sempre imersos na mudança, sempre embebidos na transformação. E talvez seja um engano o entendimento de que, para poderem possuir uma unidade comum e serem apreendidas como uma classe, precisam de um fundamento que se furte ao fluxo, que se abstraia do tempo. Quem sabe, a partir das novas feições dos tempos multiplicados e diferenciados, venham a ser elaboradas categorias inovadoras pelas quais se possam basear as fundações da existência, de todas as variantes dos aconteceres, não em uma raiz pétrea, em conceitos de granito que se furtam ao fluir, mas inversamente, em uma condição de movimentação intrínseca e inesgotável. Não é o bastante pensarmos as substâncias somente em termos de uma vocação desmedida para a atemporalidade dos objetos matemáticos; é preciso aprendermos com a não linearidade dos sistemas naturais e concebermos essas substâncias num estado radical de permanente movimento, de perpétuo deslizamento. Absoluta permanência, absoluta transitoriedade. O mundo então se afigurará não apenas como uma coleção de essências estáveis, mas também como uma constelação de processos. Um coletivo de inumeráveis cadências, cuja integração disparatada conforma uma marcha em união, um desfile, que de fora apreendemos e apreciamos e dizemos uns aos outros: eis o tempo. Mas se afinarmos o olhar no timbre correto, se focarmos o ouvido no matiz harmônico, distinguiremos em toda parte, e sempre, o estado de processo.

Se for legítimo experimentar com essas noções, então a sentença de Valéry não é senão um truísmo, e o parágrafo de Borges tão somente a enunciação de um axioma. Quer dizer, somos feitos de tempo, porque *tudo* é feito de tempo. A existência flui pelos múltiplos braços dos múltiplos rios do tempo, e mirando nessas águas, reconhecemos que sim, somos o rio que nos arrebata, somos o tigre que nos dilacera, somos o fogo que nos consome. O que mais poderíamos ser?

BIBLIOGRAFIA

BARROW, John. *The book of nothing*. Nova York: Vintage Books, 2002.

BENNETT, Jane. *Vibrant matter*. Carolina do Norte: Duke University Press, 2010.

BOGOST, Ian. *Alien Phenomenology*. Minnesota: University of Minnesota Press, 2012.

BORGES, Jorge Luis. *Antologia pessoal*. São Paulo: Companhia das Letras, 2008.

CARROLL, Sean. *From eternity to here*. Nova York: Dutton, 2010.

DAWKINS, Richard. *O gene egoísta*. São Paulo: Itatiaia/Edusp, 1979.

DEACON, Terrence. *Incomplete nature*. Nova York: Norton, 2012.

DEUTSCH, David. *The fabric of reality*. Reino Unido: Penguin, 1997.

DOCTORS, Marcio. *Tempo dos tempos*. Rio de Janeiro: Jorge Zahar, 2003.

GOULD, Stephen Jay. *Seta do tempo, Ciclo do tempo*. São Paulo: Companhia das Letras, 1991.

LANDA, Manuel de. *Intensive Science and virtual Filosophy*. Nova York: Continuum, 2002.

MCNEILL, J. R. & MCNEIIL, William H. *The human web*. Nova York: Norton, 2003.

MEILLASSOUX, Quentin. *After finitude*. Nova York: Continuum, 2008.

MITCHELL, Melanie. *Complexity: A guided tour*. Reino Unido: Oxford, 2009.

MLODINOW, Leonard. *The drukard's walk*. Nova York: Pantheon, 2008.

NOVAES, Adauto. *A crise da razão*. São Paulo: Companhia das Letras, 1996.

NOVELLO, Mario. *O círculo do tempo*. São Paulo: Campus, 1997.

WHITROW, G. J. *O que é tempo?* Rio de Janeiro: Jorge Zahar, 2005.

Às costas da consciência: sobre uma forma de recuperação da filosofia da história
Vladimir Safatle

> *Um coup de ton doigt sur le tambour décharge tous les sons et commence la nouvelle harmonie. Un pas de toi et c'est la levée des nouveaux hommes et leur en marche.*
>
> Arthur Rimbaud

Um dos temas mais recorrentes da filosofia contemporânea foi a desconfiança em relação à história. Durante o século XIX, a história aparecia para pensadores do porte de Hegel e Marx como a destinação necessária da consciência, não apenas por ela ser o campo no qual se dá a compreensão do sentido das ações dos indivíduos, mas sobretudo por ela impedir o isolamento da consciência na figura do indivíduo atomizado, isso ao mostrar como a essência da consciência encontra-se na reconciliação de seu ser com um tempo social rememorado. Através da história, ser e tempo se reconciliariam no interior da memória que deveria ser assumida reflexivamente por todo sujeito em suas ações. Desse momento em diante, a consciência não podia mais ser, como ela era para Descartes, simplesmente o nome do ato de reflexão através do qual posso apreender as operações de meu próprio pensamento. Ato através do qual poderia encontrar as operações de meu pensar quando me volto para mim mesmo no interior de um tempo sem história, tempo instantâneo que dura o momento de uma enunciação, como vemos na segunda meditação cartesiana[1].

---

1. Ver, a este propósito, Jean Wahl, *Du rôle de l'idée d'instant dans la philosophie de Descartes*, Paris: Alcan, 1920.

A partir de então, a consciência será fundamentalmente o nome de um modo de apropriação do tempo. O nome de tal apropriação será, exatamente, "história". O que pode nos explicar por que a verdadeira consciência só poderia ser uma consciência histórica. Daí se segue a razão pela qual, a partir do século xix, a memória será elevada à condição de função intencional definidora da consciência.

De fato: "A memória, que já era considerada como o critério da identidade pessoal, transformou-se então na chave de compreensão do espírito para as ciências"[2]. Ao menos três tipos de ciências da memória se destacarão a partir desse momento: 1) os estudos neurológicos sobre a localização dos diferentes tipos de memória; 2) os estudos experimentais sobre os fenômenos ligados à lembrança; 3) um gênero de reflexão sobre a psicodinâmica da memória e seu lugar na constituição de modalidades de sofrimento psíquico. Dos três tipos, foi a reflexão sobre a psicodinâmica da memória que influenciou de maneira decisiva a cultura ocidental e sua noção de autoidentidade.

Notemos inicialmente como a constituição de "ciências da memória" era um fato recente. Até então, conhecíamos *artes da memória*, ou seja, reflexões, normalmente ligadas à retórica, que procuravam pensar técnicas capazes de ampliar nossa capacidade de lembrança. Em um importante livro sobre o assunto[3], Frances Yates insiste no fato de o artifício fundamental das técnicas antigas de recordação estar vinculado à capacidade de associar mentalmente imagens de coisas a lugares organizados em sistemas arquitetônicos rigorosos, como uma casa ou uma praça pública. Assim, o bom orador antigo seria aquele capaz de mover-se em imaginação, durante seu discurso, através de uma edificação construída mentalmente, extraindo dos lugares memorizados as imagens ali colocadas de objetos, argumentos e personagens. Tal artifício demonstra como a memória aparece então como um processo de espacialização, como constituição de um verdadeiro espaço mental no qual arquivamos imagens.

Foi necessária uma profunda modificação na função da memória (de técnica ligada à retórica a essência da consciência em sua identidade) para que algo como uma reflexão clínica fundamentada na memória pudesse

---

2. Ian Hacking, *L'âme réécrite: étude sur la personnalité multiple et les sciences de la mémoire*, Paris: Les empecheurs de la pensée en rond, 2008, p. 313.

3. Frances Yates, *A arte da memória*, Campinas: Edunicamp, 2008.

aparecer. Nesse momento, a memória como estocagem será secundarizada. Pois para nós, modernos, a redução da memória à condição de arquivamento de imagens, mera lembrança de impressões das coisas que deixaram traços mentais, soa como equívoco fundamental por ignorar sua dimensão temporal. A este respeito, Paul Ricoeur lembra, por exemplo, como a constituição do sujeito moderno, ao menos desde Descartes (1596-1650), foi solidária de certo "esquecimento metódico" baseado no esvaziamento do conhecimento fornecido pela imaginação e na crítica da confiança nas imagens mentais que temos depositadas na memória[4]. Ricoeur admite que esse impulso teve sua importância na recondução da memória ao problema do acesso àquilo que não se dá como presença plena das coisas no espaço, embora essa não seja exatamente uma questão que possamos encontrar em Descartes. No entanto é esse problema que leva Ricoeur a insistir na memória como modo de acesso à realidade ontológica de um ser que é fundamentalmente "condição histórica".

De fato, a partir desse momento, a história como discurso com aspirações científicas pode se constituir, e assim pode aparecer um "tempo especificamente histórico"[5]. Tempo no qual a história não é vista mais como uma coleção de exemplos a servirem de guia para o presente (*Historia magistra vitae*, como dizia Cícero), mas como um complexo de acontecimentos que se articulam a partir de uma unidade em progresso. Com a consolidação da história como discurso, com a consequente determinação da consciência histórica como uma espécie de verdadeira natureza humana, a memória deixou de ser compreendida como um processo de estocagem para ser descrita como algo próximo daquilo que poderíamos chamar de "atividade contínua de reinscrição".

Este é um ponto importante, pois a temporalização da memória aparece como a possibilidade de construção contínua de si no interior de uma narratividade contínua. Construção que só será possível a partir do momento que for possível afirmar: "As lembranças não são imutáveis, mas são reconstituições operadas sobre o passado e em perpétuo remanejamento que nos dão um sentimento de continuidade, a sensação de existir

---

4. Ver Paul Ricoeur, *La mémoire, l'histoire et l'oubli*, Paris: Seuil, 2001.
5. Reinhart Koselleck, *Futuro passado: contribuição à semântica dos tempos históricos*, Rio de Janeiro: Contraponto, 2006, p. 54.

no passado, no presente e no futuro"[6]. O psicanalista Jacques Lacan havia compreendido claramente este ponto ao afirmar:

> A história não é o passado – a história é o passado enquanto ele é historicizado no presente – historicizado no presente porque ele foi vivido no passado [...] o fato de o sujeito reviver, rememorar, no sentido intuitivo da palavra, os acontecimentos formadores de sua existência, não é em si mesmo algo realmente importante. O que conta é que ele reconstruiu [...] Eu diria que, no final das contas, o que realmente se trata é menos de se lembrar do que de reescrever a história[7].

Podemos ver em uma afirmação como esta, que demonstra como a história é dissolução contínua das ilusões do determinismo, o ponto de chegada de uma profunda reconstrução do sujeito moderno através do impacto do desenvolvimento do tempo histórico como essência da subjetividade.

A HISTÓRIA COMO PESO

No entanto, o século xx terminou voltando as costas para essa crença na força emancipadora de tal consciência histórica. Pois é certo que, ao mesmo tempo em que ciências da memória se constituíam, vimos o aparecimento de um diagnóstico de sofrimento social ligado exatamente ao excesso de história. Neste sentido, tudo se passou como se acabássemos por assumir um diagnóstico bem descrito por Friedrich Nietzsche, já no final do século xix.

Nietzsche procura diagnosticar um sofrimento social próprio ao homem moderno que poderia ser chamado de "excesso de história". Sofrimento de uma consciência presa à obrigação de ruminação infinita da história, como alguém que "arrasta consigo por aí uma massa descomunal de pedras indigeríveis de saber que, então, como nos contos de fadas, podem ser às vezes ouvidas rolando ordenadamente no interior do corpo"[8].

6. Israel Rosenfield, *L'invention de la mémoire*, Paris: Flammarion, 1994, p. 87.
7. Jacques Lacan, *Séminaire I*, Paris: Seuil, pp. 19-20.
8. Friedrich Nietzsche, *Segunda consideração intempestiva*, Rio de Janeiro: Relume-Dumará, 2003, p. 32.

A metáfora não poderia ser mais bem-sucedida. A consciência histórica do homem moderno apareceria como algo que lhe faz voltar os olhos para sua própria digestão, como se tivéssemos engolido pedras que nunca desertam do estômago. Esta era uma forma de dizer que a consciência histórica preocupa-se apenas consigo mesma, vê apenas a si mesma. Ela é o único produtor daquilo que ela percebe. A rememoração como ruminação que nunca termina fornece a figura de um processo que nunca chega a termo, que apenas nos exila daquilo que Nietzsche chama de "vida". Pois podemos dizer que o sofrimento que Nietzsche descreve é, na verdade, o sentimento de uma clivagem, de uma cisão em relação à vida[9]. O que nos explica uma afirmação como:

> Estes homens históricos acreditam que o sentido da existência se iluminará no decorrer de um *processo*. Assim, apenas por isto, eles só olham para trás a fim de, em meio à consideração do processo até aqui, compreender o presente e aprender a desejar o futuro impetuosamente; eles não sabem o quão a-historicamente eles pensam e agem apesar de toda sua história, e como mesmo sua ocupação com a história não se encontra a serviço do conhecimento puro, mas a serviço da vida[10].

Esses homens históricos esperam que a história os ensine a compreender o presente e desejar o futuro. No entanto, eles não percebem, veremos isso mais à frente, como "compreender" pode ser uma forma de esquecer. Eles também não percebem como o desejo em relação ao futuro, ou seja, o desejo de permanecer indefinidamente, tem um fundamento que não se encontra na consciência histórica. Ele se encontra na reconciliação com a vida.

Pode inicialmente parecer que Nietzsche retoma para si a divisão, típica do século XIX, entre natureza e história, isto a fim de afirmar que uma das consequências de nossa constituição como consciência histórica foi o exílio em relação à natureza (uma natureza que aparece todas as vezes que Nietzsche fala de "vida"). Em seu texto, Nietzsche chega a

---

9. É isto que Foucault tem em vista ao afirmar que o homem histórico é: "Uma finitude que nunca termina, que está sempre atrasada em relação a si mesma, que tem sempre algo mais a pensar no instante mesmo que pensa, que tem sempre tempo para pensar novamente o que pensou".

10. Friedrich Nietzsche, *Segunda consideração intempestiva*, op. cit., p. 15.

lembrar como a felicidade animal está ligada à capacidade de viver, em larga medida, de maneira a-histórica, ou seja, exercendo a força soberana do esquecimento. O homem que lembra demais é doente: "É possível viver quase sem lembrança e viver feliz assim, como mostra o animal; mas é absolutamente impossível viver, em geral, sem esquecimento"[11]. Alguns poderiam ver nestas palavras uma profissão de fé irracionalista e uma hipóstase da irreflexão.

No entanto, Nietzsche visa outra coisa. A seu ver, a consciência histórica é aquela que submete a vida a uma narrativa. A guerra nem bem acabou, dirá Nietzsche, e já se transformou em cem mil páginas impressas. Isso é um problema, porque submeter a vida a uma narrativa é, ao mesmo tempo, tomar posse dela e perdê-la.

Tomar posse da vida por organizar a dispersão dos acontecimentos em uma rede contínua de relações causais. Rede que chamamos normalmente de "causalidade histórica". A ideia de que a história contém relações causais necessárias entre fatos, que poderiam então ser objeto de alguma forma de previsão, não aparece apenas como garantia para que ela seja vista como uma espécie de ciência. Ela é também a base do que entendemos por "progresso".

Perder a vida por, aparentemente, não sermos mais capazes de pensar o que se dá sob a forma da descontinuidade e da contingência. Não sabemos ouvir a radicalidade da contingência em sua força de suspender e reorientar a uniformidade da continuidade histórica. Não sabemos ouvir acontecimentos que suspendem a forma que até então foi usada para pensar o que já ocorreu. Aparece assim uma história da qual nada surge, a não ser histórias, mas nenhum acontecimento, no sentido que Nietzsche quer dar a esta palavra. Talvez seja por isso que ele deva afirmar que erra: " [...] quem quer compreender, calcular, conceber, no instante em que deveria manter em longo abalo o incompreensível como sublime"[12].

Ou seja, através de um conceito como "vida", Nietzsche traz a imagem de um *processo sem telos*, já que a vida é, para o filósofo alemão, um contínuo jogo de forças sem direção. Jogo cujas configurações são marcadas pela contingência e pelo acaso. Longe da noção de natureza como

11. Idem, ibidem, p. 10.
12. Idem, ibidem, p. 41.

sistema fechado de leis causais, Nietzsche insiste na natureza como afirmação da crueldade da imprevisibilidade e do acontecimento. É isso que, a seu ver, a submissão da vida à narrativa, operação feita pela história, perde.

Tais perspectivas talvez sirvam para explicar por que o diagnóstico de Nietzsche parece animar a crítica que alguns de seus leitores, como Foucault e Lyotard, farão da história e da centralidade da noção de consciência histórica. Eles atualizarão o desconforto de Nietzsche em relação à história, isso a fim de dar conta de certo desencanto contemporâneo com as promessas enunciadas pela modernidade. É de Foucault, por exemplo, uma afirmação que simplesmente desdobra as consequências da perspectiva nietzschiana:

> A história contínua é o correlato indispensável à função fundadora do sujeito: a garantia de que tudo que lhe escapou poderá ser devolvido; a certeza de que o tempo nada dispensará sem reconstituí-lo em uma unidade recomposta; a promessa de que o sujeito poderá, um dia – sob a forma da consciência histórica – se apropriar, novamente, de todas estas coisas mantidas à distância pela diferença, restaurar seu domínio sobre elas e encontrar o que se pode chamar sua morada[13].

Ou seja, a continuidade narrativa da experiência histórica é indissociável da afirmação da consciência como uma forma de certeza: a certeza de não haver nada de essencial no tempo que não possa retornar a uma unidade recomposta, que não possa ter sua distância anulada, sua diferença reinscrita no interior de uma profunda identidade da qual Eu sou o fundamento. É assim que a consciência histórica instauraria seu domínio e encontraria sua morada. Nessa leitura, a "compreensão histórica" aparece como uma forma de esquecimento, já que a história desconheceria a diferença, seria apenas a morada da identidade reconquistada do sujeito. No fundo, ela seria um discurso desprovido de acontecimentos. Dessa forma, a emancipação que a consciência histórica prometeria seria, na verdade, uma maneira de perpetuar a impossibilidade do advento do que ainda não tem história, do que só se deixa pensar lá onde as estruturas de nossas narrativas se quebram.

13. Michel Foucault, *Arqueologia do saber*, Rio de Janeiro: Forense, 2004, p. 14.

É esta crença na narrativa histórica como espaço de anulação da diferença que leva outro filósofo da mesma época, Jean-François Lyotard, a fazer críticas das chamadas "metanarrativas". Tais metanarrativas seriam, na verdade, o cerne das filosofias da história que teriam animado os embates sociopolíticos do século xx. Dessa forma, despedir-se do século xx significaria, para Lyotard, reconhecer o fenômeno de "decomposição de grandes Narrativas"[14], ou seja, dos discursos marcados pela crença na progressão cumulativa de experiências que aspiram a narrar a marcha da realização da vida do Espírito ou da emancipação da humanidade. Como se a história fosse o lugar de uma espécie de "metalinguagem universal" capaz de dar unidade, estabelecer critérios gerais de validade para todos os enunciados que aspiram à legitimidade no interior da vida social.

Tal crítica se endereçava, principalmente, a duas figuras da filosofia da história, ambas às voltas com um processo aparentemente linear e progressivo de apropriação, pelo homem, de suas potencialidades e de ultrapassagem de suas limitações. Figuras que seriam marcadas pela crença na perfectibilidade humana e no futuro como espaço no qual tal perfeição potencialmente se realiza. Além disso, elas teriam em comum a ideia de que o presente, o momento a partir do qual atualmente narramos a história, já permitiria a apreensão da totalidade dos fenômenos decisivos para a experiência social. Assim, a narrativa que o presente fornece já seria a realização integral da consciência histórica.

A primeira dessas figuras é a versão positivista do progresso histórico própria a Augusto Comte. Sabemos como o positivismo de Comte nos fornece uma teoria do progresso através da imagem de três estágios da humanidade: o animista, o religioso e o científico. Para caracterizar o vínculo entre estes três estágios, Comte não teme em falar de um "curso natural da evolução social"[15], curso natural que animaria tanto a ordem política como a esfera do conhecimento. Todo desenvolvimento social possível, assim como toda maturação individual possível, deveria seguir um mesmo caminho, que consistiria na passagem de um pensamento fetichista, narcísico e afetivo a um pensamento conceitual e desencantado. Assim, dirá Comte:

14. Jean-François Lyotard, *La condition pos-moderne*, Paris: Minuit, 1988, p. 31.
15. Auguste Comte, *Cours de philosophie positive*, Paris: Flammarion, 2004, p. 38.

O desenvolvimento individual reproduz necessariamente sob os nossos olhos, em uma sucessão mais rápida e familiar, cujo conjunto é então mais apreciável, embora menos pronunciado, as principais fases do desenvolvimento social. Tanto um quanto outro tem essencialmente como objetivo comum a subordinação, na medida do possível, da satisfação normal dos instintos pessoais ao exercício habitual dos instintos sociais, assim como o assujeitamento de nossas paixões às regras impostas por uma inteligência cada vez mais preponderante[16].

Neste sentido, a chamada "lei biogenética fundamental", que defendia o paralelismo entre filogênese e ontogênese é, na verdade, a expressão de um princípio de articulação entre história e psicologia que nunca saiu do horizonte de nossos saberes. Enunciada no final do século XIX por Ernst Haeckel, tal lei era a forma final de uma ideia que havia atravessado a história das ideias desde o Iluminismo. No caso de Comte, tal articulação entre filogênese e ontogênese é, segundo Canguilhem, "a peça indispensável de uma concepção biológica de história [já que as leis do organismo social e do organismo biológico do indivíduo seriam as mesmas – ou seja, como se a história do homem fosse uma 'história natural'] elaborada exatamente na época que a história começava a penetrar a biologia"[17]. Assim, a continuidade histórica pode aparecer como correlato da apropriação científica do mundo e de seu desencantamento emancipador.

No entanto, tal paralelismo não fornecerá apenas o horizonte regulador do desenvolvimento psicológico. Ou seja, ele não fundará apenas os delineamentos da noção de normalidade. Ele será também responsável por aquilo que poderíamos chamar de "forma geral" do conceito de doença mental, a saber, a doença como regressão e degenerescência. Neste sentido, a doença seria necessariamente retorno e dissolução de funções complexas que teriam sido sintetizadas em fases mais avançadas do desenvolvimento. Assim, a relação entre história e psicologia habita o cerne da racionalidade do campo psicológico, isso através da definição dos conceitos de normalidade e patologia.

---

16. Idem, ibidem, p. 291.
17. Georges Canguilhem, *Etudes d'histoire et de philosophie des sciences*, Paris: Vrin, 2001, p. 98.

A outra figura das metanarrativas é a filosofia da história de Hegel, base para o desenvolvimento da filosofia da história que anima a filosofia de Marx. Todos conhecem a afirmação hegeliana de que "o real é racional". Muitos compreenderam tal afirmação como a expressão de uma filosofia tão fascinada pela perspectiva do progresso do espírito do mundo que seria capaz de justificar as piores catástrofes históricas (como o jacobinismo). Uma filosofia que não saberia como pensar regressões, tarefa premente depois de experiências históricas como o holocausto nazista. A este respeito, Adorno dirá: "No conceito de espírito do mundo, o princípio de onipotência divina foi secularizado e transformado em princípio unificador, o plano do mundo em inexorabilidade daquilo que aconteceu"[18]. Ou seja, a filosofia hegeliana da história seria, no fundo, a secularização da crença teológica da providência divina. Uma providência disposta mesmo a transfigurar catástrofes em momentos necessários da realização do espírito. Para esta filosofia, o futuro seria algo que não poderemos perder em hipótese alguma, mesmo que tenhamos de nos cegar para a irracionalidade do real. A narrativa histórica fornecida por Hegel seria a figura mais bem-acabada da certeza descrita por Foucault como "a certeza de que o tempo nada dispensará sem reconstituí-lo em uma unidade recomposta".

No entanto, gostaria de propor uma leitura alternativa. Ela visa mostrar como não devemos continuar a tendência contemporânea de desqualificação da história. Principalmente, ela visa quebrar o medo de que a história seja o nome de uma forma insidiosa de esquecimento do acontecimento, de crença em um futuro que não seria outra coisa que o mero decalque das expectativas depositadas no presente. Podemos fazer isso relendo, de forma diferente, o que estava em jogo na filosofia hegeliana da história[19].

---

18. Theodor Adorno, *Dialética negativa*, Rio de Janeiro: Jorge Zahar, 2008, p. 254.
19. Este exercício parte da possibilidade de ler um texto com um jogo tenso de tendências em conflito. Sem desconsiderar leituras hegemônicas da filosofia hegeliana da história, há de se colocar em circulação a possibilidade de ouvir outras tendências internas ao texto de Hegel que podem ser desdobradas pelo comentário. Este é apenas um primeiro ensaio neste sentido. A respeito, ver também o terceiro capítulo de Vladimir Safatle, *Grande Hotel Abismo: por uma reconstrução da teoria do reconhecimento*, São Paulo: Martins Fontes, 2012.

UM ESTRANHO PROGRESSO

"A história universal é o progresso na consciência da liberdade." Esta afirmação de Hegel em suas *Lições sobre a filosofia da história* traz uma série de pressupostos importantes. Primeiro, existe algo como uma "história universal". Isto implica aceitar que a multiplicidade de experiências históricas deve ser reduzida a um só motor, a uma só orientação. Como dirá Koselleck, trata-se da consequência necessária da definição da história como "coletivo singular". Isso permitiu que "se atribuísse à história aquela força que reside no interior de cada acontecimento que afeta a humanidade, aquele poder que a tudo reúne e impulsiona por meio de um plano, oculto ou manifesto, um poder frente ao qual o homem pôde acreditar-se responsável ou mesmo em cujo nome pôde acreditar estar agindo"[20]. É algo parecido que Hegel tem em mente ao falar do espírito do mundo como "alma interior de todos os indivíduos".

Segundo, tal orientação unitária da história move-se de maneira progressiva. Por fim, nesse movimento se lê a tomada paulatina de consciência da liberdade. Uma tomada de consciência que não é individual, mas social. Neste sentido, a história deve ser a narrativa do progresso em direção à consciência da liberdade. Mas devemos entender aqui o que significa, nesse contexto, dois termos fundamentais, a saber, "progresso" e "consciência da liberdade".

"Os persas são o primeiro povo histórico, porque a Pérsia é o primeiro império que desapareceu (*Persien ist das erste Reich, das vergangen ist*)"[21] deixando atrás de si ruínas. Esta frase de Hegel diz muito a respeito daquilo que ele realmente entende por "progresso". O progresso é a consciência de um tempo que não está mais submetido à simples repetição, mas que está submetido ao desaparecimento. "Progresso" não diz respeito, inicialmente, à destinação, mas a certa forma de pensar a origem. Pois, sob o progresso, a origem é o que, desde o início, aparece marcada pela impossibilidade de permanecer. "Origem" é, na verdade, o nome que damos à consciência da impossibilidade de permanecer em uma estaticidade silenciosa. Por isso que a verdadeira origem, esta que aparece na Pérsia, é caracterizada por um espaço pleno de ruínas.

20. Reinhart Koselleck, *Futuro passado...*, op. cit., p. 52.
21. G. W. F. Hegel, *Vorlesungen über die Philosophie der Geschichte*, Frankfurt: Suhrkamp, 1989, p. 215.

O ato de desaparecer é assim compreendido como a consequência inicial da história. Colocação importante por nos lembrar que as ruínas deixadas pelo movimento histórico são, na verdade, modos de manifestação do Espírito em sua potência de irrealização. Se os persas são o primeiro povo histórico é porque eles se deixam animar pela inquietude e negatividade de um universal que arruína as determinações particulares. Notemos como esse desaparecimento não é a afirmação sem falhas da necessidade de superação em direção à perfectibilidade. Na verdade, há uma pulsação contínua de desaparecimento no interior da história. Essa pulsação contínua é, de certa forma, o próprio *telos* da história. Assim, ela realiza sua finalidade quando esse movimento ganha perenidade, quando ele não é mais vivenciado como perda irreparável, mas quando a desaparição, paradoxalmente, nos abre para uma nova forma de presença, liberada do paradigma da presença das coisas no espaço. O que explica por que Hegel dirá: "Deve-se inicialmente descartar o preconceito segundo o qual a duração seria mais valiosa do que a desaparição". Somente as coisas que têm a força de desaparecer permitem que se manifeste um Espírito que somente constrói destruindo continuamente.

Isto fica claro se fizermos uma leitura atenta do capítulo dedicado ao Espírito na *Fenomenologia do Espírito*. Lá vemos como a história do Espírito é um peculiar movimento de explicitação das rupturas e insuficiências. Não por acaso, o Espírito hegeliano se manifesta através de figuras como Antígona (com sua exposição da desagregação da substância normativa da pólis), o sobrinho de Rameau (com sua exposição da desagregação da substância normativa do *Ancien Régime*), o jacobinismo (com sua afirmação de uma liberdade meramente negativa) e a bela alma (com sua exposição trágica dos limites da moralidade). Se elas desempenham papéis centrais na narrativa da história do Espírito é porque tal narrativa é fascinada pelos momentos no quais o próprio ato de narrar depara-se com sua impossibilidade, depara-se com a desagregação da língua, com a violência seca e com o impasse sobre a norma. Quanto a isso, talvez valha a pena dar a palavra a um amigo de Foucault, Gérard Lebrun:

> Se somos assegurados de que o progresso não é repetitivo, mas explicitador, é porque o Espírito não se produz produzindo formações finitas mas, ao contrário, recusando-as uma após outra. Não é a potência dos

impérios, mas sua morte que dá razão à história [...] do ponto de vista da história do mundo, os Estados são apenas momentos evanescentes[22].

Esta é uma maneira precisa de dizer que a narrativa da história do Espírito é, na verdade, a narrativa do movimento de autoevanescimento das determinações finitas. O progresso aparece assim como o reconhecimento de um evanescimento formador. Para entender melhor a necessidade deste *topos*, seria importante levar em conta o que Hegel entende por "consciência da liberdade" enquanto motor do progresso da história. O primeiro passo para isso é lembrar que o conceito hegeliano de liberdade não pode se reduzir à noção liberal da liberdade positiva dos indivíduos que afirmam seus sistemas particulares de interesses. Na verdade, há para Hegel uma liberdade *em relação aos limites que a noção de indivíduo impõe à experiência.*

Hegel sabe que "nada se realiza sem que os indivíduos que participam da ação também se satisfaçam"[23]. No entanto, Hegel também é sensível ao fato de que, se podemos sofrer por não sermos reconhecidos socialmente como indivíduos dotados de interesses particulares e direitos positivos ligados à figura jurídica da pessoa, podemos também sofrer por sermos apenas um indivíduo, submetidos a um profundo regime de atomização social. Isso não é estranho para um autor que compreendeu a liberdade negativa, essa liberação das determinações normativas exteriores, como momento inicial e fundador da consciência da liberdade. Tal limitação própria à noção de indivíduo explica por que os "homens históricos" [*geschichtlichen Menschen*], ou ainda, os "indivíduos da história mundial" [*welthistorischen Individuen*] serão aqueles cujos fins particulares não são postos apenas como fins particulares, mas que submeteram tais fins à transfiguração, permitindo que eles contenham a "vontade do espírito do mundo" [*Wille des weltgeistes*].

Pode parecer que tais colocações sobre os indivíduos da história mundial nos levariam necessariamente em direção a alguma forma de justificação do curso do mundo, como temia Adorno em sua *Dialética negativa*. Pois sendo a vontade do espírito do mundo aquilo que se ma-

---

22. Gérard Lebrun, *L'envers de la dialectique*, Paris: Gallimard, 2007, p. 33.
23. G. W. F. Hegel, *Vorlesungen über die Philosophie der Geschichte*, op. cit., p. 31.

nifesta através do querer dos homens históricos, então como escapar da impressão de que, retroativamente, a filosofia hegeliana da história constrói a universalidade a partir daquelas particularidades que conseguiram vencer as batalhas da história?

Uma maneira de quebrar tal impressão é explorando melhor as colocações de Hegel, como:

> Na história mundial, através das ações dos homens, é produzido em geral algo outro do que visam e alcançam, do que imediatamente sabem e querem. Eles realizam seus interesses, mas com isto é produzido algo outro que permanece no interior, algo não presente em sua consciência e em sua intenção[24].

Ou seja, o progresso é feito por ações nas quais os homens não se enxergam, nas quais eles não se compreendem. Há uma dimensão aparentemente involuntária que constitui o campo da história. Ou melhor dizendo, há um motor da história que, para a consciência individual, aparecerá necessariamente como algo da ordem do involuntário. É a confiança neste involuntário que constitui os "homens históricos". Algo no mínimo estranho se continuarmos aceitando que há uma espécie de reconciliação entre consciência e tempo rememorado no interior da história. Que tipo de reconciliação é esta na qual a consciência deve se reconhecer na dimensão do involuntário, onde ela necessariamente não sabe o que faz?

É levando isso em conta que podemos afirmar não serem os indivíduos aferrados na finitude de seus sistemas particulares de interesses àqueles que fazem a história. Por isso, não são eles que podem narrá-la. Para Hegel, quem narra a história não são os homens, mas aquilo que ele chama de "Espírito" (*Geist*). Sem entrar no mérito do que exatamente o conceito de "Espírito" descreve (uma entidade metafísica, um conjunto de práticas de interação social apropriado reflexivamente e genealogicamente por sujeitos agentes), gostaria de salientar apenas um ponto; quando o Espírito sobe à cena e narra a história, sua prosa é radicalmente distinta da prosa dos indivíduos que testemunham fatos. Primeiro por-

---

24. Idem, ibidem, p. 42.

que o Espírito não testemunha; ele totaliza processos revendo o que se passou às costas da consciência. Ele é a coruja de Minerva, que só alça voo depois do ocorrido.

Mas para que tal totalidade se realize, faz-se necessário uma profunda mutação na língua. Todo leitor da *Fenomenologia do Espírito* é capaz de identificá-la. A língua advém da narrativa de acontecimentos que colocam continuamente em xeque os limites da força comunicacional da linguagem, acontecimentos que só se deixam apreender através de contradições e paradoxos. Longe de ser um mero problema estilístico, esta língua do Espírito em seu esforço de totalização é o aparecimento do que não se submete às estruturas de representação próprias à consciência.

E se a língua do Espírito é a única capaz de realmente narrar a história é porque devemos compreender a história como esse espaço no qual os indivíduos se dissolvem ao transfigurarem seus interesses particulares em um movimento de valor geral. A história é o lugar no qual os indivíduos são superados e se realizam ao desaparecer.

É a possibilidade de tal transfiguração dos indivíduos que devemos chamar de "progresso". E "progresso" não é a simples exposição da crença na perfectibilidade humana e na suspensão de seus conflitos. "Progresso" é o nome de um modo de experiência do tempo no qual nunca estou completamente limitado às determinações do presente. Por isso, por mais paradoxal que isso possa parecer, não há crítica analítica da finitude sem uma concepção, mesmo que silenciosa, de progresso. Pois, através do progresso, liberto-me das limitações das determinações do presente, liberto-me dos limites do que sou capaz de representar, isso se compreendermos "representar" como instaurar algo diante de mim, instaurar algo em um regime de presença que permite transformar minha visibilidade em modo de posse e dominação.

Assim, se voltarmos à frase inicial de Hegel, "A história é o progresso na direção da consciência da liberdade", poderemos agora dar a ela uma interpretação mais adequada. A história é o discurso que expõe o movimento de afirmação do que não se esgota nos limites da capacidade representativa da consciência individual. Para Hegel, este é o sentido da história. Talvez por isso, boa parte dos acontecimentos históricos tenha sido animada pela procura em superar os limites da figura atualmente realizada do homem. Talvez por isso seja tão difícil abstrair a história do desejo de nos livrarmos de nós mesmos e de realizarmos algo a respeito do qual ainda não temos figura[25].

MUITAS VOZES

A história é o objeto de uma construção cujo lugar não é o tempo homogêneo e vazio, mas um tempo saturado de "agoras". Assim, a Roma antiga era para Robespierre um passado carregado de "agoras", que ele fez explodir do *continuum* da história. A Revolução Francesa se via como uma Roma ressurreta. Ela citava a Roma antiga como a moda cita um vestuário antigo[26].

Lembremos uma famosa tese de Walter Benjamin se quisermos entender melhor o que está em jogo na liberdade produzida pela transfiguração dos indivíduos no interior da história. Benjamin alude à história como "um tempo saturado de 'agoras'", ou seja, um tempo parecido à metáfora que Freud utilizou para falar da estrutura do sujeito moderno: uma cidade na qual todos os estágios de seu desenvolvimento estão atualizados no mesmo lugar, criando um espaço irrepresentável[27]. Este tempo saturado de Benjamin é um tempo no qual cada gesto remete a uma série de gestos passados que nunca passaram completamente, mas que continuam a habitar os gestos presentes, dando-lhes uma densidade propriamente histórica. A história é um tempo em que tudo é repetição. Algo não muito diferente do que o próprio Hegel tem em mente quando afirma:

25. Tomo a liberdade de remeter ao meu: Vladimir Safatle, *A esquerda que não teme dizer seu nome*, São Paulo: Três Estrelas, 2012.
26. Walter Benjamin, "Teses sobre o conceito de história", *Obras escolhidas*, São Paulo: Brasiliense, p. 230.
27. "Escolheremos como exemplo a história da Cidade Eterna. Os historiadores nos dizem que a Roma mais antiga foi a Roma Quadrata, uma povoação sediada sobre o Palatino. Seguiu-se a fase dos Septimontium, uma federação das povoações das diferentes colinas; depois, veio a cidade limitada pelo Muro de Sérvio e, mais tarde ainda, após todas as transformações ocorridas durante os períodos da república e dos primeiros césares, a cidade que o imperador Aureliano cercou com as suas muralhas. [...] Permitam-nos agora, num voo da imaginação, supor que Roma não é uma habitação humana, mas uma entidade psíquica, com um passado semelhantemente longo e abundante – isto é, uma entidade onde nada do que outrora surgiu desapareceu e onde todas as fases anteriores de desenvolvimento continuam a existir, paralelamente à última. [...] Se quisermos representar a sequência histórica em termos espaciais, só conseguiremos fazê-lo pela justaposição no espaço: o mesmo espaço não pode ter dois conteúdos diferentes. Nossa tentativa parece ser um jogo ocioso. Ela conta com apenas uma justificativa. Mostra quão longe estamos de dominar as características da vida mental através de sua representação em termos pictóricos." Sigmund Freud, *O mal-estar na civilização*, São Paulo: Companhia das Letras, 2011.

A vida do espírito presente é um círculo de degraus que, por um lado, permanecem simultâneos (*nebeneinander*) e apenas por outro lado aparecem como passados. Os momentos que o espírito parece ter atrás de si, ele também os tem em sua profundidade presente[28].

Note-se como o fenômeno que Benjamin e Hegel descrevem (embora reconheça que a diferença entre os dois autores não pode ser aqui trabalhada) parece aproximar-se do "excesso de história" próprio à descrição fornecida por Nietzsche na *Segunda consideração intempestiva*. No entanto, há uma diferença maior aqui. Nietzsche tinha em vista, principalmente, o esvaziamento da dimensão do acontecimento por uma narrativa capaz de impor, à história, uma continuidade na qual o presente vê sempre o passado como um "ainda não". Presente que sempre submete o passado a uma relação causal que se realiza de maneira progressiva e previsível.

Quando Benjamin fala da sucessão de "agoras" como uma repetição, ele lembra, ao contrário, como tal concepção explode a noção da história como uma continuidade. Se não podemos falar dessa repetição como uma continuidade, é porque sua apreensão, pela consciência, produz uma profunda descontinuidade no tempo. Ao se ver como o palco de uma multiplicidade de repetições, a consciência suspende seu modo de ser no interior do tempo, ela abandona a crença na linearidade cumulativa própria a representações que compreendem a passagem do tempo como passagem de *um indivíduo após o outro*. Ela pode então se compreender como portadora de um tempo em que o presente é apenas a contração de múltiplas séries passadas. Tempo no qual as coisas que desaparecem nunca passam *porque a desaparição não é o destino de todas as coisas*, porque estamos no interior de uma cadeia de repetições em que as vozes de múltiplos sujeitos que nos antecederam nunca cessam de falar. Ao explodir o *continuum* da história, explode-se também a finitude que constitui os indivíduos. Esta explosão é o verdadeiro acontecimento: uma lição não muito distante do que Hegel procura desenvolver ao falar da superação da consciência em Espírito. Seria importante mostrar, em outra ocasião, como se articulam os conceitos de repetição histórica dentro da tradição dialética (Hegel, Marx, Benjamin) e fora dela (Deleuze).

---

28. G. W. F. Hegel, op. cit., p. 104.

Por enquanto, fica aqui a indicação de ao menos um ponto possível de proximidade.

Por fim, é possível dizer que, se a contemporaneidade é ainda marcada pela desconfiança em relação à história e à historicidade, talvez não seja apenas porque tememos as totalizações generalizadoras que nos fazem perder a verdadeira dimensão de ruptura dos acontecimentos. Talvez seja o caso de injetar desconfiança nessa desconfiança e se perguntar se, por trás do medo da história, não está o medo dos verdadeiros acontecimentos em sua força de descentramento.

Tempo e modernidade
Antonio Cicero

O FUTURO DO PASSADO

Anos atrás, no final da década de 1960, quando estudava filosofia na UFRJ e o Brasil se encontrava sob o jugo de uma ditadura militar, eu não sabia bem qual seria o futuro da minha própria vida, mas tinha a pretensão de saber algo sobre o futuro do país, o futuro da sociedade, o futuro da humanidade. Esse futuro me parecia ser o comunismo. E que era o comunismo para mim? Naturalmente, eu conhecia o princípio, afirmado por Marx: "De cada qual segundo sua capacidade; a cada qual segundo suas necessidades"[1]. Mas, sobretudo, eu pensava no comunismo como (1) a aspiração à igualdade entre os seres humanos, aspiração que, como observa, com razão, Norberto Bobbio, constitui "a razão fundamental dos movimentos de esquerda"[2]; (2) como o caminho para a realização dessa aspiração e (3) a sociedade em que essa aspiração vier a se realizar. E me considerava socialista ou (embora não pertencesse ao Partido Comunista propriamente dito) considerava-me comunista.

Além disso, sempre me interessaram os textos de Marx e Engels em que parece haver uma confluência entre o que este chamava de "socialismo científico" e o que chamava de "socialismo utópico", como, por exemplo, no seguinte trecho da "Crítica ao programa de Gotha", de Karl Marx:

---

1. Karl Marx, "Kritik des Gothaers Programms", *Werke*, Berlim: Dietz Verlag, 1970, Bd. 19, p. 22.
2. Norberto Bobbio, *Direita e esquerda. Razões e significados de uma distinção política*. São Paulo: Unesp, 1994, p. 34.

Na fase superior da sociedade comunista, quando houver desaparecido a subordinação escravizadora dos indivíduos à divisão do trabalho e, com ela, o contraste entre o trabalho intelectual e o trabalho manual; quando o trabalho não for somente um meio de vida, mas a primeira necessidade vital; quando, com o *desenvolvimento dos indivíduos em todos os seus aspectos*, crescerem também as forças produtivas e jorrarem em caudais os mananciais da riqueza coletiva, só então será possível ultrapassar-se totalmente o estreito horizonte do direito burguês e a sociedade poderá inscrever em suas bandeiras: de cada qual, segundo sua capacidade; a cada qual, segundo suas necessidades[3].

No livro escrito em parceria com Friedrich Engels, *A ideologia alemã*, explica-se que

uma vez estabelecida a divisão do trabalho, cada qual tem uma esfera determinada e exclusiva de atividade que lhe é forçada, e da qual não consegue sair; é caçador, pescador ou pastor, ou crítico, e tem que permanecê-lo, se não quiser perder seu meio de vida; enquanto na sociedade comunista, em que ninguém tem uma esfera exclusiva de atividade, mas cada qual pode realizar-se em qualquer ramo que escolha, a sociedade regula a produção geral e, com isso, torna-me possível fazer uma coisa hoje e amanhã outra; de manhã caçar, de tarde pescar, de noite criar gado, depois do jantar exercer a crítica, como me aprouver, sem jamais me tornar caçador, pescador, pastor ou crítico[4].

Nessa situação, o Estado poderia desaparecer, como afirma Friedrich Engels na sua *Introdução à guerra civil na França*:

Em realidade, o Estado não é mais do que uma máquina para a opressão de uma classe por outra, tanto na república democrática como sob a monarquia; e, no melhor dos casos, um mal que se transmite hereditariamente ao proletariado triunfante em sua luta pela dominação de classe. Como fez a Comuna, o proletariado vitorioso não pode deixar

3. Karl Marx, op. cit., p. 22.
4. Karl Marx, Friedrich Engels, "Die deutsche Ideologie", *Werke*, Berlim: Dietz Verlag, Bd. 3, p. 33.

340   Tempo e modernidade

de amputar imediatamente, na medida do possível, os aspectos mais nocivos desse mal, até que uma futura geração, formada em circunstâncias sociais novas e livres, possa desfazer-se de todo desse velho traste do Estado[5].

Naquele tempo eu não me considerava apenas socialista ou comunista, mas marxista e, mais ainda, marxista-leninista. Era ainda imponente o bloco de países dirigidos por partidos comunistas de orientação marxista-leninista. Entre eles, encontravam-se a União Soviética, a República Popular da China e Cuba. Para os marxistas-leninistas, a liberdade, tal como descrita pelos trechos de textos de Marx e Engels que acabo de ler, não ocorreria senão na última fase do comunismo. Antes disso, haveria que passar pela fase de transição. Na época de Stalin, o Partido Comunista da União Soviética a chamou de "modo de produção socialista", conceito que não se encontra nas obras de Marx, Engels ou Lenin.

Como ocorrera na Rússia, a transição do modo de produção capitalista, sob o qual vivemos, para o modo de produção socialista dar-se-ia em primeiro lugar por uma revolução política, provavelmente violenta, dada a resistência da burguesia e das demais classes exploradoras. Essa transição para o socialismo seria dirigida por um partido marxista. No primeiro momento, ela representaria a passagem do poder político, das mãos da burguesia e de seus aliados para as mãos do proletariado. Embora afastadas do poder, uma vez que o proletariado o houvesse conquistado, as classes exploradoras continuariam a subsistir por algum tempo, de modo que a luta de classes não teria deixado de existir. Para levar a cabo a construção do socialismo, seria, por isso, necessário o estabelecimento da "ditadura do proletariado", sob a liderança de um partido marxista-leninista. A ditadura do proletariado seria, segundo se afirmava, uma ditadura somente em relação às classes exploradoras derrotadas, porém seria de fato uma democracia em relação ao proletariado, assim como, segundo também se afirmava, a democracia burguesa consiste numa democracia em relação à burguesia e seus aliados, mas numa ditadura em relação ao proletariado.

---

5. Friedrich Engels, "Einleitung (zur Ausgabe von 1891)", Karl Marx, "Der Bürgerkrieg in Frankreich", *Werke*, Berlim: Dietz Verlag, 1970, Bd. 17, p. 625.

Ora, na União das Repúblicas Socialistas Soviéticas que, surgida da Revolução Russa de outubro de 1917, enfrentava as duras condições da construção do socialismo num país só, era cercada de potências hostis, e não havia sido precedida por democracia nenhuma, pois a Rússia havia sido governada por uma monarquia autocrática, a noção de "ditadura do proletariado" acabou por tornar aceitável a instauração e a consolidação de uma ditadura totalitária dirigida pelo Partido Comunista.

Já na época em que eu era estudante universitário, no final da década de 1960 e no começo da de 1970, haviam ocorrido, entre outras coisas, a revelação, por Krushov, das atrocidades de Stalin e a brutal repressão soviética à insurreição húngara de 1956; e, naquela mesma época, deu-se também a invasão soviética da Tchecoslováquia, em 1968.

Por outro lado, os Estados Unidos – que apoiavam a ditadura militar brasileira – mantinham cerca de meio milhão de tropas no Sudeste Asiático, tentando, através de uma guerra brutal em que foram mortos aproximadamente dois milhões de civis, evitar a unificação do Vietnã sob o regime comunista liderado por Ho Chi Minh.

Nessas circunstâncias, eu e muitos dos meus colegas nos sentíamos entre dois fogos. Para o Brasil e a América Latina, de maneira geral, não nos parecia haver senão a perspectiva de uma saída revolucionária, contra a ditadura. Por outro lado, não contávamos com a União Soviética como aliada. Na verdade, tal coisa não nos parecia sequer possível, pois o Partido Comunista Brasileiro, orientado pela Realpolitik de Moscou, isto é, de Kruchov, parecia-nos, nessa época, inteiramente impotente ou inoperante.

De todo modo, achávamos plausível a crítica de Mao Tsé-Tung, segundo a qual estaria em curso na União Soviética um processo de restauração do capitalismo. Já Friedrich Engels havia negado que fosse possível identificar a estatização com a superação do capitalismo, pois "quanto mais forças produtivas o Estado moderno passa a possuir, quanto mais se torna um capitalista total real, tantos mais cidadãos ele explora. Os trabalhadores continuam assalariados, proletários. Longe de ser superada, a relação capitalista chega ao auge"[6].

---

6. Friedrich Engels, "Die Entwicklung des Sozialismus von der Utopie zur Wissenschaft", *Werke*, Berlim: Dietz Verlag, 1956, Bd. 19, p. 222.

Compreende-se: a relação de propriedade não passa da expressão jurídica de determinadas relações de produção[7]. Caso, portanto, a propriedade estatal dos meios de produção não exprima sua posse social, então ela não passa da expressão jurídica de relações de produção efetivamente capitalistas estabelecidas entre o Estado e os trabalhadores.

Por linhas análogas, a tese de Mao era de que, como, na União Soviética, os meios de produção se encontravam nas mãos dos dirigentes, isto é, da chamada "nomenclatura" do Partido e do Estado, que, sem a participação do proletariado, elaborava os planos quinquenais e controlava o destino do excedente econômico, essa elite funcionava como uma burguesia de Estado. Charles Bettelheim explicava que essa expressão se justificava

> pelas formas da separação entre os produtores imediatos e os meios de produção, separação de que depende o poder dessa camada. Justifica-se também pelas funções que essa classe cumpre, sendo a principal a função de acumulação que desempenha como agente do capital social. Por essa razão, o problema do consumo pessoal dessa classe é uma questão relativamente secundária, assim como o modo de acesso a essas funções, isto é, o modo de entrada nessa classe[8].

Sobre o problema do consumo pessoal em particular, Bettelheim observa, com razão, que

> o excedente econômico, tal como definido por Marx, é constituído pela fração do produto social líquido apropriado pelas classes não trabalhadoras, seja qual for a forma pela qual essas classes utilizem esse excedente: consumo pessoal, acumulação produtiva ou acumulação improdutiva, transferência aos que fornecessem serviços não produtivos aos membros das classes não trabalhadoras etc.[9].

---

7. Karl Marx, "Zur Kritik der politischen Ökonomie", *Werke*, Berlim: Dietz Verlag, 1956, Bd. 13, p. 9.

8. Charles Bettelheim, *Economic calculation and forms of property. An essay on the transition between capitalism and socialism*, Londres: Routledge and Kegan Paul, 1976, p. 99.

9. Charles Bettelheim, *Planification et croissance accélérée*, Paris: Maspero, 1971, pp. 64-65.

O próprio Krushov parecia encarnar perfeitamente a nova burguesia. Era impossível pensar que sua figura medíocre pertencesse à brilhante linhagem teórica e revolucionária de Marx, Engels, Lenin ou mesmo de Stalin. Ninguém se lembra de uma ideia que Kruchov tenha produzido ou desenvolvido. De todo modo, a tese de Mao suplantou, para nós, a análise trotskista, segundo a qual, em consequência da relativa fraqueza do proletariado russo, o Estado havia conquistado uma autonomia considerável, e a burocracia havia tomado o poder para si, porém as relações de produção continuavam a ser socialistas. O fato é que, hoje, a própria extinção da URSS e o caráter selvagem e mafioso do capitalismo que correntemente vigora na Rússia pareceram confirmar o diagnóstico maoísta.

A Revolução Cultural Chinesa se apresentou como uma tentativa de mobilizar as massas contra a ameaça do estabelecimento de uma situação semelhante na China. Seu líder, Mao Tsé-Tung, chegou a dizer, em 1975: "Vocês estão fazendo a revolução socialista e não sabem onde está a burguesia. Ela está justamente no Partido Comunista – nos que estão no poder e tomam o caminho capitalista"[10]. Segundo ele, era preciso mobilizar as massas contra tal estado de coisas. Foi o que os maoístas tentaram fazer. Ocorre, porém que, principalmente no mundo dos *mass media* – como se sabe muito bem pelo menos desde Mussolini, Goebbels etc. –, as "massas" são espontaneamente plurais, instáveis e manobráveis por demagogos. O resultado é que, na época moderna, qualquer pretensa "democracia direta" não pode passar de uma quimera. Não admira, portanto, que a Revolução Cultural se tenha tornado extremamente caótica e violenta, de modo que, por fim, tenha sido necessário "restabelecer a ordem nas piores condições", como diz o insuspeito defensor do que chama "a hipótese comunista", o filósofo Alain Badiou[11]. O fato é que também na China hoje impera o mais brutal capitalismo, tanto estatal como privado.

A verdade é, portanto, que, como nem a propriedade estatal dos meios de produção, nem a mobilização das massas sob a égide do Partido logram superar o capitalismo, não se sabe – jamais se soube – como, concretamen-

---

10. Mao Tsé-Tung, "Reversing correct verdicts goes against the will of the people", *Peking Review*, v. 19, n. 11, March 12, 1976, p. 4.

11. Alain Badiou, "L'hypothèse communiste" (extraits de l'ouvrage *De quoi Sarkozy est-il le nom?*). Disponível em: <http://alainindependant.canalblog.com/archives/2007/11/11/6847208.html>. Acesso em: 12 nov. 2007.

te, dar-se-ia a efetiva posse social dos meios de produção, isto é, jamais se soube como, concretamente, dar-se-ia a superação do capitalismo.

Não tenho a pretensão de responder aqui a essa pergunta. Vou restringir-me a uma questão mais modesta. Trata-se de indagar a razão pela qual nenhum dos regimes que, sob a orientação de partidos marxistas-leninistas, falharam ao pretender superar o capitalismo, lograram escapar do totalitarismo. Creio que essa questão se divide em duas.

A questão da liberdade de crítica

E pergunto, em primeiro lugar, como é possível que a liberdade de expressão – logo, de crítica – tenha sido reprimida nos países *soi-disant* socialistas?

Afinal, Engels afirmava, por exemplo, que o próprio socialismo moderno, segundo sua forma teórica, aparece inicialmente como "uma realização mais desenvolvida e mais consequente dos princípios expostos pelos iluministas franceses do século XVIII"[12]. Ora, segundo ele, esses iluministas

> não reconheciam nenhuma autoridade externa, de nenhuma espécie. Religião, concepções da natureza, sociedade, sistemas políticos – tudo era submetido à mais impiedosa crítica; tudo deveria justificar seu ser ante o tribunal da razão ou renunciar a existir[13].

Aqui não há como não lembrar a definição de Kant da época moderna como

> a época da crítica, à qual tudo deve se submeter. A religião, através de sua santidade, e a legislação, através de sua majestade, querem mancomunadamente a ela se subtrair. Mas então suscitam uma justa suspeição contra si e não podem aspirar ao respeito irrestrito que a razão somente concede ao que consegue suportar o seu exame franco e público[14].

---

12. Friedrich Engels, op. cit.
13. Idem, ibidem, p.189.
14. Immanuel Kant, *Kritik der reinen Vernunft*, Hamburg: Felix Meiner Verlag, A xi.

Ora, essa época da razão crítica não é apenas a época de Kant, mas a de Marx e Engels, e a nossa, isto é, a modernidade. "A crítica do céu", diz Marx, "transforma-se na crítica da terra, a *crítica da religião* na *crítica do direito*, a *crítica da teologia* na *crítica da política*"[15]. E o subtítulo de *O capital* é "*Crítica* da economia política"[16]. De fato, ocorre que tanto *O capital* quanto toda a crítica até hoje existente ao capitalismo ocorre na época da razão crítica.

Para usarmos a terminologia marxista, o modo de produção dominante desde que surgiu a época da razão crítica é o capitalista. Contudo, isso não significa que, a partir do momento em que esse modo de produção seja superado pelo modo de produção comunista, a época da razão crítica seja igualmente superada. Tal coisa seria inconcebível, pois a razão não é superável senão pela própria razão; a crítica, pela própria crítica. A sociedade comunista continuaria sendo parte da época da crítica.

É a própria crítica que se transforma em revolução. Em determinado ponto da sua *Contribuição à crítica da filosofia do direito de Hegel*, Marx afirma que

a crítica da religião termina com a doutrina segundo a qual o homem é o ser supremo para o homem, logo, com o *imperativo categórico de derrubar todas as relações* em que o homem é um ser humilhado, escravizado, abandonado, desprezível[17].

Tais continuam a ser, segundo Marx e Engels, as relações de produção capitalistas. A exigência de Marx, de que a crítica se torne prática – expressa também na tirada de que "a arma da crítica não pode substituir a crítica das armas"[18] – não consiste, evidentemente, na demanda de maior liberdade de crítica, mas numa exortação à revolução.

Mas como é possível que as *armas da crítica* tenham podido ser livremente empregadas nas sociedades burguesas clássicas?

---

15. Karl Marx, "Zur Kritik der Hegelschen Rechtsphilosophie", *Werke*, Berlim: Dietz Verlag, 1956, Bd. 1, p. 379. Ênfases do autor.
16. Ênfase minha.
17. Karl Marx, "Zur Kritik der Hegelschen Rechtsphilosophie", op. cit., p. 385.
18. Idem, ibidem.

A resposta a essa pergunta é sugerida por nota de pé de página em *O capital*. Nela, Marx diz que certo periódico criticava sua opinião de que

> os modos de produção determinados e as relações de produção a eles correspondentes, em suma, "a estrutura econômica da sociedade, fosse a base real sobre a qual uma superestrutura jurídica e política se sustentasse e à qual correspondessem determinadas formas sociais de consciência" e que "os modos de produção da vida material condicionassem de maneira geral os processos sociais, políticos e espirituais". Tudo isso estaria certo [segundo o periódico citado] para o mundo contemporâneo, em que dominam os interesses materiais, mas não para a Idade Média, onde era o catolicismo que dominava, nem para Atenas e Roma, onde era a política[19].

O comentário/resposta de Marx foi:

> Uma coisa é clara: que a Idade Média não podia viver do catolicismo nem o mundo antigo da política. Ao contrário, são a forma e o modo pelos quais ganhavam a vida que explicam por que neste a política e, naquela, o catolicismo tinha o papel principal"[20].

Ninguém ignora a importância do catolicismo para o feudalismo, que era o modo de produção dominante na Idade Média. Como diz o historiador Jacques Le Goff, "nesse mundo feudal, nada de importante se passa sem que seja relacionado a Deus. Deus é ao mesmo tempo o ponto mais alto e o fiador desse sistema. É o senhor dos senhores. [...] O regime feudal e a Igreja eram de tal forma ligados que não era possível destruir um sem pelo menos abalar o outro"[21].

Entende-se que onde a estrutura econômica da sociedade determina que a religião, isto é, a ideologia, seja a instância social a ocupar o papel dominante, qualquer ameaça a essa ideologia – ou seja, qualquer crítica – resulta intolerável. Isso explica, por exemplo, a intolerância religiosa e a implacável perseguição à heresia que caracterizaram a Idade Média.

19. Karl Marx, "Das Kapital. Kritik der politischen Ökonomie", *Werke*, Berlim: Dietz Verlag, 1970, Bd. 23, p. 96, nota.
20. Idem, ibidem.
21. Jacques Le Goff, *O Deus da Idade Média*, Rio de Janeiro: Civilização Brasileira, 1993, pp. 82-83.

Por outro lado já vimos que a crítica – até mesmo a crítica ao capitalismo – não é incompatível com formações sociais em que predomina o modo de produção capitalista. A razão disso é que o capitalismo é capaz de funcionar, através de mecanismos propriamente econômicos, como o mercado, independentemente das críticas, ideias, concepções, religiões, atitudes, isto é, das ideologias, dos operários, capitalistas, técnicos, administradores ou consumidores que o fazem funcionar. Ainda que a ideologia etc. de cada indivíduo seja diferente da de todos os outros; ainda que cada indivíduo pense e aja de maneira diferente de todos os outros, ainda que cada indivíduo discorde de todos os outros e o critique, o capitalismo é capaz de prosperar, desde que seja observado de modo geral um mínimo de leis e regras formais de convivência. É exatamente por isso que ele é compatível com a maximização da liberdade de pensamento e de expressão.

Pois bem, seria de esperar que, ao tomar o poder, os marxistas defendessem a liberdade de pensamento e de expressão que tornara possível a própria expansão da crítica marxista ao capitalismo. Ora, é o contrário que normalmente ocorre. Antes de tomar o poder, os marxistas têm evidente interesse em defender a liberdade de pensamento. Contudo, não a defendem por uma questão de princípio, mas de tática, já que ela é útil na luta contra o capitalismo. Depois da tomada do poder, porém, a situação muda. Na verdade, independentemente de qualquer consideração teórica, o fato é que, dada a compatibilidade do capitalismo com a liberdade de pensamento e expressão, os marxistas jamais poderia tomá-la como reivindicação especificamente socialista. Além disso – e mais grave – a pluralidade ideológica é por eles associada ao desvio do "individualismo pequeno-burguês" e, já por essa razão, condenada.

Em cada país em que uma revolução violenta ou uma guerra instaurou um regime "socialista" sob a égide de um partido marxista-leninista, toda crítica acabou sendo suprimida. Em cada um deles, como na União Soviética, nos países do Leste Europeu, na China, em Cuba etc., o papel da ideologia marxista-leninista não foi menor que o da religião católica havia sido durante a era do feudalismo.

É que, assim como a Igreja era a instituição responsável pela preservação da pureza do dogma religioso, assim também o Partido Comunista era a instituição responsável pela preservação do dogma político. O fato é que aquilo que Le Goff diz da articulação entre o feudalismo e a Igreja – que haviam sido de tal forma ligados que não teria sido possível destruir um sem pelo menos abalar o outro – pode ser dito da articulação entre o socialismo real e o partido marxista-leninista. Assim, por exemplo, dado que, no socialismo, as atividades econômicas não seriam mais realizadas tendo em vista a subsistência ou o lucro, nem seriam reguladas pelo mercado, pareceu necessário que o partido – como explica um *Dicionário Filosófico* publicado pelo Instituto Bibliográfico da extinta República Democrática Alemã – orientasse a criação da "unidade moral e política do povo"[22], de modo que a obediência às diretivas do Partido e do Estado se transformasse em assunto de honra, tendo em vista a "construção do socialismo".

Em semelhantes regimes, a intolerância em relação a heresias – ideologias alternativas, "desvios", "revisionismos" etc. – não é meramente acidental. A repressão a elas não se reduz – como se poderia supor – a mero estratagema político, usado por determinado partido ou comitê central, ou líder (como não pensar em Stalin?), para racionalizar a prática de perseguir e eliminar os dissidentes. Ela provém da necessidade estrutural de manter a unidade ideológica indispensável para a manutenção das novas relações de produção.

Ora, penso que poucos erros poderiam ter sido mais graves que o que foi cometido pelos revolucionários que, ao privilegiar a igualdade, desprezaram a crítica. A exigência da razão crítica é absoluta, pois se trata de uma exigência da própria razão. Com efeito, a razão crítica questiona todo dogma e todo preconceito. Na época da crítica, que é a modernidade, reconhece-se o caráter acidental, contingente, relativo, problemático, falível de todas as crenças positivas de todas as culturas.

No entanto, isso não significa relativismo, pelo menos no sentido vulgar dessa palavra. É que as culturas e crenças positivas são relativizadas a partir da crítica efetuada pela razão: a partir, portanto, da razão crítica. Desse modo, ao mesmo tempo em que, por um lado, todos os pretensos conhecimentos positivos são reconhecidos como relativos, por outro lado, a razão, enquanto faculdade de criticar, é reconhecida, desde o princípio da modernidade, como um absoluto epistemológico.

---

22. Georg Klaus e Manfred Buhr (orgs.), *Philosophisches Wörterbuch*. Leipzig: VEB Bibliographisches Institut, 1970, verbete "Sozialismus".

Não que ela não possa criticar a si própria: ao contrário, nunca é demais lembrar que, na *Crítica da razão pura*, de Kant, a razão é tanto sujeito como objeto da crítica. Entretanto, justamente ao criticar e questionar a si própria, a razão não pode deixar de se afirmar.

Ora, o reconhecimento de que a razão crítica – ou negativa – é epistemologicamente absoluta tem como seu avesso exatamente o reconhecimento de que nenhum pretenso conhecimento positivo é absoluto: ou, em outras palavras, de que todo pretenso conhecimento positivo é relativo. É a partir da constatação da razão crítica de que todas as crenças positivas de todas as culturas são relativas, acidentais, contingentes, problemáticas, falíveis etc., que sou capaz de exigir, seja quem eu for – isto é, considerado meramente como um ser humano –, total liberdade de pensamento e expressão. Isso significa também a exigência do estabelecimento da autonomia da ciência e da arte, isto é, o estabelecimento de uma sociedade aberta. Pois bem, nenhuma sociedade "socialista" inspirada pelo marxismo-leninismo conseguiu estar à altura dessas exigências inegociáveis.

A questão do direito como liberdade

E pergunto, em segundo lugar, como é possível que o princípio segundo o qual a liberdade de cada um não deve ser limitada senão na medida em que se torne incompatível com igual liberdade alheia tenha sido desprezado nos países *soi-disant* socialistas?

Essa maximização da liberdade individual compatível com a existência da sociedade é também uma exigência da razão crítica. Uma vez que se reconhece não haver nenhuma proposição ou doutrina positiva absolutamente verdadeira e inquestionável que determine de que modo todo ser humano deva agir, cada ser humano é capaz de reivindicar a liberdade – o direito – de agir segundo seu arbítrio desde que, ao fazê-lo, não viole liberdade – *direito* – igual de outrem.

Em última análise, isso significa, como pensa Kant, conceber o direito como liberdade. "Liberdade [...]", diz Kant, "enquanto pode coexistir com a liberdade de qualquer outro segundo uma lei universal: este é o único e original direito que pertence a todo homem em virtude de sua humanidade"[23].

---

23. Immanuel Kant, "Die Metaphysik der Sitten", *Kant's Gesammelte Schriften*, Berlim: Walter de Gruyter, 1926, v.vi. p. 230.

Uma evidente razão pela qual as sociedades "socialistas" inspiradas pelo marxismo-leninismo desprezaram o direito como liberdade é que elas desprezaram, em primeiro lugar, o próprio direito. Para Marx, como se sabe, todo direito faz parte da sociedade de classes e é superestrutural. Que o direito a possuir propriedade faça parte do direito enquanto liberdade não passa de uma das manifestações do fato de que este se reduz a parte da superestrutura do modo de produção capitalista, de modo que está fadado a desaparecer na sociedade comunista.

Assim, os direitos humanos – que se seguem logicamente do direito como liberdade – são duramente criticados por Marx em "Sobre a questão judaica"[24]. Segundo ele, tais direitos não somente não correspondem às exigências e emancipação que se encontravam na ordem do dia, como até se opunham a elas. Assim, pelos direitos humanos

> o ser humano não foi libertado da religião, ele recebeu liberdade religiosa. Ele não foi libertado da propriedade, ele recebeu liberdade para possuir propriedade. Ele não foi libertado do egoísmo dos negócios, ele recebeu liberdade para fazer negócios[25].

Por isso, dizia Trotsky sobre os comunistas em 1919, quando ainda membro do Comitê Central do Partido: "Jamais nos preocupamos com a tagarelice sacerdotal-kantiana ou *quaker*-vegetariana sobre a 'santidade dos direitos humanos'"[26]. Pode-se dizer que, assim como ocorre com a liberdade de pensamento e expressão, os marxistas podem defender também os direitos humanos por uma questão de tática, mas não de princípio. Afinal, independentemente de qualquer consideração teórica, o fato é que, dada a compatibilidade do capitalismo também com o direito como liberdade e os direitos humanos, os marxistas não poderiam tomá-los como reivindicações especificamente socialistas.

Os marxistas consideram ademais que o direito como liberdade, tal como defendido por Kant, se reduz ao direito à liberdade *negativa*. Trata-se de assegurar a *libertas a coactione*, isto é, de garantir que *não se*

---

24. Karl Marx, "Zur Judenfrage", Werke, *Berlim*: Dietz Verlag, 1970, Bd. 1, p. 362ss.

25. Idem, ibidem, p. 369.

26. Leon Trotsky, *Terrorism and communism: a reply to Karl Kautsky*, Londres: New Park Publications, 1975, p. 82.

possam erguer obstáculos, impedimentos ou proibições à ação individual, desde que esta não represente, ela própria, a ereção de obstáculos, impedimentos ou proibições à ação dos demais indivíduos. Marx lamenta que o direito assim concebido induza "cada ser humano a ver no outro ser humano não a realização, mas antes a limitação de sua liberdade"[27]. O direito negativo representa, segundo os marxistas, a defesa do individualismo burguês e, em última análise, a racionalização da defesa do direito burguês à exploração.

É extremamente questionável a tese marxista de que o direito negativo, isto é, o direito como liberdade, reflete necessariamente as relações de produção capitalistas. Na verdade, é perfeitamente concebível, por exemplo, limitar a propriedade burguesa tendo em vista a implementação do direito como liberdade. É uma impostura comum ao marxismo e ao neoliberalismo a tese de que a maximização da liberdade individual é incompatível com qualquer restrição à propriedade privada.

Como mostra G. A. Cohen, a propriedade privada

> é um modo particular de distribuir liberdade e não liberdade. É necessariamente associada à liberdade dos proprietários privados de fazerem o que quiserem com o que possuem, mas não menos necessariamente retira liberdade dos que não a possuem[28].

Sobre isso, Jean-Fabien Spitz comenta que "uma restrição do direito de propriedade não é uma limitação da liberdade, mas uma redistribuição dessa liberdade e do poder de coação"[29]. Tais restrições, limitando o poder de coação que a propriedade exerce sobre os não proprietários, confere-lhes liberdade.

Pois bem, a verdade é que o direito positivo é, em parte, efetivamente ideológico, logo, superestrutural, mas, em parte, derivado do direito puramente racional que é o direito enquanto liberdade. A desqualificação do componente ideológico do direito positivo não justifica sua desqualifica-

---

27. Karl Marx, "Zur Judenfrage", *Werke*, Berlim: Dietz Verlag, 1970, Bd. 1, p. 365.

28. G. A. Cohen, *On the currency of egalitarian justice, and other essays in political philosophy*, Princeton: Princeton University Press, 2011, p. 151.

29, Jean-Fabien Spitz, "La valeur égalité. Leçons pour la gauche européenne", *La vie des idées*, le 14 juin 2011. Disponível em: <www.laviedesidees.fr>.

ção *in toto*, isto é, não justifica a desqualificação do que, no direito positivo, é expressão legítima do direito enquanto liberdade. Grande parte dos direitos humanos corresponde a interesses de cada membro da sociedade considerado enquanto tal, não a interesses da burguesia enquanto classe. Para comprovar essa afirmação, basta comparar a relativa segurança, ante o Estado e a sociedade, do cidadão de um país em que estejam em vigência princípios do direito enquanto liberdade (digamos, por exemplo, a Suécia ou a Inglaterra) com a insegurança, ante o Estado e a sociedade, do cidadão de um país em que tais princípios tenham sido suspensos ou abolidos (digamos, por exemplo, a Coreia do Norte ou o Irã). A verdade é que a desqualificação de todo direito, a partir da constatação de que ele possui um componente ideológico, já constitui um passo rumo ao totalitarismo.

Mas o direito enquanto liberdade é desqualificado também por outra razão. A verdade é que, em última análise, o pensamento marxista tende a considerar o sujeito individual como epifenomênico, em relação ao sujeito coletivo e substantivo, ou à sociedade como um todo. "O ser humano", diz Marx, "não é uma abstração inerente ao indivíduo isolado. Em sua realidade ele é o conjunto das relações sociais"[30]. A sociedade burguesa, porém, é dilacerada pela luta de classes e pelo individualismo. Contudo, há uma classe que, como brilhantemente formula Marx,

> não é nenhuma classe da sociedade burguesa: uma categoria que representa a dissolução de todas as categorias, uma esfera que possui, em virtude de seu sofrimento universal, um caráter universal, e que não reivindica nenhum *direito particular*, pois a injustiça perpetrada contra ela não é uma *injustiça particular*, mas a *injustiça absoluta*; que não pode mais se valer de um título *histórico*, mas somente do título de *homem*. [...] Enfim, essa esfera não pode emancipar-se sem se emancipar de todas as outras esferas da sociedade e emancipar desse modo todas estas; ela constitui, numa palavra, a *perda total* do homem, e somente pode se reconquistar pela *reconquista total do homem*. Essa dissolução da sociedade, considerada como uma categoria social particular, é o *proletariado*[31].

---

30. Karl Marx, "Thesen über Feuerbach", *Werke*, Berlim: Dietz Verlag, 1970, Bd. 3, p. 7.
31. Karl Marx, "Zur Kritik der Hegelschen Rechtsphilosophie", *Werke*, Berlim: Dietz Verlag, 1970, Bd. 1, p. 390.

Assim, o proletariado representa a sociedade como um todo. Acontece, porém, que quem concretamente pensa e fala não é uma classe social. São os membros individuais dessa classe social que concretamente pensam e falam por ela.

De todo modo, o proletariado real não é tão destituído de conteúdo ou tão uniforme. Parte dele é relativamente privilegiado, configurando-se numa espécie de aristocracia operária. Parte dele consegue se aburguesar. Também os operários veem o mundo de modo fetichizado. Pouquíssimos têm uma consciência de classe realmente desenvolvida. Os que a têm podem ser considerados como a vanguarda do proletariado. Assim como se supõe que o proletariado possa representar toda a sociedade, a vanguarda do proletariado pretende representar todo o proletariado. Como, porém, quem concretamente pensa e fala não é a vanguarda do proletariado, mas os seus membros individuais, são esses que pensam e falam por ela. Associados com certos intelectuais revolucionários, esses membros da vanguarda do proletariado passam a tomar-se com a verdadeira vanguarda do proletariado. Eles articulam a luta concreta contra a exploração como uma luta política, capaz de transformar toda a sociedade e o mundo. Nesse sentido, organizam-se num partido político.

Os membros do partido político do proletariado, portanto, considerando-se o destacamento mais avançado da vanguarda do proletariado, acreditam poder representá-lo, exatamente como acreditam que a vanguarda do proletariado represente o proletariado como um todo e que este represente a sociedade como um todo.

Os membros do núcleo do partido, porém, seu comitê central, composto pelos militantes mais provados e lúcidos, que têm em mente não o proletariado de determinado local ou país, mas o proletariado em escala mundial, são *la crème de la crème* do partido, que falam pela vanguarda do próprio partido.

E não raro é um único líder – como Stalin, Mao Tsé-Tung, Fidel Castro, Enver Hoxha ou Pol Pot – que fala pelo partido: o que significa que pretende falar pela sociedade como um todo. Desse modo passa-se dialeticamente da sociedade como um todo a um único indivíduo e vice-versa...

CONCLUSÃO

Para terminar, cito, mais uma vez, Norberto Bobbio:

A história recente nos ofereceu o dramático testemunho de um sistema social em que o objetivo da igualdade não só formal, mas sob muitos aspectos também substancial, foi alcançado (mas apenas em parte e de modo muito inferior às promessas) em detrimento da liberdade em todos os seus significados (exceção feita, talvez, apenas à liberdade diante da necessidade)[32].

Espero que o exame das duas questões que nos propusemos tenha servido para nos fazer entender melhor algumas das razões pelas quais a liberdade em todos os sentidos foi desprezada nos países *soi-disant* socialistas. O desprezo da liberdade de crítica (que acaba sendo reduzida à lamentável "autocrítica" dos que divergem da orientação do partido) não pode deixar de ter consequências desastrosas.

Mas penso que não há por que pensar que não seja possível, nos marcos de uma sociedade aberta – em que sejam defendidas a livre expressão do pensamento e a maximização da liberdade compatível com a existência da sociedade –, restringir, controlar ou estatizar a propriedade privada, promover a diminuição da desigualdade econômica e estimular a flexibilização da divisão do trabalho. Nesse sentido, pode-se dizer que, embora a exigência de igualdade não implique a exigência de liberdade, a exigência de liberdade deve ser interpretada de tal modo que implique a exigência de igualdade. A verdadeira esquerda de hoje é composta por aqueles que lutam para tornar o mundo cada vez mais livre, mais equitativo, mais aberto, mais tolerante, mais receptivo à mudança e à inovação.

---

32. Norberto Bobbio, *Direita e esquerda. Razões e significados de uma distinção política*. São Paulo: Unesp, 1994, p. 128.

Tempo, tempo, tempo
Sergio Paulo Rouanet

O tema do tempo é tão complexo que nos sentimos tentados a terminar a palestra antes de começá-la, invocando para isso a autoridade de Santo Agostinho, que, apesar de Doutor da Igreja e portanto sapientíssimo, admitia ser mais fácil compreender o tempo que dissertar sobre ele. Com efeito, é assim que o bispo de Hipona começa a seção xiv do livro xi de *As confissões*: "O que é o tempo? Se ninguém me fizer essa pergunta, eu sei; mas se eu quisesse esclarecer o que ele é para alguém que desejasse uma explicação, não sei".

Minha atitude é nesse ponto puramente agostiniana, mas um primeiro passo para sairmos desse terreno perigoso é distinguir entre o tempo da natureza e o humano, tanto o psicológico como o social.

O tempo da natureza é o que se enraíza na realidade objetiva, independentemente do psiquismo ou da vida social dos homens. Para os antigos, a própria noção de tempo tinha sua origem no movimento dos astros. As unidades básicas para medir o tempo – dia, ano, estações – tinham caráter astronômico, quer o tempo fosse visto como linear, quer como cíclico, segundo a concepção grega do "grande ano". Esse tempo cósmico proporcionava as unidades de medida para determinar a cronologia das coisas e a historicidade dos acontecimentos sublunares. É o que continua acontecendo até hoje. À luz da ciência moderna, como da aristotélica, a natureza pode ser medida de modo não arbitrário, segundo critérios intersubjetivos, através de cálculos e experimentos que podem ser confirmados ou refutados por observadores independentes. Os biólogos sabem há quantos bilhões de anos emergiram da "sopa primordial" os primeiros seres vivos. Os paleontólogos descobrem hominídeos cada vez mais antigos, perto dos quais Lucy, com seus modestos três milhões de anos, parece uma trêfega adolescente. Todos sabem hoje que os dinossauros se extinguiram há cerca de sessenta milhões de anos. Os geólogos conhecem a idade da Terra: ela surgiu poucos bilhões de anos depois da criação do universo. Depois que Hubble descobriu que as galáxias estavam se afastando rapidamente de nós, foi possível não somente deduzir que o universo estava se expandindo, como recuar no passado até o momento do Big Bang. Um trilionésimo de segundo depois da explosão, ocorrida há cerca de 13,7 bilhões de anos, surgia o bóson de Higgs, gerando um campo eletromagnético que deu massa às outras partículas e engendrou o universo – e o tempo.

O tempo psicológico tem a ver com a percepção individual. Recorramos mais uma vez a Santo Agostinho. Depois de dizer que não sabia explicar o tempo, ele acrescenta:

> Apesar disso, atrevo-me a dizer que sei pelo menos isto, que se nada passasse, não haveria passado, que se nada estivesse por vir, não haveria futuro, e que se nada existisse, não haveria presente. Esses dois tempos, o passado e o porvir, o que são eles, quando o pretérito já não é, e o futuro ainda não é? Quanto ao presente, se fosse sempre presente e não transitasse para o passado, não seria tempo, mas eternidade. Se então o presente, para ser tempo, só existe para que venha a ser passado, como podemos dizer que aquilo que só é para que não seja mais tem existência, afirmando, portanto, que o tempo só é porque tende a não ser?

Essas observações são parcialmente relevantes para nosso tema. Parcialmente, porque a intenção do autor era teológica, e não psicológica. Agostinho estava mais interessado em contrapor a temporalidade puramente humana ao tempo divino, ao tempo da eternidade, e a defender a necessidade para o espírito humano de optar pela eternidade, sem sacrificar com isso seu livre-arbítrio. Além disso, por seu caráter paradoxal, a teoria agostiniana podia prestar-se a uma interpretação cética, negando a própria existência do tempo, a exemplo das "refutações do tempo" efetuadas por Sextus Empiricus no século II a.C., parodiadas por Borges. Com efeito, como afirmar que o tempo tem uma existência real fora de nós, quando ele é constituído por um passado que não existe mais, por um futuro que não existe ainda, e por um presente que nada mais é que um intervalo evanescente entre duas formas de não ser? Mas há em Agostinho elementos para uma fascinante teoria psicológica da percepção temporal, sem vestígios de relativismo. Entre eles está a concepção do tríplice presente – o presente em que se dá a rememoração, o presente em que se formulam projetos para o futuro, e o presente em que se dá a tomada de consciência do próprio tempo presente.

A interpretação psicológica mais convincente do fenômeno temporal está em Freud. O tempo aparece na psicanálise no processo de maturação ontogenética, pela qual o indivíduo vai atravessando os estágios correspondentes à sua faixa etária, da fase oral e anal à fálica e genital, mas não é facilmente perceptível nos processos psíquicos que constituem a esfera própria da psicanálise, o inconsciente. Pois o inconsciente não conhece o tempo, é *Zeitlos*. Daí, nos sonhos, a inversão das sequências cronológicas, em que cenas logicamente posteriores aparecem em primeiro lugar. Daí, também, a importância nos sonhos do mecanismo da regressão, em sua tríplice manifestação: regressão tópica (em vez de mover-se do polo da percepção para o da motilidade, como acontece nos processos psíquicos diurnos, a excitação se move em direção ao polo da percepção, o que dá aos sonhos seu caráter alucinatório); regressão temporal (retorno a fases psíquicas ultrapassadas, como os estágios pré-genitais); e regressão formal (uso de modos primitivos de expressão, como as imagens, em vez de pensamentos). Todas essas variedades de regressão se reduzem em última análise à regressão temporal, porque o que é mais antigo no tempo é mais primitivo na forma e, em sua localização tópica, está mais próximo do polo da percepção.

A capacidade de mobilizar reminiscências é indispensável à vida psíquica normal. O esquecimento pode ser um mero ato falho que se passa no consciente e no pré-consciente. Mas há uma amnésia mais profunda, que resulta do recalque, como reação a uma experiência traumática. A tarefa do analista é facilitar a rememoração do material esquecido, para que o paciente possa libertar-se dos seus demônios. Foi assim desde a pré-história da psicanálise, quando Freud e Breuer recorreram ao hipnotismo para curar Anna O. dos seus sintomas. Com o advento da psicanálise, mudou o método, que deixou de ser "catártico", para se tornar verdadeiramente a *talking cure* descrita por Anna O., mas não mudou o fim terapêutico: eliminar todo o inconsciente patogênico, preencher todas as lacunas da memória. É óbvio que a amnésia neurótica não é total. O material recalcado retorna nos sintomas e nos lapsos, formações de compromisso entre os conteúdos esquecidos e a instância recalcante. O recalcado retorna, também, em certos comportamentos típicos do paciente durante o tratamento, como no tipo de resistência em que ele substitui a rememoração, de que ele não é capaz, pela repetição dos materiais esquecidos. Não podendo se lembrar, o paciente age. Assim, ele diz não se lembrar de ter sido insubmisso à autoridade paterna, mas comporta-se dessa forma com relação ao analista. Do mesmo modo, não se lembra de ter sentido medo de ser surpreendido praticando atos sexuais autoeróticos, mas tem vergonha de estar fazendo análise e mantém esse fato em segredo.

Normalmente a psicanálise é determinista, procedendo do passado para o presente: ela quer compreender uma situação presente à luz de uma causa que vem do passado – por exemplo, um trauma infantil resultante de uma tentativa de sedução por parte de um adulto. Mas às vezes ele inverte a flecha do tempo, e procede do presente para o passado. Em certas ocasiões, um acontecimento ocorrido no passado não tem, na época em que ocorreu, nenhum efeito traumático. Mas adquire uma eficácia traumática retroativa quando entra numa relação associativa com uma cena adulta. É o fenômeno do *Nachträgliche*, do *après-coup*, ou do *a posteriori*. Diagnósticos desse tipo eram mais comuns antes da descoberta da sexualidade infantil, na época em que Freud acreditava na realidade das cenas de sedução relatadas por seus pacientes. Como as crianças eram para ele biologicamente imaturas, incapazes de sentir qualquer desejo sexual, a sedução não podia ter exercido efeitos traumáticos na ocasião em que ocorreu, deixando, entretanto, traços mnêmicos inconscientes que se tornariam ativos na vida adulta. Mas mesmo depois da descoberta da sexualidade infantil, o conceito de *après-coup* permanece útil, adquirindo maior generalidade. Passa a designar a relação entre qualquer acontecimento passado e sua ressignificação ou ressemantização ulterior, que lhe confere uma nova eficácia. Pensem na importância desse conceito, se o transpusermos para a história, caminhando do presente para o passado. A Revolução Francesa e o Caso Dreyfus não seriam mais acontecimentos discretos, compreensíveis dentro dos seus próprios limites temporais, pois só receberiam sua plena inteligibilidade *après-coup*, depois de ressignificados, entrando em conjunção com acontecimentos do nosso presente, como a revolução bolchevista e Auschwitz, respectivamente. É em parte o que diz Walter Benjamin, quando criou o conceito de "índice de legibilidade", designando fatos históricos que só se tornam legíveis no futuro do qual são contemporâneos. É esse futuro específico – no caso, o nosso presente – que dá seu sentido ao passado, e não o contrário.

O que tem a psicanálise a dizer, em resumo, sobre o tempo psicológico, em suas três articulações? A resposta está no final de *A interpretação dos sonhos.*

> Qual o valor dos sonhos para dar-nos conhecimento sobre o futuro? Nenhum, é claro. Seria mais correto dizer que eles nos dão conhecimento sobre nosso passado. Porque os sonhos derivam do passado, de todos os pontos de vista. Entretanto, a velha crença de que os sonhos predizem o futuro não é de todo falsa. Ao descrever nossos desejos como realizados, os sonhos estão, afinal de contas, levando-nos para o futuro. Mas esse futuro, que para o sonhador são presentes, foi moldado por seu desejo indestrutível à imagem e semelhança do seu passado.

O tempo social tem a ver com a forma de temporalidade própria a uma sociedade, num momento específico de sua história. Vejamos uma vez mais como se dão as três articulações temporais, agora em escala coletiva: o passado, esfera da vida já vivida, em que se depositam as experiências históricas significativas; o futuro, esfera da vida ainda não vivida, terra prometida em que moram as utopias; e o presente, o que sobrou daqueles dois territórios temporais, o de ontem, em que o tempo é memória, e o de amanhã, em que o tempo é esperança.

Quanto ao passado, vale a pena recapitular, de início, o que Walter Benjamin diz sobre o tempo da modernidade, que segundo ele se caracteriza pela perda da experiência – a *Erfahrung* –, substituída pela mera vivência – o *Erlebnis*. Pertencem à esfera da experiência as impressões que o psiquismo acumula na memória, e que transmitidas ao inconsciente deixam nele traços mnêmicos duráveis. Pertencem à esfera da vivência aquelas impressões que se esgotam no momento em que são percebidas e que jamais atingem o inconsciente, não deixando, por isso, traços mnêmicos. Ora, a modernidade inaugura um tipo de vida social caracterizada pela atrofia da experiência, substituída, como forma de sensibilidade coletiva, pela vivência. Isso ocorre porque o mundo moderno está exposto a múltiplas situações de choque, em todos os domínios – na esfera econômica (o operário reage aos estímulos da máquina como um autômato, que lhe impõe uma resposta semelhante a um choque elétrico); na esfera política, cuja forma de atuação típica é o golpe de Estado, tentativa voluntarista de intervir no processo histórico, em contraste com a revolução, que implica o lento amadurecimento das condições objetivas; e na esfera da vida cotidiana, em que o passante está exposto diariamente aos choques da multidão. A onipresença das situações de choque implica que as instâncias psíquicas encarregadas de captar e absorver o choque passam a predominar sobre as instâncias encarregadas de armazenar reminiscências significativas na memória. O homem moderno, inteiramente voltado para a interceptação do choque, é portanto um amnésico, porque o que ele recorda é um simples agregado descontínuo de vivências superficiais, enquanto os conteúdos psíquicos capazes de incorporar-se à sua experiência não deixaram rastros mnêmicos.

Essa dicotomia corresponde de modo geral à distinção proustiana entre memórias voluntária e involuntária. A primeira, acionada pela inteligência, não consegue captar as dimensões essenciais do passado. Somente a memória involuntária consegue extrair do reservatório do inconsciente as impressões realmente significativas. Só ela tem o poder de *retrouver le temps*, pois só ela mergulha suas raízes na experiência.

Nas sociedades tradicionais, os dois tipos de memória se fundiam.

Elas se fundiam, em primeira instância, através da festa, em que episódios marcantes do passado coletivo eram rememorados, permitindo a cada indivíduo incorporar essas memórias à sua própria experiência e recordar-se delas, recordando ao mesmo tempo seu próprio passado. Os dias festivos se destinavam a provocar tais rememorações. Tanto os dias rememorados como os dias rememoradores eram dias de festa, que se destacavam do calendário por serem dias extraordinários. A memória voluntária e a involuntária deixavam de ser mutuamente excludentes.

A mesma fusão entre o passado individual e o coletivo ocorria no tipo de comunicação fundado na narrativa. O narrador comunicava a seus ouvintes histórias baseadas na tradição oral, que se repetiam de geração em geração e constituíam uma ponte entre o passado e o presente, e entre indivíduo e comunidade. O narrador contava a partir de sua experiência, e dirigia-se à experiência dos seus ouvintes.

A importância da obra de Proust vem da sua tentativa de refazer, por meios individuais, o que a coletividade não podia mais oferecer. Ele reproduz, de certo modo, a categoria da festa, em que o tempo perdido é salvo no momento em que está sendo evocado. E assume o papel do narrador, extraindo, do fundo de sua experiência, uma narrativa que tem como destinatários leitores experientes.

Mas essas tentativas individuais são insuficientes. Na sociedade contemporânea, o homem parece estar condenado à amnésia, ao esquecimento do passado. Esse esquecimento pode assumir a forma de uma hipomnese, olvido total ou parcial de fatos e relações entre fatos. Ou pode, pelo contrário, assumir o aspecto de uma hipermnese, que os neurologistas e psiquiatras definem como capacidade anormal de lembrar-se. Era o caso de Funes, o Memorioso, personagem de Borges cujo triste destino era não poder se esquecer de nada. "Eu sozinho," dizia ele, "tenho mais lembranças que terão tido todos os homens desde que o mundo é mundo." Mas Funes era incapaz de ideias gerais. Não conseguia entender que o mesmo símbolo genérico para cachorro abrangesse cachorros de forma e tamanho diferentes, nem que o cachorro de 3h14 (visto de perfil) fosse o mesmo de 3h15 (visto de frente). Ora, pensar é esquecer diferenças, generalizar, abstrair. Portanto, ele não podia pensar. Nem se lembrar, porque quem só pode se lembrar de detalhes desconexos, sem perceber o vínculo que os une, é incapaz de verdadeiras recordações.

O mundo contemporâneo está cheio de amnésicos assim: os desmemoriados, que não se lembram de nada, e os memoriosos, que se lembram de tudo, exceto do essencial. O que Engels chamava de "falsa consciência" tem como ingrediente principal o esquecimento. Há várias formas de esquecimento. O esquecimento originário, o fetichismo da mercadoria, que nos faz esquecer que o valor não é uma relação entre coisas, e sim entre classes. O esquecimento histórico, que faz os alemães se esquecerem da ignomínia do nazismo, e os brasileiros se esquecerem de quatro séculos de escravidão. O esquecimento político, que nos faz esquecer os mortos e os torturados pelo regime militar. O esquecimento moral, que levou os que arriscaram a vida num combate heroico contra a ditadura a desonrarem sua biografia, praticando a corrupção como receita de governabilidade.

E há o esquecimento sectário dos que querem obliterar o caminho percorrido pela humanidade, destruindo todas as ideologias e substituindo a treva da ignorância pelo fulgor da verdade. Como diz a *Internacional*, eles querem *"du passé faire table rase"*. É preciso, nisso, dar razão a Adorno e Horkheimer: o que é falso na ideologia não é seu conteúdo, e sim a pretensão de que ele já seja real. Não é a trindade revolucionária francesa que é fraudulenta, e sim a tentativa retórica de persuadir os cidadãos de que a liberdade, a igualdade e a fraternidade já se realizaram. Como escreveu Horkheimer,

> As ideologias do passado não serão simplesmente identificadas com a estupidez e a impostura, como fazia o Iluminismo francês com relação ao pensamento medieval... Embora privadas, no contexto contemporâneo, do poder que originalmente tinham, servirão para iluminar o caminho da humanidade. Nessa função, a filosofia se tornará a memória e a consciência humana, e contribuirá para impedir que o caminho do homem se assemelhe aos cegos rodopios de um louco na hora da recreação.

Quanto ao futuro, ele era um tema fundamental durante a vigência da doutrina do progresso linear da humanidade. O futuro era o horizonte para o qual tendia o gênero humano. Era a fase das grandes narrativas, na terminologia de Lyotard, como a narrativa da revolução mundial, ou a do saber enciclopédico. Como todas as narrativas, elas tinham um começo, um meio e um fim, e o fim (não necessariamente no sentido de final) era o futuro. Mas o futuro está bloqueado por um sistema social em que o novo aparece sob a forma do sempre igual, e o sempre igual sob a forma do novo. É o tempo do inferno, para citar Benjamin. Tudo muda: os *smartphones* de 2012 são diferentes dos de 2011, e isso é essencial para que nada mude. No fundo, o futuro tornou-se um termo técnico da Bolsa. As pessoas não especulam mais *sobre* o futuro, e sim *no* futuro – no mercado de futuros. A consequência mais grave da crise do futuro é que ela resultou no assassinato da utopia. E para autores sérios como

Ernst Bloch, Theodor Adorno, Herbert Marcuse e Jürgen Habermas, toda sociedade e todo pensamento que não se deixem guiar pela perspectiva do futuro utópico estão condenados à irrelevância.

Para Bloch, todas as filosofias do passado foram incapazes de apreender o real, pois ele foi sempre visto como sob a espécie da anamnese, isto é, o Ser é correlato de uma consciência retrospectiva, voltada para a origem, e não de uma consciência antecipante, voltada para o ainda não existente. O pensamento verdadeiramente dialético é vinculado ao desejo, à esperança, ao sonho para a frente. Seu protótipo intrapsíquico é a fantasia – o sonho diurno – que edifica castelos no ar, mas com materiais extraídos do futuro, que se limita a reproduzir infinitamente conteúdos arcaicos. O inconsciente da fantasia é distinto do inconsciente do sonho. Enquanto este se enraíza no passado, aquele está voltado para o futuro. O conteúdo do inconsciente onírico é o material recalcado, o já vivido que se perpetua subterraneamente. O conteúdo do inconsciente da fantasia é o ainda não vivido. A consciência tem assim dois limites: um limite inferior, que é o *não mais consciente*, e um limite superior, que é o *ainda não consciente*. O inconsciente é uma amnésia com relação ao velho, e um não saber com relação ao novo. A consciência voltada para o *ainda não consciente* é a consciência antecipante, que constitui o *órganon* da esperança utópica. Mas essa consciência antecipante pode decifrar o passado, vendo nele futuros não realizados, esperanças truncadas. Nessa perspectiva, a cultura é a sedimentação histórica da esperança. Uma historiografia do projeto utópico teria condições, assim, de percorrer todas as produções da cultura, a fim de desprender, nela, o "excedente utópico", tudo o que ultrapasse conteúdos imediatos. O "princípio Esperança" é um colossal afresco da história da cultura, em seus momentos grandiosos e medíocres, na grande arte e no *kitsch*, no romance popular e na epopeia, na *Flauta mágica* e no *jazz*, na arquitetura barroca e no Bauhaus, na pantomima e no cinema, na utopia geográfica do Eldorado e na utopia política da Cidade do Sol, em todos os ideais com que o homem sonhou transcender-se, e em todos os paradigmas em que projetou seu desejo de perfeição: Ulisses e Fausto, Don Juan e Dom Quixote.

Para Adorno, o capitalismo de hoje eliminou completamente a dimensão da transcendência, reduzindo o ideal ao real, e expulsou a utopia, na medida em que se apresenta como a utopia realizada. Por isso Adorno vê, na tentativa, mesmo desesperada, de manter a estrutura contraditória do real, a tarefa e a dignidade do pensamento crítico. Daí a concepção de uma utopia negativa, que não pode nem deixar de ser visada, nem se realizar sem trair a radicalidade de seu projeto. O homem está condenado ao mal-estar, ao *Unbehagen*, e nesse sentido a utopia é impossível; mas também está condenado à liberdade, ao incessante caminhar em direção ao ponto de fuga em que se anulam todos os determinismos – e, nesse sentido, a utopia é necessária. É nessa tensão, nessa impossibilidade, nessa necessidade, que se aninha a utopia. Qualquer tentativa de pensar, nas condições atuais, o reino da liberdade redunda em eliminar, no pensamento crítico, aquela mesma contradição que o capitalismo tardio já eliminou na realidade.

A crítica cultural de Marcuse é semelhante à de Adorno. Também para ele a sociedade atual desemboca no fim da transcendência, processo que ele chama de unidimensionalização, absorção da esfera do virtual pela esfera do existente. E também ele tem uma reflexão sobre a utopia. Mas aqui cessam as semelhanças. Enquanto a utopia de Adorno é negativa, quase o reverso de sua própria impossibilidade, Marcuse a pensa como figura positiva. Ele distingue no princípio da realidade um componente invariante, que impõe à estrutura pulsional limites justificáveis do ponto de vista da sobrevivência do indivíduo e da espécie, e um componente histórico – a sobrerrepressão – que impõe restrições biologicamente supérfluas, em função das exigências do sistema de poder. A sobrerrepressão assumiu formas varáveis em diferentes períodos históricos, sendo o princípio do rendimento sua forma contemporânea. Em vista do desenvolvimento atingido pelas forças produtivas, o fim da sobrerrepressão, com a instauração de um princípio da realidade qualitativamente novo, permitiria o ingresso numa ordem pacificada, além da escassez e além da dominação, num mundo órfico-narcisista em que a liberação da libido permitiria ressexualizar os seres e as coisas, sem consequências negativas para a vida social, e em que a pulsão da morte não mais se oporia à pulsão do amor, mas significaria repouso, ausência de tensão numa ordem não antagonística.

Enfim Habermas, o último representante da Escola de Frankfurt, descreve as condições normais sob as quais se dá a comunicação. A comunicação deixa de ser normal quando há bloqueios sistemáticos no processo comunicativo, ou de origem externa (relações de poder que impedem os interessados de participarem de forma livre e igualitária) ou interna (falsa consciência), que impedem o sujeito de distinguir entre verdade e aparência, entre motivação autêntica e racionalização. Entre veracidade e mentira. A utopia é concebida como o reverso da comunicação deformada: a situação comunicativa ideal, em que cessaram todos os bloqueios, internos ou externos, ao processo comunicativo.

Todas essas utopias estão fora de moda. Os autores bem-pensantes acham que a humanidade deixou para trás suas fantasias pubertárias e se reconciliou com o princípio da realidade, provando sua condição adulta ao reconhecer a inevitabilidade do capitalismo globalizado. O homem compreendeu enfim que a utopia era um passatempo perigoso, porque toda utopia é potencialmente totalitária, e inútil, porque a economia global já é a utopia realizada.

Chegamos, enfim, ao presente. Ele é intransponível nas duas direções, pois o acesso está barrado tanto para o passado como para o futuro. Estamos enclausurados num único tempo, o do eterno presente. A unitemporalidade é a expressão temporal da unidimensionalidade, no sentido de Marcuse. Assim como não podemos transcender-nos em direção ao virtual, estamos proibidos de ultrapassar nosso presente em direção às duas transcendências temporais, a do passado e a do futuro. Marc Augé chamou de "presentismo" a ideologia que consagra a hegemonia absoluta do presente. Nosso presente não se origina mais da lenta maturação do passado, nem deixa transparecer os lineamentos de possíveis futuros, mas se impõe como fato universal, esmagador, cuja onipotência expulsa o *não mais* e o *ainda não*.

O presentismo não exclui de todo as "viagens no tempo", mas as torna inofensivas. O passado aparece na indústria cultural, mas sob a forma de revistas de história destinadas ao grande público, e num canal de tv, o canal History, que ultimamente tem se especializado em caçar extraterrestres e em provar a existência do Abominável Homem das Neves. O futuro se mantém vivo, mas limitado ao curto intervalo de tempo entre duas linhagens de *tablets*. Essa expectativa pressupõe certa crença no progresso, e portanto no futuro, mas é um progresso relativo, que aponta não para a comunicação universal de Habermas, mas para a sociabilidade eletrônica do *Facebook*. É um mundo que substitui a conversa pela rede social, a fala pelo Twitter. Ora, em inglês *twitter* quer dizer "chilrear", "gorjear", forma de expressão ideal para os sabiás de Gonçalves Dias, mas imprópria para transmitir emoções e experiências humanas.

Por tudo isso não vejo, no momento, condições sociais para que um novo Proust possa salvar do esquecimento, graças à memória involuntária, fragmentos perdidos de uma biografia individual ou coletiva. Nem para que uma nova geração de videntes possa apontar um dedo profético para coisas vindouras, como a sibila do Morro do Castelo, em *Esaú e Jacó*, de Machado de Assis.

Mas nem tudo está perdido. O tempo não é apenas algo que devemos sofrer passivamente, como quando dizemos que o tempo passa, ou quando Ovídio dizia que o tempo era devorador de todas as coisas, *tempus edax rerum*, ou quando nos limitávamos a suplicar, impotentes, que os momentos felizes se eternizassem, como Lamartine, em versos como *Ô temps, suspends ton vol*, ou Goethe, em *Verweile doch, du Augenblick, du bist so schön*. Nessa época, o tempo era uma simples alegoria, representando um velho com asas negras, segurando uma foice, com uma ampulheta ao lado. Hoje o velho deixou de ser uma abstração solitária, e multiplicou-se em classes e sindicatos com os quais podemos negociar, em torno do controle da ampulheta. Trata-se, em outras palavras, de engajar-nos numa política do tempo, com vistas a uma nova distribuição entre o tempo de trabalho e o tempo livre, e a uma redefinição do conteúdo do tempo livre, para homens e mulheres.

O tempo de trabalho continua excessivo, apesar dos teóricos do ócio, que confundem a possibilidade técnica de produzir mais bens em menos tempo com a redução efetiva das horas de trabalho, esquecendo-se de que nem sempre o que é tecnologicamente possível é socialmente posto em prática.

E o ócio, além de decrescente em nossa *"overworked society"*, transforma-se numa simples extensão da esfera do trabalho. O sistema capitalista confisca o tempo livre. Trata-se de um território só formalmente autônomo, pois está cada vez mais colonizado pela indústria do turismo, pela indústria cultural e pelo fetichismo da mercadoria. Não é uma invenção recente: a Alemanha nazista tinha um programa chamado *Kraft durch Freude*, "Força através da alegria", destinado a proporcionar aos operários férias e excursões tuteladas pelo Partido, para que nem sequer esses últimos redutos de liberdade escapassem às malhas do sistema totalitário. Felizmente, não chegamos a esse ponto nas democracias capitalistas.

É preciso, também, renegociar o papel de homens e mulheres na esfera pública e na esfera privada, recorrendo ao que Rosiska Darcy de Oliveira chama "reengenharia do tempo". É importante reivindicar tempo para que homens e mulheres possam se dedicar em igualdade de condições tanto ao espaço público como ao privado, e não apenas flexibilizar o horário das mulheres na fábrica ou no escritório, pois com isso elas teriam simplesmente mais tempo para fazerem o que sempre fizeram. Muitas empresas já aceitam hoje que a mulher trabalhe em tempo parcial para poder dedicar-se aos filhos, mas não compreenderiam que o homem fizesse igual reivindicação. É preciso entender que as duas esferas, a pública e a privada, são interdependentes e igualmente valiosas, e que impedir que as mulheres se dediquem a atividades profissionais ou políticas seria tão monstruoso, do ponto de vista ético e afetivo, e tão catastrófico, do ponto do interesse coletivo, quanto impedir os homens de se dedicarem à família ou ao convívio com os filhos.

Gostaria ainda de fazer ainda algumas reflexões finais sobre o vínculo entre o tempo da natureza e o tempo humano em geral. O tempo da natureza parece preeminente com relação ao tempo humano, pois é naquele que se funda a consciência do envelhecimento biológico e da passagem objetiva do tempo, originariamente definida pelo movimento dos astros. Mas, por outro lado, esses dados permaneceriam mudos sem a mente humana. O homem é o único ser capaz de medir um passado incomensuravelmente distante, um passado em que a humanidade não existia, em que nenhum ser vivo existia, em que o sistema solar não existia, em que nenhuma galáxia existia, em que o próprio universo não existia, um passado ao qual podemos recuar até o primeiro minuto após o Big Bang, antes do qual não existia o tempo, coerentemente aliás com a teologia cristã, segundo a qual Deus criou o tempo ao criar o mundo. O Homem é aquele ser que mede tudo aquilo que veio antes que houvesse alguém para medir o que quer que fosse. Essa mente que dá coordenadas temporais ao universo recebeu também de Deus, segundo o pensamento judeo-cristão, o dom não somente de nomear as coisas e os seres com os nomes que eles verdadeiramente têm – os da língua edênica, anterior a Babel –, mas de datar esses seres com sua verdadeira idade, o que tiraria dessa datação qualquer suspeita de antropocentrismo. Por exemplo, apesar da mecânica quântica e da utilização de aparelhos cada vez mais sofisticados, a ciência moderna não refutou ainda a assertiva de que a flecha do tempo se move do passado ao futuro, num trajeto que não depende do nosso capricho. Essa direção é confirmada tanto pela segunda lei da termodinâmica, pela qual tudo caminha de um estado mais ordenado em direção a graus crescentes de desorganização e de entropia, como pela cosmologia, que descobriu que o universo está se expandindo, e não se contraindo.

Quero concluir, como comecei, com Santo Agostinho. Para ele, cada um dos três momentos temporais exige uma atitude mental correspondente. A correspondente ao passado é a reminiscência, a correspondente ao futuro é a espera, e a correspondente ao presente é a atenção. Vejamos como essa divisão se aplica aos três tempos.

Começando com o tempo natural, há margem para um modesto otimismo. O passado, o presente e o futuro do planeta estão sendo investigados com relativa seriedade, na perspectiva da sustentabilidade. Os cientistas e a opinião pública "lembram-se" de uma época relativamente intocada pela poluição, "esperam" um futuro em que o planeta seja menos exposto ao aquecimento global e ficam "atentos" aos riscos do presente, preconizando, para esse fim, metas para reduzir as emissões de CO_2 e a introdução de fontes alternativas de energia.

Quanto ao tempo humano – o psicológico e o social –, é evidente que num indivíduo e numa sociedade "normais" as três funções são indispensáveis. Nem indivíduos nem sociedades podem viver plenamente o presente sem a capacidade de rememorar ou de fantasiar. Mas é de temer que em nosso mundo pós-moderno, em que a amnésia se generaliza, em que o futuro não oferece mais nenhuma esperança utópica nem justifica nenhuma espera messiânica, e em que toda vinculação real com o presente se degrada na ideologia do presentismo, estejamos na véspera de perder para sempre uma relação autêntica com o tempo.

Uma filosofia sem destino[1]

João Carlos Salles

1. Temos dificuldade com a contradição. Queremos sempre expulsá-la, mandá-la para fora. Esse, aliás, um dos motivos do incômodo da célebre e um tanto artificial divisão entre o primeiro e o segundo Wittgenstein. Como é difícil imaginar uma obra que se desdobra sobre si mesma, tendemos a acomodar diferenças em compartimentos distintos. Com efeito, a obra de Wittgenstein divide-se, sim, em dois grandes momentos, mas a distinção costuma esmaecer uma forte continuidade, o traço marcante de um pensador que se volta a seu próprio trabalho, realizando um movimento de terapia, mais que uma simples negação. Julgamos assim que a principal diferença entre os momentos não consiste na oposição entre teses, mas antes no modo distinto de articular respostas sobre seu tema de fundo, a saber, os limites da significação, a unidade da experiência.

Queremos mostrar como a tensão na obra de Wittgenstein, um dos maiores pensadores de todos os tempos, tem componentes trágicos e espetaculares. Está longe de constituir-se em uma simples mudança de posição, sendo esse o fio tenso do que chamamos de terapia. Em seu caso,

---

1. Este texto conserva as marcas de uma exposição oral e de sua destinação a um amplo público, estando assim desprovido do aparato usual de notas e de certas preocupações técnicas. Tem a marca dos anacolutos, que, na presença da fala, o interlocutor cúmplice ajuda a costurar. Cumpre registrar, entretanto, que as ideias aqui apresentadas em linhas gerais foram desenvolvidas de modo mais preciso em nosso recente livro *O cético e o enxadrista: Significação e experiência em Wittgenstein* (publicado em 2012, pela Editora Quarteto), no qual tentamos desenhar com mais detalhes o movimento da obra de Wittgenstein, confrontando a posição do cético (que, paradoxalmente, talvez só possa satisfazer-se com o olhar divino) e a do enxadrista, entregue à perspectiva dos jogos de linguagem.

a tensão se dá por uma terapia do dogmatismo ínsito à sua primeira obra, que sua reflexão futura quer desnudar, como terapia de certo dogmatismo, qual seja, o que faz supor dadas as respostas mesmo a problemas ainda não formulados.

Com o combate a um dogmatismo assim definido, passa a estar em questão o destino de toda uma tradição filosófica que alguma vez tenha tido a pretensão de ser sistemática. Abala-se a fixidez de categorizações clássicas, e nisso que têm de mais profundo: o modo como pressupostos ontológicos (o que supomos deva haver) estão irmanados à determinação dos limites do conhecimento possível, na cumplicidade essencial entre o que se dispõe como experiência e pode ser conhecido.

A terapia implica mudança de estilo e de horizonte. Ao contrário da obra primeira, que teria resolvido de vez todos os problemas da filosofia, a obra segunda recusa a ideia de haver respostas para perguntas ainda não formuladas, não podendo a circunscrição do espaço lógico ser considerada, como outrora, intocável e definitiva. E, como autoterapia, não mais se antecipando a si mesma, o futuro da obra (que começara acabada) não mais é o que prometia, reescrevendo-se a obra inteira por não mais ter um destino certo. Tem assim um sentido profundo a ideia de que sua obra segunda, as *Investigações filosóficas*, só pode ser compreendida contra o pano de fundo de sua obra primeira, *Tractatus logico-philosophicus*.

Esse, então, é o nosso roteiro. Vamos comparar rapidamente o espírito de duas obras por um dado de superfície. Seus prefácios. Afinal, prefácios são momentos essenciais a qualquer obra, pois neles o autor lembra que existe um leitor, ou melhor, prefácios inventam o leitor que se deseja ter, pois autor algum que se preza poderia ser servo de um leitor que não fosse ele mesmo uma produção de sua obra. Prefácios nos dizem como os autores desejam ser lidos, localizam nosso olhar e delimitam nossa leitura. E, superfície das superfícies, para nossos fins, bastará ler desses Prefácios as suas epígrafes. Diferentes os momentos, decerto, mas unificados pela tensão futura, pelo olhar retrospectivo das *Investigações*, e ainda pela urdidura contínua de um estilo.

Em seguida, vamos formular duas perguntas tolas. As tolas costumam ser as melhores. E, diante delas, vamos comparar possíveis respostas nos dois ambientes da obra, cujo distinto humor já teremos flagrado no ar carregado das duas epígrafes. Vamos ver assim que respostas distintas podem ser dadas na atmosfera desértica do *Tractatus* e no clima bem mais ameno, tipo tropical baiano, das *Investigações*.

2. Há traços comuns ao inteiro programa wittgensteiniano. Em todo ele, podemos reconhecer a nítida distinção entre o trabalho da ciência (que, digamos, cuida do jogo da descrição) e o trabalho da filosofia (que talvez se obrigue a deter-se nas regras mesmas do jogo). Em comum, portanto, a investigação das condições da significação, sendo um seu traço característico evitar respostas extralinguísticas para questões de essência. Por outro lado, nesse mesmo núcleo comum instala-se a maior diferença, que consiste em saber, por exemplo, se o espaço lógico pode ser determinado em definitivo e se nele, então, necessidade e universalidade coincidem. Também em função disso, temos duas maneiras distintas de afirmar uma comum negatividade para o trabalho filosófico, que, emaranhado como deve ser, nos leva em suma a resultado nenhum. Essas duas maneiras, esses dois humores já podem ser agarrados em uma escolha de superfície, as distintas epígrafes dos nossos dois grandes livros. Trata-se de um dado de aparência, mas, como bem sabemos, somente pessoas fúteis não levam em conta as aparências.

O ambiente do *Tractatus*, seu Prefácio, começa com uma epígrafe devastadora: "E tudo que se sabe, e não se ouviu como mero rumor ou ruído, pode-se dizer em três palavras" (Kürnberger). Esse *motto* dá ideia da profunda negatividade da obra, mas também de seu caráter conclusivo. De certa forma, lido por Wittgenstein, antecipa a dupla ideia de que todo significativo pode ser expresso com clareza, de que todo conhecimento, todas as proposições das ciências naturais, pode ser afigurado em uma linguagem que esteja em ordem, mas também, dito assim em três palavras, deixa-se antever o pouco que significa esse feito nenhum, que, entretanto, tal como decorrente da urdidura de sua obra primeira, cumpre-se de uma vez por todas, de maneira intocável e definitiva.

Wittgenstein estaria fazendo então, a um tempo, muito pouco e tudo. Muito pouco porque cumprir a tarefa filosófica, determinando o que pode ser dito, é frustrante. Desenhar, com necessidade, os limites do espaço lógico, mostrar a cumplicidade essencial entre qualquer mundo que se deixe dizer e qualquer linguagem que possa afigurá-lo (gesto que está na raiz do dogmatismo de ter antecipadas todas as respostas), importa muito pouco, se pensamos enfim em tocar as relevantes questões de vida – exatamente aquelas que sabemos agora inefáveis, mas que, por isso, não deixam de ser as que nos mobilizavam para o fazer filosófico.

Cumprimos as tarefas filosóficas, resolvemos todos os problemas filosóficos e, eis a frustração, não sentimos que estejamos mais fazendo filosofia. Os problemas filosóficos, todos eles, residiam no mau entendimento da lógica da linguagem e, como Wittgenstein teria então exposto todo o arco das possibilidades expressivas legítimas, faria desaparecer de vez esses problemas, sendo porém um valor ainda maior do *Tractatus* "mostrar como importa pouco resolver esses problemas". Perfeito o trabalho, restamos no campo do contingente, envoltos em proposições autênticas, que só podem dizer como está o mundo e não o que deva ou por que deva ser.

Podemos dar agora um salto, passando ao largo de operoso e rico período de maturação e terapia. Vejamos o Prefácio das *Investigações* e também a sua epígrafe. Ora, o ambiente muda por completo, sendo todavia reconhecível o mesmo sentimento, a mesma negatividade. Na verdade, na assim chamada versão intermediária das *Investigações*, Wittgenstein escolhe como epígrafe uma frase de Hertz, pela qual a tarefa do livro parece residir, não em oferecer respostas sobre a essência, mas antes em acalmar um espírito, que então cessa de fazer perguntas impertinentes.

Decide-se enfim na versão mais bem elaborada das *Investigações* por uma frase de Nestroy: "O progresso tem sobretudo isso de seu, de parecer bem maior do que realmente é", com o que afirma uma abertura própria do labor filosófico, que não chega a resultados, não tem respostas definitivas, inclusive por não ter mais a esperança de demarcar de uma vez por todas o território do significativo. A primeira marca então do novo espírito é a renúncia ao dogmatismo. Além de não termos respostas para o que ainda nem sequer perguntamos, mesmo o já respondido deixa de ser definitivo ou infenso ao próprio mundo que deseja circunscrever. A frustração parece continuar a mesma. Entretanto, acrescenta-se a ela a produtiva ideia de não haver mais uma demarcação intocável e definitiva do campo do significativo.

Não haver uma demarcação definitiva implica duas coisas. A primeira, que já mencionamos, relativa a não se definir por completo o campo do que pode ser dito. A segunda, que mencionamos agora, relativa à própria condição de a linguagem doravante não mais ser restrita ao jogo da afiguração, não podendo ter uma cifra única, uma forma geral, como o fora o modelo verifuncional do *Tractatus*. Uma nova imagem da linguagem, portanto, é uma diferença essencial entre os momentos. E aqui o não estar restrita ao jogo da afiguração, um jogo entre os possíveis (mesmo que ainda privilegiado), aponta para a situação de uso como definidora última da significação. E, assim, não só a multiplicidade de ferramentas deve ser considerada, mas também, e sobretudo, a incorporação de um traço pragmático agora tornado também linguagem.

A pregnância dos gestos, a ligação entre palavras e aplicações de palavras, é a única medida comum ao que não mais tem a mesma medida, a mesma cifra. Não tendo mais o segredo único da capacidade de afiguração das coisas, como se pensada outrora do ponto de vista de Deus (capaz de dizer o mundo estando fora dele), a linguagem passa a ser invadida pelas ações que também condensa, não podendo furtar-se ao significado de uma palavra ou de regra às intempéries de sua aplicação.

Essa, porém, poderia ser uma diferença entre teses, e teríamos um teórico que simplesmente defendeu posições distintas ao longo da vida. Ora, não é nesse campo que opera o trabalho filosófico – ao menos, não de um ponto de vista wittgensteiniano. A mudança filosófica opera onde é decisivo o trabalho mesmo da filosofia, a saber, no campo das modalidades, no qual se determina o arco em que proposições eventualmente verdadeiras podem transitar. Nesse deslocamento, abandona-se a determinação precisa dos limites do significativo, do campo do possível e do necessário, sendo claro que não deve o filósofo antecipar-se ao mundo em que se constituem os elementos básicos da linguagem e a própria afirmação de necessidades, que se preserva então em outro registro, sem resvalar para a mera contingência nem retirar-se do mundo que constitui.

Dois ambientes, decerto, mas um grande Wittgenstein, no qual todavia opera uma profunda e subterrânea mudança, no que pode ser essencial à filosofia, ou seja, no modo como lida com noções como as de necessidade, existência, possibilidade. Podemos então contrapor uma "gerente da gramática" limitada a uma bem mais dúctil. A primeira marca do novo espírito, seu primeiro e mais saliente indício, é assim a renúncia ao dogmatismo. A segunda marca é sua nova compreensão da linguagem, fundamental a tal renúncia e a ela correlata. Vejamos como essas marcas distintas, porquanto fundamentais, podem condicionar respostas até opostas a questões apresentadas aos diferentes contextos da obra, aqui desenhados, com o perdão de todos, com grande superficialidade, a traços nervosos de um pintor impressionista que já teve momentos mais felizes. Considerando, porém, esses dois grandes ambientes, permitam--nos desafiá-los com nossas perguntas tolas, como de resto costumam parecer tolas as perguntas típicas do trabalho filosófico.

3. Primeiro, a cegueira. Experimentos de pensamento com a cegueira, esse outro da visão, sempre intrigaram a filosofia. Tomemos um desses, que se tornou um dos mais importantes programas de investigação da história da filosofia, qual seja, o problema proposto por Molyneux a Locke, indagando se um indivíduo que nascera cego e que tivesse aprendido pelo tato a diferenciar cubos de esferas, caso recuperasse a visão por alguma arte mágica ou cirúrgica, saberia distinguir de imediato, sem usar as mãos, pela simples vista, qual seria o cubo e qual a esfera e ainda a que distância esses objetos estariam.

Não vamos recuperar as menções muitas à cegueira, sempre feitas para uso dos que veem, servindo para interrogar radicalmente o que é ver – um ver que, por conta da cegueira, não mais é por si natural. As lições empíricas da cegueira ajudariam a corrigir a visão que doravante tematiza ou desafia. A visão deixa de ser trivial. No caso do problema de Molyneux, a resposta não é óbvia. Responder afirmativa ou negativamente importa em ter compreensões distintas sobre a construção da unidade da experiência (que, por exemplo, me apresenta jungidos o barulho do meu gato, que acaba de me quebrar mais um jarro, e o brilho de seu pelo ao fugir esbaforido) e a importância do corpo nesse processo.

Leibniz, por exemplo, dirá que o indivíduo, sim, tendo adquirido a visão, pode distinguir os objetos sem fazer uso das mãos. Existiria afinal uma estrutura comum à descrição de cubos e esferas, estrutura que, em sendo formal, seria independente da experiência, mesmo que concomitante a ela. Não importa se dada no tato ou na visão, seria possível traduzir formal e racionalmente uma descrição em outra, remontando todas a uma estrutura quiçá geométrica da possibilidade da representação em qualquer sentido. E aqui identificaríamos logo uma semelhança com uma possível solução wittgensteiniana, a que talvez tivesse amparo no

Tractatus, no qual a estrutura lógica da proposição desprezaria ontologias regionais, de sorte que não poderia ser contraditório no espaço das cores o que fosse legítimo no espaço lógico ele mesmo. Ademais, desprezando um trabalho e uma mediação que o autor do *Tractatus* não recusaria, lembraríamos seu aforismo 4.014, que aponta para a mesma relação interna de afiguração em uma ideia musical, nas notas escritas, na gravação do gramofone e nas ondas sonoras – em certo sentido, seriam o mesmo, de modo que um poderia ser obtido do outro, assim como o músico pode obter a sinfonia de uma partitura e vice-versa.

Berkeley, por sua feita, valorizaria por completo o trabalho do tato, um conjunto de ações que importam para a determinação de nossos conceitos os mais abstratos, podendo até imaginar como sendo o mais fabuloso dos seres, porque mais absurdo, um ser de pura visão sem tato. O vidente não tateante (ser improvável, experimento exagerado de pensamento) seria incapaz de unificar a experiência. Cada espaçamento dependeria de aprendizados distintos, com suas regras próprias, e a princípio imiscíveis; e apenas no trabalho do corpo que aprende distâncias e unifica a experiência teríamos a lição de que não nos ferem os olhos por contato os objetos que passamos a ver.

A diversidade lógica dos espaçamentos não remontaria a uma unidade formal anterior. Isso nos ensinaria a própria experiência, sendo exemplares e típicas as ilusões que se nos oferecem, como quando representamos na bidimensionalidade aparentes paradoxos tridimensionais (a exemplo dos muitos desenhos de Esher e de todas as demais ilusões perspectivas) ou quando nos parecem de tamanhos distintos linhas que, pelo tato, medimos como iguais (como na ilusão de Müller-Lyer), não devendo ser intolerável a obviedade de que, sim, para a visão, são mesmo distintas, embora também, com semelhante força, sejam iguais para o tato essas linhas, cabendo recusar a tentação tradicional de dizer que *parecem* diferentes retas que, ao fim e ao cabo, *seriam* iguais, enquanto conhecidas, quem sabe, por Deus. Esse olhar quintessencial, que alguns pensam constitutivo da ciência e talvez próprio do *Tractatus*, nos diria e faria as linhas diferentes à visão porque idênticas ao tato, e ainda nos daria a medida exata disso, ou seja, a regra da distorção, que dissolveria o inaceitável paradoxo. Não havendo, porém, um modo único de construção das formas, tampouco há um modo único de aprendizado das formas.

E esse ambiente de distintos aprendizados, conformando (com o perdão do anacronismo) diferentes jogos de linguagem, parece-nos então bem mais propício ao segundo Wittgenstein, de cuja obra, portanto, com alguma boa vontade, podemos extrair respostas distintas para um dos mais importantes programas de investigação da história da filosofia.

A segunda questão é mais tola ainda, tendo sido motivada por uma anedótica história de Wilhelm Steinitz, primeiro campeão mundial de xadrez, que, enfim, internado em um hospício, dizia ser capaz de desafiar Deus para uma partida de xadrez e que ainda Lhe daria um peão de vantagem. A pergunta: é possível jogar xadrez com Deus? Em outros termos, ao pretender desafiar Deus para uma partida de xadrez, Steinitz dava claros sinais de rematada loucura, formulando algo desprovido de sentido, ou estava apenas sendo imprudente, ao Lhe conceder um peão de vantagem, sendo um minuto para Deus uma eternidade, que teria assim todo tempo para pensar?

Começa aí o problema. Ter todo tempo para pensar, ter todo tempo para usar as palavras, isso depende do modo que compreendemos a determinação dos conceitos, importando, por exemplo, saber se a aplicação de uma palavra, o domínio de seu significado, deve estar determinada por completo e seus limites circunscritos, sem vagueza, de sorte que conhecer um significado seria algo como antecipar-lhe todos os empregos corretos. Nesse caso, *conhecer* o significado da palavra "bispo" ou da palavra "torre" seria algo como *conhecer* todas as situações possíveis em que podem comparecer essas palavras, equivalendo isso a ter jogado todos os jogos. Dessa forma, nesse sentido restrito da determinação do significado de uma palavra ou do objeto que lhe seja correspondente, apenas Deus conheceria o jogo, não tendo qualquer sentido jogar com quem já jogou todos os jogos. Esse sentido de conhecer, entretanto, depende de uma determinação completa e prévia das possibilidades combinatórias dos objetos, que poderia ser entendida como uma tarefa metafísica ou transcendental. Esse ambiente estaria mais próximo à atmosfera rarefeita do *Tractatus*, na qual respiraríamos com alguma dificuldade.

Por outro lado, jogamos xadrez e queremos jogar xadrez. Isso se resolve em práticas de múltiplos aprendizados, de sorte que o próprio domínio da regra não é anterior às múltiplas aplicações que dela fazem parte. Que eu conheça uma canção, isso não significa que a tenha assoviado em espírito. E, que eu saiba somar, isso não significa que tenha realizado previamente, em um mundo ideal, todas as somas. Da mesma forma, Deus precisaria purgar seu tempo em clubes, consultar boletins, disputar torneios e, hoje em dia, utilizar computadores. E assim, mesmo Ele, computador posterior ao de ultimíssima geração, realizaria seu aprendizado do jogo, confirmaria estar seguindo as regras do jogo por este seu mesmo emprego. É de suspeitar apenas que faria isso bem demais, sendo de todo imprudente conceder-Lhe qualquer vantagem. Ora, parece evidente que esse último ambiente, bem menos rarefeito, seja mais próximo à atmosfera das *Investigações filosóficas*, no qual o arco possível das significações não faz coincidir necessidade e universalidade, não sendo a determinação dos significados, a margem de liberdade que nos concede a gramática, infensa à rudeza própria de nossas formas de vida.

A diferença entre os momentos torna-se, então, clara no modo que a obra pode oferecer respostas a certas questões. Ora, quem sabe, resolvendo o problema de Molyneux à maneira de um Leibniz, ora à de um Berkeley. Ora esvaziando o sentido de um desafio que se situaria fora do mundo, ora situando-o com o mundo no interior da própria linguagem.

4. No Prefácio às *Investigações filosóficas*, Wittgenstein enuncia um traço fundamental de sua reflexão, qual seja, o de ter sua obra primeira como um pano de fundo contra o qual se compõe, mas do qual também depende para adquirir pleno sentido. A obra se situa assim como singular trabalho autoterapêutico, operando sua maior transformação não em uma mudança de teses ou de projeto, senão em uma mudança de perspectiva. Continuando a enfrentar o problema essencial de uma lógica filosófica, que seria o da determinação das condições de possibilidade da significação, sua obra pode, porém, questionar suas próprias esperanças iniciais, que se mostram, a par de ingênuas, profundamente dogmáticas.

O tema da unidade possível da experiência, das condições por que um conhecimento pode ser objetivo, tudo isso se preserva, sem que a aventura da separação entre o possível e o necessário possa estar decidida de uma vez por todas, à revelia da frequentação do mundo que deixa a conhecer. Assim, não podendo ser antecipado o próprio desenho do espaço lógico-gramatical, o futuro da obra e da reflexão, mesmo mantendo sua negatividade, não pode mais ser o que inicialmente se prometera. Nesse sentido, uma filosofia sem essência é também uma filosofia sem destino, sem qualquer promessa que faça suspender previamente seu espanto.

Se nos cabe preservar o espanto como marca filosófica essencial, uma de nossas conclusões é bem simples. Não há resposta certa ou errada para o problema de Molyneux ou para o problema de Steinitz. Respostas filosóficas são as que se sabem dependentes do contexto de modalidades que pressupõem, são as que se reconhecem atadas ao universo de linguagem em que se inserem. Por razões como essa, a história da filosofia não precisa decidir entre Leibniz e Berkeley, por exemplo. Fazendo um balanço de tudo, em uma mera frase de encerramento, creio ser simples a lição dessa viagem tensa, à beira do contraditório, fazendo conviver, como fundo e figura, o *Tractatus* e as *Investigações*. O ver efetivo é sempre perspectivo, não se descola dos seus pontos de contato com o mundo, de suas formas de expressão, nem de suas próprias condições. E ver demais não é realmente ver.

Futuro(s) presente(s)

Marcelo Jasmin

APRESENTAÇÃO: O FUTURO QUE NÃO É MAIS O QUE ERA

Futuro presente explora alguns argumentos que visam contribuir para o pensamento de noções de futuro que possam ser compatíveis com a nossa condição contemporânea. Em dois textos anteriores, produzidos no contexto dos ciclos das *Mutações*, organizados por Adauto Novaes, procurei mostrar como experiências e noções que tratamos como naturais em nossa linguagem ordinária e em nossa convivência cotidiana são construções históricas e sociais culturalmente definidas. Assim, tentei apresentar a *historicidade* tanto da noção de história universal como da experiência do progresso, buscando compreendê-las como invenções civilizacionais, modos de crer, de sentir e de viver no tempo, cujo caráter cultural, isto é, não natural, podia ser estabelecido[1].

Pesquisa semelhante pode ser realizada em relação à noção de futuro. Trata-se de averiguar como aquilo que nos acostumamos a chamar simplesmente "o futuro", um substantivo singular precedido por artigo definido, é também parte de uma *construção social específica da temporalidade*, no sentido de um *cronótopo*, para usarmos um termo de Bakhtin apropriado por Hans Ulrich Gumbrecht em suas reflexões para uma sin-

---

1. Os textos são, respectivamente: Marcelo Jasmin, "As armadilhas da história universal", *Mutações: a invenção das crenças*. São Paulo: Edições Sesc SP, 2011, pp. 377-403, e "A moderna experiência do progresso", *Mutações: elogio à preguiça*, São Paulo: Edições Sesc SP, 2012, pp. 453-480.

tomatologia do presente, ou de um *regime de historicidade*, de que nos fala o historiador francês François Hartog em suas pesquisas sobre o tempo.

Penso que, hoje, os modelos tradicionais e modernos de temporalidade, ora associados à noção clássica de uma história mestra da vida, ora à perspectiva da história universal orientada por um *télos* como coisa que se constrói, não operam mais como no passado recente[2]. As investigações acerca do contemporâneo parecem apontar para a constituição de outro tipo de estrutura temporal no qual um presente, cada vez mais alargado, não é hospitaleiro para um pensamento generoso sobre o futuro. O futuro, hoje, nos parece, simultaneamente, ameaçador e imprevisível. Somos incapazes de qualquer prognóstico para um prazo mais longo, dada a opacidade de nosso horizonte atual. Ao que parece, em comparação com o vivido e concebido em fins do século XVIII e por todo o XIX, vivemos uma experiência de temporalidade marcada pela ausência de direcionalidade. No curto prazo, conseguimos, no máximo, reiterar um futuro que se apresenta como uma espécie de "mais do mesmo", o anúncio da chegada de um fim para a história, uma espécie de cronocídio[3].

Para voltar à formulação de Octavio Paz que me serviu de referência na elaboração do já citado texto sobre a história universal, deveríamos reconhecer que vivemos uma espécie de "ocaso do futuro"[4]. Viveríamos, hoje, escreve ele em 1990, a consciência da finitude dos recursos naturais e da espoliação humana que pôs em risco a sobrevivência da própria espécie. A ciência e a técnica, tradicionais aliadas na tarefa de ultrapassar os limites impostos pela natureza, teriam nos levado às armas nucleares e à refutação "devastadora" da noção de progresso inerente à História. O otimismo iluminista acerca do destino do sujeito histórico moderno, a humanidade, fora destruído pelas experiências dramáticas do século XX: as duas guerras mundiais, os totalitarismos, os campos de concentração,

---

2. Não é simples determinar a cronologia deste passado recente. A crítica do futuro pensado como *télos* histórico e como coisa a ser construída veio sendo feita desde a própria origem das filosofias da história e podemos encontrá-la em Herder, no romantismo e ao longo de todo o século XIX, como em Tocqueville, em Nietszche e em Burckhardt. Penso que, se não antes, no período que se estende entre as experiências da Segunda Guerra Mundial e da queda do muro de Berlim, tal crítica expandiu-se, ganhando ares de consciência difusa no mundo ocidental.

3. A sugestiva noção de cronocídio me foi sugerida pela leitura de Mikhail Epshtein e Edward Skidelsky, "Chronocide: Prologue to the Resurrection of Time", *Common Knowledge*, v. 9, Issue 2, Spring 2003, pp. 186-98. Como se verá adiante, uso-a sem adotar as conclusões dos autores.

4. Octavio Paz, *La quête du présent*, Discours de Stockholm, Paris: Gallimard, 1990.

a bomba atômica. O fim do mundo comunista, em 1989, apontaria a falência das hipóteses, filosóficas ou históricas, que acreditavam conhecer as leis do desenvolvimento histórico. Acrescentaríamos, hoje, que a penúltima experiência comunista, a da China, transformou-se em deslavado capitalismo com controle estatal e lamentáveis restrições à liberdade e a direitos individuais e coletivos.

Nenhuma perspectiva serena seria, hoje, capaz de apontar uma racionalidade intrínseca à História que garantisse, ou pelo menos vislumbrasse, uma noção de futuro virtuoso. As sociedades construídas em nome do futuro intrínseco às leis do progresso histórico resultaram nos "cárceres gigantescos", burocráticos e perversos, que negaram as expectativas generosas de redenção das iniquidades. Enfim, nos encontramos diante de um futuro opaco, incerto, atemorizador, e a ação política pensada como construtora segura do futuro tornou-se objeto de desconfiança após os seus resultados nefastos perpetrados no século XX.

Para discutir tais argumentos, organizei a minha exposição em três partes: a primeira delas apresenta algumas das fontes que originaram o *futuro presente* que dá título ao texto: um poema de Kaváfis, as *Confissões* de Santo Agostinho, a teoria da história de Reinhart Koselleck. Em seguida, discuto como o estudo das relações entre experiência e expectativa pode ser um caminho interessante para a inteligibilidade das formas mais frequentes com que lidamos com a articulação entre passado, presente e futuro, e observo, resumidamente, como a análise dos conceitos de movimento permite caracterizar formas específicas desta articulação temporal. Em terceiro, me arrisco a delinear traços para uma configuração possível do lugar atual do futuro em nossa experiência contemporânea e, de volta ao poema de Kaváfis, registro o que ali encontrei como inspiração possível para o pensamento contemporâneo do futuro.

As fontes do futuro presente

Um poema de Kaváfis

A minha disposição inicial ao elaborar o presente texto foi, como tem sido, explorar argumentos a partir de minhas áreas de estudo, especialmente a teoria política e a teoria da história, que pudessem fornecer sugestões e alguma inteligibilidade ao tema do "futuro que já não é mais o que era". Contudo, no percurso da pesquisa, não me abandonava o sentimento de estar embotado em limites muito estreitos no que encontrava ali para lidar com o tema, especialmente quando, na revisitação das infindas e gravíssimas mazelas do desgraçado século xx, quis insistir na pergunta pela possibilidade de manter ativa alguma imaginação generosa acerca do futuro que não se confundisse com o mais do mesmo da técnica.

Foi no contexto deste enfrentamento com o "ocaso do futuro" que eu me deparei com um belo poema que, embora diga, como o diz, de coisas outras que mobilizam o meu corpo e as minhas emoções, que me fascina por seu volume poético e por sua beleza, um poema que insistiu em interpelar, incansavelmente, os meus modos de pensar os temas da filosofia da história, das relações temporais entre passado, presente e futuro, das condições da ação humana no tempo de agora, como que exigindo que eu os refizesse. Falo de *Ítaca*, escrito pelo poeta grego Konstantino Kaváfis, publicado em 1911, antes, portanto, que o século xx manifestasse toda a sua lancinante crueldade.

Antes de transcrever e me aproximar do poema, quero sublinhar que não tenho nem competência nem intenção de fazer análise poética. Também não tenho qualquer pretensão, até porque não acredito nela, de dizer o que quis o poeta ao escrever o seu poema. A minha apropriação dos versos de Kaváfis é de certa forma selvagem, desacertada, ingênua talvez. Tomarei o poema, na bela tradução de José Paulo Paes, tal como ele me provoca e me convida ao pensamento dos temas da História e do futuro presente.

> Se partires um dia rumo a Ítaca,
> faz votos de que o caminho seja longo,
> repleto de aventuras, repleto de saber.
> Nem Lestrigões nem os Ciclopes
> nem o colérico Posídon te intimidem;
> eles no teu caminho jamais encontrarás
> se altivo for teu pensamento, se sutil
> emoção teu corpo e teu espírito tocar.
> Nem Lestrigões nem os Ciclopes
> nem o bravio Posídon hás de ver,

se tu mesmo não os levares dentro da alma,
se tua alma não os puser diante de ti.

Faz votos de que o caminho seja longo.
Numerosas serão as manhãs de verão
nas quais, com que prazer, com que alegria,
tu hás de entrar pela primeira vez um porto
para correr as lojas dos fenícios
e belas mercancias adquirir:
madrepérolas, corais, âmbares, ébanos,
e perfumes sensuais de toda espécie,
quanto houver de aromas deleitosos.
A muitas cidades do Egito peregrina
para aprender, para aprender dos doutos.

Tem todo o tempo Ítaca na mente.
Estás predestinado a ali chegar.
Mas não apresses a viagem nunca.
Melhor muitos anos levares de jornada
e fundeares na ilha velho enfim,
rico de quanto ganhastes no caminho,
sem esperar riquezas que Ítaca te desse.
Uma bela viagem deu-te Ítaca.
Sem ela não te ponhas a caminho.
Mais do que isso não lhe cumpre dar-te.

Ítaca não te iludiu, se a achas pobre.
Tu te tornaste sábio, um homem de experiência,
e agora sabes o que significam Ítacas[5].

O poema, como o li, evoca altivez e serenidade na lembrança da volta de Ulisses para Ítaca. Faz o elogio da viagem como caminho do conhecimento e da sabedoria. Também diz do envelhecimento, mas não como

---

5. Konstantinos Kaváfis, "Ítaca", *Poemas*, trad. José Paulo Paes, Rio de Janeiro: José Olympio, 2006, pp. 146-147.

dor ou lamentação; pelo contrário, como a aventura da experiência que enriquece o espírito. Ainda que na *Odisseia* o caminho seja de volta, Ítaca não deixa de ser um futuro, um lugar onde quer chegar o viajante. Importa, todavia, sublinhar que no poema de Kaváfis este querer chegar não pode ser reduzido à pressa da viagem sob o risco de perdê-la, de perder a aventura, de perder o saber. O percurso, ele mesmo, é tão importante, e por vezes mais importante que o porto final. Pois é no caminho que se experimentam as riquezas e as belezas que a viagem tem a oferecer.

Podemos conceber Ítaca, o lugar, como um fim – a própria morte ou o *télos*. Prefiro, contudo, vê-la na sua dimensão propiciadora de um início, um princípio, o motivo pelo qual o navegante se lança do porto ao mar. Penso então que, ao mesmo tempo em que o elogio do percurso revela a sabedoria do desfrute do presente, de cada um dos agoras que se transformam nas muitas paragens da navegação, sem uma motivação inicial não haveria viagem, pois do porto não haveria por que sair. Um equilíbrio delicado se anuncia aqui: Ítaca deve estar sempre presente na mente do viajante, embora este deva cuidar para não se obsedar pela chegada. A obsessão pelo fim tem efeitos cruéis: ao chegar, o viajante encontra uma Ítaca pobre, decepcionante, e não sabe com ela lidar, já que despido da riqueza e da sabedoria esfumadas na aceleração do tempo em direção ao fim. Se o desejo do futuro deve estar sempre presente na mente do viajante, como princípio que conduz a viagem, o cuidado com o caminho oferece o necessário para desfrutá-lo, a cada porto, a cada douto, a cada aroma. Nos versos de "Ítaca", tal como os li, o futuro, o que nos motiva à viagem, é sempre uma presença no agora. Eis aí uma primeira fonte de meu futuro presente.

Agostinho e a tripartição do tempo

A noção de um futuro presente vem de longa tradição filosófica e podemos apreendê-la na obra de Santo Agostinho, especialmente nos argumentos que constituem o famoso Livro XI de *As confissões*, dedicado ao Homem e o Tempo. Agostinho se pergunta: "que é, pois, o tempo?". Conhecemos a sua resposta: ainda que o tempo seja algo que experimento inequivocamente em meu cotidiano, que posso reconhecer nas rugas do meu rosto, que compreendo quando alguém fala dele para mim, se tento defini-lo, se tento apreendê-lo "só com o pensamento, para depois nos traduzir por palavras o seu conceito", fracasso. O tempo escapa à minha capacidade de explicá-lo: "Se ninguém mo perguntar, eu sei [o que é o tempo]; se o quiser explicar a quem me fizer a pergunta, já não sei"[6].

Não me interessa retomar os muitos meandros da reflexão agostinia-na. Quero reter as ponderações do bispo de Hipona ao fundamentar a impossibilidade da existência própria tanto das coisas passadas como das coisas futuras. As coisas passadas e futuras só têm existência no presente, através da rememoração e da antecipação. Dizemos, ordinariamente, que os acontecimentos passados são relatados pela memória. Mas, como nos adverte Agostinho, eles não têm sequer existência na memória. O que a memória narra são "as palavras concebidas pelas imagens daqueles fatos [passados], os quais, ao passarem pelos sentidos, gravaram no espírito uma espécie de vestígios". E aquele que afirma predizer o futuro está ape-nas a enunciar "as imagens já existentes [no presente] das coisas que ainda não existem". Neste caso, são os prognósticos que têm existência, não as coisas futuras elas mesmas. Por isso, conclui Agostinho, haveríamos de adotar uma nova terminologia: os tempos não deveriam ser nomeados passado, presente e futuro, mas sim presente das coisas passadas, presente das presentes e presente das futuras[7].

O pretérito só tem existência como imagem na memória, como recor-dação, enquanto o futuro é projeção da esperança, de maneira que ambos os modos temporais se dão no presente. Na conclusão desta brevíssima referência às *Confissões* de Agostinho retenho a extraordinária intuição de que a totalidade da estrutura temporal – a articulação entre passado, presente e futuro – só tem existência no tempo presente. Enuncia-se, aqui, uma segunda inspiração do que se constituiu como o futuro presente.

Koselleck, experiência e expectativa

Poderíamos, certamente, recorrer a outros momentos da tradição fi-losófica ocidental para pensar essa recusa da existência própria dos modos temporais do passado e do futuro. Restrinjo-me, aqui, à companhia da teoria contemporânea da História, minha fonte primeira, especialmente às categorias meta-históricas propostas pelo historiador alemão Reinhart

6. Santo Agostinho, *As confissões*, 3. ed., São Paulo: Abril Cultural, 1984, pp. 217-218.
7. Idem, ibidem, pp. 220-222.

Koselleck, e à reflexão de Hans Ulrich Gumbrecht acerca do cronótopo historicista, ambos herdeiros e continuadores deste longo percurso filosófico que passando, contemporaneamente, pelo *Ser e tempo* de Heidegger e pelo *Verdade e método*, de Gadamer, desenvolveu a intuição agostiniana em outras direções.

Em primeiro lugar, se saímos do âmbito de uma fenomenologia da consciência ou da psicologia interior da alma, registro em que se instalava a reflexão de Agostinho, em direção à noção de historicidade e a um registro de natureza histórico-sociológica, podemos reconhecer que, para além da consciência de cada indivíduo, também os grupos sociais, épocas e mesmo sociedades inteiras experimentam, em cada momento de seu presente, relações distintas entre passado e futuro. Neste sentido, o tempo não é apreendido como uma grandeza física, natural, ou como estrutura intrínseca à consciência, mas como fenômeno histórico e cultural.

Em segundo lugar, ao considerarmos a historicidade das construções sociais da temporalidade, poderemos afirmar que há uma história do tempo ou, mais precisamente, uma história das distintas experiências, sensibilidades e representações mentais coletivas dos modos da estrutura temporal. Uma história que diz de como as diversas sociedades e culturas perceberam e lidaram com o tempo no seu presente de existência. Em terceiro, se quisermos tornar as categorias psicológicas agostinianas aplicáveis a esta história do tempo social, poderemos afirmar que, para cada ponto da aventura humana na Terra, é possível reconhecer uma forma específica de relação entre *experiência* e *expectativa* que conforma o horizonte de ação dos membros de cada comunidade.

Finalmente, se estes comentários fazem sentido, devemos reconhecer que também as formas atuais de lidarmos individual e socialmente com o tempo são dependentes de modos particulares – portanto contingentes, não necessários, nem universais – de vivenciarmos, conscientemente ou não, as relações entre experiência e expectativa que se dão no nosso presente.

Reformulando as categorias psicológicas de Agostinho para transformá-las em categorias formais, meta-históricas, que possam tratar das condições de possibilidade de toda história, Kosuleck amplia e formaliza a intuição da memória e da esperança, respectivamente, como experiência e expectativa.

A experiência é o passado atual, aquele no qual os acontecimentos foram incorporados e podem ser lembrados. Na experiência se fundem tanto a elaboração racional quanto as formas inconscientes de comportamento, que não estão mais, ou que não precisam mais estar presentes no conhecimento. Além disso, na experiência de cada um, transmitida por gerações e instituições, sempre está contida e é conservada uma experiência alheia. Neste sentido, também a história é sempre concebida como experiência alheia[8].

Podemos dizer que a experiência constitui o passado presente, aquelas parcelas do que, embora em si já não seja mais, permanece ativo, em sua latência (Gumbrecht) e em seus efeitos, consciente ou inconscientemente, na vida cotidiana atual. Para mim, este passado presente ganha a forma linguística de um "já não mais, mas ainda aqui". E se o correlato futuro tradicional do passado como o "já não mais" é o "ainda não", nos termos que quero desenvolver o futuro presente é uma espécie de "ainda não, mas já aqui". O que haverá, por certo, não há aqui, mas a expectativa do seu haver sim.

Todavia, é preciso notar que passado presente e futuro presente não são propriamente "conceitos simétricos complementares" porque a correlação entre experiência e expectativa não se dá na forma de uma "imagem especular recíproca". Experiência e expectativa possuem formas diferentes de ser. A assimetria entre as duas dimensões é pensada, por Koselleck, a partir de uma intuição sobre o tempo que se encontra numa carta de Goethe, de 1820: a experiência *já feita*, afirmava o escritor, se apresenta "concentrada em um ponto", ao passo que a experiência *a ser feita* se desdobra numa infinidade de pontos adiante. Em termos do próprio Koselleck, a "experiência, uma vez feita, está completa na medida em que suas causas são passadas, ao passo que a experiência futura, antecipada como expectativa, se decompõe em uma infinidade de momentos temporais"[9]. Ao sublinhar esta diferença de forma entre experiência e expectativa, e afirmando que o tempo deve ser expresso por metáforas

---

8. Reinhart Koselleck, *Futuro passado: contribuição à semântica dos tempos históricos*, Rio de Janeiro: Contraponto / PUC-Rio, 2006, pp. 309-310.
9. Idem, ibidem, p. 310.

espaciais, Koselleck formula as noções de "espaço de experiência" e de "horizonte de expectativas".

O espaço de experiências concentra o conjunto daquilo que, não havendo mais, constitui o estoque do sabido, mesmo que em parte não consciente. Isso não significa, entretanto, que a experiência passada permaneça, sempre, idêntica a si mesma, imóvel, concluída em definitivo no pretérito. Com frequência, corrigimos as informações que nos chegam do passado, e sobre o passado, quando as consideramos equivocadas. Novas experiências no presente também nos fazem revisitar o que já aconteceu, reintegrando outras memórias, ressignificando antigas lembranças, redescrevendo processos até então conhecidos de outros modos, refazendo, presentemente, a experiência passada. Se aprendermos com o tempo, as experiências já adquiridas poderão modificar-se, mas podemos pensar, para manter as metáforas espaciais de Koselleck, que tais experiências redescritas se rearticulam num espaço.

Por sua vez, a forma temporal da expectativa presente lança-se como *horizonte* que se refaz a cada ponto do percurso. A expectativa é constituída por "esperança e medo, desejo e vontade, a inquietude, mas também a análise racional, a visão receptiva ou a curiosidade"[10]. Tudo o que se espera poder acontecer adiante se inscreve num horizonte que se desloca junto com aquele que se move. Sem dúvida, o que se pode expectar depende do estoque de experiências a que se tem acesso no presente, deriva daquilo que já se viu, do que se acreditou ou do que se quis ver acontecer.

A depender da natureza das experiências que se dão no presente, podemos tanto reforçar como refazer as nossas expectativas. Nas palavras de Koselleck:

> Expectativas baseadas em experiências [conhecidas ou esperadas] não surpreendem quando acontecem [e se tornam fatos presentes]. Só pode surpreender aquilo que não é esperado. [Neste caso, do acontecimento de algo não previsto pelo horizonte de expectativas...] estamos diante de uma nova experiência [que rompe os limites do horizonte anterior]. Romper o horizonte de expectativa cria, pois, uma experiência nova. O ganho de experiência ultrapassa então a limitação do fu-

10. Idem, ibidem.

turo possível, tal como pressuposta pela experiência anterior. Assim, a superação temporal das expectativas organiza nossas duas dimensões [experiência e expectativa] de uma maneira nova[11].

Para concluir esta terceira inspiração do futuro presente, podemos dizer, a partir das categorias meta-históricas de Koselleck, que é na determinação dos modos particulares de articulação entre o espaço de experiências e o horizonte de expectativas das diversas formações sociais que podemos compreender as formas do tempo social. É a estas construções sociais da temporalidade que podemos chamar, seguindo Gumbrecht, de cronótopos, ou, segundo Hartog, de regimes de historicidade. Neste registro, uma história do futuro seria a história dos horizontes de expectativa experimentados, na temporalidade, por aqueles agrupamentos humanos que deixaram vestígios que somos capazes de ordenar.

Expectativa e experiência

Dois modos básicos de temporalidade social

De posse dessas categorias, passo agora a expor os traços mais característicos dos dois principais modelos de temporalidade mundana conhecidos pelo mundo ocidental. De modo geral o argumento segue o delineamento básico proposto pela história conceitual de Koselleck, especialmente em seu livro *Futuro passado* e em seu verbete sobre a História que consta do *Dicionário histórico dos conceitos fundamentais*[12]. Nesses textos, Koselleck apresenta o argumento de que a historiografia, isto é, o conhecimento e a escrita crítica das histórias, desde sua invenção pelos gregos do século v a.C. até meados do século xvi (pensemos no Renascimento italiano), constituía-se da tarefa intelectual de narrar os acontecimentos considerados dignos de rememoração para, retirando-os do alcance do inevitável esquecimento, transformá-los numa aquisição para sempre. Enquanto uma estrutura geral de crença, cria-se que o sábio condutor dos assuntos públicos – o príncipe, o cidadão – seria sempre capaz de encontrar, nas narrativas escritas pelos historiadores, situações

11. Idem, ibidem, p. 313.
12. Reinhart Koselleck, *historia/Historia*, Madri: Trotta, 2004.

semelhantes, análogas àquelas que a ação humana teria de enfrentar no presente e no futuro, de modo que o ator, provido com a experiência exemplar de seus antepassados em situações semelhantes, agiria de modo mais prudente, menos inocente, e com maiores chances de acerto do que aqueles ignorantes das histórias. O passado, ou melhor, aquelas ações e situações particulares imortalizadas pelas histórias sob a forma de narrativas exemplares, era então concebido como fonte primordial de orientação da ação e da decisão política, na cidade, na diplomacia e na guerra. Por isso mesmo a História era Mestra da Vida, antecipando, pela narrativa das experiências alheias, aquilo que se poderia apresentar, no futuro, ao príncipe ou ao cidadão.

Isso não significava que não houvesse mudanças ou inovações no decurso do tempo, mas tais novidades eram absorvidas no modelo sem que rompessem a estrutura temporal que lhe era própria – uma espécie de *continuum* temporal no qual o que se esperava poder acontecer no futuro já estava inscrito na tradição. A possibilidade de um evento que de fato alterasse esta relação de proximidade entre passado, presente e futuro só era esperada como acontecimento cósmico ou sobrenatural que escapasse à autoria humana[13].

A possibilidade cultural de falarmos em uma história universal baseada no progresso consistente e infinito da humanidade em direção à realização da razão e da felicidade na Terra, através da ação dos próprios seres humanos, dependeu de um conjunto amplo de mudanças em vários campos da experiência social, a partir do qual se estabeleceu a quebra daquele *continuum* temporal tradicional e se imaginou um futuro cada vez mais heterogêneo em relação ao presente e ao passado. O mundo artesão e camponês, no qual a maior parte da experiência social fora vivida até o século XVI, concebia a repetição das mesmas coisas do passado no futuro, num contexto mental marcado pela estabilidade da natureza humana e pela regularidade das condições de vida. No mundo moderno, por contraste, ampliou-se a assimetria entre passado e futuro, especialmente a partir da experiência das novidades representadas pelas

---

13. No ambiente cristão, este evento seria o Juízo Final que não só alteraria a relação específica entre as três dimensões temporais como aniquilaria o próprio tempo, inscrevendo os salvos e os danados no regime da eternidade em que o tempo não existe. Neste sentido, tratava-se de um cronocídio, de um aniquilamento do tempo enquanto tal.

Futuro(s) presente(s)

grandes navegações, pelo desenvolvimento do comércio mundial, pelos avanços da erudição e das descobertas científicas, em particular a lei da gravitação universal de Newton. Este mundo, que passou a se ver cada vez mais como novo, imaginou que à sua frente outras aventuras inéditas iriam acontecer, não por intervenção divina, mas pela própria extensão e intensificação da capacidade humana. No século XVIII, ao formular que o homem seria capaz não só de *perfectibilidade*, como na expressão de Rousseau, mas também de *aperfeiçoamento*, como em Condorcet, capaz não apenas de alcançar determinado ideal substantivo, como em Hobbes, mas de poder aprimorar-se e ao mundo indefinidamente, como em Kant, a consciência europeia decretou a falência daquela antiga crença na história mestra da vida e, com ela, a da sua estrutura temporal.

O futuro não estaria mais identificado com a repetição do já conhecido e registrado nas narrativas dos historiadores, mas como um momento temporal em que o diverso, o heterogêneo, a novidade radical poderiam acontecer. No registro do progresso, o futuro não só admite a novidade radical, mas promete um mundo melhor. O tempo aparece aqui como o agente portador da mudança em direção a uma civilização superior. Em vez de enaltecer o passado como aquela dimensão em que se poderia encontrar a experiência e a sabedoria necessárias à orientação da vida presente, o olhar iluminista virou-se para a frente, para imaginar que um futuro mais luminoso do que tudo o que até então se experimentara na dimensão sublunar do vale de lágrimas forneceria orientação para as ações humanas no presente. O passado, antigo lugar da exemplaridade, tornava-se aquilo que se desejava abandonar, o que se queria e se devia ultrapassar, ainda que mantivessem vivas as lições relevantes para a prudência. O otimismo das Luzes projetou um futuro que se descolava da sabedoria antiga para alcançar, com a realização progressiva da Razão, um mundo liberto da ignorância, das superstições, das iniquidades e do erro interessado, um mundo de felicidade, construído pelos homens, na Terra dos homens. O horizonte de expectativas se descolava do espaço de experiências.

O desdobramento deste modelo moderno, desde fins do século XVIII e ao longo de todo o século XIX, estará na base da elaboração das filosofias da História e de uma variedade de programas políticos que, apesar de suas diferenças, compartilhavam pressupostos centrais. Em primeiro lugar, o já referido suposto de que o tempo é, em si mesmo, portador de mudança necessária, de modo que nenhum fenômeno humano deveria resistir à sua transformação temporal. Em segundo, "que esta mudança inevitável teria ritmos regulares cujas estruturas [ou cujas 'leis'] poderiam ser identificadas", de modo que a "mais nobre tarefa" do historiador não seria mais salvar do esquecimento as ações dignas de serem transformadas em aquisições para sempre, mas sim, justamente, encontrar as regularidades ou motores que pudessem explicar o desenvolvimento da aventura humana na Terra, de seus primórdios ao presente. Em terceiro, a transformação produzida por essa regularidade era concebida teleologicamente, isto é, se dirigiria a uma meta passível de ser identificada, antecipadamente, pela razão. Daí a sempre complexa relação entre agência humana e determinação que encontramos nas teorias históricas do período, como, por exemplo, em Kant, Hegel e Marx[14].

Apreendemos aqui uma radical transformação da experiência da História. Àquele conjunto descosido de histórias exemplares reunidas num mesmo espaço de experiências, assistimos à *singularização* da História agora compreendida como uma totalidade temporal. Àquele *continuum* de experiências entre passado e presente, assistimos à instauração da *assimetria* crescente entre espaço de experiências e horizonte de expectativas. A repetição das situações históricas é substituída por um *movimento dinâmico* de mudança permanente. A este fenômeno chamamos *temporalização*. Em outras palavras, a História passa a ser experimentada como uma só para toda a humanidade, que, da pré-história ao presente, percorreu um só passado e caminha em direção a um mesmo futuro, dado que dotada de um sentido previamente definido. É esta nova totalidade temporal da história humana que viabilizou a imaginação de um futuro como algo objetivado – por exemplo, a sociedade civil que dispensa universalmente o direito (Kant), o comunismo (Marx) etc. – e que seria passível de fabricação pela ação humana, agora a responsável pela aceleração ou pelo retardo de sua construção.

---

14. Hans Ulrich Gumbrecht, "How anthropological is time? About 'Effects of Revolution' in different chronotopes", mimeo. Versão inglesa de "Naskol'ko antropologichno vremia? Ob 'effektakh revolutsii'", *Antropologiia Revolutsii: Sbornik statei po materialam xvi Bannykh chtenii zhurnala "NLO"*. Moscou, 2009.

Os conceitos de movimento da modernidade

Tal transformação é especialmente observada na história dos conceitos e é possível verificar como a abertura moderna do horizonte de expectativas e a sua progressiva assimetria em relação ao espaço de experiências opera nas estruturas temporais no interior mesmo da linguagem. Tomemos, por comodidade, os conceitos políticos.

Do mundo grego até meados do século XVIII, podemos afirmar que as categorias aristotélicas deram conta do conjunto, então considerado finito, de possibilidades de ordenamento constitucional de um povo. Como sabemos, partindo do estudo da experiência de 158 constituições, das quais apenas a de Atenas chegou até nós, Aristóteles, em sua *Política*, definiu as três formas normais de governo – a realeza ou monarquia, a aristocracia e a república ou regime constitucional – em função do número daqueles que governam, quando governam *para todos*. Ao mesmo tempo, definiu as suas degenerações – a tirania, a oligarquia e a democracia –, também em função do número dos que governam, mas quando governam *para si mesmos*, em seu próprio benefício. Com variações terminológicas e adaptações empíricas, tais categorias elaboradas a partir da experiência permaneceram operantes, ordenando o horizonte de expectativas das formas possíveis de governo até o século XVIII, quando Montesquieu introduziu o despotismo como uma das formas estáveis de governo, embora corrupta em si mesma. Ao que parece, ao longo desse amplo período, ainda que novos contextos tenham produzido a agregação de novos significados às camadas tradicionais dos termos aristotélicos, não houve necessidade de abandoná-los.

Entretanto, a partir daí, entre os anos 1780 e 1850, a linguagem europeia (nas suas diversas expressões) sofreu um processo amplo de transformações que expressa e configura a ultrapassagem progressiva dos fundamentos da ordem tradicional. A semântica dos conceitos fundamentais dá a conhecer tanto a ressignificação de termos tradicionais adaptados ao novo tempo – como revolução ou história –, como a invenção de neologismos – socialismo, cesarismo ou comunismo –, criados para nomear as novidades da experiência contemporânea. Mostra, ainda, que a forma geral da linguagem se modifica ao se submeter a um conjunto de processos simultâneos, como os de democratização, temporalização e de ideologização. Ao mesmo tempo em que a base de referência dos conceitos se dilata e designa um número cada vez mais amplo de atores (por exemplo, fala-se cada vez menos dos direitos dos ingleses ou dos nobres e mais dos direitos do Homem e do Cidadão), os atores políticos se apropriam desses conceitos ampliados para imprimirem sentido à sua experiência contemporânea e reivindicarem perspectivas de abertura para um futuro novo. A linguagem, que é um índice das mutações em curso no mundo social, é também arma imprescindível nos combates que gestam estas mesmas mudanças.

Particularmente notória a este respeito é a criação dos chamados *conceitos de movimento*, que trazem consigo uma nova relação entre experiência e expectativa.

> Desde o fim do século XVIII, um número [...] crescente de conceitos políticos e sociais orientou-se para um futuro novo e heterogêneo, que não se baseava em qualquer experiência prévia e [que, por isso mesmo, não podia...] ser testado por referência ao passado. Estes não são conceitos [...] coevos à experiência registrada, mas pré-concepções [*pre-conceptions*]. O que é antecipado por tais conceitos modernos é inversamente proporcional à experiência passada. A razão para isto é extralinguística: as interações crescentemente complexas de nossa era moderna, interligados como estamos agora ao redor do mundo, tornaram-se cada vez menos acessíveis à experiência pessoal direta. Tal estado de coisas possui consequências semânticas e também estabelece novas precondições semânticas para a linguagem política e social. Os conceitos tornam-se necessariamente mais abstratos, ao mesmo tempo mais gerais e menos descritivos que nunca. A temporalização (*Verzeitlichung*) dos conceitos modernos deve ser compreendida em termos deste contexto. Muitos conceitos básicos, sobretudo aqueles que designam movimentos – [os] ismos –, confluem na reivindicação de que a história futura deve diferir fundamentalmente da passada. Entre tais conceitos estão "progresso", "desenvolvimento", "emancipação", "liberalismo", "democratização", "socialismo" e "comunismo"[15].

---

15. Reinhart Koselleck, "Uma resposta aos comentários sobre o Geschichtliche Grundbegriffe", *História dos conceitos: debates e perspectivas*. Rio de Janeiro: PUC-Rio/Loyola/IUPERJ, 2006, p. 99.

Tomemos o caso de comunismo. Em 1847, Marx e Engels foram encarregados de escrever uma espécie de "Confissão da Fé da Liga (ou Aliança) Comunista". Plenamente conscientes das conotações religiosas de tais conceitos, decidiram recusar os termos luteranos (*Glaubensbekenntnis, Bund*) no seu título para produzir um ato deliberado de inovação linguística cujas consequências duradouras conhecemos. Escolheram, num fraseado inovador, apresentar o *Manifesto do Partido Comunista*[16]. Naquele momento, o uso do termo comunismo introduzia um programa inteiramente novo que, embora pudesse ser aproximado de outras proposições igualitárias e socialistas, queria justamente se diferenciar delas. Aliás, queria se diferenciar delas e de todas as demais posições anteriores já elaboradas no mundo político, antigo ou moderno, para instaurar um horizonte de futuro compreendido como novidade radical. O termo *comunismo*, naquele momento, não tinha nenhuma base experiencial, não podendo reivindicar nenhum exemplo histórico. Em 1848, o comunismo é pura expectativa. É verdade que a tentativa do *Manifesto*, como a de Engels em textos posteriores, seria apresentar o comunismo como uma proposição científica na medida em que, diferentemente das proposições consideradas utópicas, corresponderia ao desenvolvimento histórico material da luta de classes e das suas contradições naquele capitalismo europeu. Thomas Morus chamou a sua criação genial "não lugar" de "u-topia", sugerindo reconhecer a impossibilidade factual de sua realização no mundo dos homens. Já a utopia de Marx e Engels, pelo contrário, ao ser temporalizada, projetou a expectativa de um futuro como resultado de uma dialética histórica, ainda que sem as credenciais da experiência.

Se voltarmos, agora, às categorias políticas aristotélicas e a seus usos até hoje, veremos que as formas de governo correspondiam a experiências realizadas que conferiam um conteúdo factual aos conceitos que as demarcavam. Mas as proposições políticas que, entre a segunda metade do século XVIII e a primeira do século XX, visaram a uma alteração radical do ordenamento da vida social foram obrigadas a criar neologismos por não encontrarem, nos termos tradicionais, nenhuma correspondência para as suas projeções. Em graus diferenciados, isso valeu para o libera-

---

16. Reinhart Koselleck, "Some reflections on the temporal structure of conceptual change", *Main currents in cultural history: ten essays*, Amsterdã: Rodopi, 1994, pp. 7-16; Reinhart Koselleck, "Uma resposta...", op. cit.

lismo, o socialismo e o comunismo, no século xix, como para o fascismo e o nazismo no xx. Em todos os casos, em seus momentos originais de elaboração, tais conceitos inflaram-se de expectativa, transformando-se em conceitos de movimento. Ao que parece, quanto menor foi a carga descritiva, o conteúdo de experiência, desses conceitos, maior o *quantum* de expectativa que deles se pôde extrair[17].

Experiência e expectativa hoje

Penso que hoje lidamos com esses mesmos conceitos de modo diverso. Nossa linguagem ordinária os mobiliza num registro prenhe de experiência e com baixa expectativa, invertendo a equação: quanto maior a carga de experiência, menor a expectativa que derivamos do uso linguístico ordinário desses termos. Hoje, precisamos ser bons garimpeiros da linguagem para encontrarmos, fora do vocabulário religioso, conceitos prenhes de expectativa e praticamente sem nenhuma referência empírica experiencial. De algum modo, vivemos até mesmo a experiência inversa: termos que até recentemente pareciam anacrônicos, ultrapassados, deixados para trás, como república ou virtude cívica, por exemplo, encontraram uma nova hospitalidade na discussão da filosofia política contemporânea. Não se trata de restauração, nostalgia, uma volta ao passado, mas do reconhecimento de que coisas do passado que foram deixadas para trás, desprezadas no caminho pelo futurismo do progresso redentor, talvez tenham algo a nos dizer hoje.

E o que dizer, afinal, do futuro, hoje, aquele conceito que, teoricamente, deveria ser o portador da carga máxima de expectativa e da mínima de experiência? Podemos manter ativa essa antiga equação? Não é justamente isso o que se está a discutir neste livro e no ciclo de conferências que o originou? O futuro não é mais o que era, entre outras coisas, e talvez, principalmente, porque ele perdeu a sua dimensão de expectativa direcional e totalizante.

Ou tememos o futuro – o aumento do buraco da camada de ozônio, o aquecimento global, a ameaça nuclear rediviva a cada acidente natural

---

17. Ver a noção de "produção compensatória" entre experiência e expectativa nos conceitos de movimento em Reinhart Koselleck. *Futuro passado...*, op. cit., p. 326.

de grandes proporções, o esgotamento de inúmeros recursos naturais que não são renováveis etc. – e queremos adiar esse futuro, transferi-lo para mais longe, ou pensamos o futuro como intensificação do já existente – mais tecnologia, mais democracia etc. Num caso como no outro nos aproximamos do que Hans Ulrich Gumbrecht chamou um "presente amplo de simultaneidades", em que o passado não é mais algo que queremos deixar para trás e a chegada do futuro não é o que queremos acelerar[18].

Não há mais como crer na possibilidade epistemológica de descortinar um ponto de vista a partir do qual se possa apreender a totalidade da história universal e fornecer-lhe a sua explicação e o seu sentido. Não há mais – ou não cremos mais que haja – uma racionalidade intrínseca à História que possa ser conhecida pela razão e que desvende o *télos* da caminhada temporal da humanidade. Por isso mesmo as grandes narrativas estão, pelo menos até segunda ordem, suspensas e substituídas por histórias locais, miúdas, particulares, sempre referidas à posição particular e contingente do observador. Perdido o *télos*, não há mais fundamento universal para uma ação do sujeito histórico na construção de um futuro antecipável pela razão. Parece que o futuro, de novo, a Deus pertence, e podemos elaborar cenários e análises de risco, enquanto contratamos seguros contra todos os imprevistos que podemos imaginar, mas não prognosticar. Como se o futuro tivesse se reduzido a uma espécie de risco presente e a ação estivesse totalmente desprovida de qualquer eficácia na ausência do *télos*.

Há quem fale de "cronocídio"[19] como a experiência contemporânea da imobilidade temporal associada a isso que já se chamou de pós-modernismo, por não sabermos que nome dar a essa outra configuração que não se pode reconhecer nos termos em que formulamos o cronótopo historicista. A experiência da imprevisibilidade, associada à sensação de não direcionalidade das mudanças presentes e ao temor das ameaças que preenchem o horizonte adiante, pareceria ter nos lançado numa necessária estagnação, ainda que esta pareça estranha quando vista ao lado da permanente aceleração da inovação tecnológica e da correria de nossos cotidianos...

---

18. Ver, por exemplo, Hans Ulrich Gumbrecht, "Depois de 'Depois de aprender com a história', o que fazer com o passado agora?", *Aprender com a história o passado e o futuro de uma questão*, Rio de Janeiro: FGV, 2011, esp. pp. 40 ss.

19. Mikhail Epshtein e Edward Skidelsky, "Chronocide: Prologue to the resurrection of time", op. cit.

Eu prefiro um caminho um pouco distinto, que compreende a nossa experiência atual do tempo não como ocaso do futuro *tout court* ou como um cronocídio. O que me parece estar em jogo, hoje, é a falência daquele tipo de horizonte de expectativa associado aos conceitos de movimento e às modernas filosofias da História. Com frequência, temos confundido, na linguagem ordinária, o fim de dada concepção temporal, histórica e culturalmente determinada, com o fim do tempo ou do futuro tomados metafisicamente.

Em termos um pouco mais técnicos, o que estaria em crise seria o cronótopo do tempo histórico, aquela articulação específica entre passado, presente e futuro que foi sustentada pela experiência de uma modernidade talvez jovem, prenhe de expectativa e com pouca experiência das consequências de seus próprios conceitos. É como se, na inversão entre o *quantum* de experiência e aquele de expectativa presentes na nossa linguagem temporal, tivéssemos abandonado qualquer possibilidade de se conceber um futuro. Talvez possamos surpreender aqui uma espécie de sinédoque que toma o gênero (o tempo e o futuro) pela espécie (o cronótopo e o tipo de futuro inscrito no cronótopo historicista respectivamente).

Para encaminhar o encerramento, gostaria de sublinhar dois pontos do percurso que vim fazendo até aqui sobre o tema do futuro presente, dos quais retiro duas sugestões, muito tímidas e incipientes, a título de conclusão, para pensarmos o futuro hoje.

Em primeiro lugar, apesar de uma tendência cotidiana de naturalizarmos o tempo e a sua tripartição tradicional – passado, presente e futuro –, os significados que atribuímos e os usos que fazemos do tempo são cultural e historicamente situados. Se nos for permitido generalizar, diríamos que a cada época distinta corresponde uma experiência particular da estrutura temporal, uma relação histórica e socialmente específica entre passado, presente e futuro. Em segundo lugar, dado que a ação humana se dá no contexto desse tempo histórico, social e cultural, aquilo que se crê poder fazer, ou não, depende dos modos de compreensão e experimentação dessa estrutura temporal.

Em outras palavras, sendo o futuro uma expectativa sempre experimentada no presente, talvez não se deva simplesmente recusar a *presença* do futuro, mas sim investigar se e como é possível falarmos em futuros compatíveis com a nossa recusa de um futuro como *télos* ou como coisa que se pode fabricar. E digo futuros, assim no plural, porque tal recusa talvez exija também a crítica (e talvez a rejeição) da *singularização* da linguagem que acompanhou a constituição da estrutura temporal historicista moderna.

Penso que melhor seria imaginarmos o futuro como plural de possibilidades, e mais próximo de nossa experiência, e que possa ser pensado como desdobramento de princípios ou inspirações da ação, mas não como produto de uma fabricação, não como resultado de uma técnica. Abandonarmos o modo imperativo do será, associado à arrogância das filosofias da história e dos programas políticos construtores de um futuro objetificado, como coisa, e pensarmos, a cada ponto, o que poderia ser ao agirmos animados por princípios da experiência, sem pretensão teleológica determinada. Pensar o tempo futuro sem que este, em sua luminosidade, ofusque o cuidado com o presente, não o transforme em mero meio, mero momento de passagem para algo que se realizará e nos redimirá adiante.

Retorno a "Ítaca"

E são estas breves sugestões, a da pluralização do futuro e a da substituição da expectativa teleológica que orientava a ação pelo compromisso com princípios derivados da experiência, que me trazem de volta ao poema de Kaváfis. Repito que não se trata de interpretá-lo poeticamente, nem de determinar um conteúdo para o poema ou dizer o que quis o poeta. Apenas compartilho o que me veio à mente quando, preocupado com o tema da história e do futuro, li e ouvi os versos do poema.

Em primeiro lugar, o rebaixamento da certeza do valor exclusivo do ponto de destino final que vem associado à apreciação do percurso da viagem. Sem dúvida o poema não se refere à história de um povo ou da humanidade. Mas ouço ali, antes de tudo, o cuidado com o caminho e tudo aquilo que nele se encontra. Não se pode, na pressa de logo chegar ao *télos* do desejo, desprezar o que a viagem dá ao navegante. Porque aqui, me parece, o meio, a viagem, o como se viaja, são também fins a que se almeja. A experiência da viagem importa tanto ou mais que a chegada ao destino final. E ainda que a viagem seja também o meio de chegar a algum lugar, o cuidado com o que há no percurso se impõe. No caminho, nada é puro meio, nada é só instrumento. O que há é digno de ser apreciado, desfrutado, e num tempo que é regulado pela própria experiência do desfrute e do saber, não pela pressa da realização do *télos*. O presente e o percurso não podem ser sacrificados em sua multiplicidade para a redução ao único da chegada.

O destino, ao final do poema, se pluraliza. Sábio, agora, *sabes o que significam Ítacas*. Ítacas, se são projeções do desejo presente, tornam-se entidades mentais que, por mais que brilhem na expectativa que faz soprar a vela do barco, tornam-se pálidas quando se alcança o porto de destino. Mas tal palidez não é atributo do lugar a que se chegou, e sim a consequência do ofuscamento traiçoeiro produzido pela expectativa, pelo desejo do vir a ser. Ítacas são o que são, vidas reais, humanas, nos limites do que nos é dado ser. Não há redenção, não há salvação, nem o triunfo final da verdade, da felicidade, do gozo total. O que há é a tensão permanente entre a expectativa e a experiência, entre o que foi, o que é e o que projetamos como o dever ser. Mas nada disso deve ser lido como um mero registro da decepção. É o reconhecimento do que há e do que pode haver, assim como da distância entre o que se quis encontrar e onde se chegou.

Não se trata, portanto, de uma ode ao desencanto. Até porque o poema me permite desvelar outra dimensão de futuridade que não está associada ao *télos* da chegada, mas à possibilidade de a viagem se dar. *Tem todo o tempo Ítaca na mente*, pois, sem ela, por que haveria de sair do porto? Esta outra Ítaca que se apresenta no início da viagem é a inspiração, é o princípio que orienta a ação. É o que nos faz agir. Neste ponto, não se trata mais nem de um *télos* imaginado, nem da Ítaca que o viajante encontrou ao chegar, mas daquela com a qual, e pela qual, saiu do porto. E é essa dimensão plural e não objetificada da futuridade que muito me interessou no poema. É a possibilidade de recusar o duplo cronocídio: aquele do futuro como coisa que anula a experiência do presente; aquele do presente estagnado, da repetição infinita do mesmo, da rotinização da mudança que abandonou qualquer imaginação do que pode vir a ser.

O futuro da ideia de autor

Francisco Bosco

Se a arte recusar qualquer tipo de relação com o mundo, ainda que negativa, ou se, ao contrário, procurar uma identificação total com o mundo, então a arte perde sua razão de ser.

LORENZO MAMMÌ

Não acredite em originalidade, mas não vá acreditar tampouco na banalidade, que é a originalidade de todo mundo.

CARLOS DRUMMOND DE ANDRADE

Num discurso pronunciado em Mântua, em setembro do ano 2000, Umberto Eco abordava a então novidade da escrita coletiva de obras na internet. Nela, descreve o autor de *A obra aberta*, "encontram-se programas com os quais se pode escrever histórias coletivamente, participando de narrativas cujo andamento pode ser modificado ao infinito"[1]. E se é possível escrever histórias interativas, sem um autor central, por que não também reescrevê-las, pergunta-se Eco, alterar a trama de "textos literários já existentes, adquirindo programas graças aos quais seja possível mudar as grandes histórias que nos obcecam, quem sabe há milênios?"[2].

Assim, leitores reescritores poderiam salvar da morte o príncipe André, de *Guerra e paz*; reconciliar Emma Bovary com Charles; impedir que Julien Sorel dispare contra a senhora de Renal. "Seria ruim?", prossegue interrogando Eco. "Não, porque a literatura também já fez isso, e bem

1. Umberto Eco, "Sobre algumas funções da literatura", *Sobre a literatura*, São Paulo: Record, 2003, p. 18.
2. Idem, ibidem, p. 18.

antes dos hipertextos"[3]. Ele então lembra práticas literárias modernas que tornaram instáveis as noções de obra e autoria: os *cadavres exquis* dos surrealistas (processos de escrita automática coletiva), as inúmeras variações estilísticas de Queneau e as improvisações do *jazz*, que mudam a cada noite o destino de um tema. "Mas", ressalva, "o fato de que exista a prática da *jam session* [...] não nos desestimula a comparecer às salas de concerto em que a *Sonata em si bemol menor op. 35* acabará toda noite exatamente do mesmo modo"[4]. Por quê? O que há de experiência irredutível em obras *fechadas*, que começam e acabam sempre do mesmo modo?

Para Eco, trata-se de uma lição de fatalidade. "É a descoberta de que as coisas aconteceram, e para sempre, de uma certa maneira, além dos desejos do leitor", ao qual cabe acatar essa frustração e experimentar, assim, "o calafrio do destino"[5]. "A verdadeira lição de *Moby Dick* é que a baleia vai para onde quer"[6]. As obras fechadas, transmitidas de geração em geração na sua forma imutável, encerram portanto uma "educação ao Fado e à morte"[7]. Sua trágica grandeza está em que nelas "as coisas acontecem como acontecem"[8]. Submetendo-nos ao destino, preparam-nos para a morte.

Triste argumento. Defenderei adiante que, ao contrário, se há uma razão para desconfiarmos da criação de obras de arte interativas está justamente em que elas tendem a *não permitir* que as coisas aconteçam de outro modo. Fundados numa pseudoliberdade de ordem estritamente sociológica e empírica, esses processos de criação costumam ser muito menos livres e criativos do que se acredita.

Por hora voltemos uma última vez ao texto de Eco. É em outro momento que ele toca, de passagem, no âmago da questão: "Alguém disse que jogando com mecanismos hipertextuais se foge de duas formas de repressão, a obediência a acontecimentos decididos por um outro e a condenação à divisão social entre aqueles que escrevem e aqueles que leem. [...] Isso me parece uma bobagem"[9], arremata. Concordo; e procurarei

---

3. Idem, ibidem, p. 19.
4. Idem, ibidem, p. 19.
5. Idem, ibidem, p. 20.
6. Idem, ibidem, p. 20.
7. Idem, ibidem, p. 21.
8. Idem, ibidem, p. 20.
9. Idem, ibidem, p. 19.

demonstrá-lo. O mais importante é, entretanto, identificar o pensamento subjacente que engendra essa e outras práticas da cultura contemporânea, espalhando-se pela arte, pela tecnologia, pelas novas formas de socialidade na internet e pelo entretenimento de massas. No fundo, o que legitima (para eles mesmos) não apenas os praticantes da arte interativa, como o apelo à interatividade em geral na cultura (que vai desde as tecnologias *wiki*, na *web*, até a irritante "participação do internauta" em programas de tv), é *certa ideia de democracia*. É essa ideia que se deve compreender e submeter à crítica. Para ela, toda forma de autoria, em suas manifestações "tradicionais", isto é, não participativas, é percebida como autoritária. Esse é provavelmente o seu equívoco fundamental, pois a relação entre autor e autoridade, ao contrário do que o radical comum convida a supor, não é de continuidade, e sim de descontinuidade e até de oposição.

Em um conhecido livro, *O culto do amador*, Andrew Keen, um ex--empreendedor do Vale do Silício, declara sua apostasia do que se pode chamar a ideologia da *web* 2.0. Tal ideologia, relata, se lhe revelou em um encontro numa cidadezinha agrícola no norte da Califórnia, em setembro de 2004, reunindo "o *establishment antiestablishment* do Vale do Silício"[10]. Promovido pela O'Reilly Media, "um evangelizador da inovação junto a uma congregação mundial de tecnófilos", o evento, chamado *Foo Camp*, reunia "os partidários da contracultura dos anos 1960" com "os entusiastas do livre mercado dos anos 1980" e "os tecnófilos dos anos 1990"[11].

Keen conta que conferências no Vale do Silício não eram novidade para ele, que tinha até mesmo organizado uma, "quando o *boom* da internet dava seus últimos suspiros"[12]. "Mas o *Foo Camp* era realmente diferente. Sua única regra era: não há espectadores, apenas participantes"[13]. O evento era organizado "segundo princípios participativos, de fonte aberta, ao estilo da Wikipédia"[14]. "Uma palavra estava em todos os lábios no *Foo Camp* em setembro de 2004. Era 'democratização'"[15].

---

10. Andrew Keen, *O culto do amador*, Rio de Janeiro: Zahar, 2009, p. 17.
11. Idem, ibidem, p. 17.
12. Idem, ibidem, p. 17.
13. Idem, ibidem, p. 17.
14. Idem, ibidem, p. 17.
15. Idem, ibidem, p. 17.

Essa informação explicita a ideologia que fundamenta a *web* 2.0, essa nova geração da internet caracterizada pelas redes sociais, ferramentas *wiki*, *sites* de compartilhamento de vídeo e áudio e instrumentos de recriação de obras existentes (por meio de *cut and paste*, *mashups*, edições de vídeo, em suma, todos os recursos para o que Nicolas Bourriaud chama de *pós-produção*). No fundo de todas essas possibilidades, há o mesmo princípio de democratização, compreendido como esvaziamento da autoria, nivelamento das hierarquias, indiferenciação entre autor e público, espectadores e participantes, atividade e passividade. É preciso entretanto dissociar essas ferramentas, efetivamente liberadoras, de um ideário democrático homogeneizante e reconciliá-las com certa ideia de autoria.

As atuais reformulações da ideia de autoria, bem como suas práticas correlatas, extrapolam portanto a esfera da arte. Todo autor se torna suspeito de autoritarismo, e logo de trair o princípio democrático da igualdade. Assim, arte interativa, formas de pós-produção, redes sociais, ferramentas *wiki*, vídeos enviados para o *Fantástico*, *reality shows* e a inflação generalizada da intimidade (pois *qualquer* vida privada pode ser *igualmente* de interesse público), participam todos da mesma mentalidade, de uma mesma ideia de democracia. Para compreender essa ideia devemos proceder por partes.

Um dos conjuntos de práticas no campo da arte que vêm questionando a ideia de autoria é aquele designado pelo termo *pós-produção*.

Em seu livro *Uncreative writing*, Kenneth Goldsmith (poeta, ensaísta e fundador do *site* Ubu Web, com vasto material das vanguardas artísticas do século xx) lembra que "desde a aurora da mídia tivemos mais em nossos pratos do que jamais poderíamos consumir"[16]. Esse excesso de linguagem, entretanto, não apenas se multiplicou, como sofreu uma transformação de ordem qualitativa: "Nunca antes a linguagem teve tanta *materialidade* – fluidez, plasticidade, maleabilidade – implorando para ser ativamente manuseada pelo escritor"[17]. Goldsmith está se referindo à natureza da linguagem verbal no mundo digital, pela qual, por meio de ferramentas como *cut and paste*, podem ser deslocadas grandes massas de textos, integralmente, sem qualquer esforço. A possibilidade, como

---

16. Kenneth Goldsmith, *Uncreative writing*, Nova York: Columbia University Press, 2011, p. 25.
17. Idem, ibidem, p. 25.

se sabe, não se reduz à linguagem verbal: *mashups, samples,* edições de vídeo amadoras no YouTube são técnicas de criação liberadas pelas novas ferramentas digitais. Essas técnicas têm em comum a criação a partir do aproveitamento de formas preexistentes, combinando-as entre si, deslocando-as de contexto, ressignificando-as, enfim, sem que para isso seja necessário trabalhar com uma matéria-prima.

Bourriaud chamou essas práticas de pós-produção. Conforme ele explica: "Os artistas atuais não compõem, mas *programam* formas: em vez de transfigurar um elemento bruto (a tela branca, a argila), eles utilizam o *dado* [...] Já não lidam com uma matéria-prima"[18]. O modo que a pós-produção se efetiva na literatura é o que Goldsmith chama de *"uncreative writing"*, ou *escrita recriativa.* Essa escrita, reforça a crítica literária Marjorie Perloff em seu *Unoriginal genius,* "é a forma lógica da 'escrita' em uma era de texto literalmente móvel ou transferível – texto que pode ser prontamente deslocado de um *site* para outro ou do impresso para a tela, que pode ser apropriado, transformado, ou escondido por diversos meios e para diversos propósitos"[19]. A escrita recriativa promove um deslocamento do ato artístico, do conteúdo para o contexto. A produção de novos sentidos surge por meio da recontextualização de formas preexistentes. *"Context is the new content"*[20], afirma Goldsmith.

Qualquer leitor familiarizado com a arte e o pensamento do século xx sabe que estamos em estradas já palmilhadas. Duchamp, Picasso, Warhol, Benjamin, Eliot e Pound foram alguns dos autores que empregaram técnicas "recriativas". É oportuno localizá-las, para refrescar a memória. O gesto de Duchamp, com o *ready-made* inaugural de 1917, o famoso mictório, talvez tenha sido o de maior impacto. A mera transposição de um objeto utilitário, industrial, para a esfera simbólica da arte provocou um curto-circuito na compreensão dessa esfera e lançou uma questão sobre a sua natureza que até hoje ressoa. Picasso, em sua fase cubista, utilizou pedaços de objetos e formas prontas em seus quadros, combinando-os com material pintado por ele. Já Warhol relançou o gesto duchampiano

18. Nicolas Bourriaud, *Pós-produção: como a arte reprograma o mundo contemporâneo.* São Paulo: Martins, 2009, pp. 13 e 8.

19. Marjorie Perloff, *Unoriginal genius; poetry by other means in the new century,* Chicago: The University of Chicago Press, 2010, p. 17.

20. Kenneth Goldsmith, op. cit., p. 3.

numa era de radicalização da repetição de imagens e fez da própria repetição uma verdadeira poética.

Na poesia, o poema talvez mais importante de língua inglesa no século xx, "The waste land", foi composto por meio de um sem-número de citações, egressas de línguas, culturas e códigos diversos, entremeadas e finalmente costuradas por Eliot. Atmosfera simbolista à parte, Pound, *il miglior fabbro*, realizou operação semelhante em seus *Cantos*, orquestrando ideogramas chineses, línguas vivas e mortas, citações da política, entre outros materiais. Pode-se dizer, com Goldsmith, que as operações de Picasso, Eliot e Pound são "sintéticas": trata-se de combinar escrita criativa e recriativa; fragmentos de formas preexistentes com outros, originais; e compor tudo isso no todo que é a obra.

Já a póstuma e controversa obra de Walter Benjamin, *Passagens*, é construída segundo outros procedimentos. Ela, como se sabe, é composta principalmente de citações ("das 250 mil palavras que perfazem a edição Tiedmann, pelo menos 75 por cento são transcrições diretas de textos que Benjamin coletou por mais de 13 anos"[21]): anúncios de jornal, cartazes, nomes de lojas, fragmentos de guias de viagem, versos de poemas, letras de canções populares etc. Embora não haja consenso sobre a intenção de Benjamin, tudo leva a crer que o projeto foi pensado como um livro inaugural de escrita recriativa, feita em sua maior parte de citações – e não como um material de pesquisa levantado para servir a um livro de interpretação a ser ulteriormente escrito de forma tradicional. O próprio Benjamin anotou: "Método deste projeto: montagem literária. Eu não preciso dizer nada. Apenas mostrar"[22]. Certa imagem da Paris capital do século xix seria formada, ou vislumbrada, por meio do conjunto imenso desses fragmentos. Assim, como sugere Perloff, o livro reproduziria, em sua forma, a experiência das passagens parisienses, com seu desfile de citações-mercadorias. Da perspectiva do método histórico, abandonavam-se os documentos oficiais e os grandes acontecimentos em favor dos dejetos e detritos, "prestando atenção nas margens e periferias, em vez de no centro"[23].

21. Marjorie Perloff, op. cit., p. 27.
22. Walter Benjamin, apud Marjorie Perloff, op. cit., p. 26.
23. Kenneth Goldsmith, op. cit., p. 114.

Isso posto, examinemos alguns problemas que dizem respeito à articulação das noções de diferença, valor e autoria no campo da escrita recriativa e da pós-produção em geral.

Os princípios de onde partem Perloff e Goldsmith são irrefutáveis. "A lição aqui é que o contexto sempre transforma o conteúdo"[24], diz ela. "A supressão da expressão de si é impossível", diz ele; "até quando fazemos algo tão aparentemente não criativo quanto redigir algumas páginas, nos expressamos de diversas maneiras. O ato de selecionar e reposicionar diz tanto sobre nós mesmos quanto uma história sobre a operação de câncer da nossa mãe"[25]. Essas afirmações se dirigem, refutando-as, às noções de originalidade, expressividade e escrita criativa (as oficinas de *creative writing* são um verdadeiro gênero na instituição literária americana). Como lembra Perloff, "originalidade é frequentemente definida pelo que não é: não derivativa, não surgindo de, ou dependente de qualquer outra coisa de seu tipo, não derivada"[26]. É uma noção parente daquela de "expressividade" entendida como fonte da obra: o artista externalizando ao mundo seus sentimentos, sua "alma", sua especial verdade interior, que é o sentido da palavra "criação" na expressão "escrita criativa".

Mas é preciso lembrar que essas noções foram sistematicamente desmontadas por levas progressivas de obras e teorizações desde a segunda metade do século XIX e ao longo do século XX. Para fazer uma brevíssima história: Poe, com *A filosofia da composição*, afirmando uma concepção racional e materialista da literatura; Mallarmé, com seu poema impessoal, sem sujeito lírico; Rimbaud, com suas *Iluminações*, poemas sem sujeito nem referência realista, em que a linguagem é contemporânea de si mesma; os formalistas russos, com seus conceitos de desvio e procedimento, situando na linguagem – e não no eu do escritor – a natureza da literatura; a célebre frase de Gide, "com bons sentimentos se faz má literatura"; a não menos célebre estrofe da "Autopsicografia" de Pessoa, "O poeta é um fingidor..."; e assim sucessivamente, além dos já citados Eliot, Pound e Benjamin. Tudo isso formou a sensibilidade do século, para a qual não deve causar nenhuma surpresa que obras literárias prescindam de um autor entendido como sujeito expressivo, a plasmar uma

24. Marjorie Perloff, op. cit., p. 48.
25. Kenneth Goldsmith, op. cit., p. 9.
26. Marjorie Perloff, op. cit., p. 22.

matéria-prima (como se fosse possível considerar a linguagem verbal uma matéria-*prima*).

É precisamente toda essa movimentação do século que levou Barthes a proclamar, no famigerado texto homônimo, "a morte do autor". O autor de que Barthes assinou a certidão de óbito é o autor como "pessoa humana", que "reina ainda [o texto é de 1968] nos manuais de história literária, nas biografias de escritores, nas entrevistas das revistas e na própria consciência dos literatos, preocupados em juntar, graças ao seu diário íntimo, a sua pessoa e a sua obra"[27]. A morte do autor era, portanto, a morte de certa ideia de autor. No mesmo momento em que morria, o autor renascia como um orquestrador de códigos, um compositor de fragmentos, um arranjador, um intérprete, alguém cujo trabalho, em suma, nunca é original: "O texto é um tecido de citações, saídas dos mil focos da cultura. Parecido com Bouvard e Pécuchet, esses eternos copistas, ao mesmo tempo sublimes e cômicos, e cujo profundo ridículo designa precisamente a verdade da escrita, o escritor não pode deixar de imitar um gesto sempre anterior, nunca original: o seu único poder é o de misturar as escritas"[28].

O mais lírico dos poetas românticos é tributário das escritas, das ideias, das representações, das formas de seu tempo e da tradição. O mais revolucionário dos poetas modernistas, idem, mesmo recusando a tradição. Não haveria Picasso sem Cézanne. Não haveria Machado de Assis sem Sterne e De Maistre. A diferença é metodológica e não fundamental[29]: enquanto Cézanne está implícito, digerido e reprocessado em Picasso, Nerval aparece explicitamente no poema de Eliot, a voz de um cantor ou a progressão harmônica de um violonista aparecem explicita-

27. Roland Barthes, "A morte do autor", *O rumor da língua*. Lisboa: Edições 70, pp. 49-50.
28. Idem, ibidem, p. 52.
29. Na verdade, a diferença pode ser fundamental, mas não o é necessariamente. Perloff distingue as escritas orientadas por uma "confiança na invenção", de "forte alcance individualista", e cujas técnicas podem ser "tradicionais" (aspas minhas) ou recriativas, das escritas, "no clima do novo século", para as quais "*inventio* está cedendo lugar à apropriação". Nesse último caso, os escritores não almejam produzir uma diferença radical, mas "participar de um discurso mais público e de maior amplitude". Essa diferença não é apenas metodológica, mas modifica decisivamente a noção de autoria, pois os textos que daí surgem renunciam ao (ou são incapazes de produzi-lo) "poder de criar uma *parole* única a partir da piscina verbal da cultura". O diagnóstico (não necessariamente, veremos, quanto à intenção, mas muitas vezes quanto ao resultado) é verdadeiro, mas são justamente as consequências culturais e subjetivas dessa proposta que submeterei à crítica.

mente num *mashup*. Não há diferença essencial entre a pós-produção e a arte que lida com uma "matéria-prima". Culturalmente falando, uma tela nunca é branca, a argila nunca é intocada. Na origem da produção está o consumo. Todo artista é um *bricoleur*, toda escrita resulta de um conjunto de leituras (de um tipo de leitura especialmente ativa, que Harold Bloom chamou de *misreading*[30]).

Em suma, *a prática da pós-produção revela, explicita, materializa a natureza da arte "tradicional", que, assim compreendida, desfaz os preconceitos tradicionalistas contra a pós-produção*. Logo, a radicalização e a disseminação das técnicas de pós-produção não deveriam afetar uma ideia de autoria que veio se formando ao longo dos séculos XIX e XX e encontra sua formulação sintética em Barthes; antes deveriam ajudar a compreendê-la. A ideia moderna de autoria está vinculada não à origem, mas ao destino: autor é quem produz diferença – por meio de processos de seleção, combinação e interpretação, implícitos ou explícitos – a partir do que a tradição e a contemporaneidade lhe oferecem. Como já colocava Mary Shelley, citada por Jonathan Lethem em seu ensaio "O êxtase da influência": "Invenção, deve-se admitir humildemente, não consiste em criar do nada, mas do caos"[31]. E o próprio Barthes, também citado por Lethem: "Qualquer texto é tecido inteiramente de citações, referências, ecos, linguagens culturais, que o atravessam de cabo a rabo em uma vasta estereofonia. As citações mobilizadas num texto são anônimas, ilocalizáveis, e entretanto *já lidas*; são citações sem aspas"[32].

A ideia de autoria enquanto expressão de uma interioridade, de uma singularidade original, virginal, foi portanto desmontada durante o século XX. Como afirma Foucault em seu texto "O que é um autor?": "Pode-se dizer de saída que a escrita de hoje se libertou do tema da expressão: ela só se refere a si mesma [...] trata-se da abertura de um espaço em que o sujeito escritor não cessa de desaparecer"[33]. O autor, ou mais exatamente o que Foucault chama de "função autor", não se situa do lado da vida pessoal do escritor, mas sim do lado das características dos textos que a

---

30. E que se deve traduzir por *desleitura*, já que o prefixo *mis-*, aqui, não designa um erro, e sim uma criação que requer uma espécie de abandono dos usos ou das perspectivas apresentadas pelas leituras históricas de uma obra em favor de uma perspectiva ou uso diferente.

31. Mary Shelley apud Jonathan Lethem, "The ecstasy of influence", *Harper's Magazine*, 2007, p. 114.

32. Roland Barthes, apud Jonathan Lethem, op. cit., p. 111.

33. Michel Foucault, "Qu'est-ce qu'un auteur?", *Dits et écrits 1, 1954-75*. Paris: Gallimard, 2001, pp. 820-821.

ela são identificados. Esses textos se definem justamente pela *diferença* que demarcam em relação aos discursos banais, à balbúrdia geral da cultura: "Enfim, o nome de autor funciona para caracterizar certo modo de ser do discurso: [...] esse discurso não é uma palavra cotidiana, indiferente, uma palavra que se vai, que flutua e passa, uma palavra imediatamente consumível, mas se trata de uma palavra que deve ser recebida de certo modo, e que deve, em determinada cultura, receber certo estatuto"[34]. A função autor identifica, portanto, os conjuntos de textos agrupados pelo nome de autor, caracterizados pela "ruptura que instauram em certo grupo de discursos"[35].

Ora, contrariamente ao que acreditam seus paladinos, é essa ideia de autor como produtor de diferença – e não como criador *ex-nihilo*, o que seria chutar cachorro morto – que está ameaçada pelo modo que os descaminhos da ideia democrática se infiltram e conformam algumas das práticas artísticas de pós-produção e sua compreensão. Senão, vejamos.

Goldsmith chama de "apropriação" um método radical de escrita recriativa. Trata-se, não de combinar fragmentos de formas preexistentes, mas de simplesmente deslocar uma forma integral, movê-la de um contexto a outro. Gesto realizado na arte do século xx por Duchamp e pelos situacionistas. E que com as ferramentas de *cut and paste* se abre agora também para a literatura. Examinemos dois exemplos.

Em uma obra sua intitulada *Day*, de 2003, Goldsmith redigita, palavra por palavra, página por página, a edição de uma sexta-feira do jornal *The New York Times*. O projeto se resume a isso: deslocar o conteúdo integral de uma edição do jornal para um livro. A questão que o moveu foi a seguinte: "Quando reproposto como um livro, teria o jornal propriedades literárias que não podemos ver em nossa leitura diária dele?"[36]. Mas, para Goldsmith, a simplicidade do procedimento é enganosa e "envolve dúzias de decisões autorais", tais como: "O que fazer com a fonte, com os números das fontes, e a formatação? [...] onde colocar as quebras de linhas? [...] devo permanecer fiel às colunas estreitas ou coloco cada artigo num longo parágrafo?"[37], entre outras da mesma natureza.

34. Idem, ibidem, p. 826.
35. Idem, ibidem, p. 826.
36. Kenneth Goldsmith, op. cit., p. 118.
37. Idem, ibidem, p. 118.

Outro exemplo. Um artista inglês decide redigitar a edição original de *On the road*, uma página por dia, em um *blog* intitulado por ele "Entrando na cabeça de Kerouac". Durante mais de quatrocentos dias, redigitou e postou cada página do livro, reproduzindo-o integralmente. Ao final, disse de sua experiência ter sido "a mais excitante leitura/carona [*read/ride*] da minha vida". O fato de ter redigitado cada palavra do livro e depois relido e revisado cada página lhe proporcionou uma experiência de leitura minuciosa, por sua vez descortinadora de características da prosa de Kerouac, "que em meu estilo habitual de leitura estou certo de que não teria percebido"[38]. É essa a obra.

Eis ainda um relato de Goldsmith sobre sua prática como professor:

> Nós redigitamos documentos e transcrevemos clipes de áudio. Fazemos pequenas alterações em páginas da Wikipédia (mudando um *o* por um *a* ou inserindo um espaço extra entre palavras [...] Nós temos aulas em salas de *chat* e passamos semestres inteiros exclusivamente no Second Life [...] E depois de ver o quão espetaculares são os resultados disso, o quão completamente engajada e democrática é a classe, estou mais convencido de que não posso jamais voltar a uma pedagogia de sala de aula tradicional[39].

Em outro momento, ele afirma que práticas como as de pós-produção "desmontam os mitos gêmeos do autor todo-poderoso e do leitor passivo"[40]. É a mesma ideia afirmada por Bourriaud, ao declarar que o tratamento dado a formas já produzidas representa uma mudança cultural no sentido de "atenuar a fronteira entre recepção e prática"; opor-se ao "esquema clássico de comunicação que supõe um emissor e um receptor passivo"; abolir, em suma, uma suposta distinção tradicional entre produção e consumo[41]. Mas já vimos que essa separação nítida entre autor e leitor, atividade e passividade não descreve de modo algum o que se passa na experiência de obras de arte modernas [*scriptible*], "tradicionais", em

---

38. Idem, ibidem, p. 152.
39. Idem, ibidem, p. 8.
40. Idem, ibidem, p. 153.
41. Nicolas Bourriaud, op. cit., pp. 15 e 102, respectivamente.

suma, obras não interativas ou não recriativas[42]. Nunca houve autor sem um leitor implícito; não pode haver leitura sem atividade interpretativa, ressignificante – logo uma forma de autoria –, implícita. O que se está a fazer é criar um fantasma como álibi para um desejo de desierarquização dos campos da arte e da cultura.

Goldsmith nega-o: "Concordo que no momento em que jogamos o julgamento e a qualidade pela janela estamos em apuros. Democracia é bom para o YouTube, mas é geralmente uma receita para o desastre quando se trata de arte"[43]. Entretanto é preciso notar de que modo a sua prática trai o seu valor declarado.

Retomemos os dois exemplos que dei de apropriação, as obras *Day* – em que Goldsmith redigita uma edição do *The New York Times* e a recontextualiza no espaço do livro – e a cópia integral de *On the road*, publicada em um *blog*. Não há dúvida de que o sentido é determinado pelo contexto (isso aliás é a lei estrutural da própria linguagem verbal, como sabemos desde Saussure), e logo que a diferença de contexto acarreta diferença de significado – mas, é esse o ponto, de que diferença se trata?

Todo valor é arbitrariamente fundado, e o valor que aqui se afirma deve ser explicitado (é um valor caro à modernidade, mas não a outras épocas e sociedades, como se sabe): a força de um autor, a qualidade e o interesse de sua obra para determinada cultura se medem pela intensidade de sua diferença, pelo quão inesperada e desestabilizadora é a diferença produzida. Medidas em relação a esse valor (que Goldsmith declara não recusar), as obras de escrita recriativa acima referidas revelam uma autoria débil, pois as produções de diferença que elas realizam são mínimas. Ao contrário do que afirma Goldsmith ("Certamente suas escolhas – o modo como você [...] quebra as linhas etc. – serão diferentes da minha, produzindo um trabalho *completamente* diferente"[44]), não é o valor da *diferença*

---

42. Ao contrário, pode-se argumentar com mais forte razão que os textos modernistas, por suas características formais, são aqueles que mais exigem do leitor uma postura ativa, produtora. Porque operam com indeterminação, erosão semântica, elisão do referente, apagamento de balizas narrativas, entre outros recursos, esses textos requerem uma atividade intensa de produção de sentidos. Eles são, assim, o que Barthes chamava de textos "escrevíveis" [*scriptibles*], isto é, textos que obrigam o leitor a tal esforço que é comparável àquele do escritor. Textos diante dos quais a suposta distinção entre produção e consumo, autor e leitor, revela-se especialmente improcedente.

43. Kenneth Goldsmith, op. cit., p. 10.

44. Idem, ibidem, p. 129.

414   O futuro da ideia de autor

que é privilegiado, mas o da *igualdade*: a saber, aquela que estabelece entre autor e leitor, professor e aluno, produção e consumo uma relação de horizontalidade, nivelando-os entretanto por baixo. É do fato de que qualquer um é capaz de fazê-las, e não da produção de uma excepcionalidade que obrigaria a conhecê-las, que essas obras na verdade retiram sua legitimidade e valor.

Há ainda nisso tudo uma confusão de outra ordem. Se admitirmos isso – conforme procurei demonstrar, que as práticas contemporâneas de pós-produção não abalam a noção moderna de autoria, pelo menos quanto aos aspectos das relações entre autor e leitor, atividade e passividade, produção e consumo na experiência da obra de arte –, a diferença que existe nessas práticas é apenas de ordem metodológica. Ora, sabemos desde as vanguardas que não se podem estabelecer métodos *a priori* para a produção de obras de arte, tampouco para o juízo sobre elas. Chamo aqui de "métodos" os materiais, as técnicas, os recursos utilizados numa obra. O "saldo cognitivo"[45] das vanguardas, à revelia de sua própria crença, é esse: depois delas fica estabelecido que se pode fazer poesia com versos livres e formas fixas; música tonal ou atonal; quadros figurativos ou abstratos; e também escrita criativa ou recriativa, cavaquinho ou *sampler*, canto *a cappella* ou *mashup*, e assim vai, irrestritamente[46].

Ao contrário do que ocorreu antes delas e no interior dos seus processos, depois das vanguardas a diferença de método não garante mais a diferença artística. Diante de uma mentalidade pré-moderna, contra a qual o moderno e as vanguardas se ergueram, as novidades técnicas produziam diferenças por si sós, pois se chocavam contra as normas, demolindo-as. Mas o "saldo cognitivo" das vanguardas é precisamente a consciência definitiva dessa demolição, isto é, da ausência de critérios *a priori* para a produção de obras e o juízo sobre elas. A partir daí, o surgimento de uma nova técnica não mais contém valor artístico *a priori*. O valor não resulta da prática de uma técnica nova, mas da diferença que

---

45. Utilizo aqui a expressão de Antonio Cicero em seu ensaio "Poesia e paisagens urbanas", cujos argumentos sigo nesse parágrafo e no seguinte. In: Antonio Cicero, *Finalidades sem fim*, São Paulo: Companhia das Letras, 2005.

46. Isso não significa, claro, que as formas não tenham uma relação com a história, mas sim que elas são vazias (no mesmo sentido em que se diz que um significante é vazio) e que podem ser preenchidas de sentido histórico. Assim, hoje em dia um soneto pode ser tão contemporâneo – ou mais – quanto uma poesia digital, desde que seja mobilizado com consciência histórica.

se é capaz de produzir seja com que técnica for. Portanto as técnicas de pós-produção são tão aceitáveis e neutras, em princípio, como quaisquer outras. Lethem corrobora-o: "O *sampler* digital é uma técnica artística como qualquer outra, neutra por si só"[47]. Negá-las em princípio significa incorrer em um conservadorismo arbitrário (ou em um positivismo tosco, como fazem os críticos de música tradicionais que recusam o estatuto de artistas a DJs com o argumento de que "eles não tocam nenhum instrumento"). Mas afirmá-las, também em princípio, atribuindo-lhes valor por si só, significa incompreensão do "saldo cognitivo" das vanguardas e repetição delas como farsa.

Logo na abertura de seu livro, Goldsmith cita o artista conceitual Douglas Huebler: "O mundo está cheio de objetos, mais ou menos interessantes; não quero lhe acrescentar outros". E subscreve esse desejo, deslocando-o para o campo verbal: "O mundo está cheio de textos, mais ou menos interessantes; não quero lhe acrescentar outros"[48]. Mas não se pode dizer que a escrita recriativa deixe de acrescentar textos ao mundo, uma vez que ela os faz recircular, em diferentes contextos, multiplicando-os. O que ela não faz – quando movida pelo princípio igualitário – é acrescentar ao mundo textos *diferentes*, em sentido exigente. Por isso essa resposta é a um tempo contraditória e redundante. A resposta mais apropriada é a tentativa de construção de textos intensamente diferentes, por meio de técnicas recriativas ou não, capazes de se destacar do palavrório banal e infinito do mundo. Textos capazes de calar a algaravia reinante – e cujas palavras são uma espécie de silêncio.

Outra prática que vem questionando a ideia moderna de autoria é uma vertente da arte contemporânea denominada por Bourriaud, seu principal teórico, de "estética relacional". Esse nome designa obras que têm duas características fundamentais: 1) diferentemente das obras de arte modernas, elas não produzem um *objeto* (um quadro de Picasso, uma escultura de Rodin), mas uma *situação*, um espaço onde se propõe uma forma de socialidade; 2) enquanto as obras de arte tradicionais apresentam uma estrutura fechada, acabada, as obras da estética relacional

---

47. Jonathan Lethem, op. cit., p. III.
48. Kenneth Goldsmith, op. cit., p. I.

apresentam uma estrutura aberta, que só se completa com a participação do público. Exemplo: numa sala, o artista dispõe um fogareiro, uma panela com água fervente e um cesto repleto de macarrão. As pessoas são convidadas a fazer e comer seu próprio macarrão enquanto conversam com o artista e entre si próprias. Trata-se de uma prática que se considera primordialmente política, e que se acredita mais democrática do que a arte moderna. Será?

A estética relacional assenta sobre pressupostos políticos e artísticos. Os primeiros são, em geral, pertinentes; mas os outros, a meu ver, inteiramente equivocados.

Alguns dos pressupostos políticos principais são: vivemos, os países ocidentais, em sua maioria, em democracias individualistas, cujos laços sociais são precários; no lugar das utopias modernas, devemos apostar em "microutopias" cotidianas, em ações não institucionais que nos permitam "habitar melhor o mundo"[49]; a sociedade do espetáculo impõe uma gramática engessada e limitada de formas de socialidade, cabendo à arte elaborar "modos heterogêneos de socialidade"[50]. A estética relacional se propõe então a "preencher as falhas do vínculo social"[51], inventar formas de convívio diversas das que nos são impostas e, assegurando um lugar mais ativo e importante ao outro, ao espectador ou público, realizar uma arte verdadeiramente democrática.

Que vivemos em democracias individualistas, isso é certo. Há uma relação constitutiva entre democracia e individualismo. Tocqueville a explicou bem: as sociedades aristocratas, fundadas na posse da terra, na distinção nítida e na imobilidade das classes, faz com que os laços sociais sejam muito fortes no interior de cada classe. Na democracia, o princípio da igualdade, que engendra a mobilidade social fazendo os indivíduos competirem entre si, quebra os elos geracionais e horizontais, levando os indivíduos a defenderem-se em unidades mínimas, como a família. O individualismo é um efeito colateral da democracia. Quanto ao fracasso das utopias, talvez tenha havido aí um consenso, até poucos anos atrás. Desde Guattari e sua "revolução molecular", nos anos 1970, tenta-se imaginar formas de experimentação política diversas dos movimentos cole-

49. Nicolas Bourriaud, *Estética relacional*, São Paulo: Martins, 2009, p. 18.
50. Idem, ibidem, p. 44.
51. Idem, ibidem, p. 51.

tivos revolucionários. Hoje, com a crise do capitalismo, as revoltas em países europeus e as revoluções nos países árabes, a possibilidade de uma revolução sistêmica no Ocidente voltou a se abrir, se não na realidade, ao menos nas formulações teóricas.

Se seus pressupostos políticos são em geral pertinentes, as consequências políticas da estética relacional entretanto me parecem estéreis: realizar, na situação social excepcional da obra, o horizonte das relações sociais igualitárias, em nada altera a manutenção das relações sociais desiguais[52].

Mas são os seus pressupostos e consequências artísticos que nos interessam mais diretamente. Vejamos como eles problematizam a ideia de autoria.

Segundo Bourriaud, as obras de arte modernas são "autoritárias", negam o diálogo e constituem um "espaço simbólico autônomo e privado"[53]. São afirmações insustentáveis. Primeiro: o sintagma "espaço simbólico privado" é uma contradição em termos. O simbólico é, por definição, o registro do coletivo, do transpessoal. É o código (as línguas, as linguagens) que depende de um acordo prévio para haver comunicação. E a efetivação da comunicação, por sua vez, como na *boutade* de Lacan, "é o sucesso do mal-entendido", ou seja, pressupõe uma relação bilateral, na qual quem escuta deforma, interpreta o escutado.

Depois: afirmar que uma obra de arte nega o diálogo porque ela não é aberta, estruturalmente, à participação do outro é compreender mal tudo o que está em jogo num mesmo processo. Toda obra de arte só passa a existir, enquanto sentido (que é para onde ela se dirige), no momento em que é atualizada pelo outro. Essa atualização é o lugar constitutivamente reservado ao outro, em qualquer obra de arte. Objetar que esse processo não caracteriza um diálogo, na medida em que não produz uma resposta direta da obra de arte, é redutor em dois níveis. Primeiro, as obras de arte são, sim, como na famosa frase de Borges, influenciadas pelos seus leitores (uma obra não se separa do acúmulo de leituras depositadas sobre ela ao longo dos anos). Depois, e mais importante para a argumentação em curso, defender uma forma necessariamente

---

52. Para uma análise mais detida sobre a dimensão política, *stricto sensu*, da estética relacional, recomendo o artigo "Partilha da crise: ideologia e idealismos", da crítica de arte Clarissa Diniz, na revista virtual *Tatuí*, número 12. Disponível em: <http://revistatatui.com/revista/tatui-12/clarissa-diniz/>.

53. Nicolas Bourriaud, op. cit., 2009, pp. 80-81 e 19.

empírica, concreta, de diálogo pode resultar em esterilidade subjetiva, conforme procurarei demonstrar.

Finalmente, é uma tolice dizer que uma obra de arte é autoritária. A arte nunca pode ser, por definição, autoritária. No momento em que o espírito é encarnado numa linguagem, o vivido se separa do meio e a obra assassina sua origem. Sabe-se, por exemplo, o quanto as culturas antigas desconfiavam da escrita. Como mostrou Derrida, a escrita tem um potencial libertário constitutivo: nela, diferentemente da fala, os significantes podem ser interpretados livremente pelos sujeitos, não havendo quem possa resguardar um significado único. Assim, as instituições podem ser autoritárias, em certas circunstâncias (desde um professor num exame de qualificação de tese até o Estado soviético obrigando artistas a se enquadrarem no realismo socialista), mas a obra de arte *nunca* o é.

Portanto, no âmbito da relação entre obra e público, autor e "espectador", a estética relacional não é mais democrática que a arte moderna. Essa pretensão se funda numa série de pressupostos equivocados. E acaba num postulado subjetivamente desastroso: *é melhor ser igual aos outros do que diferente de si mesmo*. Para compreender o alcance dessa afirmação, devemos antes compreender melhor o que é a alteridade na experiência da obra de arte. O denominador comum dos equívocos quanto à compreensão da alteridade nessa experiência consiste em tratar a questão sob uma perspectiva empírica e sociológica. A alteridade se apresenta na obra de arte antes como experiência da subjetividade e da verdade.

No final da segunda parte de *No caminho de Swann*, Proust escreve páginas inesquecíveis sobre a música. O ponto de partida é uma pequena frase musical de uma sonata de Vinteuil (o compositor fictício da *Recherche*). Ao ouvi-la pela primeira vez, Swann sente abrir-se-lhe a alma "como certos odores de rosa, circulando no ar úmido da tarde, têm a propriedade de dilatar-nos a narina"[54]. Essa abertura de alma está na origem de seu amor por Odette, amor que se tornaria desde então vinculado à pequena frase da sonata. Alguns anos depois, exaurido pelo ciúme e pelo desprezo da amada, Swann, numa recepção, ouve novamente o pequeno trecho da sonata, e o sente presente "como uma divindade protetora e confidente de seu amor, e que, para poder chegar até ele no meio da multidão e tomá-lo

---

54. Marcel Proust, *No caminho de Swann*, parte 2, Rio de Janeiro: Ediouro, 2002.

à parte para lhe falar, adotara aquele disfarce de uma aparência sonora"[55]. A partir daí começa uma reflexão magnífica sobre o que é a música, qual o seu sentido, qual sua relação com a vida e a morte.

"Ela [a pequena frase] pertencia a uma ordem de criaturas sobrenaturais e que nunca vimos, mas que, apesar disso, reconhecemos deslumbrados quando algum explorador do invisível consegue captar uma, trazê-la do mundo divino a que teve acesso para brilhar por poucos momentos sobre o nosso"[56]. Mas por que essas criaturas são sobrenaturais? Porque elas não existem na experiência cotidiana da comunicação humana. Elas não pertencem ao mundo social das opiniões, antes revelam o que esse mundo recalca ou simplesmente desconhece. É preciso ser um "explorador do invisível", do que ainda não está revelado, para poder encontrá-las e capturá-las. Esse explorador é o artista. Um artista é quem está engajado, fielmente, na procura da virtualidade da experiência humana, de seu possível ainda não realizado. A ética do artista, da obra de arte, que daqui se desprende pode ser chamada de *ética de uma verdade*, em sentido próximo ao que lhe atribui Badiou: a fidelidade à interrupção, à ruptura, àquilo que não está aí e que, ultrapassando o plano empírico e social das trocas entre pessoas, faz advir um *sujeito*. Um tal sujeito é aquele que também se afirma pela ética lacaniana e seu conhecido princípio de não ceder em seu desejo. Pois "como o desejo é constitutivo do sujeito do inconsciente", observa Badiou, "'não ceder em seu desejo' significa 'não ceder naquilo de que de si mesmo se desconhece'"[57].

A experiência da alteridade, no contexto de uma obra de arte, situa-se nessa interrupção, nesse desconhecido. É por meio dele que o outro, o público, poderá desconhecer o mundo, a sociedade e a si mesmo. Somente quando o outro se torna *outro de si mesmo*, por um movimento de ampliação ou descontinuidade subjetiva propiciada pela obra – e não por ser reconhecido como igual pelo autor, em uma dimensão empírica e social – é que se pode falar em alteridade. A alteridade é portanto um efeito da obra de arte, mas da obra de arte engajada na captura de "criaturas sobrenaturais", fiel a uma ética do "explorador do invisível".

55. Idem, ibidem.
56. Idem, ibidem.
57. Alain Badiou, *L'éthique: essai sur la conscience du mal*. Cen: Nous, 2011, p. 75.

É nessa confusão entre o social e o subjetivo que incorre a estética relacional. Motivada pela ideia democrática, para ela o decisivo está em que artista e público sejam iguais. Mas, tornando-os iguais um ao outro, condena-os a não se tornarem diferentes de si mesmos.

Ofereçamos um exemplo. A obra *Eu desejo o seu desejo*, da artista Rivane Neuenschwander, apresenta-se assim: três paredes de uma sala são ocupadas com centenas de fitinhas coloridas do Senhor do Bonfim. Em cada uma delas, está escrito um desejo: "Eu queria ter minha própria casa", "Eu queria poder contar a meus pais que sou gay" etc. O público é convidado a retirar uma dessas fitinhas e colocar em seu lugar um papel em que escreverá o seu próprio desejo. A obra – ou "situação" – se apresenta como uma declaração múltipla e coletiva de desejos. Os desejos não são do "autor", mas do "outro", do outro qualquer, o outro sem pré--requisitos, a que corresponde um "autor" também sem pré-requisitos, o autor ideal dessa ideia democrática.

Não se produz, desse modo, nenhuma diferença subjetiva, nenhuma verdadeira alteridade. As pessoas apenas comunicam seus desejos umas às outras. Mas esses desejos são variações do senso comum, do já sabido, são figuras do Outro, isto é, da massa de representações de que toda cultura, a cada momento, se faz. Não estamos no campo do desconhecido, mas sim da opinião, que é "a matéria-prima de toda comunicação"[58], como diz Badiou, lembrando sua relação estreita com a ideia contemporânea de democracia: "Sabe-se a fortuna desse termo [comunicação] hoje e que alguns veem nele o enraizamento do democrático e da ética"[59]. A ética contemporânea, assim, tende a ser proposta como uma ética do outro, e logo não é de estranhar que uma estética do outro, como a estética relacional, se funde também na comunicação e se realize em âmbito sociológico. Em vez disso, a ética das verdades "obriga as opiniões a um tal afastamento que ela é propriamente associal"[60]. Mas, de novo, diferentemente da ética proposta por Badiou, fundada no caráter associal de uma verdade ("essa associalidade é desde sempre reconhecida: são as imagens de Tales, que cai num poço porque procura sondar o segredo dos movimentos celestes, é o provérbio 'os amantes são solitários no mundo', o

58. Idem, ibidem, p. 80.
59. Idem, ibidem, p. 80.
60. Idem, ibidem, p. 83.

destino isolado dos grandes militantes revolucionários, o tema da 'solidão do gênio' etc."[61]) e na fidelidade ao desconhecido ("toda verdade depõe os saberes constituídos"[62]), "as opiniões são representações sem verdade, detritos anárquicos do saber circulante"[63].

Assim, meramente trocando opiniões, sem sair do registro da comunicação, os outros que participam da situação relacional permanecem sendo, cada um, seu próprio eu. São vários eus e nenhum outro, ou vários outros sem alteridade, dá no mesmo. Suprimindo-se a singularidade do autor e sua capacidade de capturar as "criaturas sobrenaturais", por causa do desejo democrático de serem todos iguais, suprime-se junto a alteridade. É esse o paradoxo da arte orientada por uma ideia de autor e público que os reduz às suas dimensões empíricas e sociais. Contra essa ideia deve-se propor a noção de *democracia essencial* da obra de arte. Toda obra de arte forte, reveladora do desconhecido, é feita contra o Outro e para Ninguém. *Ninguém* significa todos, numa dimensão não sociológica.

Convoquemos Proust uma última vez, para concluir essa parte do argumento. A passagem sobre a música e o músico prossegue assim:

> [...] o campo aberto ao músico não é um teclado mesquinho de sete notas, mas um teclado incomensurável ainda quase totalmente desconhecido, em que apenas aqui e ali, separados por espessas trevas inexploradas, alguns dos milhões de toques de ternura, de paixão, de coragem, de serenidade que o compõem, cada um tão diferente dos outros como um universo de outro universo, foram descobertos por alguns grandes artistas que nos prestam o serviço, despertando em nós o correspondente do tema que encontraram, de nos mostrar quanta riqueza, quanta variedade, sem que saibamos, oculta essa grande noite impenetrada e desencorajadora da nossa alma que tomamos por vazio e nada[64].

Ao artista não cabe menos do que revelar, para nós mesmos, quanta riqueza oculta nossa própria alma, que tomamos por vazio e nada. É a arte que revela ao público, ao outro, não o que ele *é*, mas o que ele *pode*

61. Idem, ibidem, p. 83.
62. Idem, ibidem, p. 79.
63. Idem, ibidem, p. 79.
64. Marcel Proust, op. cit., parte 2.

ser (o revelar da arte é essa própria passagem do que é, do que se sabe, ao que passa a ser, passa a se saber). A arte, ao contrário do que propõe Umberto Eco, não ensina a lição do que não poderia nunca ocorrer de outro modo, mas mostra que nossa subjetividade pode tornar-se diferente, pode desconhecer-se, e com ela o mundo. A verdadeira lição de Moby Dick não é "que a baleia vai aonde quer", mas que as paixões humanas podem levar os homens aonde eles não querem.

A pequena frase da sonata, que tanto lhe revelou sobre si mesmo, faz com que Swann pense em Vinteuil como "um irmão desconhecido e sublime"[65]. Sim, os artistas são nossos irmãos, mas irmãos desconhecidos. Eles nos apresentam ao que, em nós mesmos, desconhecemos, e assim nos elevam a alturas maiores da vida, livrando-nos do vazio e do nada. Para isso, devemos desejar não que os artistas sejam iguais a nós, mas que sejam sublimes.

Num interessante ensaio, o escritor Bernardo Carvalho identificou dois aspectos importantes da articulação entre mundo digital, democracia e ataques à ideia de autoria (por meio da "tendência crescente de associar valores subjetivos e qualitativos de exceção ao autoritarismo"[66]). O primeiro aspecto diz respeito ao interesse das grandes corporações da internet – tanto as telefônicas, provedoras de banda larga, como as fornecedoras de conteúdo gratuito, como Google e *Facebook* – em desierarquizar o conteúdo por elas oferecido. Para Carvalho, a lógica é simples: "Enquanto tudo for percebido como equivalente, não haverá necessidade de pagar (mais) pela diferença"[67]. Assim, a proposta de horizontalização das relações de produção artísticas e culturais, defendida pelos tecnófilos contemporâneos, é muitas vezes comprometida com a defesa de seus interesses. À *morte do autor*, anulado pela inespecificidade de sua função em uma concepção em que ele se equivale ao "outro", corresponde a *morte do direito de autor*.

Embora óbvia, nunca é demais lembrar uma contradição gritante desse processo: o Google (assim como o *Facebook*), que se propõe a compartilhar o conhecimento universal, recusa-se a compartilhar o seu próprio

---

65. Idem, ibidem.
66. Bernardo Carvalho, "Em defesa da obra", *Piauí*, número 62, novembro de 2011.
67. Idem, ibidem.

conhecimento: "O Google, por exemplo, não pretende tornar disponível a usuários e competidores o saber por trás de seus serviços – e não é por acaso que mantém sigilo desse saber, a ponto de nenhuma informação sobre a empresa aparecer no próprio Google, que em princípio deveria ter acesso a tudo"[68]. Já o *Facebook* tem em seu inventor um dos *autores* mais incensados do novo século. Mark Zuckerberg, na casa dos vinte anos, já teve sua biografia narrada em cinema. É uma celebração ostensiva do eu e da autoria. E que envolve uma disputa milionária justamente sobre a autoria do *Facebook*. Seria interessante que a mesma lógica aplicada ao compartilhamento de áudio e vídeo gratuitamente fosse aplicada à *vexata quaestio* da autoria da rede social. Ou à bilionária disputa entre Apple e Samsung pela patente da tecnologia do iPhone, em que o Android é acusado justamente de *copiar* o iPhone.

Mas, para Carvalho, a estratégia de aplainar os valores só se consuma com um ataque não apenas à ideia de autor, mas também à ideia de obra. Se a obra é a concretização de uma diferença, cuja existência garante a autoria, deve-se desvincular autor e obra, propondo em seu lugar o vínculo entre autor e vida pessoal. Com efeito, a intimidade, o privado, os gostos pessoais são uma moeda de troca frequente nas redes sociais. Ora, ao contrário da obra, que é a prova da diferença, a intimidade é a diferença abolida, uma vez que é comum a todos. Mais uma vez, se todos têm, se tudo é igual, por que pagar por isso? Assim, "também é compreensível que a obra, já não sendo exceção, tampouco exista, uma vez que foi igualada à vida, ao que é comum a todos"[69]. Além disso, a intimidade como moeda de troca serve a outro fim, igualmente interessado: Google e *Facebook* vivem de publicidade, logo do conhecimento que detêm sobre os gostos das pessoas, e consequentemente devem estimular a publicização desses gostos, que são registrados por eles e transformados em moeda de troca – ou melhor, nesse caso, de venda.

As observações de Carvalho dizem respeito a interesses e contradições no interior da relação entre a *web* 2.0 e as ideias democráticas praticadas e defendidas por ela. É preciso entretanto ir além e criticar essas ideias democráticas por si mesmas.

68. Idem, ibidem.
69. Idem, ibidem.

A essa altura espero ter demonstrado a tendência atual de considerar qualquer distinção hierarquizante no campo da cultura – entre elas a ideia de autor – um ataque à democracia. Mas democracia e hierarquia devem ser considerados princípios inconciliáveis? Não. Pelo contrário, deve-se defender a existência de dois movimentos simultâneos numa sociedade democrática. Um movimento horizontal e outro vertical. O princípio da igualdade é horizontal; segundo ele, todas as pessoas são iguais perante o Estado, perante as leis. O princípio da diferença é vertical; segundo ele, todas as pessoas devem ter garantidas as condições objetivas para seu aperfeiçoamento próprio, para o seu engajamento no processo de se tornar *melhor* – melhor que si mesmo e melhor que seus pares. A ideia de diferença, numa sociedade democrática, deve portanto ser penetrada pela ideia de valor. A diferença não pode ser percebida e defendida apenas como se pertencesse ao mesmo movimento horizontal da igualdade, mas também como movimento vertical de distinção, de separação, de superação da igualdade. Há, portanto, a diferença não hierárquica (entre pessoas de cor preta e pessoas de cor branca, entre heterossexuais e homossexuais etc.) e a diferença hierárquica (entre autores fortes e autores fracos, por exemplo).

Em outras palavras, o que aí está em jogo é a coexistência de *demos* (povo) e *áristos* (o excelente, o melhor). É muito importante que a igualdade não procure anular a distinção. É somente por meio dos movimentos de autoaperfeiçoamento, que certos indivíduos se propõem como tarefa, que uma cultura avança – não no sentido do "progresso" (a essa altura desacreditado), mas no sentido da ampliação da experiência humana, de revelar aos homens aquilo de que eles próprios são capazes. Essa é justamente uma definição possível de autor.

Para além dos interesses comerciais em jogo, é efeito de uma profunda incompreensão a oposição criada entre a internet e as ações valorativas. O advento do mundo digital trouxe potencialidades democráticas inestimáveis de descentralização e igualdade. Mas a internet não deve ser defendida como o espaço-modelo da democracia sem hierarquias, e sim como o espaço-modelo do *acesso mais livre*, logo mais democrático, ao *mundo dos valores*.

A democracia é origem, não destino. Ela deve garantir o direito de todos os cidadãos à igualdade perante as leis e ao acesso a bens culturais e sociais (saúde, moradia, educação etc.). Mas essa igualdade deve ser o ponto de partida para que os sujeitos se engajem num processo de superação de si mesmos. Era assim na Grécia antiga, berço da democracia (é claro que se tratava de uma democracia falha, em que a "igualdade" era para poucos), como esclarece Hannah Arendt: "Pertencer aos poucos iguais significava ser admitido na vida entre os pares; mas o próprio domínio público, a *pólis*, era permeado por um espírito acirradamente agonístico: cada homem tinha constantemente de se distinguir de todos os outros, de demonstrar, por meio de feitos ou façanhas singulares, que era o melhor de todos"[70]. Portanto a hierarquia não ataca a ideia democrática; em sua origem, é antes parte constitutiva dela.

Talvez nenhuma outra história recente exemplifique melhor que a trajetória do próprio Mark Zuckerberg, inventor do *Facebook*. Retorno, para concluir, ao filme que narra a sua vida. O roteiro estrutura-se basicamente sobre os dois processos a que Zuckerberg tem de responder: a acusação, por parte de três alunos de Harvard, de que ele lhes teria roubado a ideia; e a acusação, por parte de seu ex-único amigo, de que ele o enganou, reduzindo brutalmente sua participação na empresa, da qual era cofundador. Por meio desses dois processos é narrada a história da invenção do *Facebook*. Cada um desses processos permite um vislumbre sobre a democracia na América (e os dois juntos formam o retrato complexo dessa democracia, com sua virtude fundamental – a igualdade – e seu pior efeito colateral, o individualismo).

Zuckerberg é um *nerd*, desprovido de carisma, beleza e nome de família. Se encararmos Harvard, onde estuda, como um microcosmo social, ele está no fundo da hierarquia. O topo, por sua vez, é a sociedade privada Phoenix, que reúne, por assim dizer, a aristocracia da Universidade. Ser um membro dessa sociedade e participar de suas festas é o que todos em Harvard desejam. Os representantes da Phoenix são os gêmeos Winklevoss: altos, belos, esportistas, de família rica e renomada. Com esses elementos já está esboçada uma das dinâmicas fundamentais da sociedade americana.

O que se vê, aqui, é a reencenação do embate entre aristocracia e democracia, vencido pelo ideal democrático, nos EUA, desde antes de sua fundação, ainda como colônia. Os gêmeos Winklevoss desejam criar

---

70. Hannah Arendt, *A condição humana*, Rio de Janeiro: Forense Universitária, 2010, p. 50.

uma rede social exclusiva para alunos de Harvard, e chamam Zuckerberg para desenvolvê-la. Esse subverte a lógica, aristocrática, da exclusividade e cria uma rede social aberta que logo se transforma em febre nacional e mundial. Com isso, torna-se socialmente mais importante que os gêmeos bem-nascidos. É a encenação triunfante da igualdade, comprovada pela mobilidade social. Desnorteados, os gêmeos recorrem ao reitor de Harvard. Para conseguirem uma audiência, servem-se de uma prerrogativa, uma vez mais, exclusivista (o nome de sua família). O reitor repudia essa manobra e lhes joga na cara novamente o princípio democrático, manifestado agora por outro de seus corolários fundamentais, o empreendedorismo. Se se sentiram enganados, que inventem outra coisa, já que "em Harvard os alunos preferem inventar um emprego a procurar por ele".

A invenção do *Facebook* é, assim, a celebração da ideia central da sociedade americana. Como escreveu Tocqueville, nos EUA "a igualdade de condições é o fato gerador de que cada fato particular parece resultar"[71]. Não há necessidade de aprofundamento nesse ponto, pois a história é conhecida: "Os emigrantes que vieram se estabelecer nas colônias da Nova Inglaterra pertenciam todos às classes abastadas de sua pátria-mãe. [...] As outras colônias haviam sido fundadas por aventureiros sem família; os emigrantes da Nova Inglaterra traziam consigo elementos de ordem e moralidade. [...] Eles se apartaram das doçuras da pátria por obedecer a uma necessidade puramente intelectual; expondo-se às misérias do exílio, eles queriam fazer triunfar uma *ideia*"[72]. Essa ideia é a da igualdade. Da igualdade, portanto, como ponto de partida para o autoaperfeiçoamento dos indivíduos e, com ele, o da sociedade. Há, assim, a aristocracia do sangue, princípio a que se opõe a democracia, e a aristocracia do esforço, princípio que a igualdade democrática assegura[73].

71. Alexis de Tocqueville, *De la démocratie en Amérique 1*, Paris: Flammarion, 1981, p. 57.

72. Idem, ibidem, p. 91.

73. A democracia liberal produz, entretanto, efeitos colaterais sociais indesejados. É disso que trata o outro eixo do filme, que é o processo movido contra Zuckerberg por seu ex-amigo, Eduardo Saverin. Esse processo encena o problema do individualismo. Em sociedades aristocráticas, como observa Tocqueville, sendo as classes distintas e imóveis, cada uma delas torna-se, para seus membros, uma espécie de pequena pátria, mais visível e estimada que a grande. Já nas sociedades democráticas liberais, a igualdade propicia mobilidade social e, com ela, o desejo de ultrapassar os próximos. A democracia impõe uma dinâmica que separa os indivíduos tanto de seus antepassados quanto de seus contemporâneos. Zuckerberg age como um portador dessa patologia social individualista. Talvez nunca tão patológica quanto no atual momento da história americana.

A face mais visível da crise atual da ideia de autor é a crise dos direitos de autor. A redefinição desses direitos pressupõe uma noção amadurecida do que seja um autor. Mas as novas práticas e ideias de autoria devem ser estudadas pelos efeitos que podem ter (e vêm tendo) sobre a experiência da obra de arte – e não apenas por suas consequências jurídicas e comerciais, no campo dos direitos de autor. Nesse, os partidários mais radicais da *free culture* tendem a abraçar as ideias democráticas que descrevi ao longo deste texto, na medida em que elas esvaziam a autoria, e com ela seus direitos. Estou entre os que desejam transformar as leis de direitos autorais, no sentido de uma maior liberação das formas e ideias, no Brasil ainda enrijecidas ao ponto do absurdo. Mas não é necessário, para isso, proclamar novamente a morte do autor, dessa vez no sentido de sua indistinção em relação ao outro, ao público. Deve-se antes reafirmar a ideia moderna de autoria, na qual o autor é a um tempo singular e tributário da sua cultura. Essa base é mais verdadeira da perspectiva teórica e corresponde melhor ao princípio jurídico do equilíbrio, que deve orientar a redefinição dos direitos de autor, um problema complexo, a envolver três interesses igualmente legítimos: o da sociedade (público), o do autor (indivíduo) e o do intermediário (empreendedor)[74].

O esforço de argumentação que realizei aqui tem como objetivo alertar que o esvaziamento do autor como estratégia para a liberação das formas e a promoção da igualdade entre os sujeitos pode ser um tiro pela culatra: as formas liberadas e os sujeitos nivelados tornam-se mera repetição, diferenças mínimas. Liberam-se as formas, mas as formas têm menos poder de liberar os sujeitos. Nivelam-se os sujeitos, mas assim nivelados não podem ultrapassar a si mesmos.

---

74. A propósito dos direitos de autor, cf., por exemplo, Lawrence Lessig, *Free culture: the nature and future of creativity*, Nova York: Penguin Books, 2004.

Sexo não é mais o que era
Jorge Coli

Sou eu quem deve agradecer a amizade e a generosidade que Adauto Novaes sempre demonstra ao me convidar, com frequência, para estes ciclos e, neste caso, neste ciclo específico e nesta conferência específica, essa generosidade, essa amizade, se revelaram ainda mais fortes pelo seguinte.

Vocês sabem que o pessimismo tem uma longa e prestigiosíssima carreira na história do pensamento e da história da filosofia. Do profeta Jeremias até a Escola de Frankfurt existe aí uma lista extraordinária de pensadores críticos que estão centrados numa visão pessimista do mundo. Adauto, como pensador elevado que é, se inscreve nessa visão, e eu, percorrendo os resumos das diversas conferências apresentadas aqui, me convenci de que todas elas iam nesse sentido superior da crítica pessimista ao futuro.

Por outro lado, os otimistas têm uma tradição muito mais duvidosa. Ela vai do Dr. Pangloss, de Voltaire, até as trágicas filosofias evolucionistas que investiram no amanhã. Muitas filosofias do século xix, de Auguste Comte ou Marx, até todos os projetos políticos autoritários do século xx, viam no futuro algo de brilhante, de luminoso. Vocês sabem quão trágico foi o resultado.

Assim, essa tradição otimista é bem menos elevada e muito menos nobre que a tradição pessimista. Mas trata-se de uma questão que não passa apenas pela racionalidade. Adauto é um pessimista convicto e eu sou um otimista convicto. Quer dizer: eu me incluo na longa sequência triste dos otimistas. Creio que há modos de perceber o fascínio que a evolução da humanidade provoca, e o prazer que se tem em descobrir, a cada dia que passa, algo novo e diferente, com uma percepção que não precisa ser necessariamente tão sinistra.

Desse modo, o convite do Adauto, para mim, nesta série de palestras, é uma prova, como eu disse, de generosidade, de amizade, porque eu sou o elemento que está fora d'água do futuro pessimista e apocalíptico no qual as conferências, aqui apresentadas, se inscrevem.

Esta era a primeira coisa que eu queria dizer, agradecendo, então, sinceramente, ao Adauto.

A segunda coisa é que vou falar sobre sexo e pornografia, e que a minha conferência será uma conferência *hard*. Devo, portanto, como nos números de circo, dizer ao respeitável público que se houver pessoas sensíveis e capazes de se escandalizar etc., por favor, não é?

Aliás, tenho algumas citações previstas: elas me deixam com a impressão de que não vou ousar dizer as palavras que contêm. Vamos ver como conseguirei resolver isso.

Antes de começar a entrar no assunto de modo mais estruturado, gostaria de fazer um pequeno prelúdio. Trouxe para vocês verem uma série de obras que estavam em uma exposição ocorrida em São Paulo. Eu não sei se ela veio para o Rio. Em todo caso, eu a vi em São Paulo[1].

Era uma exposição muito boa proveniente do Museu de Arte Moderna de Oslo. Mostrava a produção de artistas contemporâneos dentre os mais célebres, dos mais representativos e dos mais importantes. Quando digo artistas contemporâneos, quero dizer artistas de hoje realmente, artistas expressivos de hoje.

Ficava claro que um dos temas essenciais nessa arte contemporânea – na qual os artistas lidam com uma visão absolutamente não sacralizada da arte, empregando o cinismo e a irrisão como instrumento artístico – era o sexo, que estava lá presente. Isto abre caminho para uma reflexão sobre o que poderíamos chamar de pornografia.

---

1. Trata-se da exposição *Em nome dos artistas – Arte norte-americana contemporânea na Coleção Astrup Fearnley*, seleção de obras pertencentes ao Astrup Fearnley Museum of Modern Art de Oslo. Apesar do título, a mostra incluía também uma importante reunião de obras de Damien Hirst. A exposição foi promovida pela Fundação Bienal de São Paulo. Foi exposta no Pavilhão Ciccillo Matarazzo do Parque Ibirapuera, em São Paulo, de 30 de setembro a 4 de dezembro de 2011. Informações no *site* <http://www.bienal.org.br/FBSP/pt/Emnomedosartistas/Sobreaexposicao/Paginas/sobre-a-exposicao.aspx>.

Começo com esta placa, que me parece sintomática. Em várias salas da exposição havia placas assim. Elas indicavam que menores de 18 anos não podiam entrar para ver aquelas coisas porque, como todos sabem, os menores de 18 anos são anjos puros e não têm a menor ideia do que sejam as realidades da vida (Fig. 8, p. 510).

Havia então essas placas. Proibindo o quê? Por exemplo, uma série esplêndida de fotos de Jeff Koons[2], com a sua esposa, Cicciolina, que foi, vocês sabem, uma prostituta, e que aparece aqui em cenas dignas de qualquer manifestação pornográfica na internet.

Os detalhes não poupam nada ao espectador. Mas são obras que devemos contemplar a partir do princípio de que vemos arte. Que, portanto, se trata de algo superior. Deixou de ser pornografia.

Esta será a discussão que tentarei desenvolver. O modo de mostrar o corpo pressupõe o princípio do disfarce. Aqui, o disfarce artístico desaparece em benefício de uma exposição evidente e clara dos órgãos sexuais.

Agora, uma escultura de Charles Ray. Escultura que insiste num ponto. Se vocês lerem o livro tão pudico de Sir Kenneth Clark, *O nu*, verão que, justamente, o nu artístico se distingue do nu vulgar porque não tem pilosidade. Neste caso, ao contrário, o nu artístico de Charles Ray é um desafio à ideia convencional de que a arte é obrigada a prescindir da pilosidade pubiana (Fig. 9, p. 511).

Eis outra escultura muito interessante, na qual o corpo masculino vem inteiramente recoberto de uma pátina prateada. Vejam o cuidado com o qual a pilosidade foi retirada. Mas essa pilosidade não foi removida de maneira disfarçada, com a lisura do mármore ou do bronze. Ao contrário, a obra expõe todos os acidentes e dobras da pele, demonstrando que se trata de um trabalho evidente de depilação. Obra de Frank Benson que nos indica uma revisão completa dos parâmetros no que concerne à representação do corpo humano despido (Figs. 10 e 11, p. 512).

Esta menina, em que a simplificação leva, ao contrário, à perfeita lisura, como nas estátuas de mármore. Mas tal simplificação acentua também os aspectos anatômicos do sexo, fazendo com que eles sobressaiam.

Há ainda a mistura entre um trabalho de perturbação, plástica, visual,

---

2. Até o fechamento desta edição, não obtivemos resposta quanto às solicitações de autorização enviadas ao artista para publicar a imagem da obra *Blow job ice*, da série *Made in heaven*, de 1989. Para saber mais sobre o trabalho de Jeff Koons visite o *site* www.jeffkoons.com. (N.E.)

e as verdadeiras fotografias que nos expõem essas formas eróticas. É o caso do grande artista contemporâneo conhecido, o fotógrafo Richard Prince.

De Robert Gober, a perna de um homem saindo de dentro de uma mulher. É um pé e uma canela vestida, com calças e sapatos, que sai do sexo feminino. Vejam como os aspectos orgânicos se reiteram, completamente obsessivos, agora numa situação surrealista, como se fosse o parto de uma perna.

Terminamos este prelúdio e chegamos agora ao inevitável. Parece que, a cada conferência que faço aqui, trago esta imagem. É que se trata de uma grande referência. Gostaria que pensássemos um pouquinho sobre as circunstâncias da trajetória de exposição deste quadro.

Ele se chama *A origem do mundo*, título muito bonito, que foi dado em época contemporânea à sua realização (Fig. 12, p. 513). Desde sua feitura, por Gustave Courbet, ficou escondido. Foi destinado a um colecionador, um milionário turco, que comprava quadros eróticos. Ele o instalou no seu banheiro, na sua sala de banhos, recoberto por uma pintura que disfarçava a imagem.

Assim, permaneceu escondido e continuou escondido pelos sucessivos proprietários. Não foi mostrado ao público[3] até o ano de 1991, ou seja, mais de cem anos depois da sua execução. Foi exposto, pela primeira vez, na pequena cidade de Ornans, de onde o pintor era originário. Courbet nasceu em Ornans, na região de Franche-Comté, na França. A cidadezinha possui agora um maravilhoso Museu Courbet. Ali, pela primeira vez, o quadro foi enfim exposto.

Um crítico, Philippe Muray, escreveu o seguinte em *Art Press*, importante revista de arte contemporânea: "Assim estava pendurado na sombra, o Cofrinho Esplêndido, a Fenda saborosa que eu só tinha visto em reprodução".

Agora, como faço para ler isto? Quer ler para mim, Adauto? Eu nunca tive... O público está pedindo... Então fecho os olhos e vou.

---

3. No debate sobre arte e pornografia, é importante o artigo de Linda Nochlin na revista *October*, em 1988, intitulado "Courbet's *L'origine du monde*: The Origin without an Original". Nele, a autora assinala o fato de que o quadro era então apenas conhecido por descrições ou reproduções: "a work which is know to us only as a series of repeated descriptions or reproductions". Já que o original estava oculto e as reproduções se multiplicaram, Nochlin conclui que ele passou, por essa razão, do estado de arte para o de pornografia. Linda Nochlin, "Courbet's *L'origine du monde*: The Origin without an Original". *October*, Nova York, n. 102, v. 37, pp. 76- 86, 1986.

[...] Uma boceta, sim, a mais sensacional do planeta, a Estrela inconcebível das Bocetas! A vagina no tapete! A Boceta que salta da tela e domina a cena no quadro que fura a parede[4].

(Manifestação de apoio no público.) Obrigado. Há palavras que exigem de mim um esforço terrível para pronunciá-las, que não digo nem para mim mesmo, na frente do espelho, sozinho no banheiro, quanto mais em público.

O último proprietário desse quadro havia sido o psicanalista Jacques Lacan, e Jacques Lacan possuía uma casa de campo, numa pequena cidade chamada Guitrancourt, não muito longe de Paris. Ali reuniu uma coleção importante de obras de arte. Esse quadro estava não em Paris, mas na casa de campo.

Lacan conservava o quadro numa edícula, separada do edifício principal. A tela era recoberta, como no tempo do embaixador turco. Recoberta agora por outro quadro, pintado por André Masson, que retomava o tema transformando-o numa paisagem com colinas, evocando as formas originais. Mas era uma paisagem.

Portanto, na casa do próprio psicanalista, essa imagem vinha recoberta. Não parecia possível que ela ficasse exposta. E o psicanalista reservava a surpresa, a exibição dessa imagem, apenas para alguns amigos que vinham visitá-lo.

Acompanhado por Dora Maar, o crítico inglês James Lord presenciou uma dessas cerimônias, na qual Lacan desvendava o quadro, e a sua descrição é muito reveladora. Uma postura grave, ele diz: a atmosfera podia ser tudo menos alegre, conversas em voz baixa.

James Lord conta: "Depois do almoço, nos escoltaram até o pequeno prédio separado da casa, em que se encontrava o ateliê de Lacan. Dora Maar me assoprou: 'Ele vai nos mostrar o seu Courbet'". Quer dizer, tratava-se de uma cerimônia litúrgica com movimentos previsíveis.

---

4. "Elle était donc accrochée dans l'ombre, la Tirelire Splendide, la Fente savoureuse que je n'avais jamis vu qu'en réproduction. [...] Un Con, oui, le plus sensationnel de la planète, la Star inconcevable des Cons! Le vagin dans le tapis! Le Con qui crève l'écran dans le tableau qui perce le mur!". Philippe Murray, "Le modele et son peintre", *Art Press*, p. 40, apud Thierry Savatier, *L'Origine du Monde, Histoire d'un tableau de Gustave Courbet*, Paris: Bartillat, 2006, p. 191.

As palavras sacramentais ocorriam. Lacan vira-se para o público e diz: "Agora, vou lhes mostrar algo de extraordinário". O ritual de exposição, como no Iconostásio da Igreja Ortodoxa, ocorre quando o proprietário enfim retira o disfarce e espera dos espectadores as manifestações de admiração pressupostas e previstas[5].

O que me parece interessante é o caráter religioso de tudo isso. Esse caráter foi bem assinalado por um historiador da arte chamado Savatier, que escreveu um livro sobre o quadro[6]. Trata-se de um cerimonial que transformava os espectadores em iniciados e que transformava o proprietário num sacerdote. Diz Savatier: "Ele não teria empregado um cerimonial mais elaborado se ilustrasse um fragmento da Santa Coroa de espinhos de Cristo. O quadro e o painel [que o recobria] eram como o tabernáculo para o ícone"[7].

É verdade que Courbet, ao eliminar a cabeça e os membros do modelo, ao se concentrar no sexo, evitou tudo aquilo que não fosse pura exposição. Ele transformou, assim, o espectador em puro contemplador ou em contemplador puro. A imagem se impõe como evidência e permite a sacralização por sua essencialidade. A postura de Lacan é, certamente, a mesma que deveriam ter todos os outros proprietários, já que, eles também, recobriam o quadro com alguma coisa e permitiam, portanto, que ele fosse visto apenas em certos momentos especiais.

O vínculo entre o obsceno e o sagrado se estabelece em grande parte pelos laços entre os iniciados. É uma cerimônia religiosa, no sentido mais etimológico de *"religare"*, quer dizer, unir. Ora, exposição para mais de um contemplador de qualquer obscenidade, mesmo aquelas que nós chamamos de pornográficas, pressupõe a cumplicidade entre quem expõe e quem vê: a obscenidade não é para todos, mas apenas para alguns escolhidos[8].

---

5. "L'atmosphère était tout sauf joyeuse." "Après le déjeuner, on nous escorta vers un petit bâtiment séparé de la maison, ou se trouvait l'atelier de Lacan. Dora me souffla: 'Il va nous montrer son Courbet'. J'ai émis les exclamations d'admiration attendues." James Lord, *Picasso et Dora*, Paris: Séguier, pp. 276-278, apud Thierry Savatier, *L'Origine du Monde, Histoire d'un tableau de Gustave Courbet*, Paris: Bartillat, 2006, p. 160.

6. Thierry Savatier, *L'Origine du Monde, Histoire d'un tableau de Gustave Courbet*, Paris: Bartillat, 2006, p. 158.

7. "Il n'aurait pas eu recours à un décorum plus élaboré s'il avait dû montrer un fragment de la Sainte Couronne d'épines. Le cadre et le panneau faisaient office de tabernacle pour l'icône."

8. Esta é, aliás, a função da censura: ela escolhe quem pode ou quem não pode ver. Mesmo quando a obra é absolutamente censurada, para "todos", esse todos é relativo, porque alguém a viu para poder determinar a censura.

Aqui está a pintura de Masson que era colocada por cima do quadro de Courbet, na casa de Lacan. É uma versão diluída, edulcorada, de *A origem do mundo*, para uso público. Versão elevada, digna, artística.

Aqui estão, agora, duas fotografias, uma de Alexis Gouin, outra de Auguste Belloc, que naturalmente podem ser colocadas em relação com o quadro de Courbet. É o contrário da obra de Masson, porque se trata do obsceno, daquilo que não pode ser mostrado (Figs. 13 e 14, pp. 514 e 515).

Vemos, no caso de August Belloc, algo que se aparenta à documentação médica, como uma espécie de exibição ginecológica. Na foto de Gouin, a inclinação da pose, a abertura das pernas, são completadas pela presença do rosto e dos braços.

Se a imagem de Gouin reduzisse o corpo feminino ao sexo, como a de Belloc, e como Courbet a reduziu, teria, também, alguma coisa de clínico, ou de essencial, mas no caso da foto com o rosto, tanto o olhar fixo quanto a elegância afetada dos dedos da mão direita, esse dedinho que se levanta todo elegante, alteram muito a percepção.

Por que Gouin tirou essa fotografia? Porque é uma imagem canalha, para ser mostrada entre cavalheiros ao abrigo dos olhares espúrios e, sobretudo, escondida de mulheres e de crianças. O modelo só pode ser uma prostituta, e sua pose é, de certo modo, profissional.

Nesta fotografia, o olhar contemplativo e religioso, que constatamos no caso de *Ao origem do mundo*, de Courbet, cede lugar ao olhar canalha, de quem sabe que está mostrando pornografia. Mas o princípio da comunidade de iniciados permanece. Pelo seu formato pequeno a fotografia viaja de bolso em bolso, reside em esconderijos secretos, é mostrada na palma da mão para uma rodinha de homens. Aquele silêncio sagrado de encantação medúsica diante da suprema vagina é substituído por outra atitude iniciática que é o da risota, da risota cúmplice.

Há, portanto, uma diferença de olhares. Ao empregar as noções como "contemplar", "êxtase contemplativo", pressuponho uma atenção involuntariamente muito focada, silenciosa, o que se pode chamar de fascínio e adoração, repousando sobre fé sincera e em vários aspectos respeitosa. O outro olhar, que chamo de cumplicidade canalha, usa o riso, a piada como sinal de conivência.

Existe um ponto em comum entre a foto e o quadro que é de importância. Nos dois casos nenhum homem está presente. Não fazem parte da imagem. Estão previstos, mas como espectadores externos a qualquer ação erótica.

A fenda que se mostra, tanto no quadro como nas fotos, está ali para os olhos e não para penetração. Essa fenda oculta um mundo desejado e sequestrado, secreto e promissor, mas mantém-se sob a autoridade feminina, seja em modo ôntico, seja em modo de comércio. Revela-se como a posse íntima das mulheres, velando os mistérios que não podem ser vistos, mas apenas intuídos pelo prazer imaginário dos homens.

Vejam agora um pequeno quadro de Achille Devéria, conhecido por suas litografias e seus retratos, mas que se especializou também em pequenos quadros eróticos e litografias, também eróticas.

Vamos refletir um pouquinho sobre este quadro. Do que se trata? De uma jovem, quase adolescente, que mostra o seu traseiro levantando o vestido e se inclinando sobre uma cama alta. A perna esquerda está apoiada sobre um tamborete, ela se dobra de maneira a afastar as coxas e revelar a vulva que está desprovida de pilosidade, o rosto se voltando para o espectador (Fig. 15, p. 516).

A iconografia dessa obra é bastante rara. Se o tema calipígio, isto é, dos belos traseiros, é muito frequente nas artes, a situação, a postura, a visão simultânea das nádegas e da vulva, ao contrário, é incomum.

A pequena tela impõe uma análise diversa daquelas que são adequadas para Courbet e para Gouin. O artista não exibe frontalmente a vulva e põe em evidência a beleza das nádegas, que são pintadas de maneira carinhosa e muito bela, com nuances, efeitos luzidios e brilhos. Nosso olhar é atraído por elas em primeiro lugar. Depois é que descobrimos o sexo na penumbra do entrepernas.

Esse sexo é oferecido com delicadeza menos ao olhar – porque eu tenho de fazer esforço para chegar até ele – que à penetração. Trata-se de algo sutil, muito diferente das ilustrações obscenas do próprio Devéria, em que o ato sexual não é apenas mostrado explicitamente, mas, também, nas posições das mais extravagantes, muitas vezes em grupos, frequentemente em tom jocoso, o que diminui fortemente o princípio de contemplação e acentua a piada.

As litografias e as aquarelas de Devéria são pequenas obras-primas de humor sexual. Em sua maioria essas aquarelas não foram feitas para estimular o desejo como o substituto imaginário da sexualidade, elas revelam, ao contrário, o humor do avesso, aquele que se pode manifestar em companhia autorizada, entre homens, prostitutas, ou seja, pessoas que se afastam das boas conveniências.

A tela de Devéria, à qual eu me refiri, não é humorística. Ela faz apelo ao imaginário fortemente erótico, representando uma situação plausível, na qual o espectador masculino pode se projetar. Essa projeção é reforçada na imagem. O homem que supomos poder usufruir da penetração não está visível, mas está presente. O seu comparecimento vem assinalado, com nitidez acentuada, graças à enorme cartola pousada sobre a cadeira. Voltando o rosto para trás, a moça está em espera e olha para o parceiro que deve logo atuar (Figs. 16 e 17, p. 517). Se no quadro de Velázquez[9] o contemplador ocupava o lugar do rei, para lembrar um texto muito conhecido de Michel Foucault em *As palavras e as coisas,* aqui ele ocupa o lugar do fodedor, do *fucker*.

A contemplação medúsica permanece, mas surge carregada de erotismo potencial multiplicado. O caráter seminu da jovem com o vestido levantado mostra que se trata de uma relação sexual fugidia, de uma relação apressada, caso contrário ela não revelaria apenas o seu traseiro, mas estaria inteiramente despida. Afora a cartola não há sinais de roupas masculinas, o que faz com que nós possamos pressupor que o homem, certamente, deve permanecer vestido.

Portanto: um ato sexual rápido cujo prazer é centrado nas partes genitais. Instantes que precedem a penetração, a vista das nádegas sedutoras e do pequeno tesouro discreto entre as pernas, prazer específico da contemplação, vinculada a uma penetração imediata e imaginária de uma circunstância imaginária que compõe a virtualidade de uma ocorrência real.

Não foi difícil, para mim, encontrar na internet uma foto obscena que tivesse analogia com o quadro em questão. Elas foram inúmeras. Aqui está a que eu escolhi, um pouco ao acaso. Ela nos conduz, por análise comparativa, a algumas reflexões. A pose acentua a abertura e visibilidade da vulva e do ânus. Essa moça é chamada de Megan_Bubble_Butt ou Megan_with_a_Bubble_Butt, a tradução está aí escrita[10].

---

9. Velázquez, *Las meninas*, do Museu do Prado (1656).
10. Megan com uma bundona.

Ela mostra o seu traseiro grande, ampliado desmedidamente pela lente do fotógrafo. Se quiserem encontrar o *site*, está aí indicado[11]. Como a jovem de 1825, no quadro de Devéria, ela volta para o espectador os seus olhos amendoados. Há forte semelhança entre as duas imagens.

Os processos de sedução apresentam mecanismo erótico analógico, que repousa no convite à penetração. Os procedimentos alusivos, que estão presentes no quadro, diminuem na fotografia, impondo o imediatismo. Este imediatismo é confirmado pela legenda que acompanha a ilustração e que evoca a presença masculina[12].

Megan inclina-se e se apronta para que a sua... desculpem, vocês leiam aí, pronto, eu não vou ler isso, há limites para tudo. Mas vejam que, pelo texto, da mesma maneira a questão da cartola intervém no quadro, o desejo do espectador se vê anexado à atuação de um terceiro, "a 10-incher".

Essa fotografia aparece num *site* como publicidade para um vídeo, do qual ela faz parte, em que se anuncia a presença de um parceiro que é negro. Trouxe como complemento e comparação uma gravura de Devéria que põe em atuação, em evidência, o caráter bárbaro e selvagem da presença de um negro e de uma branca, aquilo que o vídeo promete na história dessa Megan. Em suma, trata-se portanto de prazer por procuração, prazer pela ideia do aviltamento da fêmea.

Na imagem isolada de Megan, nesse único fotograma, reencontramos o espectador rei, fodedor, como aquele que eu tinha dito no quadro precedente. Seria possível, num primeiro momento, pensar que o caráter evidentemente elaborado da tela e o aparente imediatismo da foto serviriam como critério para estabelecimento de uma distinção entre arte e pornografia. Esta distinção, no entanto, não me soa nem um pouco fecunda.

Como é que o velho Larousse do século XIX define pornografia? Diz o seguinte: "Mãos de pintores hábeis, meios próprios para seduzir imaginações ardentes e deleitar paixões imorais, produzem obras que podem ser chamadas de pornográficas". Mãos de pintores hábeis, meios próprios para seduzir imaginações ardentes e deleitar paixões imorais. Este texto é de 1873.

11. Disponível em: <http://www.iseekgirls.com/blog/2006/06/26/megan-with-a-bubble-butt-is-fucking-a-black-dude/>.
12. Legenda: "Megan inclina-se aprontando-se para que sua bundona seja fodida por um pau de 24,5 centímetros [a 10-incher]".

Está claro que a tela de Devéria entraria na categoria pornográfica a partir desses critérios. No entanto, o tempo a transformou e está claro também que ela poderia, como hoje *A origem do mundo*, estar em qualquer museu aberto a qualquer público.

Mas a foto de Megan também poderia estar exposta em qualquer museu ou galeria, não apenas porque está disponível para qualquer olhar na internet, mas porque incorporaria, sem dificuldade nenhuma, qualquer obra de algum artista contemporâneo, e ela assim, como nós vimos no início da minha exposição, estaria exposta em qualquer museu e em qualquer galeria. A minha convicção é que a precisão conceitual, nesse caso, não é de rigor. O importante é a fecundidade do processo comparativo. Uma imagem posta ao lado da outra permite aguçar a inteligência do olhar e a melhor intuição e compreensão dos fenômenos culturais e estéticos que elas envolvem.

Consideremos a *Olympia*, de Manet. O ponto em comum é, como em tantas obras de Manet, o espectador pressuposto (como em Velázquez, como tantas vezes no período barroco): quem olha o quadro, se incorpora nele e termina fazendo parte da obra (Fig. 18, p. 518).

No caso de *Olympia*, esse espectador incorporado de Manet não está, porém, no lugar do rei, nem mesmo no lugar do fodedor, presumidos nas imagens anteriores. Não: aqui, ele está no lugar do cliente. O sinal da sua presença é o buquê de flores que trouxe, é o gato que se arrepia diante do estranho. É também o olhar do modelo que se dirige ao espectador-cliente e, ainda, no gesto da mão esquerda de Olympia.

É importante analisarmos esse gesto. Olympia não deixa cair, casualmente, a sua mão para velar o sexo, como é o caso do seu remoto protótipo, a *Vênus de Urbino*, de Ticiano, que Daniel Arasse interpreta como um gesto de masturbação, e que, de qualquer forma, a mão parece cair "casualmente" sobre o sexo. No caso de Olympia, ela tapa o púbis de maneira voluntária com a mão espalmada num gesto decidido, que eu chamaria de gesto profissional. O cliente chegou, ela está nua, ela se expõe, mas esconde o ponto mais desejado do corpo, suprema moeda de negociação (Fig. 19, p. 518).

No caso de Manet, toda relação diretamente erótica foi afastada, o corpo não apresenta as belas róseas e redondas carnes da jovem de Devéria; o aparato à volta (a camareira, os adornos corporais, o gato) indica a apresentação da mercadoria no seu escrínio habitual. Nada é indicado para uma ação sexual direta no minuto que se segue. Estamos no estágio de preparativos, estado de preliminares, ao término da negociação, mas não na precedência imediata do ato.

Olympia tapa aquilo que Philippe Murray, citado no início deste texto, chamava em relação ao quadro de Courbet – quadro de Courbet que no seu processo de revelação plena é o oposto do quadro de Manet –, com maiúsculas, de *Tirelire Esplendide*, isto é, cofrinho esplêndido, e *Fente Savoureuse*, isto é, fenda saborosa. A fenda de Dânae: vocês sabem que Dânae foi penetrada por Zeus, que tomou a forma de uma chuva de ouro.

A fenda de Dânae transformou-se em cofrinho quando ela foi penetrada pelo ouro de Zeus. Com a mão, Olympia bloqueia temporariamente o seu. O olhar concupiscente devora promessas, mas tem seu limite: o da passagem que dá acesso à moeda metafórica e ao pênis real.

Uma obra da Judy Chicago, *Sex from the inside out*, de 1975, cujo princípio é o prazer feminino interno, demonstra a dificuldade dessa representação, isto é, a dificuldade da representação do prazer feminino, que é interno e oculto; a dificuldade da representação do prazer feminino que é o lugar do paraíso masculino. Os artistas estão reduzidos a formas alusivas, metafóricas ou a evocações poéticas. Ao contrário do prazer masculino, que pode ser representado, o prazer feminino não pode. A expectativa é o único possível entre o humor e a violência visual. Tom Wesselmann criou essa *Helen*, cuja sinalética sexual, a vagina e a boca abertas, a aparenta a uma boneca inflável: tudo é olhar e promessa de orifícios acolhedores.

O pênis ereto figura o prazer masculino, ele é externo, exposto. A interioridade feminina, ao contrário, mantém-se inacessível à representação. Nenhuma das numerosas vulvas escancaradas da história da arte ou infinitas na fotografia pornográfica dá conta da representação. Numa prancha clínica é possível um corte revelando um pênis dentro de uma vagina. No entanto, esse processo descritivo, intelectual, é desprovido de intensidade "desejante": uma microcâmera que penetrasse no interior da vagina destruiria o próprio sentido do estímulo erótico, que não é o do exposto.

A vulva esconde a vagina e com ela nós estamos no limite do visível. Georg Grosz, grande artista alemão da primeira metade do século XIX, numa formidável aquarela, assinalou o lugar fantasmático do erotismo:

um homem se masturba e ejacula enquanto uma das duas mulheres, muito concentrada, enfia, como é que se chama isso, um *dildo*, um *gode*, em si própria, e a outra, de quatro, com o traseiro voltado para a frente, exibe abertamente seu sexo. Nenhum dos três olha para o outro, estão fechados em si mesmos, no próprio sonho erótico. Os três juntos, porém, instauram um sonho destinado ao espectador.

Como o sexo feminino é interno, a sua porta de entrada é, ao mesmo tempo, barreira visual. A exibição é o atestado do prazer invisível dos mistérios invisíveis. Uma metáfora empregada por Fragonard concentra-se em *O fogo na pólvora*, na qual um *amorino* incendeia o sexo de uma jovem. As chamas se confundem com o pelo ruivo do púbis, porém é de um incêndio interior que se trata, aceso na imaginação masculina, um prazer que se baseia na intensidade do desejo feminino, delicioso e amável neste caso (Fig. 20, p. 519).

Ao contrário – vocês estão conseguindo ver alguma coisa aí? Eu acho que não está muito claro. Sinto muito, queria que apagassem as luzes, mas paciência. São dois fotogramas do filme *Satyricon*, de Fellini. É um caso tremendo e poderoso, o caso de Enoteia, a mulher que fornece dolorosamente, pelo seu sexo, o fogo para toda uma aldeia: é Maga e Deusa, Mãe da Terra capaz de devolver a Encolpio, o herói do *Satyricon*, de Fellini, a rigidez perdida de seu membro (Fig. 21, p. 519).

Da origem do mundo à origem do fogo, o ventre é o lugar invisível dos mistérios e dos prazeres. A contemplação do sexo feminino pressupõe, impõe esses mistérios. Seria mesmo necessário tratar a pornografia como um conceito? Há uma distinção convencional entre erotismo e pornografia, da qual mesmo pensadores elevados como Roland Barthes não souberam escapar. Distinção que atribui à natureza da fotografia os males da pornografia contemporânea. Barthes expôs isso no célebre livro *A câmara clara*, *La chambre claire*, na qual diz: "A foto me induz a distinguir o desejo pesado, o da pornografia, do desejo leve, do desejo bom, o do erotismo"[13]. É insuportável, não é? Toda vez que se fala em pornografia, as pessoas dizem: o erotismo é muito bom, a pornografia, não, que nojo! É exatamente essa visão convencional de Barthes.

---

13. "La photo m'induit à distinguer le désir lourd, celui de la pornographie, du désir léger, du désir bon, celui de l'érotisme."

Tal distinção seria mesmo necessária? Diante de uma fórmula como essa há uma paráfrase, possível, feita sobre outra frase, desta vez de Alain Robbe-Grillet, que vem à mente, bem tentadora: "O desejo pesado é, naturalmente, o desejo dos outros", ou seja, a pornografia é o desejo dos outros. Se o desejo pesado é o desejo dos outros, o nosso desejo, esse, é sempre bom, será sempre bom. A pornografia é menos um conceito do que um insulto e um preconceito.

No mundo interminável dos desejos intensos que é a internet, as imagens licenciosas são infinitas. Trata-se de desejos inefáveis, intangíveis, virtuais, palavra de bela etimologia: vem do latim *virtus* que, também, dá origem numa gênese paradoxal a "virtude". Ou seja, existem apenas em potência e não em ato, como sonho e não como realidade. São imagens que alimentam e se alimentam dos desejos humanos, exatamente como as obras de arte. Se tivermos mesmo de situar a pornografia num campo conceitual, esse deve localizar-se no da moral e não no da estética ou da arte. E, no caso da arte, imagens "elevadas" ou "baixas", nobres ou vulgares podem se corresponder e se iluminar mutuamente.

Lembremos que a pornografia é o grande objetivo de consultas da internet. Pelo que eu pude ler, apenas em uma ocasião a pornografia foi suplantada por outro interesse. E essa ocasião ocorreu no dia 11 de setembro de 2001. Foi o único dia no qual os usuários da internet se interessaram mais por um acontecimento trágico, dramático, do que pela pornografia. Lembremos que o mundo contemporâneo é um mundo altamente conservador, profundamente conservador. Depois dos anos 1970, que foram liberadores, a questão do sexo voltou, hoje, à tona, acompanhada por processos de repressão, os mais fortes e os mais violentos, liderados por todas as religiões do mundo.

A pornografia me parece abrir, para utilizar uma palavra que eu usei muito aqui, uma fenda nesse processo de conservadorismo atual. Ela aponta diretamente para a nudez do desejo, essa nudez que eu espero termine se revelando plenamente, se banalize e seja vista sem maneira hipócrita ou religiosa, ou disfarçada. Devemos assumir o fato objetivo de que o interesse primordial da humanidade em termos de imagens imaginárias é quantitativamente voltado para aquilo que muita gente chama de pornografia, a internet é o testemunho. Em vez de pensarmos isso de um ponto de vista moral, como algo ruim para a humanidade, temos de lembrar que a pornografia é um instrumento revelador do desejo mais imediato. Quanto mais ocultarmos esse desejo, mais ele se exacerba. A pornografia é, portanto, subversiva em relação aos comportamentos conservadores e moralistas. Dessa maneira, se de um ponto de vista otimista eu perceber o futuro, nesse futuro a ideia de pornografia desaparecerá em benefício da existência manifesta de todas as formas de prazer situadas no campo do imaginário.

PARTICIPAÇÃO DO PÚBLICO

Adauto Novaes – Muito obrigado, Jorge Coli. Você está aliviado, não é?

Jorge Coli – Estou aliviado. Estava meio tenso.

Adauto Novaes – Bom, a gente vai abrir agora para debate, por favor.

Público – A sua palestra me fez pensar num filme que eu assisti esta semana, um filme sem nenhuma pretensão, chamado *Dois no divã* [14].

Jorge Coli – Não conheço.

Público – Pois é. O filme está em cartaz. Esse filme trata de um casal norte-americano, aquele que come *bacon* com ovos de manhã e que fica assistindo jogos de golfe. A mulher leva ele para uma terapia de casal e, depois de toda uma palestra, de toda uma semana de sessão de terapia, custando quatro mil dólares, ele chega no final e consegue se confessar para a mulher – eles dormiam há cinco anos em quartos separados, e não se separavam pela questão de patrimônio, aquelas coisas que acontecem hoje dentro da classe média, e ele chega à conclusão de que o grande tesão dele era fazer um *ménage à trois* com a vizinha deles, e, no final da história, a vizinha vai passando diante deles, a mulher convida essa vizinha para que eles pudessem fazer esse *ménage*, que era o sonho erótico do marido dela. Bom, isso me retoma a questão da época da ditadura, em que tinha uma pseudo-pornografia chamada pornochanchada.

Jorge Coli – Admiráveis, esses filmes.

Público – E nós estávamos, de certa feita, no bar do antigo Veloso, depois Garota de Ipanema, eu, Ziraldo, Marcio Tavares do Amaral, discu-

14. O nome do filme em português é *Um divã para dois* (*Hope Springs*), dirigido por David Frankel (2012). Ao lado das pornochanchadas, o filme é muito tímido e inocente: a comparação sublinha ainda mais o conservadorismo contemporâneo.

tindo se pornochanchada era ou não obra de arte. E a gente, depois, retoma o filme do Pasolini, *Saló, a República de Sodoma*, que a maioria das pessoas não aguenta assistir até o final. A minha questão é a seguinte: ligando essa questão da pornochanchada, ligando a questão do filme *Saló* e esse filme que você não viu, mas que vale a pena, a gente pensaria no seguinte: a palavra de ordem das grandes religiões, hoje, é "Fora do sangue de Jesus não tem salvação". Uma palavra de ordem, hoje, para nós que gostamos efetivamente não só da luxúria, mas também de toda a devassidão que a pornografia traz, seria: "Fora da suruba não tem solução".

Jorge Coli – Em primeiro lugar eu queria fazer aqui uma retificação. Eu não acredito que só apenas fora do sangue de Cristo haja salvação, porque são religiões não cristãs também que atuam de uma maneira muito forte nos processos de repressão e de dominação. Mas, o que é que você quer que eu diga? Eu estou convicto de que o futuro é suruba. Falando seriamente, o sexo é um instrumento extraordinário de abalo nas convicções austeras e religiosas que existem pelo mundo, e, como isso circula pela internet, trata-se de um maravilhoso agente subversivo essa visão imaginária das coisas. A suruba não precisa ser real, ela funciona como instrumento imaginário. Eu acredito, sinceramente, nesse papel libertador das funções, que nós chamamos hoje de pornográficas e que não deveriam ser chamadas de pornográficas. Aliás, estava pensando em uma coisa. Antes de nós começarmos a palestra, houve uma conversa em tom de piada, na qual foi proposta que se criasse a religião, a Igreja Universal de Arte do Divino Pensamento, na qual o Adauto seria o Bispo. Eu acho que nós poderíamos começar a introduzir esse universo como oposição às outras igrejas, à burca, a todas as formas de repressão que as igrejas, habitualmente, introduzem nos nossos comportamentos.

Público – Boa noite. Parabéns pela palestra. A minha pergunta é bem mais conservadora. Com o advento da liberação sexual e essa coisa toda veio uma grande preocupação de toda a humanidade que é a explosão demográfica, aí, em seguida, veio a AIDS e, praticamente, anulou a questão da explosão demográfica, certo?

Jorge Coli – Não.

Público – Não?

Jorge Coli – Não.

Público – Por quê? Aqui no Brasil diminuiu muito. Ligação de trompas é tudo, mas...

Jorge Coli – Não. A explosão demográfica continua de uma maneira espantosa. Disso eu não tenho dúvida nenhuma...

Público – Mas amenizou um pouco, não?

Jorge Coli – Sei lá, mas não é a questão, bom, vamos lá. Eu acho muito preocupante a explosão demográfica que ocorre hoje, embora essa explosão venha de maneira positiva porque é o resultado dos avanços da ciência, quer dizer, são menos crianças que morrem e são mais pessoas que vivem mais longamente. Tudo isso é extremamente positivo, mas, por outro lado, é claro que existe uma saturação do planeta. Sei lá como é que isso se resolve ou vai se resolver, em todo caso eu acho que essa relação que você propõe não funciona.

Público – Mas antes da AIDS a coisa era bem mais explosiva, não?

Jorge Coli – Não. Acho que não é muito por aí, não, mas enfim, diga...

Público – Ele falou de alguns filmes, passou um filme, recentemente, e o senhor vai poder responder caso tenha visto, *Shame*[15]?

Jorge Coli – Não. Não vi, não.

Público – Então eu não tenho, eu não vou ter pergunta.

Jorge Coli – Por quê?

Público – Porque é um filme que, com certeza, daria pano para manga.

Jorge Coli – Sinto muito.

Público – Bom. Logo em seguida assim de uma palestra é muito difícil formular rapidamente uma questão, até porque o tema é capcioso, mas essa distinção entre o pornográfico e o erótico pode ser utilizada da forma convencional para reduzir uma obra e dizer que ela não é artc porque é pornográfica.

Jorge Coli – Claro que sim.

Público – E excluí-la de uma certa legitimação. Agora, independentemente disso, eu acho que existe, sim, uma distinção de olhar para o corpo e para o sexo que não, necessariamente, seja a do "está vetado até aqui, o sexo, ele ainda não vai iniciar, ou ele já está prestes a ser

---

15. *Shame*, de Steve McQueen (2011). De fato, o filme poderia enriquecer o debate se eu o tivesse visto naquele momento.

realizado", que eu formulo a partir, inclusive, da citação de Barthes, que seria o mais ou menos explícito do corpo. Então o erótico é aquele que te leva a alguma cena do imaginário, que provoca uma sensualização do desejo, e o pornográfico talvez – eu estou fazendo uma formulação a partir do senso comum–, e o pornográfico é aquilo que expõe o sexo sem nenhum tipo de máscara, nenhum tipo de romantismo, ou de, sei lá, de beleza, no sentido, enfim... Curioso pensar e acho que aí é que está a minha questão, é muito mais fácil, para o olhar não hipócrita, consumir o erotismo que tem algo velado do olhar e muito mais difícil de assumir o olhar daquilo que é explícito.

Jorge Coli – Sem dúvida.

Público – E é interessante pensar que uma população crescentemente religiosa também está consumindo isso, mas esse consumo, ele precisa ser velado. Então o que é – eu não acredito que seja somente o corpo sem nenhuma máscara–, o que é que está sendo velado nessa hipocrisia de não poder ver o sexo sem máscaras?

Jorge Coli – Olhe, eu acho que a questão sexual é uma questão muito pesada para a nossa cultura, para a cultura do Ocidente. Vocês viram, não foi brincadeira, não, a dificuldade que eu tive para falar certas palavras, porque eu não consigo falar certas palavras. Existem pessoas que conseguem facilmente, mas eu não consigo. É questão de educação, eu não consigo, eu não consigo, eu tenho dificuldade para falar, não falo facilmente. Portanto, eu tenho esse peso. Então, dentro de nós mesmos organizamos sistemas que permitem que nós cheguemos até a dimensão de excitação sexual diante de uma obra através de álibis. É o que se chama erotismo. Dizemos: é artístico. A intenção na minha fala foi demonstrar o quanto essa ideia de pornográfico evolui com o tempo e o quanto a dimensão pornográfica não tem fronteiras em relação à produção artística, à produção do erotismo. Quero dizer, o aspecto erótico é completamente fascinante e tem uma dimensão artística, literária, poética, tudo que você quiser. Não se trata de uma oposição entre pornografia e erotismo, entre corpo nu, corpo exposto, ou exibição do corpo masculino em ereção ou não ereção. O erotismo deve ser visto em conjunto como a produção que se quer mais brutal, que se quer mais franca e que desencadeia outro tipo de erotismo, que continua sendo, continua sendo... erótico. O erotismo pode servir de álibi para a pornografia. Espero que no futuro ele não sirva mais, ele continue a existir, mas que não sirva mais de álibi, e que a própria noção de pornografia passe a desaparecer, para que nós possamos olhar com naturalidade diante de todos os desejos, de todas as pulsões. Visão meio utópica, otimista, mas enfim... Mais alguma coisa?

Público – Boa noite. Parabéns pela palestra.

Jorge Coli – Muito obrigado.

Público – Eu também queria falar assim em cima de certo senso comum. O desejo masculino, ele é visto assim como mais próximo do que seria pornográfico, mais próximo de uma coisa visual, e o feminino teria outras nuances e, também, outra coisa com relação à representação do nu na história da arte. É muito mais comum, eu queria até que uma mulher falasse sobre isso, mas como nenhuma mulher falou eu também estou fazendo essa pergunta, porque eu queria que alguém fizesse. A representação do nu feminino é muito mais comum de ser encontrada na história da arte, e muitas mulheres, artistas plásticas mesmo, são meio revoltadas com isso. Tem até aquele grupo americano, "Gorilas Girls". Como é que o senhor vê isso?

Jorge Coli – Olhe, como tenho uma perspectiva histórica, essas questões me parecem sempre discutíveis. Se você pensa na tradição artística da Grécia antiga: enquanto o nu masculino é presente desde as suas origens, o nu feminino só surge com Praxíteles, no quarto século antes de Cristo, quer dizer, se nós formos fazer um balanço da produção da Grécia antiga, temos muito mais nus masculinos que nus femininos. Da mesma maneira se você focar a produção do Renascimento florentino. Há infinitamente mais nus masculinos que nus femininos. É claro que existe, num período mais recente, sobretudo a partir do século XVII, do XVIII e, sobretudo, do século XIX, uma predominância do nu feminino, com o objetivo evidente de um erotismo disposto para o homem. Embora a presença desses nus me pareça sempre como alguma coisa que toca diretamente uma dimensão erótica e por isso são positivos, pouco importa se masculinos ou femininos. Desse ponto de vista eu não sei, eu acho que a história da arte mostra um equilíbrio razoavelmente grande se nós pegarmos a sua totalidade entre nus masculinos e femininos, mas a primeira parte da sua pergunta qual foi?

Público – Por que no senso comum o desejo masculino seria visto como mais próximo do pornográfico e o desejo feminino seria visto como mais próximo de uma coisa erótica.

Jorge Coli – Eu não posso falar pelas mulheres, é claro. O prazer feminino é um mistério. Um dos grandes temas desses nus que aparecem tão fortemente na história da arte é o do mistério do desejo feminino – o corpo feminino é um mistério, os homens não têm muita ideia do que está lá dentro. Todos os desejos se mostram lá dentro. Até que ponto, quando é que alguém pode dizer que uma mulher está de fato tendo prazer ou simulando prazer? Questão precisa que não ocorre no âmbito do desejo masculino, que é evidente. Essa distinção que você está fazendo, eu me pergunto se nós não poderíamos responder, não sei se as mulheres vão estar de acordo ou não, lembrando a concepção de Simone de Beauvoir: ninguém nasce mulher, a mulher é fabricada pela cultura e, portanto, na cultura feminina há, de fato, um tratamento que leva a uma formação do desejo, tendendo para formas mais elegíacas, mais poéticas etc., enquanto os homens são mais ou menos educados como predadores sexuais e, portanto, têm uma relação direta com a pornografia. Eu acredito bastante que essa questão seja cultural, não acredito nessa diferença entre o desejo masculino e o desejo feminino. Por acaso eu ouvi em um programa de rádio, eu estava na estrada, um psicólogo não sei das quantas, dando conselho, dizendo: ah, mas a diferença é que a mulher tem muito menos desejo do que o homem. Como? E que a mulher, por exemplo, não se estimula vendo um homem nu, tanto é que não existem clubes de nus masculinos, de *striptease* masculino para mulheres, a não ser de uma maneira um pouco jocosa. Quando você pensa em termos culturais, o que significa como ideia, para a própria mulher, de aviltamento o frequentar um clube desse tipo, e o que isso significa, para o homem, em termos de exaltação diante da sua própria masculinidade, frequentar um clube desse tipo? Não é possível julgar. Não, porque os dados estão completamente falsificados. Os dados do jogo são trapaceados. Não é possível ter uma ideia do que é o desejo feminino na sua pureza porque nós somos excessivamente carregados de pesos culturais. Como é que você vai fazer essa distinção? Então, talvez seja melhor, como hipótese de trabalho pelo menos, não entrar por esse campo, não fazer distinções e tratar o desejo como desejo, e basta.

Público – Eu queria fazer uma pergunta. A pornografia, na sua opinião, ela é mais uma função da fantasia do comportamento? Ela é uma referência, mas a fantasia é que é civilizatória ou o caminho para o comportamento? Então seria uma suruba revolucionária? Uma função revolucionária?

Jorge Coli – Vamos voltar aos velhos tempos de William Reich, que era um autor muito lido na minha juventude e que, justamente, pregava a libertação humana pela libertação dos desejos – bons velhos tempos aqueles, o futuro não é mais como era, Adauto, não é, definitivamente, como era. Nós pensávamos, justamente, nos anos 1970 que, no ano 2012, tudo seria uma magnífica e enorme suruba. Mas não. Mas, desculpe, você pode retomar, então, a pergunta que eu até esqueci, agora. Eu estava pensando na suruba e esqueci, vamos lá.

Público – A pornografia ela é mais uma função...

Jorge Coli – Ah, sim, fantasia ou não? É claro que ela é inteiramente imaginária. A fantasia, a dita pornografia, qualquer representação de tipo sexual ou qualquer tipo de representação artística é inteiramente imaginária, ela não se passa no real. Ela é imaginária. O que é triste é ver uma enorme parte desse imaginário ser condenado. Quando você chega diante de uma obra do Jeff Koons e diz, ah, isso é pornográfico, essa noção, pornografia, não surge apenas como classificatória, ela é insultante, e ela rebaixa a obra, é uma forma de diminuir a obra. O que estou tentando dizer é que essa dimensão da fantasia e do imaginário não deveria ter – e eu espero em uma utopia futura que ela não tenha – esse peso restritivo, condenatório, que temos hoje. Mas é claro que é pura fantasia, claro que é pura fantasia e já houve tantas vezes na literatura autores que diziam que as fantasias são muito melhores que as realidades. É claro que elas são fantasias, como toda obra de arte é pura fantasia, pura, pura, pura fantasia. Da mesma maneira que quando nós vamos ver um filme de ação, que são extraordinários, que nos tocam, que nos fazem palpitar etc., com a corrida de carros americana, tudo isso, é claro que estamos vivendo momentos ali muito intensos, formidáveis, mas é claro também que aquilo tudo é fantasia, ninguém vai se pôr a sair por aí que nem um maluco dirigindo, perseguindo o outro. Quer dizer, isso não existe. O Batman não existe. Mas ele funciona como elemento intenso da nossa fantasia. Acho muito interessante que, nesse processo de dessacralização das artes que ocorre, hoje, tantos artistas façam apelo, justamente, à exposição do corpo. Trata-se da conquista, de uma conquista possível de um desejo mais inocente. Eu comecei mostrando para vocês uma placa de proibição. Imaginem o menino ou a menina de 17 anos que não pôde entrar nessas salas proibidas. Terá uma frustração enorme, um aumento da vontade, do desejo. Se aquilo fosse banalizado, haveria uma relação natural que se manteria com as obras. Quando o Museu d'Orsay enfim incorporou *A origem do mundo*, expôs a obra numa evidência neutra. As escolas, a garotada, pequeninos, passavam todos em frente, e aquilo não tinha mais o aspecto sacralizado que tinha, por exemplo, na casa de Lacan. É claro que não, porque de fato são fantasias. A não ser que tomemos o caminho indicado por Proust, a partir de Ruskin, de que as obras de arte são as únicas realidades verdadeiras: o resto é secundário, o resto é a banalidade do cotidiano. Os únicos momentos verdadeiros, tensos, seriam aqueles nos quais estamos em sintonia direta com uma obra de arte e, nesse caso, essa obra de arte pode ser qualquer coisa, pode ser uma paisagem, pode ser uma natureza-morta ou pode ser um nu, ou pode ser uma cena obscena, aquilo que nós chamamos de obsceno.

Debates e considerações sobre a conferência

P.S. Esta conferência, e o seu debate, foram censurados pela Academia Brasileira de Letras, que a transmitia em sua página da internet. Após vinte minutos de apresentação, quando eu mostrava *A origem do mundo* e pronunciava a palavra "boceta", o corte se deu. Soube da interrupção via *Facebook*, quando várias pessoas postaram seu protesto. No dia 13 de setembro postei no *Facebook* o seguinte comentário para essas pessoas, depois de ter me certificado da veracidade da censura:

Ontem, dei uma conferência na Academia Brasileira de Letras, intitulada "Sexo não é mais o que era". Tratava-se de uma análise reflexiva sobre as noções de pornografia, erotismo e sexualidade nas artes. Ela sublinhava o caráter conservador do moralismo atual e criticava os puritanismos repressivos que oprimem o imaginário, e não apenas ele. A conferência deveria ter sido transmitida via internet. Soube hoje que ela foi censurada, e que essa censura teria vindo por "ordem da diretoria". De início, as imagens que a ilustravam foram suprimidas da transmissão (eu começava com duas obras de Jeff Koons). E, quando citei o trecho de um autor que continha algumas palavras indelicadas (crítica de Philippe Murray ao quadro de Courbet, *A origem do mundo*, publicada em 1991 na revista *Art Press*), a palestra foi interrompida. Ou seja, a ABL ilustrou, de modo preciso, o acerto de minha tese sobre a hipocrisia pudibunda (termo no qual certamente ela ainda censurará as duas últimas sílabas) de nosso tempo. Não apenas os acadêmicos são imortais: eles também não têm sexo, como os anjos.

Pensei que, afora alguns comentários no *Facebook*, o episódio terminasse aí. Mas a imprensa se interessou, e ele teve uma repercussão inesperada: vários jornais brasileiros (e mesmo dois internacionais!), entre eles *O Globo, Folha de S.Paulo, Estado de S.Paulo,* e muitos outros, deram a notícia, e muitos colunistas comentaram o episódio. A *Folha de S. Paulo* solicitou uma entrevista, que eu dei e que anexo aqui:

Folha – Há semanas, a *New Yorker* teve um cartum com Adão e Eva censurado no *Facebook*, que já removera perfis com *A origem do mundo*. No Brasil, a transmissão de sua palestra foi interrompida. As redes sociais trazem consigo moralismo e puritanismo?

Jorge Coli – Não creio. Atravessamos um período muito conservador. Mas esse conservadorismo é exacerbado exatamente pelos novos meios de comunicação, pelas redes sociais, que permitem uma intervenção maior de cada um no campo geral das opiniões e das notícias. Os jornais impressos declinam a cada dia. O acesso às informações e às opiniões individuais aumenta.

No campo virtual, campo dos compartilhamentos virtuais, o desejo sexual tem parte imensa. A onda de conservadorismo surge como reação a essas ameaças fundamentalmente democráticas.

O *Facebook* tem um recurso para reconhecer nudez etc., mas isso não impede o que há de mais subversivo nessa rede social, que é a troca direta entre pessoas.

Folha – O Brasil acompanha uma onda global de conservadorismo? A França ainda consegue garantir liberdade para tratar publicamente de sexo?

Jorge Coli – Sim, o Brasil acompanha esse movimento. O episódio da minha conferência na ABL, com a censura, demonstra isso. Não creio que na França, nas mesmas circunstâncias, a situação se repetisse, porque, no caso, a reação foi muito tosca intelectualmente. Mas a França não é o paraíso do imaginário livre: houve censuras a cartazes de filmes que, no Brasil, imagino, não ocorreriam. São configurações culturais diferentes.

Li há alguns meses uma notícia que indica o sinal dos tempos. Quando vivi na França, nos anos 1970, o nudismo tinha se tornado febre. Mesmo em praias ou piscinas nas quais não fosse praticado o nudismo, raras eram as mulheres que não se apresentavam em *topless*. A notícia dizia que esse hábito desapareceu, e que hoje o sutiã do maiô se impôs de modo absoluto.

Kate Middleton acaba de ser flagrada de *topless* justamente por uma revista francesa... Boa demonstração de como o conservadorismo se infiltra no cotidiano.

Folha – Mas por que uma pintura de 1866 ainda choca? É o extremo realismo que ainda confunde?

Jorge Coli – A tela conduz a uma situação esquizofrênica. É a exibição do obsceno (a vulva) no campo do cênico (a arte). Em nome da arte, expõe-se a vulva. É esta a razão dos conflitos.

Folha – A questão não se limita ao campo visual: enquanto alguns sinônimos de vulva, como "babaca", já não chocam, "boceta" marcou o corte da conferência, e até "vagina" foi censurada pela Apple no título de um livro. Estamos voltando atrás?

Jorge Coli – Você tem razão. Sem nenhuma prova, estou convencido de que minha censura pela Academia ocorreu não tanto pelas imagens mostradas, mas no momento em que li um texto contendo a palavra "boceta", palavra chula e feia. É na linguagem que o peso dos interditos se revela mais facilmente.

Não foi nada fácil para mim pronunciar essa palavra em público e, antes de fazê-lo, pedi desculpas ao auditório. Esse peso que os palavrões carregam consigo foram embutidos no nosso cerne desde a infância. Todos os que aprenderam uma língua estrangeira sabem que não há dificuldade nenhuma em pronunciar os termos mais cabeludos e arrepiantes no novo idioma: "fuck", "pussy", "enculé", "cazzo", "troia". Quando os incorporamos ao nosso vocabulário, eles nos chegam sem a carga de autocensura repressiva engendrada na infância. Entre nativos, essas palavras desencadeiam um grande mal-estar. A palavra "boceta" talvez seja, de todas, a mais chocante. No entanto, ao que parece, em Manaus, ela substituiu a interjeição "caralho!", que se tornou mais fraca.

Se assim for, configura-se como exemplo de que, lá, o peso da autocensura diminuiu. Ao contrário dessa impressão negativa, as palavras chulas podem servir de estímulo erótico, sobretudo durante o ato sexual, porque ampliam o sentimento de transgressão, o sentimento de prazer proibido.

Seja qual for a ressonância que uma palavra possa ter, ela não pode, nem deve, ser proibida. A censura que recai hoje sobre esses termos está vinculada à reação conservadora à que me referi.

Folha – As fronteiras entre erotismo e pornografia se diluem com essa nova realidade das imagens na internet? É preciso redefinir esses conceitos?

Jorge Coli – Não é preciso redefinir, porque eles nunca foram, de fato, definidos. São termos imprecisos e flutuantes. Pornografia é o erotismo do outro. Pornografia é um preconceito moral. Erotismo é um álibi moral. Resta o fato de que o imenso acervo pornográfico da internet expôs, de modo envergonhado, a violência dos desejos sexuais no campo do imaginário. Ao que parece, apenas no dia 11 de setembro de 2001 o número de busca por *sites* sexuais foi superado pelo de informações sobre os ataques às torres de Nova York.

A Universidade de Montréal publicou no seu *site*, em 2009, uma situação particular: queriam fazer uma pesquisa sobre o comportamento de homens de vinte anos que consomem pornografia. Para tanto, precisavam de dois grupos: os que consomem e os que não consomem. Não conseguiram encontrar um só para o segundo.

Entre alguns resultados interessantes, está a média etária assinalando a idade em que se começa a ver pornografia: dez anos.

Folha – No seu artigo publicado pela "Ilustríssima", você observa que a importância está na cumplicidade do espectador, ora é um contemplativo extasiado, ora um *voyeur* canalha. Como isso se dá?

Jorge Coli – Depende do modo que o espectador dispõe aquilo que vê, e do modo que ele próprio se dispõe diante daquilo que vê. Se eleva seu objeto para o campo da arte, dignifica-se a si mesmo e ao seu objeto, como faz Kenneth Clark no seu livro sobre o nu: é o álibi do esvaziamento erótico na cultura artística. Se o espectador toma o objeto como uma figuração aviltada, ele se torna pornográfico.

Assim, por exemplo, num filme de, creio, Aleksander Ford, alguns jovens se masturbam diante da *Vênus* de Giorgione, um dos mais sublimemente idealizados nus femininos. Há o caso célebre do jovem grego que se deixa fechar dentro do templo para se masturbar diante da *Vênus de Cnido*, obra que Praxíteles terminara de esculpir. Por outro lado, Jeff Koons, e tantos outros, tomam imagens obscenas para expô-las como arte: elas serão admiradas como sofisticados produtos de cultura.

Folha – Elevar a pornografia ao *status* de arte anula seu caráter subversivo?

Jorge Coli – Boa pergunta. Creio que é possível pensar assim: a pornografia tem um forte potencial subversivo porque abala os bons comportamentos morais. Há algo de rebelde na pornografia, algo que está continuamente presente, mas apenas de modo subterrâneo. A arte, que é uma categoria social elevada, ao incorporar a sexualidade explícita, serve-se do álibi cultural para manifestá-la. Ela funciona como um dos modos pelo qual essa visualidade consegue ser exposta. Ao expô-la, a arte põe em confronto público o espectador e seus fantasmas. São duas formas de subversão: uma oculta e brutal, outra manifesta e insidiosa.

Folha – Da "vagina dentada", que aparece nas mais diversas mitologias à recente onda de censura, por que a vulva permanece como uma caixa de Pandora, vista como fonte de terror e males?

Jorge Coli – Tenho para mim que a vulva atrai e assusta por causa do mistério que ela encerra. Mistério do prazer feminino, indecifrável para os homens, mistério no fato de que suas manifestações exteriores não são visíveis, como a ereção o é.

Mistério da penetração que perturba pelo desconhecido, paraíso inquietante. Esse tema foi tratado em minha palestra no ciclo precedente, organizado por Adauto Novaes, e apresentada no auditório da ABL, mas daquela vez sem nenhuma censura.

É um tema maravilhosamente alegorizado no romance de Maurice Pons, *Rosa et le bonheur des hommes*, que, por infelicidade, não saiu no Brasil. Há ali uma luta metafórica entre as amarras preconceituosas que, uma vez vencidas, permitem atingir o paraíso. Culpabilizar o prazer é um dos mais formidáveis instrumentos de dominação sobre cada um: muitas religiões se tornaram perfeitamente hábeis nisso. Graças à culpa imensa, a vagina cria dentes, a maçã é venenosa, e o paraíso mantém seus portões fechados.

A Academia Brasileira de Letras se embaraçou em suas respostas, primeiro negando a censura, depois assumindo o ato, com o pretexto de que o *site* era aberto a todos e que crianças poderiam ver a conferência (a *Folha de S.Paulo* não teve a mesma opinião e postou o vídeo em seu *site*, sem limite de idade). Tive a honra de uma reunião em que os imortais discutiram a natureza de minha conferência. Dessa reunião, saiu um texto com argumentação capciosa, ao qual respondi da seguinte maneira:

> A ABL publicou no seu *site* uma página discreta sobre o episódio da censura à minha palestra. A Academia tem lá suas razões, e o debate não compensa. Mas o texto contém algumas imprecisões e distorções.
>
> A primeira é que a exposição de onde extraí algumas das obras que projetei, e que continha o aviso de impróprio, não ocorreu no MASP, mas no pavilhão da Bienal. Parece detalhe ínfimo, mas é melhor não misturar as instituições. Eu, como historiador da arte, prefiro assinalar com precisão, e não deixar como está a observação negligente do texto. A segunda é que, ao mostrar o aviso de impróprio para menores de 18 anos (que eu apresentei com certa ironia, assinalando a contradição de expor e ocultar ao mesmo tempo), várias pessoas se retiraram da plateia. Pode ser, mas é impossível verificar. Não vi, de onde eu estava, quem quer que seja se levantar e sair. Lembro que o público habitual

desse ciclo de conferências é aberto para a cultura e para a inteligência. A terceira, é certamente falsa. O texto diz que a transmissão foi interrompida quando a obra de Jeff Koons foi projetada (tratar essa obra como a "fotografia de uma felação" é o mesmo que dizer do *David* de Michelangelo que ele é a "escultura de um homem pelado"). A obra de Koons foi a primeira, logo no início da palestra. Ora, todos os que seguiam pela internet e que entraram em contato comigo dizem, em unanimidade, que a interrupção ocorreu vinte minutos depois do início, em seguida à projeção de *A origem do mundo*, de Courbet.

Enfim, o texto fala num "Programa de Visitas Guiadas" para jovens. Fiquei curioso, busquei, e encontrei no *site* da ABL uma página datada de fevereiro de 2011. Nela, esta frase impressionante de inocência preconceituosa: "A ABL informa que, para participar da visita, não é permitido o uso de bermudas, *shorts*, camisetas e chinelos".

Houve ainda um texto publicado pelo acadêmico Arnaldo Niskier, no dia 15 de outubro de 2012, particularmente constrangedor pela desastrada qualidade do raciocínio e dos argumentos, defendendo a censura da Academia, embora dizendo que não houve censura no caso. Respondi brevemente o seguinte, no dia 16 de outubro de 2012.

Existe pelo menos um equívoco, para não dizer inverdade, no texto "A grande mentira", de Arnaldo Niskier, a respeito da censura que a ABL (Academia Brasileira de Letras) fez incidir sobre minha palestra.

Diferentemente do que disse o texto [de que o corte teria sido no início da palestra, quando eu mostrava obras de Jeff Koons], a censura da ABL ocorreu enquanto o quadro *A origem do mundo*, de Courbet (e não Coubert, como grafou o imortal), foi mostrado, e no momento em que pronunciei a palavra "boceta".

Qualquer um pode medir por si mesmo seu grau de requinte pessoal, já que o acadêmico assinala que as obras "são impróprias [...] para pessoas de bom gosto". Noto ainda, para o bom rigor, que não pertenço aos quadros da USP, mas aos da Unicamp, universidade na qual exerço a função de professor titular.

O dossiê integral desse debate é muito interessante, mas longo demais para ser transcrito aqui. Ele reforça meu otimismo, já que demonstra, porque demonstra, a grande maioria das opiniões favorável a discussões abertas sobre desejo, pornografia e sexo. Demonstra assim o quanto a ABL permaneceu conservadora diante das convicções atuais de nossa sociedade.

A (des)construção do futuro

José Miguel Wisnik

O FUTURO COMO DÍVIDA

Propus a minha palestra pensando na crise contemporânea da dívida. Mais propriamente, pensando relacioná-la com dimensões da dívida em sentido amplo e de longa duração: a tradição do messianismo judeo--cristão, que aponta para um fim dos tempos em que todas as dívidas seriam cobradas e saldadas, e com a moderna tradição da ruptura, que alocou esse acerto de contas no tempo futuro – o futuro como a dimensão polarizadora da história regida pela ideia de progresso.

Pode-se dizer que a Guerra Fria tomou ares de uma corrida final ao primado do futuro, disputada por duas concepções antagônicas de progresso. O desfecho da queda do muro de Berlim, somado à crise do petróleo e à consciência das limitações do planeta para suportar o desenvolvimento ilimitado, minou duplamente a ideia cumulativa de uma linha em progresso realizando-se no fim. Se o chamado socialismo real não se mostrou capaz de sustentar nem de irradiar seu impulso emancipatório, o capitalismo pôde se liberar de qualquer promessa de futuro que não seja a de que o futuro já chegou, como graça, para quem pode comprá--lo. Assim, e com a aceleração vertiginosa e praticamente sincrônica da tecnociência, com a simultaneidade generalizada das comunicações, mais a crise econômica, o futuro de fato *não é mais aquele*.

Instigado por uma afirmação de Gary Shapiro[1], que dizia que o pensamento de Nietzsche sobre a crise do seu tempo, incidindo sobre a crise do nosso tempo, tinha como ponto crucial a questão da dívida, formando um nó religioso, econômico e filosófico, decidi pesquisá-la em Oswald de Andrade. Porque a sua crítica da "filosofia messiânica", cuja inspiração nietzschiana é perceptível, pode ser vista como um surpreendente desmanche desse nó em que o débito material e simbólico, como uma espécie de fato social total permeando as relações humanas, vem a ser um elemento-chave na formulação das concepções do tempo.

Para ele, o messianismo que transfere toda a esperança para o fim dos tempos, para o além-futuro, deve ser visto como o "estorno ideológico" de base patriarcal que se apropriou das esperanças populares da parusia, o retorno iminente de Cristo, nos primeiros tempos do cristianismo. A burguesia, por sua vez, estornou as esperanças milenaristas para a promessa de sua realização terrena, a se perfazer, como vimos, num futuro que só chegou nas condições já descritas, quando ele não é mais o que prometia ser. A vantagem de pensar esses ciclos como grandes dívidas estornadas, ou créditos que não se realizam historicamente, é que eles nos conduzem inesperadamente ao tempo presente: se a modernidade queimou o Juízo Final como instância suprema e supraterrena da cobrança moral, e a "pós-modernidade" queimou o mito do futuro como baliza do progresso, sobrou a crise da dívida financeira como partícula irredutível e radioativa do mito carbonizado do futuro.

O livro *Debt – The first 5,000 years*[2], do antropólogo e ativista norte-americano David Graeber, lançado no ano passado (2012), não fala de outra coisa que não seja exatamente isso: a dívida permeia todas as relações humanas, enformando não só as trocas mas as mentalidades. A dívida e o crédito são mais antigos e mais universais que o dinheiro, e o entendimento das modalidades do fenômeno ao longo dos seu primeiros cinco mil anos é crucial para a análise das perplexidades do presente.

---

1. Gary Shapiro, "A crise de Nietzsche: dívida, globalização e 'grande acontecimentos'", conferência nos Seminários Internacionais Museu Vale 2010, Do fundo abismo nascem as altas montanhas ou: de como superar uma crise. Ver, em especial, de Friedrich Nietzsche, a "Segunda dissertação" da *Genealogia da moral*.
2. David Graeber, *Debt – The first 5,000 years*, Nova York: Melville House, 2012.

Há grande afinidade entre o livro de Graeber e os textos de Oswald, especificamente "A crise da filosofia messiânica"[3] e "O antropófago"[4], que abordam em suas respectivas cinquenta páginas os mesmo cinco mil anos tratados nas quinhentas páginas de *Debt*. Oswald circula com naturalidade, por exemplo, na tese da precedência do crédito sobre o dinheiro ("A letra de câmbio é uma invenção babilônica", diz ele). Ambos apontam para o fato perturbador de que estamos na encruzilhada entre o domínio de estruturas de poder constituídas sobre o manejo da dívida e o dinheiro (o patriarcado para um e a máquina econômico-militar para outro), ferreamente voltadas para a manutenção de um ciclo civilizatório que caminha, no entanto, para o seu fim.

DO JUÍZO FINAL À BOLSA DE FUTUROS

O fato é que, quando se trata de futuro, alinham-se logo futuristas de um lado, prontos a correr no tempo movidos pela aceleração tecnológica, e catastrofistas de outro, apegados a tudo o que não falta de sombrio nos cenários contemporâneos. Mais do que uma análise objetiva de fatos, que aliás nos ultrapassam em toda escala, acho que vão nisso também as configurações íntimas de desejos e medos que nos arrastam para um lado e para o outro, e que em alguns se fixam na euforia do mais moderno e em outros se recolhem na melancolia da falta de sentido do mundo agressivamente mutante.

Subjetividades à parte, a questão é que a catástrofe mundial passou a fazer parte inseparável da vida humana, a tal ponto que negá-la é fomentá-la. Os soldados voltaram da Primeira Guerra Mundial mudos, diz Walter Benjamin, porque foram lançados "a céu aberto", das carroças seculares com as quais conviviam, "para uma paisagem em que nada continuava como fora antes além das nuvens e, debaixo delas, num campo magnético de correntes devastadoras e explosões, o pequenino e quebradiço corpo humano"[5]. A tecnociência ultrapassa em toda linha a escala

---

3. Oswald de Andrade, "A crise da filosofia messiânica", *Do pau-brasil à antropofagia e às utopias*, Rio de Janeiro: Civilização Brasileira, 1970, pp. 75-129.

4. Idem, "O antropófago", *Estética e política* (organização, introdução e notas Maria Eugenia Boaventura), 2. ed. revista e ampliada, São Paulo: Globo, 2011, pp. 374-446.

5. Walter Benjamin, "O narrador", *Textos escolhidos*, v. xlviii, São Paulo: Abril Cultural, 1975, p. 54 (Coleção Os Pensadores).

pessoal da vida. Hiroshima e Nagasaki se tornaram fantasmas de fundo na Guerra Fria; o 11 de setembro e os *tsunamis*, cenários da paisagem contemporânea. Crianças das últimas gerações são expostas diretamente à possibilidade da tragédia global. O aquecimento global e o abalo climático, dados como irreversíveis por muitos cientistas, e minimizados por outros, tornam-se ao mesmo tempo um fato e o teatro discursivo das interpretações conflitantes. A crise econômica, empurrada com a barriga sem grandes alterações no universo do capitalismo financeiro, põe este mesmo na borda do seu abismo.

É aqui que entra o nosso tema: o sistema que se alimenta da dívida insaldável participa de um tempo que aponta sem descanso para o futuro. Esse futuro já foi o Juízo Final, queimado ou estornado, como diz Oswald, pela modernidade; já foi o mito do progresso cumulativo e linear, queimado pela chamada pós-modernidade, e hoje se consuma na errática da Bolsa de Mercadorias e Futuros. O livro *Debt* e os textos filosóficos e utópicos de Oswald de Andrade têm o mérito de conceberem essa história numa escala de longa duração, que confronta o mais contemporâneo com o mais antigo.

Graeber diz que, ao contrário do socialismo real, que precisa se imaginar eterno, o capitalismo precisa do imaginário da catástrofe final, como único ponto de descanso virtual do tempo sem parada de uma dívida que não cessa. É crucial, portanto, sabermos distinguir as ameaças objetivas, sob o céu que não nos protege, da demanda imaginária de superprodução cinematográfica do apocalipse.

Graeber propõe que a dívida mundial em dinheiro seja analisada pelo teor de ficção que a embasa. Descreve os exemplos, milenares, de suspensão cíclica da dívida pelos credores, para que se volte a um zero regenerador. Mas isso acontecia em sociedades que admitiam a circularidade do tempo. A sociedade moderna, que o esqueceu, precisa admiti-lo, não para voltar atrás, mas para poder ser mais e plenamente moderna, com uma economia que inclua seriamente o valor dos intangíveis e dos não quantificáveis.

O FIM DO FUTURO E O APÓS-AGORA

Na primeira parte de seu livro sobre a poesia entre os séculos XIX e XX, *Los hijos del limo – del romanticismo a la vanguardia*[6], Octavio Paz reflete sobre as diferentes formas de imaginação do tempo nas culturas ocidentais e orientais, e sobre o grande deslocamento que se dá na passagem ao moderno. Publicado em 1974, quando a ideia de progresso, já mitigada filosoficamente, sofria abalos visíveis, o livro oferece um mapeamento do imaginário temporal num momento sintomático de viragem em que, para todos os efeitos, incluindo os de massa, o futuro deixava de ser o que era.

Mas esse lugar do futuro, em sua mutação, é buscado por Paz num arco amplo que supõe uma relação comparativa com os primórdios. Para as sociedades arcaicas (ele diz "primitivas"), "o arquétipo temporal, o modelo do presente e do futuro, é o passado"[7]. Convertido aos termos que propusemos, pode-se dizer que o tempo está permanentemente referido a uma dívida para com os ancestrais[8], jamais quitada e sempre revisitada através do rito, através da "repetição rítmica do passado intemporal"[9]. O primórdio, matéria da narrativa mítica, instaura um modelo de repetição que guia o tempo, embora permaneça ele mesmo num lugar fora do tempo, "insensível à mudança". O passado, "tanto por ser um modelo continuamente imitado quanto porque o rito periodicamente o atualiza", defende a sociedade da mudança[10].

---

6. Octavio Paz, *Los hijos del limo – del romanticismo a la vanguardia*, Barcelona: Seix Barral, 1974.
7. Idem, ibidem, p. 25.
8. A *Genealogia da moral* nietzschiana afirma o peso originário do passado nas comunidades primordiais como um débito irremissível e crescente para com os antepassados. Nietzsche afirma que cada geração "reconhece para com a anterior, e em especial para com a primeira, fundadora da estirpe, uma obrigação jurídica". Essa obrigação é dívida para com os sacrifícios e realizações dos ancestrais que "não cessam, em sua sobrevida como espíritos poderosos, de conceder à estirpe novas vantagens e adiantamentos a partir de sua força". Tais sacrifícios pretéritos são pagos com reiterados sacrifícios, festas, música, homenagens e obediência (os costumes enquanto preceitos e ordens a serem observadas). Incluem por vezes um imenso e monstruoso resgate ao "credor", da ordem do sacrifício do primogênito ou de algum outro derramamento de sangue humano. Friedrich Nietzsche, *Genealogia da moral – uma polêmica*, tradução, notas e posfácio Paulo César de Souza, São Paulo: Companhia das Letras, 1998, p. 77.
9. Octavio Paz, op. cit., p. 25.
10. Idem, ibidem, p. 26.

Todas as sociedades, com exceção da moderna, diz Octavio Paz, imaginaram um ponto de repouso em que o tempo se reconcilia consigo mesmo, em que "já não muda porque, tornado imóvel transparência, cessou de fluir, ou porque, embora flua sem cessar, é sempre idêntico a si mesmo"[11]. No "imenso leque" das concepções do tempo alinham-se o passado atemporal do selvagem, o tempo cíclico dos gregos e astecas, a vacuidade budista, a conciliação e a harmonia dos contrários taoistas, a anulação dos contrários no ser sem acidentes nem atributos hinduísta, a eternidade personalizada do cristianismo. Essa variedade de paradigmas pode reduzir-se, segundo Paz, a um princípio único: com todas as suas diferenças, têm em comum o fato de serem tentativas de "anular ou, ao menos, minimizar as mudanças"[12].

A época moderna rompe "bruscamente" com todas essas maneiras de pensar, expondo-se à sucessão infinitesimal dos agoras sem a proteção de um lugar em que o tempo retorna ou se suspende. Herdeira do tempo linear e irreversível do cristianismo, ou do messianismo judeo-cristão, que projeta a dívida com os antepassados para o futuro, se opõe a todas as concepções cíclicas. Ao mesmo tempo, nega o paradigma cristão, do qual "é decorrência e crítica", afirmando outro que é a negação de todas as ideias e imagens que a humanidade se fez do tempo. A época moderna é a primeira que converte a mudança em fundamento, de maneira cumulativa, apontando para o futuro. "O homem moderno se vê lançado para o futuro com a mesma violência com que o cristão se via lançado para o céu ou para o inferno"[13].

Assim convertido no centro da tríade temporal ("ímã do presente" e "pedra de toque do passado", projeção da História para além da História, "longe das tempestades, da mudança e da sucessão")[14], o futuro moderno guardava ainda uma potência mítica como ponto de fuga da multidão de agoras, como último refúgio de uma civilização que desativou todas as modalidades imaginárias e simbólicas de suspensão do fluxo do tempo e vetor ideológico das ambições fáusticas do capitalismo e do socialismo.

---

11. Idem, ibidem, p. 26.
12. Idem, ibidem, p. 34.
13. Idem, ibidem, p. 53.
14. Idem, ibidem, p. 52.

Aqui incide a relação sintomática de *Los hijos del limo* (traduzido no Brasil como *Os filhos do barro*, embora pudesse ter sido *Os filhos da lama*) com o nosso tema. Octavio Paz mapeia as formas mentais tradicionais ligadas ao pensamento do tempo e acusa a pressão moderna em direção ao futuro, no momento mesmo (1974) em que a linha de força do progresso como horizonte do futuro dava sinais de fadiga no campo energético (a crise do petróleo), ambiental (a consciência da impossibilidade de o planeta suportar um crescimento ilimitado), junto com o desatrelamento do dólar de suas reservas em ouro, efetuado por Richard Nixon em 1971 (fato ao qual David Graeber dá uma importância crucial na instauração de uma nova ordem econômica). Em outras palavras, o papel dominante do futuro, na modernidade, sofria um deslocamento perturbador no momento em que a natureza apresentava limites *e as finanças deixavam de tê-los*. Essa contradição aponta para traços fundamentais da crise contemporânea, num quadro em que a economia, junto com a ideia de futuro, desinvestida de seu halo mítico, investia-se por sua vez das precondições de sua aceleração sincrônica, sem o fundamento de um lastro material.

O condomínio do futuro (necessariamente imaginário) disputado ao longo da Guerra Fria pelo capitalismo e pelo socialismo real sofre, com a queda do muro de Berlim, uma dupla desativação: um capitalismo sem contraste, tendo universalizado a sua lógica, não precisa mais daquelas promessas de futuro que alimentava, e aquela potência socialista revolucionária não está mais aí para afirmar um valor emancipatório projetado e consignado no tempo a vir. É então que a ideia de perspectiva histórica (a de um presente incessante caminhando para sua realização no futuro) passa a ser nomeada sintomaticamente como um conjunto de "Grandes Narrativas" – em outras palavras, um efeito discursivo cujo desvelamento a configura como a ficção de uma metaficção, e é quando passa a circular o conceito de *pós-moderno* (literalmente um simultâneo *após-agora*), cuja contorção semântica é índice do vazio operacional deixado pela mitigada potência mítico-ideológica da ideia de *futuro*. *Após-agora*, pode-se dizer, é o lugar exato do tempo em que se dão as reações dos mercados, suas "ansiedades", "nervosismos", "euforias" e "depressões".

Acelerando propositadamente o argumento: a dívida para com o Juízo Final, que está na base de um longo ciclo civilizatório, converteu-se contemporaneamente em débito e crédito contínuos numa economia liberada de *cash*, regida pela indústria do cartão, em que o indivíduo está atrelado ao capital como sujeito financeiro e como proprietário de uma dívida – no limite de uma ciranda de cartões que pagam cartões. No sincronismo digital do débito com o crédito, a diferença é questão de uma inflexão pontual de tempo na cadeia contínua da dívida: no império do *após-agora* não *pago para* ver, como se fazia antigamente, mas *pago para dever ou devo para pagar* – alterno entre ser destinatário ou emissor de crédito numa rede sincrônica em que indivíduos, empresas e Estados são homólogos no comprometimento estrutural com a dívida insaldável, motor móvel e imóvel do sistema. A procrastinação da dívida, que operava com um transcendente (o Julgamento Final e a esperança na remissão), torna-se imanente. A cobrança tem juízes terrenos e inflexíveis, não dispostos a abrir mão da condição soberana e implacável de credor, mas vacilantes diante do fato de que, no sistema financeiro sincrônico, a ruína do devedor é a do credor (ciranda periclitante em que dança a Europa e o mundo).

MESSIANISMO E MESSIANIDADE

Na verdade, fiz economia até agora da ideia central que move o livro de Octavio Paz. Nele, os *filhos da lama* são os poetas modernos (Nerval, Hölderlin, Baudelaire, Rimbaud, Mallarmé, Pessoa...), os "órfãos de Deus" que embarcam na aventura da modernidade, mas não completamente: aceitam a *ironia* de um tempo sem lastro, que instila em tudo que existe uma "gota de nada", ao mesmo tempo em que desejam a *analogia* de uma perdida trama de correspondências capaz de tecer o mundo. Do romantismo radical às vanguardas, a poesia mantém, segundo Paz, uma inserção problemática na história da modernidade, oscilante entre a revolução e a revelação, a política e a religião, heterodoxa nas duas frentes. A poesia não compra o pacote ideológico do futuro por completo, o que a faz um ponto de referência, uma vez mais, quando o ciclo se esgota e, em mutação, o futuro já não é mais o que era.

Consta que Octavio Paz, quando perguntado, nos idos de 1970, sobre quais os seus planos para o futuro, teria respondido: "aboli-lo". O pensador português Agostinho da Silva, por sua vez, ao ouvir de um interlocutor que a África é um continente destituído de futuro, respondeu sem hesitar: "Melhor, assim podemos construí-lo". Embora aparentemente opostas, as duas afirmações têm uma base comum: a ideia do futuro como uma construção imaginária que limita as potencialidades do presente. No primeiro caso, a resposta é uma *boutade* contra a pergunta clichê e suas correspondentes ilusões quanto à manipulação do tempo. Desativar a expectativa de futuro significa saltar do possível para o atual. No segundo caso, a destituição de uma perspectiva histórica para o continente africano é sentida como oportunidade de construção de um futuro não previsto, e como aposta na sua existência virtual.

São, ambas, afirmações provocativas de teor utópico. O ensaísta mexicano alinha-se, pode-se dizer, naquela corrente poética, de fundo místico, que clama pela "ressurreição dos corpos" no momento vivo, e que encontra farta ressonância no ideário dos anos 1960 e 1970, podendo ser rastreada no livro emblemático de Norman O. Brown, *Vida contra morte*. Já o visionário português enxergava, pelos menos desde os anos 1950, a oportunidade aberta pela emergência dos povos periféricos (ele pensava em Brasil, Índia, China e África) no declínio do império anglo-saxão.

As duas respostas são índices de uma *(des)construção do futuro*, a ser desativado como instância retardadora e esvaziadora do presente, ao mesmo tempo em que afirmado como horizonte de uma construção aberta e permanente sobre esse vazio. Tal movimento duplo, jogando com a palavra *desconstrução*, pode ser reconhecido no Jacques Derrida de *Espectros de Marx – O estado da dívida, o trabalho do luto e a nova Internacional*[15]. Derrida refere-se ao messianismo como estrutura de poder e lei patriarcal a ser desconstruída pela crítica (como faz Oswald de Andrade de maneira heterodoxa, aguda, original), sem negar a existência de uma outra coisa que ele chamaria de *messianidade* (numa conferência proferida em inglês, Derrida contrapõe *"messianisms"* a *"messianicity"*), correspondendo esta à não desconstruível "estrutura universal da promessa, da expectativa pelo futuro" e ao clamor por justiça nela envolvido, consistente num "ato mínimo de fé", que contempla um futuro não fixado e sempre iminente[16]. Cabe dizer, a propósito, que a implacável desconstrução poético-filosófica do *messianismo* patriarcal levada a efei-

15. Jacques Derrida, *Espectros de Marx...*, trad. Ana Maria Skinner, Rio de Janeiro: Relume-Dumará, 1994.
16. Idem, *Deconstruction in a nutshell – a conversation with Jacques Derrida*, 9. ed., editado e comentado por John D. Caputo, Nova York: Fordham University Press, 2006, p. 23.

to por Oswald de Andrade se alimenta de *messianidade*, isto é, de uma pulsão utópica desentranhada do presente.

O já citado livro de Norman O. Brown, *Vida contra morte*, baseado numa reversão psicanalítica da mística do fim dos tempos para o agora, propõe vencer a repressão que barra o desejo, fundada no medo da morte, por meio da assunção de um corpo infantil-perverso-polimorfo, não genital e não finalista, que goza *durante*, e não no fim. Muito dessa promessa de gozo alimentou a onda de rebeldia juvenil e a contracultura dos anos 1960 e 1970, matriz de uma experiência do tempo que se realizou na arte de massas, e cujo fim do sonho foi registrado em famosas canções, deixando um rastro utópico encarnado. Ver, a propósito, o documentário *Doces bárbaros*, de Jom Tob Azulay, e, nele, a canção *Um índio*, de Caetano Veloso, em que a esperança messiânica realiza não algo que surpreenderá pelo inusitado, mas pelo quando pôde ter se mantido oculto quando se revelará óbvio, vale dizer, não transcendente mas imanente – uma *messianidade* que vê ("virá que eu vi") o futuro como *já*. Índice também dessa propensão é a canção de Gilberto Gil que dizia "o melhor lugar do mundo é aqui e agora".

O transe utópico, luminoso e trágico, dos anos 1960 e 1970 pode ser visto como um aguçamento da "crise da filosofia messiânica", naquilo que tem de uma tentativa de suspensão da dívida para com o futuro através da derrogação das formas patriarcais de relação sexual e familiar, inseparável, por tudo que já dissemos, de uma aproximação radical à existência presente. O momento era um índice consciente ou inconsciente da desativação pela qual passavam a ideia-força do progresso e o desenho de uma saída para o fim de um longo ciclo civilizatório pautado pela dívida econômica, filosófica e moral para com o futuro temporal ou atemporal. Mas, se as estruturas mentais abriram flancos para grandes mudanças (que deixaram marcas no novo lugar social da mulher, na postulação do caráter múltiplo e polimorfo das identidades sexuais), o aparato econômico-militar se reforçou, como diz David Graeber, numa escala sem precedentes, atualizando a antiquíssima conexão guerra-dinheiro, articulada com a canalização da desrepressão dos desejos, facilitada pela tecnologia, para a liberação do desejo de consumir sem tréguas, conectado pelo cartão de débito / crédito.

Analistas de direita e de esquerda identificaram as utopias dos anos 1960 como elos involuntários e necessários da passagem para a onda de consumismo que se seguiu, criando as condições para a desrepressão do impulso consumidor e, com seu reclamo de liberdade individual, para a "flexibilização" neoliberal das relações de trabalho. Mas o ímpeto transformador do período, apontando para possibilidades históricas que não se realizaram, não deve ser desconsiderado, a meu ver, no momento em que grandes interrogações voltam a se colocar diante da crise contemporânea (o livro de Graeber é um avatar delas, com seu fôlego ao mesmo tempo totalizante e aberto).

Os movimentos de rua que estão se dando no Brasil, no momento em que escrevo (junho de 2013), impressionam, entre muitas outras coisas, e sejam quais forem as suas consequências, pelo fato de que não lançam mão de perspectivas de futuro, mas de uma espécie de presentificação em cascata de todas as questões e demandas, de uma espécie de cobrança instantânea da dívida social como um todo.

HAVER E SER

Seguem-se alguns apontamentos, em contraponto, sobre Graeber e Oswald.

David Graeber desdiz o mito do escambo como relação originária das trocas antes do dinheiro. Diz não haver nenhum fundamento antropológico para a suposição de um *mercado de coisas* como pressuposto fundante da economia. Em vez de *antes do dinheiro havia o escambo*, sustenta que *antes do dinheiro havia a dívida*. A dívida precede o dinheiro, e é mais universal que este. Antes de tudo, ela é primordial, cósmica, metafísica, religiosa, refere-se à condição mortal, aos ancestrais, aos deuses e ao próprio fato de existir: a vida é dívida.

Essa inflexão vertical se conjuga com a horizontalidade das trocas, com a reversibilidade entre as dívidas e as dádivas, que faz do vínculo social e do compromisso com os outros uma dimensão inescapável da existência. Seja para com os deuses, para com os ancestrais e os humanos, para com os preceitos e os costumes, para com a lei da vida e para com a morte, a dívida é compulsória e, em última instância, impossível de saldar. Não por menos que isso ela precisa ser compreendida como um *fato social total* em cujo nó se encontram a economia, a moral e a religião.

As relações pré-monetárias, que se estendem pelos Primeiros Impérios Agrários (3500-800 a.C.) se dão, de acordo com essa perspectiva antropológica, não na forma da troca de coisas por coisas, mas na forma de empenhos, de débitos não quantificáveis, de trocas ritualizadas, de atos simbólicos que operam ao mesmo tempo como dádivas e como dívidas, levando em conta o valor virtual investido nos dons, codificado em senhas simbólicas de crédito. Cai como uma luva, aqui, o já citado epigrama oswaldiano: "a letra de câmbio é uma invenção babilônica".

A cunhagem de moedas metálicas data, por sua vez, da Era Axial (800 a.C.-600 d.C.). Para Graeber, é inseparável dos esforços de guerra, da formação de exércitos, da sustentação de soldados em trânsito, e é criada através de um ato de poder em que o Estado instaura o valor de um débito totalizante do qual ele é o supremo credor e cobrador. Nesse sentido, enquanto duplo viabilizador da guerra e do Estado, o dinheiro é originariamente (e para Graeber, ao que tudo indica, sempre) comprometido com poder e violência.

Mas a linha, embora sincrônica, não é contínua: as Idades Médias (600-1450 d.C.) assistem à desativação da moeda corrente, ao retorno do crédito e o dinheiro virtual, às trocas subordinadas de serviços e favores, materiais e imateriais. Esse estado de coisas é concomitante à instauração e à generalização do messianismo patriarcal criticado por Oswald, messianismo que projeta a remissão da dívida pessoal e social para o fim dos tempos. Se a dívida voltava a ter precedência sobre o dinheiro nas relações econômicas humanas, no plano religioso convertia-se na grande dívida para com o Juízo Final, regulada pela lei moral.

Essa conjugação da dívida econômica com a dívida religiosa só existe, é preciso dizer, graças àquele "golpe de gênio do *cristianismo*" com o qual este trai e *atualiza* o intrinsecamente *virtual* messianismo judaico: "o próprio Deus se sacrificando pela culpa dos homens, o próprio Deus pagando a si mesmo, Deus como o único que pode redimir o homem daquilo que para o próprio homem se tornou irredimível [...]"[17]. A crítica oswaldiana da estrutura messiânica concentra-se, pode-se dizer, na identificação do duplo movimento contraditório pelo qual o cristianismo confere à dívida do humano para com o divino, e do divino para com o humano, um efeito

---

17. Friedrich Nietzsche, op. cit., p. 80.

de exponencial *atualidade* (Deus e homem se encontram no mesmo corpo e no mesmo tempo) e a seguir de postergação atemporal que projeta esse encontro para um lugar inalcançável no tempo, o pós-morte.

Retomando os termos oswaldianos: a parusia (volta vingadora do Messias ressuscitado e subido aos céus, volta que liquidaria as injustiças sociais e destroçaria os tiranos do mundo) é refugada, apropriada e convertida por Clemente de Alexandria, no século v, na promessa da vida futura eterna, através do expediente que Oswald chama, sempre usando termos financeiros, de "estorno ideológico", enquanto "o Império Romano entregava, na agonia histórica de seu destino, toda a estrutura ativa do seu municipalismo ao sacerdócio cristão". "Fácil e comodamente as dioceses substituíram-se às prefeituras", numa transferência de equipamento em que o sistema universal de crédito da Igreja herdava poderosamente "a estrutura óssea do mundo romano"[18]. O patriarcado, a negação da sexualidade, a concentração das riquezas, dos poderes e a postergação da felicidade para um futuro pós-morte cristalizam-se como formas da evitação da felicidade na terra, zeladas por uma casta sacerdotal que atravessou os séculos.

Oswald reconhece que o poder de Roma se plasmou na síntese política, filosófica e religiosa "do arbítrio judaico, do motor imóvel de Aristóteles e da experiência mística alexandrina". Sem Roma, diz ele, "Cristo não teria ocupado por vinte séculos os cimos messiânicos do Patriarcado". E sem Paulo, "o escravo não teria pleiteado a dignidade individual em Cristo que foi a longínqua semente da revolução burguesa".

Assim, o cristianismo é uma religião de vocação revolucionária, que apontou para a revolução burguesa, para a revolução social e os direitos humanos – naquilo que tem de *messianidade* –, embora convertida, com suas pompas hierárquicas e o imobilismo do seu *messianismo* clerical, numa relíquia patriarcal a figurar, como peça de museu, entre aquelas que ela mesma colecionou.

Mas a burguesia "estornou", por sua vez, a dívida messiânica, convertendo-a em extratos bancários e finalmente em cartões de crédito, e o protestantismo legitimou esse estorno como modalidade da graça. O retorno massivo ao amoedamento, lastreado em ouro, a quantificação

---

18. Oswald de Andrade, "O antropófago", op. cit., p. 240.

exaustiva das dívidas, a mundialização dos mercados, a formação dos Estados-Nação e seus exércitos, a dinheirização universal da Era dos Impérios Capitalistas (1450-1971), descritos por Graeber, são tratados por Oswald com comentários jocosos que prosseguem na lógica da dívida como *fato social total*: "É no fiado que o mundo se transforma. O crédito baixa à terra, descido das promessas de uma sobrevivência inútil como um bocejo eterno", diz ele. A Reforma elimina o intermediário sacerdotal e abre o campo da graça aos possuidores do dinheiro, "sem a corretagem dos ritos e sacramentos".

A conversão do Juízo Final ao vetor do progresso e o futuro movido agora a investimento têm sua expressão constitutiva, podemos acrescentar, no mito do Fausto, cuja modernidade inauguradora resulta do fato de ter ido ao cerne da "alma do negócio", negociando a alma e permitindo-se – ao empenhá-la – abrir uma nova linha de crédito, dessa vez com o Outro, o grande concorrente, Mefistófeles.

O ponto de inflexão contemporâneo de toda essa história é visto por Graeber, como já dissemos, no desatrelamento do dólar, em 1971, do seu lastro em ouro, que abre campo livre a um Estado inventor do dinheiro do nada, envolvido num endividamento estrutural acelerado que aponta para uma nova fase de virtualização do valor, de contornos imprevisíveis. Sem se propor a oferecer alternativas que não sejam a de uma leitura em escala antropológica de longa duração e largo espectro, envolvendo a economia material e a das mentalidades, o livro de Graeber focaliza uma dívida planetária posta a nu, agora sem horizontes messiânicos e salvacionistas, que tivesse recuado para a estrutura mesma do seu mecanismo gerador de poder, inseparável da Grande Máquina de guerra que alimenta, financializando todas as relações e capitalizando o dia a dia numa rede proliferante em que o culpado da dívida é sempre o devedor, ao qual são oferecidos nacos de capitalismo tirados da sua própria carne.

Uma cena emblemática: Times Square, no umbigo de Nova York, como arena mirífica da publicidade tecnológica de ultimíssima ponta (todos os edifícios como telas simultâneas, em anfiteatro, da exaltação frenética das logomarcas em movimento, em meio às quais os consumidores de rostos iluminados filmam as imagens das imagens com seus iPads e iPhones). Roland Barthes disse sobre o plano ortogonal de Manhattan, com sua geometria inteiramente legível e seu espaço mentalmente manipulável, a verdade profunda de que, nela, o indivíduo pode se sentir, "poeticamente", como "o proprietário da capital do mundo". Na Times Square de hoje, mais especificamente, o indivíduo inebriado pela propaganda de última geração pode se sentir, imaginariamente, como proprietário *do capital* do mundo. Este é um dos enigmas e um dos nós do capitalismo em crise: sua capacidade de fisgar, potencializada ao extremo pela tecnologia do imaginário, que leva a subjetivação da dominação a um estágio novo, associada à sua extraordinária capacidade de extrair dividendos e multiplicadores das próprias crises.

Até quando? Esta é a pergunta em que se cruzam todos os vetores do futuro contemporâneo. Nele, a grande dívida projetada e estornada ao longo do arco histórico reflui finalmente sobre o presente, aparentemente sem mais escapatória. Se o controle da dívida estrutural insaldável beneficia um complexo financeiro e militar que não arreda pé de seu poder tremendo, esse mesmo controle se apresenta como uma grande ficção a ser desativada em nome de um reposicionamento geral das prioridades humanas. Quais são seus planos para a Dívida? "Aboli-la", responderiam nossos dois anárquicos autores. A acreditar em Graeber, sociedades da sabedoria cíclica sabiam fazê-lo, desvencilhando-se periodicamente da acumulação das dívidas para voltar ao zero regenerador, e reconvertendo, para usar termos oswaldianos, a Economia do Haver na Economia do Ser (que totemiza os tabus patriarcais, contempla o lúdico e o sentimento órfico, "à espera serena da devoração do planeta pelo imperativo do seu destino cósmico")[19].

"Dizem que o mundo está falido; que o mundo deve ao mundo mais do que o mundo pode pagar e que deveria passar pelo órgão competente e ser liquidado." A frase é do pensador norte-americano Ralph Waldo Emerson, na abertura de um ensaio clássico e curto, chamado "Gifts", publicado em 1844. Como indica o próprio título, o ensaio não é sobre a dívida mas sobre a dádiva, e a frase não pretendia ter, quando enunciada me meados do século XIX, o efeito de urgência que ela tem hoje. Na origem, é um dito jocoso sobre o caráter estrutural da dívida na constituição da economia do mundo, e um chiste sobre a eventualidade então improvável de uma cobrança universal.

19. Oswald de Andrade, "A crise da filosofia messiânica", op. cit., p. 83.

Mas, então, a cobrança universal da dívida – seria ela o Apocalipse? Ou: seria a crise da dívida o Juízo Final do capitalismo? A pergunta segue, sim, a lógica do nosso percurso: o arco messiânico desconstruído, isto é, desinvestido de seu caráter de eterna procrastinação, volta sobre si e cobra seu preço na moeda corrente do presente. Mas já dissemos que o apocalipse e a catástrofe final são o artifício imaginário necessário ao capitalismo, o único lugar onde ele respira o seu processo sem parada de acumulação. O desafio é a invenção de um lance que dê fim a esse juízo e permita ao humano habitar o tempo, abrindo, como diz o poeta prosador mineiro, "a cabeça para o total".

Uma arqueologia da espera

Renato Lessa

O arquétipo do preenchimento é o encaixe sem espaço vazio, o engaste, a soldadura.

FERNANDO GIL

Qual o arquétipo, Urbild, da insatisfação? O espaço vazio?

LUDWIG WITTGENSTEIN

A ação do sujeito é o quadro natural da inteligibilidade.

FERNANDO GIL

ABERTURA

Nada aqui a provar. Menos ainda a demonstrar. Algo, se calhar, a mostrar. Mas o quê, exatamente? Penso que um argumento, cujos marcadores estruturantes podem ser reduzidos às seguintes proposições:

- nossas intuições de futuro estão assentadas em *estados de espera*;
- *estados de espera*, ao mesmo tempo em que incidem sobre *objetos de espera*, são atributos de um *sujeito que espera*.

Além de uma sociologia ou de uma história possíveis a respeito dos *objetos de espera*, há lugar para uma inquirição legítima a respeito deste *sujeito que espera*, ou *disto* que espera, tal como pode preferir quem ponha em suspensão a existência de algo a que se possa dizer que seja um sujeito.

A tríade que acaba de ser enumerada funde-se em, tanto quanto releva de, um projeto, que desde já se mostra inacabado, de uma *arqueologia* *da espera*, vinculada ao desejo de saber algo a respeito do que, no sujeito, sustém atos de espera e do operador interno que o faz esperar. Desde já, deve ficar posto que parto de uma distinção analítica entre *exterior* e *interior*; ou entre a perspectiva da *primeira pessoa* e a da *terceira pessoa*[1]: na expressão "eu espero por aquilo", o "aquilo" que é esperado por mim é enunciável na perspectiva da terceira pessoa. Já o sujeito da espera diz de si por meio de atos expressivos formulados na perspectiva da primeira pessoa: "eu espero". Uma afirmação, por certo, imaterial e cuja arqueologia não se mostra na simples ostensão daquilo que é esperado. A referencialidade não diz do sujeito; na verdade, exerce sobre ele um efeito de ocultação: quando afirmo que espero por algo, a atenção de quem me escuta dirige-se para aquilo que espero, para o conteúdo proposicional do algo que digo estar à espera. Há que distinguir, pois, atos de espera de objetos de espera.* O projeto de uma *arqueologia da espera* toma para si a tarefa de investigar atos de espera e de responder à pergunta já aqui posta: *o que no sujeito sustém atos de espera?*

Que se diga do futuro que ele já não mais é tal como foi. A razão para tal lapso pode estar contida no fato de que já não vivemos mais no passado que projetou o futuro, para além do nosso presente. Uma projeção do que gostaríamos que fosse, o futuro deste presente que nos falta. Nosso presente, como passado de algum futuro, parece não mais autorizar a crença naquele futuro, uma crença urdida em condições pretéritas canceladas. Não disputo o ponto. Sustento, apenas, que qualquer que seja a direção assumida pelo juízo a respeito de passados cancelados e futuros abortados, restará a questão intocada de saber algo a respeito dos sujeitos da espera e, dentro deles, dos movimentos de antecipação que fazem *ver o que vem depois*, um exercício que se constitui como requisito inescapável de integridade epistêmica e existencial dos humanos. Se *ver o que vem depois* for assumido como traço antropológico básico – como impulso inerente à existência dos humanos –, é lícito afirmar que a espécie é constituída por *seres no tempo*. Em outros termos, o sentido dinâmico de sua espacialidade dá-se na perspectiva do tempo: trata-se de *um animal que espera*. Em outros termos, de *um animal que comete atos alucinatórios de antecipação*. Comecemos, pois, com algo a respeito do tempo, com referência inicial à ideia de insuportabilidade do efêmero e do imediato.

---

1. Cf. António Marques, *O interior: linguagem em mente em Wittgenstein*, Lisboa: Gulbenkian, 2003.

PRIMEIRO MOVIMENTO: TEMPO NAS COISAS, TEMPO PARA NÓS

Wilhelm Dilthey, em sua *Introdução às ciências do espírito*, de 1883, afirmou que as primeiras formas da experiência humana com o tempo deram-se a partir de uma *intuição do efêmero*: uma intuição sustentada na percepção da obsolescência e da finitude da natureza, dos corpos, das instituições e criações humanas[2]. Ivan Dominguez, em seu belo livro *O fio e a trama: reflexões sobre o tempo e a história*, ao chamar a atenção para a reflexão de Dilthey a respeito do tempo, assim resumiu a principal consequência daquela intuição:

> O resultado foi que os homens desde cedo, ao experenciarem a ação do tempo, foram levados a buscar explicações que dessem sentido a essa experiência, sem que, todavia, o enigma do tempo fosse decifrado ou ficasse de todo resolvido[3].

A ação do tempo aparece como implacável, posto que se realiza como devoradora dos instantes infinitesimais que o compõem: nenhum instante sobrevive ao tempo; o fluxo, ademais, não acumula, mas sim sobrepõe; ele aparece como sucessão de instantes finitos e soterráveis. O instante, em si mesmo, parece ser mesmo insuportável, já que dotado de dimensões muito avaras. Krysztof Pomian, em texto genial, a partir de uma identidade entre *instante* e *simultaneidade de eventos*, diz a respeito:

> [...] percebemos como simultâneos eventos na realidade sucessivos, contanto que não sejam nem muito numerosos, nem muito intervalados, ou díspares, e que se consideram compreendidos ora entre 0,15 e 5 segundos [...] ora entre 4 e 7 segundos [...][4].

Trata-se, como bem se vê, de invólucro diminuto, para que nele se inscreva nossa fixação no mundo, confinada a um intervalo entre 0,15 e

---

2. O ponto foi destacado por Ivan Dominguez, já na abertura do primeiro capítulo ("A experiência do tempo e da história") de *O fio e a trama: reflexões sobre o tempo e a história*, São Paulo: Iluminuras, 1996.
3. Idem, ibidem, p. 18.
4. Cf. Krysztof Pomian, "Tempo/temporalidade", *Enciclopédia Einaudi, 29. Tempo/temporalidade*, Lisboa: Einaudi/Imprensa Nacional-Casa da Moeda, 1993, pp. 11-91.

sete segundos, a crer nos "cálculos" apresentados por Pomian. Tal fixação não pode ser contida pelo efêmero; ela, na verdade, opera na perspectiva de seu transbordamento. Há, pois, uma asfixia ou, se quisermos, uma imposição claustrofóbica do instante e do finito que nos dirige a alucinações em busca do absoluto. Ou, ao menos, em busca de evasão do tempo finito e, por assim dizer, *pomiano*, com implicações sérias sobre a ideia de futuro. A alucinação do tempo futuro compensa a alucinação originária da fixação no efêmero.

Trata-se de uma evasão que bem pode tomar a forma daquilo que Fernando Gil, em obra inspirada, designou como a *concentração do infinito no indivíduo*[5]. *Por força de recursos alucinatórios – de operadores de infinito –*, aderimos a formas diversas do absoluto e projetamo-las sobre fragmentos *pomianos* do tempo – vale dizer, sobre os vestígios da experiência imediata. Disso resulta um vínculo indissolúvel, segundo o qual o que aparece como efêmero é tão somente algo que, em notação pirandelliana, *vi pare*, que assim parece ser, mas que na realidade se vincula, de modo essencial, a algum absoluto que exerce sobre nós o fascínio e o entorpecimento da perenidade. A própria ideia de experiência é transfigurada: a vivência imediata só adquire sentido na perspectiva do que a excede, do que nela não se encontra, mas a ela é adicionado por atos de espera. Trata-se de uma vontade de suplementação que exige a incorporação do tempo, sob a forma de futuro, como exigência existencial e cognitiva para a representação do presente e do imediato, circunscritos ao espartilho do tempo *pomiano*. Vontade de suplementação, desejo do absoluto.

Estamos familiarizados com algumas formas genéricas de recurso ao absoluto. Na origem mesma do experimento ocidental, e de nenhuma forma a ele restrito, entre os primeiros pensadores gregos impôs-se uma tensão entre a incompletude e precariedade do mundo fenomênico e as promessas de redenção e elucidação assentes no absoluto. Com efeito, aprendemos com Platão, no diálogo *Timeu*, o quanto a materialidade das coisas finitas se apresenta como experimento lapsário e imperfeito, marcado por uma falha original, contida na ousadia de conferir concretude ao que antes subsistia de modo autossuficiente e absoluto, como Forma

---

5. "A concentração do infinito no indivíduo precipita a razão na existência". Cf. Fernando Gil, *A convicção*, Porto: Campo das Letras, 2003, p. 138.

pura e intocada tanto pelos acidentes do mundo como por nossos erros perceptuais[6].

Já naquela altura estariam postos elementos suficientes para uma hipotética arqueologia da demanda pelo absoluto. Uma demanda já inscrita na imagem de Anaximandro de Mileto, de um ilimitado originário – o *ápeiron* – do qual as coisas finitas e limitadas teriam se desprendido, para a ele retornar, "segundo a ordem do tempo"[7]. Isto, para nada dizer da intuição ainda mais arcaica de Tales de Mileto, a respeito da presença ordenadora de um princípio originário – a *arché* – sobre todas as coisas que existem[8]. A própria fabulação atomista, desenvolvida posteriormente entre os gregos por Demócrito de Abdera e por Leucipo de Mileto, ainda que negasse a força originária de uma unidade absoluta, trouxe-nos a imagem de um absoluto sustentado em um princípio de indeterminação, posto que tanto os corpos como o vazio resultariam do movimento errático de átomos invisíveis. A totalidade desses átomos, em todos os mundos possíveis, constitui uma adorável e anárquica versão do absoluto[9].

Fora de uma incursão pela história da filosofia, uma breve fenomenologia do absoluto poderia revelar outras modalidades também frequentes, entre as quais sobressaem as afirmações do *absoluto como experiência religiosa* e do *absoluto como experiência na história*. Ambas as versões do absoluto, para além dos operadores particulares a cada uma delas, têm como suporte a imagem de uma Grande Cadeia do Ser, na qual toda variação possível está arquetipicamente definida à partida. A imagem foi tratada por um dos grandes livros do século xx, *The Great Chain of Being*, do filósofo Arthur Lovejoy[10]. A virada hiper-historicista no campo

---

6. Cf. Francis Macdonald Cornford, *Plato's cosmology: The* Timaeus *of Plato*, Londres: Routledge & Kegan Paul, 1952.

7. Citação do fragmento de Anaximandro, tal como feita por Friedrich Nietzsche, em *A Filosofia na época trágica dos gregos* § 4, com tradução de Rubens Rodrigues Torres Filho, apud José Cavalcante de Souza (org.), *Os pré-socráticos: fragmentos, doxografia e comentários*, São Paulo: Abril Cultural, 1978 (Coleção Os Pensadores).

8. Ver o inspirado comentário de Nietzsche a respeito de Tales de Mileto, in José Cavalcante de Souza, op. cit., pp. 10-12.

9. Para a fabulação atomista, ver o incontornável comentário de Charles Mugler, *Deux thèmes de la cosmologie grecque: devenir cyclique et pluralité des mondes*, Paris: Librairie C. Klincksieck, 1953, esp. Cap. iv, "La pluralité des mondes: substitution d'une représentation cosmologique nouvelle au mythe du retour éternel", pp. 154-185.

10. Cf. a obra matricial de Arthur Lovejoy, *The Great Chain of Being: a study of the history of an idea*, Cambridge/Londres: Harvard University Press, 1936.

da história das ideias, presente no contextualismo de Quentin Skinner, associada à moda da "história dos conceitos", condenou Lovejoy à irrelevância, já que sua abordagem é marcadamente filosófica. Lovejoy quer nos fazer crer, com ótimos argumentos, na presença de *unit-ideas* – de *implicit assumptions* ou *unconscious mental habits* – fixadas em sistemas de pensamento e de representação do mundo distintos, vinculados a contextos históricos díspares.

O excessivo historicismo, sempre em busca do que singulariza cada sistema de representação, e do que o faz pregnante ao contexto originário que lhe daria sentido, perde de vista tais recorrências de substância, que se manifestam por meio do que Lovejoy designa por *unit-ideas*. O termo possui forte analogia com aquilo que os teóricos da metáfora designam ora como *basic metaphors*[11], *ora como strong and vital metaphors*[12]. *Jorge Luis Borges, em ensaio memorável, "La esfera de Pascal", parece aderir à ideia de que os sistemas particulares de pensamento apoiam-se em metáforas ou ideias mais genéricas, quando sustenta que "quizá la historia universal es la historia de unas cuantas metáforas"*[13]. Borges, a propósito, toma no ensaio citado a imagem da esfera do pensador medieval Alain de Lille como metáfora que configura uma forma própria de sensibilidade, com efeitos fundamentais na configuração da experiência. A imagem de Alain de Lille, na verdade, pode ser compreendida como uma das versões possíveis da intuição, ainda mais genérica, da Grande Cadeia do Ser: *"Dios es una esfera inteligibile, cuyo centro está en todas las partes y la circunferencia en ninguna"*[14].

Arthur Lovejoy, em *The Great Chain of Being*, traça-nos a história filosófica dessa megaimagem, desde seus tempos platônicos até o século XVII, com a teodiceia de Leibniz e sua imagem do mundo criado por Deus como o melhor dos mundos possíveis. A força da imagem reside nos efeitos de unidade que segrega. Tais efeitos, segundo Lovejoy, resultam da operação de três princípios, a saber: (i) princípio de plenitude;

---

11. Cf. Mark Turner, *Death is the mother of beauty: mind, metaphor and criticism*, Chicago: The Chicago University Press, 1987.

12. Cf. Max Black, "More about metaphor", *Metaphors and thought*, Cambridge: Cambridge University Press, 1979.

13. Cf. Jorge Luis Borges, "La esfera de Pascal", *Otras inquisiciones*, Buenos Aires: EMECÉ, 1970, p. 13.

14. Apud Jorge Luis Borges, "La Esfera de Pascal", op. cit., p. 14. Caberá a Pascal, logo a ele, uma versão naturalista e secularizada da imagem de Alain de Lille: *"La naturaleza es una esfera infinita, cuyo centro está en todas partes y la circunferencia en ninguna"*. Idem, ibidem. p. 17.

(ii) princípio da gradação contínua e (iii) princípio de expansividade e de autotranscendência do Bem.

O primeiro deles, o *princípio da plenitude*, constitui-se como base de representações do mundo que o apresentam como *completo*: não há lacunas na existência; este mundo, ao mesmo tempo em que é exaustivo, é o melhor dos mundos possíveis. Não há falhas e, por consequência, não há imperativos de suplementação: o mundo/universo foi constituído por um operador de plenitude, um doador ontológico que lhe atribuiu o máximo de existência possível. Não há, pois, lugar e ocasião para a negatividade e para a sensibilidade lacunar. A *gradação contínua*, inscrita no segundo princípio, indica a presença, no interior da Cadeia, de uma hierarquia dos existentes, comandada por um deflagrador originário, que dá passagem ao que dele resulta, por meio de círculos sucessivos de existências derivadas. O atributo "realidade", em seu sentido absoluto, é algo inscrito nessa potência originária que, por meio de efeitos de fertilização, poliniza o universo, criando ordens de existência derivadas. Por fim, à *expansividade do Bem*, posta pelo terceiro princípio, deve-se a presença de uma potência que fixa o sentido e a propensão natural de toda a Cadeia: é o próprio ordenamento que manifesta, por meio de um efeito estético, a sobre-eminência do Bem. Em outros termos, a ordem que vincula todas as coisas é, em si mesma, o atributo fulcral pelo qual o Bem se faz pregnante a toda experiência possível.

A Grande Cadeia do Ser impõe-se como gramática irrecusável do absoluto: trata-se de uma condição necessária para a configuração de intuições de absoluto. Da intuição do absoluto proporcionada pela experiência religiosa do cristianismo medieval, por exemplo, emerge uma ideia de *futuro como escatologia*, como repouso final do vir a ser, como lugar e momento no qual o tempo encontrará tanto solução quanto elucidação. A intuição do efêmero é desfeita na perspectiva dessa elucidação final. Já a imagem do *absoluto como história releva*, como forma secularizada da intuição originária da Grande Cadeia do Ser, torna-se disponível a partir do século XVIII, quando a hipótese do absoluto se apresenta como condição de elucidação do tempo histórico – e não apenas de Deus e da natureza. Tal extensão das propriedades do absoluto é fundante da imagem de um tempo presente em si mesmo incompleto, com a correspondente eleição do futuro como lugar – *tópos* – de elucidação de todo o trajeto e de afirmação de plenitude. Um tempo cuja precipitação deve cessar, uma vez atingido o *télos* do esclarecimento do trajeto: assim a Razão hegeliana ou o comunismo para Marx: em algum momento o tempo transmuta em repetição de um *nec plus ultra*, de um nada-de-melhor-pode-existir, de um estado com relação ao qual nada de superior e mais completo pode ser pensado.

Cabe menção, ainda que brevíssima, à contrafação escocesa da precipitação da Grande Cadeia do Ser sobre a experiência histórica. Adam Ferguson[15] e David Hume[16], cada um a seu modo, estabeleceram, também no século XVIII – precedidos nesse particular pelo genial *Dictionnaire* de Pierre Bayle –, as bases de uma historiografia cética e experimental[17]. O que disso resultou foi uma imagem de história atravessada pela indeterminação e pela força imparável dos "efeitos de composição", cujos resultados não são prefiguráveis. Uma história que se constitui pela ação e não pelo desígnio, e cujo sentido é contemporâneo de si mesmo. Tal história não realiza desígnios e tampouco anda à procura de um término elucidativo. Sendo finita e lacunar, ela se apresenta como experimento aberto e sem projeção antecipável no futuro.

No quadro da filosofia do século XVIII, a mais poderosa máquina de guerra concebida para a refutação da intuição da cadeia do ser foi posta por David Hume, em seus *Diálogos sobre a religião natural*, nos quais a ideia de desígnio, como força motriz, tanto da natureza como da vida histórica e social, é posta sob forte reserva cética[18]. A intuição de uma ordem genérica seria tão somente a extrapolação de experimentos singulares e pontuais, nos quais o desígnio humano prefigura resultados controlados.

---

15. Ver Adam Ferguson, *An essay on the history of civil society*, Cambridge: Cambridge University Press, 1996.

16. Ver David Hume, *The history of England*, Indianápolis: The Liberty Fund, 1983. Ver também o ensaio clássico de Richard Popkin, "Hume: philosophical versus prophetic historian", *David Hume: many-sided genius*, Norman: University of Oklahoma Press, 1976, pp. 83-96.

17. A respeito de Pierre Bayle, ver a excelente seleção feita por Fernando Bar. In: Pierre Bayle, *Diccionario Histórico y Crítico* (Selección), seleção, tradução, prólogo e notas de Fernando Bahr, Buenos Aires: El Cuenco de Plata/Hojas del Arca, 2010. Comentário primoroso sobre Bayle pode ser encontrado em Gianni Paganini, *Analisi della fede e critica della ragione nella filosofia di Pierre Bayle*, Florença: La Nuova Italia, 1980. Eu mesmo me ocupei de Bayle em dois ensaios: "Montaigne's and Bayle's variations: the philosophical form of skepticism in politics", *Skepticism in the Modern Age*, Leiden: Brill, 2009, pp. 211-230, e "O experimento Bayle: forma filosófica, ceticismo, crença e configuração do mundo humano", *Kriterion* 50 (120), 2009, pp. 461-475.

18. Ver David Hume, *Diálogos sobre a religião natural*, São Paulo: Martins Fontes, 1992.

Assim, da observação dos efeitos da arte de um arquiteto na construção de uma casa, infere-se a operação onisciente e onipresente de um Arquiteto do Universo, ou de um megaprincípio de fertilização causal, tal como o da Grande Cadeia do Ser, que presidiria os avatares do tempo[19].

O tema "o futuro já não é mais o que era" parece inscrever-se na perspectiva do absoluto como história. Com efeito, o enunciado é inteligível na medida em que se consegue dar sentido à imagem de um futuro elaborado como *cenário finito*, como algo diante do qual seríamos capazes de exercer um juízo de constatação: algo passível de ser representado como "o futuro", tanto quanto sou capaz de representar um objeto exterior a mim e dado à percepção de todos. Uma das canções de Caetano Veloso, *Um índio* (1977), ilustra bem o ponto: em dado momento nela aparece a expressão "virá que eu vi", como marcador inequívoco de certeza e afirmação antecipada de um princípio de realidade, a espera de que o passar do tempo instaure sua plena positividade[20]. Tal "constatividade" do futuro – a propriedade de coisas que podem ser constatadas – autoriza uma sentença como esta: "ontem eu tinha uma *visão* do futuro diversa da que tenho hoje", fundada em algo que pode ser designado como uma *abordagem situacional do futuro*.

Tal abordagem tem como suporte a crença de que a história é o recipiente do futuro, da mesma forma que um bloco de mármore branco "continha" o *David*, de Michelangelo. O futuro residiria, portanto, em algum lugar na história, tanto como certeza quanto como possibilidade. Dizer que o futuro está na história, mais do que afirmá-lo como um dos modos do tempo, implica operar com uma filosofia da história para a qual o futuro, de algum modo, existe.

Não só existe, como é prefigurável por exercícios de simulação constituídos, por definição, fora da jurisdição, digamos, objetiva da vigência do tempo futuro, assim como do trajeto que a ele nos levará. A ideia, portanto, de um *futuro-que-já-não-mais-é-como-foi* – como oposto e simétrico do *futuro-virá-que-eu-vi* – diz respeito a um *colapso nos sistemas de antecipações do futuro*: de algum modo a feliz sucessão de imagens de futuro, que se

19. Cf. Renato Lessa, "David Hume, religion, and human accomplishments: Whose design?", *Hume et la religion: nouvelles perspectives, nouveaux enjeux*, Hildesheim, Zurique, Nova York: George Olms Verlag, 2013.

20. A canção *Um índio* foi lançada em 1977, no álbum *Bicho* (faixa 5).

apresentam como correções e/ou superações dos presentes nos quais são elaboradas, teria se interrompido.

É possível que o que se apresente para nós seja tão somente uma experiência de *invisibilidade do futuro*. Tal "invisibilidade", por sua vez, não pode ser sustentada a partir de alguma frustração com nossa experiência com o futuro (algo possível apenas nos termos do protocolo "virá que eu vi"). Ao contrário, é *a experiência de perceber o futuro como invisível que requer inspeção*, e tal inspeção exige uma arqueologia de nossos estados de espera. A espera é o operador necessário que nos ata ao futuro. Um nexo do qual não podemos abrir mão, já que o futuro é de modo inapelável o objeto de nossas expectativas de sentido. Se algo colapsa nas expectativas de futuro, o sujeito da espera não poderá sair incólume dessa falha. Não se poderá debitar o abismo das expectativas na conta da suposta exaustão das energias utópicas. Há que pôr sob foco a natureza desse operador, e dar passagem a uma arqueologia possível da espera.

Fernando Gil, em seu *Tratado da evidência*, bem definiu noção de "operador". Trata-se de "um algoritmo susceptível de construir uma expressão nova a partir de expressões já formadas" e de "um dispositivo específico de transformação"[21]. Paulo Tunhas, em comentário inspirado ao *Tratado da evidência*, acrescentou às definições de Fernando Gil a ideia de que os operadores são "uma força de construção"[22]. Tanto enunciados filosóficos como movimentos epistêmicos do sujeito procedem por meio de operadores; estes, na verdade, podem ser percebidos como condutores de efeitos, como portadores práticos da potência das intuições e dos enunciados.

A noção cartesiana de *cogito*, por exemplo, pode ser tomada como um operador específico que produz efeitos tanto em nossa representação do que seja a mente como a do que seja a matéria extensa. Não basta, pois, que o *cogito* seja uma pura intuição: para que passe ao ato tem que se configurar como um operador. No plano propriamente epistêmico, interno aos circuitos que se dão no sujeito, a crença é um operador de verdade, assim como o são a convicção e a certeza. Em outros termos, trata-se da crença que, do interior do sujeito, opera e dá passagem a atos

21. Cf. Fernando Gil, *Tratado da evidência*, Lisboa: Imprensa Nacional-Casa da Moeda, 1996, § 141, p. 220.

22. Cf. Paulo Tunhas, "Tomar a evidência a sério", *Modos da Evidência*, Lisboa: Imprensa Nacional-Casa da Moeda, 1998, p. 347.

diversos e particulares de crenças, afetadas pelas circunstâncias do mundo. O mesmo se aplica às intuições particulares de certeza e de convicção, que exigem extratos epistêmicos mais fundos de acolhimento e sustentação.

A indagação a respeito dos operadores de espera deve, então, percorrer duas vias distintas, que podem ser, respectivamente, definidas como (i) *internalista* e (ii) *externalista*, a saber:

- a da atenção aos "algoritmos" epistêmicos – "forças de construção" – fixados no sujeito, fundamentais para o que representemos como um animal em estado de espera;
- a da detecção de "dispositivos específicos de transformação", presentes em sistemas de representação e configuração da experiência com o tempo e com o futuro.

Trata-se de pensar o futuro como algo fixado em uma *intuição de tempo*, cujos operadores pertencem a circuitos epistêmicos do sujeito anteriores às circunstâncias do mundo. Uma *abordagem epistêmica do futuro* é, pois, o que se apresenta, distinta de uma *abordagem situacional do futuro*. Trata-se de cuidar da questão de saber o que no sujeito fixa a crença no futuro, a crença de que há um tempo futuro.

Suspeito que se apresente algo, por definição, indemonstrável e "improvável", mas é bem possível que os circuitos alucinatórios que marcam nossos estados de espera se deem a ver. Os passos seguintes deste ensaio procurarão explorar, pela ordem, as vertentes internalista e externalista da investigação a respeito de uma arqueologia da espera.

SEGUNDO MOVIMENTO: DO QUE NOS FAZ – EM NÓS MESMOS – ESPERAR

A ideia de tempo futuro, assim como sua vivência psicológica, resulta de um exercício de alucinação antecipatória, uma operação vinculada ao que se poderia designar como o *modo da espera*. Não há vivência do futuro – por definição alucinatória – que não esteja vinculada a estados de espera. É mesmo da natureza da alucinação específica que constitui desenhos de futuro a mobilização de disposições de espera. Em outros termos, a *espera é constituinte da alucinação que nos projeta no futuro*.

Desde já, uma imprecisão deve ser corrigida. Não há associação necessária entre *esperar* e *querer*. Em notação ainda mais restrita, devo admitir, mesmo levando em conta que alucinações antecipatórias dão-se no *modo da espera*, a possibilidade de se dizer: "espero que o que 'vejo' no futuro não ocorra". Devemos, pois, estabelecer uma distinção entre "espera" em sentido comum – ordinário – e "espera" como operador epistêmico, mais fundo. O primeiro sentido possui suporte semântico na sentença: "espero que isto nunca aconteça". O segundo sentido está contido na ideia mais fundamental de que, quaisquer que sejam o conteúdo contingente e a direção da vontade, falar do futuro é vestígio da presença de uma crença básica a respeito da abertura de horizontes de possibilidades, não postas no tempo presente.

Lembramos do passado, *vivemos* o presente e *esperamos* o futuro. *Lembrar, viver, esperar*: os marcadores verbais estão aqui a indicar diferentes modalidades de experiência do sujeito com o tempo e com a história. Trata-se de um conjunto de verbos psicológicos, expressivos de um conjunto de ações internas ao sujeito. Seu modo mais vívido de expressão dá-se na inflexão da primeira pessoa: *eu lembro, eu vivo, eu espero*. Parece claro o vínculo entre formas expressivas na primeira pessoa e usufruto epistêmico de experiências de certeza e de convicção. Ainda que a direção do juízo possa implicar incerteza a respeito de algo, presente em sentenças do tipo "parece-me que talvez não seja o caso de x", tratar-se-á de um falibilismo de ordem epistemológica: não estou seguro de que "x seja o caso". Tal reserva cognitiva, contudo, não elimina o fato interno, de natureza epistêmica, de que para o sujeito *é verdade que a ele o mundo parece incerto*. Dito de outro modo, operadores epistemológicos de incerteza podem bem estar apoiados em operadores epistêmicos de certeza. Por essa via, pode-se bem perceber o quanto a incerteza de si é existencialmente devastadora[23].

É claro, desde já, que outros operadores verbais poderão estar à disposição, quando alucinamos o passado, o presente e o futuro. Contudo, "lembrar", "viver" e "esperar" são suportes necessários para os muitos operadores verbais postos em uso quando lidamos com a divisão do tempo. Se, por exemplo, *lamentarmos* pelo passado que tivemos, tal ato de lamento exigirá como condição de possibilidade a operação da lembrança.

---

23. Para uma análise do experimento radical da incerteza de si, ver o extraordinário ensaio de Fernando Gil a respeito de Sá de Miranda, "As inevidências do eu", *Viagens do olhar*, Porto: Campo das Letras, 1998, e, também – em chave menor –, Renato Lessa, "Crença, descrença de si, evidência", *Mutações – A invenção das crenças*, São Paulo: Edições Sesc SP, 2011, pp. 343-376.

Nesse sentido, *lamentar* será um atributo – ou um dos modos possíveis – de *lembrar*. Uma possível cisão entre lembrar e lamentar, presente em uma lamentação pelo esquecimento de algo, não faz senão pôr a lembrança como operador de acesso ao passado. Da mesma forma, se *odiarmos* o presente, odiamo-lo porque o vivemos. Mais uma vez, é clara a regra de implicação: é do ato de viver que se segue o sentimento de odiar: se vivo, sou capaz de odiar. Com relação ao futuro, se o temermos, isto se deverá a uma afetação de nosso espírito sustentada na operação básica da espera. Dir-se-á, neste caso, que o sentimento do medo se instalou em nossas esperanças e expectativas.

Lembrar, *viver* e *esperar* aparecem pois como operadores necessários de vivências, respectivamente, do passado, do presente e do futuro. Penso, assim, ter indicado, de modo sumário, o quanto da relação com o tempo é marcado por modos específicos de alucinação, exprimidos por operadores verbais igualmente precisos. Mesmo quando a alucinação do futuro põe-se a serviço do desespero, o suporte epistêmico deste último é estabelecido pelo modo da espera. O desespero, nesta chave, é a espera em registro negativo. É, para pôr de outro modo, a espera cancelada, vivida por um sujeito para quem a espera é um marcador existencial inegociável. O desespero revela a espera em seu estado de pura negatividade.

O tema "o futuro não é mais o que era" parece sugerir uma trapaça para com a tripartição da experiência com o tempo que aqui adoto. Com efeito, não está ele – ao dizer que o futuro já não é como era – a convidar-nos a *lembrar do futuro*? Uma defesa possível dirá que se trata, nesse caso, mais do que mobilizar o futuro, de lembrar de um passado, de um tempo, no qual esperávamos um determinado futuro. Tal lembrança de um passado que continha um desenho de futuro constitui, por sua vez, um passo para demonstrar que o que hoje esperamos já não corresponde mais a tal futuro-passado, que nos conduziu até onde estamos.

Que se ponha, agora, sob inspeção esse *sujeito que espera*. Que seja submetido a uma arqueologia da espera, que possa revelar estratos epistêmicos presentes nos atos de espera e nas expectativas que o movem. Que se responda, enfim, à questão: o que é isto que espera?

TERCEIRO MOVIMENTO: DOS OPERADORES DA ESPERA E DA PRESUNÇÃO DE ESTABILIDADE

Se contemplarmos as relações que os humanos, como sujeitos de conhecimento, estabelecem com o mundo, relações nas quais um *saber sobre o mundo* é exercido, o sentido básico e ordinário da ideia de espera supõe a existência de um intervalo entre um *instante determinado* e sua *causa final*. Quando esperamos somos aristotélicos, por supormos que a rarefação e a incerteza dos estados de espera ganham concretude e elucidação quando o fim que se deseja e se anuncia acaba por se configurar.

É de perguntar qual seria o lugar do desespero nessa lógica epistêmica da espera. Desesperar significa, na mesma chave presente nos atos de espera, naufragar em uma experiência de mundo na qual a crença – ou seja, a certeza – na vigência de causas finais, ela mesma, colapsa. Sendo a *causa final* uma propriedade não natural do mundo – algo, portanto, que decorre de exclusiva atribuição humana de sentido –, o desespero tem parte com o tema da negatividade, pois ao não cancelar a espera como operador humano indelével, acaba por preenchê-la de modo negativo. Dir-se-á de um preenchimento por meio da imposição de um vazio, de uma supressão. Nesse sentido, o desespero é um dos modos possíveis da espera. Com efeito, faz todo o sentido imaginar que o desespero afete com maior impacto os que "investem" de modo mais intenso em atos de espera.

A lógica epistêmica da espera traz consigo uma expectativa forte de complementação: atos de espera põem em ação uma associação entre *expectativa* e *preenchimento*[24]:

> Pelo preenchimento de uma operação de conhecimento, um ato aparece como ligado àquilo que ele visa. O preenchimento situa-se na junção do operatório e do objectal, a operação culmina no estado de coisas que ela permite apreender e trazer à luz[25].

---

24. A principal referência para este segmento do texto é o ensaio de Fernando Gil, "Expectativa e preenchimento", *Modos da evidência*, Lisboa: Imprensa Nacional-Casa da Moeda, 1998, pp. 65-77.
25. Cf. Fernando Gil, "O sentimento de inteligibilidade", *Modos da evidência*, op. cit., p. 122. Ver também idem, "A prova da profecia: a cópia antes do original", *Viagens do olhar*, op. cit, pp. 413-450.

Ludwig Wittgenstein imaginava o preenchimento ao qual Fernando Gil faz menção como algo análogo à ocupação de uma forma côncava pela forma convexa correspondente, um ajustamento de um cilindro a uma câmara cilíndrica. O encaixe perfeito é o que se quer, como resultado do preenchimento[26]. Apesar da metáfora um tanto fisicalista, Wittgenstein pensou a relação entre expectativa e preenchimento como "relação interna" e estabelecida por uma "gramática". Fernando Gil, por sua vez, abre seu ensaio sobre "Expectativa e preenchimento" afirmando que o par indicado no título "pertence à arqueologia da evidência", já que é "uma estrutura arcaica da compreensão". Dessa forma, um ato de constatação – um ato objetivante, na notação adotada por Edmund Husserl – constitui nada menos que o preenchimento de uma expectativa e é portador de um "sentimento de satisfação"[27].

O ponto que aqui pretendo sugerir é o de que o par referido – expectativa e preenchimento – situa-se também no campo de jurisdição de uma arqueologia da espera, situando-se, por esta via, em uma *estrutura arcaica das intuições de tempo futuro*. Pela passagem de um problema a outro – da evidência à espera, tomando esta última como coextensiva à expectativa –, o que se está a sugerir é a presença de uma associação, em nossos estratos mais fundos, entre *evidência* e *espera*. Assim como a evidência constitui um modelo originário para a inteligibilidade, a "espera-expectativa" situa-se como operador, igualmente originário, da intuição do tempo futuro, já que traz como implicação a necessidade do complemento, do que deve vir depois.

A espera, portanto, pode ser vista como uma disposição um tanto fideísta e como *hipótese sobre o tempo*. Mais do que isso: o caráter irremediavelmente hipotético do tempo futuro faz da espera um motor do tempo – um *móvel*, no sentido aristotélico do termo, do tempo; é aquilo que põe o tempo em movimento, tal como o vento o faz com o ar. Dizer que se trata de uma hipótese não é pouco. O sentido é o mesmo do indicado por Wittgenstein: "Uma hipótese é uma lei para a formação de

---

26. A analogia aparece em diversas passagens de Wittgenstein, entre as quais a proposição 43, Parte I, das *Investigações filosóficas*, São Paulo: Abril Cultural, 1978 (Coleção Os Pensadores).

27. Cf. Fernando Gil, "Expectativa e preenchimento", op. cit., p. 65.

proposições. Poder-se-ia dizer igualmente: uma hipótese é uma lei para a formação de expectativas"[28].

Mas, tudo isso diz respeito ainda a uma experiência com o tempo e com a extensão como conjunto de vivências que se dão, por assim dizer, *fora do sujeito*. Afinal, o que separa o instante de sua causa final é algo que poderia ser designado como um *intervalo de expectativas*, a ser preenchido por sinais que afetam o sujeito, como efeito de sua produtividade alucinatória de fixação de causas finais. A espera, portanto, põe em ação uma vontade – um ato objetivante – que se dirige para o exterior do sujeito. Ainda que o usufruto final daquilo que se espera reverta para o âmbito da vivência introspectiva, privada e intransitiva do sujeito, a "conquista" daquilo que a vontade fixou na espera provém de algo que o sujeito pensa como existindo fora de si mesmo. Já se verá o quanto o suporte dessa expectativa exige uma crença natural na estabilidade e na regularidade do mundo.

Os atos de espera, contudo, não se limitam ao exterior, àquilo que o sujeito imagina existir fora de si e para o qual dirige sua vontade. Dito de outro modo, em forma de pergunta: se a espera é o móvel do tempo, qual o motor que move tal móvel? É ela, a espera, ativada apenas por imagens e objetos provenientes de algo que o sujeito fixa em um exterior qualquer – não importa se "realmente existente" – ou repousa sobre estratos epistêmicos anteriores à fixação dos, digamos, *objetos de espera*? A suposição que pretendo explorar é a de que a espera, assim como a expectativa, a esperança, a intenção, a crença, o voto – este no sentido de Bertrand Russell, para quem uma "constatação" é expressão de um voto e de um desejo – constituem, na expressão utilizada por Fernando Gil, "atitudes proposicionais" e são figuras que bem correspondem àquilo que Edmund Husserl determina como "atos não objetivantes".

Na perspectiva adotada por Husserl, os atos intencionais da consciência combinam "atos objetivantes" e "atos não objetivantes"[29]. Os primeiros dizem respeito às representações e à consciência de objetos, im-

---

28. Cf. Ludwig Wittgenstein, *Notas filosóficas*, § 228, apud Fernando Gil, "Expectativa e Preenchimento", op. cit., p. 74.

29. Cf. Edmund Husserl, *Investigações lógicas*, São Paulo: Abril Cultural, 1975 (Coleção Os Pensadores). Para uma boa apresentação do quadro husserliano dos atos intencionais de consciência, ver o ótimo livro de André de Muralt, *A metafísica do fenômeno: as origens medievais e a elaboração do pensamento fenomenológico*, São Paulo: Editora 34, 1998, p. 170.

plicando, dessa forma, uma relação do sujeito com o que lhe é ou parece ser-lhe exterior. Os atos não objetivantes são atos categoriais originários e preenchedores de significação, tais como a alegria, a aspiração, o prazer estético, o desejo, a volição etc. A série possui afinidade com a indicada por Wittgenstein: além da expectativa, a intenção, a esperança, a crença, o voto. Pode-se dizer que atos não objetivantes, ou atitudes proposicionais, são, em si mesmos, atos com implicações práticas, constituidores da vontade, ainda que seus conteúdos contingentes sejam pautados pelo exterior. Trata-se, sobretudo, de uma dimensão formal em ação, e não de uma reserva internalista intocada pelo mundo exterior e sempre idêntica a si mesma. Nesse sentido, as atitudes proposicionais e os atos não objetivantes são, a um só tempo, elementos ativos e vazios de significado.

O sujeito capturado pela expectativa – ou espera – por um determinado conteúdo de mundo, antes de ser sociologicamente configurado como portador de uma esperança específica, é um sujeito dotado do atributo genérico de portar expectativas. Há que distinguir, pois, o que releva da história e das ciências sociais, que se ocupam de saber como os conteúdos são possíveis, e o que pode revelar uma inspeção que cuide dos estratos epistêmicos "arcaicos" da espera, como dimensão epistêmica do sujeito. Tal inspeção pode tomar a forma de uma "gramática das expectativas", se, com Wittgenstein, supusermos que o preenchimento de expectativas dá-se sob a forma de "operações gramaticais". Pode dar, ainda, ensejo a uma investigação de cariz metafísico, voltada para a compreensão filosófica dos "estratos arcaicos" indicados por Fernando Gil.

Os nexos entre expectativa/espera e preenchimento pressupõem a presença de um fundo – de uma reserva de permanência – constituído por regularidades. O ponto foi, mais uma vez, posto de modo claro por Fernando Gil: "Toda a expectativa e toda a decepção de expectativa se perfilam contra regularidades"[30]. O argumento associa-se ao desenvolvido por Wittgenstein, em *Da certeza*: as regularidades constituem um "pano de fundo", um *Hintergrund* que "herdei, sobre cujo fundo eu distingo entre Verdadeiro e Falso"[31]. O "pano de fundo" sustenta-se, por sua vez,

---

30. Cf. Fernando Gil, "Expectativa e preenchimento, op. cit., p. 66.
31. Cf. Ludwig Wittgenstein, *Da Certeza*, § 94, apud Fernando Gil, "Expectativa...", op. cit., p 66, em tradução do próprio Fernando Gil. Na tradução portuguesa o parágrafo aparece assim: "[...] eu não obtive a minha imagem do mundo por me ter convencido da sua justeza, nem a mantenho porque me convenci

em conjuntos de "verdades" de sistemas de proposição e de "sistemas coletivos de referência", designados por Wittgenstein como *Weltbilder* – algo aproximado a "imagens de mundos", tal como na perspectiva construtivista desenvolvida posteriormente por Nelson Goodman. No comentário de Van Wright a Wittgenstein, o *Weltbild* é, antes de tudo, um *pré-conhecimento*[32].

A introdução do tema do "pano de fundo" e dos "sistemas de referência" parece convidar e abrigar hipóteses externalistas. Com efeito, a ideia de "herança" põe em ação os circuitos da socialização que, de modo inegável, afetam as estruturas de expectativas e as diversas modalidades da espera. No entanto, Wittgenstein, ainda em *Da certeza*, afasta a hipótese externalista:

> Mas não será a experiência que nos ensina a fazer juízos *desta maneira*, isto é, que é correto julgar assim? Mas como é que a experiência nos *ensina*, então? É possível que *nós* consigamos isso através da experiência, mas a experiência não nos ensina a conseguir seja o que for da experiência. Se é o *fundamento* para nós julgarmos assim (e não apenas a causa), continuamos sem ter fundamento para encarar isso, por sua vez, como fundamento.

No parágrafo seguinte – § 131 – o ponto é ainda mais forte:

> Não, a experiência não é o fundamento para o nosso jogo de juízos. Assim como também não o é o seu êxito notável.

Do que se trata, então? Não estando fundado na experiência, sobre qual fundo está assentado o *Weltbild*? Não sendo de natureza sociológica, o que o faria dependente do fato da relatividade cultural, o *Weltbild* assenta-se sobre "fatos muito gerais da natureza [...] aqueles que, por causa de sua generalidade, quase sempre não nos chamam a atenção"[33].

---

da sua justeza. Pelo contrário, é o quadro de referências herdado que me faz distinguir o verdadeiro do falso". Cf. Ludwig Wittgenstein, *Da certeza*, trad. Maria Elisa Costa, Lisboa: Edições 70, 2000, § 94, p. 41.

32. Cf. G. Van Wright, *Wittgenstein*, Oxford: Oxford University Press, 1982, p. 49.

33. Cf. Ludwig Wittgenstein, *Investigações filosóficas*, São Paulo: Editora Abril, 1979, Parte II, 12, p. 221 (Coleção Os Pensadores).

Na seção 325 das *Investigações filosóficas*, "o fenômeno da certeza" aparece como dependente de "um sistema de hipóteses, de leis naturais"[34].

Fernando Gil indica, ainda, que o "pré-conhecimento dos fatos gerais da natureza e os *Weltbilder*" materializam-se por meio de "sistemas de expectativas". Quer isto dizer que o fundo de todas essas operações está assentado em uma "presunção de uniformidade": "Toda expectativa assenta nessa hipótese de constância"[35]. O argumento toma sua forma mais acabada na seguinte passagem das *Notas filosóficas* de Wittgenstein:

> A nossa expectativa antecipa o acontecimento. Neste sentido, ela faz um modelo de acontecimento. Mas nós não podemos fazer um modelo de um fato senão *no* mundo em que vivemos – e é indiferente saber se ele é verdadeiro ou falso[36].

Fernando Gil resume belamente o ponto ao dizer que "os fatos da natureza, o mundo em que vivemos são o impensado da expectativa, a montante dela". Seja por imposições gramaticais, ou por implicações de ordem psicológica, tal impensado sustenta-se em uma hipótese de uniformidade, pela qual as expectativas exigem uma presunção de estabilidade. Há, pois, uma *arqueologia da espera* sustentada em uma presunção de uniformidade, como suporte arcaico dos diversos sistemas de expectativas. É tal sistema natural que comporta a pretensão alucinatória de que a expectativa possa antecipar o acontecimento. O caráter natural dessa expectativa/espera é, contudo, recusado por manifestações que encontramos no campo da arte contemporânea. Assim, nos dirigimos para a vertente externalista, e reencontramos a questão: que operadores presentes no mundo da experiência podem implicar uma interrupção dos circuitos habituais entre expectativa e preenchimento ou, o que dá no mesmo, a própria ação dos operadores de espera? Não se trata de buscar a fonte determinante das experiências de colapso das expectativas, mas de tão somente indicar, de modo abertamente experimental, um fator dotado de forte ressonância cultural na contemporaneidade e sobre as estruturas de nossa sensibilidade diante do mundo.

34. Idem, ibidem, p. III.
35. Cf. Fernando Gil, "Expectativa...", op. cit., p. 67.
36. Cf. Ludwig Wittgenstein, *Notas filosóficas*, seção 34, apud Fernando Gil, "Expectativa...", op. cit., p. 67.

QUARTO MOVIMENTO: DEFLAÇÃO DA EXPECTATIVA

A retirada do futuro do horizonte de nossas expectativas é uma experiência fincada de modo indelével na arte contemporânea, por meio da supressão da referencialidade. Com efeito, é o tema maior da *supressão do sentido* que se nos apresenta; um motivo comum das vanguardas estéticas no início do século xx, nas quais a experiência da *verdade* anda sempre ao par com *opacidade, incognoscibilidade* e *irrepresentabilidade*. Em outros termos, a experiência da arte contemporânea encerra efeitos de verdade que, em função mesmo de seu caráter autorreferido, apresentam-se como opacos, não refletíveis, intransitivos e, sobretudo, constituídos fora dos marcos da referencialidade. O que se está aqui a sugerir é que, na observação estética pré-contemporânea, a referencialidade constitui o pano de fundo sobre o qual expectativa e preenchimento complementam-se de modo não problemático, quer pela satisfação pelo reconhecimento do efeito mimético, quer pela decepção por sua falha. De qualquer modo, referencialidade e estrutura intacta de expectativas que prefiguram seu preenchimento parecem andar ao par. O que tenho em mente, na verdade, é o efeito gerado pelo genial *Retrato de Federico de Montefeltro*, duque de Urbino, pintado por Piero della Francesca, entre 1465 e 1478.

Que fique claro que não se trata de dizer que Piero pintou o mundo tal como ele era. Na verdade, Federico tem algum comando sobre a mímese de si mesmo, ao apresentar-se do modo que se apresentou, com seu inacreditável nariz serrado na altura dos olhos, para lhe facilitar a visão durante a caça. O fato é que a imagem de Piero vem bem acolhida por aquilo que poderia ser considerado como imagens de contexto bem definidas, tanto na figura do duque como também na paisagem e na sua posição na economia pictórica. A referencialidade à qual aludo não diz respeito a algo que se passe entre imagem e mundo, mas entre os componentes da obra. Nesse sentido, o quadro de Piero della Francesca é modelar: *representa* tanto o personagem como o seu contexto. Não está aqui uma clara indicação de que transformação de algo em contexto resulta necessariamente de um ato de *representação*?

De qualquer modo, Piero – de um modo no qual já não se pode distinguir o que é contexto e o que é contextualizado – proporciona um "contexto" bem a serviço de seu retratado. É esse o juízo que podemos encontrar em obra clássica de Roberto Longhi, ao dizer que Piero constrói Federico de Montefeltro, "unitariamente com aquele seu barrete ducal como o torreão de um castelo inexpugnável, alçando-se tão acima do horizonte"[37].

A paisagem encontra-se, assim, em uma "posição de subordinação"[38]:

É como se ele [Piero] visasse à declaração explícita de que as montanhas de propriedade de Federico se estendem a perder de vista, fazendo-se igualmente evidente que o duque domina terras e águas[39].

O *Retrato de Federico de Montefeltro* pode, então, ser percebido como um marcador de referencialidade, segundo o qual o conjunto dos elementos pictóricos informa-nos algo a respeito da imagem. De modo mais preciso, a linguagem dos elementos de contexto dá passagem a mecanismos alucinatórios pelos quais nós – os espectadores – *trazemos o mundo para a obra*. Isso parece mesmo ser básico: nem mesmo os naturalistas trazem o mundo para suas obras; o que fazem é praticar uma linguagem pictórica que nos faz supor que o que se vê tem parte com a experiência do mundo.

Meu argumento é que a quebra dessa possibilidade alucinatória tem efeito sobre a estrutura de nossas expectativas. Para dar suporte à suposição consideremos, de modo breve e alusivo, quatro experimentos de antirreferencialidade: um retrato de autoria de Alberto Giacometti, exibido na exposição dedicada ao pintor, na Pinacoteca de São Paulo, em abril de 2012; o quadro de Kazimir Malevich, *Quadrado negro sobre fundo branco*; a defesa da abstração por parte dos críticos de arte norte-americanos Alfred Barr Jr. e Clement Greenberg, na década de 1930 e, por fim, excertos de *Molloy*, de Samuel Beckett, de 1951 (versão original francesa) e 1955 (versão em inglês). Vamos, pois, pela ordem.

(i) Giacometti:

Em 1954, Sartre disse o seguinte, a propósito de Giacometti:

---

37. Cf. Roberto Longhi, *Piero della Francesca*, São Paulo: Cosac Naify, 2007, p. 81.

38. Idem, ibidem, p. 82.

39. Idem, ibidem, p. 83.

Como pintar o vazio? Parece que ninguém tentou isso antes de Giacometti. Há quinhentos anos os quadros são abarrotados. O universo é neles inserido à força. Giacometti começa por expulsar o mundo de suas telas...[40]

Na exposição dedicada a Alberto Giacometti, sediada na Pinacoteca de São Paulo, o comentário de Sartre ladeava um retrato no qual o personagem se fazia cercar do que poderia ser designado como um contexto negativo ou suprimido. Daí a percepção sartriana, de que Giacometti teria conseguido fazer do vazio um invólucro do que se mostra em suas obras, tendo como efeito a "expulsão do mundo".

Se Sartre está certo – e desde já digo que está, pois estabeleceu um padrão possível de sensibilidade estética que preside nossa percepção dos retratos pintados por Giacometti –, o artista suíço ocupar-se-ia da representação da negatividade. Giacometti fixa suas figuras no vazio; não apenas possuem elas fisionomia indistinta – em trapaça aberta com o retratismo –, mas acabam submetidas ao envolvimento do vazio. Um vazio que dá sentido à falta de sentido e, daí, à *impressão* da falta de sentido. É perturbadora a experiência do vazio do fundamento, da negatividade. Ela atinge de modo impiedoso os limites da narrativa histórica e política para lidar com a negatividade, com o fenômeno da ausência. Ambas as narrativas – a histórica e a política – procedem de modo necessário por meio de formas de argumentação sustentadas na causalidade. O desafio da estética da negatividade reside em pôr a seguinte questão: como pensar – e argumentar a respeito – a causalidade, se um dos termos da relação de causação é necessariamente vazio? Em outros termos, mais diretos, que sentido resulta da falta de sentido? De um sentido que se revela pela ostensão de sua falta absoluta. A genialidade de Giacometti – e de outros na mesma chave, tais como Francis Bacon – resulta da utilização de elementos de referencialidade, para, em uma trapaça com nossos modos usuais de percepção e de recepção, eliminar as "informações de contexto", apresentando-nos, em seu lugar, o vazio.

---

40. Texto de Jean-Paul Sartre exibido na exposição sobre Alberto Giacometti, Pinacoteca de São Paulo, 2012, com curadoria de Véronique Wisesinger.

O vazio ao ocupar a posição-chave do "pano de fundo", no lugar da regularidade e dos pressupostos de estabilidade e de sentido, perturba os circuitos ordinários da tensão entre expectativa e preenchimento. O contraste com o circuito completo da expectativa e do preenchimento proporcionado pelo quadro de Piero della Francesca é imenso. É claro que, diante de Giacometti, trata-se de um experimento estético, mas não se pode descurar do fato de que a sensibilidade estética é constitutiva dos nossos modos mais básicos de cognição e alucinação.

(ii) Malevich:

Tomemos agora, de modo sumário e em uma terceira ordem de exemplos, o caso do suprematismo russo, através de sua figura maior, Kazimir Malevich. Para o suprematista, o máximo de verdade – se assim podemos dizer – implica a *maior densidade possível de expressão da cor*: um quadrado negro no qual se encerra uma representação suprema. Com efeito, se pinturas são composições que combinam cores, a máxima concentração de cores e a combinatória de todos os arranjos possíveis só pode ter a forma de um quadrado negro, ainda que o quadrado negro seja índice de si mesmo.

Da mesma forma, o suprematismo implica a reunião de todos os pontos de observação possíveis. Todos os modos de observação – ângulos, focos, destaques etc. – colapsam em uma soma de todos eles; de todos os modos, eis um quadro negro. José Gil bem chama a atenção a respeito desse ponto: o suprematismo, em geral, e o *Quadrado negro sobre fundo branco*, em particular, implica "mudança do ponto de vista do pintor"; não há "orientação da representação", "alto, baixo, esquerda, direita e fundo, frente de uma perspectiva". Ademais, trata-se, ainda, da "abolição da linha da terra". Sobre isso, disse o próprio Malevich:

> Destruí o anel do horizonte e saí do círculo no qual estão incluídos o pintor e as formas da natureza [...] saí para o branco, segui-me e vogai, camaradas aviadores do abismo, estabelecei os semáforos do suprematismo [...] o abismo branco, o infinito estão diante de vós[41].

41. Cf. Kasimir Malevitch, "Le Suprematisme", *Le miroir suprématiste*, Lausanne: L'Age d'Homme, 1977, apud José Gil, *A arte como linguagem*, Lisboa: Relógio D'Água, 2010, p. 18.

Mas, pode-se dizer, com grande plausibilidade, que o suprematismo não abriu mão do sentido extrínseco da obra, pois teria mostrado o quanto podemos derivar do seu vislumbre: uma solução gráfica para um problema filosófico. Não deixa de haver ironia nessa revelação da precipitação em um quadrado da totalidade de todos os sentidos possíveis.

Consideremos o experimento radical de Malevich, a expressão suprema da verdade, a violar as formas ordinárias de representação: "A superfície plana que forma um quadrado foi o cepo de onde saiu o suprematismo, o novo realismo colorido enquanto criação não figurativa"[42].

Segundo a fina leitura de José Gil, o projeto de Malevich visava "chegar a uma realização de formas que nada devessem ao mimetismo das formas naturais, que nada devessem à luz do sol"[43]. Depois de intensa pesquisa formal anterior, condensada no que ele mesmo definiu como "alogismo", no qual ocorre uma "sobrecarga de figuras e de formas, quase atafulhadas", aparece um "simples quadrado negro". Ainda de acordo com José Gil, a descoberta do quadrado faz simplificar, permite começar "a partir do zero"[44]. De fato, com o *Quadrado negro*, posto sobre uma superfície branca, Malevich pode dizer: "Atingi o zero das formas e fui até o abismo branco"[45].

A descoberta de Malevich é por ele vivida de modo perturbador. Vê-se bem o porquê: "A representação figurativa traz para o quadro qualquer coisa do referente, não é simplesmente uma imitação, uma cópia, não, há qualquer coisa da própria natureza do objeto real que passa para o quadro"[46].

Malevich, ao "apagar a representação", acabou por "apagar também o referente", o que teria como corolário a impossibilidade do próprio ato de pintar. É este mesmo o sentido da "vertigem suscitada e contida no *Quadrado negro*"[47]. José Gil exonera, de modo brilhante, Malevich desse impasse: "Não há [...] total impossibilidade da pintura porque Malevich criou uma linguagem a partir desse quadrado que começa por ser uma espécie de buraco negro que engole e absorve todas as formas da natureza"[48].

---

42. Idem, ibidem, p. 12.
43. Cf. José Gil, *A arte como linguagem*, op. cit. p. 13.
44. Idem, ibidem, p. 13.
45. Apud José Gil, op. cit, p. 13.
46. Idem, ibidem, p. 16.
47. Cf. José Gil, op. cit., p. 16.
48. Idem, ibidem, p. 17.

O comentário genial indica o quanto referencialidade e experiência estética se dissociam: o *Quadrado* de Malevich é "o buraco negro que absorveu o mundo inteiro [...] ali desapareceram todas as formas".

E se nossos panos de fundo, que com Giacometti acolheram o vazio, agora se configurassem como buracos negros? Essa possiblidade, dada no campo da arte, não possui garantias de insulamento: nada impede que possa se apresentar como parte do repertório que configura nossas estruturas de expectativas, em termos mais gerais.

(iii) Alfred Barr Jr. e Clement Greenberg:

Se Malevich pôs toda a natureza no *Quadrado negro sobre fundo branco*, coube aos expressionistas abstratos norte-americanos – uma linhagem que terá em Jackson Pollock um de seus principais expoentes – afirmar sua obsolescência. Em um notável texto, que pode ser considerado como o primeiro acolhimento no plano da Estética daquilo que os abstracionistas já estavam a fazer, Alfred Barr Jr. estabeleceu os termos da recusa ao modelo tradicional da referencialidade. A peça em questão foi publicada como apresentação do catálogo da exposição *Cubism and Abstract Art*, havida no Museum of Modern Art (MoMA), em Nova York, em 1936. Um resumo do argumento de Alfred Barr Jr. pode ser encontrado na seguinte passagem:

> A conquista pictórica do mundo visual externo foi completada e refinada muitas vezes e de diversos modos durante os últimos quinhentos anos. Os artistas mais destemidos e originais ficaram cada vez mais entediados com o ato de imprimir fatos. Por meio de um poderoso impulso comum, foram estimulados a abandonar a imitação da aparência natural[49].

O modo da referencialidade apresenta-se aqui como abrigo do "imprimir de fatos". A expressão bem diz da ambição mimética de fazer com que, ao olhar para as telas, passemos para o mundo. Longe dessa

---

49. Cf. Alfred Barr Jr., apresentação no catálogo da exposição *Cubism and Abstract Art*, New York: MoMA, 1936, p. 11. Para um estudo recente e importante a respeito do papel de Alfred Barr Jr. na aproximação da história da arte com a arte contemporânea, ver Richard Meyer, *What was Contemporary Art?*, Cambridge: The MIT Press, 2013.

contaminação tediosa, os abstratos fazem-nos permanecer na tela, já que a semelhança com os objetos destrói os "valores da arte" e representa um "empobrecimento da pintura". Os valores dizem respeito à precedência da forma: "a painting [...] is worth looking at primarly because it presents a composition of organizarion of color, line, light and shade". Aos que percebem no abandono dos objetos uma decisão com implicações empobrecedoras, Barr Jr. retruca: "in his art the abstract artist prefers impoverishment to adulteration"[50].

Clement Greenberg, três anos mais tarde, em um ensaio igualmente luminoso – "Avant-garde and Kitsch" –, publicado originalmente na revista *Partisan Review* (1939), acompanha os termos do manifesto de Barr Jr., acrescentando seu próprio tempero: "Content is to be dissolved so completely into form that the work of art or literature cannot be reduced on whole or in part to anything not itself"[51].

O juízo de Greenberg não incide apenas sobre a arte norte-americana de seu tempo. Abrange parte expressiva da vanguarda europeia. Sob sua inspeção estão, segundo diz, Picasso, Braque, Mondrian, Miró, Kandinsky, Brancusi, Klee, Matisse e Cézanne. Todos teriam em comum o fato de que "drive their chief inspiration from the medium they work in"[52].

(iv) *Molloy* (Samuel Beckett):

Do texto beckettiano *Molloy*, de 1951 e 1955, destaquemos duas passagens:

> Furtei de Lousse uma pequena prataria, [e em meio a ela estavam] pequenos objetos cuja utilidade não compreendi, mas que pareciam ter algum valor. Entre estes, havia um que me deixa apavorado de tempos em tempo[53].

> Penso ter ainda este estranho instrumento, está em algum lugar, pois nunca consegui reunir forças para vendê-lo, mesmo em momentos de

---

50. Cf. Alfred Barr Jr., op. cit., p. 11, para as duas últimas citações.
51. Cf. Clement Greenberg, "Avant-garde and Kitsch", *Art and culture*, Boston: Beacon, 1961, p. 8.
52. Idem, ibidem, p. 9.
53. Cf. Samuel Beckett, *Molloy, Malone dies and The unnamable*, Nova York: Grove, 1964, p. 63.

total desespero, já que nunca entendi qual seria sua função, nem mesmo cogitei qualquer hipótese sobre o assunto[54].

Do que se trata? Que experiência é esta? Encontramos a resposta em outro texto de Beckett, sobre Proust (1931), por meio da defesa de uma doutrina na qual há uma conexão necessária entre percepção de *"uniqueness"* e *"encantamento"*, proporcionada pela ignorância. Vejamos:

> Mas quando o objeto é percebido como específico e único, e não apenas como membro de uma família, quando ele aparece independente de qualquer noção geral e retirado da sanidade de um elo causal, *isolado e inexplicável à luz da ignorância*, é só aí que ele pode causar *encantamento*[55].

Há aqui posta uma relação entre ignorância e encantamento: a percepção do objeto sem nenhuma referência à ordem de expectativas que ele pode suscitar pela sua função: não é daí que extraio o seu sentido, mas de uma experiência da qual ocorre pura *constatação*. Uma constatação a um só tempo sem memória e sem projeção. Uma constatação cuja forma de alucinação específica implica dizer que "isto é isto". Bertrand Russell definiu uma "constatação" de como algo que constitui o *preenchimento de uma expectativa*, assim como a realização de um voto ou de um desejo. Na mesma linha, Moritz Schlick, um dos fundadores do positivismo lógico e do Círculo de Viena, onde foi assassinado em 1936 pelos nazistas locais, complementa o juízo de Russell: constatações são respostas às expectativas nas quais uma hipótese se materializa. O experimento *Molloy*-Beckett apresenta, ao contrário, a possibilidade de constatações sem expectativas. Constatações que, por estarem livres do regime de "sanidade" das regras usuais de causalidade, procedem ao encantamento. O que isso contraria?

Isso nega a estrutura mais "arcaica" de nossa compreensão quando lidamos com o futuro, já que suprime o regime da causalidade como modo de inteligibilidade e de antecipação do mundo. Neste sentido, *Molloy*, assim como *Esperando Godot* e outros textos essenciais de Samuel Beckett, são experimentos *futureless*, sem futuro. O que os faz *experimentos radicais*

---

54. Idem, ibidem, p. 63.
55. Cf. Samuel Beckett, *Proust*, Londres: Chatto and Windus, 1931, p. 23.

é o fato de que falam da supressão do sentido e do futuro *para dentro de nós*. A suposição é a de que a experiência com o futuro, não sendo ela da ordem da experiência *tout court*, já que não há como ter uma relação externalista com o futuro, é a de que ela existe dentro do sujeito mesmo. É importante considerar os operadores epistêmicos aí presentes, para melhor entender a escala da subversão proporcionada por autores como Beckett e Pirandello[56]: não será essa a modalidade de experimentos com o futuro que o presente nos proporciona?

NOTA FINAL: O ABISMO DA ESPERA

Ao fim da apresentação dos quatro casos de ruína da referencialidade e, por extensão, de congelamento das expectativas, chegamos ao seguinte quadro:

QUADRO GERAL DE DEFLAÇÃO DOS OPERADORES DE ESPERA

Giacometti/Sartre	"Trazer o vazio" para o quadro "Expulsar o mundo das telas"
Malevich	"Um buraco negro que absorve o mundo inteiro" "Abismo das formas"
Alfred Barr Jr.	Não mais "imprimir fatos" nas telas Melhor empobrecer que adulterar
Clement Greenberg	Dissolver o conteúdo na forma
Molloy-Beckett	Isolamento, inexplicabilidade, ignorância e afastamento da "sanidade da causa" como fontes de encantamento diante dos objetos

O quadro não está aqui a serviço de um elogio nostálgico da arte mimética, ou de alguma nostalgia pela referencialidade. Trata-se tão somente de indicar o quanto a sensibilidade estética fundada nos aspectos ali indicados traz consigo um padrão epistêmico próprio para lidar com as

---

56. Por meio da referência a uma de suas obras tardias – *Uno, nessuno, centomilla* –, analisei a presença, em Pirandello, de um caso extremo de deflação de sentido, por meio de uma experiência de "descrença de si". Ver Renato Lessa, "Crença, descrença de si, evidência", *Mutações – A invenção das crenças*, São Paulo: Edições Sesc SP, 2011.

relações entre expectativa / espera e preenchimento. Ainda que, como sustentou Wittgenstein, a expectativa crie um modelo para o acontecimento, isso não quer dizer que ambos sejam idênticos, o que seria absurdo. Toda expectativa é uma antecipação – uma hipótese a respeito do tempo. As condições de preenchimento provêm do que a ela se soma, tal como a superfície convexa faz sobre a superfície côncava, sendo ambas, portanto, *distintas*. A perfeição do encaixe deve-se à complementação entre partes distintas em substância e na ordem do tempo. Mesmo que a expectativa antecipe o acontecimento, este exerce sobre ela um efeito de suplementação, não sendo, pois, mera repetição. Tudo dependerá, por certo, da extensão do hiato entre ambos, mas a presença de algum hiato é condição necessária para que o acontecimento acrescente algo à expectativa. Tal é a condição necessária para que o sujeito perceba o futuro como ocasião para suplementações da experiência. Para tal, a estrutura da expectativa deverá estar ajustada ao desenho de acontecimento que se quer, para que sirva, tal como na cláusula de Wittgenstein, como modelo do futuro.

Os cinco exemplos selecionados, e sistematizados no quadro dos deflatores, podem ser vistos como refutações do princípio do encaixe, do ajuste das formas côncava e convexa. Tal ajuste, bem disse Fernando Gil, esteve, enquanto durou, a serviço de um sentimento de inteligibilidade. Não é difícil entender que só se pode esperar algo do futuro – a não ser por irracionalismo fideísta e pura aposta – senão segundo a lógica do sentimento de inteligibilidade. Um dos aspectos mais importantes da arte contemporânea é o da presença de uma atitude cética diante da possibilidade mesma de circuitos de inteligibilidade[57]. Não haveria entre as experiências dos abismos da referencialidade, da inteligibilidade e da espera circuitos de alimentação recíproca?

Não há como responder assertivamente, por certo. Por hora, suprimamos apenas as interrogações no aforismo de Wittgenstein, deixado para trás, em uma das epígrafes deste ensaio. Digamos simplesmente: *O arquétipo da insatisfação é o espaço vazio*. Não há, simplesmente, futuro no espaço vazio. Somos, ao fim e ao cabo, contemporâneos de nós mesmos e de nossas sensações.

---

57. Vale bem, a propósito, a leitura do excelente livro de Michael Leja, *Looking askance: skepticism and American Art from Eakins to Duchamp*, Los Angeles: University of California Press, 2004.

Imagens referentes ao texto *Dentro do nevoeiro: o futuro em suspensão*, de Guilherme Wisnik, página 247.

Fig. 1: Poluição no ar de Pequim, 2013. Foto: Valentina Tong.

Fig. 2. Junya Ishigami, Estúdio Kait, Kanagawa, 2008. Foto: Valentina Tong.

Fig. 3: SANAA, Museu de Arte do Século 21, Kanagawa, 1999. Foto: Valentina Tong.

Fig. 4: SANAA, Pavilhão de Vidro em Toledo (Ohio), 2003. Foto: Guilherme Wisnik.

Fig. 5: SANAA, Pavilhão de Vidro em Toledo (Ohio), 2003. Foto: Guilherme Wisnik.

Fig. 6: Laura Vinci, *No Ar*, São Paulo, 2011. Foto: Nelson Kon.

Fig. 7: Rio Yangtze próximo à Represa de Três Gargantas, 2013. Foto: Valentina Tong.

Imagens referentes ao texto *Sexo não é mais o que era*, de Jorge Coli, página 429.

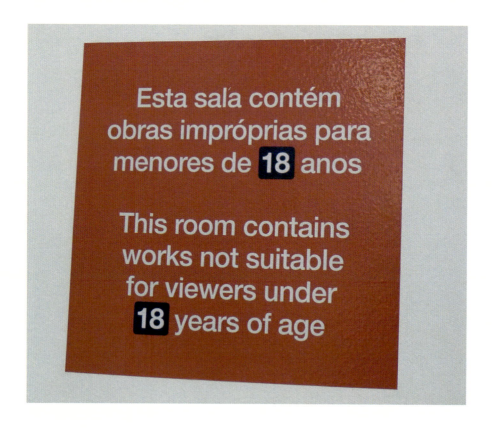

Fig. 8: Placa na exposição *Em nome dos artistas – Arte contemporânea norte-americana na Coleção Astrup Fearnley*, com a curadoria de Gunnar B. Kvaran, realizada pela Bienal de São Paulo entre 30 de setembro e 4 de dezembro de 2011, no Pavilhão Ciccillo Mattarazzo. Foto: Jorge Coli.

Fig. 9: *Male Mannequin*, Charles Ray, 1990. 188 x 55 x 68 cm. Foto: Jorge Coli.

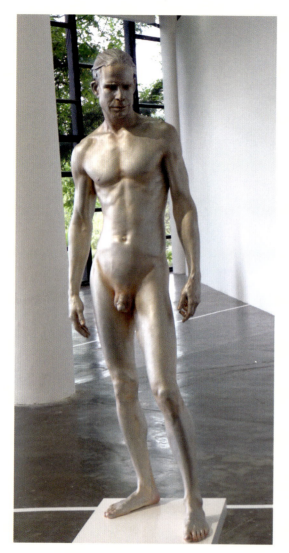

Fig. 10: *Human Statue*, Franck Benson, 2005. Fio de náilon, tinta a óleo, tinta acrílica, tecido, madeira, 173 x 50 x 30. Rubell Family Collection | Contemporary Arts Foundation | Miami, FL. Fotos: Jorge Coli.

Fig. 11: *Human Statue* (detalhe).

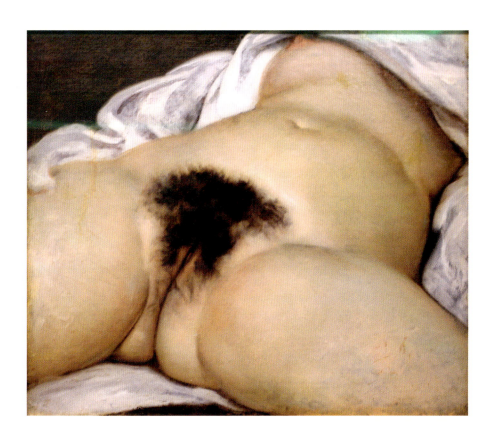

Fig. 12: *A origem do mundo*, Gustave Courbet, 1866. Óleo sobre tela, 46 x 55 cm. Musée d'Orsay, Paris.

Fig. 13: Foto estereoscópica, Alexis Gouin, 1853.

Fig. 14: Fotografia obscena para estereoscópio, Auguste Belloc, 1860, 8 x 7 cm. Bibliothèque Nationale de France.

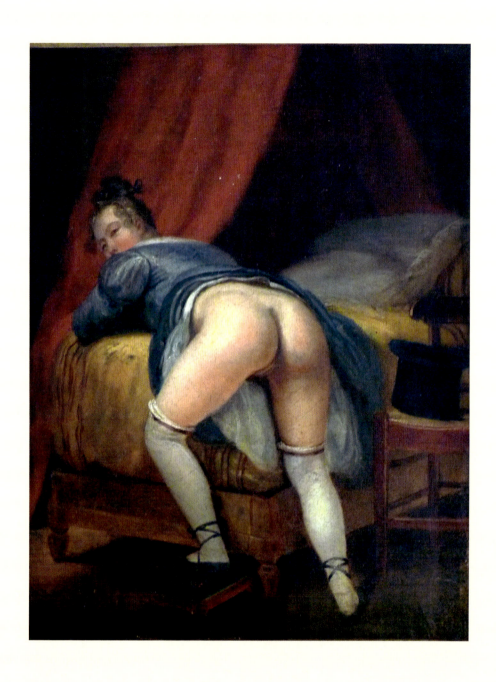

Fig. 15: *Pintura libertina*, Achille Devéria. Óleo sobre tela, 35 x 22 cm. Coleção particular.

Figs. 16-17: *Pintura libertina* (detalhes).

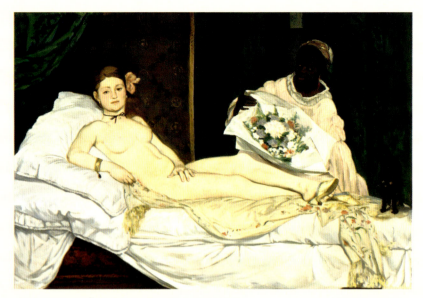

Fig. 18: *Olympia*, Édouard Manet, 1863. Pintura, 130,5 x 190 cm. Musée d'Orsay, Paris.

Fig. 19: *Vênus de Urbino*, Ticiano, 1538. Pintura, 119 x 165 cm. Galleria degli Uffizi, Florença.

Fig. 20: *O fogo na pólvora*, Jean-Honoré Fragonard, 1763-1764. Óleo sobre tela, 37 x 47 cm. Museu do Louvre, Paris.

Fig. 21: *Satyricon*, Federico Felini, Enoteia, 1968. Cor, 128 min.

Sobre os autores

ADAUTO NOVAES é jornalista e professor; foi por vinte anos diretor do Centro de Estudos e Pesquisas da Fundação Nacional de Arte / Ministério da Cultura. Em 2000, fundou a empresa de produção cultural *Artepensamento*. Os ciclos de conferências que organizou resultaram nos seguintes livros de ensaios: *Os sentidos da paixão*; *O olhar*; *O desejo*; *Ética*; *Tempo e história* (Prêmio Jabuti); *Rede imaginária: televisão e democracia*; *Artepensamento*; *A crise da razão*; *Libertinos / libertários*; *A descoberta do homem e do mundo*; *A outra margem do Ocidente*; *O avesso da liberdade*; *Poetas que pensaram o mundo*; *O homem-máquina*; *Civilização e barbárie*; *O silêncio dos intelectuais*, todos editados pela Companhia das Letras. Publicou ainda, *Muito além do espetáculo* (Editora Senac São Paulo, 2004); *A crise do Estado-nação* (Record, 2003); *Oito visões da América Latina* (Editora Senac São Paulo, 2006); *Ensaios sobre o medo* (Edições Sesc SP / Senac São Paulo, 2007); *O esquecimento da política* (Agir, 2007); *Mutações: ensaios sobre as novas configurações do mundo* (Edições Sesc SP / Editora Agir, 2008); *Vida, vício, virtude* (Edições Sesc SP / Senac São Paulo, 2009); *A condição humana* (Edições Sesc SP / Editora Agir, 2009); *Mutações: a experiência do pensamento* (Edições Sesc SP, 2010); *Mutações: a invenção das crenças* (Edições Sesc SP, 2011); *Mutações: elogio à preguiça* (Edições Sesc SP, 2012).

ANTONIO CICERO é poeta e ensaísta. Autor de: *Guardar* (Record, 1996) e *A cidade e os livros* (Record, 2002), *O mundo desde o fim* (Francisco Alves, 1995), *Finalidades sem fim* (Companhia das Letras, 2006). Em parceria com o poeta Waly Salomão, organizou *O relativismo enquanto visão do mundo* (Francisco Alves, 1994) e, em parceria com o poeta Eucanaã Ferraz, a *Nova antologia poética de Vinícius de Moraes* (Companhia das Letras, 2003). É também autor de diversas letras de música, tendo como parceiros, entre outros, Marina Lima, Adriana Calcanhotto e João Bosco. Participou das coletâneas *Poetas que pensaram o mundo* (Companhia das Letras, 2005); *O silêncio dos intelectuais* (Companhia das Letras, 2006); *A condição humana* (Edições Sesc SP, Editora Agir, 2009); *Mutações: a experiência do pensamento* (Edições Sesc SP, 2010); *Mutações: a invenção das crenças* (Edições Sesc SP, 2011)*; Mutações: elogio à preguiça* (Edições Sesc SP, 2012).

David Lapoujade é coordenador de conferências junto à Universidade Paris 1 (Panthéon-Sorbonne), é editor póstumo de Gilles Deleuze, *L'ile déserte* (Editions de Minuit, 2001) e *Deux régime de fous* (Edition de minuit, 2003). Escreveu livros sobre o Pragmatismo, *William James, Empirisme e pragmatisme* (puf, 1997/2007) e *Fictions du pragmatisme, William e Henry James* (Edition de Minuit, 2008), e *Bergson, Puissances du temps* (Editions de Minuit, 2010). Prepara um livro sobre a filosofia de Deleuze.

Elie During é coordenador de conferências filosóficas junto à Universidade de Paris – Nanterre e encarregado por seminários junto à Escola de Belas Artes de Paris. Suas pesquisas tratam do espaço-tempo em seus mais variados domínios: metafísica, estética e filosofia científica. Escreveu *Faux raccords: la coexistence des images* (Actes Sud, 2010). Prepara ainda os livros *Bergson et Einstein: la querelle du temps* (puf) et *Les temps flottants* (Bayard). Trabalhou na edição crítica das obras de Bergson para a Presses Universitaires de France. Organizou coletâneas sobre cinema e arte contemporânea: *In actu: de l'expérimental dans l'art* (Presses du réel, 2009), *Cinéphilosophie* (número especial de la Revue Critique, 2005) e *À quoi pense l'art contemporain?* (número especial de la Revue Critique, 2010).

Eugène Enriquez é professor emérito de sociologia na Universidade de Paris vii. Foi presidente do comitê de pesquisas de sociologia clínica da Associação Internacional de Sociologia e autor de muitos artigos e dos livros: *De la horde à l'État* (Gallimard, 2003), tradução brasileira: *Da horde ao Estado* (Jorge Zahar, 1999); *As figuras do poder* (Via Lettera, 2007); *Le goût de l'altérité* (Desclée de Brouwer, 1999); *A organização em análise* (Vozes, 1999); *La face obscure des démocraties modernes* (com Cl. Haroche, ERES, 2002); *Clinique du pouvoir* (ERES, 2007) e *Desir et resistence: la construction du sujet* (com Cl. Haroche e J. Birman, Ed. Parangon, 2010). Contribuiu com um artigo para o livro *Mutações: ensaios sobre as novas configurações do mundo* (Edições Sesc SP/Agir, 2008); *Mutações: a experiência do pensamento* (Edições Sesc SP, 2010) e *Mutações: elogio à preguiça* (Edições Sesc SP, 2012).

FRANCIS WOLFF é professor de filosofia na Ecole normale supérieure, Paris. Foi professor na Universidade de Paris-Nanterre e na Universidade de São Paulo – USP. É autor de artigos e livros dedicados à filosofia antiga, à filosofia da linguagem e à metafísica contemporânea, entre os quais destacam-se: *Socrate* (edição portuguesa: Sócrates, Teorema); *Aristote et la politique* (edição brasileira: *Aristóteles e a política*, Discurso Editorial, 1999); *Dire le monde* (edição brasileira: *Dizer o mundo*, Discurso Editorial, 1999); *L'être, l'homme, le disciple* (PUF); *Notre humanité, d'Aristote aux neurosciences (Fayard)*. Publicou ensaios nos livros *A crise da razão* (Companhia das Letras, 1996); *O avesso da liberdade* (Companhia das Letras, 2002); *Muito além do espetáculo* (Editora Senac *São Paulo, 2004); Poetas que pensaram o mundo* (Companhia das Letras, 2005); *O silêncio dos intelectuais* (Companhia das Letras, 2006); *Ensaios sobre o medo* (Edições Sesc SP/Editora Senac São Paulo, 2007); *O esquecimento da política* (Editora Agir, 2007); *A condição humana* (Edições Sesc SP/Editora Agir, 2009); *Vida, vício, virtude* (Edições Sesc SP/Editora Senac São Paulo, 2009); *Mutações: a experiência do pensamento* (Edições Sesc SP, 2010) e *Mutações: elogio à preguiça* (Edições Sesc SP, 2012).

FRANCISCO BOSCO é ensaísta. Autor de *E livre seja este infortúnio* (Azougue, 2010), *Banalogias* (Objetiva, 2007), *Dorival Caymmi* (Publifolha, 2006), *Da amizade* (7 Letras, 2003) e *Antonio Risério* (Org., Azougue, 2008). Mestre e doutor em teoria da literatura pela UFRJ. Foi colunista da revista Cult entre 2006 e 2010. Atualmente, é coordenador da rádio Batuta, do Instituto Moreira Salles, e membro da comissão editorial da revista Serrote. Escreve uma coluna semanal no jornal *O Globo*. Escreveu um ensaio para o livro e *Mutações: elogio à preguiça* (Edições Sesc SP, 2012).

FRANKLIN LEOPOLDO E SILVA é professor aposentado do Departamento de Filosofia da Universidade de São Paulo – USP e professor-visitante no Departamento de Filosofia da UFSCar. Publicou: *Descartes, metafísica da modernidade* (Moderna, 2005); *Bergson: intuição e discurso filosófico* (Loyola, 1994); *Ética e literatura em Sartre* (Unesp, 2004) e *Felicidade; dos pré-socráticos aos contemporâneos* (Claridade, 2007), além de ensaios nos livros *A crise da razão* (Companhia das Letras, 1996); *Tempo e história* (Companhia Das Letras, 1992); *O avesso da liberdade* (Companhia das Letras, 2002); *Muito além do espetáculo* (Editora Senac São Paulo, 2004); *O silêncio dos intelectuais* (Companhia das Letras, 2006); *O esquecimento da política* (Editora Agir, 2007); *Mutações: ensaios sobre as novas configurações do mundo* (Edições Sesc SP/Editora Agir, 2008)*; Vida, vício, virtude* (Edições Sesc SP/Editora Senac São Paulo, 2009); *A condição humana* (Edições Sesc SP, Editora Agir, 2009); *Mutações: a experiência do pensamento* (Edições Sesc SP, 2010); *Mutações: a invenção das crenças* (Edições Sesc SP, 2011) e *Mutações: elogio à preguiça* (Edições Sesc SP, 2012).

FRÉDÉRIC GROS é professor da Universidade Paris-Est Créteil (UPEC) e editor dos últimos cursos de Michel Foucault no Collège de France. É autor de livros sobre a história da psiquiatria e filosofia penal. Estabeleceu, com Arnold Davidson, uma antologia de textos de Foucault: *Philosophie* (Folio essais 443, Gallimard, 2004). Escreveu ainda: *Caminhar, uma filosofia* (Ed. Relizações, 2010) e *États de violence – Essai sur la fin de la guerre* (Gallimard, 2006). Participou das coletâneas: *Mutações: ensaios sobre as novas configurações do mundo* (Edições Sesc SP/ Editora Agir, 2008); *Mutações: a experiência do pensamento* (Edições Sesc SP, 2010); *Mutações: a invenção das crenças* (Edições Sesc SP, 2011) e *Mutações: elogio à preguiça* (Edições Sesc SP, 2012).

GUILHERME WISNIK é crítico de arte e arquitetura. Professor da Escola da Cidade, é formado pela FAU-USP e mestre em História Social pela FFLCH -USP. É autor de *Lucio Costa* (Cosac Naify, 2001); *Caetano Veloso* (Publifolha, 2005) e *Estado crítico: à deriva nas cidades* (Publifolha, 2009), e organizador do volume 54 da revista espanhola 2G (Gustavo Gili, 2010) sobre a obra de Vilanova Artigas. Suas publicações também incluem o ensaio "Modernidade congênita", em *Arquitetura moderna brasileira* (Phaidon, 2004), "Hipóteses acerca da relação entre a obra de Álvaro Siza e o Brasil", em

Álvaro Siza modern redux (Hatje Cantz, 2008) e "Brasília: a cidade como escultura", em *O desejo da forma* (Berlin Akademie der Künste, 2010). É colaborador do jornal Folha de São Paulo, e curador do projeto de Arte Pública Margem (2010), pelo Itaú Cultural.

JEAN-PIERRE DUPUY é professor na Escola Politécnica de Paris e na Universidade de Stanford, da qual é também pesquisador e membro do Programa de Ciência-Tecnologia-Sociedade e do Fórum de Sistemas Simbólicos. Publicou *The Mechanization of the Mind: On the Origins of Cognitive Science* (Princeton University Press); *Self-deception and Paradoxes of Rationality* (CSLI Publications); *La Panique* (Les empêcheurs de penser en rond); *Pour un catastrophisme éclairé* (Seuil, 2002); *Avions-nous oublié le mal? Penser la politique après le 11 septembre* (Bayard, 2002); *Petite métaphysique des tsunamis* (Seuil, 2005) e *Retour de Tchernobyl* (Seuil, 2006). Participou das coletâneas: *Mutações: ensaios sobre as novas configurações do mundo* (Edições Sesc SP / Editora Agir, 2008); *A condição humana* (Edições Sesc SP / Editora Agir, 2009); *Mutações: a experiência do pensamento* (Edições Sesc SP, 2010) e *Mutações: a invenção das crenças* (Edições Sesc SP, 2011).

JOÃO CARLOS SALLES PIRES DA SILVA, doutor em filosofia pela Unicamp, é o atual diretor da Faculdade de Filosofia e Ciências Humanas da UFBA e professor do Departamento de Filosofia da mesma universidade. Publicou, entre outros, os livros *A gramática das cores em Wittgenstein* (CLE–Unicamp, 2002); *O retrato do vermelho e outros ensaios* (Quarteto, 2006) e *Secos & Molhados* (Quarteto, 2009). Em 2009, teve publicada pela Editora da Unicamp sua tradução das *Anotações sobre as cores* de Wittgenstein, em edição bilíngue do texto restabelecido. Foi presidente da Associação Nacional de Pós-Graduação em Filosofia (ANPOF) de outubro de 2002 a dezembro de 2006. Com bolsa do CNPq, desenvolveu a pesquisa "A Gramática da Experiência: O anímico na filosofia da psicologia de Wittgenstein". Participou das coletâneas *Mutações: a experiência do pensamento* (Edições Sesc SP, 2010); *Mutações: a invenção das crenças* (Edições Sesc SP, 2011) e *Mutações: elogio à preguiça* (Edições Sesc SP, 2012).

JORGE COLI é professor titular em História da Arte e da Cultura da Unicamp. Formou-se em História da Arte e da Cultura, Arqueologia e História do Cinema na Universidade de Provença. Doutor em Estética pela Universidade de São Paulo – USP, foi professor na França, no Japão e nos Estados Unidos. Foi também colaborador regular do jornal francês *Le Monde*. É autor de *Musica Final* (Unicamp, 1998); *A Paixão segundo a ópera* (Perspectiva, 2003) e *Ponto de fuga* (Perspectiva, 2004), *O corpo da liberdade* (Cosac Naify, 2010). Traduziu para o francês *Os sertões*, de Euclides da Cunha e *Memórias do cárcere*, de Graciliano Ramos. Participou das seguintes publicações: *O homem-máquina* (Companhia das Letras, 2003); *Ensaios sobre o medo* (Edições Sesc SP/Editora Senac São Paulo, 2007); *Mutações: a experiência do pensamento* (Edições Sesc SP, 2010); *Mutações: a invenção das crenças* (Edições Sesc SP, 2011) e *Mutações: elogio à preguiça* (Edições Sesc SP, 2012).

JOSÉ MIGUEL WISNIK é livre-docente em literatura brasileira pela USP. Músico e ensaísta, publicou *O som e o sentido – uma outra história das músicas* (Companhia das Letras, 1989/1999), *Sem receita – ensaios e canções* (PubliFolha, 2004), *Veneno remédio – o futebol e o Brasil* (Companhia das Letras, 2008), entre outros livros e CDS. Teve ensaios publicados em *Os sentidos da paixão* (Companhia das Letras, 1997); *O olhar* (Companhia das Letras, 1998); *Ética* (Companhia das Letras, 2007) e *Poetas que pensaram o mundo* (Companhia das Letras, 2005).

LUIZ ALBERTO OLIVEIRA é físico, doutor em cosmologia, pesquisador do Instituto de Cosmologia, Relatividade e Astrofísica (ICRA-BR) do Centro Brasileiro de Pesquisas Físicas (CBPF/MCT), onde também atua como professor de história e Filosofia da Ciência. É ainda curador de Ciências do Museu do Amanhã (em implantação) e professor convidado da Casa do Saber do Rio de Janeiro e do Escritório Oscar Niemeyer, dentre outras atividades. Escreveu ensaios para *Tempo e história* (Companhia Das Letras, 1992); *A crise da razão* (Companhia das Letras, 1996); *O avesso da liberdade* (Companhia das Letras, 2002); *O homem-máquina* (Companhia das Letras, 2003); *Ensaios sobre o medo* (Edições Sesc SP/Editora Senac São Paulo, 2007); *Ensaios sobre as novas configurações do mundo* (Edições Sesc SP/Editora Agir, 2008); *A condição humana* (Edições Sesc SP/Editora Agir, 2009); *Mutações: a experiência do pensamento* (Edições Sesc SP, 2010); *Mutações: a invenção das crenças* (Edições Sesc SP, 2011) e *Mutações: elogio à preguiça* (Edições Sesc SP, 2012).

Marcelo Gantus Jasmin é historiador, mestre e doutor em ciência política pelo Iuperj. É professor no Departamento de História da puc-Rio, onde leciona disciplinas de Teoria da História, e no Programa de Pós-Graduação em Ciência Política do iesp-uerj, onde ensina Teoria Política e História do Pensamento Político. Publicou os livros *Alexis de Tocqueville: a historiografia como ciência da política* (Access, 1997/Editora da ufmg, 2005); *Racionalidade e história na teoria política* (Editora da ufmg, 1998); *Modernas tradições: percursos da cultura ocidental (Séculos xv-xvii)*, com Berenice Cavalcante, João Masao Kamita e Silvia Patuzzi (access/faperj, 2002) e *História dos conceitos: debates e perspectivas*, com João Feres Júnior (puc-Rio/Loyola/iuperj, 2006), além de ensaios sobre as relações entre história e teoria política em periódicos e livros, como *Ensaios sobre o medo* (Edições Sesc SP/Editora Senac São Paulo, 2007); *O esquecimento da política* (Editora Agir, 2007); *Mutações: a invenção das crenças* (Edições Sesc SP, 2011) e *Mutações: elogio à preguiça* (Edições Sesc SP, 2012). É pesquisador do cnpq.

Newton Bignotto é doutor em filosofia pela École des Hautes Études en Sciences Sociales, Paris, e ensina filosofia política na ufmg. Publicou: *As aventuras da virtude: as ideias republicanas na França do século xviii* (Companhia das Letras, 2010); *Republicanismo e realismo: um perfil de Francesco Guicciardini* (Editora da ufmg, 2006); *Maquiavel* (Zahar, 2003); *Origens do republicanismo moderno* (Editora da ufmg, 2001); *O tirano e a cidade* (Discurso Editorial, 1998) e *Maquiavel republicano* (Loyola, 1991). Participou, como ensaísta, dos livros *Ética* (Companhia das Letras, 2007); *Tempo e história* (Companhia Das Letras, 1992); *A crise da razão* (Companhia das Letras, 1996); *A descoberta do homem e do mundo* (Companhia das Letras, 1998); *O avesso da liberdade* (Companhia das Letras, 2002); *Civilização e barbárie* (Companhia das Letras, 2004); *A crise do Estado-nação* (Civilização Brasileira, 2003); *O silêncio dos intelectuais* (Companhia das Letras, 2006); *O esquecimento da política* (Editora Agir, 2007); *Mutações: ensaios sobre as novas configurações do mundo* (Edições Sesc SP/ Editora Agir, 2008); *A condição humana* (Edições Sesc SP/Editora Agir, 2009); *Mutações: a experiência do pensamento* (Edições Sesc SP, 2010) e *Mutações: a invenção das crenças* (Edições Sesc SP, 2011)

Olgária Matos é doutora pela École des Hautes Études, Paris, pelo Departamento de Filosofia da fflch-usp, e professora titular dos departamentos de filosofia da usp e da Unifesp. Escreveu: *Rousseau: uma arqueologia da desigualdade* (Mg Editores Associados, 1978); *Os arcanos do inteiramente outro – a Escola de Frankfurt, a melancolia, a revolução* (Brasiliense, 1989); *A Escola de Frankfurt – sombras e luzes do Iluminismo* (Moderna, 1993) e *Discretas esperanças: reflexões filosóficas sobre o mundo contemporâneo* (Nova Alexandria, 2006). Colaborou na edição brasileira de *Passagens* de Walter Benjamin e prefaciou *Auf klârung na Metrópole – Paris e a Via Láctea*. Participou das coletâneas: *Mutações: ensaios sobre as novas configurações do mundo* (Edições Sesc SP/Editora Agir, 2008); *Mutações: a experiência do pensamento* (Edições Sesc SP, 2010); *Mutações: a invenção das crenças* (Edições Sesc SP, 2011) e *Mutações: elogio à preguiça* (Edições Sesc SP, 2012).

Oswaldo Giacoia Junior é professor do Departamento de Filosofia da Unicamp. Doutor em filosofia com tese sobre a filosofia da cultura de Friedrich Nietzsche na Universidade Livre de Berlim, publicou, entre outros livros: *Os labirintos da alma* (Unicamp, 1997); *Nietzsche como psicólogo* (Unisinos, 2004) e *Sonhos e pesadelos da razão esclarecida* (upf Editora, 2005). Participou das coletâneas: *Mutações: ensaios sobre as novas configurações do mundo* (Edições Sesc SP/Editora Agir, 2008); *A condição humana* (Edições Sesc SP/Editora Agir, 2009); *Mutações: a experiência do pensamento* (Edições Sesc SP, 2010); *Mutações: a invenção das crenças* (Edições Sesc SP, 2011) e *Mutações: elogio à preguiça* (Edições Sesc SP, 2012).

Renato Lessa é professor titular de teoria e filosofia política do Departamento de Ciência Política da uff, no qual é Coordenador Acadêmico do Laboratório de Estudos Hum(e)anos. É presidente do Instituto Ciência Hoje e Investigador Associado do Instituto de Ciências Sociais, da Universidade de Lisboa e do Instituto de Filosofia da Linguagem, da Universidade Nova de Lisboa. Dentre os livros e ensaios sobre filosofia política que publicou, destacam-se: *Veneno pirrônico: ensaios sobre o ceticismo* (Francisco Alves, 1997); *Agonia, aposta e ceticismo: ensaios de filosofia política* (Editora da ufmg, 2003); *Ceticismo, crenças e filosofia política* (Gradiva, 2004); *Pensar a Shoah* (Relume Dumará, 2005); *La fabricca delle credenze* (Iride, 2008); *Montaigne's and Bayle's Variations* (Brill, 2009); "The Ways of Scepticism"

(European Journal of Philosophy and Public Debate, 2009) e *Da interpretação à ciência: por uma história filosófica do conhecimento político no Brasil* (Lua Nova, 2011). Publicou ensaios em *O esquecimento da política* (Editora Agir, 2007); *Mutações: ensaios sobre as novas configurações do mundo* (Edições Sesc SP/ Editora Agir, 2008); *Vida, vício, virtude* (Edições Sesc SP/Editora Senac São Paulo, 2009); *A condição humana* (Edições Sesc SP/Editora Agir, 2009); *Mutações: a experiência do pensamento* (Edições Sesc SP, 2010); *Mutações: a invenção das crenças* (Edições Sesc SP, 2011) e *Mutações: elogio à preguiça* (Edições Sesc SP, 2012).

Sérgio Alcides do Amaral é doutor em História Social, é professor da Faculdade de Letras da Universidade Federal de Minas Gerais (UFMG). Professor-convidado do Curso de Pós-Graduação (lato sensu) em Arte e Cultura no Barroco, do Instituto de Filosofia, Artes e Cultura da UFOP (IFAC). Doutor em História Social (USP-FFLCH). Mestre em História Social da Cultura (PUC-Rio, 1996). Bacharel em Comunicação Social (PUC-Rio, 1988). Sua área de pesquisa é a Literatura, com ênfase em poesia. Escreveu o livro de poemas *Nada a ver com a Lua* (Sete Letras, 1996).

Sergio Paulo Rouanet, doutor em ciência política pela USP, é autor de *Édipo e o anjo* (Tempo Brasileiro, 2007); *Riso e melancolia* (Companhia das Letras, 2007); *Idéias da cultura global e universal* (Marco Editora, 2003); *Interrogações* (Tempo Brasileiro, 2003); *O espectador noturno* e *Os dez amigos de Freud* (Companhia das Letras, 2003); *Mal-estar na modernidade* (Companhia das Letras, 1993); *A razão cativa* (Brasiliense, 1990); *As razões do Iluminismo* (Companhia das Letras, 1987). Publicou ensaios nos livros *Os sentidos da paixão* (Companhia das Letras, 1997); *O olhar* (Companhia das Letras, 1998); *A crise da razão* (Companhia das Letras, 1996); *Brasil 500 anos: a outra margem do Ocidente* (Funarte, 1997); *O avesso da liberdade* (Companhia das Letras, 2002); *O homem-máquina* (Companhia das Letras, 2003); *O silêncio dos intelectuais* (Companhia das Letras, 2006); *O esquecimento da política* (Editora Agir, 2007); *Mutações: ensaios sobre as novas configurações do mundo* (Edições Sesc SP/Editora Agir, 2008); *A condição humana* (Edições Sesc SP/Editora Agir, 2009); *Mutações: a experiência do pensamento* (Edições Sesc SP, 2010); *Mutações: a invenção das crenças* (Edições Sesc SP, 2011) e *Mutações: elogio à preguiça* (Edições Sesc SP, 2012).

VLADIMIR SAFATLE, professor livre-docente do Departamento de Filosofia da USP, professor-visitante das Universidades de Paris VII, Paris VIII, Toulouse e Louvain, bolsista de produtividade do CNPq, autor de: *Fetichismo: colonizar o Outro* (Civilização Brasileira, 2010), *La passion du négatif: Lacan et la dialectique* (Georg Olms, 2010), *Cinismo e falência da crítica* (Boitempo, 2008), *Lacan* (Publifolha, 2007) e *A paixão do negativo: Lacan e a dialética* (Unesp, 2006). Desenvolve pesquisas nas áreas de epistemologia da psicanálise, desdobramentos da tradição dialética hegeliana na filosofia do século XX e filosofia da música. Participou das coletâneas: *A condição humana* (Edições Sesc SP / Editora Agir, 2009); *Mutações: a experiência do pensamento* (Edições Sesc SP, 2010); *Mutações: a invenção das crenças* (Edições Sesc SP, 2011) e *Mutações: elogio à preguiça* (Edições Sesc SP, 2012).

Índice onomástico

A

A. A. Cournot, 181

A. J. da Costa Pi, 276

Achille Devéria, 436, 516, 517

Adam Ferguson, 482

Adão, 451

Adauto, 429, 430, 432, 444, 449

Adauto Novaes, 7, 11, 319, 381, 429, 443, 455, 486, 502

Adorno, 27, 107, 119, 330, 333, 364, 365, 366 (ver também Theodor Adorno e Theodor W. Adorno)

Agamben, 15, 16, 18, 21, 239 (ver também Giorgio Agambem)

Agatão, 176

Agnès B., 213

Agostinho da Silva, 118, 466

Agostinho, 12, 73, 178, 358, 359, 386, 387, 388

Âion, 297, 301

Al Gore, 191

Alain Badiou, 344, 420

Alain de Lille, 480

Alain Ehremberg, 112

Alain Robbe-Grillet, 442

Alain Tapié, 111

Alain, 23, 24, 32, 33, 39

Albert Einstein, 213, 309

Albert Speer, 227

Alberto Giacometti, 495, 496

Aleida Assmann, 277

Alejandro Zaera, 257

Aleksander Ford, 454

Alexei Gastev, 186

Alexis de Tocqueville, 427

Alexis Gouin, 435, 513

Alfred Barr Jr., 495, 499, 500, 502

Althusser, 155

Alÿs, 262 (ver Francis Alÿs)

Ana Maria Skinner, 467

Ana Szapiro, 191

Anaximandro, 479

Anaximandro de Mileto, 479

Anders, 196 (ver Günther Anders)

André Masson, 433

André Scala, 86

Andrea Pisano, 128

Andrei Tarkovsky, 260

Andrew Keen, 405

Andrew Ortony, 480

Andy Warhol, 252

Anísio Teixeira, 275

Anna O., 359, 360

Antígona, 131, 332
Antonio Cicero, 339, 415
António Marques, 476
António Vieira, 289, 290
Antti Lovag, 215
Apollinaire, 51, 58
Aquiles, 297
Aragon, 163
Arantes, 251 (ver Pedro Fiori Arantes)
Arbakés, 130
Arendt, 184
Ariadne, 91, 122
Aristote, 176
Aristóteles, 46, 68, 125, 133, 176, 177, 178, 179, 302, 395, 471
Arnaldo Niskier, 456
Arnauld Pierre, 212, 213
Arthur Lovejoy, 479, 480
Arthur Rimbaud, 321
Astrup Fearnley, 430
Aubenque, 176
Auguste Belloc, 435, 514
Augustin Cournot, 181
Augusto Comte, 328
Augusto de Campos, 284, 285, 288
Aureliano (imperador), 336
Avicena, 312

B

Badiou, 420, 421
Bakhtin, 381
Barr Jr., 500 (ver Alfred Barr Jr.)
Barthes, 111, 124, 410, 411, 414, 441, 446 (ver Roland Barthes)
Bataille, 16
Batman, 450
Baudelaire, 106, 114, 115, 117, 120, 122, 123, 127, 170, 224, 466 (ver Charles Baudelaire)
Bauhaus, 365
Bayle, 482 (ver Pierre Bayle)
Beckett, 501, 502

Ben Sandler, 216
Benjamin, 103, 104, 105, 106, 107, 110, 111, 113, 115, 116, 117, 118, 119, 122, 123, 124, 125, 126, 127, 128, 129, 130, 131, 209, 210, 224, 283, 336, 337, 364, 407, 408, 409 (ver Walter Benjamin)
Bento Prado Júnior, 25
Benvenuto Cellini, 106
Bergson, 33, 37, 64, 65, 66, 67, 68, 70, 71, 73, 217, 218, 219, 228, 259, 287
Berkeley, 292, 377, 379, 380
Bernard Stiegler, 107
Bernard Williams, 193
Bernardo Carvalho, 423
Bertrand Russell, 296, 490, 501
Bertrand Saint-Sernin, 179
Bettelheim, 343 (ver Charles Bettelheim)
Beuys, 252, 253
Biély, 171
Blanqui, 110, 116
Bloch, 365 (ver Ernst Bloch)
Blok, 171
Boccaccio, 174, 180, 185
Borges, 30, 292, 293, 303, 313, 318, 319, 358, 363, 418, 480 (ver Jorge Luis Borges)
Bourriaud, 407, 413, 416, 418
Bouvard, 410
Bouveresse, 14
Brancusi, 500
Braque, 123, 500
Breton, 163
Breuer, 359
Brian Aldiss, 222
Bruce Sterling, 213, 226, 229
Bruford, 278
Bruno Latour, 265, 266
Bruto, 54, 57
Buckminster Fuller, 212
Burckhardt, 382

C

Caetano Veloso, 468, 483

Calderón, 111

Camões, 276 (ver Luís de Camões)

Campos, 285, 286 (ver Augusto de Campos)

Camus, 203

Canguilhem, 155, 159, 329 (ver Georges Canguilhem)

Carlo Mongardini, 105

Carlos Drummond de Andrade, 403

Carlos Henrique Escobar, 86

Carlos Magno, 119

Carlos Nelson Coutinho, 103, 128, 131

Carr, 271, 272, 273, 275, 289

Carvalho, 423, 424 (ver Bernardo Carvalho)

Cassandra, 200

Castoriadis, 148, 149, 168, 170

César, 54, 57

Cézanne, 169, 410, 500

Charles Babbage, 214

Charles Baudelaire, 122, 127, 279

Charles Bettelheim, 343

Charles Jencks, 250

Charles Lyell, 314

Charles Mugler, 479

Charles Ray, 431

Charles Renouvier, 211

Charles Taylor, 277

Charles Zaremba, 121

Charles, 403

Christophe Jouanlanne, 118, 124

Cibele, 106

Cicciolina, 431

Cícero, 323

Clarice Lispector, 282

Clarissa Diniz, 418

Clarke, 49

Claude Kastler, 171

Claude Lévi-Strauss, 260, 265

Clement Greenberg, 495, 499, 500, 502

Clemente de Alexandria, 471

Coleridge, 30

Colin Rowe, 262

Comte, 328, 329, 429

Conde de Lautréamont, 279

Condorcet, 182, 183, 393

Courbet, 432, 433, 434, 435, 436, 440, 451, 456 (ver Gustave Courbet)

Courrège, 215

Crick, 168

Cristo, 447, 460, 471

Cronos, 296, 297

Curtis LeMay, 194

D

D. Juan, 365

D. Quixote, 365

Damien Hirst, 430

Dánae, 440

Daniel Arasse, 439

Dante, 130, 199

Darwin, 163, 314

Daumier, 224

Davi, 456, 483

David Deutsch, 319

David Frankel, 443

David Graeber, 460, 465, 468

David Harvey, 250, 268

David Hume, 46, 482, 483

David Lapoujade, 233

David Range, 117

De Chirico, 116

De Maistre, 410

de Meuron, 258

Debord, 239

Décio Pignatari, 272

Dédalo, 122

Dégas, 23

Delacroix, 130

Deleuze, 215, 234, 235, 241, 242, 243, 244, 245, 259, 337

Demócrito de Abdera, 479

Derrida, 419, 467 (ver Jacques Derrida)

Descartes, 32, 70, 78, 117, 151, 167, 316, 321, 323

Devéria, 436, 437, 438, 439 (ver Achille Devéria)

Dick, 220 (ver Philip K. Dick)

Diderot, 192

Didi-Huberman, 16, 18, 245

Diller, 261, 262 (ver Elizabeth Diller)

Dilthey, 477 (ver Wilhelm Dilthey)

Dom Quixote, 270

Dora Maar, 433

Dora, 434 (ver Dora Maar)

Douglas Huebler, 416

Dreyfus, 360

Duchamp, 407, 412, 503

Duns Scot, 312

Dupuy, 26

Dürer, 108

E

Eco, 403, 404

Eddington, 51

Edgar Allan Poe, 104

Édipo, 203

Edison, 229

Edmond Perrier, 289

Edmund Husserl, 489, 490

Édouard Gaède, 18, 20, 22, 27, 37

Édouard Manet, 515

Eduardo Saverin, 427

Edward Skidelsky, 382, 399

Eero Aarnio, 215

Eichmann, 159, 194

Einstein, 55

Eisenhower, 212

Eli Pariser, 188

Elie During, 209, 230

Eliot, 407, 408, 409, 410

Elizabeth Diller, 260, 261, 262

Elizabeth E. Guffey, 212

Émile Chartier Alain, 130

Emma Bovary, 403

Encolpio, 441

Engels, 339, 341, 344, 345, 346, 363, 397 (ver Friedrich Engels)

Enoteia, 441

Enver Hoxha, 354

Epicuro, 135, 136

Eric Hobsbawm, 249

Ernest Mandel, 250

Ernildo Stein, 83, 84, 85

Ernst Bloch, 365

Ernst Haeckel, 329

Ernst Joel, 129

Esaú, 368

Esher, 377

Espinosa, 158

Eugène Enriquez, 147

Eugène Zamiatine, 172, 186, 188, 189

Eugênio Zamiatine, 171

Eupalinos, 286

Eva, 451

Evagro, 129

F

F. Laroche, 277

F. Nicolazzi, 399

F. Noveltry, 216

Faulkner, 32

Fausto, 365, 472

Federico, 494

Federico de Montefeltro, 494, 495

Fedrigo, 287 (ver Gabriele Fedrigo)

Fellini, 441

Fermat, 182

Fernando Bar, 482

Fernando Gil, 475, 477, 478, 484, 486, 488, 489, 490, 491, 493, 503

Fernando Guerreiro, 122

Fichte, 276

Fidel Castro, 354

Figes, 186, 187

Flaubert, 126

Flávio de Menezes, 103, 128

Focillon, 131

Ford, 186

Foucault, 86, 89, 90, 91, 93, 94, 95, 96, 97, 99, 100, 155, 168, 234, 325, 327, 330, 332, 411 (ver Michel Foucault)

Fragonard, 441

Frances Yates, 322

Francis Alÿs, 262

Francis Bacon, 496

Francis Fukuyama, 248

Francis Macdonald, 479

Francis Wolff, 41, 315

Francisco Bosco, 403

Francisco I, 106

François Hartog, 221, 382

François Jullien, 29

Françoise Dolto, 60

Frank Benson, 431

Franklin Leopoldo e Silva, 63

Frännkel, 129

Frédéric Gros, 19, 133

Fredric Jameson, 216, 220, 237, 250, 252

Freud, 153, 158, 163, 336, 359, 360 (ver Sigmund Freud)

Friedrich Adolf Kittler, 277

Friedrich Engels, 339, 340, 341, 342, 343, 345, 346, 347, 351, 352, 353, 354

Friedrich Hölderlin, 207

Friedrich Nietzsche, 87, 277, 324, 460, 463, 470, 479

Fujiko Nakaya, 260

Funes, o Memorioso, 363

G

G. A. Cohen, 352

G. Canguilhem, 155

G. J. Whitrow, 319

G. Soros, 154

G. W. F. Hegel, 331, 333, 337

Gabriele Fedrigo, 286, 287, 289

Gadamer, 388

Gaède, 21, 38 (ver Édouard Gaède)

Gary Shapiro, 460

Gastev, 187

Gauguin, 193, 194

Geoffrey Winthrop-Young, 277

Georg Grosz, 440

Georg Klaus, 349

George Eliot, 246

George Orwell, 172

Georges Bataille, 156

Georges Canguilhem, 329

Georges Didi-Huberman, 18, 245

Georges Duhamel, 213

Georges Poulet, 120

Gérard de Nerval, 279

Gérard Lebrun, 332, 333

Gerd Bornheim, 276

Gerhard Richter, 253

Gernsback, 226, 229

Giacometti, 495, 496, 497, 499, 502 (ver Alberto Giacometti)

Gianni Paganini, 482

Gibson, 225, 229

Gide, 116, 409

Gilberto Gil, 468

Gilles Barbedette, 86

Giorgio Agamben, 18, 105, 237

Giorgio de Chirico, 116

Giovanna Paterniti, 121

Giovanni Boccaccio, 174

Goebbels, 344

Goethe, 161, 368, 389

Goldsmith, 406, 407, 408, 409, 412, 413, 414, 416 (ver Kenneth Goldsmith)

Gonçalves Dias, 368

Gorki, 171

Gouin, 435, 436 (Alexis Gouin)

Graeber, 461, 462, 469, 470, 472, 473 (ver David Graeber)

Granville, 224

Greenberg, 500

Guattari, 417

Guido Incerti, 261

Índice onomástico   **535**

Guilherme Wisnik, 247, 505, 506

Gulliver, 121

Gumbrecht, 389, 391

Günther Anders, 137, 195, 196, 197, 200, 202

Gustave Courbet, 432, 512

Gutenberg, 272, 273, 275, 276, 284

Guy Debord, 237

H

H. D. Thoreau, 162

H. M. Mollo, 399

H. U. Gumbrecht, 283

Habermas, 366, 367

Hamlet, 288

Hannah Arendt, 14, 21, 27, 28, 114, 159, 179, 180, 183, 184, 195, 251, 426

Hans Jonas, 26, 195, 200

Hans Ulrich Gumbrecht, 381, 388, 394, 399

Harold Bloom, 411

Hartog, 391

Haussmann, 224

Hegel, 72, 78, 288, 321, 330, 331, 332, 333, 334, 335, 336, 337, 346, 394 (ver G. W. F. Hegel)

Heidegger, 13, 15, 22, 75, 76, 77, 78, 79, 81, 82, 83, 84, 85, 86, 110, 195, 388 (ver Martin Heidegger)

Heitor, 297

Helder Macedo, 486, 488

Helen, 440

Helena, 129

Hélio Oiticica, 266

Hemerson Alves Baptista, 127

Henri Bergson, 69, 71, 108, 217, 286, 287

Henri Focillon, 124, 131

Henrique IV, 119

Heráclito, 125, 129, 318

Herbert Marcuse, 365

Herbert Simon, 166

Hércules, 110

Herder, 382

Hertz, 374

Herzog, 258

Higgs, 358

Ho Chi Minh, 342

Hobbes, 158, 173, 393

Hölderlin, 85, 207, 466

Homero, 296, 297, 298

Horkheimer, 364 (ver Max Horkheimer)

Hubble, 358

Hugo Gernsback, 225

Hume, 483 (ver David Hume)

Husserl, 490 (ver Edmund Husserl)

I

Ian Bogost, 319

Ian Hacking, 322

Ignasí de Solà-Morales, 259

Immanuel Kant, 91, 94, 198, 345, 350

Iñaki Ábalos, 247/248

Irina Prokhorova, 394

Isaac Newton, 49

Isabelle Queval, 114

Isaías, 136

Ishigami, 262

Israel Rosenfield, 324

Itanajara Neves, 118

Ivan Dominguez, 477

J

J. F. Kennedy, 167

J. F. Lyotard, 154 (ver Jean-François Lyotard)

J. Guinsburg, 276

J. L. Moreno, 165/166

J. M. E. McTaggart, 53

J. M. Keynes, 152

J. R. Mcneill, 319

Jack, o Estripador, 159

Jackie Pigeaud, 129

Jackson Pollock, 499

Jacó, 368

Jacques Bouveresse, 13, 17, 20, 28

Jacques Derrida, 467

Jacques Herzog, 258

Jacques Lacan, 324, 433

Jacques Le Goff, 347

Jacques Tati, 214, 215

James Lord, 433, 434

James Watt, 314

Jameson, 216, 219, 220, 221, 223, 237, 252
(ver Fredric Jameson)

Jane Bennett, 319

Jane Rendell, 261

Javier García-Germán, 266

Jean Delumeau, 174, 175

Jean-François Lyotard, 259, 328

Jean Hytier, 272

Jean Piveteau, 148

Jean Starobinski, 30

Jean Wahl, 321

Jean-Fabien Spitz, 352

Jean-François Poirier, 118, 124

Jean-Honoré Fragonard, 519

Jean-Michel Rey, 38

Jean-Paul Manganaro, 108

Jean-Paul Sartre, 496

Jean-Pierre Dupuy, 14, 25, 28, 35, 191

Jean-Pierre Luminet, 188

Jeff Koons, 431, 449, 451, 454, 456

Jeremias, 429

Jeremy Deller, 222

J-F Pradeau, 129

João Carlos Salles, 371

João Feres Júnior, 396

John Barrow, 319

John Christian Laursen, 482

John D. Caputo, 467

John Rawls, 198

Jom Tob Azulay, 468

Jonas, 26, 27, 200 (ver Hans Jonas)

Jonathan Lethem, 411, 416

Jorge Coli, 8, 429, 443, 444, 445, 446, 447,
448, 449, 451, 452, 453, 454

Jorge Luis Borges, 31, 202, 292, 319, 480
(ver Borges)

José Carlos Martins Barbosa, 127

José Cavalcante de Souza, 479

José Gil, 497, 498

José Luiz Archanjo, 275

José Maia Neto, 482

José Miguel Wisnik, 459

José Paulo Paes, 384, 385

José Ribeiro Ferreira, 112

José Vilchez Líndez, 108, 110

Joseph Beuys, 252

Joseph Gabel, 117

Joseph Goebbels, 194

Judith Robinson, 284

Judy Chicago, 440

Jules Molinor, 113

Julien Sorel, 403

Júlio Verne, 212

Jullien, 30 (ver François Jullien)

Junichiro Tanizaki, 258

Junya Ishigami, 508

Jürgen Habermas, 265, 365, 461

Juscelino Kubitschek, 41

K

Kafka, 234

Kandinsky, 500

Kant, 49, 69, 78, 86, 91, 92, 93, 94, 95, 96, 97,
98, 99, 100, 172, 198, 276, 288, 316, 345,
346, 350, 351, 393, 394 (ver Immanuel
Kant)

Karl Kautsky, 351

Karl Kraus, 11, 15

Karl Marx, 105, 112, 113, 339, 340, 341, 342,
343, 346, 347, 351, 352, 353, 354

Kasdan, 219

Kate Middleton, 452

Kaváfis, 383, 384, 385, 386, 401

Kazimir Malevich, 495, 497

Kazuo Shinohara, 256

Kazuyo Sejima, 256, 257

Keen, 405 (ver Andrew Keen)

Kékulé, 168

Kenneth Goldsmith, 406, 408, 412

Kenneth Clark, 431, 454

Kenneth R. Merril, 482

Kerouac, 413

Kevin Kelly, 14

Kierkegaard, 27, 119

Klee, 209, 500

Konstantino Kaváfis, 384, 385

Koons, 456

Koselleck, 331, 387, 388, 389, 390, 391, 397, 398 (ver Reinhart Koselleck)

Krushov, 342, 344

Krysztof Pomian, 477

Kublai Khan, 30

Kürnberger, 373

L

L. Costa Lima, 275

Lacan, 418, 433, 434, 435, 450 (ver Jacques Lacan)

Lamartine, 47, 368

Larousse, 438

Lars Svendsen, 121

Latour, 265, 266 (ver Bruno Latour)

Laura Vinci, 507

Lawrence Kasdan, 216

Lawrence Lessig, 428

Lázló Földenyi, 121

Le Goff, 349

Leda Tenório da Motta, 124

Leibniz, 49, 50, 78, 288, 376, 379, 380, 480

Lenin, 186, 341, 344

Leon Trotsky, 351

Leonard Mlodinow, 319

Leonardo da Vinci, 169, 288

Leônidas Gontijo de Carvalho, 275

Lethem, 411, 416 (ver Jonathan Lethem)

Leucipo de Mileto, 479

Levinas, 164

Lévi-Strauss, 261, 267

Lewis H. Lapham, 274

Liane Lefaivre, 268

Linda Nochlin, 432

Lloyd Dunn, 211

Locke, 292, 376

Lorenz Puntel, 79

Lorenzo Mammì, 403

Lovejoy, 480 (ver Arthur Lovejoy)

Lúcia Rebello, 118

Luciana Villas-Boas, 281, 283

Lúcio Costa, 41

Lucrécio, 118

Lucy, 358

Ludwig Wittgenstein, 475, 489, 490, 491, 492, 493

Luís de Camões, 276

Luis Felipe Baeta Neves, 89

Luis Fernández-Galiano, 258

Luís Filipe, 119

Luiz Alberto Oliveira, 291

Lukács, 131

Lyotard, 259, 327, 328, 364 (ver Jean-François Lyotard)

M

M. de Gandillac, 209

M. Marrinan, 283

Mac Luhan, 151

Machado de Assis, 368, 410

Malevich, 497, 498, 499, 502 (ver Kazimir Malevich)

Mallarmé, 409, 466

Manet, 439

Manfred Buhr, 349

Manuel de Landa, 319

Mao Tsé-tung, 342, 344, 354

Mao, 343, 344

Maquiavel, 178, 179

Maradona, 282

Marc Augé, 214, 367

Marcel Mauss, 169

Marcel Proust, 419, 422

Marcelo Jasmin, 381, 396

Marcio Doctors, 319

538 Índice onomástico

Marcio Tavares do Amaral, 443

Marco Aurélio Werle, 80

Marcuse, 366, 367

Marguerite Yourcenar, 121

Maria Elisa Costa, 492

Maria Eugenia Boaventura, 461

Maria Helena da Rocha Pereira, 125

Marilyn Monroe, 253

Mario Bros, 231

Mario Novello, 319

Marjorie Perloff, 407, 408, 409

Mark Turner, 480

Mark Zuckerberg, 424, 426

Marshall McLuhan, 272, 273, 274, 275, 276, 277, 279, 281, 282, 287, 289

Martin Heidegger, 75, 78, 80, 81, 82, 83, 84, 85, 86

Marx, 106, 112, 288, 321, 330, 337, 339, 341, 343, 344, 346, 347, 351, 352, 353, 394, 397, 429, 467, 482 (ver Karl Marx)

Mary Shelley, 411

Masson, 435 (ver André Masson)

Matisse, 500

Maurice Pons, 455

Mauro Maldonato, 71

Max Black, 480

Max Horkheimer, 461

McLuhan, 227, 229, 273, 274, 275, 276, 279, 280, 281, 282, 283, 284, 286, 287, 288, 289

McTaggart, 53

Mefistófeles, 472

Megan, 438, 439

Megan Bubble Butt, 437

Megan with a Bubble Butt, 437

Melancolia, 117

Melanie Mitchell, 319

Mengele, 159

Merleau-Ponty, 32, 33, 36, 37

Meursault, 203

Michael Leja, 503

Michael Wesely, 253, 254, 256

Michael Wutz, 277

Michel Déguy, 22, 24, 25

Michel Foucault, 86, 88, 89, 91, 94, 101, 327, 411, 437

Michelangelo, 456, 483

Michelet, 113

Mikhail Epshtein, 382, 399

Milton Friedman, 152

Minerva, 335

Miró, 500

Miyazaki, 214

Molière, 131

Molyneux, 376, 379, 380

Mondrian, 500

Montaigne, 482

Montesquieu, 12, 159, 160, 395

Moreno, 166 (ver J. L. Moreno)

Moritz Schlick, 501

Morus, 187

Müller-Lyer, 377

Musil, 13, 14, 15, 17, 19, 27

Mussolini, 344

N

Napoleão III, 119

Narciso, 279, 285

Natalia-Huzsvai, 121

Naves, 252

Nelson Goodman, 492

Nelson Kon, 507

Neóptemo, 112

Nerval, 410, 466

Nestroy, 374

Netuno, 106

Newton, 49, 50, 308, 393

Newton Bignotto, 171

Niccolò Machiavelli, 178

Nicholas Carr, 270, 271, 275, 280

Nicolas Bourriaud, 248, 406, 407, 413, 417, 418

Niels Werber, 283

Nietzsche, 18, 37, 38, 64, 78, 83, 87, 101, 111, 142, 143, 144, 162, 170, 234, 267, 277, 278,

324, 325, 326, 327, 337, 382, 460, 463, 479 (ver Friedrich Nietzsche)
Nishizawa, 257, 258, 259
Nochlin, 432 (ver Linda Nochlin)
Noé, 196, 200
Norberto Bobbio, 339, 355
Norman Foster, 42
Norman O. Brown, 467, 468

O

Octavio Paz, 382, 463, 464, 465, 466
Odette, 419
Odisseu, 112
Olafur, 263, 264, 265, 266
Olafur Eliasson, 262, 263, 265, 266
Olga Reggiani, 286
Olgária Matos, 103
Olivier Mannoni, 106
Olympia, 440, 515
Orlando Figes, 186
Orwell, 186
Oscar Niemeyer, 212
Oswald, 461, 462, 469, 470, 471, 472
Oswald de Andrade, 460, 467, 468, 471, 473
Oswaldo Giacoia Junior, 75, 83
Otto, 119
Ovídio, 368

P

Paco Rabanne, 215
Panamarenko, 225
Pangloss, 429
Paolo Caruso, 101
Pariser, 188
Pascal, 31, 59, 61, 116, 117, 136, 149, 180, 181, 182, 480
Pasolini, 444
Pátroclo, 297
Paul Demont, 125
Paul Ricoeur, 323
Paul Valéry, 11, 14, 21, 25, 33, 37, 38, 169, 272, 273, 284, 285, 286, 287, 288, 291

Paul Virilio, 258
Paulo César de Souza, 87, 277, 463
Paulo Henrique Silveira, 125
Paulo Neves, 41, 133, 147, 209, 233
Paulo Tunhas, 484
Paulo, 471
Paz, 463, 464 (ver Octavio Paz)
Pécuchet, 410
Pedro Arantes, 251
Pedro Fiori Arantes, 251
Perloff, 408, 409, 410
Pessoa, 409, 466
Peter Eisenman, 256
Peter Sloterdijk, 106, 114
Peter Weibel, 266
Philip K. Dick, 201, 219
Philippe Ariès, 185
Philippe Meyer, 287
Philippe Murray, 432, 433, 440, 451
Philippo Tommaso, 115
Picasso, 123, 169, 407, 408, 410, 416, 434, 500
Piero, 494, 495
Piero della Francesca, 494, 497
Pierre Aubenque, 176
Pierre Bayle, 482
Pierre Cardin, 215
Pierre de Fermat, 180
Pierre Massé, 26, 205, 206
Pignatari, 282
Pirandello, 502
Piranese, 120, 121
Pitágoras, 296, 300
Platão, 49, 78, 125, 292, 295, 296, 298, 299, 301, 302, 303, 315, 478
Plutarco, 125
Poe, 104, 409
Pol Pot, 354
Pomian, 478
Posídon, 384
Pound, 407, 408, 409
Praxíteles, 447, 454
Primo Levi, 197

Prometeu, 26, 110
Proust, 116, 363, 368, 419, 422, 450, 501
Purchas, 30

Q

Qohelet, 108, 110
Queneau, 404
Quentin Meillassoux, 316, 319
Quentin Skinner, 480

R

R. Emerson, 162
Rafael, 123
Ralph Waldo Emerson, 473
Rameau, 332
Rawls, 198, 199 (ver John Rawls)
Reinhart Koselleck, 281, 323, 331, 383, 387,
    389, 391, 396, 397
Reinhart Maurer, 83
Remo Bodei, 108
Renal (senhora de), 403
Renato Janine Ribeiro, 173
Renato Lessa, 475, 483, 486, 502
Rendell, 261
Renzo Piano, 255
Ribot, 289 (ver Théodule Ribot)
Ricardo Scofidio, 260
Richard Dawkins, 305, 319
Richard Feynman, 311
Richard Meyer, 499
Richard Nixon, 465
Richard Popkin, 482
Richard Prince, 431
Richard Sennett, 114
Richter, 253 (ver Gerhard Richter)
Ricoeur, 323 (ver Paul Ricoeur)
Ridley Scott, 227
Rilke, 123
Rimbaud, 170, 409, 466
Rivane Neuenschwander, 421
Robert Gober, 432
Robert McNamara, 26

Robert Servatius, 194
Robert Slutzky, 262
Robert Smithson, 247
Robert W. Shahan, 482
Roberto Longhi, 495
Roberto Raposo, 114
Robespierre, 336
Rodin, 416
Rodrigo Naves, 251, 252
Roger Caillois, 168
Roland Barthes, 111, 124, 131, 217, 410, 411,
    441, 472
Ronsard, 31, 160
Rosiska Darcy de Oliveira, 369
Rousseau, 162, 393
Rubens Rodrigues Torres Filho, 479
Ruskin, 450
Russell, 501 (Ver Bertrand Russell)
Ryue Nishizawa, 256, 257

S

Sá de Miranda, 486
Samuel Beckett, 495, 500, 501
Samuel Taylor Coleridge, 30
Santo Agostinho, 12, 46, 59, 138, 223, 312,
    357, 358, 370, 383, 386, 387
São João, 136
Sartre, 200, 495, 496, 502
Saskia Sassen, 249
Savatier, 434 (ver Thierry Savatier)
Schelling, 78
Schiller, 127
Schlegel, 110
Scofidio, 261, 262 (ver Ricardo Scofidio)
Scott Westerfeld, 214
Sean Carroll, 319
Sébastien Charles, 483
Sejima, 256, 257, 258, 259, 262 (ver Kazuyo
    Sejima)
Sêneca, 118
Sérgio Alcides, 269
Sérgio Paulo Rouanet, 104, 115, 357

Sextus Empiricus, 358
Shakespeare, 232, 270
Sherlock Holmes, 214
Sigmund Freud, 336
Sílvia Pinheiro Machado, 104
Simmel, 153
Simon Reynolds, 212
Simone de Beauvoir, 448
Simonelli, 196 (ver Thierry Simonelli)
Sócrates, 49, 50, 123
Sófocles, 112
Sólon, 125
Spengler, 27
Stalin, 186, 341, 342, 344, 349, 354
Stan Allen, 247
Steinitz, 378, 380 (ver Wilhelm Steinitz)
Stendhal, 232
Stephen J. Dubner, 168
Stephen Jay Gould, 314, 319
Sterling, 229
Sterne, 410
Steve McQueen, 445
Steven David Levitt, 168
Steven Spielberg, 201
Stockhausen, 268
Swann, 419, 423
Swift, 121

T

Tales de Mileto, 479
Taylor, 186
Teilhard de Chardin, 275
Teófano, 119
Terrence Dawkins, 319
Terry Gilliam, 214
Tetsuya Mizuguchi, 232
Theodor Adorno, 330, 365
Theodor W. Adorno, 461
Théodule Ribot, 287
Thierry Savatier, 433, 434
Thierry Simonelli, 196
Thomas Mann, 213, 277

Thomas Morus, 397
Ticiano, 439, 518
Tobias, 123
Tocqueville, 21, 158, 159, 382, 417, 427 (ver Alexis de Tocqueville)
Tom Wesselmann, 440
Toni Negri, 241
Torrieri Guimarães, 174
Toulouse-Lautrec, 123
Toyo Ito, 256, 257
Trotsky, 351 (ver Leon Trotsky)
Tzvetan Todorov, 227

U

Ulisses, 365, 385
Umberto Eco, 403, 423

V

V. L. Araújo, 399
Valentina Tong, 508, 509, 510, 511
Valéry, 11, 12, 14, 16, 17, 18, 20, 21, 22, 23, 24, 25, 27, 28, 29, 30, 34, 35, 36, 37, 38, 39, 133, 170, 233, 234, 235, 238, 246, 269, 273, 284, 285, 286, 287, 288, 289, 290, 291, 292, 293, 318, 319 (Ver Paul Valéry)
Van Gogh, 252
Van Wright, 492
Velázquez, 437, 439
Vênus de Urbino, 518
Véronique Wisesinger, 496
Victor Segalen, 163
Vinteuil, 419, 423
Virna Teixeira, 51
Vladimir Safatle, 321, 330, 336
Voltaire, 201, 429

W

W. Melching, 397
W. Vilema, 397
Walter Benjamin, 15, 23, 27, 103, 104, 105, 106, 107, 110, 111, 113, 114, 115, 116, 117, 118, 119, 120, 123, 124, 125, 126, 127, 128,

129, 130, 131, 132, 209, 222, 261, 268, 282, 336, 361, 408, 461

Walter de Gruyter, 350

Walter Horace Bruford, 277

Walter Moser, 15

Warhol, 252, 253, 407 (ver Andy Warhol)

Watson, 168

Weber, 153

Wells, 212

Werther, 161

Wesely, 254, 254, 254, 255, 262 (ver Michael Wesely)

Wilhelm Dilthey, 477

Wilhelm Steinitz, 378

William Gibson, 213, 225, 226

William H. Mcneill, 319

William James, 245, 246

William Reich, 449

Williams, 194

Winklevoss, 426

Winnicott, 156

Wittgenstein, 12, 20, 23, 25, 27, 28, 170, 371, 373, 374, 375, 378, 379, 476, 489, 491, 492, 493, 503 (ver Ludwig Wittgenstein)

Wolff, 55, 315, 316

Y

Yahvé, 204

Z

Zamiatine, 171, 172, 173, 177, 180, 186, 187, 188, 189

Zeus, 297, 298, 440

Ziraldo, 443

Zuckerberg, 426, 427 (ver Mark Zuckerberg)

FONTES: DANTE E UNIVERS | PAPEL: PÓLEN SOFT 80G/M E COUCHÊ FOSCO 150G/M²

DATA: JULHO 2013 | TIRAGEM: 3.000

IMPRESSÃO: GRÁFICA AQUARELA